Josef Fulterer

Sagen vom Schlern

Impressum

2010

© Verlag A. Weger, Brixen

info@weger.net | www.weger.net

Tel. 0039 0472 836 164 | Fax 0039 0472 801 189

Gesamtherstellung: Druckerei A. Weger, Brixen

ISBN: 978-88-88910-98-7

Josef Fulterer

Sagen
vom Schlern

Illustrationen Uli Fulterer

Verlag A. Weger

Vorwort

„Wer heute nach alten Sagen und Märchen fragt, wird bald draufkommen, dass es keinen Sinn und kein Verständnis mehr dafür gibt und er ein paar Jahrzehnte zu spät dran ist. Die alten Leute sind hinterhältig geworden und rücken mit der Sprache nicht mehr gerne heraus.

Das junge Volk hat für solche Sachen keinen Sinn mehr. Die alte Spinnstube, in der viel erzählt wurde, gibt es immer weniger. Statt des Kienspanes gibt es nun Petroleumlampen für das Licht und der Herd mit dem offenen Feuer muss da und dort einem Kunstherd weichen.

Es ist schon ein großes Glück, und ein besonderes Geschick gehört dazu, wenn man gelegentlich von einem alten Mütterchen etwas erfährt, das wert ist, nicht vergessen zu werden. Als ich vor ein paar Jahren im Bad Ratzes auf Urlaub weilte, habe ich die Gelegenheit genutzt, um zu sammeln, was noch zu finden war."

Das schrieb Martinus Meier 1891 in seinem kleinen Büchlein Schlernsagen und Märchen. 268 Seiten hat er mit den Geschichten gefüllt.

Diese und die anderen Geschichten rund um den Schlern habe ich 2004 im Buch „Um n Schlearn umer gaischtert s" mit ortskundigen Helfern, in die jeweiligen Mundarten umgeschrieben, um die wohlklingende Ausdrucksweise unserer Vorfahren festzuhalten. Das Buch hat auch junge Leser begeistert, obwohl das Lesen im Dialekt auch für die kundigen Leser zu Beginn gewöhnungsbedürftig ist.

Von verschiedener Seite wurde der Wunsch nach einer Ausgabe in der Hochsprache geäußert. Diese liegt nun vor, ergänzt mit mehreren Geschichten, die in der Zwischenzeit noch aufgetaucht sind.

Schon vor über hundertfünfzig Jahren haben Forscher die Geschichten gesammelt, welche früher zur Unterhaltung, aber auch zur Belehrung abends bei spärlichem Licht eines Kienspanes oder Talglichtes in der Stube, aber auch bei der Arbeit erzählt wurden. Den düsteren Hintergrund der Hexengeschichten zeigen die zum Teil erhaltenen Gerichtsprotokolle auf.

Neben dem Unterhaltungswert lassen uns diese Geschichten, wie durch ein Fenster in die Vergangenheit blicken. Sie erschließen uns die Lebens- und Wirtschaftweise, sowie die Gesellschaftsformen unserer Vorfahren.

Für alle interessierten Leser, welche in die Welt unserer Vorfahren eintauchen möchten, liegt nun eine Sammlung dieser Geschichten rund um den Schlern vor. Mehr als vierzig Autoren haben diese wertvollen Spuren der Vergangenheit in über hundert Veröffentlichungen für die Nachwelt erhalten. Die Geschichtenerzähler leisteten dazu wertvolle Vorarbeit. Ihnen gebührt unsere Achtung und unser Dank.

Josef Fulterer 2010

Der Ursprung des Hexenwesens

Vor rund fünfhundert Jahren sprang der Hexenwahn von Frankreich kommend, auch auf unsere Gegend über. Dort waren schon zweihundert Jahre früher Todesurteile ausgesprochen worden. Das prominenteste Opfer war 1431 die Jungfrau von Orleans. Die Engländer hatten Frankreich angegriffen. Die junge Jean d`Arc hatte die französischen Truppen zum Sieg geführt. Als die Engländer ihrer habhaft wurden, warfen sie ihr unter anderem ein Bündnis mit dem Teufel vor und verurteilten sie zum Feuertod.

Die Blumen der Tugend

Hans Vintler, Pfleger des Gerichtes Stein am Ritten hat um 1411 mit seinem Werk „Pluemen der tugend" mit fünfunddreißig Gegenüberstellungen von Tugend und Laster ein Bild, des damals im Volk verbreiteten Aberglaubens gezeichnet. Truten, Perchten, Unholde, Orken, Elben, Schrattel, die Katzenhexe und die Frau Holla brachte die Bevölkerung mit den merkwürdigen und nicht erklärbaren Geschehnissen in Verbindung. Mit Körperteilen von Hingerichteten wollte man zur Sonnwende und in den Raunächten die Abweisung von Schäden und eigenes Wohlergehen zaubern. Der Glaube an die Zauberei hatte stark um sich gegriffen, schrieb Hans Vintler in seiner ausführlichen Abhandlung.

Er wunderte sich, dass selbst Pfaffen[1] diesem Unfug anhingen, statt die Leute im rechten Glauben zu unterweisen. "Gerade sie müssten doch wissen, dass Zauberei ein schändliches Laster ist", betonte er.

Den Grund dafür, sah er in den sich als tugendhaft gebenden falschen Propheten, dem Teufel und seinen Zauberern, welche die Leute zu diesem Irrglauben verleiteten.

Zauberei

Die Leute glaubten an die Wirkung von Zaubersprüchen, die bei Krankheiten, Unfruchtbarkeit, zur Abwehr, gegen Unwetter und Missernten helfen sollten. Diese konnten von Frauen und Männern gleichermaßen angewendet werden, um sich vor geistigen, leiblichen und wirtschaftlichen Schäden zu schützen. Mit dem Liebeszauber konnte man nach einer kurzen körperlichen Berührung die Liebe der oder des Auserwählten erzwingen.

Mit Zaubersprüchen konnte man aber auch, so glaubte man, einer anderen Person Schaden zufügen, wie Erkrankung, Krankheiten bei Haustieren, Ernteschäden und Katastrophen. Dagegen gab es auch wieder Mittel. Man musste sich einen Fetzen Stoff von einem Gewand der Person beschaffen, die den Schadenzauber ausgesprochen hatte. Mit diesem musste man das Übel räuchern.

Mit Weihwasser, geweihten Amuletten, abgeschabten Partikeln von Kirchen und Altären, eigenartigen Ritualen, aber auch vielen anderen Dingen versuchte man sich zu schützen.

---

[1] Priester

Das waren die Wurzeln für das teuflische Hexenbild, das fanatische Geistliche zu den fünf Anklagepunkten, wie Teufelspakt, Teufelsbuhlschaft, Hexenflug, Sabbatfeier und Schadenzauber hochstilisierten.

Nikolaus Cusanus

Nikolaus Cusanus war von 1450 bis 1458 Bischof von Brixen. Am 6. März 1457 wies er in einer Predigt auf die große Macht des Teufels hin. „Der hat mit einem alten unglücklichen Weib sein Spiel getrieben, das sich dann als Hexe verhaften und umbringen ließ," führte er als Beispiel an.

„Ich habe selbst zwei alte Weiblein verhört, die vom Teufel irregeleitet waren. Diese waren alt, krank und halb irre. Ich habe sie von ihrem Irrglauben abgebracht, einkerkern lassen und dafür gesorgt, dass sie öffentlich Buße tun." Der fromme Mann hatte damals den Hexenirrglauben fast richtig gedeutet. Mit seinen Schäfchen war er aber nicht gerade behutsam.

Gesellschaftliche, wirtschaftliche und politische Veränderungen

In dieser Zeit begann in Europa die Verstädterung der Bevölkerung und damit verbunden, infolge der fragwürdigen hygienischen Verhältnisse, große Pest- und Choleraepidemien, die ein Drittel der Bevölkerung hinwegrafften. Nach den überlieferten Krankengeschichten trat zum Teil auch das Marburg- und Ebola Virus auf. (Der Spiegel 30.07.2001)

Für diese Heimsuchungen machte man ebenfalls den Teufel als Ursache aus.

Die Bürger und Bauern wollten das harte Joch abschütteln, das ihnen die Adeligen mit den Ablieferungen und Steuern aufgebürdet hatten. Michael Gaißmeier organisierte die Bauernaufstände. Der Adel sah auch darin ein Werk des Teufels und wollte sich diese Frechheiten nicht gefallen lassen. Er traf zusammen mit der geistlichen Obrigkeit die Gegenmaßnahmen, um den Teufel und seine Anhänger in die Schranken zu weisen.

Berauschende Mittel

Wein war für die Bevölkerung außerhalb des Weinbaugebietes nur für den Adel und den Klerus erschwinglich. Für die gewöhnlichen Leute gab es bestenfalls Leps[2]. Mohn wurde häufig bei der Zubereitung der Speisen verwendet. Dessen euphorisierende Kraft, und die berauschende Wirkung von gewissen Pflanzen, Früchten, Bee-

---

[2] Minderes Getränk aus der 2. Vergärung von Weintrestern

ren und Pilzen war damals mehr als heute bekannt. Diese Mittel waren immer schon in der Natur unentgeltlich zu haben.

Der Zeitgeist gegen den Teufel hat sicher die im Rausch und auch sonst geträumten Phantasien noch wilder werden lassen. Bei den Verhören waren die bedauernswerten Opfer ohne Verteidigung der Willkür der Richter und Gerichtsdiener ausgeliefert. Die Anklage beschuldigte sie schrecklicher Taten und bearbeitete sie mit graußamen Foltermethoden. Sie konnten unter dem physischen und psychischen Druck, die eigenen Träume und die Wirklichkeit nicht mehr auseinanderhalten.

Es gab aber auch Richter, die den Angeklagten einen Absud von berauschenden Pflanzen verabreichen ließen, um die erwarteten Geständnisse leichter und schneller zu erreichen.

Die Beschuldigungen

Den Hexen wurden die Verleugnung des Herrgottes und aller Heiligen, sowie alle Unbilden der Natur, Krankheiten und Todesfälle in Haus und Stall in der ganzen Umgebung angelastet. Wenn sie die Verantwortung dafür beim Verhör nicht übernehmen wollten, hat man sie gefoltert. Zeugen und Verteidiger wurden meistens nicht zugelassen.

Harsche Anschuldigungen und Bedrohungen, sowie die sehr schmerzhaften Folterungen, haben die Gequälten meistens dazu gebracht, alles zuzugeben. Es gab aber auch Fälle, bei denen die Angeklagten standhaft jede Schuld zurückwiesen und dafür zu Tode gefoltert wurden, was wiederum als Beweis für die Hexerei galt. Nur wenige trafen auf humanere Richter, die ihnen die Unschuld glaubten. Sie durften aber keine Entschuldigung für die erlittenen Demütigungen und Schmerzen erwarten. Vielmehr mussten sie Urfehde schwören, dass sie niemandem etwas nachtragen, der zur Anklage, zum Prozess mit den Folterungen und der menschenunwürdigen Haft beigetragen hatten. Schließlich hatten sie auch noch die Prozesskosten zu bezahlen.

Für das Jahr 1500 sagten selbsternannte Propheten den Weltuntergang voraus. Das führte zu einer großen Verunsicherung in der Bevölkerung, die von verschiedenen Seiten ausgenutzt wurde.

Das auslaufende fünfzehnte Jahrhundert war von einer ausnahmsweise schlechten Witterung geprägt. Von zwanzig Jahren waren nur in drei Jahren halbwegs normale Ernten möglich. Infolge langer Trockenperioden gab es viel zu wenig Grundnahrungsmittel und Futter für die Haustiere. Noch öfter verdarb dauerndes Regenwetter die Ernte. Große Teile der Bevölkerung mussten hungern. Man war sich sicher dass, die sich rasch vermehrenden Hexen, das schlechte Wetter aus Bosheit machten, um den Menschen zu schaden. Die Lebensmittel wurden teuer und für die ärmere Bevölkerung kaum erschwinglich.

Erste Hexenverfolgung in Tirol

Im Sommer 1485 ließ sich der Dominikanerpater Heinrich Institoris vom Papst Innozenz VIII. nach Brixen zum Bischof Georg Golser schicken, um im Tirolerraum die nach seiner Ansicht gefährlichen Hexen ihrer verdienten Strafe zuzuführen. Er wies sich mit einem Schreiben des Papstes aus, für das er vermutlich selber federführend war. Darin hieß es: „Zu unserem größten Bedauern haben wir vernommen, dass in einigen Teilen Süddeutschlands und anderen Diözesen wie Brixen, zahlreiche Personen beiderlei Geschlechts, sich ohne Rücksicht auf das Seelenheil und abweichend vom katholischen Glauben, mit Dämonen von männlicher und weiblicher Gestalt eingelassen haben."

Der Bischof gab seiner Geistlichkeit die Anweisung, dem Pater Institoris bei der Ausrottung dieser Bosheit beizustehen und verfügte, für alle die dazu beitrugen einen Ablass[3] von vierzig Tagen.

Pater Institoris machte sich in Innsbruck mit Eifer an die Arbeit. Er hatte schon bald über fünfzig Verdächtige, denen er mit fragwürdigen Methoden und hinterhältiger List schreckliche Untaten nachzuweisen versuchte.

Auch Erzherzog Siegmund, der im Jahr vorher die sechzehnjährige Katharina von Sachsen geehelicht hatte, wurde in das Verfahren hineingezogen. Dieser hoch gebildete, aber schwache Regent durchschaute den Fanatismus von Pater Institoris und erklärte: „Wenn die Hexen solche Schäden anrichten könnten, bräuchten die Fürsten keine Kriegsheere. Sie könnten nur durch ein paar Hexen das feindliche Land mit Hagel, Blitz und Ungewitter verwüsten lassen."

Beim Prozess am 29. Oktober trat Advokat Merwais als Verteidiger auf. Er verlangte die Annullierung des Verfahrens wegen grober Verfahrensfehler. Bereits am 31. Oktober erklärte das Gericht das Verfahren für nichtig und verfügte die sofortige Freilassung aller Betroffenen.

Bischof Golser forderte darauf den Pater Institoris in einem Brief auf, das Bistum zu verlassen. Der aber machte sich daran, einen weiteren Prozess vorzubereiten. In einem sehr energischen Brief an den Konventionalen des Stiftes Wilten schrieb Bischof Golser, der Pater Institoris sei ganz kindisch geworden. Er solle sofort in sein Kloster verschwinden und ja keinen neuen Prozess beginnen. Die Prozesskosten und das Honorar für die zweifelhafte Arbeit des Pater Institoris hat der gutmütige Erzherzog Siegmund bezahlt.

Die Bischöfe Cusanus und Golser, sowie Erzherzog Siegmund können heute als die ersten Gegner des Hexenwahns angesehen werden.

Rapp

Der „Hexenhammer"

Im Dezember 1486 brachte Pater Institoris den „Hexenhammer", das Standardwerk für die Hexenprozesse, heraus. Darin waren alle Übeltaten aufgezählt, die Hexen begehen konnten. Während er in Innsbruck die Frauen und Männer nur wegen Schädigung des Eigentums, des Leibes und des Lebens beschuldigt hatte, waren im „Hexenhammer" die Abschwörung des Glaubens, der Missbrauch der Sakramente, der Bund mit dem Teufel, die nächtlichen Ausritte mit Verspeisung von Tieren und kleinen Kindern als weitere Untaten der Hexen angeführt.

Als sicheres Zeichen führte er Warzen, Narben, Hautausschläge, Muttermale und Leberflecken an. Deshalb sollten die Beschuldigten nackt ausgezogen und rasiert werden. Er

---

[3] Erlass von Sündenstrafen nach der Beichte

empfahl, die Verdächtigen mit dem Gesicht nach hinten in den Gerichtssaal zu führen, damit beim Richter und den Geschworenen nicht ein falsches Mitleid erweckt wurde. Weder Verteidiger noch Zeugen sollten bei Gericht zugelassen werden.

Auch die hundertfünfzig Fangfragen zur Überführung der Verdächtigen und die dafür anzuwendenden Folterungen waren angeführt. Wer darauf nicht mit ja antwortete, wurde, wenn sie / er auf fanatische und unmenschliche Richter traf, gefoltert bis die Antwort passte.

Als Beweis für die Richtigkeit seiner Wahnsinnsideen führte er achtunddreißig Hexen an, die er schon auf den Scheiterhaufen gebracht hatte. Dabei zählte er auch die sieben Frauen mit, die er nach seiner Ansicht in Innsbruck als Hexen überführt hatte, dann aber freilassen musste.

Um 1455 hatte Gutenberg in Nürnberg die Buchdruckerkunst erfunden. Dadurch konnten die Bücher, die bis dahin mühsam mit der Feder geschrieben wurden, in großer Zahl und viel billiger angeboten werden. So fand das üble Werk eine rasche Verbreitung in allen Gerichten und geistlichen Bibliotheken. Bis 1669 musste der „Hexenhammer" wegen der großen Nachfrage neunundzwanzig mal neu aufgelegt werden.

Rapp

Die Hexenverfolgung weitet sich aus

Wer einmal verdächtig war, für den gab es kaum mehr ein Entrinnen. Die verstorbenen Kleinkinder, verendete Haustiere, euterkranke Kühe, durch Unwetter vernichtete Ernten, Brand durch Blitzschlag und ähnliche Unbilden wurden den Verdächtigen beim Verhör angelastet. Zudem wurden die Namen weiterer Mittäter, die der Obrigkeit verdächtig erschienen, aus den Opfern mit der Folter herausgepresst.

Auch die Geistlichkeit glaubte teilweise an das Hexenunwesen. Selbst der gelehrte Martin Luther, der Begründer der protestantischen Religion, der 1546 verstarb, schrieb über die Hexen: „Sie können durch Zauberei die Leute blind, lahm und sonst wie krank machen, sogar töten, wie ich öfters mit eigenen Augen gesehen habe. Die Zauberer und Hexen, das sind die bösen Teufelshuren, die Milch stehlen, Wetter machen, auf Böcken und Besen reiten, auf Mänteln fahren, die Leute erschießen, lähmen, verdorren; die Kinder in der Wiege martern und die ehelichen Gliedmaßen verzaubern. Sie können Dingen eine andere Gestalt geben, dass eine Kuh als Ochse erscheint, das in Wahrheit ein Mensch ist und die Leute zu Liebe und Buhlschaft zwingen und des Teufels Dinge viel. Es ist ein überaus gerechtes Gesetz, dass die Zauberinnen getötet werden, denn sie richten viel Schaden an."

Geständnisse während der Folter waren zwar nur gültig, wenn sie nachher bestätigt wurden. Wenn aber jemand den Mut hatte zu widerrufen, konnte die Folter jeweils für eine Stunde und bis zu dreimal am Tag, mit immer größeren Qualen wiederholt werden. Mit den Daumenschrauben wurden die Fingerknochen gebrochen. Als nächstes war die Streckbank oder das Aufziehen an den Händen vorgesehen, wobei zur Verschärfung an den Füßen Gewichte angehängt wurden, bis die Schultergelenke ausgerenkt waren. Wenn den Richtern die Schmerzensschreie zu lästig wurden, verordneten sie die Maulsperre. Das war ein Gerät aus Metall, mit dem der Mund des Gefolterten soweit auseinandergetrieben wurde, dass er nicht mehr schreien konnte. Schreckliche Brandwunden mit glühendem Eisen, machten schließlich den verstocktesten Angeklagten gefügig.

Heute weiß man, dass die Erinnerung an gehörte, geträumte, mitgeteilte und erlebte Begebenheiten, unter physischen Druck nicht immer genau wiedergegeben werden kann. Das menschliche Gehirn bringt mitunter Erlebtes, Erzähltes, Wünsche und Träume selbst auch dann durcheinander, wenn sich jemand an die Wahrheit halten möchte.

Alleinstehende wohlhabende ältere Frauen, Hebammen die sich mit der Heilkunst befassten und überflüssige Esser, die nichts leisteten, waren besonders gefährdet. Auch zahlreiche Männer, darunter sogar Priester und Bürgermeister wurden von der Hexenjagd betroffen. Für den Tirolerraum weist die neuere Forschung bei den aktenkundigen Verurteilungen vierunddreißig Männer zu den achtunddreißig Frauen auf. Dort lenkten jene Burschen und Männer den Verdacht der Hexerei auf sich, die sich vor einem Arbeitsleben als Knecht oder Handwerksgeselle gedrückt hatten und durch Betteln ihr Leben bestritten, wobei sie mitunter sicher auch einiges mitgehen ließen und zu Geld machten. Eigentumsdelikte wurden damals sehr hart bestraft. Vom Hand abhacken bis zum Tod durch das Schwert wurde bei Wiederholungstätern kurzer Prozess gemacht.

In unserer Gegend waren der Kachler Hans, der Pulverer, der Lauterfresser, die znichtn[4] Meraner Buben, der Lotterbub von Kardaun und das Pfeifer Huisele bekannt. Besonders verdächtig waren aber ältere Frauen.

In Nord-, Ost- und Südtirol wurden nach derzeitigen Erkenntnissen 242 Prozesse wegen Hexerei, Zauberei und verschiedene abergläubische Vergehen geführt. Dabei wurden 420 Personen aktenkundig. Davon waren 214 Frauen, 199 Männer und 13 Kinder bis zum 14. Lebensjahr. Die Verurteilung eines Kindes scheint im Tiroler Raum in den Akten nicht auf.

Mit etwa achzig Todesurteilen liegt Tirol im europäischen Raum unter dem Mittel. Dafür könnte der missglückte Start in Innsbruck und die beachtlichen Verfahrenskosten mäßigend gewirkt haben, für die das Vermögen der Verurteilten in vielen Fällen nicht gereicht hätte. Die Obrigkeit hatte keine besondere Lust, für die Untertanen Prozesskosten zu zahlen.

Die Protokolle von diesen Prozessen lassen die dürftigen Verhältnisse und die Hilflosigkeit erahnen, in denen die Menschen in der damaligen Zeit lebten. Das Ausgeliefertsein an die Widerwärtigkeiten der Natur und die Schicksalsschläge, haben zusammen mit dem Teufelsglauben und dem Zeitgeist dazu beigetragen, nach Urhebern zu suchen um sie zur Verantwortung zu ziehen. Dabei ist wie so oft in der Geschichte ein unheilvoller Irrweg

---

[4] bösen

beschritten worden, der vielen unschuldigen Menschen Unglück, unsägliches Leid und manchen sogar den Tod gebracht hat.

Rabanser

Die Hexen von Cavalese

Unter Hauptmann Vigil von Firmian wurden in Cavalese und Umgebung in den Jahren 1501 bis 1505 an die dreißig Hexen aufgespürt. Nach grausamen Folterungen haben, mit einer Ausnahme, alle die ihnen zur Last gelegten Taten gestanden. Nur die Marostica hatte nichts zu gestehen, verstarb aber nach siebenundzwanzig Folterungen im Gefängnis. Der Pfarrer von Cavalese hatte Erbarmen mit der gepeinigten Frau und ihren Angehörigen. Der mutige Mann beerdigte sie auf dem Friedhof. Nur die Glocken ließ er nicht läuten.

Da in der Folge im Tale eine außergewöhnlich schlechte Witterung eintraf, empörten sich viele Gläubige über die „verstockte, unbußfertige Hexe und den Pfarrer", der sie in seiner Leichtfertigkeit in der geweihten Erde begraben hatte.

Rabanser

Der erste Hexenprozess auf Schloss Prösels

Als im 18. Jahrhundert der letzte Besitzer verstarb, wurde das Schloss von der Bevölkerung geplündert. Man erzählt sich: Ein Schuster von Völs hatte Schuhe gemacht, die mit beschriebenem Leder gefüttert waren. Vermutlich hat daraufhin der Lehrer oder der Pfarrer versucht, alles zu sammeln, was noch zu retten war. Die Verhörprotokolle von zwei Hexenprozessen aus den Jahren 1506 und 1510 wurden gerettet. Sie sind im Ferdinandeum von Innsbruck noch erhalten. Es fehlen allerdings bis heute die Urteile. Aber im Protokoll des zweiten Prozesses gibt es Hinweise auf eine Verurteilung und Verbrennung im ersten Prozess. Als Beispiel für ein Hexenurteil zur damaligen Zeit wird der Richterspruch gegen die Juliana de Pozza aus dem Fassatal angeführt.

Für die bei den beiden Völser Prozessen in den Verhören belasteten Frauen aus der kastelruther Gegend sind bis heute keine Unterlagen aufgetaucht. Da Kastelruth die höhere Gerichtsbarkeit hatte, ist anzunehmen, dass sie angeklagt und verurteilt wurden.

Lienhart von Völs, der Herr von Schloss Prösels hatte die Katharina von Firmian, eine Schwester des Vigil von Firmian geheiratet, der im Fassatal kurz davor grausam gegen die Hexen vorgegangen war. Sie war eine sehr fromme Frau und hat wohl ihren Mann dazu verleitet, auch in Völs mit den Hexen aufzuräumen.

-o-

Unter dem Richter Berchtold von Lafay und den Geschworenen Hans Mair, Niklas Progfaller, Leonhart Schneider, Leonhart Grafayer, Veit Haslrieder, Peter Vasan, Siml Mayr, Baltasar Varaser, Leonhart Raimrecht und Michl Tschoy fand am Dienstag, nach Udalrici[5] der Prozess gegen mehrere Frauen statt, die der Hexerei beschuldigt wurden.

---

[5] 1506

Als erste wurde **Anna Jobstin** aus Obervöls vorgeführt. Teils freiwillig und dann unter der Folter gab sie ihre Missetaten zu: Bereits vor vierunddreißig Jahren, in einer Donnerstagnacht ist auf dem Heimweg ein großes Sausen über sie gekommen. Ein Gespenst hat sie hochgehoben und durch die Luft gegen Landeck getragen, schließlich auf den Boden gelegt, ihre Beine begrabscht und sie wieder auf den Weg gestellt. Das Gespenst hat eine wilde Jagd mit sich geführt. Die Jobstin wusste aber nicht, ob es lebende oder tote Leute waren.

Sie zog dann als Dienstmagd nach Schlanders, wo sie ihren Mann kennenlernte. Mit diesem ging sie für ein Jahr nach Tisens und zog dann nach Kastelruth weiter. Für vier Jahre war sie beim Mulser angestellt. Die ganze Zeit hatte sie mit den Hexen nichts zu tun. Erst als sie beim Zwingensteiner, dem Hof von Schloss Salegg, als Sennerin auf der Seiseralm diente, wurde sie von der Els, der Sennerin von der Trostburg aufgesucht.

Ihre Einladung mit den Hexen auszufahren, hat sie damals noch nicht angenommen, aber wie man Milch von fremden Kühen aus einem Stock melken kann, das hat sie sich zeigen lassen. Man braucht dazu fünf Kräuter, die man auf einer Wegkreuzung in aller Teufelsnamen zerklopfen und dann mit der linken Hand über den Kopf werfen muss. Anschließend muss man die zerklopften Kräuter wieder aufheben und an die Enden eines Stockes drücken. Dann muss man ein Messer mitten in den Stock stecken und sagen: „Gib in Teufels Namen Milch, soviel ich brauche!"

Ist die Milch durch Zauberei verdorben, muss man mit einem linken Handschuh ein Holzscheit nehmen und Rahm daraufschütten, das Scheit auf eine Türschwelle legen und mit dem Vorschlaghammer zerklopfen. Das zerklopfte Scheit ist dann in das Feuer zu werfen. So wird die Milch wieder gut und der Zauberer auch noch bestraft.

Später sind die Els von der Trostburg und die Madlen von Barbian zusammen mit dem Teufel zu ihr auf die Seiseralm gekommen. Sie haben ihr viel Gutes versprochen und gesagt, sie würde reich werden, wenn sie sich dem Teufel verschriebe und Gott und alle Heiligen, sowie die Jungfrau Maria verleugne. Die zwei Frauen brachten eine Kröte mit, aus der sie eine Salbe machten. Einen Teil der Salbe haben sie ihr gegeben. Sie hat damit eine Bank bestrichen und ist damit auf die Villanderer Alm gefahren. Dort waren Unholde von Taufers und Pfunds. Alle mitsammen haben einen Ochsen verzehrt.

Mit der Els, der Schmalzltochter und der Margareth aus Tagusens hat sie böse Gewitter mit Schauer, Blitz und Donner gezaubert. Dazu haben sie eine Platte auf einen Hafen gelegt, darunter geblasen und zum Teufel gesagt, wie und wo er das Gewitter machen sollte. Vor dem Gewitter ist zuerst immer Rauch und Nebel aufgestiegen.

Vor zehn Jahren hat sie der Teufel nach Ums geführt. Dort waren bereits die Casparin, die Winklerin, die Cassianin, der Mesner Hans, die Kesslerin, der Geiger

Michl, die Bartlin und die Tscheltnerin. Diese hatten ein Kind vom Windisch von Untervöls gebracht. Das haben sie nur gekratzt und aus dem Blut einen schwarzen Pfeffer gemacht. Die Kesslerin brachte ein Kind vom Plunger von Teis mit. Das haben sie gebraten und das Leben für ein halbes Jahr aufgesetzt. Die Bartlin hat ihr Kalb und Brot mitgebracht. Der Mesner Hans hatte aus dem Trafisöler Keller Wein für diese Zusammenkunft gestohlen.

Ein anderes Mal waren sie beim Proar an der Grenze zwischen Kastelruth und Völs. Dabei wurden zwei Kinder gekocht und vom dritten aus dem Blut schwarzer Pfeffer gemacht. Außerdem wurde viel Vieh verzehrt und mit Brettspielen die Zeit vertrieben.

Einmal waren alle bei der Woff [6] oben. Dabei wurde die Jobstin zur Königin von England erwählt. Statt des Königs von England ist der Teufel gekommen und hat mit ihr Hochzeit gehalten. Sie bekam ein schönes goldenes Gewand und ist nach dem Mahl und Tanz dem Teufel beigelegen.

In dieser Nacht hatte sie der Winklerin befohlen, die Huberin von St. Vigil, die junge Mesnerin von St. Konstantin und die Muschin von Völs zu holen. Alle drei waren gut gesegnet und mussten so dem Ruf nicht Folge leisten. Es wurde aber viel Vieh verzehrt. Nach der Feier ist sie in ihrem alten Gewand heimgefahren.

Beim letzten Maimarkt waren sie wieder auf dem Umser Feld. Dabei haben sie das Kind vom Däuml aus Brixen gesotten und verzehrt.

Sie ist mit den anderen Unholden noch öfter gefahren, konnte sich aber nicht mehr an alles erinnern.

---

[6] Hexenplatz neben dem Völser Weiher

Die **Juliana Winklerin** von Ums bekannte, dass sie am Quireinstag vor vierzehn Jahren auf dem Schlern war, um Wurzeln und Kräuter zu sammeln. Als sie über den Schäufelesteig heimzu ging, hat sie die Not mit ihren Kindern und dem Mann zu Hause so sehr bedrückt, dass sie Selbstmord begehen wollte. Da kam gerade ein Bauersmann zurecht, der sie fragte, warum sie gar so verzagt sei. Sie schilderte ihm ihre Sorgen, worauf er sagte: „Wenn du mir nachfolgst, Gott, die Gottesmutter und alle Heiligen verleugnest, will ich dir viel Gutes geben."

Als sie ihn fragte, wer er sei, antwortete er: „Ich bin der Teufel!" Sie erwiderte: „Du siehst aber aus wie ein Mensch." „Ich sehe aus wie es mir passt!", antwortete er ihr.

Dann musste sie sich auf einem Kreuz von dem das Oberteil fehlte, dem Gehorsam verpflichten. Als sie durch das „Blösseltal" gingen, sagte er zu ihr: „Ich komme heute Abend vor deine Tür und werde dich rufen."

Abends kam er und sagte: „Wohlauf mit auf die Esser Alm!" Der Teufel nahm sie mit und zeigte ihr einen schönen Tanz. Viel Vieh und anderes wurde gesotten und gebraten. Damit wurde ein schönes Mahl zubereitet. Viel fremdes Volk war da. Sie hat aber niemanden gekannt, außer der Jobstin, der Cassianin, der Maurerin, der Kösslerin, der Paganin von Tiers und der Pachofin von Deuschtnofen. Zuletzt nahm sie der Teufel bis zur Schmiede am Bach beim Trafisöler mit.

Damals war die Wegscheide beim Jungbrunnen in Obervöls der Hexentreffpunkt. Die Cassianin hat ein junges Mädchen vom Leonhart an der Thönig mitgebracht. Weil die Hexen es nur gekratzt haben, konnte es am Leben bleiben. Später heiratete das Mädchen nach Wangen. Die Jobstin brachte Hühnchen und die Bartlin Hennen, der Mesner Hans den Wein, die Casperin das Weizenbrot und Wacholderbeeren, die Kesslerin Milch, die sie dem Fasan gestohlen hatte.

In einer Dienstagnacht vor dreizehn Jahren ging die Fahrt auf den Schantl Roan am Schlern. Dabei kamen auch Hexen aus Campitello.

Der Nussbaum vor dem Mesner Haus war vor zwölf Jahren das Ziel. Sie hatte das Töchterlein vom Mair, die Enndl mitgebracht. In dieser Nacht tanzte der Teufel nur mit der Enndl. Er mochte wohl auch die jungen Mädchen lieber als die alte „Weiber". Der Geiger Michl von Albions hat aufgespielt. Der Teufel hat Äpfel, Käse und Brot für alle serviert und der Mesner Hans den Wein dazu.

St. Martin bei Ums war vor zehn Jahren der Treffpunkt. Da haben sie das Kind vom Windisch in Untervöls nur gekratzt. Dem Kind, das die Kesslerin dem Plunger von Deutschnofen entführt hatte, wurde das Leben auf ein halbes Jahr aufgesetzt. Es wurde gebraten und verspeist. Die Bartlin brachte ihr Kalb und Brot. Der Mesner Hans hatte wieder den Keller vom Trafisöler heimgesucht. „Vergesst euren neuen Gott nicht!", rief ihnen der Teufel zum Schluss noch zu.

Beim Verlaier in St. Vigil brachte die Tscheltnerin ein Kind vom Schwaiger auf dem Ritten. Die Jostin hat es in einen Kessel geworfen und gesotten. Sie hat auch das Kind der Platider Taglöhnerin angeschleppt, das sie dann selber gebraten hat. Die Treindl Taglöhnerin hat das Kind vom Stoffl in Kastelruth gesotten.

Beim Engadiner Krieg 1499 um den Jörgi Tag[7] herum traf man sich beim Proar, an der Grenze zwischen den Gemeinden Kastelruth und Völs. Da war auch die Köchin vom Schloss Salegg, dem Hans Reimrecht seine Hausfrau und der alte Runker von St. Vigil dabei. Die Tscheltnerin hatte das Kind vom Mesner und die Treindl das Kind vom Puntschieder, beide von St. Vigil, angeschleppt und in ein Schaff mit warmem Wasser geworfen. Das Kind vom Waller in St. Konstantin, das die Moserin gebracht hatte, wurde nur gekratzt. Die Casparin hat ein Kalb vom Mayr Simon gebracht und die Jostin brachte Brot, das sie dem Hans Mayr und dem Bader genommen hatte. Die Kinder und das Vieh wurden verspeist. Darauf wurde gekartet und Brett gespielt. Das hat dem Teufel besonders gefallen.

Darauf blieb sie zwei Jahre sie immer daheim. Dann aber ging sie zur Cassianin. Die stand schon vor ihrer Tür und sagte sogleich: „Heute wollen wir ein Wetter über Prösels machen!" Da war aber die Winklerin dagegen, weil das Wetter dann auch Ums getroffen hätte, wo sie daheim war. Schließlich einigten sie sich, das Wetter über Gfell in di Ruzn niedergehen zu lassen.

Vor zwei Jahren war sie mit der Bartlin, der Frau vom Reimrecht Hans und dem Mesner Hans auf die Wiese zu Vial beim Kalkofen gefahren. Da haben sie dem Kalkbrenner ein wenig Blut genommen und mit Brot gegessen. Sonst haben sie ihm nicht geschadet. Auch ein Lamm vom Maron musste an diesem Tag dran glauben.

---
[7] 23. April

In der Dienstagnacht vor dem letzten Palmsonntag sind alle auf die Woff unter Klobenstein gefahren. An diesem Tag ist auch die Köchin von Salegg und ein altes krummes Weiblein von Kastelruth mitgekommen. Die Jobstin hat ihr den Auftrag gegeben, das Bozner Ziehkind in der Wiege mitzubringen, das beim Melchior Schneider in Pflege war. Diese hat es dann auseinandergerissen und gesotten. Die Jostin hat alle Knochen wieder geordnet in die Wiege gelegt, damit das Kind nicht hinken musste, wenn es am Leben blieb. Sie hat das Kind dann heimgetragen.

Am Dienstag der letzten Karwoche war der König von England mit auf der Steinwiese vom Mayr Hans. In Wirklichkeit aber war der König nur der Teufel. Die Jobstin hatte ausgesagt, es wäre die Woff beim Völser Weiher gewesen. Der Teufel erwählte die Jobstin zur Königin von England. Viel Volk mit schönen Kleidern war da. Die Jobstin hatte einen goldenen Rock an. Im Gesicht hatte sie Augen so groß wie zwei Teller. Sie hat fürchterlich ausgesehen. Die Maurerin und die Braunin haben gekocht. Die Cassianin hat Rinderpansen gewaschen und das Geschirr abgespült.

Auch das vergebliche Bemühen, die junge Mesnerin von St. Konstantin, die Huberin von St. Vigil und die Muschin von Obervöls herzubringen, hat sie gestanden. Bei der Muschin konnte sie deshalb nichts ausrichten, weil diese mit ihrem Mann mit gekreuzten Armen im Bett lag. Es gab ein ausgezeichnetes Hochzeitsmahl mit vielen gebratenen Ochsen und die lustigste Unterhaltung.

Vor ein paar Jahren hat sie eine Wallfahrt nach Deutschnofen gemacht. Bei der Predigt in der Kirche war sie fest entschlossen, dem Teufel abzuschwören und wieder ein christliches Leben zu führen. Als sie aber aus der Kirche herauskam, war die teuflische Anfechtung so stark, dass sie mit noch größerer Begierde dem Teufel gefolgt ist.

Ausgefahren ist sie dann viel öfter. Sie hat aber nicht mehr alle Hexenfeiern im Gedächtnis behalten.

Rapp

Der zweite Hexenprozess auf Schloss Prösels

Am ersten Samstag im Juli 1510 hat der edle wohlgeborene Herr Lienhart zu Völs, Hauptmann an der Etsch und Burggraf zu Tirol, höchstpersönlich mit den Geschworenen Hans Moser, Lienhart Grafayer, Michl Wolfram, Niklas Flunger, Niklas Progfaller, Lienhart Vedner, Bartl Peischgaller, Lienhart Schneider, Niklas Salmseiner, Reimprecht Partschiller und Peter Vasan mehrere Frauen, die als Hexen verdächtig wurden, ohne und mit Folterung zu ihren Verbrechen verhört.

Die **Anna Oberharderin** wurde als erste verhört. Sie gestand, dass sie vor fünfzehn Jahren wegen ihrer Armut und anderen Ursachen in eine große Verzagtheit gefallen war. Da kam der böse Geist in weißen Kleidern früh am Morgen, als sie gerade beim Melken war, zu ihr in den Stall und verlangte, sie solle den allmächtigen Gott, die Jungfrau Maria und alle Heiligen verleugnen. Er würde ihr dann genug Gutes geben. Sie folgte dem Teufel, aber von dem, was ihr der böse Geist versprochen hatte, hielt er fast nichts.

Mit anderen Frauen, die schon gerichtet worden sind, wurde auf Gfell gefahren. Was dabei gegessen wurde, hat sie vergessen.

Einmal war sie mit vielen anderen auf der Woff. Der Teufel selber hat pfeifen und trummetten[8] lassen. Da wurde getanzt, gegessen und getrunken. Sie hat ihre Henne mit gebracht, aber was die anderen mitgebracht haben, weiß sie nicht mehr.

Die letzten fünfzehn Jahre ist sie immer auf einem Stuhl oder auf einer Bank ausgefahren. Dabei musste man sagen: „Oben und unten aus und nirgends an!" Dann kam man in einem Augenblick von einem Ort zum anderen. Wenn sie ausfahren musste, hat sie sich nie ins Bett gelegt. Nachher war sie immer etliche Tage schwach und müde.

Beim letzten Weihnachtsfest

haben die Unterharderin und die Miolerin einen Ochsen vom Michaeler mitgebracht. Sie ist auf einer Kuh vom Mengaduier gefahren.

Vor vier oder fünf Jahren hat sie mit den anderen, die schon verbrannt worden sind, auf der Woff beim Kind vom Melchior Schneider mitgegessen.

Ihren Schwur gegen Gott und die Heiligen und auch die Hexenfahrten hat sie nie gebeichtet.

Vor zwei Jahren hat sie in Ums aus dem Partlin Haus ein Kind aus der Wiege genommen. Auf dem Umeser Feld haben sie das Kind gesotten, das Herz herausgenommen und ein Herz aus Stroh eingesetzt. Dem Kind haben die Hexen das Leben mit drei Wochen aufgesetzt, um dann ohne Stimme zu sterben, was auch geschehen ist.

Vor zwei Jahren ist sie mit der Miolerin gegen Vilzay gefahren, da hat sie der Vilzayerin das Kind aus dem Mutterleib genommen. Dem Kind hat sie das Herz im Namen aller tausend Teufel aus der Brust geschnitten, auf dem heißen Herd gebraten und mit der Miolerin verspeist. Die Vilzayerin hatte darauf hin eine Frühgeburt, bei der das Kind nach der Nottaufe gestorben ist.

Auf der Woff hat sie bei zehn Kindern mitgegessen, die von anderen Unholden gebracht worden waren.

Die **Anna Miolerin** klagte, vor fünfzehn oder sechzehn Jahren sei ihr der Mann verstorben und dann habe ihr der Sohn auch noch Geld gestohlen. Sie sei deshalb in große Trübsal verfallen. Der böse Geist kam bei ihr an einem Samstag beim Zunachten. Er ver-

---

[8] Trommeln

sprach ihr einen neuen Rock und viel Geld, wenn sie ihm Folge leistete. Anfangs hatte sie wohl die Hände voll Geld, aber das war bald wieder verschwunden. Der Teufel versprach viel, hielt aber wenig.

Am Donnerstag danach kam er wieder und begehrte sie. Danach ist sie mit dem Teufel zum Kronenwirt nach Terlan gefahren. Mitsammen haben sie dort dem Wirt ein Fass mit Wein fast ausgetrunken und dann hineingeblasen, um das Fass wieder voll zu machen. Als der Wirt Wein holen wollte, war aber wieder fast nichts mehr drinnen. Dem Metzger von Terlan haben sie Rindfleisch gestohlen und dazu noch ein Kind gekocht und gegessen. Wer das Rindfleisch und das Kind gebracht hatte, wusste sie nicht, weil zu viele Unholde da waren, die sie nicht kannte.

Sie ist immer an den Quatembertagen und zu Weihnachten ausgefahren. Wenn in einem Haus, wo sie vorbeifuhren, ein Kind geweint hat, das auch nicht gut gesegnet war, musste es mit auf die Fahrt. Wer aber geweihtes Elzen-Holz im Haus hatte, war vor den Hexen sicher.

Von den anderen Hexen hat sie auch erfahren, welche Kinder von einem betrunkenen Pfarrer, der zudem auch nicht gebeichtet hatte, schlecht getauft waren. Diese Kinder mussten auch mitgenommen werden.

Einmal waren alle auf der Wiese vor der Kirche von St. Konstantin. Da hat die Braunin das Kind vom Huber in Völs und die Huberin eine Kuh vom Tschoier in Völs gebracht. Da hat es Gesottenes und Gebratenes gegeben. Die Braunin hat gekocht, und die Cassianin aufgespielt. Sie selbst war die Tanzmeisterin.

Sie war auch in Brixen dabei, als mehreren Bauern der Wein ausgetrunken wurde.

Im Fassatal haben alle Weintrauben gegessen und Wein dazu getrunken. Es waren auch einige dabei, die bereits gerichtet worden sind.

Bei der Hochzeit der Jobstin war sie nicht dabei. Sie hat aber davon gehört.

In Steinegg haben sich alle beim Mesner Brot und Fleisch genommen und am Wein vom Pfarrer gelabt. Anschließend wurde um die Kirche herumgetanzt. Immer wenn sie ausgefahren ist, hatte der Teufel mit ihr zu schaffen. Er war aber unfreundlich und kalt. Sein Rücken war hohl wie eine Molter[9]. Sie ist immer auf Scheitern ausgefahren und hat dabei gesagt: „Oben aus und nirgends an!" Die anderen kamen wie die Fliegen und sie wusste nicht zu sagen, was alle gebracht haben. Sie glaube auch nicht, dass der Teufel die Macht aufgeben würde, die er zu Filius[10] Zabres Zeiten errungen hatte.

Ihre Verleugnung von Gott und den Heiligen hat sie nie gebeichtet, aber trotzdem die heilige Kommunion unwürdig empfangen.

Die letzte Nacht hat sie der Teufel im Gefängnis aufgesucht und von ihr verlangt sie solle alles widerrufen. Im Gefängnis wusste sie noch von allen Untaten, aber vor dem Rich-

---

[9] Rechteckiges Gefäß aus einem Holzstück gearbeitet – ca. 10 Liter
[10] Zur damaligen Zeit wurde aus dem römischen Dichter Virgilius ein gewaltiger Zauberer

ter war ihr Hals wie zugeschnürt. Wenn sie keine Hilfe von einem Priester erhalten hätte, wäre aus ihr auch mit der Folter nichts herauszubringen gewesen. Nach den Ausfahrten war sie immer nackt.

Als nächste wurde die **Katharina Haslriederin** vorgeführt. Auch sie wurde schließlich gefoltert. Zu ihr kam ein alter Mann in einem grauen Rock und zeigte ihr neben ihrem Hof eine Stelle an der früher ein Schloss gestanden hatte. „Im Keller darunter liegt noch ein Schatz," verriet er ihr.

Er versprach ihr auch noch, sie zu einem Ort der Lust und der Freude zu führen, wenn sie

Gott, die Gottesmutter und die Heiligen verleugnen würde. Sie müsste dann mit ihm über einen Lärchenbaum fahren, bei dem der Blitz den Wipfel verbrannt hatte. Dann würde sie sehen, wie der Teufel mit seinem Gefolge darüberfuhr. Sie entgegnete dem alten Mann: „Ich würde gerne alles tun, aber es darf meiner Seele nicht schaden!" Damals hat sie noch nicht mitgemacht.

Vor vier Jahren aber kam die Braunin und forderte von ihr eine alte Schuld ein. „Ich habe kein Geld, da muss mir schon der Herrgott oder der Teufel das Geld bringen," sagte sie. Daraufhin meinte die Braunin, sie solle zu ihr auf Besuch kommen, dann könne man alles regeln.

Als sie bei der Braunin wegen der Schuld vorsprach, sagte diese: „Ich weiß einen guten Freund. Der gibt dir genug, wenn du ihm folgst und Gott und die Heiligen verleugnest." Sie wollte zwar nicht, hat aber trotzdem gesagt: „Wenn ich genug Geld und Gut bekomme, begebe ich mich in des Teufels Gehorsam." Die Braunin drohte ihr noch, es werde ihr übel gehen, wenn sie den Schwur an den Teufel nicht hielte. Geld hat sie vom Teufel keines bekommen, aber die Braunin hat die Schuld nicht mehr gefordert.

Mit anderen Hexen und dem Teufel traf sie sich auf dem Schlern. Da haben alle zusammen beschlossen, am Lorenzentag im Völser Kirchturm einen Blitz einschlagen zu lassen. Das ganze Dorf sollte vom Brand zerstört werden. Damit der Teufel mehr Gewalt über die Welt bekam, sollten auch das Getreide und die Weingärten verhagelt werden. Die Muttergottes und die große Glocke von Völs haben aber einen Teil des Gewitters abgewendet. Mit anderen zusammen hat sie über mehrere Jahre lange Dürrezeiten gezaubert.

Beim nächsten Ausritt war der Karnoder zum ersten Mal dabei. Als die Jobstin den König von England heiratete, war die Annl, eine Bauermagd mit einem großen Kropf, mit in der Gesellschaft. Diese Kropf Annl wurde ein Jahr später in Bozen mit dem Feuer gerichtet.

Auch sie hat nie gebeichtet und immer die hl. Kommunion unwürdig empfangen. Alle mitsammen haben den Beschluss gefasst, in den nächsten fünf Jahren möglichst viele Leute in die Gesellschaft des Teufels zu bringen und den christlichen Glauben zu vertilgen.

Die **Mesnerin von St. Konstatin** erklärte, dass sie vor vier Jahren abends im Bett mit dem Mann über ihre große Not sprach. „Ich kann den Kindern bald nichts mehr zu essen geben", klagte sie ihm. Er aber schlief bald ein. Ihr ist dann der Teufel vor den Augen herumgefahren. In ihrer Verzweiflung hat sie sich dem Teufel ergeben und die verlangten Schwüre geleistet.

Sie war bei den Ausfahrten der Unholde dabei. Beim Wettermachen gegen den Völser Kirchturm hat sie auch mitgeholfen.

Am Veits Tag hat sie mit großen Steinen aus zwei Fässern ein Wetter gemacht, das dem Grafayer und Blatider den Wein und das Getreide zerschlagen hat, den Vollungauer hat es nur gestreift.

Auch sie gestand, dass sofern der Herrgott sie nicht daran hinderte, sie alle zusammen den christlichen Glauben vertilgen wollten.

Rapp

Als Beispiel dafür, was damals auf die bedauernswerten Frauen zukam, wird das Urteil gegen die Juliana de Pozza aus dem Fassatal angeführt:

„Urthl

Aus den ausgangnen und verlesnen fürstlichen Pan- und Achtbrief der hierfirgestelten Waibsperson Juliana de Pozza Ungricht und Bekhantnus derselben Misshandlung, Bestätigung derselben, und was dann in disen Malefizrechten für und ainkhomen, ist über des herrn Stattgerichts Anwalts und Panrichters An- und Umbfrage durch die 12 Gerichts- und Malefixgeschworenen zu Urthl und Recht erkhant, das sy die arme Waibsperson Juliana de Pozza durch sollich ir bekhante und begangne Misshandlung, der Verlaugnung der Allerhailigsten Draifaltigkhait und des hailigen Tauffs, auch Ergebung dem Pesen Gaist, mit Gebrauch zauberischer Salben gethane Auffarung zu der zauberischen Gesöllschaft Spässen daselbst verunehrte hailigiste Hostia, dargegen Verehrung des Pesen Gaist und mit denselben veryebte reverender Unzucht, sowol in Gspanschaft verbrachte Tötung und Verzörung des Vüchs und aines gemachten Schauers laider das Leben verwirckht, und den Todt verschult habe, und das der Herr Panrichter auf ainen der Obrigkhait gelegenen Tag sy die arme Waibsperson alher für dise Rathsbehausung fiern, alda ir Urgricht und Bekhantnus offentlichen verlesen lassen, alsdann sy die arme Waibsperson Juliana de Pozza dem Maister Hannsen Freymann überantwurt, der sy dann annemen, pinten und an die gewonliche Richtstatt, da man das Übl zu straffen pflegt, fiern, wolte sy daselbst noch paichten und peten, soll ihr zimbliche Zait zuegelassen, alsdann ir erstens die gerechte Handt abgehauen, und dann nachmals sy sambt der Hant lebendig auf den Schaiterhauffen gelegt, auch zu Pulfer und Aschen verprennt, und also durch den Prant vom Leben zum Todt gericht werden soll."

Rapp

Die Kropf Anndl

Beim Völser Hexenprozess im Jahre 1510 hatte die Unterharderin angegeben, dass vor Jahren am Christi Himmelfahrtstag auch die Kropf Anndl, eine Bauernmagd, bei der Hexenausfahrt dabei war.

Die Anndl war nur ein Jahr dabei. Dann hat den anderen vor ihr wegen ihrem vereiterten Gesicht gegraust, da sie den Franzos[11] eingefangen hatte. Vermutlich wurde sie deswegen auch von der Dorfgemeinschaft dermaßen ausgegrenzt, dass sie sich gezwungen sah, aus Völs auszuwandern.

Sie landete in Bozen. Dort folgte ihr das Verhängnis auf dem Fuß. Die Nachricht vom Prozess in Völs war auch bis nach Bozen gedrungen und ihr auffälliger Kropf hat sie dort schnell verraten.

Sie wurde verhaftet und am 12. März 1511 dem Richter und den fünf Geschworenen vorgeführt. Dort berichtete sie, dass sie von der Unterharderin um die Mithilfe bei der Heuarbeit gebeten worden war. Bei der Arbeit wurde sie von ihr eingeladen, am Abend da zu bleiben, denn dann würde auf der Wiese gegessen, getrunken und getanzt. Es würde eine sehr schöne Unterhaltung geben.

Am Christi Himmelfahrtstag wurde sie in die Hexengemeinschaft aufgenommen. Bei der Ausfahrt in der folgenden Nacht hat der Bodenlang Michael die Maichsnerin und die Jörgin unter dem Köfel abgemetzgert, da kein Vieh aufzutreiben war.

Sie war mit auf dem Nonsberg, auf Jochgrimm und auf der Seiser Alm. Dort haben sie den Sennerinnen Käse und Schmalz zum Essen entwendet.

Vom Kind des Scheider Melchior aus Bozen hat sie nicht gegessen. Wenn auszufahren war, hat sie der

---

[11] Syphilis

Teufel immer dreimal beim Namen gerufen. Manchmal hat sie von der Underharderin Botschaft erhalten, wenn sie ausfahren musste.

Ihren Pakt mit dem Teufel hat sie gebeichtet. Der Beichtvater hat ihr zur Buße aufgegeben, neun Freitage bei Brot und Wasser zu fasten. Danach durfte sie wieder die heilige Kommunion empfangen.

Am 15. März wurde über die Kropf Anndl Malefizrecht gehalten. Auf ihre Aussagen musste sie auch noch schwören. Anschließend hat sie der Meister Claud aus Meran auf der Reichsstraße zur Eisackbrücke hinausgeführt und mit Feuer zu Pulver und Asche verbrannt.

Rapp – Malknecht

Zwei Tierser Hexen

Im Juni 1524 tagte in Brixen das Hexengericht für zwei Frauen aus Tiers. Mit der gütlichen und peinlichen Befragung gestand Katharina Grundler, Gattin des Lukas Grundler, schreckliche Dinge. Sie war dem Teufel namens Belzebock zum ersten Mal auf dem Grafenhof in Sarntal begegnet, wo sie mit ihrem Mann übernachtet hatte.

Der Teufel führte sie im Schlaf ins Freie und verlangte von ihr die Widerrufung des christlichen Glaubens. Nach dem zweiten Versuch konnte sie dem Teufel nicht mehr widerstehen. In der Folge gab sie sich dem Teufel hin.

Weiters gestand sie zahlreiche weitere Vergehen. Sie habe ohne Reue gebeichtet, an den christlichen Bräuchen nicht teilgenommen, sich des zaubererischen Milchdiebstahls bedient und Zaubereien beim Vieh vollbracht. Zuletzt denunzierte sie auch noch die Margareth Trumpedeller als eine weitere Unholdin.

Diese wurde ebenfalls verhaftet und verhört. Am 12. Dezember besuchte sie der Pfleger von Völsegg, Friedrich Steigenberger, in der Zelle. Sie bat ihn am nächsten Morgen zu ihr in die Zelle zu kommen, sie hätte ihm allerlei zu gestehen.

Als er am nächsten Morgen die Zelle betrat, war die Margareth Trumpedeller tot. Sie hatte sich an Teilen ihrer Kleidung erhängt.

Noch an diesem Tag wurde das Schlussurteil über beide Frauen verhängt. Die Katharina Grundler wurde gemeinsam mit der Leiche der erhängten Margareth Trumpedeller auf dem Scheiterhaufen verbrannt.

Rabanser

Die Hutterer

Jakob Huter[12] 50, ein Hutmacher aus St. Lorenzen im Pustertal und seine hochschwangere Frau wurden in der Nacht zum 1. Dezember 1535 im Haus des Klausner Mesners Hans Steiner verhaftet. Am 25. Februar 1536 wurde der Jakob in Innsbruck unter dem goldenen Dachl auf dem Scheiterhaufen verbrannt. Zuvor hatte man ihn in

---

[12] Auch Hutter geschrieben

24

den eiskalten Inn abgeseilt, mit einem Messer die Haut in seinem Rücken eingeschnitten, Schnaps darüber geschüttet und angezündet.

Er und seine Anhänger hatten das Verbrechen begangen, streng nach der Bergpredigt gewaltfrei zu leben und nicht mehr auf die katholische Kirche zu hören. Das erregte den Unmut der Obrigkeit, die in jener Zeit an die 400 Hutterer hinrichten ließ.

Die grausame Verfolgung konnte die Hutterer aber nicht von ihrem Glauben abbringen. Sie wanderten zuerst nach Osteuropa und schließlich nach Kanada aus. Dort gibt es heute um die 45.000 Hutterer in 465 Bruderschaften mit jeweils um die dreißig Familien. Sie pflegen die deutsche Sprache und leben recht erfolgreich in Gütergemeinschaften von der Landwirtschaft und dem Handwerk. Sie lassen sich erst als Erwachsene taufen, haben keinen Privatbesitz und spenden für karitative Einrichtungen. Zur weltlichen Obrigkeit halten sie misstrauische Distanz. Sie lehnen auch jede kirchliche Obrigkeit ab.

Wenn Jugendliche in ihrem Freiheitsdrang die Gemeinschaft verlassen, finden sie das sehr bedauerlich. Dafür ist die Freude groß, wenn sie wieder reumütig in die Gemeinschaft zurückkehren. Die Einheirat von Nicht-Hutterern sehen sie nicht gern.

Sie sprechen noch immer deutsch. Trotz der anderssprachigen Umgebung in Osteuropa und Amerika hat sich der Tirolerdialekt nur mit einzelnen Fremdwörtern vermischt und erstaunlich ursprünglich erhalten.

Durch Verhandlungen haben sie erreicht, dass sie neben dem Unterricht in englischer Sprache täglich auch zwei Stunden Deutsch unterrichten dürfen und keinen Militärdienst leisten müssen. Die Regierung schätzt sie als problemlose Staatsbürger. Damit sie nicht in ein anderes Land weiterziehen, wurde ihnen die Befreiung vom Militärdienst eingeräumt.

Die Mädchen, bei ihnen Dirnen genannt, werden ab siebzehn Jahren jeweils für eine Woche zum Kochen eingeteilt. Den Frauen ab fünfundvierzig Jahren obliegt die Erziehung der Kinder in einer unserem Kindergarten ähnlichen Einrichtung. Die Kleider nähen sie selbst und den Stoff dafür bekommen sie von der Gemeinschaft.

Drei Hutterer Ehepaare haben im Februar 2007 auf Einladung eines Arbeitskreises von Nord- und Südtirol die Leidensstätten ihrer Vorfahren aufgesucht. „Wir können das Leid unserer Vorfahren nachvollziehen", erklärten sie, „wir hegen aber keinen Hass im Herzen und danken Gott, dass unsere Vorfahren den aufrechten Weg gegangen sind und wir heute in Frieden und Überfluss leben dürfen."

Presseberichte 2007

Das säugende Kind

Im Jahre 1592 wurde die Barbara Hinterhoferin „ain ohne das liederlich und unruebig Weib" wegen Hexerei in Bruneck vor das Gericht gezerrt. Der Richter wollte sie unbedingt als Hexe überführen.

Bei den Verhören gab sie nur zu, dass sie dem Mathias Fischer am Fronleichnamsfest ihre missratene Butter zum Schmieren der Glockenseile gegeben hatte, da ihr die Butter und der Käse nicht gelingen wollten.

Ihre beiden Nachbarn, der Sießl Michl und der Perger Jörgl, haben sich für ihre Freilassung eingesetzt, weil sie daheim ein säugendes Kind hatte. Beide mussten dafür mit dem ganzen Besitz haften.

Bei einem weiteren Verhör am 5. Juni bekräftigte auch der Mathias Fischer als Zeuge unter Eid, dass ihm die Hinterhoferin am Fronleichnamstag einen in Papier eingewickelten Löffel mit Schmalz übergeben hatte. Er sollte damit das Seil der großen Glocke aufwärts einschmieren. Auch die Glocken sollte er an der Stelle, wo der Klöppel anschlägt einschmieren. Weil er sich weigerte, fiel ihm die Hinterhoferin um den Hals und versicherte ihm, dass es gewiss niemandem schaden würde und sie ihm gut sein würde. Und Brot bekäme er auch noch von ihr.

Er tat wie gewünscht, da brach aus heiterem Himmel ein Unwetter los, wie es noch niemand erlebt hatte. Nach einer Stunde war das Wetter vorbei. Als dies dem Stadtrichter von Brixen gemeldet wurde, befahl dieser eine weitere Verhaftung, wobei die Hinterhoferin anderweitig Vorsorge für ihr säugendes Kind zu treffen hatte. Sie wies trotz Folter alle sonstigen Anschuldigungen energisch zurück. Der Richter setzte sie schließlich gegen Bezahlung der Gefängniskosten in Freiheit und empfahl ein wachsames Auge auf sie zu haben.

Ammann 1914

Der Wahrsager

Am 20. Dezember 1600 bot der vierundzwanzigjährige Hans Georg Füerer dem Pfleger von Kastelruth seine Dienste als Wahrsager an. Da war er freilich an den Falschen geraten, denn der ließ ihn verhaften und vor Gericht stellen. Als gebürtiger Grazer fiel er durch seine Aussprache auf und außerdem konnte er keinen Ausweis vorzeigen.

Vor dem Richter und drei Gerichtsgeschworenen sagte er, nach der üblichen Nachfrage um die persönlichen Daten, folgendes aus: Vor fünf Jahren sei er anderthalb Jahre dem Schgotto verpflichtet gewesen und von diesem habe er die Kunst des Wahrsagens erlernt. Seit dieser vor drei Jahren verstarb, biete er die Kunst, die „Nativitäten" der Menschen auszudeuten, an.

Sogar der Herr Trautson zu Rofreidt, der Herr Wolkenstein in Bozen, der Pfarrer von Völs, der Herr Vels auf Schoß Prösels und viele andere vornehme Leute hätten in diesem Land schon seine Dienste in Anspruch genommen. Dafür habe er nie etwas verlangt, aber die Leute hätten ihn freiwillig dafür bezahlt; der Herr Wolkenstein in Bozen sogar mit einem Vierundzwanziger. Beim Pfarrer von Völs gab es nichts, außer einem Nachtessen und einem Nachtlager.

Das Geld habe er vertrunken. Das sei auch der Grund, warum er ohne Ausweis sei. Diesen habe er, wegen elf Schilling Zechschulden, einem Wirt in Österreich als Pfand überlassen müssen.

Er sagte, er sei auch bei mehreren erfolgreichen Feldzügen dabei gewesen, und versuchte damit bei den Geschworenen Eindruck zu schinden. Diese ließen sich aber von seiner Kunst und von seinen Kriegserinnerungen nicht sehr überzeugen, denn sie wollten ihm mit den Daumenschrauben zu weiteren Aussagen bewegen. Da aber nichts weiteres aus ihm herauszubringen war, stellten sie die Folter ein und beschlossen, ihn bis nach Weihnachten im Kerker zu lassen.

Bruno Mahlkecht 1975

Der Tierser Hexenprozess

Da schon längere Zeit unter der Bevölkerung ein Gerücht über die Panoarin im Umlauf war, hat der Gerichtsanwalt Lienhard Golfmorter Unterprader Bauer am 25. Februar 1613 einige Bürger vorgeladen.

Die alte Paocherin erzählte, die Panoarin sei zu ihr gekommen und habe ihr Brot und Käse gebracht. Dann habe die Panoarin um einen Käse für ihren Mann gebeten. Von der Stunde an sei ihr das Buttermachen nicht mehr gelungen.

Die Leute hätten ihr dann geraten, sie solle versuchen, von der Panoarin Milch zu bekommen. Von dieser Milch solle sie Käse machen und diesen mit Salz verrühren und dem Vieh zu fressen geben. Von dieser Stunde an ist die Butter wieder gelungen.

Der krumme Schuster wusste zu berichten, wie es der Gagesin mit den Milchproblemen ergangen ist. Er riet ihr, sie sollte versuchen, einen Stofffetzen von einem Gewand der Panoarin zu bekommen. Diesen sollte sie verbrennen. Der Rauch hat den Milchzauber gebrochen.

Die Edenhauserin sagte aus, dass die Neuhauserin behauptet hatte, die Panoarin sei eine Zauberin, weil auch ihr das Buttermachen misslungen war. Als sie ein Stoffstück von der Panoarin verbrannt hatte, war es von der Stunde an besser gewesen.

Der vierte Zeuge war der Zenzn Jåggl. Er erzählte, seine Mutter habe ihn in den Wald geschickt um Lärchenrinden zu holen. Mit diesen Rinden habe die Mutter am Sonntagmorgen ein Feuer angezündet und einen Stößl zum Glühen gebracht. Darauf habe sie Milch in eine Mohnstampfe geschüttet und den Stößl hineingestoßen. Er wollte nicht behaupten, die Panoarin hätte die Schuld, aber merkwürdig sei es schon gewesen, dass diese gerade in dem Moment zurechtkam und seither die Butter wieder gelang.

Der Grafeier Veit aus Bozen berichtete von seinem Kind, das er vor zwölf Jahren der Panoarin in Tiers in die Kost gegeben hatte. Nach einem Jahr brachte sie ihm das Kind, bis auf die Knochen abgemagert, zurück. Es verstarb dann bald. Ob das Kind verzaubert war oder nur krank, das konnte er nicht sagen. Von den Leuten hörte man nichts Gutes über sie und er selbst würde ihr auch nicht trauen. Als sie ihm einmal ein paar Eier brachte, hatte sie in ihrem Handkorb zwei, drei Riala[13]. Als er fragte, was sie damit mache, wollte sie mit der Sprache nicht herausrücken. Erst nach längerem Drängen, verriet sie ihm, dass sie damit den Männern helfen könne, welche ihre Mannheit verloren hatten.

Was bisher in Erfahrung zu bringen war, reichte nicht für eine Festnahme. Aber fünf Monate später gingen die Befragungen weiter. Die Söllin sagte, eine ihrer

---

13 Kurze runde Holzstücke – diese wurden zum Festzurren der „Stricken" gebraucht – (Stricken, gezopfte Seile aus Rindshaut

Kühe habe die dürren Blatern bekommen, als die Panoarin auf Besuch da war. Diese Kuh wurde zwar gesund, aber am darauffolgenden Donnerstag war die ganze Milch unbrauchbar. Die Panoarin hat ihr geraten den Kühen geweihte Kräuter zu geben, worauf es besser wurde. Aber drei Tage später verendete eine Kuh und von den anderen Kühen war die Milch wieder nicht zu gebrauchen.

Der Mangaduier sagte, die Panoarin habe ihm im vergangenen Frühjahr fünf Kitze gebracht, um sie mit seinem Vieh hüten zu lassen. Darauf erkrankten drei seiner Ziegen und gaben keine Milch mehr. Als er ihr die Kitze zurückgab, sind die Ziegen gesund geworden, aber Milch gaben sie keine mehr.

Am 12. November 1613 hat Michael von Völs, Richter zu Klausen, den Abraham Dinsl nach Tiers geschickt, um zusammen mit dem Tierser Anwalt, dem Pacher, zu prüfen, ob der Panoarin der Prozess zu machen wäre. Nach zwei Tagen Verhandlung kam zum bisher bekannten noch eine Menge dazu. Der Pacher selber klagte, wie viel er wegen der Panoarin mit dem Vieh zu leiden hatte. Aber sobald er von ihr eine Huder verbrannt hat, wurde es besser. Eine Huder von anderen Leuten hatte nicht geholfen. Seit fünfundzwanzig Jahren zaubere sie schon und außerdem soll sie gesagt haben, dass sie mit der Longwerda[14] auf dem großen Kofel oben ein gutes Leben habe.

Der Völser Krämer berichtete, er habe einmal bei einem Bauern auf dem Ofen übernachtet. Als alle schliefen, wären die Panoarin und andere in die Stube gekommen. Dabei wurde gut gegessen und getrunken. Schließlich wurde noch ausgemacht, wo die nächste Zusammenkunft sein würde. In den folgenden Jahren wuchs das Getreide zwar gut, bildete aber fast keine Körner aus. Die Nachbarsgemeinden schimpften auch wegen dem schlechten Wetter. Sie sagten die Tierser wissen genau, wer die Schuld hätte, sie täten aber nichts dagegen.

Die Panoarin wurde vorgeführt und sagte beim Verhör, dass sie seit zweiundvierzig Jahren in Tiers lebte. Sie war in Rigl Putz in Fassa geboren worden und wurde als Kindermädchen von ihrem späteren Schwiegervater mit vierzehn oder fünfzehn Jahren nach Tiers gebracht.

Sie konnte das Kreuzzeichen nicht richtig machen und bei den zehn Geboten hat sie sich auch nicht besonders gut ausgekannt. Mit dem Milchzauber hat sie nie etwas zu schaffen gehabt. Nur dem Unterprader und dem Valtan Kilian von Bozen hat sie, da sie wegen der verlorenen Mannheit so gejammert haben, drei Riala[15] gegeben und gesagt, sie sollten sie drei Tage in der Hosentasche tragen und dann in rinnendes Wasser werfen. Sie wüsste aber nicht, ob es geholfen hat.

Da ihr beim ganzen Verhör keine Träne kam, was als sicheres Zeichen für eine Hexe galt, drohte man ihr mit der Folterkammer beim Gericht in Brixen. Sie war aber trotzdem nicht bereit etwas zu gestehen. Deswegen wurde sie mit Ketten gebunden am 24. und 25. November nach Brixen geführt. Das Gericht in Tiers wäre für die Verurteilung von Hexen auch nicht zuständig gewesen.

Von ihrer jüngeren Tochter lernte sie noch schnell die zehn Gebote. Diese weinte viel und sagte: „In Brixen sind fromme Menschen, die werden dir nichts tun, weil du unschul-

---

[14] Hexe aus dem Rosengarten – 1573 in Brixen hingerichtet

[15] Kurze runde Holzstücke – diese wurden zum Festzurren der „Stricken" gebraucht – (Stricken, gezopfte Seile aus Rindshaut

dig bist!" Die ältere Tochter riet ihr, sie solle ja nicht zu viel Wein trinken, damit sie nicht zu viel redete.

Nach zwei Tagen wurde sie in Brixen dem Richter vorgeführt, der sie zu den bereits ausgesagten Dingen befragte. Die zehn Gebote konnte sie jetzt leidlich aufsagen, aber das Kreuzzeichen wollte ihr noch nicht gelingen. Ihrer Aussage zufolge hat es keinen Milchzauber gegeben und sie wusste auch niemand, der so etwas konnte. Die Longwerda hat sie nicht persönlich gekannt, aber sie hat sie gesehen, als sie abgeführt wurde.

Als ihr der Richter mit der Daumenschraube drohte, gestand sie, dass sie im Brot Kampfer eingebacken und als Medizin verteilt hat, wenn Kühe die Milch verloren hatten. Die Leute mussten aber auch im Stall zum hl. Ziprian beten und armen Menschen ein Paar Schuhe versprechen. Das Wissen um die Heilkräuter, die sie für krankes Vieh ausgeteilt hat, stammte von einer blinden Magd in Eves. Das mit der Mannheit hat ihr der Permann Valtl verraten.

Der Richter in Brixen hatte in Erfahrung gebracht, dass auch die Winterlin wegen der gleichen Vergehen verdächtigt wurde. Er beauftragte den Richter Dinsl, die Erhebungen vorzunehmen und vor allem auf das Teufelsmal zu achten, das sie angeblich haben sollte. Sie musste die gleichen Fragen über sich ergehen lassen wie die Panoarin. Dann hielt er ihr vor, dass ihr Sohn, als er noch kleiner war erzählt hat, sie hätte ein Messer in eine Holzsäule gestoßen und die Milch anderer Leute daraus gemolken.

Sie gab nur trutzige Antworten, leugnete alles und behauptete, ihr geschehe Unrecht. Sie wolle zum Richter nach Brixen, damit ihre Unschuld bewiesen werde. Wegen dem schwarzen Zeichen unter ihrem linken Auge, das einer Warze glich, wusste sie nicht ob sie es bereits bei der Geburt gehabt hatte.

Der Anwalt Dinsl wollte auch noch wissen, warum sie nicht, wie bei den Bäuerinnen üblich, ein Messer am Gürtel trage. Sie sagte, ein Messer habe sie fast nie.

Ihr Sohn, der Harder und der Gschwöller mussten auch noch Zeugschaft ablegen, aber es kam wenig Erhellendes heraus.

Am 10. Dezember verhörte der Richter in Brixen die Panoarin ein weiteres Mal. Er hatte inzwischen die Akten von der 1573 in Brixen exekutierten Hexe Ursula Longwerda studiert. Aber für diesen Prozess war ihm nichts besonderes aufgefallen.

Er stellte ihr ein weiteres Mal die gleichen Fragen. Zur Sache Longwerda sagte sie diesmal, sie habe von ihrem Schwager, dem Gerichtsschreiber Feichter etwas gehört.

Der Richter wollte auch wissen, was es mit dem Müller von Praibach für eine Bewandtnis habe, der mit seiner Frau verschwunden war, als sie verhaftet wurde. Dieser sollte ja mit Schatzgraben, Schwarzkünstlerei, Teufelspfannen und üblen Dingen zu tun gehabt haben.

Den Müller Stoffl kannte sie schon, aber sie wusste nicht, was er tat. Weil ihre Aussagen mit dem ersten Verhör nicht ganz übereinstimmten, legte man ihr die Daumenschrauben an. Da hat sie dann zugegeben, dass sie die Naiflerin, die schon gestorben war, einmal gebeten habe, sie solle ihr von der Winterlin ein Stück Huder bringen. Ihre Kalbin habe nämlich nach dem Kälbern keine Milch gegeben. Sie habe diese Jungkuh mit der Huder geräuchert und es habe geholfen.

Nach zwei Tagen hat man ihr ein weiteres Mal die Daumenschrauben angelegt. Da gab sie zu, dass sie eine arme Sünderin sei. Sie habe, als sie für andere Wallfahrten ging, zu viel

Brot und Mehl dafür verlangt. Weil sonst aus ihr nichts mehr zu erfahren war, band man sie in der Folterkammer fest. Als ihr dabei die Tränen kamen, ließ das der Richter als Unschuldsbeweis gelten, da Hexen angeblich nicht weinen konnten.

Für die Winterlin war am 18. Dezember in Tiers der Prozess angesetzt. Sie erklärte zunächst wieder ihre Unschuld. Als ihr mit den Daumenschrauben gedroht wurde, gab sie zu, auf dem Ritten drüben mit dem Knecht gegen die Keuschheit gesündigt zu haben und vom Goller von Oberinn habe sie ein Kind ausgetragen. Beides habe sie nie gebeichtet.

Sie gestand auch nichts weiteres, als ihr noch zweimal die Daumenschrauben angelegt wurden.

Am 13. Jänner 1614 war in Brixen eine weitere Verhandlung für die Panoarin. Ob sie es sich besser überlegt habe und ein Geständnis ablegen wolle, hat sie der Richter gefragt. „Es gibt nichts zu gestehen!", erklärte sie. Als sie in der Folterkammer festgebunden wurde, erklärte sie, sie sei unschuldig und überlasse alles dem Herrgott.

Die Richter waren nicht so grausam wie anderorts. Sie verurteilten sie für ihre abergläubischen Ratschläge, zusätzlich zu ihrem bisherigen Gefängnisaufenthalt, noch zu zwei Stunden Pranger. Sollte ihr die geistliche Obrigkeit wegen des Aberglaubens ein Strafe aufgeben, habe sie auch diese zu tragen. Außerdem musste sie die Gefängniskosten bezahlen und schwören, dass sie niemandem etwas nachtrage der zu ihrer Verhaftung, Gefangenschaft und Bestrafung beigetragen hatte. Sollte aber noch etwas zum Vorschein kommen, würde sie wieder verhaftet.

Die Winterlin musste ein paar Tage länger sitzen. Dann stellte man fest, dass man im Winter einer Frau den Aufenthalt im primitiven Gefängnis von Tiers nicht weiter zumuten konnte. Von da an ist von beiden in den Gerichtsakten nichts mehr vermerkt.

Bruno Malknecht

Der Kachler Hans

Zusätzlich zu den vor rund hundert Jahren gesammelten Geschichten über den Kachler, hat Rabanser in jüngster Zeit auch gerichtliche Aufzeichnungen gefunden.

Hans Lachmann, Kachler Bauer in Kastelruth hatte zauberische Bücher und Instrumente. Er wurde 1638 für seine Untaten in Karneid von einem Hexengericht verurteilt. Angesichts seines hohen Alters und auf die Gefahr, dass er bei der Verbrennung seelisch verzweifeln könne, sollten ihm von der rechten Hand drei Finger abgehackt werden. Dann sollte man ihn enthaupten und mitsamt den Fingern, sowie seinen Büchern und Instrumenten verbrennen.

Die Weisung des Oberlandesgerichtes empfahl dem Richter, er solle sich mit dem größten Fleiß mittels Beiziehung eines Geistlichen um die Bekehrung von Hans Lachmann vor seiner Exekution bemühen.

Einen Monat später wurde in aller Stille und mit gebührender Vorsicht gegen weitere vier Personen aus Kastelruth ermittelt. Der weitere Verlauf ist nicht bekannt.

Rabanser

Der Lauterfresser

Am 11. Mai 1645 wurde Mattheus Berger, achtundfünfzig Jahre alt, wegen Hexerei zum zweiten Mal verhaftet und in der Burg Rodeneck in den Kerker gesperrt.

Seinen Übernamen hatte er vermutlich wegen seiner Vorliebe für die Frigl[16] abbekommen. Weiß, nicht zu raß[17] und schön flüssig sollte sein Leibgericht sein.

Das Lesen und Schreiben hat er sich selber beigebracht. Er ist im ganzen Land herumgekommen und hat Bücher geliehen und auch vergeliehen. Er handelte mit Medikamenten zur Geburtenregelung und gegen allerlei Krankheiten. Er verkaufte Zaubermittel, um gut zu wirtschaften und konnte böse Gewitter mit Schauer und sogar Schnee machen.

Auch die Weinkeller fremder Leute suchte er gerne heim. Er brachte Viehkrankheiten auf die Höfe und konnte Tiere tot umfallen lassen.

Die Belial war seine Mätresse und auch Gebieterin. Ihre Aufträge, den Menschen Schaden zuzufügen, musste er befolgen, sonst würgte sie ihn am Hals.

Als einmal ein Glasermeister des Weges kam, verwandelte er sich geschwind in einen Baumstock. Der Meister hatte auf seiner Kraxe wertvolle Fensterscheiben und wollte auf dem Stock ein bisschen rasten. Als er sich gerade niedergelassen hatte, verschwand der Stock und vom schönen, teuren Glas lagen nur mehr die Scherben auf dem Weg. Als sich der Glasermeister wegen des Verlustes die Haare raufte, sah er dort, wo vorher der Stock war, einen schönen Stier mit einem Seil am Kopf. „Auch nicht schlecht!", dachte er sich, nahm den Stier beim Seil und trabte damit in das nächste Dorf, wo gerade Viehmarkt war. Ein Bauer kaufte sogleich das schöne Tier und führte es stolz nach Hause. Er hatte den Stier im Stall noch nicht an die Kette gelegt, da verwandelte sich der Stier in eine Fliege und flog durch das offene Fenster davon.

Dem Gaßer Müller hat er ein Zaubermittel geraten, damit die Bauern nur mehr bei ihm mahlen lassen konnten.

Im Jahr 1640 hat der Lauterfresser auf dem Schlern zwölf Weibern beim Tanzen zugesehen. Der Teufel mit seinen spitzen Schuhen und der langen Feder auf dem Hut hat auf seiner Schalmei aufgespielt. Der Lauterfresser hat sich mit den Hexen sexuell vergnügt, wusste aber nicht, wie er auf den Schlern gekommen war und auch nicht wie er hinterher nach Tiers kam.

An einem heißen Sommertag spazierte er durch Brixen. Da bekam er Lust auf eine mächtige Portion Schlagrahm. Geschwind rief er: „Schau schau, auf der Seiser Alm ist eine Sennerin beim Buttermachen. Kübele, Kübele dreh dich um und her zu mir!" Und schon stand das Butterfass gefüllt mit schön aufgeschlagenem Rahm vor ihm auf der Straße. Wenn er in die Nähe einer Speisekammer kam, verwandelte er sich in eine Fliege, flog durch das Fenster und schleckte den Rahm von den Milchschüsseln.

Ein anderes Mal verwandelte er sich in einen Bär und zerriss auf der Raschötzer Alm den Bauern das Vieh und fraß sich satt. Als die Grödner- und Villnösser Jäger ausrückten, um den Bär zu erlegen, verwandelte er sich wider in einen Menschen und spazierte nach St. Ulrich.

---

[16] Milchsuppe mit Weizenteigkügelchen
[17] Versalzen

Dort bestellte er in einem Gasthaus ein halbes Dutzend Knödel und einen Krug Wein dazu. Als die Jäger unverrichteter Dinge ebenfalls im Gasthaus einkehrten und vom Bären erzählten, der ihnen das nächste Mal sicher vor die Büchse kommen würde, wünschte er ihnen einen sicheren Schuss.

Darauf sagte er: „Auf Wiedersehen!", und ging aus der Gaststube. An der Gasthaustür begegnete ihm der Pfarrer. Der hatte ihn erkannt und sagte zu den Jägern: „Wisst ihr, dass der Bär gerade mit euch Knödel gegessen hat?" Die Jäger eilten vor die Tür, aber da war vom Lauterfresser schon nichts mehr zu sehen.

Wegen der vielen Verbrechen wollte ihn die Obrigkeit in den Kerker sperren lassen. Als er einmal in Villnöß bei einem guten Seidel Wein saß, sah er durch das Fenster den Gerichtsdiener auf das Haus zukommen. Er verwandelte sich in eine Mücke und verkroch sich in den Weinkrug, den sich der Gerichtsdiener gerade bestellt hatte. Als dieser den Deckel aufklappte und einen verdienten Schluck nehmen wollte, stach er den Gerichtsdiener in die Nase.

Später wurde er erwischt und auf einem Wagen zum Gericht geführt. Die Leute liefen alle zusammen, um den Verbrecher zusehen. Da sagte er zu einem kleinen Buben: „Wirf mir eine Handvoll Erde herauf." Als ihn die Erde berührte, hat er sich verblendet und ist verschwunden.

Später hat eine alte Frau den Gendarmen verraten, wo er zu finden war. Im unterirdischen Gang von Schloss Rodeneck wurde er dann festgenommen und in einen kupfernen Kessel gesteckt. Zusätzlich gab man noch geweihte Kräuter um ihn herum. So konnte er nicht mehr ausbüchsen.

Zum Prozess am 22. Mai wurde der Simon Mayregger, der Simmele Müller von St. Vigil nach Mülbach geladen um Zeugnis abzulegen.

Er gab zu Protokoll: Bei ihm war der Lauterfresser zwei Tage vor dem Dreikönigstag aufgetaucht und hatte um eine Anstellung gefragt. Weil er ihn nicht anstellen wollte, hat der Lauterfresser um das Übernachtliegen[18] gefragt. Als Frühstück wünschte er sich seine geliebte Frigl. Der Simmele Müller gab ihm aber nur ein Stück hartes Brot und drängte ihn zur Tür hinaus.

Der Lauterfresser machte sich mit unguten Verwünschungen davon. Als der Müllerknecht das Wasser auf die Mühlräder umleitete, waren das Kammrad und die Laterne[19] von Mäusen und Ratten blockiert. Auch in der Mühle liefen unzählige dieser von jedem Müller gefürchteten Nager herum. Die Männer befreiten das hölzerne Getriebe von den Tieren, aber an diesem Tag blieben

---

[18] Bettler und Hausierer haben früher bei den Bauern auf der Ofenbank oder im Stall übernachtet

[19] Stirnrad und Ritzel

die Mahlgänge noch mehrmals stecken. Die Mäuse und Ratten hatte ihm ganz bestimmt der Lauterfresser in die Mühle gezaubert, behauptete der Simmele Müller.

Für seine vielen Untaten, die er auch an anderen Orten verbrochen hatte und ganz besonders, weil er dem Herrgott abgeschworen und dem Teufel zugeschworen hatte, wurde er zum Tode verurteilt. Weil er im Mund eine Hostie aus der Kirche getragen und für sechs Kreuzer verkauft hatte, wurde er mit dem Kopf nach unten auf dem Scheiterhaufen verbrannt.

Schoißwohl 1971

Matthias Mayr

Vom Juli bis November 1679 verhandelte das Gericht Kastelruth gegen Matthias Mayr. Dabei war wegen seines Alters und den von ihm eingestandenen Unwettern eine Abstimmung mit dem Gericht in Meran notwendig. Der Ausgang des Prozesses ist nicht bekannt.

Rabanser

Der Bettelknabe von Kardaun

Am 13. Juni 1680 waren beim Unterganzner in Kardaun der Richter Karl Moser, der Gerichtsanwalt Johann Mayr, ein Bruder vom Unterganzner und der Unterganzner selber, der Michl Mayr versammelt, um etwas Wichtiges zu besprechen.

Als die zwei Besucher nach Hause gingen, bettelte ein Knabe den Gerichtsanwalt um ein paar Kreuzer. „Ich habe nur Silbermünzen, wenn du wechseln kannst, gebe ich dir fünf Kreuzer", sagte dieser. „Ich habe nur zwei Vierer", entgegnete der Knabe und zeigte den Inhalt einer kleinen Schachtel her. Jetzt wurde es gefährlich für den Knaben. In dem Schächtelchen waren nämlich verdächtige Sachen. Ein Federmesser, ein Flintenstein, ein Stück von einem Wetzstahl mit einem Ring, zwei durchsichtige Steinchen, ein Stück altes Fensterblei, ein Bestandteil von einem Spinnrad, ein paar Miederringe, ein Haken mit Öse, etliche Glasscherben und eben die zwei Vierer.

Das machte die Männer misstrauisch. Der Gerichtsanwalt fragte in strengem Ton, was er mit diesen äußerst verdächtigen Sachen mache. „Ich kann gar nichts," stotterte der Knabe. „Warst du etwa bei den znichten Buabm von Meran?", wollte der Gerichtsanwalt wissen. „Ich weiß nichts", beteuerte der Knabe, „aber ich kenne jemanden, der oben war!" „Dann kannst du gewiss auch zaubern", forschte der Richter weiter. Da wurde der Knabe bleich, weil gerade auch der Gerichtsdiener von Karneid daherkam.

Dieser kannte sich bei Missetätern sehr gut aus und lockte den Knaben auf das Karneider Gerichtsgebiet, um ihn sofort verhaften zu können. Der Landesfürst hatte gerade vor kurzem den Befehl ausgegeben, mit solchem Gesindel aufzuräumen.

Am nächsten Tag gab der Knabe beim Verhör vor dem Richter zu, er habe nie etwas gestohlen, außer einem Gulden und sich Milch und Brot nur angeeignet, wenn er Hunger hatte. Der Teufel habe ihm mit seinen Klauen ein Zeichen aufgedrückt. Das habe für längere Zeit sehr weh getan. Zweimal habe er bei Hexentreffen mitgetan, bei denen auch

der Teufel in einem grünen Gewand dabei war. Die Weinberge habe er mit Jausch[20] geschädigt.

Am Nachmittag musste er dann die hundertfünfzig Fragen nach der Hexengerichtsordnung beantworten. „Mein Name ist Josef Egger", bekannte er, „ich bin vor zwölf Jahren in Lana geboren." Dann kamen weitere unangenehme Dinge zutage. Sein Vater hatte sich beim Militär verdingt und seine Mutter hatte seither noch zwei ledige Kinder auf die Welt gebracht. Die Sachen in seinem Schächtelchen hat er in der Ritsche[21] unter den Lauben in Bozen gefunden.

Als sich sein Vater von zu Hause absetzte, war er eine Zeitlang beim Großvater. Danach zog er mit seinem Onkel, einem geschickten Handwerker, ein halbes Jahr durch das Land, meistens im Pustertal, in Brixen und in Eppan. Ein Jahr war er schließlich bei seiner Tante, die als Köchin in einem Kloster in Gries diente.

Seitdem zog er allein herum. Das Mäusemachen hat er mit dem blinden Temele im Talfer Bachbett probiert. Der Temele und ein anderer Mann haben ihn auf einen Berg bei Meran geführt und sind dann verschwunden. Da kam der Eine mit dem grünen Gewand mit einem Gewehr daher. Beim ersten Mal hat er ihn mit dem Spruch „Heiliges Kreuz" vertrieben. Aber am nächsten Tag hat er sich dem Teufel ergeben.

Als der Teufel ihm das Zeichen aufdrückte, verlangte er den Schwur gegen den Herrgott, die Muttergottes und die Heiligen. Gegen den hl. Josef hat er nicht geschworen, weil das sein Namenspatron war. Er durfte fortan das Kreuzzeichen nicht mehr machen und sich auch nicht mehr die Hände waschen.

Den Schwur wollte er eigentlich nicht leisten, aber da hat ihn der Teufel mit der Drohung, ihn zu erwürgen, zum Schwören gebracht.

Am 18. Juni und am 12. Juli waren die nächsten Verhandlungen. Dabei kam heraus, dass er bezüglich des Alters und beim Namen gelogen hatte.

Bei der letzten Verhandlung am 18. August musste er auf alle Aussagen schwören. Am 7. September wurde das Malefizurteil verkündet.

Von der Exekution steht nichts in den Akten. Er wurde aber sicher, gleich wie die znichtn Buabm von Meran im Jahr vorher, wegen Hexerei gerichtet.

Mahlknecht - 1978

---

[20] Schimmelkrankheit bei Reben

[21] Offener Wassergraben zur Kericht- und Abfallbeseitigung in den Städten)

Die österliche Beichte

Johannes Verschnaller zu Klein an der Brücke[22] ,von Beruf Jäger, wurde im Juni 1745 verdächtigt mit Zauberei umzugehen, einen Teufelspakt geschlossen zu haben und die österliche Beichte zu meiden. Das Konsistorium in Brixen wollte vom Pfarrer in Kastelruth genaueres darüber erfahren.

Der Pfarrer Peintner schrieb nach Brixen, gegen den Verschnaller bestehe kein böser Verdacht, aber mit der Beichte nehme er es tatsächlich nicht allzu genau. Der Pfarrer versprach auch noch weiter, ein wachsames Auge auf den Verschnaller zu haben.

Das Konsistorium war mit dieser Antwort zufrieden und beschloss, die Sache ruhen zu lassen. Der Verschnaller hat wahrscheinlich nicht einmal erfahren, in welche Gefahr er geraten war.

Rabanser

Der zaubernde Doktor

Am 18. Juni 1747 schrieb der Pfleger von Völs[23] an die Regierung in Innsbruck, der Michael Sattler kuriere die Krankheiten mit abergläubischen Praktiken und solle deswegen in das Zuchthaus von Innsbruck gesperrt werden.

Die Innsbrucker hatten jedoch keinen Bedarf an derlei weiteren Gästen. Sie ordneten stattdessen eine genauere Untersuchung des Falles in den Nachbargerichten an.

Nachdem die gewünschten Informationen geliefert waren, wollte der Pfleger von Völs am 30. Oktober wissen, ob er nun endlich den zaubernden Doktor Sattler im Zuchthaus von Innsbruck abliefern könne.

Die Regierung antwortete am 3. November. Sie befahl, diesen Fall auf sich bewenden zu lassen, da gegen den Michael Sattler zu wenig stichhaltige Indizien vorlagen, um eine Verhaftung zu rechtfertigen.

Rabanser

Die Viehvergiftung

Da der Richter von Kastelruth zu jener Zeit nicht mit der Bann- und Achtpflicht ausgestattet war, meldete er im März 1751 der Regierung in Innsbruck, dass der Hans Rier, Zatzer in der St. Valentins Malgrei, wegen Diebstahls, der Zauberei von Viehvergiftungen und wegen der Viehseuche beim Oberzonner Hof, sowie wegen angeblicher Sodomie verdächtigt wurde.

Die Regierung ordnete eine genauere Untersuchung an. Einige Probleme und Verzögerungen ergaben sich dabei wegen der Rechtsbeistände.

Am 4. Juli informierte das Gericht die Regierung über die Verhöre und vertrat die Meinung, die Folter wäre gerechtfertigt, aber die notwendigen Folterinstrumente standen in Kastelruth nicht zur Verfügung. Die Regierung ordnete die Anhörung der Ehefrau von

---

[22] Waidbruck

[23] Dorfverwalter

Hans Rier und die Untersuchung der Viehseuche an. Die Überstellung nach Innsbruck lehnte sie ab und empfahl, bald ein Urteil zu erlassen.

Hans Rier wurde zur Erstattung der Prozesskosten und des angerichteten Schadens verurteilt. Außerdem sollte er mit einem umgehängten Schild, auf dem „Viehmörder" stand, am Pranger stehen und drei Jahre Zwangsarbeit verrichten.

Die Obrigkeit bestätigte die Bezahlung der Prozesskosten und des Schadens, sowie eine Stunde Prangerstehen. Statt der drei Jahre Zwangsarbeit, änderte sie das Urteil auf Schwörung der Urfehde und Ausweisung aus Tirol und allen anderen k.k. Erbländern.

Rabanser

Die Gegner der Hexenprozesse

Viele Richter, Gerichtsschreiber, Anwälte, ein Teil des Adels und fanatische Kirchenvertreter waren eifrig hinter den Hexen her und wollten möglichst viele verurteilen, da sie damit ihr Ansehen und ihr Vermögen mehren konnten. Das Vermögen der verurteilten Hexen wurde beschlagnahmt und zwischen dem Landesfürsten und dem Gericht aufgeteilt. Dem Denunzianten wurde eine Prämie ausbezahlt.

Besonnenere Geistliche und Wissenschaftler, besonders jene Priester, die Hexen zur Richtstätte begleiten mussten, warnten vor der Verirrung der Justiz. Sie brachten sich damit selbst in größte Schwierigkeiten, wie der Holländische Geistliche **Calidius Loseus**. Er wurde 1592 in Trier gezwungen, seine Aussagen zurückzuziehen. Als er sich später wieder gegen die Hexenprozesse äußerte, wurde er angezeigt und in Brüssel verhaftet, wo er noch vor dem Prozesstermin verstarb.

Der **Rechtsgelehrte Andrea Alciati** (1492 – 1550) hat in einem Gutachten über die Hexenprozesse in den italienischen Alpen von einer „nuova holcausta" gesprochen.

Auch **Pater Adam Tanner** hatte mehrere Schriften gegen die Hexenverfolgung verfasst. Als er am 25. Mai 1632 auf der Durchreise in Unken bei Salzburg starb, fand man in seinem Reisegepäck ein Vergrößerungsglas mit einer eingeschmolzenen Mücke. Die aufgeregte Bevölkerung glaubte schon einen Teufel entdeckt zu haben und wollte Anzeige erstatten. Auch Toten wurde bei Verdacht auf Hexerei der Prozess gemacht und das Urteil zur Verbrennung des Körpers ausgesprochen.

Der dortige Pfarrer aber kannte sich mit optischen Linsen aus. Er legte eine tote Mücke unter das Vergrößerungsglas, sodass alle sehen konnten, wie aus einer Mücke ein Ungeheuer wurde.

Pater Spee konnte sein Buch gegen die ungerechten Hexenprozesse nur unter einem Pseudonym veröffentlichen, da er sonst seines Lebens nicht mehr sicher gewesen wäre. Er schrieb: „Die Menschen haben keine Vorstellung, unter welch unwürdigen Verhältnissen diese Unschuldigen in den Kerkern fretten und wie sie mit der Folter gepeinigt werden. Die hohen Herren haben keine Ahnung davon, wie diese bedauernswerten Menschen über die grausame Behandlung klagen. Und dann sind da auch noch die habgierigen Juristen und Gerichte, die mit den Hexenprozessen schnell zu Geld kommen wollen."

Don Girolamo Tartarotti hat 1749 in Rovereto ein Buch gegen den Hexenwahn geschrieben: „Es sind natürliche Ursachen, wenn die Frauen tief einschlafen und eigenartige Träume haben, sobald sie sich mit der Hexensalbe einreiben."

„Ein angesehener Senator, der selbst Hexen verhört hatte, wollte die Wirkung der Hexensalbe an sich selbst ausprobieren. Er wäre daran fast gestorben und als er aufwachte, war er die längste Zeit ganz durcheinander. Im Traum sah er die merkwürdigsten Dinge und schwebte von einem Berg auf den anderen."

„Die ganze Wissenschaft über die Hexen beruht auf Fabeln und mit der Folter erpressten Geständnissen. Man braucht nur die Menschen anzusehen. Es sind meistens gutmütige, schulisch wenig gebildete Leute, die unter armseligen Bedingungen hausen. Sie leiden unter Krankheiten und Depressionen. Manche bräuchten eine angemessene Kur, damit sie gesund werden."

Don Ferdinand Sterzinger hat 1766 in der bayrischen Akademie in München mit seinem Vortrag über die Unsinnigkeit des Hexenwahns für große Aufregung gesorgt. Das Publikum glaubte zuerst, nicht richtig zu hören. Dann brach unter den Gelehrten ein heftiger Streit aus.

Die **Kaiserin Maria Teresia** hat schließlich am 5. November 1776 mit einer Verordnung dem Hexenwahn in ihrem Land ein Ende gesetzt. Nachstehend der Text, auszugsweise in der originalen Schreibweise:

„Wie weit der Wahn vom Zauber- und Hexenwesen bey vorigen Zeiten bis zur Ungebühr angewachsen sey, ist numehro eine allbekannte Sache. Die Neigung des einfältig gemeinen Pöbels zu aberglaubischen Dingen hat hierzu den Grund gelegt, die Dumm- und Unwissenheit, als eine Mutter der Verwunderung und des Aberglaubens, hat solchen befördert; woraus dann, ohne das Wahre von dem Falschen zu unterscheiden, bei dem gemeinen Volke (wohl nicht allein beim gemeinen Volke!) die Leichtglaubigkeit entsprungen, alle solche Begebenheiten, die selbes nicht leicht begreifen kann, und doch nur aus natürlichen Zufalle, Kunst oder Geschwindigkeit herrühren, ja sogar auch solche Zufälle, die ganz natürlich sind, als Ungewitter, Viehumfall, Leibeskrankheiten etc. dem Teufel und seinen Werkzeugen, nämlich den Zauberern und den Hexen zuzuschreiben."

„Diese Begriffe von zahlreichem Zauber- und Hexengeschmeisse werden von Alter zu Alter fortgepflanzt, ja den Kindern fast in der Wiege mit fürchterlichen Geschichten und Mährlein eingeprägt, und dadurch dieser Wahn allgemein verbreitet und immer mehr und mehr bestärkt, und selbst in Führung von dergleichen Prozessen ist von den ächten Rechtsregeln grossen Theils abgewichen worden."

Im folgenden Paragraph wurde strengstens befohlen, dass bei Anschuldigung des Lasters der Zauberei und der Hexerei ja nicht aus „eitlem Wahn, bloßer Besagung und leeren Argwöhnigkeiten wider die kaiserlichen Unterthanen etwas Peinliches vorgenommen werde, sondern dass allemal aus rechtserheblichen Inzüchten und überhaupt mit Grund und rechtlichem Beweis verfahren werden solle, und hierinfalls hauptsächlich auf folgenden Unterschied das Augenmerk zu halten sei: ob die der bezüchtigten Person zur Last gehenden, den Anschein einer Zauberei oder Hexerey und dergleichen auf sich habenden Anmassungen, Handlungen und Unternehmungen entweder,

1. aus einer falschen Vorstellung oder Erdichtung und Betruge;

2. oder aus einer Melancholay, Verwirrung der Sinnen, und Wahnwitz, oder aus einer besonderen Krankheit herrühren;

3. oder ob eine Gottes und ihres Seelenheils vergessende Person solcher Sachen, die auf ein Bündnis mit dem Teufel abzielen, sich zwar ihres Orts ernsthaft, jedoch ohne Erfolg und Wirkung unterzogen habe;

4. oder ob untrügliche Kennzeichen eines wahren zauberischen von teuflischer Zuthuung herkommen sollenden Unwesens vorhanden seyn erachtet werden?"

„Im letzgenannten Falle sei weder aus der bloßen Aussage eines Inquisiten, der mit dem Teufel einen Bund gemacht zu haben oder allerlei Dinge von Luftfahrten, Hexentänzen und dergleichen angibt, noch aus leerem Argwohne und betrüglichen Vermutungen, noch aus solchen Sachen, die zufällig oder aus Bosheit des Thäters natürlich geschehen können, nicht gleich auf ausdrückliche Verbindung mit dem Teufel und auf wahre Zauberei oder Hexerei der Schluss zu ziehen, sondern vielmehr in zweifelhaften Fällen allemal dafür zu halten, dass dergleichen Bekenntnisse aus Betrug oder Verstellung, oder auch aus Wahnwitz und Sinnenverrückung geschehen seien. Wenn die vom Inquisiten begangenen Dinge ganz unbegreiflich scheinen und sich natürlich nicht erklären lassen, folglich eine wahre Zauberei dahinter zu stecken scheint, soll nach § 7 der ganze Prozess an die allerhöchste Stelle überschickt werden."

„Unsere Regierung hat sämtliche Hexenprozesse untersucht und bis jetzt weder Zauberer noch Hexen entdeckt. Es ist alles nur auf boshafte Betrügerei oder Dummheit und Wahnwitzigkeit des Inquisiten zurückzuführen."

Die Kaiserin und ihre Beamten trauten ihren Untertanen, die Abkehr vom Hexenwahns trotz ihres Dekretes nicht ganz zu. Deswegen ordneten sie, falls sich ein Prozess in diese Richtung entwickelte, mussten alle Akten vor dem Erlass eines Urteils an das Ministerium in Wien „zu unserer höchsten Einsicht und Entschließung eingeschickt werden, welch Unsere höchste Verordnung die heilsame Wirkung hervorgebracht, dass derley Inquisitionen mit sorgfältigster Behutsamkeit abgeführt, und in unserer Regierung bishero kein wahrer Zauberer, Hexenmeister oder Hexe entdeckt worden, sondern derlay Prozesse allemal auf eine boshafte Betrügeray oder eine Dummheit und Wahnwitzigkeit des Iquisiten, oder auf ein anderes Laster hinaus geloffen seyen, und sich mit empfindlicher Bestrafung des Betrügers und sonstigen Uebelthäters, oder mit Einsperrung des Wahnwitzigen geendet haben".

„Die Fälle von Mord, Giftmischerei und Brandstiftung sind mit den vorgesehenen Strafen abzuurteilen. Jene, die angebliche Teufelskünste vorführen, sind mit einer angemessenen Leibesstrafe zu belegen."

„Jene Personen mit einer melancholischen Phantasey, verderbten Einbildungskraft, Wahnwitzigkeit oder einer ähnlich gearteten Krankheit befallen sind, sollen gar nicht bestraft, sondern in ein Spital oder in ein Irrenhaus gebracht werden, wo man ihnen mit den nöthigen Hilfsmitteln christmitleidig beispringen soll".

„Die Besessenen soll man, wenn sie Betrüger sind, mit einer gemessenen Leibesstrafe belegen, leiden sie aber unter Wahnvorstellungen, sind sie in ein Kranken- oder Irrenhaus ein zu weisen."

Seit dieser Anordnug haben die Hexenprozesse im Reich der Habsburger aufgehört.
Rapp 1891

Die letzte Hexe in Europa

Die letzte Hexe wurde in Europa 1782, im Schweizer Kanton Glarus, verbrannt. Die Dienstmagd Anna Göldi wurde von ihrem Dienstherrn, einem einflussreichen Richter, zuerst geschwängert und dann gefeuert. Weil sie es wagte, sich dagegen zu wehren, bezichtigte er sie der Hexerei. Als Beweismittel legte er dem Gericht Stecknadeln vor, die seine Tochter angeblich erbrochen hatte.

Diesen Fall hat der Autor Walter Hauser mit seinem Buch „Der Justizmord an Anna Göldi" (Limmat Verlag) aufgerollt. Das Buch war der Anlass für das Schweizer Parlament Frau Göldi im Herbst 2007 zu rehabilitieren.

Spiegel Nr. 34 / 2007

Der „malocchio"

Die Sizilianer glauben heute noch an den „malocchio[24]". Die Frauen bekreuzigen sich dagegen und die Männer greifen in den Schritt.

Hexen in Afrika

In Afrika gibt es heute noch abgeschiedene Gegenden, wo die ganze Bevölkerung bei Unwettern, Unglücken und unerklärlichen Todesfällen, Hexerei vermuten und die Schuld jener alten Frau, welche im Dorf das geringste Ansehen hat, zuschieben. Sie wird gesteinigt, mit Benzin übergossen und angezündet.

Die Polizei hat zwar die Pflicht die Schuldigen zur Anzeige zu bringen, aber sie kommt meistens zu spät. Sie ist auch zu schlecht ausgebildet, um die Urheber zu ermitteln. Kommt ausnahmsweise ein Polizist rechtzeitig, werden diese Frauen mitgenommen und in einer unbewohnten Gegend ausgesetzt. Dort können sie, von der Bevölkerung gemieden, mit anderen Leidensgefährtinnen ein dürftiges und trauriges Leben fristen.

Nach Hause in den Familienverband dürfen sie nie mehr. Sie wären ihres Lebens nicht sicher. Selbst die eigenen Familienmitglieder beteiligen sich an der Verfolgung. Ältere Frauen leben mit der Angst, bei Katastrophen und Unglücksfällen im Dorf von einem schrecklichen Ende getroffen zu werden.

ZDF – 04.05.2000

Ghetto für Hexen

In Ghana hat der Stammeshäuptling und muslimische Oberhirte Yahaya in Gambaga ein Heim für die Hexen gegründet und seinen Sohn als Leiter eingesetzt. Mehr als hundert Hexen konnten sich bisher in dieses Heim retten. Ältere Frauen, manche verwirrt, mit irrem Blick, oft Unverständliches lallend, fristen dort ihr Leben. Manche kamen

---

[24] Böser Blick

blau geprügelt, mit klaffenden Wunden von Machetenhieben oder schon halbtot gepeitscht an.

Wenn der Enkel an einer rätselhaften Krankheit stirbt, wenn nach dem Radio auch der Fernseher den Geist aufgibt, die Ernte von den Heuschrecken gefressen wird oder andere Widerwärtigkeiten auftreten, sucht man in der Familie nach Hexen.

Frau Hawa Tarana hat ihren kranken Mann gepflegt bis er schwer leidend, röchelnd verstarb. Sie wusste nicht, welches ihrer acht Kinder, die sie alle liebevoll großgezogen hatte, sie als Hexe beschuldigte. Ihr Bruder schlug sie zusammen und die Kinder zwangen sie Gift zu trinken. Sie spuckte das Gift aus und rannte um ihr Leben, bis sie nach drei Tagen in Gambaga ankam.

Chief Yahaya köpft bei jedem Neuzugang ein Huhn und wirft es auf den Boden. Bleibt es nach dem Ausgeistern auf dem Rücken liegen, darf die Hexe bleiben. Der Leiter nimmt dann eine kleine ungefährliche Teufelsaustreibung vor. Dann bekommt die Frau ihren Platz in einer Strohhütte und kann, so lange sie dazu fähig ist, auf dem Feld arbeiten.

Der Spiegel – Nr.48 - 2006

Die Untoten und Dracula

Was für Westeuropa im übersinnlichen Bereich das Hexenunwesen war, sind die Untoten für die osteuropäischen Staaten gewesen. Die Menschen dieser Gegenden fürchteten ihre Toten. Wer sehr jung oder im hohen Alter starb, ein Muttermal oder Ähnliches hatte, von der Hebamme verflucht worden war oder an einer unerklärlichen Krankheit starb, konnte der lieben Verwandtschaft sehr lästig werden.

Damit diese Toten nicht aus dem Grab herauskommen konnten, hat man ihnen ober den Fersen und beim Knie die Sehnen durchgeschnitten. Der Leichnam wurde im Sarg festgenagelt und dieser mit Steinen beschwert.

Wenn trotz allem ein Untoter im Dorf auftauchte, hat man auf dem Friedhof Asche ausgestreut, damit man sah, aus welcher Richtung Angriffe zu erwarten waren.

Schwarze Hähne konnten, nach Ansicht der Bevölkerung, Geister aufspüren. Wenn man einen schwarzen Hahn abends auf dem Friedhof aussetzte, hockte er sich gewiss auf jenes Grabmal, wo ein Untoter lag.

Ein Untoter konnte sich außerhalb des Grabes in eine Maus, in einen Frosch, einen Hahn oder gar in ein Pferd verwandeln und den Mitmenschen böse Streiche spielen.

Die ganz Boshaften verwandelten sich in ein Werkzeug oder gar in ein Trinkgefäß und brachten dem Bentuzer der Gegenstände Unglück. Besonders gefährdet waren jene Leute, die am Arbeitsplatz eingeschlafen waren. Wem ein Untoter zu nahe kam, der starb eines schrecklichen Todes und musste dann seinerseits die Nachbarn und Verwandten plagen.

Der Engländer Bram Stoker hat sich 1897 in seinen Roman an diese Untoten angelehnt und daraus das Monster Dracula mit langen scharfen Eckzähnen gemacht.

Der Spiegel - Nr. 7 – 2002

Die kleine Schlernhexe

Der Kräuter Sepp wurde so genannt, weil er viel im Wald herum war, um Kräuter und Pilze zu suchen. Sein Töchterchen Christl begleitete ihn oft. Es kam die Zeit, in der die männliche Jugend begann, der Christl bewundernd nachzuschauen.

Eine missgünstige reiche Bauerntochter brachte das Unwort von der kleinen Schlernhexe auf, obwohl die Christl nicht aussah wie eine Hexe. Sie war schwarzhaarig und ein bildhübsches Mädchen mit einem lieben Gesicht.

Ein kleines Häuschen im Wald mit einem Stück Wiese und Acker, war außer dem Mädchen, der ganze Besitz vom Sepp. Sein Leben hatte er sich anders erträumt. Aber vom Militär kam er mit einer entstellten linken Gesichtshälfte zurück, die man trotz des Vollbartes dennoch bemerkte. Er ging deshalb nur wenig unter die Leute. Seine Frau verstarb, als die Christl noch klein war.

Er hatte sich auf das Kräutersammeln für die Apotheken verlegt. Die Christl führte den Haushalt und lieferte die Kräuter bei den Apotheken ab.

Als sie einmal mit ihrem Handkorb über den Dorfplatz ging, löste sich der Holderla Martl aus einer Gruppe junger Burschen, trat zu ihr und fragte sie, was sie im Korb habe. Sie zog das darüber gelegte Tuch beiseite und zeigte ihm die Steinpilze. „Wollt ihr nicht die verhexten Steinpilze kaufen?", rief er noch keck seinen Kollegen zu. Dann schämte er sich für seinen schlechten Witz und sein tollpatschiges Benehmen.

Die Christl ging weiter und der Martl stand da wie ein begossener Pudel. Die anderen Burschen hänselten ihn: „Jetzt hat sie dich verhext!"

Im Spätherbst, als die Lärchen schon rot waren, hörten der Sepp und die Christl im Wald ganz in der Nähe einen Schuss. „Hat schon wieder ein armes Tier dran glauben müssen", bedauerte die Christl. „Ach, die treffen lange nicht immer, wenn sie schießen", meinte der Sepp.

Nach einer Stunde hörte die Christl jemanden stöhnen. Als sie den Lauten nachging, fand sie den Martl mit zerschundenem Gesicht in einem Strauch unter einem Abhang. „Ja Martl, was ist denn mit dir passiert?", fragte sie ängstlich. „Ich weiß es nicht, aber verrate mich bitte nicht", stotterte er. Jetzt kam auch der Sepp dazu. Er war beim Militär Sanitäter gewesen und hatte im Wald immer seine Tasche mit Verbandzeug und Medikamenten mit.

Die Christl reinigte die Wunden und der Sepp begann einen Verband zu legen. Er fragte: „Wie ist es mit deinem Rückgrat?" „Das geht schon", sagte der Martl, „aber die Fesselgelenke tun mir schrecklich weh." Der Sepp zog ihm die Schuhe aus und tastete die Füße ab. Er stellte fest: „Gebrochen ist nichts, aber du brauchst einen Doktor!"

„Um Gotteswillen nicht", flehte der Martl, „lasst mich hier liegen, ich komme schon allein weiter!" „Kommt nicht in Frage", erwiderte die Christl, „ich hole Hilfe!" „Ich bitte euch, holt niemand!" Da sah die Christl ein Stück daneben das Gewehr. „Warst du wildern?", wollte sie wissen. „Ja, aber der Jagdaufseher hat mich gesehen. Da bin ich ihm durch den dichten Wald abgehauen und bin dann diesen steilen Abhang heruntergestürzt."

„Wildern darfst du nie mehr, versprichst du mir das?", fragte die Christl sehr bestimmt. „Ist versprochen und nichts für ungut[25], wenn ich dich im Dorf unten so dumm angeredet habe." „Ist schon gut, Martl."

„Wir müssen etwas tun", meinte der Sepp. Sie nahmen den Martl in die Mitte und dann befahl der Sepp dem Martl seine Arme auf ihre Schultern zu legen. So sind sie dann heim zum Häuschen gestolpert.

Der Holderla Bauer, der Friedl, hatte schon geahnt, dass der Martl wieder beim Wildern war. „Wäre nur gut, wenn ihn der Jagdaufseher erwischt", sagte er zu seinem Vater. „Sag das nicht!", entgegnete der Vater. Da kam gerade die Frau vom Friedl, die Mena zurecht. Sie keifte: „Erwischen soll er ihn! Der muss mir aus dem Haus." „Aber Mena", sagte der Vater, „der Martl ist ein guter Knecht, wie könnt ihr so etwas sagen?"

„Gute Knechte gibt es heutzutage viele. Wir haben genug Schmarotzer im Haus, zu diesen gehörst auch du!", giftete die Schwiegertochter weiter. „Du bist undankbar, ich habe mit der Arbeit meiner Hände diesen Hof gekauft",sagte der Vater.

Gegen Abend kam die Christl auf den Hof und berichtete, was passiert war. Sie sagte: „Der Martl lässt ausrichten, der Friedl solle ihn mit einem Fuhrwerk holen, sobald es finster ist." Jetzt mischte sich wieder die Mena ein und wütete: „Was will die Hexe bei uns da und der Martl braucht mir nicht mehr in das Haus zu kommen!"

Der Martl war bald geheilt und bandelte mit der Christl an. „Stimmt es, dass du es mit der Schlernhexe hast?", wollte der Friedl wissen. Der Vater meinte dazu: „Die Christl ist ein braves Mädchen, viel besser sogar als viele andere, die mit dem Heiligenschein im Dorf herumlaufen." Das erzürnte die Mena. Sie gab dem Schwiegervater einen solchen Rempler, dass er zu Boden stürzte. Jetzt packte der Friedl seine Mena bei beiden Armen und schrie sie an: „Die Schlernhexe bist du, du Luder, du miserables!" Und schob sie zur Tür hinaus. Von da an hat die Mena ihr loses Mundwerk etwas mehr im Zaume gehalten.

Nach der Hochzeit der Christl mit dem Martl, zog auch der Vater vom Martl in das kleine Kräuterhaus im Wald.

Proksch 1967

Die Schlernhexen

Sobald um Mitternacht der letzte Stundenschlag vom Kirchturm in Kastelruth verklungen ist, geht die Hexenfahrt auf den Burgstall, um Rat zu halten, wer in dieser Nacht von den Hexen geplagt werden soll. Dann ziehen sie weiter auf den Mull. Dort wird getanzt bis alle erschöpft auf dem Boden liegen.

Auf dem Schlern wachsen die Schlernhexen überall dort, wo eine Hexe getanzt hat. Man soll sie nicht pflücken. Eine Hexe könnte einem zur Strafe dafür an einem gefährlichen Ort ein Bein stellen.

Sobald die Hexen wieder zu Atem kommen, wird gegessen und getrunken. Dann geht die Fahrt weiter über die Hammerwand hinaus, hinunter in das Tschamintal zum

---

[25] Entschuldigung

Tschetterloch. Dort trinken sie Wasser und waschen ihre Besen. Dann wird beim Bärenloch vorbei zum Tierser Alpl gefahren und über die Rosszähne, dem Mulser Albl und der Schwaorzlaocka[26] geht es hinunter zu den Confinböden, um den alten Partschott zu ärgern.

Wenn sie wild aufgelegt sind, geht die Fahrt über die Confinböden zur Zikuta. Sie duldet aber in ihrem Reich keine anderen Hexen. Da wird dann gerauft, dass die Haare fliegen und die Kleider Löcher bekommen. Die Zikuta ruft dann immer den Layener Tschanderer[27] zu Hilfe, der auf den Plattkofel gebannt ist, weil er im Unterland aus Geschäftsneid die Brennerbahn zum entgleisen gebracht hatte. Der kommt dann mit seiner Fuhrmannspeitsche und zieht sie den Hexen kräftig um die Ohren.

Laut schreiend flüchten sie dann weiter hinauf auf den Langkofel, hinunter in die Langkofelscharte, über alle Kanten der Fünffinger Spitze, dass die Funken stieben, hinauf zum Grohmann, mit einem Sprung zum Innerkofler und hinunter in die Scharte zum Zahnkofel, den Überhang hinauf und erneut hinunter in den Felsendom am Plattkofelfuß. Dort spielen sie Verstecken. Wer am spätesten gefunden wird, darf als erstes auf den Plattkofel.

Auf dem Plattkofel an der Grenze zur Provinz Trient wird feiner italienischer Chianti getrunken, den sie dem Wirt der Langkofelhütte aus dem Keller stehlen. Wenn die Hexen gerade Lust haben, geht es mit einem Sprung zum Antermoia See, um den dort hausenden Drachen zu erschrecken.

Auf dem Rückweg fahren die Hexen am liebsten über die Eisrinne zwischen Plattkofel und Confing Spitze hinunter zum Tschafon Wischpler. Der ist ein richtiger Raufbold und

---

[26] Kleine Lacke in Salteria
[27] Frächter mit Pferden

hat seinen Spaß daran, sich mit mehreren Hexen zugleich zu balgen. Auf dem Weg werden Menschen und Tiere erschreckt, Kühe gemolken, in der Speisekammer die Milch sauer gemacht, in die Seihhuder[28] geschnäuzt, in den Käse Maden gezaubert, im offenen Herd die Glut gelöscht und der Melkstuhl versteckt.

Die Butter gelingt dann am nächsten Tag nicht und der Käse taugt die nächsten drei Tage nur als Schweinefutter. Dem Weidevieh ziehen sie die Schellen ab, lassen die Tiere im Stall von der Kette los, dem Ziegenbock schneiden sie den Bart ab, den Pferden werden der Schwanz und die Mähne gestutzt.

Auf allen Werkzeugen hat man früher bei den Verzierugen Kreuze und christliche Zeichen eingearbeitet, damit die Leute vor den Hexen sicher waren. Auf Tengelstöcke und -hämmer haben die Hexen es nähmlich besonders abgesehen. Die sind weg, wenn kein Kreuz eingraviert ist.

Die Holzhacker haben früher auf jedem Stock ein Kreuz ausgehackt, damit sich die Hexen nicht daraufsetzten. Eine junge Hexe soll es trotzdem einmal probiert haben. Da hat es sofort einen gewaltigen Knall gegeben. Die Hexe wurde mit einem Loch im Kittel und mit einem verbrannten Hinterteil weggeschleudert.

Wer nachts noch außer Haus angetroffen wird, wacht am nächsten Tag an einem fremden Ort blau geschlagen wieder auf.

Im Sommer fangen die Hexen auf dem großen Moos und auf dem Ladinzer Moos Frösche. Da sieht man dann kleine Lichtlein herumtanzen.

Bei der Tränka[29] halten sie sich auch gerne auf und erschrecken alle, die dort nachts zu Wege sind.

Auch die Peaterlunger Lâcka[30] wird gern aufgesucht. Dort werfen sie dem Lackengeist Steine und trockene Kuhfladen hinein, damit der sich ärgern muss. Wenn im Tschapit Heu liegt, tauchen sie ihre Besen in die Lacke und fahren damit über dem Heu herum, bis es ganz nass ist.

Bei Vollmond wird beim Puntscha Kofl Weg[31] zu den Eislöchern hinuntergefahren. Auf dem Weg durch St. Oswald fangen sie Smaragdeidechsen und Vipern, um daraus Zaubermedizinen zu machen, mit denen sie tausend Jahre alt werden können.

Manchmal wird noch ein Abstecher in die Lafreider Hölle unter der Proßliner Schwaige gemacht, um bunte Steine zu suchen.

---

[28] Tuch die Milch durchzusieben

[29] Rastplatz auf dem Weg von Pufels zur Seiser Alm nach der großen Steigung

[30] Kleiner See unter der Peterlunger Schwaige

[31] Ältester Zufahrtsweg nach Kastelruth

Von der Goller Wiese auf Puflatsch in Richtung Norden, ist auf der Felskante ein mit fünf- und sechskantigen Steinen gepflasterter Hexenplatz. Auf der Kante befindet sich ein bequemer Doppelsessel mit einer Fußauflage, von dem man einen herrlichen Blick über Berge und Täler um Kastelruth hat.

Bei Tag probieren Spaziergänger den Sitzplatz öfters aus. Bei Nacht wäre es aber niemandem zu raten. Da kommen nämlich die Hexen. Die Hexen sind übermütige Frauen, die beim Raufen jeden Mann unterkriegen. Das hat schon öfter so ein Draufgänger versucht, aber da ist jeder am Morgen mit blauen Flecken in Brennesseln und Dornen aufgewacht.

Wenn die Hexen im Morgengrauen, müde von der nächtlichen Ausfahrt,

auf ihren Besen zurückkommen, wird auf dem Pflaster gerastet. Auf dem Sessel sitzt die Oberhexe. Wenn die Hexen Durst haben, wird noch ein Abstecher in das Kastelruther Quellgebiet Tschenadui[32] hinunter gemacht, um Wasser zu trinken.

In Tiosls[33] unten gibt es ober der Wasserebene im Thomaseten Wald noch zwei Hexenstühle. Jene zwei Hexen, die das Los trifft dort hinunterzufahren, müssen am Hexenplatz daneben einen Tanz aufführen, den Tiosler Bäuerinnen die Blumen auf den Fenstern zerrupfen, die weiße Wäsche von der Leine auf den Boden werfen und die Hunde erschrecken. Diese bellen dann und bringen die Tiosler um den süßen Schlaf am Morgen. Die Hexen tun das aber nicht gern, denn sie müssen sich beeilen, damit sie vor dem Betläuten[34] schon hinter der Kirche von St. Valentin sind, sonst bekommen sie fürchterliche Kreuzschmerzen und schaffen an diesem Tag den Sprung auf den Schlern nicht mehr.

Die anderen sehen sich alle in der Gegend um, wo man bei der nächsten Ausfahrt Unfug machen könnte und warten bis die Betglocke läutet.

Beim ersten Glockenschlag setzen sich alle auf ihre Besen auf und fahren durch die Schlernklamm hinauf. Wenn es regnet verkriechen sie sich in den Löchern bei der Burgstallwand und bei den Rosszähnen. Sonst sind die losen Felsblöcke unter dem Pez der Tagesaufenthalt. Es ist deshalb niemandem zu raten, dort herumzukraxeln. Sie ziehen die Unvorsichtigen zu sich hinein und zerren sie nach Mitternacht an den Besen gebunden mit zu den Hexentreffen.

---

[32] Kleine Wiese mit Hütte unter Puflatsch

[33] Hof- und Häusergruppe ober Kastelruth

[34] Ave Maria Läuten morgens und abends

Die Zeit vom Betläuten am Abend bis Mitternacht ist schon gefährlich genug, wenn man noch außer Haus ist. Aber nach Mitternacht kann man von Glück reden, wenn man es mit heiler Haut bis hinter die Haustür schafft, weil die Nacht den Hexen gehört.

Der Schlernhexentanz

Auf der ganzen Schlern-hochfläche liegt auf Weg und Steg verstreut das Boh-nerz. Das sind kleine eisenhaltige Perlen, die aussehen wie ein abgebrochener Kopf von einem Schuhnagel. Man erzählte sich früher, dass sie von den Schuhen der Hexen stammen, wenn diese bei den Hexentreffen wild herumtan-zen.

Im Tschapit unten ist einem Hirt einmal eine Kuh entlaufen. Beim Suchen kam er gegen Abend bis auf den Schlern hinauf. Der Vollmond tauchte die Landschaft in ein mildes Licht. Da hörte der Hirt ein Bockshorn blasen. Ein Schwarm wilder Weiber flog auf Gabeln und Besen an seinen Ohren vorbei. Eine ist sogar auf einem Pferdegerippe geritten.

Nicht weit von ihm entfachte die Meute ein Feuer und tanzte so wild herum, dass von den Schuhabsätzen die Funken stoben. Dem Hirt wurde der Spuk unheimlich. Er woll-te sich verdrücken, aber da hatte ihn schon eine Hexe beim Ärmel gepackt und mitten in den Schwarm hineingezogen. Eine riss ihn so schnell im Kreis herum, dass ihm Hören und Sehen verging. Er fiel auf einen Stein, als die Glocke in Tiers zum Betläuten anschlug. Der wilde Schwarm stob in alle Richtungen auseinander. Der Hirt war an einer Felskante zu liegen gekommen. Er konnte es seinem Schutzengel verdanken, dass er nicht abgestürzt ist.

Meyer 1891

Die Salegger Hexe

Anfang des sechzehnten Jahrhunderts war auf Schloss Salegg eine Köchin, die jeden Donnerstag nach dem Betläuten heimlich durch dem Kamin hinauf auf den Schlern fuhr. Als man ihr auf die Schliche kam, legte man zwei Tannenscheiter kreuzweise auf den Kamin.

Bei der nächsten Ausfahrt stürzte sie vom Kamin über das Dach ab und brach sich bei-de Beine. Der Richter verurteilte sie zum Tod durch Feuer auf dem Scheiterhaufen.

Mayer 1891

Die Salegger Köchin

Auf Schloss Salegg ging es hoch her. Dora, die Köchin, hatte alle Hände voll zu tun. Die zwei Küchenmägde werkelten eifrig zwischen Keller, Speisekammer und Küche. Die Jungmagd wurde von allen dreien herumgehetzt, dass sie kaum mehr wusste, wo ihr der Kopf stand. Der Ritter von Salegg war nämlich in der vergangenen Nacht aus Glurns im Vinschgau zurückgekehrt. Er hatte dort beim Schweizerkrieg mitgekämpft und war ohne Blessuren davongekommen. Obwohl die Schlacht verlorenging, musste das Ereignis mit den Adeligen der umliegenden Schlösser gebührend gefeiert werden.

Da traf es sich gut, dass zwei Tage davor Almabtrieb gewesen war und auch Anndl, die Sennerin vom Zwingensteiner Hof, kräftig mit anpacken konnte. Dieser Hof liegt unter dem heutigen Hotel Salegg und gehörte damals zum Schloss Salegg. Später am Abend, als den Feiernden im Rittersaal oben schon die Zunge schwer wurde, saßen die Dora und die Anndl mit einem Krug Wein am Küchentisch zusammen. Sie waren guter Dinge. Der Ritter hatte der Köchin gerade vor der ganzen versammelten Gesellschaft das Essen gelobt.

Die Anndl war eine Zugewanderte aus Vorarlberg. Sie wusste viel und kannte sich überall aus. Die Leute begegneten ihr mit Misstrauen, weil sie meinten, wenn eine nicht adelige Weibsperson so weit herumkommt, kann nicht alles mit rechten Dingen zugehen. Sie sollten recht bekommen, wie sich noch herausstellte.

„Du bist auch so eine arme Haut, hast nichts als die Plagerei", sagte sie zur Dora, „aber wenn die neue Weltordnung aufkommt, werden auch wir Frauen wichtig sein!" „Ach", meinte Dora, „ich habe hier im Schloss Salegg meine Arbeit und brauche nicht meiner Lebtag das harte Los einer Bauernmagd zu erdulden."

„Da weiß ich mir besseres", trumpfte die Anndl auf, „man braucht nur mit den richtigen Leuten zu verkehren, dann hat man alle Wege zum Glück offen, gleich wie die Fürsten und Pfaffen[35]!"

---

[35] Priester

„Die richten es sich schon so ein, dass Geld und Gut in ihren Händen bleibt", sagte die Dora, „unsereins kann bestenfalls als Dienstbote ein bisschen am Glück teilhaben, wenn man brav seine Pflicht tut."

„Ich weiß mehr von der Welt und die Geister haben mich immer schon interessiert. Schon vor fünfundzwanzig Jahren bin ich in Vorarlberg einem Gespenst begegnet. Es hat mich auf dem Heimweg ein Stück durch die Luft getragen und meine Beine begrabscht. Eine wilde Jagd war auch dabei. Ich habe aber niemanden erkannt und auch nicht gesehen, ob es lebende oder tote Menschen waren."

„Später bin ich dann als Magd nach Schlanders gegangen. Dort habe ich meinen Mann kennengelernt und bin mit ihm ein Jahr in Tisens geblieben. Von dort sind wir beide zum Mulser nach Kastelruth gezogen. Bei dem bin ich vier Jahre lang im Dienst gestanden."

„Wie du weißt, bin ich seit dem Frühjahr auf Zwingenstein[36] als Sennerin angestellt. Auf der Alm oben weiß man mehr vom richtigen Leben, weil es dort keine Kirche gibt und die Pfaffen haben die Leute nicht so in der Hand, wie in den Dörfern unten. Im Sommer hat mich die Els, die Sennerin von der Trostburg aufgesucht und von mir verlangt, ich soll beim Hexenausritt mitkommen. Damals wollte ich auch noch nichts wissen davon, aber wie man die Milch von fremden Kühen aus einem Stock melken kann, habe ich mir schon zeigen lassen und was man tun muss, wenn jemand die Milch verzaubert hat."

---

[36] Das war damals der Schlossgutshof von Salegg

„Die vorige Woche haben mich die Els und die Madlen von Barbian in der Schwaige oben wieder aufgesucht. Beide haben mir viel Gutes und Geld versprochen, wenn ich ihrer Gemeinschaft beitrete. Die zwei haben eine Kröte mitgebracht und eine Salbe daraus gemacht. Von dieser Salbe haben sie mir auch einen Teil gegeben."

„Die beiden Frauen haben damit eine Bank angestrichen und dann sind wir mit dieser Bank alle drei auf die Villanderer Alm gefahren. Dort wurde zuerst ein ganzer Ochs verspeist und dann zu lustiger Musik getanzt. Mit einem Unwetter viel Schaden anzurichten habe ich auch schon gelernt."

Die Dora hörte aufmerksam zu und erzählte dann ihre Geschichte. „Ich bin als fünftes von neun Kindern auf dem Niggele Hof in Seis geboren", sagte sie, „mit zehn Jahren kam ich in die Küche von Salegg, weil man daheim eine Esserin loswerden wollte. Ich musste hart arbeiten, konnte aber von der Köchin viel lernen. Nun bin ich schon seit fünfzehn Jahren die erste Köchin. Ich bin mit dem Leben zufrieden und möchte nichts anderes mehr."

„Vor vierzehn Jahren hat mir ein schneidiger Junker einen Heiratsantrag gemacht. Daraus ist aber nichts geworden. Er hat mir nur mein Herz und die Ehre genommen. Ein richtiger Windbeutel war er. Hinterher bin ich raufgekommen, dass er jedem hübschen, weiblichen Wesen den Hof machte. Seither will ich von den Männern und einem eigenen Hausstand nichts mehr wissen."

Die Anndl schwärmte von ihrer neuen Gemeinschaft, bei der man außer neuen Freundschaften, viel Schönes und Gutes erleben konnte. Sie erklärte: „Man muss sich nur dem Teufel verpflichten und Gott, alle Heiligen und die Mutter Gottes verleugnen."

„Komm doch am Jörgi Tag[37] mit zu unserer Versammlung auf den Hexenplatz zum Proar[38]", sagte sie zu Dora, „genau dort wo sich die Gerichte von Kastelruth und Völs scheiden. Ich hole dich ab. Du wirst begeistert sein!"

---

[37] 23. April

[38] Hof an der Grenze zwischen Kastelruth und Völs

Die Dora hatte schon lange eine Vorliebe für Kräuter und Heilsprüche. Das hatte sie von der früheren Salegger Köchin gelernt, die sich in solchen Dingen sehr gut auskannte. „Schon gut", meinte sie, „aber das mit dem Verleugnen von Gott und den Heiligen gefällt mir nicht." „Ach was", sagte die Anndl, „wenn du es erst einmal probiert hast, macht dir das gar nichts aus und du willst dann immer dabei sein!"

Am Jörgi Tag abends stand die Anndl mit einem Sack Brot in der Küchentür von Schloss Salegg. Die Dora hatte sich vorgenommen nicht mitzumachen, aber die Anndl begann schon die lange Bank beim Küchentisch mit ihrer Salbe einzuschmieren. Sie lud Dora ein, sich probeweise raufzusetzen. Die Anndl setzte sich dazu mit dem Spruch: „Oben und unten aus und nirgends an!" Und schon ging die Fahrt durch den weiten offenen Kamin hinaus zum Proar hinunter.

Auf der Wiese unter einem Baum war bereits die Casperin mit einem Kalb eingetroffen. Das hatte sie dem Mayr Simon entwendet. Die Cassianin, der Mesner Hans, der Reimrecht Hans mit seiner Frau, die Bartlin, die Moserin, die Mesnerin von St. Konstantin, der alte Runker von St. Vigil, der Treindl und viele Andere waren auch schon versammelt. Die Tscheltnerin hatte das Kind vom Mesner in St. Vigil mitgebracht, die Treindl Taglöhnerin das Kind vom Puntschieder in St. Vigil und die Moserin das Kind vom Waller in St. Konstantin.

Das Mesner- und das Puntschiederkind haben sie zuerst in ein Schaff mit warmem Wasser geworfen, dann gesotten und gebraten. Das Waller Kind haben sie nur gekratzt, Blut abgenommen und daraus schwarzen Pfeffer gemacht. Solche Kinder mussten nicht sterben. Die gesottenen und gebratenen Kinder, aber auch die Tiere, welche zu den Zusammenkünften mitgebracht und gegessen wurden, hatten nachher nur mehr drei Monate zu leben.

Das Essen war noch besser als bei einem richtigen Hochzeitsmahl. Dazu gab es reichlich vom besten Wein.

Zum Schluss haben alle mit dem Teufel Karten und Brett gespielt. Der Teufel hatte die größte Freude an der Gemeinschaft und am Spiel. Anschließend hat er alle heim geschickt.

Am Morgen hat Dora über zwei Stunden verschlafen. Sie hat sich so geschämt dafür. Das war ihr bisher noch nie passiert. Hundeelend war sie beieinander und hatte einen dröhnenden Kopf. Alle Glieder taten ihr weh. Sie legte im geheimen den Schwur ab, nie wieder mit den Hexen auszufahren.

Der gute Vorsatz hielt aber nicht lange. Je näher der nächste Hexentag kam, an dem die Fahrt zur Woff unter Klobenstein angesagt war, desto mehr stiegen ihr Zweifel auf. Sollte sie es nicht doch noch ein einziges Mal wagen und erst dann Schluss machen? Der Salbentiegel, den ihr die Anndl geschenkt hatte, übte eine magische Kraft aus. Schließlich steckte sie den kleinen Finger ganz ein bisschen hinein und schon war sie mitten drinnen in der Hexenhorde.

Diesmal waren auch der Kanoder Hans, die Braunin und ein altes, buckeliges Weib von Kastelruth dabei. Die Winklerin hat im Auftrag der Anndl das Bozner Ziehkind vom Schneider Melchior mitgebracht. Die Anndl hat das Kind auseinander gerissen und gesotten. Nach dem Essen hat sie die Knochen wieder alle richtig zusammengestellt, damit das Kind nicht hinken musste, wenn es später doch am Leben bleiben sollte. An dem Tag wurde auch viel Vieh gegessen.

Im Jahr darauf war die Anndl zur Jobsten Bäuerin in Völs aufgestiegen. Zum großen Treffen auf der Steinwiese vom Hansel Mayr sind alle gekommen. Da kam der Teufel in der Gestalt des Königs von England und hat die Anndl zu seiner Königin gewählt. Wunderschöne goldene Kleider hat sie bekommen und eine goldene Krone, aber im Gesicht hatte sie Augen, so groß wie zwei Teller. Ganz fürchterlich hat sie ausgesehen damit. Alle mussten ihr zu Diensten sein. Ein prächtiges Hochzeitsmahl hat es gegeben, wie es noch niemand erlebt hatte.

Im Sommer waren die Zusammenkünfte auf dem Schlern. Dabei ist mehr Volk zusammen gekommen, als es Laub, Gras und Staub unter der Sonne gibt. Am Lorenzen Tag[39] wollten die Hexen ein schreckliches Unwetter machen, bei dem die Kirche und der Turm von Völs, die Weingärten und das Getreide vernichtet werden sollten. Aber der Herrgott und die große Glocke von Völs, welche noch rechtzeitig geläutet wurde, haben einen Großteil des Übels abgewendet.

Einmal hat der Teufel auch mit der Dora Unzucht getrieben. Es war aber kein Vergnügen für sie. Der Teufel war kalt und hatte einen hohlen Rücken, wie eine Molter.[40] Über mehrere Jahre traf sich die Hexengemeinschaft auf allen Hexenplätzen in der näheren und weiteren Umgebung. Sogar in der Trientner Gegend hat man sich mit den dortigen Unholden getroffen um teuflische Festlichkeiten abzuhalten.

Als der Schlossherr im Sommer 1506 einmal von der Jagd ober dem Völser Weiher heimkehrte, brachte er die Nachricht mit, dass die Gerichtsdiener von Schloss Prösels mehrere Hexen verhaftet hatten. In den nächsten Tagen sollte diesen der Prozess gemacht werden. „Es wird ganz sicher Todesurteile und Hexenverbrennungen geben", wusste er zu

---

[39] 1. Sonntag im August
[40] Rechteckiges Holzgefäß aus einem Baumstamm gehauen, ungefähr 10 Liter

berichten, „auch die Puntschiederin von St. Vigil und die alte Richtersgattin von Kastelruth sollen noch verhaftet werden!"

Beim Abendessen drang die Nachricht bis zur Küche vor. Der Dora fuhr der Schreck in alle Glieder. Sie hatte als Köchin eine Kammer für sich allein und war immer der Meinung gewesen, dass im Schloss niemand etwas von ihren Hexenfahrten mitbekommen hatte. Als sie damals nach der ersten Ausfahrt verschlafen hatte, entschuldigte sie sich, ein schrecklicher Grimmen[41] habe sie die ganze Nacht so geplagt, dass sie erst am Morgen einschlafen konnte.

Sie grämte sich: „Wenn die Verhafteten mich verraten, nicht auszudenken! Diese Schande und erst das Verhör, die Folter, der Prozess und dann auch noch die Verbrennung. Das muss ganz schrecklich sein!"

Sie ging zwar zu Bett, aber an ein Einschlafen war nicht zu denken. Erst sehr spät schlief sie vor lauter Müdigkeit kurz ein. Als beim Morgengrauen im Zwingensteiner Hof unter dem Schloss unten der Hahn krähte, schlüpfte sie in ihre Kleider und eilte in die Küche. Auf dem Weg begegnete sie im Bogengang vor der Küche dem alten Kastellan. Der grüßte mürrisch wie immer, weil ihm seine Gicht zu schaffen machte. Die Dora bildete sich ein, er habe sie besonders genau angesehen. Dabei war es dort noch finster. Man konnte kaum die Hand vor den Augen sehen.

Nur mit Mühe konnte sie sich zur Arbeit zwingen. Als die Küchenmägde auftauchten, zuckte sie zusammen. Wussten die schon etwas und lauertn nur darauf, dass sie sich selbst verraten würde? Oder waren gar schon die Schergen auf dem Weg, um sie zu verhaften?

Durch das Fenster sah sie bei der Kirche in Seis mehrere Männer beieinander stehen. Sie war sich sicher, dass sie vom Prozess in Völs sprachen. Den ganzen Tag litt sie Höllenqualen. Bei jedem Geräusch lief es ihr kalt über den Rücken und die Arbeit ging ihr immer weniger von der Hand. Als schließlich die ältere Küchenmagd sagte, sie solle doch zu Bett gehen, wenn sie krank sei, war sie richtig erleichtert.

Aber im Bett ging die Angst erst richtig los. Jedes noch so unbedeutende Geräusch im Schloss deutete sie als nahendes Verhängnis. Gegen Abend schlief sie kurz ein.

Als sie um Mitternacht wieder wach wurde, holte sie das ganze Elend wieder ein. Ob sie nicht doch noch eine Ausfahrt wagen sollte.? Vielleicht könnte ihr der Teufel oder sonst jemand einen Rat geben. Der Tiegel mit der Hexensalbe übte eine magische Anziehungskraft aus. Sie steckte den Finger ein wenig hinein und schon träumte sie von einem großen Saal, in dem sie sich vor vielen fremden Männern ausziehen musste. Ein Barbier rasierte ihr alle Haare vom Körper und die Gerichtsherren musterten sie von oben bis unten, ob sie ein Teufelsmal hatte. Sie schämte sich furchtbar und hätte in den Boden versinken wollen. Der Richter begann mit dem Verhör und stellte die hundertfünfzig Hexenfragen.

Jetzt aber kam der Teufel zu Hilfe und riet ihr, beim Verhör alles abzuleugnen. Man könne ihr rein gar nichts beweisen. Nur dann wäre sie sein und könne weiterhin glücklich leben.

Da sie nur widerwillig ausweichende Antworten gab, drohte ihr der Richter mit der peinlichen Befragung. Er ließ die Folterknechte rufen. Diese begannen mit den Daumen-

---

[41] Bauchschmerzen

schrauben und der Peitsche. Als sie keine Miene verzog, holten sie die Streckbank und die Esse mit den Brenneisen in den Gerichtsaal.

Als erstes legten sie ihr die Daumenschrauben an und drehten so kräftig zu, dass der Daumenknochen gebrochen wurde. Da ihr immer noch keine Träne über das Gesicht rann, war sich der Richter sicher, eine Hexe vor sich zu haben. Sie biss die Zähne aufeinander, sodass ihr kein Schmerzenslaut über die Lippen kam.

Der Richter wurde ungeduldig. Er befahl die Anwendung der Streckbank. Die Folterknechte fassten sie roh an und warfen sie auf die Streckbank. Dort banden sie ihr mit Lederriemen die Hände fest, um dann die Füße mittels einer Spannvorrichtung mit Seilschlaufen zu strecken, bis beide Schultergelenke ausgerenkt waren.

Als sie auch noch sah, wie einer der Folterknechte mit einem glühenden Brenneisen auf sie zukam, stieß sie einen fürchterlichen Schrei aus. Mit teuflischem Grinsen machte ihr der Grobian große Brandmahle im Gesicht und auf der Brust. Als er auch noch drohte ihr ein Auge auszubrennen, erwachte sie. Sie griff sich an den Kopf und war zuerst einmal froh, dass ihre Glieder alle noch unversehrt waren und sie alles nur geträumt hatte.

Ihre Nerven waren so angespannt, dass sie erst spät in der Nacht in einen unruhigen Schlaf fiel. Als am Morgen im Schloss die ersten Tagesgeräusche zu hören waren, erwachte sie und fühlte sich noch elender als am Vortag.

Zu Mittag kam der Vogt mit den neuesten Nachrichten vom Prozess in Prösels: „Die Hexen haben alle Schandtaten bekannt. Jetzt weiß man endlich, wem man die vielen verstorbenen Kinder, das verendete Vieh, die vielen Unglücke und die schrecklichen Unwetter zu verdanken hat. Man muss auch noch mit weiteren Verhaftungen rechnen, weil die Hexen auch ihre Mittäter angegeben haben."

Misstrauisch achtete die Dora auf jede Kleinigkeit und alles was sich im Schloss bewegte. Die Arbeit ging ihr nun gar nicht mehr von der Hand. Immer wieder zog es sie zum Fenster, von dem sie den Aufgang zum Schloss überblicken konnte.

Als die Dora zwei Männer zum Schloss heraufkommen sah, verlor sie die Fassung und rannte aus der Küche, über die Stiege hinauf zum Eingang. Dort stieß sie beinahe mit den beiden Knechten zusammen, die zur Marende in den Essraum für das Gesinde wollten. Beide blieben verdutzt stehen. Sie sahen wie die Dora über den Steig neben der Wasserrinne in Richtung Schlernklamm hinaufhastete. Sie folgten ihr, weil dort oben vor fünf Jahren das Schlossfräulein zu Tode gestürzt war, das aus Liebeskummer ganz hintersinnig geworden war.

Die Dora hörte hinter sich Schritte. Ohne sich umzusehen, rannte sie was sie konnte. Sie war sich sicher, dass sie jetzt verhaftet und dem Richter vorgeführt würde. Ein paarmal schöpfte sie im Laufen mit der hohlen Hand ein bisschen Wasser aus der Rinne, brachte aber kaum einen Tropfen bis in den Mund. Die beiden Männer riefen ihren Namen. Sie erkannte zwar die Stimme der Knechte, aber sie glaubte, alle hätten sich gegen sie verschworen.

Mehrmals stolperte sie über eine Wurzel und den eigenen Rock. Trotz blutig geschlagener Knie rappelte sie sich immer wieder auf. Ihre Schuhe hatte sie beide verloren, als sie zur Quelle unter dem großen Stein kam. Unter den hohen Bäumen war es schon dämmrig geworden. Links vom Stein kam vom Steilhang ein kleines Rinnsal herunter. Sie hetzte darüber und lief die paar Schritte bis zur großen alten Tanne, die im unteren Teil ganz krumm

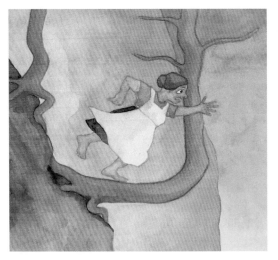

gewachsen, weit über die Wand hinausragte. Dort setzte sie zum Sprung an und sauste mit einem grausigen Schrei in die Tiefe.

Die Männer getrauten sich nicht mehr bis zur Absturzstelle vor. Sie eilten zum Schloss zurück und kamen dort an, als es schon finster war. Alle waren sich sicher, dass die Köchin den Absturz gewiss nicht überlebt hatte, da auch das Schlossfräulein damals schrecklich zugerichtet unten im Kar gelegen hatte.

Am nächsten Tag wollte erst recht niemand mehr nach der abgestürzten Köchin sehen, weil am Vormittag tatsächlich die Gerichtsdiener im Schloss auftauchten, um die Köchin als Hexe zu verhaften. Diese ließen sich den Steig bis zur Quelle genau ansagen. Über einen beschwerlichen und gefährlichen Umweg erreichten sie die Geröllhalde mit der toten Köchin. Sie war schrecklich zugerichtet und hat nach dem Aufprall sicher kein Lebenszeichen mehr von sich gegeben.

Der Richter auf Schloss Prösels hat sie mit den anderen Hexen zum Tod auf dem Scheiterhaufen verurteilt. Eine Holzhackergruppe musste ausrücken um die dürren Unterstander[42] im umwegsamen Gelände bei der Quelle zu Brennholz aufzuarbeiten. Der Scharfrichter hat dann mit seinen zwei Knechten schließlich die traurigen Reste der Köchin, welche die Geier und Krähen übriggelassen hatten, verbrannt.

Die Schlernhexen Blümchen

Wenn der Storch in Bozen ein ganz schönes Kind bringen will, holt er es beim Bozner Kalvarienberg Kirchlein. Außer der Mutter und dem Vater weiß niemand, wie hübsch das Mädchen ist. Aber es vergehen keine tausend Wochen, dann redet die ganze Stadt davon.

Vor langer Zeit, als der Rosengarten noch voll blühender Rosen war und der König Laurin noch die Krone trug, blühten auf dem Schlern Rosmarin, Lilien und Nelken. Der kleine König hat oft voll Neid auf den Schlern geblickt. Seine raunzigen Zwerge, wollten gleich wie die Burschen von Seis und Völs, mit den Saligen anbandeln, die auf dem Schlern die Blumen pflegten.

Die Burschen liefen aber alle mit hängendem Kopf herum, wie es die Bozner Burschen heute noch tun, wenn sie sich bei einem Mädchen einen Korb holen.

Als man dem König Laurin das ganze Rosenfeld zertreten und ihn gefesselt über Tiers hinausführte, hat ihn eine Salige ausgelacht. Aus Wut darüber verfluchte er den Schlern-

---

[42] Kümmernde und schließlich abgedorrte Bäume im Wald

garten und verwandelte die Saligen in Hexen. Seither ist der Schlern ein wilder Berg mit den roten Blümchen, die nach dem Blühen ein graues Zottelhaar aufsetzen. Das sind die Schlernhexen.

So hätte es bleiben können bis zum Ende der Welt. Wer sollte schon wissen, dass die hübschen roten Blümchen verwunschene Salige sind.

Da hat der Schlernwind im Herbst wieder einmal mächtig gestürmt und den Schlernhexen die Haare ausgerissen und hinauf in die Wolken getragen. Als er genug damit gespielt hatte, ließ er die Wuschelhaare über dem Bozner Kalvarienberg fallen.

Im nächsten Frühling wuchsen unbekannte Pflanzen um die Kirche herum. Die Stapf Nandl hatte den Auftrag, um die Kirche herum für Ordnung zu sorgen. Sie rupfte die Schlernhexen alle aus und warf sie in den Ziehbrunnen neben der Kirche. Sie wunderte sich zwar, wo das Unkraut hingekommen war, als sie das letzte Büschel hinunterwarf. Am heiligen Ort hatte der Fluch vom König Laurin seine Wirkung verloren und die Schlernhexen wurden wieder zu Saligen.

Wenn der Storch ein ganz liebes und schönes Mädchen bringen will, sucht er es nicht in der Talfer oder im Eisack bei Kampill. Dann holt er eine von den Saligen, die früher auf dem Schlern oben die Blumen pflegten, später zu Schlernhexen verzaubert wurden und schließlich beim Kalvarienberg Kirchlein gelandet sind.

Weber 1814

Der Hexenritt

Die Hexen tanzen gerne auf dem Schlern. Wenn sie hinauffahren wollen, sitzen sie auf den Rußbesen, und nehmen das Kölltatl[43] auf den Rücken. Sie fahren durch den Kamin, damit die Hausleute das Öffnen der Haustür nicht hören.

Oben kommen oft viele hundert Hexen von weither zusammen. Sie essen und trinken, dann tanzen sie, dass die Röcke fliegen.

Zingerle 1891

Der Hexentanz

Der „Ledige Stiefel" ober Seis war früher ein Gasthaus. Die Hütte war baufällig und der Wirt konnte sich gerade so durchfretten. Wenn er abends den letzten Gast zur Tür hinausgeschoben hatte, kamen öfters die Hexen zum Tanzen. Dann ging es richtig hoch her.

Solange die Hexen da waren, wurde aus der baufälligen Hütte ein prächtiger Saal. Die Hexen hatten die herrlichsten Gewänder an und die Tische bogen sich unter den Speisen und Getränken.

Als der Partschottn Lois einmal nach Mitternacht auf dem Heimweg war, hörte er schneidige Musik. Weil er sehr gerne tanzte, schaute er hinein. Da hatte ihn schon eine schneidige junge Hexe bei den Händen gepackt, und dann ging es rund.

Beim ersten Glockenschlag zum Betläuten löste ein Donnerschlag den ganzen Spuk auf. Am Morgen wachte der Lois mit einem brummenden Schädel in den Brennnesseln hinter dem „Ledigen Stiefel" auf.

Karl Fulterer Außerlanziner

---

[43] Behälter für Kellen. Bratspieß, Rührbesen

Die Haselhexe

In Seis beobachtete der Knecht heimlich die Stallmagd, welche im Verdacht stand, eine Hexe zu sein, wie sie in der Küche die Ofengabel mit Salbe bestrich. Dann setzte sie sich auf den Gabelstiel und sagte den Spruch auf: „Überall hinauf und nirgends an!" Und schon ging die Fahrt durch den Kamin hinauf.

Weil sie ihren Salbentiegel stehengelassen hatte, bestrich der Knecht den Küchenbesen mit der Salbe, um der Stallmagd zu folgen. Er hatte sich aber mit dem Spruch vertan. Er sagte: „Überall hinauf und überall an" und kam mit einem arg lädierten Kopf zunächst auf dem Dach zu liegen. Durch die Luft ging es dann schon besser. Mit Mühe landete er schließlich doch bei den Hexen auf dem Schlern, als diese gerade beim Tanzen waren. Er tanzte mit der Stallmagd.

Nach dem Tanz packten ein paar Hexen die Stallmagd und ermordeten sie, um sie auf dem Feuer zu braten und zu verspeisen. Dem Knecht warfen sie auch eine Rippe zu. Er konnte sich nicht überwinden, davon zu essen und steckte die Rippe in seine Jackentasche. Als die Hexen die abgenagten Knochen zusammenstellten und die Magd wieder lebendig machten, fehlte jene Rippe die der Knecht in der Tasche hatte.

Sie setzten ihr stattdessen ein Stück von einem Haselnussstecken ein und sagten: „Das ist jetzt die Haselhexe. Wenn sie aber jemand so nennt, fällt sie um und ist tot."

Als am Morgen die Familie und das Gesinde beim Frühstück waren, sagte der Knecht zum Bauern: „In deinem Haus gibt es eine Hexe!" Der Bauer wurde wütend und schimpfte: „Sag mir das nicht ein zweites Mal!" Der Knecht erwiderte: „In deinem Haus ist sogar eine Haselhexe!" Mit einem fürchterlichen Rumpler fiel die Magd tot auf den Boden.

Heyl 1897

Der gehängte Hexenmeister

Ein Hexenmeister kam spät abends zur Stelle, wo gerade der neue Galgen aufgestellt worden war, weil der alte vom vielen Aufhängen ganz baufällig geworden war. Wegen der Finsternis wollte er nicht mehr weiterziehen. Deswegen bat er den Wirt in der Nähe um eine Kammer zum Übernachten.

Der Wirt kannte den Hexenmeister von früher. Weil er nicht von Schreckbichl war, sagte er zum Gast noch: „Gute Nacht!" und dachte sich: „Diesmal kommst du mir nicht mehr aus!" Er schickte seinen Knecht aus, um den Gerichtsdiener zu verständigen. Dieser ging zum Richter und der rückte mit ein paar starken Männern an, damit ihnen der Vogel nicht mehr ausflog.

Sie stürmten in die Kammer, nahmen den Hexenmeister fest und sperrten ihn in den finsteren Kerker. Dort wurde er an die Wand gekettet, damit er ja nicht entwischen konnte, bevor der Scharfrichter aus Bozen eintraf. Der Richter traf die Entscheidung: „Den hängen wir sofort auf, sonst hilft ihm der Teufel noch aus dem Kerker!"

Etwas später traf schwitzend der Henker ein. „Auf geht es!", rief er schon von weitem. Der Mesner läutete die „Arme Sünder Glocke" und die Henkersknechte führten den Hexenmeister vor. Der Henker war ein Meister seines Faches und hatte schon vielen Galgenvögeln eine Wohnung in der Hölle bestellt. Er wollte sich seinen Henkerslohn redlich verdienen und hat den Hexenmeister besonders sorgfältig aufgeknüpft.

Die Zuschauer knieten nieder, wie es Brauch war, um ein „Vater Unser" zu beten. Als sie wieder aufstanden und der Henker schaute, ob der Delinquent noch zappelte, stand dieser einen halben Steinwurf entfernt und sagte spöttisch: „Lass dir das Hängen nicht verdrießen! Wie viel macht die Schuldigkeit?"

Der Henker, der mit dieser Frotzelei gemeint war, fluchte fürchterlich. Nach einem verunglückten Halsgericht musste man, nach altem Brauch, den Spitzbuben laufen lassen und der schöne Lohn war auch dahin. Weil den Hexenmeister aber das Seil beim Kehlkopf arg gedrückt hatte, ist ihm ein großer Kropf gewachsen.

Später wurde er noch einmal gefasst und sofort auf dem Galgenbühel aufgehängt. Dieses Mal hat ihm seine Kunst nicht mehr geholfen. Der Richter hat noch bestimmt, dass er zur Abschreckung für die Bevölkerung sieben Monate am Galgen bleiben musste, bis er von selbst herunterfiel.

Heyl 1897

Die Truden

Diese Plaggeister haben den Drang, bei Nacht durch das Schlüsselloch oder durch Spalten in die Wohnungen zu schlüpfen. Dort drücken sie dann schlafende Menschen und manche saugen sogar Blut. Die Menschen bekommen Angst und glauben zu ersticken.

Wenn die Truden keinen Menschen und kein Tier zum Drücken auftreiben können, drücken sie Birken. Aus diesem Grund findet man keinen runden Birkenstamm.

Niemand weiß wie Truden aussehen. Würde jemand eine erblicken, müsste er sofort sterben.

Ein Bauer wurde über längere Zeit von einer Trude gepeinigt. Er wusste sich nicht mehr zu helfen. Kaum wollte er abends im Bett die Augen schließen, setzte sich die Trude wie ein Bleigewicht auf seine Brust, sodass er arg schwitzen musste.

Auf einen Rat hin hat er eine geweihte brennende Kerze beim Bett aufgestellt. Ins Haus kam die Trude nicht mehr, aber im Stall hat sie ihm die beste Kuh erdrückt. Wenn Truden ein Vieh erdrücken dürfen, sind sie erlöst.

Die Truden machen den kräftigsten Bauernburschen mit der Zeit fertig, wenn er keine Hilfe bekommt. Wird ein Mann von einer Trude angeblasen, bekommt er eine Glatze.

Sieht man einen schwer atmenden schlafenden Menschen, auch wenn man die Trude nicht sieht, soll man ihn beim Namen rufen, dann muss sie verschwinden.

Ist man allein im Bett, soll man mit den Fingern den Daumen umschließen oder die Arme vor der Brust kreuzen.

Hört man die Trude kommen, muss man sagen: „Komm morgen um die drei weißen Gaben!" Dann kommt sie am nächsten Tag um ein weißes Ei, weißes Mehl und weißes Salz. Darauf hin kommt sie nicht mehr.

Es sind meistens junge Frauen, vereinzelt auch ältere, die als Truden leben müssen, weil sie unter einem schlechten Zeichen geboren sind. Wenn die Hebamme Zaubermittel gebraucht oder die Mutter bei der Geburt flucht, den Teufel anruft, statt die Geburtswehen christlich zu ertragen, werden die Mädchen zu Truden.

Verheiratete Truden können keine Kinder bekommen, weil sie die Männer steril machen.

Die Truden werden nicht vom Teufel geholt. Aber manche geben sich nicht ungern mit den Hexen ab. Sie werden dann selbst zu Hexen, nachdem sie nach drei mal sieben Jahren alle Proben bestanden haben. Sie bekommen dann mit dem schwarzen Bocksfuß das Teufelssiegel auf das Kreuz gedrückt.

Alpenburg 1897

Die Trud

Sie ist eine Hexe, die durch die winzigste Öffnung oder durch das Schlüsselloch in die Kammer hineinkommt und dort alle drückt, die vor dem Zubettgehen nicht andächtig das Kreuzzeichen gemacht haben.

In der Kammer darf man keine Schmetterlinge dulden. Sie könnten zur Nachtzeit zu Truden werden.

Liegt man seitwärts im Bett, kann die Trud nichts machen. Liegt man aber auf dem Rücken, setzt sie sich auf die Brust und drückt so sehr, dass man keinen Atem mehr bekommt. Schafft man es, noch ein Kreuzzeichen zu machen und sich zur Seite zu drehen, muss die Trud aufgeben.

Rossi 1912

Die Hexen

Auf den Fahrten verwandeln sich die Hexen nicht ungern in Krähen, weil die niemand gerne umbringt. Aber sonst halten sie es mit den Kröten.

Die Hexen fahren durch die Luft, aber manchmal gehen sie mit dem schönsten Gewand auf Eroberung. Mit Berührungen machen sie Menschen und Tiere krank. Sie bringen Krankheiten und Seuchen in Haus und Stall.

Manchmal legen sie schöne Gegenstände irgendwo ab, damit sie der Finder erfreut aufhebt und nach Hause trägt. Er trägt damit aber selbst das Unglück in sein Haus. Nur wenn man dreimal draufpuckt, kann ein solcher Gegenstand keinen Schaden stiften.

Beim Haareschneiden soll man die abgeschnittenen Haare ganz schnell verbrennen, weil sie die Hexen sonst zu ihren Zaubereien, vor allem zum Wettermachen, verwenden.

Wenn die Hexen auf einer Alm eine tödliche Seuche verursachen, muss der Senner den Kopf des verendeten Tieres auf eine Stange stecken. Die Seuche hört in dieser Gegend auf. Aber sie bricht dort aus, wo der Kopf hinschaut.

Die Hexen gehen sehr ungern in eine Kirche, weil sie nur mit nach hinten gedrehtem Kopf gehen müssen, damit sie den Altar nicht sehen. Die anderen Kirchenbesucher könnten das aber nur sehen, wenn sie auf einer Kniebank aus neun verschiedenen Holzarten knien.

Der Priester hätte die Hexen während der Wandlung sehen können, aber der hat früher bei der Wandlung nur nach vorne geschaut.

Alpenburg 1897

Die Hauser Hex

Bei der Heuernte haben die Bauern oft ein „rechtes Gfrett[44]" mit dem Wetter. Am 8. Juni ist der Tag des hl. Medardus und da regnet es besonders gern. „Und wenn es an dem Tag regnet, regnet es noch weitere vierzig Tage", sagt der Volksmund.

Als es noch keinen Wetterbericht im Radio und Fernsehen gab, hat man die Tiere, die Vögel und das Wild beobachtet und auf bestimmte Zeichen in der Natur geachtet. Wind und Wolken waren wichtige Indikatoren. So entstanden viele Wetterregeln, die heute noch verwendet werden. „Die Wolken gehen heim", sagt man, wenn sie südwärts abziehen. Da kann man in den nächsten Tagen schönes Wetter erwarten. Kommen sie aber aus der Gegenrichtung gibt es Regenwetter.

Es gibt dann noch besondere Nebel- und Wolkenbildungen an gewissen Stellen, die Rückschlüsse auf die Wetterentwicklung zulassen. Die Bevölkerung von St. Valentin schaut zu den Profiller Polen[45] hinauf. Wenn dort um acht Uhr früh die „Hauser Hexe", eine dicke schwarze Wolke herausschaut, ist es besser, mit der Sense daheim zu bleiben. Es regnet sicher noch am selben Tag.

Die Bewohner von St. Michael reden von der „Lärmwolke", denn wenn sie diese Wolke sehen, dann ist Grund zum lärmen[46].

---

[44] Viel Mühe, wenn sie das von Regen durchnässte Heu öfters wenden müssen und die Heuqualität schlechter wird

[45] Bewaldeter Felshang auf der Westseite am Puflatsch

[46] Jammern

Die Seiser beobachten die „Hauser Hexe" in der Schlernklamm. Wenn dort ein dichter Nebel sitzt, bedeutet das auch nichts Gutes.

„Hat der Schlern einen Sabel[47],wird das Wetter miserabel. Hat der Schlern einen Hut, wird das Wetter wieder gut!", so sagt man im Volksmund.

Kricht in den Morgenstunden Nebel über Glor oberhalb Tisens, lässt der Regen nicht lange auf sich warten.

Am gefährlichsten ist es, wenn das Wetter von Weißenstein kommt. Dann muss der St. Valentiner Mesner zusehen, dass er mit dem Wetterläuten beginnt, bevor das Wetter in St. Konstantin ist, sonst wird es gefährlich. Es sollen schon drei, wenn nicht vier Mesner von St. Valentin vom Blitz erschlagen worden sein.

Wenn ein Gewitter aufzieht, zündet man von den Palmkätzchen an, die man am Palmsonntag weihen lässt.

Rosa Malfertheiner – Gsolerin

Die Schlernhexenausfahrt

Außer auf dem Rittner Horn halten sich die Hexen am liebsten auf dem Schlern auf. Von allen Seiten reiten sie auf den Schlern und halten sich auf dem höchsten Punkt, dem Petz auf. Dort halten sie ihren Hoangaort[48] und ihre Tänze ab. Wenn eine Hexe auf den Schlern fahren will, nimmt sie das hölzerne Kehrtatl mit dem Rußbesen auf den Rücken und fährt durch den Kamin, damit man die Haustüre nicht hört.

Paulin 1937

Der Hexenschütze

Unter der Schlernklamm stand früher ein Bauernhof, über den sich eines Tages ein drohendes Gewitter zusammenzog. Die Bäuerin sah über dem Haus eine große dunkle Wolke, die sich wild bewegte, als ob eine dunkle Gestalt darin herumfahren würde.

Die Frau machte den Bauern auf den Spuk aufmerksam und der erkannte sofort: „Da fährt eine Wetterhexe in der Wolke herum. Die schieße ich ab!"

„Um Gottes Willen Hansl gib acht", erschrak die Frau. „Wenn du sie fehlst, könnte es dir schlecht gehen!"

Der Bauer lud geweihte Kugeln in sein Gewehr und besprengte die Waffe mit Weihwasser. Dann lief er in die Klamm hinauf, legte an und schon hallte sein Schuss von allen Wänden.

Im gleichen Augenblick hörte er einen markerschütternden Schrei. Die getroffene Wetterhexe stürzte röchelnd vor seine Füße und verstarb.

Aus der Nähe hat sie so fürchterlich ausgesehen, dass der Bauer von Sinnen kam und erst nach sehr langer Zeit wieder gesundete.

Paulin 1937

---

[47] Säbel – Nebelstreifen

[48] Treffen unter Bekannten

Hexe erschossen

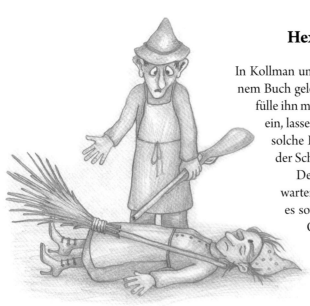

In Kollman unten hatte ein Bauernknecht aus einem Buch gelesen: „Nimm einen Totenkopf und fülle ihn mit Erde. Dann setze drei Erbsen hinein, lasse sie keimen und wachsen. Wenn du solche Erbsen in dein Gewehr ladest, geht der Schuss ganz hoch hinauf."

Der Knecht konnte es fast nicht erwarten bis seine Munition reif war. Als es soweit war, hat er drei Erbsen in sein Gewehr geladen und in eine Wolke hinaufgeschossen. Im nächsten Augenblick fiel eine Hexe mausetot vor seine Füße.

Zingerle 1891

Heim gezahlt

Ein Mesner von St. Valentin hat den Hexen besonders arg mitgespielt. Da Hexen bei den Recken[49] keinen Atem bekommen, wandte er seine ganze Kunst auf, um die Hexen arg zu plagen.

Damit hat er viele böse Gewitter vertrieben. Aber die Hexensippschaft hat ihm Rache geschworen. Sie hängte ihm eine fürchterliche Krankheit an, an der er nach langem qualvollen Leiden sterben musste.

Paulin 1937

Der St. Valentiner Stier

Dort, wo einst Kastelruth zerstört wurde, blieben große Schutthaufen übrig. An einem solchen Haufen hat ein übermütiger Stier mit seinem Kopf und den Vorderfüßen gewühlt und den ganzen Tag nicht mehr aufgehört. Als der Bauer genauer hinsah, erblickte er die Krone von einer Kirchenglocke.

Der Bauer und die Knechte haben die Glocke ausgegraben und im Turm von St. Valentin aufgehängt. Die Bauern gaben ihr den Namen „Pfaoltener Schtier". Sie hat ihren Namen also nicht bei der Glockentaufe vom Priester bekommen.

Die Hexen haben einen Hass auf diese Glocke und fürchten sie, weil sie alle bösen Wetter vertreibt, welche sie zum Schaden der Leute anrichten wollen.

Alpenburg 1857

---

[49] Zwischenpausen beim Wetterläuten von einem Glockenton zum nächsten

Die St. Paulsner Glocke

In Latzfons erzählt man sich, dass es die Kastelruther auf die große Glocke von St. Pauls abgesehen hatten. Als sie mit vierzig Paar Ochsen anrückten, um die Glocke zu holen, haben sie es nicht geschafft die Glocke von der Stelle zu bewegen. Schließlich begann die Glocke zu reden und verkündete laut:

„Maria Anna heiße ich
alle Wetter weiß ich
alle Wetter vertreib ich
und in St. Pauls bleib ich."
Die Glocke ist in St. Pauls geblieben.
Alpenburg 1897

Das Kätzchen von St. Vigil

Die kleine Glocke von St. Vigil wurde von einem Kätzchen gefunden. Das Tierchen hat an einem Ort so lange gekratzt, bis die Leute nachgeschaut haben und richtig kam eine kleine Kirchenglocke zutage. Sie hängt heute noch im Turm von St. Vigil und hat eine besondere Kraft gegen wilde Gewitter.

(Prof. TH. Wieser)
Zingerle 1891

Das Schwert des Königs

Es war einmal eine Königin, die alles verloren hatte. Ihr Mann starb im Krieg und das Reich hatten die Feinde verwüstet. Um ihres Lebens sicher zu sein, flüchtete sie mit ihrem Söhnchen in eine abgeschiedene Gegend, in der sie sicher niemand vermutete.

Nur ein Knappe bemerkte sie bei der Flucht und bot ihr seine Dienste an. Sie bat ihn, vom Schlachtfeld auf dem ihr Mann gefallen war eine Blume zu bringen. Denn sie wollte ein Andenken von ihrem Mann haben. Nach drei Tagen kam er zurück und brachte statt der Blume das Schwert des gefallenen Königs. Die Königin musste ihn aber bald entlassen, denn sie war zu arm, um ihm einen Unterhalt zu gewähren.

Die Jahre vergingen und aus dem Söhnchen war ein schneidiger Prinz geworden. Er entdeckte das Schwert seines Vaters, zog es aus der Scheide und schwang es hin und her. Darüber wurde in ihm die Abenteuerlust geweckt. „Ich will die Welt kennenlernen!" sagte er zu seiner Mutter. Diese versuchte, ihn von seinem Vorhaben abzubringen. Als sie nach wiederholtem Bitten einsah, dass ihr Sohn nicht umzustimmen war, riet sie ihm: „Suche dir eine vermögende brave Frau und ziehe nie das Schwert, wenn du nicht angegriffen wirst."

Der Prinz wanderte längere Zeit kreuz und quer durch das ganze Land. Es wollte ihm aber nirgends so richtig gefallen und eine Braut fand er auch nicht. Dann hörte er von einem weißen und einem schwarzen Berg. Dort sollte es in einem Rosenhain einen Turm des Gedenkens geben, von dem keiner zu sagen wusste weiss, welche Bedeutung er hatte.

Der Prinz beschloß den Turm aufzusuchen. Er suchte ziemlich lange herum und kam dann beim kleinen Dorf Vidòr vorbei zu einem bewaldeten Tal, in dem ein hässlicher schwarzer Wurm lag. Der Prinz wollte ihn schon mit dem Schwert in Stücke hauen, da fielen ihm die eindringlichen Worte der Mutter ein. Er dachte bei sich: „Der Wurm tut niemandem etwas zuleide, ich lass ihn leben!"

Der Prinz stapfte weiter und sah durch ein Gebüsch ein Mädchen das Blumen pflückte. Ein dunkler Schleier verdeckte ihren Kopf und ein mit Gold durchwirkter Gürtel vervollständigte ihr edles Gewand.

Als er an ihr vorbei ging, grüßte er. Sie schaute weg, so konnte er ihr Gesicht nicht sehen, aber sie erwiderte den Gruß. Der Prinz blieb stehen und fragte sie nach dem Weg zum Turm des Gedenkens. Sie hingegen wollte wissen, ob er den Wurm gesehen habe und ob der noch lebe?

„Ich habe ihn leben lassen, weil er mir harmlos schien," erwiderte der Prinz. „Das ist gut," sagte sie, „dann will ich dir den Weg zum Turm zeigen." Sie zog den dunklen Schleier vor ihr Gesicht und ging voraus. Der Prinz folgte ihr. Sie kamen zu einer schmalen Schlucht zwischen bemoosten Felsen. Da lag eine Schlange, die drohend den Kopf hob. Der Prinz beobachtete die Schlange und da er nie eine ähnliche gesehen hatte, wollte er vom Mädchen wissen, ob sie gefährlich war.

„Mir tut sie nichts, aber dir könnte sie schon gefährlich werden," sagte das Mädchen lachend. „Wenn sie dir nichts tut, will ich sie in Ruhe lassen," meinte der Prinz.

Während beide einen Bogen um die Schlange machten, hatte diese plötzlich eine kleine goldene Krone auf dem Kopf.

„Was ist das für eine eigenartige Schlange," wollte der Prinz wissen, „kennst du sie vielleicht?" „Oh, ja," sagte sie, „es ist meine Schwester und sie will nicht, dass jemand den Turm des Gedenkens besucht. Deshalb macht sie solche Sachen."

Der Prinz blieb stehen und musterte die Schlange noch genauer. „Komm, lass uns weiter gehen," sagte das Mädchen, „wir werden gleich den Turm sehen." Sie ging behände voraus und da bemerkte er, dass sie den Schleier nicht mehr hatte. Der Prinz bewunderte ihre Gestalt und bemerkte gar nicht, dass im Osten etwas Merkwürdiges auftauchte. Das Mädchen blieb stehen und zeigte mit ausgestrecktem Arm dorthin. Sie waren fast am Ziel. Auf einem Hügel stand, von der sinkenden Sonne bestrahlt, der Turm des Gedenkens. Es war nicht zu erkennen, woraus er gebaut war. Bald schien er durchsichtig, bald aus Flechtwerk errichtet, bald aus glänzenden Steinen erbaut. Rund um den Turm breitete sich ein wundervoller Rosenhain aus. Kletterrosen rankten bis zur Turmspitze. Jetzt sah man, dass der Turm eigentlich nur aus vielen Rosenranken bestand, die eng verflochten in die Höhe ragten.

Ganz unten entsprang eine Quelle, deren Wasser durch ein sehr kostbares Gefäß floss, in dem eine einzige, aber die Schönste aller Rosen erblühte. Als beide vor der Quelle standen, begann das Mädchen die Geschichte des Turmes zu erzählen: „Es gab eine Zeit," so erzählte sie, „da lebten die Menschen noch einträchtig miteinander. Es gab keine Kriege und Verbrechen, Zwistigkeiten konnten in Güte geschlichtet werden."

Die Leute wurden wohlhabender, aber der neu gewonnene Reichtum verdarb die guten Sitten. Leichtfertig brachen sie Streit vom Zaun, sie führten Prozesse und begannen schließlich Kriege, in denen die meisten Männer umkamen."

„Als das Elend groß war, sammelte die Königin die überlebenden Frauen und Kinder und führte sie ins Gebirge. Dort war über längere Zeit Frieden. Die Gegend heißt heute noch Saß de Dama."

„Als die Königin starb, gingen die Zwistigkeiten erneut los. Nun waren es die Mütter, die durch ein Gelöbnis einen ewigen Frieden stiften wollten. Dazu versammelten sie sich auf dem Bergrücken Roseàl. Jede brachte Rosenranken mit, die sie alle miteinander verflochten bis der Turm des Gedenkens daraus wurde. Er sollte die Leute zum Frieden mahnen und keinen Streit mehr aufkommen lassen."

„Was seid ihr für glückliche Menschen," sagte der Prinz, „bei euch leben alle in Frieden miteinander."

„Ach die schönen Zeiten sind leider wieder längst vorbei," sagte das Mädchen mit trauriger Stimme, „der Frieden wurde nicht gehalten. Es kam wieder zu Streit und Kämpfen. Sogar die Frauen beteiligten sich daran und meine Schwester war eine der Schlimmsten. Sie wollte soeben auch mit dir Streit anfangen, aber du hast das Schwert nicht gezogen."

„Das ist seltsam," entgegnete der Prinz, „ihr habt einen so schönen Turm des Gedenkens und er nützt euch nichts."

„Der Turm besteht schon lange nicht mehr," sagte das Mädchen, „er ist leider nur mehr eine Erinnerung daran, ein Hauch, den man nur sieht, wenn der Tag zur Neige geht. Von den vielen Rosen ist nur die schönste von allen geblieben. Sie gehört mir, denn ich habe mich immer für den Frieden eingesetzt. Es ist das Letzte was ich besitze, sie ist mein Schatz und mein Halt." Während sie redete, nahm sie die Rose aus dem Gefäß und heftete sie sich an die Brust. Dann sagte sie wehmütig: „Jetzt gehe ich fort von hier, denn die Sonne sinkt und der Turm verweht."

Kindl

Die Wetterhexen von Kastelruth

Jedesmal wenn in Kastelruth ein Gewitter droht, kommen vom Schlern drei Hexen. Sie fliegen als Vögel dreimal um den Turm von St. Michael.

Am St. Anna Tag[50] kommt immer eine von den Schlernhexen vom Berg herunter und geht als letzte in die Kirche von St. Anna. Wenn sie zu früh dran ist, sitzt sie so lange auf der Umfassungsmauer vom Kircheneingang, bis alle anderen hineingegangen sind. Meistens ist es ein altes Weiblein mit einem blauen Schurz.

Fink 1968

Die Hexen Hochzeit

Als der Ratzeser Hiasl in die Jahre kam, wo es zum Heiraten höchste Zeit gewesen wäre, wollte ihm keine auf sein kleines Höfl am steilen Ratzeser Hang folgen. Er war schon immer ein etwas langsamer und hölzerner Zeitgenosse mit einem etwas zu ausgeprägten Hang

---

[50] 26. Juli

zur Sparsamkeit. Das war auf seinem kleinen Hof aber auch notwendig. Und außerdem machte er immer den jüngsten und begehrtesten Mädchen den Hof. Doch diese lachten ihn nur aus.

Eines Abends, als er in seinem Bett ganz verzweifelt seufzte: „Eine Frau muss ins Haus und wenn es eine Schlernhexe ist", tat es um Mitternacht einen lauten Rumpler und ein Hexenschwarm kehrte durch den Kamin bei ihm ein.

Sie werkelten im Keller, in der Speiskammer und in der Küche. Der Hiasl lag mit klappernden Zähnen in seinem Bett, bis die älteste Hexe an sein Bett kam und kommandierte: „Aufstehen und das beste Gewand anziehen!" Sie half ihm dabei noch und führte ihn an der Hand zum Stubentisch. Dort musste er sich an den Tisch setzen. Dann setzte sie die jüngste Hexe zu ihm und sagte: „Das ist die Bea und sie ist jetzt deine Frau, so wie du es dir gewünscht hast!" Diese saß in einem schmucken Brautkleid nehmen neben dem Hiasl.

Der Hiasl war sonst nicht auf den Mund gefallen, aber jetzt saß er ganz verdattert da und wusste sich nicht recht zu helfen.

Inzwischen war fertig gekocht und die Hexen begannen aufzutragen. Da wurde gegessen und getrunken wie auf einer richtigen Hochzeit. Einen guten Wein hatten die Hexen auch mitgebracht. Der saure Leps[51] vom Hiasl wäre für eine Hochzeit nicht gut genug gewesen.

Mit der Zeit taute der Hiasl auf und als ein paar Hexen Musik machten, führte die Braut den Hiasl zum Brauttanz. Dann haben alle getanzt und gesungen bis zum Betläuten. Beim ersten Glockenschlag sind alle Hexen, bis auf die Bea, durch den Kamin hinauf verschwunden. Der Hiasl hatte sich inzwischen damit abgefunden, dass er jetzt eine Frau hatte. Sie gefiel ihm auch ganz gut. Sie hatte schwarze Augen, schwarze Haare und eine dunkle Haut. Nur die Brautnacht ist etwas zu kurz ausgefallen, weil der Hiasl bald seine Kühe füttern musste.

Die Bea stellte sich ganz geschickt an und hatte bald die Hosen an. Das hat dem Hiasl aber nichts ausgemacht, wenn ihn die Nachbarn deswegen hänselten. Auf das Jahr ist der erste Bub eingestanden. Dann kamen abwechselnd Mädchen und Buben wie die Orgelpfeifen.

Die Kinder sind mehr nach dem Hiasl geraten, nur etwas rühriger waren sie alle. Der Hiasl hatte jetzt genug Leben in seinem Haus und seine Bea hätte er nie mehr hergegeben.

Sepp Thaler – Auer (Schlernhexenlied)

Die Tuschenhex

Alle haben sich vor der Tuschenhex gefürchtet, weil sie besonders boshaft war. Bei den Hexenausfahrten ritt sie immer auf ihrem Ziegenbock. Wenn sie schlecht aufgelegt war, fuhr sie auf die Badlspitz[52] um die Hagelwolken zusammenzutreiben. Sobald sie genug beisammen hatte, schob sie sehr oft alles zusammen auf Seis hinunter.

Nicht zu zählen ist, was sie sonst noch alles angestellt hat. Oft gaben die Kühe nur noch Blut statt Milch, dann hat sie das Vieh auf den Boden festgefroren. Ein anderes Mal hat die

---

[51] Santner und Euringer
[52] Santner und Euringer

Sennerin nur eine Milchschüssel halbvoll von den ganzen Kühen bekommen und das Buttern ist nicht mehr gelungen.

Wenn eine Weinfuhre mühselig von den Zugtieren beim Buntschakofl[53] heraufgezogen wurde, machte sie beim nächsten Baum einen Schnitt in die Rinde. Damit holte sie sich den Wein und der Fuhrmann kam mit halbleeren Fässern nach Kastelruth. War ein Fuhrwerk mit Butter und Schmalz auf dem Weg, grub sie ein Loch in die Erde und schöpfte daraus für sich Butter und Schmalz.

Solches Ungemach fügte sie den Leuten immer wieder zu. Ging sie an einem Hof vorbei, kamen die Hennen herbei und legten die Eier in ihren Tragkorb. Wurde gerade ein Schwein geschlachtet, rief sie es herbei, um für sich das beste Stück herauszuschneiden.

Großen Kummer hatten auch die Kaufleute. Bei ihren Einkäufen zahlte sie mit Geld, das hinterher in der Schublade zu Laubblättern wurde. Alle bekreuzigten sich, sobald sie die Tuschenhexe von weitem sahen.

Man wollte sie fangen und dem Richter vorführen. Einmal war es dem Pitschenbacher, dem Krazualer und dem Standroaer sogar gelungen, sie zu binden und abzuführen. Dann

aber verspürten alle drei eine kräftige Ohrfeige und statt der Hexe hatten sie nur noch Stroh in den Händen. Niemand weiß, welches Ende sie noch genommen hat.

Die scharfe Sense

Der Lettner war ein schmächtiges Bäuerlein auf seinem kleinen Hof. Bei Mähen wollte er aber mit den kräftigsten Männern mithalten. Er fragte deshalb die Tuschenhexe um Rat. „Wenn du mir ein Star[54] Himbeeren sammelst, gebe ich dir ein Mittel, mit dem die Sense so scharf wird wie ein Rasiermesser," sagte sie.

[53] Früherer Zufahrtsweg für Kastelruth unter dem Buntschu Hof
[54] Messbehälter für Getreide - 29 Liter

In jenem Jahr gab es genug Himbeeren. Der Lettner hatte die geforderte Menge bald beisammen. Er bekam dafür ein Stück schwarzes Pech. „Mit dem brauchst du die Schneide der Sense bloß einmal am Tag anzustreichen, dann wird sie den ganzen Tag gut schneiden. Aber gib acht, dass ja niemand deine Sense angreift, sonst ist die Schneide weg!", schärfte sie ihm besonders ein.

Der Lettner wurde zum besten Mäher in der ganzen Gemeinde. Die anderen Mäher wollten ihm einen Streich spielen und steckten ihm einen Tenglstock in das Gras. Der Lettner schnitt ihn mit seiner Sense glatt durch. Aber das Gras und die beiden Stücke vom Tenglstock waren blutig.

Die Wetterhexe von St. Michael

In St. Michael war ein fürchterliches Wetter im Anzug, als beim Mesner die beste Kuh im Stall ihr Kalb zur Welt bringen wollte. Der Mesner konnte die Kuh dabei nicht allein lassen. Er schickte deshalb die Magd in den Turm zum Wetterläuten und trug ihr noch auf, sie solle ja nicht zu lange Recken machen.

Die Magd hatte schon auf dem etwa dreihundert Meter langen Weg vom Mesner Hof zur Kirche richtig Angst vor den Blitzen und den Wetterhexen. Noch mehr grämte sie sich in den Turm zu steigen. Als sie schließlich das Glockenseil der großen Glocke zu fassen bekam, läutete sie die Glocke so, dass sie zwischendurch möglichst lange oben stillstand. Denn bei diesen so genannten Recken geht den Wetterhexen der Atem aus.

Bei der sechsten Recke tauchte im Turmwalken das durch Atemnot entsetzlich entstellte Gesicht einer Hexe mit den Haaren nach unten auf. Die Magd ließ das Glockenseil fahren. Als sie sich umdrehte, um über die Turmstiege nach unten zu flüchten, erkannte sie das Gesicht der Mesnerin.

Sie lief, so schnell sie konnte, die Turmstiege hinunter und heim zum Mesner in den Stall. Dort hatte die Kuh gerade gekälbert. Dem Bauer erzählte sie nichts von dem Schrecken, den sie gerade erlebt hatte. Auch zu anderen Leuten ließ sie über den Vorfall nie etwas verlauten.

Sie blieb aber trotzdem auf dem Mesner Hof als Magd, da sie immer gut behandelt wurde.

Als beide Mesnerleute schon längst gestorben waren und schließlich auch die Magd auf dem Sterbebett lag, erzählte sie der Enkelin, die ihr beistand, das schreckliche Erlebnis mit deren Großmutter.

Maria Kofler – Martha Silbernagl

Der Hexengürtel

Zwei Bäuerinnen von St. Vigil machten eine Wallfahrt zum Frommerbild. Unterwegs beschlossen sie, bei einer Bekannten einzukehren, um ein wenig zu rasten. Sie wurden von dieser freundlich bewirtet und beim Abschied gab sie ihnen einen Gürtel mit. Sie sollten ihn der Glocke von St. Vigil anlegen.

Die zwei Bäuerinnen versprachen es, aber auf dem Weg begannen sie über den sonderbaren Wunsch der Bekannten nachzudenken. Als sie bei dem Schoadlweg[55] eine alte Fichte sahen, legten sie dieser zur Probe den Gürtel an. In nächsten Moment gab es einen fürchterlichen Knall und der Baum wurde von oben bis unten in viele Stücke zerrissen.

Jetzt wussten die Bäuerinnen, dass die Bekannte mit ihrem Gürtel eine Hexe war. Sie wollte die Wetterglocke von St. Vigil sprengen. Sie verbrannten den Gürtel mit geweihten Kräutern. Bei ihrer Bekannten kehrten sie nie mehr ein.

Das Hexenloch

Unterhalb von Tisens befindet sich neben der Straße, die nach Waidbruck führt, das Hexenloch. Nach großen Unwettern hat man dort öfters alte Besen gefunden.

Die Gegend ist deswegen verschrieen. Abends nach dem Betläuten würde sich niemand getrauen, das Hexenloch aufzusuchen.

Zingerle 1891

Die Hexenstühle ober der Wasserebene

Ober Tiosels befindet sich die Wasserebene. Dort stehen im „Thomasethn Wald" zwei Hexenstühle aus Kalkstein. Ein paar Meter daneben ist unterhalb einer Porphyrlammer ein etwa sechs Meter großer runder Platz auf dem ein besonderes Gras wächst.

Man vermutet dort einen wichtigen Platz aus früheren Zeiten.

Innerebner1947

Die Hexensessel auf Puflatsch

---

[55] Wegkreuzung ober St. Valentin

Ober der Goller Schwaige auf Puflatsch ist auf der Anhöhe ein mit sechskantigen Porphyrsteinen gepflasterter Platz. Auf der Felskante ist ein schöner Doppelsitz mit einem Fußschemel. Auf diesem Sessel halten sich zur Nachtzeit die Hexen auf. Von diesem Sessel kann man das halbe Südtirol überblicken.

Einheimische und Gäste probieren den Sitz gerne aus, wenn sie einen Ausflug auf Puflatsch machen.

Innerebner 1947

Der schneidige Tonl

„Auf der Christala Wiese auf Puflatsch ist ein Hexenplatz. Es wäre niemandem zu raten im Herbst bei Nacht in dieser Gegend herum zu sein", meinte am Abend nach dem Essen der alte Fuschgn Martl, der in der „Larenzn Woche"[56] zum Mähen oben war.

„Was soll schon groß passieren", hielt der Blieger Tonl dagegen. Er war der dritte Mäher und hatte ein Auge auf die Haustochter geworfen, weshalb er sich selbst zum Mähen angeboten hatte, in der Hoffnung die Moidl[57] würde ihm rechen[58].

Die Moidl hatte sein Ansinnen richtig gedeutet. Der Tonl hätte ihr auch ganz gut gefallen. Weil er nach ihrer Ansicht zu stur war, wollte sie ihn aber ein wenig zappeln lassen. Sie wählte deswegen den alten Fuschgn Martl.

Für den Tonl blieb der Gigger, ein fünfzehnjähriger frecher Lausbub, der ständig gegen beide zu sticheln hatte.

„Die Hexen tanzen und essen Vieh. Manchmal essen sie sogar Kinder, die noch nicht getauft sind", erzählte der Martl weiter, „wer ihnen außer den Almwochen[59] bei ihren Feiern unterkommt, wird in den Hexenbund aufgenommen. Da gibt es kein Entrinnen!"

„Ich probiere es", prahlte der Tonl, „um Allerheiligen werde ich im Christala Stadel übernachten!" „Das würde ich nie tun!", sagte Franz, der Gigger, „Moidl sag du etwas. Was würdest du tun, wenn dir die Hexen den Tonl mitnehmen?" Die Moidl bekam ein krebsrotes Gesicht. Sie war um ihren Platz im finsteren Winkel froh. „Tonl", sagte sie, „tu es nicht!"

„Sag ich auch", stänkerte der Gigger, „denn sonst hättest du nur noch mich." „Dich möchte ich nie, du rotziges freches Maul!", gab die Moidl schnippisch zurück. „Tonl müsste man heißen, dann hätte man bei der Moidl gute Aussichten", konnte der Gigger gerade noch sagen, als der Christala Bauer befahl: „Jetzt ist Ruhe!"

„Ich werde in der Nacht nach Allerheiligen im Christala Heustadel übernachten und durch die Spalten den Hexen zusehen", bekräftigte der Tonl trotzig. „Bist du wahnsinnig", sagte der Martl, „am Allerseelentag ist heuer Vollmond! Da sind die Hexen gewiss da." „Ist mir gleich, ich fürchte mich nicht", erwiderte der Tonl, „die sollen nur kommen!"

---

[56] 1. Woche August

[57] Maria

[58] Auf der Seiser Alm hatte früher jeder Mäher ein junges Mädchen oder einen Gigger, (einen jungen Burschen) als Arbeitspartner. Diese mussten das abgemähte Gras ausstreuen und auf den Magerwiesen zu „Godn" (Streifen) zusammenrechen. Beim Heu einbringen am Nachmittag arbeiteten Mäher und Recherin, bzw. Gigger ebenfalls als Paar

[59] Anfang Juli bis Mittte August

Die Moidl hat noch ein paar Mal versucht, dem Tonl das Abenteuer auszureden, aber da stichelte der Gigger: „Zuerst groß reden und sich dann von der Moidl abringen lassen.“

Am Allerheiligentag abends legte der Tonl ein Heutuch zusammen und warf es über die Schulter. So marschierte er über die Wasserebene hinauf zum Schafstall. Auf Tschenadui[60] war es schon finster. Als er einen Vogel und Rehe aufschreckte, sah er zwischen den Bäumen und Sträucher unheimliche Gestalten. Da begann sein Mut zu sinken. Er war froh, als er auf Puflatsch ankam, weil es von dort nur mehr ein Katzensprung zur Christala Dilla[61]“ war.

Dort angekommen, sicherte er noch mit den Riemen vom Heutuch das einfache Stockschloss, da fast alle Schlüssel in die Schlösser auf der Alm passten. Schließlich lehnte er noch die Heugatter[62] vor die Tür.

Dann machte er sich mit dem Heutuch im Heu ein Lager und legte sich angekleidet hinein. Als er von zu Hause wegging, war er noch besorgt gewesen, ob er nicht den Hexentanz verschlafen würde, denn er wollte schon etwas zu erzählen haben bei seinen Freunden. Die Stunde vergingen träge und der Schlaf wollte nicht kommen. Das Lager war kalt und unbequem.

Nach Mitternacht hörte er Stimmen. Er stand auf und sah durch die Spalten von allen Seiten hässliche Weiber auftauchten. Sie schrien, tanzten und sprangen in die Luft. Es gab reichlich zu essen und zu trinken.

Plötzlich kreischte eine ganz hässliche Hexe: „Ein Mensch ist da!“ Die ganze Horde tanzte um die Dilla herum und schrie: „Heraus mit dir!“ Der Tonl schlüpfte geschwinde mit klappernden Zähnen in sein Lager, wo er sogleich zu schwitzen anfing. Das Türschloss blitzte kurz auf und dann sprang die Tür auf. Mehrere Hexen stürzten herein. Sie packten den Tonl an den Händen und Füßen und zerrten ihn ins Freie.

Du sollst dem Glauben, allen Heiligen und der Taufe abschwören!“, verlangten sie von ihm. Der Tonl hat nur an die Moidl gedacht und gehofft, dass bald die Betglocke läutet. „Ich schwöre nicht!“, presste er zwischen den Zähnen hervor. Zuerst droschen sie mit ihren Besen auf ihn ein, dann packten sie ihn wieder an den Händen und Füßen und führten einen ganz wilden Tanz auf.

Danach fragten sie ihn ein weiteres Mal, ob er abschwören wolle. „Und wenn ihr mich umbringt, ich schwöre nicht!“, keuchte er. Da packten sie ihn wieder und warfen ihn in eine Zwergwacholderstaude. Die Oberhexe bannte ihn dort fest. Dann zog der Hexenschwarm weiter.

Der Tonl konnte sich in seiner Staude nicht mehr rühren. Als er am Allerseelen Abend nicht heimkam, entstand eine Aufruhr im Dorf. Die Leute hatten es schon vorher gesagt: „Mit den Hexen ist nicht zu spaßen! Da ist nichts mehr zu tun, den haben sie sicher umgebracht.“

Nur die Moidl wollte es nicht glauben. Sie schlief wenig in dieser Nacht. Beim Morgengrauen ließ sie sich von niemandem zurückhalten, den Tonl auf Puflatsch oben zu suchen. Als sie zur Christala Dilla kam, stand die Tür offen. Drinnen war das Lager mit dem Heu-

---

[60] Kleine Wiese mit Hütte unter Puflatsch

[61] Heustadel

[62] Schablonen zum Heufuder auflegen

tuch ganz durcheinander gebracht. Sie kam weinend heraus und rief immer wieder, während sie die Umgebung absuchte: „Tonl...Tonl!" Zwischendurch betete sie ein paar „Vater Unser".

Sie bekam keine Antwort. Nur ein Eichelhäher, der auf einer Zirbelkiefer saß, fragte: „Warum weinst du?" Die Moidl erzählte ihren Jammer. Der Häher krächzte: „Ich weiß nichts, weil ich die Nacht verschlafe, aber der Steinkauz, der in der Puflatschwand unten immer die Tagesruhe verbringt, hat sicher etwas gesehen. Soll ich ihn fragen?", meinte er dienstfertig und tauchte schon im Schwebeflug über die Wand hinab.

Er kam mit der Nachricht zurück, dass die Hexen den Tonl in eine Zwergwacholderstaude gebannt hatten. „Wie soll ich den die Staude finden? Da sind ja so viele!", jammerte die Moidl. „Wenn du etwas Geweihtes über die Stauden halten würdest, wäre der Zauber gelöst." Der Moidl fiel sogleich das silberne Halskettchen ein, das ihr die Patin bei der Firmung geschenkt hatte.

Sie begann nun mit dem Kettchen in der Hand bei jeder Staude zu suchen. Zwischendurch weinte sie immer wieder. Als sie gegen Abend zur letzten Staude bei den Hexensesseln kam, bewegten sich die Zweige und der Tonl stand langsam auf. Er sah sehr mitgenommen aus, das Gewand zerrissen, blaue Flecken am ganzen Körper, steif vor Kälte und er hatte ein lahmes Bein.

„Du siehst schrecklich aus! Aber warum bist du so ein dummer Bub und gehst zu den Hexen, wo dir doch alle abgeraten haben?", fragte die Moidl vorwurfsvoll. „Hättest du bei der Almmahd mir gerecht und nicht dem Martl, hätte ich nie sagen müssen, dass ich zu den Hexen gehe." „Du musst nicht so starrsinnig sein, ich hab dich ja gern!", sagte die Moidl und drückte ihm einen herzhaften Kuss auf den Mund.

Zu Lichtmess haben die beiden geheiratet. Mit den Hexen hat sich der Tonl nie mehr eingelassen.

Der weiße Haarschopf

Um die Wegkreuzungen herum treiben zwischen zwölf und ein Uhr nachts Hexen, Göggl und Teufel ihr Unwesen. Die Bauern der umliegenden Höfe ließen deswegen ein Wegkreuz oder einen Bildstock errichten und von einem Priester segnen. Die Vorbeigehenden zogen den Hut und machten ein Kreuzzeichen. In der Nähe dieser Kleindenkmäler war man sicher.

Der Pinter Joggala Knecht, der Raimund, war ein strammer Bursche, der sich vor nichts und niemandem fürchtete. „Das probiere ich aus, ich will sehen was passiert," erklärte er forsch.

In der Nähe des Telfner Bildstocks bei der Wegkreuzung zog er um sich herum mit geweihten Kräutern einen Kreis und wartete. Um Mitternacht kamen alle, die Hexen, mehrere Göggl und jener mit dem Bockfuß. Jetzt bekam der Raimund Angst, denn sie langten in seinen Kreis hinein und wollten ihn herauszerren. Mit letzter Kraft konnte er sich bis ein Uhr in seinem Kreis halten. Aber auf dem Kopf hatte er seit dieser Zeit einen weißen Haarschopf, der in die Höhe stand.

Maria Schrefler

Der alte Pfleger

Der alte Pfleger konnte Leute und Vieh festbannen, sogar aus großer Entfernung. Fuhrleute, die auf dem Kuntersweg unten unterwegs waren, hat er auf diese Art öfters um die kostbare Fracht erleichtert.

Wenn er Durst hatte, band er seine Schürze an das Ofngschal[63], bannte ein Weinfuhrwerk am Kuntersweg unten fest und zog mit Bewegungen, so wie man eine Kuh melkt, den Wein aus den Fässern.

Um die Festgebannten wieder zu erlösen, beauftragte er von seiner Stube aus einen anderen Reisenden, der auf dem Kuntersweg unterwegs war.

NB: Der Wein war zur damaligen Zeit eine sehr wertvolle Fracht, die auch von den Fuhrleuten auf ihren langen Fahrten nicht verschmäht wurde oder sich unterwegs leicht zu Geld machen ließ. Die Fuhrleute und auch die anderen illegalen Weindiebe waren sicher froh, wenn sich der Schwund mit den Umtrieben der Hexen erklären ließ.

Der Pfleger besaß auch ein Zauberbüchlein, das er immer sorgfältig in der Stube im Wandkastl einsperrte. Als er einmal nach Seis unterwegs war, fiel ihm ein, dass er vergessen hatte, das Wandkastl abzusperren.

Er kehrte sofort um. Als er die Stubentüre öffnete flogen ihm viele schwarze Krähen

---

[63] Holzgerüst beim Bauernofen

entgegen. Die Kinder hatten das Büchlein gefunden und die falschen Zaubersprüche erwischt.

Mit einem Gegenspruch brachte der Pfleger die Krähen dazu, das Haus zu verlassen. Weiß Gott, was passiert wäre, wenn der Pfleger nicht auf halb Weg umgekehrt wäre.

Nach seinem Tod wollten ihn vier Nachbarn durch das Pestol[64] auf den Friedhof nach Kastelruth tragen. Kurz vor der dortigen Totenrast stolperte ein Träger auf dem abgewetzten Pflaster. Der Sarg fiel zu Boden und verschwand in der wilden Pestol Schlucht. Das bedeutete, dass der Pfleger nicht in der geweihten Erde bestattet werden durfte.

Fink 1966

Die Wettermacherin

Arge Trockenheit bereitete seit längerem den Bauern große Sorgen. Auf den Feldern verdorrte das Gras und das Korn. Auch die Quellen drohten zu versiegen.

Ein Bauer war mit seinem achtjährigen Mädchen unterwegs und jammerte in einem fort über die ungünstige Witterung. "Wenn es dir recht ist," sagte die Kleine, „kann ich gerne Regen auf die Felder bringen." Der Vater lächelte über den Einfall seiner Tochter und ließ sich von ihr aber doch zu einem fast ausgetrockneten Bach führen. Dort bückte sich das Mädchen über das Wasser und rief leise einen Meister an, der ihm beistehen sollte. „Das habe ich von meiner Mutter gelernt", sagte sie Kleine ganz arglos.

Sogleich stiegen auf der Wetterseite schwarze Wolken auf und eine halbe Stunde später setzte ein lang anhaltender Regen ein.

Jetzt verstand der Bauer, dass seine Frau und auch sein einziges Töchterchen, das er sehr liebte, mit dem Teufel im Bund standen und deshalb Hexen waren.

Sein religiöser Eifer trieb ihn zu einem schrecklichen Entschluss. Er sagte, dass er mit Mutter und Tochter zu einer Hochzeit geladen sei. Beide zogen ihre besten Kleider an und bestiegen ahnungslos mit ihm die Kutsche. Der Bauer fuhr in die nächste Stadt und lieferte sie dem Richter aus.

Mutter und Tochter wurden vom Richter der Hexerei für schuldig erklärt und zum Tod auf dem Scheiterhaufen verurteilt.

Lucillo Merci

Die Vila von Ratzes

In der Gegend von Seis lebte früher auf einem alten Hof ein junger Hirt. Im Herbst holte er seine Schafe vom Tschapid auf der Seiseralm. Dabei machte er bei der Quelle am Ratzeser Steig kurz Rast. Er wollte sich gerade bücken, um Wasser zu trinken, da kam eine alte Frau herbei, die von oben bis unten schneeweiß war. Ihr Haar reichte bis auf den Boden. Sie bat den Hirten ihre Kanne mit Wasser zu füllen. Als er ihren Wunsch erfüllt hatte, trank er selber.

---

[64] Waldweg durch eine Schlucht

Die Alte war eine Willewais, wie sie zwischen den alten Lärchen und Steinen im Hauensteiner Wald oben hausen. Es sind uralte Frauen, die nicht die Gnade haben sterben zu dürfen. Sie frieren bei der größten Hitze im Sommer. Sie kommen, sie gehen, niemand weiß wohin. Sie wissen auch die heimlichsten Dinge der Menschen. „Weil du gut zu mir warst, hast du einen Wunsch frei", sagte sie zum Hirten.

Der Hirt wurde verlegen und als ihm die Alte in das Gesicht sah, merkte sie sogleich, ihm fehlte nichts, er hatte keinen Wunsch. „Ich kann dir eine Geschichte erzählen," sagte die Alte. Beide setzten sich in das Moos. „Lange ist es her," begann sie, „gerade um die Zeit, wo die Schatten länger werden und sich die Nadeln der Lärchen gelb verfärben, ist in dieser Gegend eine Vila aufgetaucht."

„Sie ist von weit her vor einem Ritter mit grauem Mantel geflüchtet, der sie auf einem Pferd mit seinem Geier verfolgte. Da sie sehr wendig war und sich auch klein machen konnte, gelang es ihr immer wieder sich zwischen Blättern oder hinter einem Stein bei einer der vielen Quellen in dieser Gegend zu verstecken."

„So gelangte sie bis zum kleinen Weiher im Hauensteiner Wald. Weil der Schatten an einem Strauch hängen blieb, musste sich die Vila in das dunkle Wasser des Weihers fallen lassen. Der Geier packte den Schatten mit seinen Krallen. Er flog damit auf die höchste Tanne der Umgebung. Dort wartet er immer noch auf seinen Herrn. In lauen Sommernächten kann man das Jammern der gefangenen Vila aus dem Weiher heraus hören."

Der Hirte hörte sich alles an und zog dann weiter, konnte aber an nichts anderes mehr denken, bis er zu dem Weiher kam, von dem ihm die Alte erzählt hatte. Dort setzte er sich auf einen Stein, nahm ein Stück Brot aus seinem Rucksack und begann zu essen. Dabei fiel ihm auf, dass sich auf dem Weiher leichte Wellen bildeten und sich zwischen den Bäumen ungewöhnliche Dinge taten. Als er weiter nach oben sah, bemerkte er auf dem Wipfel der Tanne den Geier, der ganz scharf auf den Weiher zielte. Er nahm ein kleines Stück Speck aus seinem Rucksack und warf es an das Ufer des Weihers. Nach ein paar Minuten ließ sich der Geier in langsamem Gleitflug zum Speck herunter. Dabei fiel ihm der Schatten in das Wasser.

In diesem Moment trat beim Santner oben der Mond hervor und aus dem Weiher stieg eine leuchtend weiße Gestalt. Die gefangene Vila hatte ihren Schatten wieder bekommen und war zum Mond aufgestiegen. Der Hirt starrte ihr nach, bis ihm einfiel, dass er noch einen Wunsch frei hatte.

Als er mit seinen Schafen weiterzog, hörte er hinter sich einen leichten Flügelschlag und schon setzte sich der Geier sachte auf seine Schulter. Von da an blieb der Geier beim Hirten. Er begleitete ihn überall hin und zeigte ihm viele Dinge, von denen er vorher keine Ahnung hatte. Wer heute nach Ratzes geht, kann den kleinen Weiher mit dem dunklen romantischen Wasser sehen.

Maria Paola Asson

Die Schlernhexe

Nachts bricht die Hexe auf vom Schlern
scheint am Himmel auch kein Stern
sie findet dennoch leicht ihr Ziel
auf einem alten Besenstiel.

Beim Schornstein schlüpft sie husch hinein
im Herd verlöscht der Feuerschein
und wie von einem Teufelskuss
sind alle Pfannen voll mit Ruß.

Oft faucht sie wütend wie der Wind
das Dach und alle Schindeln sind
bald lose und zerschlagen klein
und Schnee und Regen nässen ein.

Dann dringt sie zu dem Vieh im Stall
gleich fehlen Eier überall
vor Schmerz die beste Hauskuh muht
im Euter wird die Milch zu Blut.

Der Magd stellt leis sie auf den Tisch
der Zaubersalbe Giftgemisch
schmiert sie damit den Leib sich an
ist es um ihre Ruh getan.

Zum Knecht nun eilt die Hexe hin
und macht ihm heiß und wirr den Sinn
dann führt sie ihn mit sicherer Hand
zur Magd – und beide in die Schand.

Ein alter Narr sitzt still beim Wein
Flugs spuckt sie in das Glas hinein
sind zapplig ihm dann Herz und Knie
höhnt sie ihm nach, Kickeriki.

Manch einem Weib das nicht mehr jung
setzt sie das Blut in Liebesschwung
schickt ihr einen Kavalier ins Haus
der plündert Leib und Geldsack aus.

So treibt die Hexe bösen Scherz
mit Menschengut und Menschenherz
auch den hat sie schon auserwählt
zum Spott, der dieses euch erzählt.

Friedrich 1951

Die letzte echte Schlernhex kam den Kastelruther Kirchturm zu nahe und schon wars passiert.
Seither habe ich sie nie mehr gesehen.

Walter Zuber - Eigentum Gemeinde Kastelruth

Die Hexen und das Buttern

Wenn die Butter nicht gelingen will, stecken gewiss die Hexen dahinter. Helfen auch die Beigabe von Weihwasser, geweihte Medaillen oder Paterpulver[65] nicht, kann man mit einem glühenden Backspieß in das Butterfass stoßen, dann verbrennt die Hexe.

Wenn das alles umsonst ist, kann man versuchen in das Butterfass hineinzuschießen. Davon ist aber dringend abzuraten, denn die anderen Hexen würden sich am Schützen bitter rächen.

Hilfreich ist hingegen, wenn das Butterfass mit christlichen Symbolen verziert ist. Die Milch- und Butterhexen sieht man in der Christnacht in der Kirche beim „orate fratres" mit einem Melkeimer oder einer „Milchseihe" auf dem Kopf.

Rossi 1912

Das Lawendelkraut

Oberhalb von Kollman arbeiteten im Wald Holzarbeiter. Da fuhr eine weitum bekannte Hexe daher. Sie hatte schreckliche Angst und war sehr müde. Deshalb setzte sie sich auf eine Lawendelstaude um zu rasten.

Da kam schon der Teufel mit einer Riesenwut angebraust und brüllte mit Donnerstimme:
„Wäre nicht gewesen das blöde Kraut
wärest du längst schon dem Teufel seine Braut."

Zingerle 1891

Die alte Lettnerin

Der alte Wieser vom Ritten war bei der Kirschenernte, als die alte Lettnerin vorbeiging und eine ordentliche Ladung Schnupftabak in ihre Nase zog. Ihr Gesicht war schon ganz verbrannt.

Der Wieser kannte sie, da er mit ihr zur Schule gegangen war. So sagte er zu ihr: „Hast du wieder einmal mit dem Teufel zu tun gehabt und deinen Hexenrüssel zu tief in eine gottlose Sache gesteckt? Wärst wohl bald alt genug, um ein bisschen gescheiter zu werden." „Ach, Jörgl, ich kann es einfach nicht lassen", erwiderte sie.

---

[65] Gesegnete Pflanzenteile von der Samengewinnung im Klostergarten; wurde früher von den Sammelpatres verschenkt

Am übernächsten Tag fuhr sie schon wieder mit ihren zwei Katzen durch die Luft zum Hexentreffen auf dem Schlern.

Heyl 1897

Der Huderer [66]

Als im Jahre 1865 die Brennerbahn in Betrieb ging, kehrten die Kastelruther viel beim Starzerwirt in Waidbruck ein. Vom Wirt ging das Gerücht um, er würde beim Kartenspiel die Leute mit üblen Tricks übers Ohr hauen und auch sonst jede Gelegenheit nutzen, um bei Geschäften den Partner zu betrügen.

Er wusste es immer so anzustellen, dass er in der Gaststube genau gegenüber vom großen Spiegel zu sitzen kam. So sah er die Karten der Gegner und hatte leichtes Spiel. Er brachte nicht wenige um Haus und Hof, die dann nur mehr mit ihrem Gewand als Besitz, wankend zur Gasthaustüre hinausstolperten.

Als sein Maß an Hudereien[67] voll war, kam der Teufel als einfältiges altes Männlein in die Gaststube. Der Wirt freute sich schon auf ein neues Opfer, dem er Hab und Gut abluchsen könnte. Das Männlein ließ sich bereitwillig auf ein Spiel ein. Aber während des Spiels bemerkte der Wirt den Geißfuß seines Gegners. Jetzt war es aber zu spät. Der Teufel in Gestalt des alten Männleins ließ sich nicht aus der Gaststube weisen. Auch der herbeigeholte Pfarrer von Waidbruck konnte nichts ausrichten.

Als letzte Rettung holte man den Pater Zeni von Klausen herunter, der öfters einen Teufel vertrieben hatte. Längere Zeit sah es nicht gut aus. „Ich folge dir nicht", sagte der unheimliche Gast zum Pater, „weil auch du schuldig bist. Du bist in Villanders durch einen frisch gesäten Acker gegangen und das ist ein großes Unrecht." „Ich hatte einen triftigen Grund dafür", sagte der Pater, „ich musste zu einer Sterbenden und habe deren Seele in den letzten Atemzügen vor dir gerettet."

Daraufhin musste der Teufel aufgeben. Mit fürchterlichen Flüchen verschwand er aus der Gaststube. Den Starzer hat seitdem niemand mehr hudern gesehen.

Fink 1957

Die schwarze Katze

Beim Schlichter auf dem Ritten kam jeden Samstag beim Krapfenbacken ein schwarzer Kater in das Haus, um einen Krapfen zu betteln . Einmal war die Bäuerin mit dem linken Fuß aufgestanden. Deswegen schlug sie dem Kater mit dem Bratspieß auf die Tatze. Der fauchte fürchterlich und sagte:

„Au und weh
nie kein reicher Schlichter mehr."

---

[66] Betrüger
[67] Betrügereien

Seit dieser Zeit war der Kater nie mehr zu sehen und im Stall hat es bei der Gesundheit der Tiere für lange Zeit große Probleme gegeben.

Fink1957

Unsichere Wege

Im Juni 1765 wurde die frühere Innerlanziner Magd, die Christina Platnerin auf dem Galgenbühl[68] mit dem Schwert gerichtet und dann verbrannt.

Als der Innerlanziner bekundet hatte, zu Ostern nicht sie, sondern die Stampfeter Anna zu heiraten, wechselte sie zu Lichtmess zum Decker in Tisens.

Nach Ostern brannte der Innerlanziner Hof ab. Die frühere Magd hatte sich mit ihren Aussagen, die neue Bäuerin würde kein Glück bringen und der Bauer möge Holz richten, verdächtig gemacht.

Seit ihrem Tod hat die Christina Platnerin schon so manchen das Fürchten gelehrt. Man sagt, die Gerichteten müssen nachts in der Gegend um den Galgenbühl herumirren und späte Fußgänger erschrecken. Es gibt Gestalten ohne Kopf und solche, die mit dem Kopf unter dem Arm herumlaufen. Eine auf dem Scheiterhaufen gerichtete Frau läuft als Knochengerüst herum. In Vollmondnächten sollen sogar die Schlernhexen auftauchen. Jene Hexe, die mehr als ein halbes Jahr beinahe jeden Tag gefoltert wurde, kommt mit den Foltergeräten daher und schreit fürchterlich, wenn sich Menschen nähern.

-o-

Beim Fürstele Gütl in Seis waren neun Kinder. Die Älteste und die Jüngste waren Mädchen und dazwischen sieben Buben. Sonst hat es nicht viel getragen. Eineinhalb Kühe im

---

[68] Richtplatz – dort befindet sich jetzt das Schwimmbad von Kastelruth

Stall, nur während des Krieges waren es zwei, weil der Fürstele eine Wiese in Pacht bekommen hatte.

Sobald die Buben groß genug waren, um einen Rechen zu halten, mussten sie zu anderen Bauern, um im Sommer zu hüten und im Winter nach der Schule im Stall zu helfen.

Der Karl kam zum Gschluner nach St. Oswald. Dort wurde er an einem Abend nach Kastelruth um die Hebamme, die Pitzer Warbl, geschickt. Der kürzeste Weg von St. Oswald nach Kastelruth führt durch das „Pestol", eine dichtbewaldete Felsenschlucht, in der es nicht geheuer ist. Vom Moises Bild bis zur Lanziner Ebene gingen ihm die schrecklichsten Geschichten durch den Kopf. Er war heilfroh, dass sich die Hebamme sofort auf den Weg machte. Unterwegs gestand sie ihm, auch sie würde diesen Weg nicht gern allein gehen.

-o-

Als der Karl ausgeschult war, kam er zum Fasslfuner. Als man abends im Stall eine kranke Kuh entdeckte, wurde der Karl nach Kastelruth geschickt, um den Niglutschn Thomas zu holen. Der kurierte zur damaligen Zeit das Vieh. Wegen der Wegstrecke vom Widner bis Telfen grämte sich der Karl besonders, da er die ganzen Geschichten um den Galgenbühl gehört hatte. Deswegen zog er dort seine schweren Schuhe aus, um schneller laufen zu können, falls ein Geist auftauchte.

Er war sehr erleichtert, dass er den Rückweg gemeinsam mit dem Niglutschn Thomas antreten konnte.

Karl Proßliner – Bäcker – Seis

Das Verschauen

An das Verschauen hat man früher ganz stark geglaubt. Wenn eine trächtige Kuh oder eine paarige Stute erschreckt wurden, musste man bei den Jungen mit Mißbildungen rechnen. Es hat auch Totgeburten gegeben oder das Junge war nicht lebenstüchtig.

Bei schwangeren Frauen war es ähnlich. Zusätzlich konnte das Verschauen noch widrigere Umstände verursachen. Wenn einer Schwangeren ein anderer Mann besonders gut gefiel, konnte es passieren, dass das Kind diesem Mann ähnlich sah.

Man war auch der Ansicht, wenn Schwangere auf ausgefallene Speisen Lust hatten, sollten sie diese unbedingt bekommen, sonst bestehe die Gefahr, dass das Kind mit einem Muttermal, einem Leberfleck oder gar mit einem Weinfleck auf die Welt kommt. Auch Hasenscharten, Gaumenspalten, Klumpfüße und noch schlimmere Missbildungen wurden auf ein erlittenes Erschrecken der werdenden Mutter zurückgeführt.

Karl Fulterer – Außerlanziner

Die Schwarzlacke

Auf der Seiser Alm liegt in Saltria, unweit der Schwefelquelle im dunklen Fichtenwald, ein romantischer Weiher, in dem sich die hohen alten Bäume und der Himmel spiegeln. In den Gräsern und Kräutern des Ufers halten sich Frösche auf. Wenn man näher kommt, springen sie in die Lacke. Es sollen auch gar einige dabei sein, die in ihrem früheren Leben etwas ganz anderes waren und jetzt dort büßen müssen.

Der letzte Ritter von Salegg wurde von einer Wasserfrau in diese Lacke gelockt und ist zugrunde gegangen. Sein Pferd kam ganz verschwitzt und verschreckt allein zurück.

Den Hirten ist die Lacke unheimlich. Sie halten sich dort nicht gern lange auf, weil im Wasser eine große Wasserschlange hausen soll. Man sieht es an den Wasserbewegungen. Dann ist es aber höchste Zeit, das Weite zu suchen, sonst könnte man das gleiche schlimme Ende nehmen wie der Ritter von Salegg.

Karl Fulterer – Außerlanziner

Zauberer und Hexenmeister

Südwestlich von St. Michael liegen auf einem Südhang vier schöne Bauernhöfe. Einer davon ist der Malknecht, der Stammhof aller, die sich Malknecht schreiben.

Von einem früheren Mahlknecht erzählt man, er wäre imstande gewesen, von anderen Menschen und Tieren die Kraft zu nehmen und damit etwas zu vollbringen, wozu ein Mensch allein nie imstande wäre.

Als er einmal mit einer Fuhre Waldstreu unterwegs war, kippte ihm das Fuhrwerk an einer ganz schwierigen Stelle um. Für einen Menschen wäre es unmöglich gewesen, die Fuhre wieder auf die Räder zu stellen.

Deswegen griff der Mahlknecht zu seiner Kunst. Er sagte den passenden Zauberspruch auf, kroch unter die umgestürzte Fuhre und stellte sie mühelos auf. Den Ochsen traten die Augen heraus, sie zitterten und schwitzten vor Anstrengung.

Von ihnen hatte sich der Mahlknecht die Kraft genommen. Er gab den Ochsen die Kraft zurück und geleitete sein Fuhrwerk nach Hause.

Der Verfasser dieser Geschichte bedauert, dass ihm sein Urahne das Rezept zum Kräfte übertragen nicht vererbt hat. Er könnte es öfters gut gebrauchen.

Mahlknecht – 1978

Die Hexenbüchlein

Vor dem Spätmittelalter war fast nur die Geistlichkeit und die weltliche Obrigkeit des Schreibens und Lesens kundig. Als im Jahre 1455 die Buchdruckerkunst erfunden und im Laufe der folgenden Jahrhunderte die allgemeine Schulpflicht eingeführt wurde, hat sich das gewöhnliche Volk zusätz- lich zum mündlich übertragenen Wissen, auch in Büchern, die nun erschwinglicher wurden, kundig gemacht.

Das erregte den Argwohn der Obrigkeiten, da die neuen selbstbewussteren Bürger nicht mehr alles hinnahmen, was von oben diktiert wurde. Besonders die Geistlichkeit war der Meinung, dass manche Bücher für das gewöhnliche Volk ungeeignet waren und setzte sie auf den Index der verbotenen Bücher. Zu den gefährlichsten zählten die Hexenbüchlein.

Das waren kaum handgroße Büchlein, die im ersten Teil fromme Gebete für den Alltag zum Inhalt hatten. Vom letzten Evangelium des Hl. Johannes wurden dann die abenteuerlichsten Deutungen abgeleitet. Dann gab es ganz kräftige Gebete gegen Blitz, Donner und Ungewitter, gegen die Pest, gegen vom Teufel besessene Frauen, gegen Gift und Hexerei, gegen Beutelschneider auf Jahrmärkten, gegen falsche Zeugen, gegen Ehrabschneidung, gegen Hinterlist und Betrug des bösen Feindes, gegen Vieh- und Milchzauber, gegen die Mundfäule bei Kindern, für eine gute Geburt, um Feuersbrunst abzuwehren, wie man Krankheiten und Diebe vom Haus fernhält, wie man sich gegen Zigeunerkunst sichert, gegen eine Geschwulst oder gegen allerhand Streit, wie man einen Dieb dazu bringen kann, das Gestohlene zurückzugeben, wie man beim Kartenspiel immer gewinnen kann, gegen Beißwürmer, Schuss-, Stech- und Hauwunden, gegen Ungerechtigkeit, Pest und Straßenräuber, wie man einen Stecken abschneiden muss um jemanden damit zu verprügeln, auch wenn er weit entfernt ist, gegen Zahnschmerzen und Knochenbruch und schließlich ein Mittel zur Kugelabweisung, sowie gegen den Husten.

Die Möglichkeiten der Ärzte waren damals beschränkt und teuer. Es gab noch keine Krankenkasse, die Wege waren unsicher und die Rechtssicherheit noch fraglicher als heute. Es ist deshalb schon verständlich, wenn sich die Leute von Zauberformeln Hilfe erwarteten.

Geistlicher Schild – 1617

Der Kachler Hans

Beim Kachler in Kastelruth war der Kachler Hans Knecht und heimlich ein Hexenmeister. Nirgends war er lieber als auf dem Schlern. Dort ratschte und tanzte er mit den Hexen. Mit dem Teufel hat er sogar Bruderschaft getrunken. Da oben gefiel es ihm so gut, dass er oft vor dem Mittagessen einen Sprung hinauf machte.

Sobald aber die Kachlerin zum Essen rief, sprang er mit einem Satz auf den Balkon herunter, damit er ja nicht die Knödel versäumte. Er war riesenstark, tat aber niemandem etwas zuleide.

Nur einmal wurde er fuchsteufelswild. Er hatte sich in eine junge Hexe vergafft und Höllenqualen gelitten, weil sie ihn nur auslachte. Als sie ihn wieder einmal richtig aufzog, nahm er in seiner Wut den größten Steinbrocken und warf ihn auf die Seiseralm hinunter. Dort kam er neben der Tschon Schwaige zu liegen und heißt jetzt Tschonstein.

Fink – 1983

Der Pulverer

Einer von jenen die zu früheren Zeiten gelebt haben und wenigen Menschen zum Nutzen gereichten, vielen aber geschadet haben, war der Pulverer Peter. Wo er Zuhause war, wusste niemand. Er hat alle Dörfer von Bozen bis Brixen auf der Dolomitenseite heimgesucht. Man sah ihn im Grödental und in Kastelruth. In Seis und in Völs hat man ihn nur zu gut gekannt. In Tiers und Welschnofen bekreuzigten sich die Leute, wenn sie ihn sahen.

Er konnte sich verblenden, dann sah man nur seinen Schatten. Zündete sich ein Bauer auf dem Feld die Pfeife an, kam statt Tabakrauch Gestank von brennenden Hufen aus dem Pfeifenröhrchen. Hat der Bauer dann ausgespuckt und pfui Teufel, was stinkt denn da gesagt, hörte er ein Lachen. Manchmal nahm er dem Raucher die Pfeife aus dem Mund. Dann hörte man, wie er daran zog und sah seinen Schatten verschwinden. Man musste schon froh sein, wenn er einem nicht den Tabaksbeutel um die Ohren schlug.

Im Wirtshaus schenkte er sich selbst den Wein ein. Dann verschwand das Glas und stand hinterher leer auf dem Tisch.

Wollte jemand den ersten Schluck von seinem guten Wein nehmen, war er bitter wie Enzianwurzel oder eklig wie stinkendes Fischöl. Die Bauern konnten nichts dagegen tun. Sie sagten nur: „Gesundheit Peter!" oder „Lass dir´s schmecken!"

Diese Sachen waren ja noch fast harmlos. Aber im Wald bohrte er in die Bäume Löcher und sagte seine Hexensprüche auf. Dann floss der Wein heraus, den er gerade trinken wollte. Der floss dann einem Bürger aus dem Weinfass im Keller. Wenn er nur den eigenen Durst gestillt hätte, aber der Pulverer war freigebig und hielt ganze Gesellschaften frei, wenn er gerade seinen noblen Tag hatte.

Und wenn er das Loch zugesteckt hätte, sobald er seinen Rausch hatte. Statt dessen legte er sich in das Moos und ließ den Wein rinnen bis das Fass im Keller leer war.

In einem solchen Zustand griff ihn einmal ein Gendarm im Laranzer Wald auf. Der hielt ihn für einen Strolch, denn auf die Kleidung hat der Pulverer nie großen Wert gelegt.

„Was willst du", fragte der Pulverer und rieb sich die Augen. „Mitkommen", befahl der Gendarm. „Wo willst du hin?" „Nach Bozen gehen wir."

„Dort habe ich nichts verloren, da kannst du allein hinge-hen. Wenn du hergefunden hast, wirst du auch heimfinden. Wirst dich schon nicht verirren, sonst kannst du ja fragen, es ist alles deutsch."

Der Gendarm wurde zornig und begann: „Im Namen des Gesetzes........" Weiter kam er nicht, der Pulverer hatte sein Sprüchlein aufgesagt, das den Gendarmen festbannte.

Der Pulverer schlief seinen Rausch fertig aus und dankte dann dem Gendarm spöttisch für die Ehrenwache. Der konn-te nicht einmal das Gesicht verziehen um zu zeigen, wie gerne er den Pulverer mit dem Bajonett aufspießt hätte.

Der Pulverer hatte die Gedanken seiner Ehrenwache erraten. Er steckte ihm einen Pfifferling auf das Bajonett und sagte: „Jetzt hast du einen Schwamm darüber und sobald die Posaunen zum jüngsten Gericht blasen, kannst du auch einrücken. Inzwischen kannst du darauf achten, dass die Fichten da drüben nicht davon-laufen. Wenn du wieder einmal einen Menschen siehst, der schlafen will, lässt du ihn in Ruhe."

Dann ging der Pulverer seelenruhig nach Seis. Unterwegs traf er einen Bettler. Zu diesem sagte er: „Da hast du ein Goldstück. Dafür gehst du in den Laranzer Wald. Dort steht einer. Zu dem sagst du: „Geh weiter du Kürbisschä-del! Nicht mehr und nicht weniger."

Der Bettler band das Goldstück in einen Zipfel seines Bettelsackes und machte sich auf den Weg. Unterwegs griff er immer wieder nach seinem Schatz. Aber als er in hundert Meter Entfernung die Waffen blitzen sah, sank ihm der Mut. Es sprang flugs hinter einen Strauch, denn mit Gendarmen und Bettelrichtern ist nicht zu spaßen. Der Gendarm rührte sich nicht. Der Bettler näherte sich von der anderen Seite.

Eine gefährliche Geschichte, zu einem Gendarmen „Geh weiter" zu sagen und erst recht „Kürbisschädel". Er wickelte das Goldstück aus. Es verlor an Glanz, je mehr die Feigheit zunahm. Es konn-te aber nur der Gendarm sein, dem der Spruch galt. Sonst war niemand in der Gegend. Also beschloss der Bettler, den Auftrag doch auszuführen. Da glänzte das Goldstück wieder. Er näherte sich von der hinteren Seite dem Gendarmen und sagte freundlich: „Geh weiter, du Kürbischädel!"

Jetzt konnte sich der Gendarm wieder rühren. Aber statt für seine Erlösung zu danken, ließ er die Wut der letzten drei Stunden am alten Bettler aus. Weil er im Dienst war, verhaftete er den alten Bettler wegen Beleidigung einer Amtsperson und führte ihn nach Bozen ab.

Damit ist aber noch nicht das ganze Pech des Bettlers erzählt. Als er sich im Kerkerloch wenigstens mit dem Goldstück für das erlittene Ungemach trösten wollte, war der schöne Goldfuchs zu einem ausgedienten Hosenknopf geworden.

Vom Pulverer wäre noch vieles zu erzählen, aber ich muss Schluss machen, wie es hoffentlich mit dem Pulverer ein Ende haben wird. Es hat ihn schon lange niemand mehr gesehen. Die meisten Leute glauben, den hat sich der Teufel geholt.

Ich glaube es nicht, weil ich öfters seinen Schatten an mir vorbeistreichen sah. Ich glaube er war es selber, denn öfters war mein Glas leer. Je besser der Wein war, um so öfter ist mir der Zauber passiert. Es muss der Pulverer gewesen sein. Ich sage immer, „Gesundheit und lass dir´s schmecken", damit ich ihn ja nicht erzürne, denn mit ihm ist nicht gut Kirschen essen.

Diese Geschichte ist für alle Gäste geschrieben, welche in die Dolomiten fahren, damit sie wissen, wie sie sich zu verhalten haben, wenn ein guter Wein zu schnell verschwindet. Nicht vergessen dann zu sagen: „Gesundheit Pulverer, lass dir´s schmecken!"

Weber – 1914

Die Weghexe

Ein paar Bauern waren einmal von Kollmann nach Klausen unterwegs. Als sie gerade beim Bildstock, der beim Kalten Keller steht, vorbei waren, hörten sie einen eigenartigen Lärm. Die Bauern hatten es versäumt, wie bei einem Bildstock geboten, das Kreuzzeichen zu machen. „Die Perchta kommt!", rief einer der Bauern, der sich in diesen Sachen auskannte. Er hatte seine Worte noch nicht ganz ausgesprochen, da fuhr ihm schon ein unsichtbares Beil in das Knie. Die Hexe hatte ihn verwundet.

Obwohl keine Verletzung zu sehen war, litt er fortan unter fast unerträglichen Schmerzen. Er wusste sich nicht mehr zu helfen. Von einem alten Weiblein bekam er den Rat, er solle sich am heiligen Abend zum Bildstock beim Kalten Keller begeben und die Heiligen dort bitten, ihn von seinem Leiden zu erlösen.

Der Mann befolgte die Empfehlung und wurde von seiner Pein erlöst. Hätte er den Rat nicht befolgt, hätte ihn die Hexe auch noch gezwungen, bei ihren nächtlichen Ausfahrten mitzufahren.

Lucillo Merci

Der Wilderer

In Kollman hatte ein Wilderer einen Pakt mit dem Teufel geschlossen. Der lieferte ihm 29 Jahre lang Freikugeln, hatte sich aber das Recht ausbedungen zum Schluss die Seele zu holen. Der Teufel hatte einen Vertrag, der mit dem Blut des Wilderers geschrieben war. Er brachte dafür das Gewehr und dann die ganzen 29 Jahre die Freikugeln.

Der Wilderer war oft Tag und Nacht unterwegs und wehe, wenn ihm etwas vor sein Schießeisen kam. Sein Schuss traf immer.

Jahr um Jahr verging und das neunundzwanzigste war fast vorbei. Am letzten Abend suchte der Wilderer ganz verzweifelt mit dem Gewehr und den Kugeln einen alten frommen Priester auf. Er bat ihn vor Reue weinend um Rat.

Der Priester legte Chorrock und Stola an. Dann erwarteten beide betend die Ankunft des Teufels.

Um elf Uhr fuhr dieser mit Sturm und Gewitter daher, um den Wilderer zu holen. Wütend wies er den Vertrag vor und forderte den ausgemachten Lohn.

Der Priester machte auf dem Vertrag schnell drei Kreuze. So konnte der Teufel mit dem Vertrag nichts mehr anfangen. Dafür stürzte er sich auf den Wilderer und raufte mit ihm. Der Geistliche betete unentwegt weiter bis die Turmuhr zwölf Uhr schlug.

Jetzt sagte der Priester: „Im Namen Jesu weiche, die Todesstunde ist vorbei!" Der Teufel fuhr unter schrecklichem Fluchen davon. In der Mauer blieb ein großes Loch.

Zingerle – 1891

Das Teufelsloch am Kuntersweg

Beim Kuntersweg, der dem Eisack entlang von Bozen nach Waidbruck führte, ist an der engsten Stelle in der Wand oben ein rundes Loch. Im Volksmund wird es das Teufelsloch genannt.

Ein Brixner Fuhrmann blieb einmal bei sehr schlechtem Wetter mit einer schweren Fuhre an dieser Stelle stecken. Als alles Schimpfen und Fluchen nicht half, rief er den Teufel zu Hilfe. Der stand auch sogleich als schneidiger Junker mit einer grünen Weste vor dem Fuhrmann und bot seine Dienste an. Der Fuhrmann musste ihm dafür aber ein Stück von sich selbst geben.

Der Handel kam zustande und der Teufel freute sich schon darauf, mit der Seele des Fuhrmannes zur Hölle zu fahren. Der Fuhrmann aber war ein alter Hase und hatte an etwas Entbehrlicheres gedacht. Der Wagen rollte jetzt ohne anzuhalten aus dem schlechten Wegstück bis auf dem festen ebenen Weg. Der Teufel forderte nun seinen Lohn.

Der Fuhrmann schnitt ein Stück von seinem ohnedies zu langen Fingernagel ab und gab es dem Teufel. Der platzte vor Wut, verwandelte sich in einen Drachen und fuhr durch die Wand. Im ganzen unteren Eisacktal war der Lärm zu hören. Seit dieser Zeit ist in der Wand das Teufelsloch.

Zingerle – 1891

Luther auf der Flucht

Als im sechzehnten Jahrhundert in Trient das Konzil tagte, wollte auch Martin Luther dabei sein. Kurz vor Trient traf er auf ein altes Weiblein, das erzählte ihm vom Konzil und wie es dort zuging. Unter anderem sagte sie auch: „Der protestantische Luther wird auch in Kürze erwartet. Jetzt tun sie schon einen großen Kessel mit Öl sieden, um ihn zu brühen, sobald er ankommt."

Luther hatte genug gehört. Er kehrte sofort um und bestellte in Salurn ein paar Würste als Mittagessen. Nachdem er sie verspeist hatte, wurde es bei der Eingangstür laut. Anscheinend waren ihm die Häscher schon auf der Spur. Luther verdrückte sich ohne zu zahlen durch die Hintertür und flüchtete durch die Wälder in das Schloss Anger nach Klausen, wo er gute Freunde hatte. Die Würste ist der Martin Luther in Salurn heute noch schuldig.

Lucillo Merci

Die Urstraße durch das Eisacktal

Die obersten Höfe von Waidbruck unter Tagusens sind der Pitscher und der Fisnoler. Bis dort oben reichte vor der Sintflut der Talboden. Bei der roten Wand und an den beiden Höfen vorbei führte der erste Weg durch das Eisacktal.

Fink – 1957

Die Menschenfalle am Kuntersweg

Früher, als durch die Eisackschlucht nur ein holpriger Fußweg führte, stand an der späteren Haltestelle Kastelruth der Brennerbahn ein kleines Gasthaus mit einem sehr schlechten Ruf.

Wenn nichtsahnende Menschen dort über Nacht blieben, verschwanden sie für immer.

Als 1314 der Kuntersweg gebaut wurde, brach man auch die Ruine dieses damals schon längst aufgelassenen Gasthauses ab. Die Arbeiter kamen zu einer Kammer, in der man die Bettstatt kippen konnte. Darunter führte ein Loch in einen gewölbten Keller aus dem es kein Entrinnen gab.

Die Arbeiter fanden darin die Knochen der vielen Reisenden, die der Wirt aus Habgier umgebracht hatte.

Fink – 1957

Der Weinpanscher am Kuntersweg

Mit dem Bau des Kuntersweges kam Leben in die Gasthäuser am Eisack. Fußgänger, Reiter, Kutschen und Fuhrwerke bevölkerten die Straße. Die Menschen kehrten ein, um zu essen und zu trinken. Manchmal auch zum Übernachten, denn das Tagespensum waren zu Fuß und zu Pferd bestenfalls vierzig Kilometer.

Ein Wirt war mit dem florierenden Geschäft aber noch nicht zufrieden. Er ließ mit minderen Zutaten lausig kochen und den Wein vom eigenen Weingut panschte er mit Wasser, dass er fast nicht zu trinken war.

Das ging so lange, bis einmal ein Nörgele zur Tür hereinkam und einen Krug vom „Guten" bestellte. Das Nörgele war zwar nur wie ein armer Bauernknecht gekleidet, aber wegen der ungewöhnlichen Bestellung wurde der Wirt misstrauisch. Er hatte eine gute Menschenkenntnis und kannte jeden weit und breit. „Dieser Gast wird wohl etwa zu den feinen Herren gehören, die sonst immer den Guten bestellen", dachte er bei sich.

Er schüttete eine ordentliche Portion Schnaps in den lausigen Wein und bediente den Gast selber. Dieser nahm einen Schluck und sagte ganz erbost zum Wirt:

„Feuer und Wasser machen keinen Wein
schenk einen echten Leitacher ein!"

Dann ging das Nörgele zur Tür, zeigte mit seinem Zeigefinger in das Weingut hinaus und sagte:

„Auf deinem Weingut das nächste Jahr
wächst nur mehr trübe wässrige War!"

Die Reben sind zwar weiter gut gewachsen. Aber der Wein hatte es in sich. Der Fluch vom Nörgele bewirkte, dass der ausgeschenkte Wein zu Wasser wurde. Nur wenn der Wirt den Wein gratis ausschenkte, blieb er echt. Damit kam der Wirt in wirtschaftliche Schwierigkeiten und verlor sein Gasthaus.

Fink – 1957

Wein vom Kirschbaum

Der Köfele Müller war zum Penzl unterwegs. Da sah er auf dem Kuntersweg unten ein Weinfuhrwerk. „Ein paar Schluck von einem guten Tropfen wäre jetzt das Richtige", dachte er bei sich. Da kam ein Mann des Weges, der fragte den Müller: „Hast du etwa Durst?"

„Eiwohl", meinte der Müller, „ein guter Roter wäre jetzt gerade richtig!" Der Fremde bohrte mit dem Pfeifenreinigungsspitz vom Taschenmesser ein Loch in den daneben stehenden Kirschbaum und schon floss der beste Wein heraus. „Wie das?", wollte der Müller wissen. Der Fremde zeigte auf die Straße hinunter, wo gerade der Fuhrmann ganz verzweifelt um sein Fuhrwerk herumtanzte, weil vom besten Fass der Wein auf den Boden rann.

Der Fremde lachte hellauf und sagte: „Wenn wir zwei genug haben, wird der da unten seinen Gratten schon wieder weiterbringen."

Fink – 1957

Die Wilden bei Gschtatsch

Bei Gschtatsch lebten in alter Zeit wilde Leute. Sie hatten einen unterirdischen Gang, der unter Puflatsch durch bis in den Weinkeller des Wirtes von Pufels führte.

Ein solcher Wilder packte einmal gegen Abend den Gschtatscher Knecht und wollte ihn mitnehmen. Der Knecht war gerade beim Holzspalten und dachte sich schnell eine List aus. „Hilf mir noch, bitte, zuerst diesen Prügel spalten, dann gehe ich gerne mit dir", sagte er. Der Riese war ein bisschen einfältig und steckte die Finger von beiden Händen in den Spalt. Der Knecht zog die Axt aus dem Prügel und dieser schnappte zu wie eine Mausefalle. Der Knecht nutzte den ersten Schrecken des Wilden und flüchtete ins Haus. Der Wilde lief, den Prügel mit den eingeklemmten Händen über dem Kopf haltend, in seine Höhle.

Die Gschatscherin war an einem Abend einmal allein zu Hause. Da hörte sie vor dem Haus die Stimme des Wilden: „Hie,ho, ha!" Sie antwortete: „Lass meinen Teil da!"

Am nächsten Morgen sah sie zu ihrem Schrecken die Leiche einer Saligen an der Haustüre hängen. Sie wagte es nicht, den Leichnam zu berühren und holte bei einem Geistlichen in Klausen Rat.

Der trug ihr auf, wilden Maserun und Oberraut unter die Türschwelle zu legen. Dann könne ihr der wilde Mann, wenn er wiederkommen würde, nicht schaden. Sollte der Wilde noch einmal laut schreien, möge sie sagen: „Nimm meinen Teil auch!" Der Spruch hat gewirkt, als der Wilde das nächste Mal um das Haus herum schrie.

Der suchte das Weite und rief zurück: „Wilder Maserun und Oberraut, haben mich gebracht um meine Braut!"

Am nächsten Morgen war die Leiche der Saligen verschwunden. Die Wilden hat man seither nie mehr gesehen.

Paulin – 1937

Wilde Leute

Als die wilden Leute mit ungeheurem Lärm daherkamen, sagte in Kastelruth ein mutwilliger Bauernknecht: „Trage auch für mich!" Diesen Spruch hatte er öfters bei den Wilden gehört.

Am nächsten Morgen hing an der Haustüre eine Leiche. Die Hausleute holten bei einem frommen Priester Rat. Der hat ihnen geraten, die Leiche nicht anzurühren und sobald nachts der ungeheure Lärm daher kam, sollten sie rufen: „Trage mich weg!" Der Rat wurde befolgt und die Leiche vor der Haustüre verschwand.

Zingerle 1891

Der Kreuzweger Goggl

Oberhalb von xsSeis liegt in Trotz der kleine Kreuzweger Hof. Dort hauste der alte Kreuzweger mit seiner Frau und einer Stube voll Kinder. Die ganze Woche arbeitete er fleißig daheim auf dem Hof. Er ging in das Tagewerk und im Winter in den Wald. Als der alte Rechenmacher Much verunglückte, machte er auch noch Rechen und Sensenstiele.

Sonntags ging er nach Seis zum Gottesdienst und hinterher zum Oberwirt. Da wussten die Leute schon: „Heute kann man nicht beim Oberwirt einkehren, denn dort singt der Kreuzweger mit dem Völser und den Gesang hält niemand aus." Nur ausnahmsweise am

Montag vormittag suchte er manchmal mit einem sauren Gesicht wie eine Essigmutter um seinem Hof herum seinen Tabakbeutel aus Katzenfell.

Einmal erzählte er: „Göggl gibt es, das weiß ich aus Erfahrung. Bei mir war es anders als beim Vertschöller. Der kam einmal im Herbst spät abends von Tagusens bis zum Profiller Hof. Da hörte er hinter sich ein eigenartiges Klappern. Das kann nur der Kaltenbrunner Goggl sein, fiel ihm sogleich ein. Der und der Tschötscher Goggl sollen ja ganz boshafte Teufel sein, die gerne den Leuten Angst einjagen und böse Streiche spielen."

„Er begann zu laufen, aber da klapperte es noch mehr. Als er die Tisenser Kirche sah, hatte er nur mehr die Hoffnung, dort bis hinter die Traufe zu kommen, damit er vor dem Goggl sicher war. Als er dort ganz verschwitzt seinen großen Hut, wie ihn die Musikanten von Kastelruth tragen, abnahm, sah er dass die gefrorene Hutschnur das Klappern verursacht hatte."

„Bei mir ist etwas dahinter", erzählte der Kreuzweger weiter. „Als bei uns daheim gar nichts mehr ging, kein Geld in der Tasche, Pech im Haus und im Stall und dazu noch die längste Zeit kein Wetter mehr, ist mir eingefallen, man bekommt eine Hilfe, wenn man sich um Quatember herum zwischen elf Uhr und ein Uhr nachts, bei einer Wegkreuzung vor ein Kreuz stellt."

„Es soll zwar ein wenig unheimlich sein, aber von Schreckbühel war ich nie. Als ich es mit meiner Frau besprechen wollte, sagte diese, ich wäre ein gotteslästerlicher Mensch und ein alter Esel noch dazu. Ich habe ihr keine Beachtung geschenkt, mein bestes Gewand angezogen und bin dann kurz vor elf Uhr zum Kreuz hinausgegangen."

„Um elf Uhr habe ich ein Pfeifen und Sausen gehört. Vom Kreuz kam ein bleiches Licht. Ich weiß nicht wie die Stunden vergangen sind, aber als am Morgen in St. Valentin die Glocke zum Betleuten angeschlagen hat, bin ich mit bloßen Füßen, klappernd vor Kälte im Hemd vor dem Kreuz gestanden."

„Ich lief zur Haustür und wollte hinein. Die Tür war aber versperrt und meine Frau hat die längste Zeit gebraucht, um aufzuwachen. In der Stube war mein Gewand zusammengefaltet auf dem Tisch und die Schuhe auf dem Boden."

„Meine Frau hat geschworen, dass sie die ganze Nacht durchgeschlafen und von allem nichts bemerkt habe. Mir haben schon mehr Leute angetragen, in der Nacht mit mir beim Kreuz zu stehen. Aber mich sieht das Kreuz zur Nachtzeit nicht mehr und um Quatember schon erst recht nicht. Die Leute können reden was sie wollen, ich habe es probiert."

Proßliner – 1886

Dem Simmele Müller sein Goggl

Der alte Simmele Müller blieb Sonntags nicht ungern in Seis etwas länger hängen. Als er einmal gegen zwölf Uhr unter Peterlung beim Felderer zur Wegkreuzung kam, geisterte es dort. Er erschrak zu Tode und eilte, so schnell ihn seine wackeligen Beine trugen, zum Furscher hinauf.

Dort weckte er mit lautem Rufen den Chrust und bat ihn, er solle ihn nach Hause begleiten. Der hatte aber keine Lust aus dem warmen Bett aufzustehen und so spät noch nach St. Vigil zu gehen. Er rief nur zum Fenster hinaus: „Du hast ja nur einen Hasen aufgeschreckt und überhaupt, auch ich müsste allein zurückgehen. Geh ein anderes Mal früher nach Hause, wenn du schon so ein Hosenscheißer bist und dich vor dem Felderer Goggl fürchtest. Sonst kannst du ja beim Karlotten Kofl hinuntergehen, dort ist der bösartigere Goggl. Der stellt solchen Helden wie dir gerne ein Bein."

Dem Simmele Müller blieb nichts anderes übrig, als auf der Wiese einen großen Bogen um die Wegkreuzung herum zu machen und allein nach Hause zu gehen.

Fürderhin ging er vor dem Finsterwerden heim, wenn er keine Aussicht auf eine Begleitung hatte.

Rosa Malfertheiner – Gsolerin

Der Karlotten Goggl

Unter dem Karlotten Hof ist am Weg, der nach St. Oswald führt, auf der rechten Seite eine Felswand mit Vertiefungen. Darin haben früher im Sommer öfters Bettler übernachtet. Wenn man von einem Gewitter überrascht wird, kann man dort gut unterstehen. Davor stehen noch Sträucher und Bäume. Nachts geht aber niemand gerne vorbei. Es soll dort ein bösartiger Goggl hausen.

Zum letzten Mal haben ihn vor gut dreißig Jahren die Puntschieder Töchter gesehen. Da hat es hinter den Sträuchern geknurrt und gekreischt. Die beiden Mädchen sind statt nach Seis ins Kino eilends nach Hause gelaufen.

Früher soll der Weißmaurer Gustl nicht ganz unschuldig gewesen sein. Da lag in der Früh öfters ein ausgehöhlter Kürbis mit einer ausgebrannten Kerze hinter dem Bildstock.

Zur Nachtzeit hat das unheimlich ausgesehen. Wer zu viel hinschaute, stolperte über die eigenen Füße.

Der alte Drocker von St. Oswald ist sonntags immer mit den Gummischlappen bis zum Weber nach Seis gegangen und hat erst dort die Sonntagsschuhe angezogen. Seinen späten Heimweg hat er dann ganz vorsichtig wieder mit den Gummischlappen gemacht, damit er ja den Goggl nicht weckt.

Rudolf Schieder – Puntschieder - Franz Nössing - Reißner

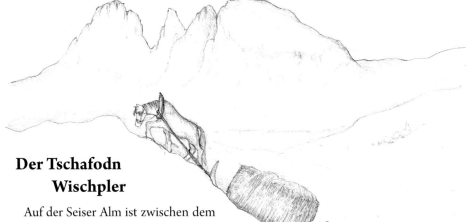

Der Tschafodn
Wischpler

Auf der Seiser Alm ist zwischen dem
Joch und dem Tumml ein tiefer Graben, in
den mehrere kleine Gräben münden. Der Graben hat viele steile, kaum überwindbare Böschungen
und Murenabbrüche. Er trifft in Salteria auf den Mutzen-
bach. Man nennt ihn den Tschafodn Graben. Dort haust der
Tschafodn Wischpler, ein bösartiger und rauflustiger Geselle.

Man erzählt, dass er dem alten Partschott den halben Bart ausgerissen hat. Und das nur, weil dieser im Rier Tumml eine schöne Spielhahnfeder gefunden und auf den Hut gesteckt hatte. Auf diese Feder hatte es der Wischpler
schon eine Weile abgesehen gehabt, weil sie am Ende so schön golden schimmerte. Er hat
den Spielhahn immer beobachtet und konnte es nicht erwarten, bis der sich mauserte und
die Feder verlor. Aber wie es der Teufel haben will, hat sie der Partschott gefunden und eine
Spielhahnfeder lässt man sich nicht vom Hut nehmen.

-o-

Im Reich des Tschafodn Wischplers ist noch alles wie früher. Dort wurde nicht gerodet
und gebaut. Man erzählt sich allerhand unheimliche Geschichten und bei Nacht getraut
sich niemand auf dem Steig zu gehen, der von der Tschafodn Wiese zur Ramuner Wiese
und weiter zur Außerlanziner Schwaige führt. Dort muss man zwei Bäche überqueren und
auf einem ausgetretenen Steig unter tief hängenden Erlen an blauem Eisenhut vorbei gehen. Das ist schon untertags unheimlich.

-o-

Dem Kreuzer Hansele blieb im Winter beim Heuführen im Tschafodn Graben das
Pferd stehen. Es war zum Weitergehen nicht mehr zu bewegen. Gutes Zureden und lautes
Schimpfen waren umsonst. Auch ein Vorspann war nicht möglich, weil sehr viel Schnee lag
und dort ein tiefer Hohlweg war.

In seinem Ärger rief das Hansele: „Tschafodn Wischpler, wenn es dich gibt, dann komm
und schieb, das Pferd kann oder will nicht mehr!" Er hatte kaum fertig gesprochen, da setzte sich das Heufuder in Bewegung. Das Hansele konnte gerade noch das Heuseil ergreifen,
mit dem die Fuhre festgebunden war, und sich mitziehen lassen. Die Fahrt ging in einem
Zug bis auf das Joch.

Dem Hansele war die ganze Sache unheimlich. Er rief den Wischpler nie mehr an, auch nicht wenn er beim Fuhrwerken Probleme hatte.

Die Hirten und Sennerinnen der Umgebung sehen zu, dass sie beim Dunkelwerden in der Hütte sind, denn man weiß ja nie....

-o-

Der Partschott und sein Knecht waren im Winter einmal von Salteria herauf mit Bauholz unterwegs. An der steilsten Stelle, die auch noch teilweise aper war, schafften es die Ochsen nicht mehr. Da fiel dem Knecht ein, man könnte den Tschafodn Wischpler zu Hilfe rufen.

Kaum hatte er es ausgesprochen, schossen beide Schlitten mit dem Bauholz nach vorne und schoben die beiden Ochsen bis auf das Widneregg.

Die Männer sahen niemanden. Vom Nachlaufen mussten sie trotz der Kälte schwitzen. Die Ochsen schwitzten vor lauter inhebm[69].

Karl Fulterer – Außerlanziner - - Franz Nössing - Reißner

Die schneidige Sennerin

In der Außerlanziner Schwaige saßen die Almleute nach dem Abendessen um den großen Klapptisch in der Stube und erzählten Geistergeschichten. Draußen war ein heftiges Gewitter mit Blitz und Donner im Anzug. Auf dem Schindeldach hörte man einzelne Hagelkörner klappern. Eine kleine Unschlittlampe erhellte die Stube notdürftig.

Der Hirt und der Wasserträger hockten mit eingezogenen Beinen ganz verzagt in der Ofenhölle und der Gigger[70] lag auf der Ofenbrücke. Der Große[71] erzählte gerade wie gut der Tschafodn Wischpler beim Raufen ist: „Den bekommt niemand auf den Boden, nicht einmal du!", sagte er zur Sennerin.

Diese hatte bei der Marende mit den drei Mähern gerauft und alle auf das Kreuz gelegt. Sie war von kräftiger Statur und sagte keck: „Der Wischpler ist etwas zum Hirtenerschrecken. Der soll nur kommen, mit dem werde ich schon auch noch fertig!"

Ein Blitz erhellte die Landschaft, als die Köchin durch das kleine Schubfenster nach dem Wetter sehen wollte. „Um Gottes Willen, schrie sie, „der Wischpler ist gerade auf der Wiese unten über den Zaun gesprungen!"

Eine der beiden Recherinnen schaffte es gerade noch die schwere Hüttentür zu verriegeln, da rammte der Wischpler schon die Tür. Im nächsten Augenblick sprang er auf das Dach und begann die Beschwerungssteine und Schindeln herunterzuwerfen.

Er wollte sich gerade durch die engen Folten[72] zwängen, als ihm der Rauch in die Nase stieg, den die Köchin mit ihren geweihten Kräutern auf der Glut des offenen Herdes erzeugt hatte. Diese, am Hohen Unserfrauentag[73] geweihten Kräuter, nahm sie in ihrem

---

[69] Zugtiere mussten bei der Talfahrt das Fuhrwerk zurückhalten

[70] Junger Bursche, der hinter einem Mäher das Gras zusammen gerecht hat

[71] Vorarbeiter

[72] Quergelegte runde Baumstämme, auf denen die Schindeln verlegt werden

[73] 15.August

Handkorb überall mit: „Denn man weiß nie....", sagte sie immer. Der Wischpler sprang mit einem abscheulichen Fluch vom Dach und verschwand im Dunkeln.

Die Sennerin war schneeweiß im Gesicht und hatte Angst allein in ihrer Kammer zu schlafen. Als der Hirt darum bettelte, mit den Almleuten im Heu schlafen zu dürfen, fragte auch sie, ob sie mit in die Dilla[74] kommen könne, denn allein in der Hütte mochte sie in dieser Nacht auch nicht bleiben.

---

[74] Scheune

Das Findelkind

Der Rier Tumml ist eine Mähwiese mit mehreren steilen und schattigen Gräben, die nicht gemäht werden können. Deshalb bekam die junge Magd Agnes den Auftrag, nach der Almmahd mit einer älteren Kuh, einem Paar Ochsen und drei Kälbern auf der Rier Tummlwiese bis zum Herbst zu wirtschaften.

Agnes war ein schmales liebes Mädchen mit einem freundlichen Gesicht und das außereheliche Kind einer Bauernmagd. Früher war sie stets gut aufgelegt gewesen und hatte gerne bei der Arbeit gesungen. Jetzt aber sank ihr der Mut von Tag zu Tag, denn sie war im neunten Monat schwanger. Einerseits freute sie sich auf das Kind. Sie hatte schon oft mit ihm geredet, wenn es in ihrem Bauch strampelte.

Aber, wie sollte die Zukunft werden? Für die wunderbare Zeit um Weihnachten des vergangenen Jahres wurde nun von ihr allein ein viel zu hoher Preis verlangt. Ihre Mutter hatte ihr erzählt, wie die Leute mit dem Finger auf sie gezeigt hatten. Sie selbst hatte davon nicht viel mitbekommen, denn sie wuchs mit den Kindern der Bauersleute auf, bei denen die Mutter in Diensten stand. Mit zehn Jahren wurde sie zu einem anderen Bauern als Kindsmagd verdingt.

Der Laranzer Lois, der Vater, hatte sich nie mehr blicken lassen, seit sie ihm zaghaft vom gemeinsamen Kind erzählt hatte. Der Mutigste war der Lois wohl nicht. Das hatte sie schon bemerkt. Seine Mutter hatte ihm unmissverständlich klargelegt, die passende Schwiegertochter würde zur gegebenen Zeit von ihr ausgewählt werden.

Der September war ein richtiger Altweibersommer. Das Vieh blieb brav auf der eigenen Wiese und ließ sich abends mit Lockrufen in den Stall bringen, als wenn es geahnt hätte, dass die Agnes nicht mehr so gut laufen konnte.

Als der alte Telfmühler im Tumml auf die Jagd ging und bei der Hütte ein wenig rastete, versprach er der Agnes, dem Lois richtig ins Gewissen zu reden. Er hatte sich mächtig aufgeregt: „Ein so liebes und braves Mädchen, wie du es bist, lässt man nicht im Stich!", schimpfte er.

Die Agnes durchlebte die nächsten Tage zuversichtlich. Als der Lois nach einer Woche noch immer nicht auftauchte, sank ihr der Mut wieder. Was sollte nach Rosari[75] passieren, wenn das Vieh von der Alm getrieben wurde? Und aus dem Kind, das aus ihrem Bauch auf die Welt kommen wollte, in eine Welt die für sie beide keinen richtigen Platz hatte?

Am Morgen des 20. September spürte sie zum erstenmal die Wehen. Sie kannte sich schon aus damit, da sie der Bäuerin, bei der sie Kindsmagd gewesen war, hatte beistehen müssen, als sie das letzte Kind bekam. Gegen Mittag wärmte sie auf dem offenen Herd einen Kessel voll Wasser. Dann breitete sie auf der Sonnseite der Hütte ein Leintuch aus und kauerte sich darauf nieder.

Nach einer halben Stunde kam das Kind, ein herziges Büblein, zur Welt. Sie riss die Nabelschnur ab, wusch es und legte es dann an die Brust.

Für eine Zeit lag sie mit dem Kind selig in der warmen Nachmittagssonne. Als aber die Schatten länger wurden und ein leichter Herbstwind auffrischte, kam das ganze Elend wie-

---

[75] Erster Sonntag im Oktober

der auf sie zu. Sie bettete das Kind neben dem offenen Herd in eine Schublade. Zunächst schlief es brav. Dann brachte es der lästige Rauch zum Weinen.

Später im Bett, als es warm auf ihrem Bauch lag und sachte saugte, fühlte sie sich reich und glücklich. Wenn der Lois das Glück spüren könnte, meinte sie, müsste er in der Nacht noch kommen, um für alle drei die Zukunft zu sichern.

Gegen Morgen fiel ihr das ganze Elend wieder auf den Kopf. Nach dem Trockenlegen und Stillen kam die Arbeit, die ihr einige Mühe machte.

Am Nachmittag kam der Telfmühler wieder vorbei und fragte, ob sich der Lois gemeldet habe. Sie bat ihn in die Hütte und bot ihm eine Marende an. Dann bettelte sie ihn, er solle es ja niemandem erzählen. „Von mir erfährt niemand etwas", sagte er, „den du erbarmst mir. Aber mit dem Lois werde ich noch einmal ein ernstes Wort reden. Du bist ein braves Mädchen und ihr habt ein gesundes Kind, einen Buben noch dazu. Er kann euch nicht im Stich lassen!"

Jetzt bekam die Hoffnung wieder die Oberhand. In den nächsten Tagen wartete sie auf den Lois. Untertags sah sie öfters zum Joch hinauf und wurde immer trauriger, als die Stelle, an der seine Gestalt hätte auftauchen müssen, leer blieb. Die ersten Tage fielen ihr noch Verhinderungen ein, die es ihm unmöglich machten zu kommen, aber nach dem zehnten Tag holte sie die traurige Wirklichkeit ein, dass sie und ihr Kind wohl keinen Platz auf dieser Welt hatten.

Als gegen Rosari der Rier Bauer die Botschaft schickte, sie solle das Vieh heruntertreiben, kam ihr der Gedanke, es würde wohl für beide das Beste sein, wenn sie Schluss machte oben auf den Rosszähnen. Aber dann fiel ihr die Religionsstunde in der Schule ein, wo der Katechet gesagt hatte, die Selbstmörder kämen in die Hölle und würden deswegen nicht auf dem Friedhof begraben. Sie erschrak vor diesem Gedanken und weinte in einem fort.

Am Rosari Samstag kündigte sich in der Früh der Wetterumschwung an. Das Vieh ahnte das Wetter voraus und die alte Kuh hatte die Herde schon am Morgen dem Joch zugeleitet.

Agnes merkte, in ihrem Innersten war etwas zerbrochen. Ihr Kopf und ihr Herz waren leer. Sie spürte nichts mehr und hörte auf zu weinen.

Sie trieb das Vieh noch über das Joch und kehrte dann zurück, um in der Hütte Ordnung zu machen. Dann stellte sie ihre paar Sachen auf den Tisch. Schließlich taufte sie noch ihr Kind, denn im Notfall kann das jeder, fiel ihr von der Schule her noch ein.

Sie wickelte das Büblein in eine Decke, versperrte die Tür und steckte den Schlüssel in das große Astloch ober der Tür. Dann ging sie mit dem Kind mit sicheren Schritten zum Goldsknopf. Dabei sang sie ihm Liedchen vor und küsste es immer wieder.

Hinter dem Goldsknopf setzte sie sich vor einen großen Stein, der von der Sonne angewärmt war. Sie stillte ihr Bübchen noch einmal und sagte zu ihm: „Schau hinunter auf Laranz! Da unten ist dein Vater, der uns nicht haben will. Wenn dein Leben so kurz sein muss, sollst du es wenigstens gut haben." Sie küsste es wieder, während es satt und zufrieden einschlief. „So könnte es bleiben bis in Ewigkeit!",wünschte sie sich.

Da sie die letzte Zeit, wegen der Sorgen und der zusätzlichen Arbeit mit dem Kind, wenig geschlafen hatte, fielen ihr die Augen zu. Sie sah sich mit ihrem Kind vor einem kleinen Haus auf einer grünen Wiese. Alle hatten ihr Kind lieb und niemand zeigte mit dem Finger auf sie. Aber dann flitzte der Tschafodn Wischpler daher, nahm ihr das Kind aus den Armen und verschwand.

Sie erwachte mit einem Schreckensschrei. Das Kind war verschwunden. Die Sonne war beim Untergehen und ein frischer Herbstwind machte sie frösteln. Sie schrie: „Mein Kind, mein Kind, gib mir mein Kind zurück!" Aber dann kam ihr der Gedanke, dass es der Tschafodn Wischpler vielleicht bei Menschen abgab, die es gut versorgten und die es gern hatten. Die schrecklich große Last der letzten Tage war von ihr abgefallen. Ein ganz starkes Gefühl für das Kind durchströmte sie und sie wünschte dem Kind eine gleich gute Mutter, wie sie es sein wollte.

Fast erleichtert eilte sie zur Almhütte, nahm ihre Habseligkeiten und machte sich auf den Heimweg. Dabei überlegte sie, was sie den Rier Leuten wegen ihrer Verspätung sagen würde.

Als sie nach neun Uhr abends beim Rier ankam, fragte sie: „Sind die Tiere alle da, ich habe geglaubt ein Kalb wäre zurückgeblieben und habe den ganzen Tag bis zum Finsterwerden alle Gräben abgesucht?" „Die sind um die Mittagszeit alle allein gekommen," sagte der Bauer. Die Bäuerin war erleichtert und richtete ihr schnell ein Essen.

Agnes war müde und schlief im Bett sofort ein. Schlimm war das Aufwachen am Morgen. Ihr kam es so vor, als ob ihr wichtigster Teil unerreichbar weit weg sei.

Beim Kirchgang beschloss sie, am Nachmittag eine Wallfahrt zur Frommer Muttergottes zu machen, damit es ihrem Kind gut gehe. Als sie vor dem Bildstock betete, kam die Platzgurterin nach und kniete sich daneben. Sie beteten mitsammen noch einen ganzen Rosenkranz.

Dann setzten sie sich auf die Bank neben der Kapelle und aßen die mitgebrachte Marende. Die Agnes erzählte ihre Geschichte vom verlorenen Vieh und dann sagte die Platzgurterin: „Du wirst dich wundern, warum ich heute da bin. Aber mir ist der größte Wunsch in Erfüllung gegangen. Gestern Abend hat uns jemand ein Kind, ein herziges Büblein, vor die Haustüre gelegt. Ich kann dir nicht sagen, welche Freude mein Mann und ich mit dem Kind haben."

„Du weißt, ich gehe schon gegen die vierzig und wir sind mehr als zehn Jahre verheiratet und haben keine Kinder. bekommen Du bist noch zu jung, du kannst dir das Elend gar nicht vorstellen! Ich habe der Weißensteiner Muttergottes eine Wallfahrt versprochen, wenn wir ein eigenes Kind oder wenigstens ein Ziehkind[76] bekommen. Aber heute habe ich mir gesagt, ich gehe schnell zu Fromm. Das gehört sich einfach!"

„Ich kann es mir schon denken, wie das ist", sagte die Agnes verstört. Dann fragte sie zaghaft: „Hat das Kind auf der Schulter und auf der linken Wade ein ganz kleines Mut-

---

[76] Adoptivkind

termal?" und begann zu weinen. „Ja, das hat es", sagte die Platzgurterin. Jetzt erzählte die Agnes wie es wirklich war, nur den Kindesvater verriet sie nicht. „Franz heißt es", sagte sie, „auf diesen Namen habe ich es getauft."

Die Platzguterin nahm die beiden Hände der Agnes und sagte: „Du bist ein tapferes Mädchen, was du schon alles mitgemacht hast." Die beiden Frauen vereinbarten, dass niemand von den Gesprächen, die sie geführt hatten, etwas erfahren dürfe, nicht einmal der Platzgurter. Auf dem Rückweg beteten sie gemeinsam.

Die Agnes heiratete später den Kleinbauern Fall im Tal und bekam noch mehrere Kinder. Ihren Franz sah sie öfter am Sonntag beim Kirchgang. Sie musste alle Kraft aufwenden, um ihn nicht in die Arme zu nehmen und zu küssen.

Mit der Platzgurterin hat sie öfters geredet. Sie war eine liebe Frau, die den Franz zu einem braven Menschen erzog. Die Agnes ließ sie in dankbarer Freundschaft spüren, wie viel ihr Leben mit dem Franz dazugewonnen hatte.

Der Pestol Goggl

Der Pestolweg ist ein schöner, etwas steiler Spazierweg mit altem Steinpflaster, der von der Lanzinerebene nach St. Oswald führt. Früher war es der wichtigste Zufahrtsweg für St. Oswald. Bei Nacht wird der Weg gemieden, weil es dort geistert.

Das bekam auch der Tschötscher Karl zu spüren. Er hatte immer großspurig behauptet, dass es keinen Pestol Goggl gebe und fürchten..., jedenfalls nicht er.

Als er einmal zur Mitternachtsstunde vom Besuch seiner Angebeteten, der Zatzer Nanndl, auf dem Pestolweg nach Hause eilen wollte, sah er bei der Totenrast unten ein Licht brennen. Vor Schreck, der ihm in alle Glieder gefahren war, stieß er einen Schrei aus. Da schreckte hinter ihm ein Reh auf und suchte das Weite.

Jetzt gab es für den Karl nur noch eines: schnell nach Hause. Er lief, so schnell ihn die Füße trugen. Aber es kam noch schlimmer. Als er zur Totenrast kam, dem Platz an dem früher der Sage zufolge drei Särge auf dem Begräbnisweg verschwunden waren, hob sich ein Sarg und sauste über den Wegrand hinaus, über den Steilhang in die Schlucht hinunter.

Keine zehn Minuten brauchte der Karl für den Halbstundenweg bis in die Tschötscherstube. Dort stammelte er: „Es gibt ihn doch, den Pestol Goggl!"

Hinter vorgehaltener Hand war zu erfahren, dass sich der Bruder der Nanndl, der Max mit seinem Kollegen, dem Gurger Hans, für das großspurige Gerede vom Karl rächen wollte.

Karl Fulterer – Außerlanziner - - Jula Rier Wörndle – Unterzonnerin

Das Totenbild Licht

Die Gschluner Mathilda war im Winter einmal vor sieben Uhr früh im Pestol nach Kastelruth zum Jahrtag eines Verwandten unterwegs. Die Jahrtage waren damals morgens um halbacht Uhr. Im Winter ist es um sieben Uhr noch finster.

Ein bisschen Angst hatte sie schon wegen des Pestol Goggl. Abends oder zur Nachtzeit wäre sie den Weg nicht allein gegangen. Aber nach dem Betläuten am Morgen konnte man sich sicherer fühlen.

An dem Tag war es aber auch am Morgen nicht geheuer. Als sie in die Nähe der Toten-rast kam, sah sie dort ein Licht. Vor Schreck lief sie fast bis Moises zurück und überlegte. Inzwischen wurde es etwas heller und so näherte sie sich noch einmal vorsichtig dem Licht. Es brannte inzwischen kleiner als vorher, mit einem bläulichen Flämmchen. Dieses Mal wagte es die Mathilda vorbeizulaufen.

Als um acht Uhr der Priester die Verwandten zum Grab auf dem Friedhof begleitete, kam auch die Mathilda zurecht. „Taggerla, taggerla", meinte die Madrunglin, „heute hast du den Jahrtag sauber versäumt!" „Beim Totenbild hat ein Licht gebrannt, da konnte ich eine Weile nicht weitergehen", sagte die Mathilda. „Taggerla, taggerla, habe ich es mir noch gedacht, da wird sich vielleicht jemand fürchten", erwiderte die Madrunglin, „mir hat die Karbidlampe nicht mehr richtig funktioniert. Weil man diese Lampen ausbrennen lassen muss, habe ich sie zur Totenrast gestellt."

Mathilda Planer 2002

Das Fuchsboden Gasthaus

Geht man den alten Weg vom Fallbild nach St. Oswald, so kommt man auf dem Fuchs-boden an einem alten halbverfallenen Keller vorbei. Der gehörte zu einem Gasthaus das von einem Bergsturz verschüttet wurde.

Vor urdenklichen Zeiten war ein Madrungl dort Wirt. Mit einer Helebarde brachte er Menschen um, die dort vorbeigingen oder bei ihm einkehrten. Als er starb, wollte man den Sarg mit der Leiche nach Kastelruth zur Beerdigung führen. Bei der Totenrast im Pestol lösten sich die Stricke und der Sarg verschwand im Pestol Graben, wobei auch noch Rauch aufstieg.

Zur gleichen Zeit löste sich beim Gschluner Roller ein riesiger Bergsturz und verschüt-tete das Fuchsboden Gasthaus. Es ist noch gar nicht so lang her, da hat man den Rest von einem Weinganter[77] gesehen, der zwischen den Steinen eingeklemmt war.

Paul Jaider – Tirler 1974

Der Pestol Goggl vom Lois

Der Niglaler Lois kam mit seiner Viehdoktorei in der ganzen Gemeinde herum und musste oft auch zur Nachtzeit Wege gehen, die nicht ganz geheuer waren. „Vor den Goggeln habe ich mich nie gefürchtet!", sagte er immer.

„Die letzte Nacht musste ich mit dem Pestol Goggl raufen", hat er in der Früh seiner Frau erzählt. „Den habe ich mit der einen Hand bei einem Horn gepackt und richtig her gebeutelt. Dann habe ich ihm mit der Faust eine geboxt. Der ist abgehauen!"

Am Nachmittag jammerte der Moar auf Schönegg unten wegen seiner Ziege. Sie war ihm am Tag zuvor entlaufen. Als er sie zu Mittag auf der Lanziner Ebene fand, hatte sie eine dick geschwollene Backe.

Franz Nössing – Reißner - 2000

---

[77] Unterlage für Weinfässer

Der alte Salegger

Der alte Salegger war Fuhrunternehmer und hat mit seinem Pferdegespann viele Waren von Waidbruck nach Kastelruth und Seis gefahren. Wenn es Probleme gab, fluchte er immer fürchterlich und rief auch den Teufel an.

Die anderen Fuhrmänner warnten ihn: „So lange rufst den Teufel, bis er einmal kommt!" Der Salegger kümmerte sich nicht darum und drehte nur noch mehr auf.

Als er einmal abends, als es schon finster war, mit einer Fuhre Bier, gut 500 Kilogramm, ober dem Tunnel unterwegs war, blieben die Pferde plötzlich stehen. Alles Schimpfen, Fluchen und Antreiben halfen nichts. Schließlich sprang er vom Kutschbock um nachzusehen. Auf der Straße lagen eine Menge Sträucher und Steine.

Da blieb ihm nichts anderes übrig, als den Weg freizumachen. Das Meiste war gerade geräumt, da sprang von der anderen Seite einer mit langen Hörnern auf den Kutschbock und trieb mit hohler Stimme die Pferde an. Der Salegger schaffte es gerade noch, sich hinten am Fuhrwerk festzuhalten. Der unheimliche Kutscher knallte fortwährend mit der Peitsche und die Fahrt ging ohne anzuhalten bis zum Reißner. Dort sprang der Gehörnte vom Kutschbock und verschwand in der Dunkelheit.

Geflucht hat der Salegger trotzdem, aber mit dem Teufelanrufen war er in Hinkunft vorsichtiger.

Franz Nössing -Reißner 2001

Der Frommer Goggl

Aus dem Fassatal kam früher öfters ein Kesselschmied nach Kastelruth, um seine Pfannen und Kessel zu verkaufen. Im Winter musste er den weiteren Weg über das Sellajoch gehen. Solange die Seiser Alm aper war, wählte er den kürzeren Weg über die Schneiden und die Alm.

Als er einmal im Spätherbst, wenn es schon früh dunkel wird, unter dem Frommer Bild auf der Struzza unterwegs war, sah er plötzlich vor sich auf dem Weg einen großen schwarzen Haufen, der sich bewegte. Erschrocken blieb er stehen und bekreuzigte sich, wie es früher bei Gefahren üblich war. Da hörte er den Goggl auch noch schnaufen. Jetzt rief er die Heiligen an, aber der Goggl wurde größer und kam mit stampfenden Schritten auf ihn zu. Der Lärm hallte unheimlich in der Nacht.

Jetzt wusste sich der Kesselschmied nicht mehr zu helfen. Seine Angst trieb ihn in die Flucht. Beim Umdrehen warf er seine schwere Kraxe auf den Boden und rannte ein Stück zurück. Die Pfannen und Kessel schepperten auf dem Pflaster. Der Goggl stob Funken sprühend in die Gegenrichtung davon.

Der Kesselschmied sammelte seine Ware wieder ein und stieg bis zum Gschtatscher ab. Weiter wollte er an diesem Abend nicht mehr, schon wegen der Geister, die auf den Schoadlwegen[78] unten das Unwesen treiben. Den Gschtatscher Leuten erzählte er: „Isch si gewesen unter die Frommer Muater Gottes a dicke schwaorze Goggl. Aon i si gamaocht di Hailige Kraiz und gerüaft di Hailigen. Isch si ober besser oanmaol rumpl di Kessl, aß wia nainmaol di Hailige Kraiz.“

Josef Gasser – Unterwirt – Seis

Der Seelaus Goggl

Vor dem Bau der Seiseralmstraße, Ende der dreißiger Jahre des vorigen Jahrhunderts, war bis zum Frommer ein teilweise sehr steiler Pflasterweg. Besonders gefürchtet war das heute noch bestehende Teilstück, die „Struzza“.

Beim Frommer gingen die Probleme, vor allem bei nasser Witterung, richtig los. Die Grasnarbe war von den schmalen eisenbeschlagenen Rädern bald durchgeschnitten. Dann wurden die Wege durch die Erosion bis zu drei Meter tief in der weichen Erde ausgeschwemmt. An verschiedenen Stellen kann man heute noch die inzwischen mit einer Grasnarbe bedeckten Einschnitte in der Landschaft erkennen.

Auf „Matzels“ hat man ein Wegstück mit zehn Zentimeter dicken Prügeln ausgelegt, da der Sommerweg dort eine größere Strecke über ein Moor führte. Im Winter konnte man weiter unten über das ebene gefrorene große Moos fahren. Die Wege waren großteils ohne tragende Fahrschicht, sodass sich die Zugtiere bei regnerischem Wetter durch den Schlamm kämpfen mussten.

Die Bauern konnten deshalb das Heu nur im Winter von der Alm holen. Da hörten die Fuhrleute, wenn sie zeitig in der Früh beim Seelaus vorbeifuhren, immer Butterkübele[79] schlagen. Das war nicht ganz geheuer. Deswegen versuchten alle möglichst schnell vorbeizukommen, nur ein junger Bursche rief einmal keck: „Schwoagerin haoscha a Schleglmilch?“[80]

Im selben Augenblick stand eine schneidige Sennerin mit einer Schüssel Buttermilch in der Hüttentür, die ihn aufforderte: „Komm und trink!“

Jetzt verließ ihn wohl der Mut, aber sich davonzumachen, traute er sich schon wegen der anderen Almfahrer nicht. Er kostete die angebotene Buttermilch und weil sie gut war, trank er die Schüssel leer.

Dann gab er die Schüssel zurück und sagte artig: „Vergelts Gott!“ Die Sennerin erzählte ihm nun von ihrer Zeit als junges Mädchen. „Ich war sehr schön“, sagte sie, „ich habe alles ohne zu danken bekommen. Deswegen musste ich seit meinem Tod in dieser Hütte herumgeistern. Aber jetzt bin ich erlöst, weil du mir gedankt hast.“

Franz Nössing – Reißner

---

[78] Wegkreuzung ober St. Valentin

[79] Buttern

[80] Sennerin hast du Buttermilch?

Der Bolzn Goggl

Der alte Grafoar aus St. Michael ging einmal spät abends über den Bolzensteig nach Hause. An einer Stelle liegt auf dem Steig ein großer Stein, über den man darübersteigen muss. Genau an dieser Stelle trat der Grafoar auf einen Goggl. Der Goggl stieß einen Schrei aus, der Grafaor flog durch die Luft und landete unsanft auf dem Waldboden.

Als nach einer Weile vom Goggl nichts mehr zu sehen und zu hören war, rappelte sich der Grafoar wieder auf und setzte den Heimweg fort.

Seine Frau, der er das Abenteuer erzählte, meinte nur: „Das ist nur die gerechte Strafe Gottes, weil du nie zur rechten Zeit nach Hause gehst."

Der Grafoar warnte auch seinen Nachbarn, den Schmalzl. Dieser lachte ihn nur aus und meinte: „Da bist du nur über einen Dachs gestolpert. Sei froh, dass er dich nicht gebissen hat!"

Michael Silbernagl – Schmalzl in die Löcher

Der Schmalzl Goggl

Der Holderla Teo war im Sommer beim Schmalzl in den Löchern als Bua[81] angestellt. Da er in Kastelruth immer bei den Rädelsführern war, wollte er auch bei den Löcherer Buben das Kommando übernehmen. Darauf hatten diese aber nicht gewartet.

An einem Nachmittag schickte die Schmalzlin den Teo einmal mit dem Wasserschiffchen nach Kastelruth zum Vater vom Teo. Der sollte es löten.

Der Teo hatte sich im Dorf bei seinen Kollegen verspätet. Als er im Wald zum Schmalzlkreuz kam, waren dort zwei weiße Geister, die dem Teo den Weg versperrten. Er wollte in den Wald ausweichen, aber die Geister trieben ihn bis weit ober den Bolznsteig in die Steinlammern hinauf.

Von dort musste er sich durch unwegsames Gelände mit Sträuchern und Bäumen bis zum Schmalzl durchschlagen. Mit dem Wasserschiffchen, das er auf einem „Mühlkraxl"[82] aufgebunden hatte, blieb er öfters in den Sträuchern hängen, stolperte und fiel auf die Nase.

Auf die beiden Geister hat der Teo noch heute einen mächtigen Zorn, wenn ihm der Streich der Löcherer Buben wieder einfällt.

Josef Hofer – Mahlknecht in die Löcher

Der Panider Goggl

Beim Baumwirt in St. Michael waren einmal vier Männer bis weit nach Mitternacht beim Kartenspielen. Dabei ging es wüst zu. Beim Zahlen gerieten sie richtig übereinander. Sie stürmten mit Flaschen und Stühlen aufeinander los, bis Scherben und Holzstücke durch die Gaststube flogen.

Die Wirtin schlug die Hände über dem Kopf zusammen und flehte: „Um Gottes Willen hört auf, sonst soll euch der Teufel holen!" In diesem Augenblick fuhr der Teufel mit Getö-

---

[81] Hilfe für leichtere Arbeiten
[82] Traggestell

se mit einem Mühlkraxl[83] zum Ofentürl heraus. Er packte den Rabiatesten beim Kragen und band ihn auf seinem Kraxl fest.

Jetzt kamen die Männer zur Besinnung, aber alles Betteln und Jammern war vergebens. Der Teufel stürmte mit dem Malsiner auf dem Kraxsl zur Haustür hinaus in Richtung Panid. Dort oben führt auf der anderen Seite des Sattels eine Rinne in der Felswand so tief nach unten, dass man sicher war, dort gehe es der Hölle zu.

Der Teufel hatte es aber nicht leicht. In St. Michael gibt es zahlreiche Bildstöcke und Wegkreuze. Diesen musste der Teufel immer ausweichen. Außerdem war der Teufel nicht der Hellste. Er ließ sich vom Malsiner mehrmals die gleiche Runde schicken.

Schließlich war der Teufel mit seiner Bürde doch oberhalb der Kirche angelangt. Der Malsiner wurde sich seiner misslichen Lage bewusst, da er langsam ausnüchterte. „Jetzt hilft nur noch beten", dachte er sich und begann einen Rosenkranz. Darüber kam der Teufel unter ihm erst richtig ins Schwitzen.

Beim Saxeller Kreuz oben musste der Teufel über einen sehr steilen Hang ausweichen und blieb an einem Dornenstrauch hängen. Zuletzt landete er in einem Graben und kannte sich überhaupt nicht mehr aus.

Er musste wieder den Malsiner um Rat fragen und der schickte ihn, weil der Teufel unbedingt nach oben wollte, in die andere Richtung auf Salames. Der Teufel merkte es erst, als er wieder den Turm von St. Michael sah. Da explodierte er beinahe und fluchte fürchterlich, weil er sich jetzt durch den steilen Wald gegen Panid quälen musste.

Der Malsiner hatte von seiner Mutter schlimme Dinge über den Panider Goggl gehört, deshalb kam ihm jetzt das kalte Grausen. Er begann andächtig zum heiligen Michael zu beten und versprach auch noch eine große Wallfahrt. Davon wurde der Teufel so müde, dass er auf einem Stein rasten musste. Auf dem Stein kann man heute noch den Abdruck vom Hintern des Teufels und von den Kraxlfüßen sehen.

---

[83] Rückentraggestell für Säcke

Der Malsiner hörte einen Hahn krähen und sah den Mesner mit seiner Laterne zur Kirche heraufgehen zum Betläuten. Jetzt schöpfte er neue Hoffnung und versprach auf der Kirchenwand von St. Michael einen heiligen Michael malen zu lassen und von nun an ein anständiges Leben zu führen, wenn er nur vom Teufel loskam.

Der Teufel wollte gerade aufstehen, um weiterzugehen, da schlug die Betglocke an. Der Teufel machte einen haushohen Luftsprung und stieß einen schrecklichen Schrei aus. Dabei brachen die Bänder, mit denen der Malsiner festgebunden war. Der Malsiner kam mit dem Rücken in einem Gesträuch zu liegen. Der Teufel verschwand mit einem feurigen Schweif hinter Panid hinein.

Seiner Frau hat der Malsiner nichts von seiner Begegnung mit dem Teufel erzählt, denn sie war ziemlich streng und hätte ihn dafür sicher auch noch in die Mangel genommen. Das war aber in Hinkunft nicht mehr notwendig. Der Malsiner hat seine Versprechen gehalten und wurde ein anderer Mensch.

Santifaller – 1963

Der Planitzer Goggl

„Hast du schon gehört", sagte die Maorlin zur Profillerin, als beide am Dreikönigstag in Tagusens zur Frühmesse gingen, „bei der Planitzer Paula tut es gogglen"[84]. „Ach geh", erwiderte die Profillerin, „die Paula ist so ein liebes Mädchen und noch dazu flink bei der Arbeit!"

„Ganz komisch ist die", erzählte die Moarlin weiter, „sie liegt seit drei Tagen im Bett und redet zeitweise mit jemandem, aber man sieht niemanden. Sie behauptet aber, es säße einer auf ihrem Bettrand und sei behaart wie eine Kuh. Er sagt ihr voraus, wenn unmögliche Sachen passieren. Die Schränke in der Kammer fielen durcheinander, das Nachtkästchen fiel um und der Tisch lag mit den Beinen nach oben am Boden. Vom anderen Bett das noch in der Kammer stand, wurde die Bettwäsche durch die Luft gewirbelt. Und die Paula lag im Bett und lachte."

„Gestern hat sie sogar behauptet, dass sie der Haarige auf der Seiseralm, hinter dem Spiegel[85], auf das Malferteiner Hüttendach gelegt habe. Die Almfahrer haben am nächsten Tag das Loch im Schnee gesehen, das ausgesehen hat, als hätte ein Mensch darin gelegen. Aber es hat keine Fußspur hingeführt." „Es wird wohl nicht der Teufel sein? Von dem hat man früher solche Sachen erzählt," meinte die Profillerin.

„Es klopft im ganzen Haus", fuhr die Moarlin fort, „die Planitzerin hat schon mit dem Dekan geredet und der Gemeindearzt Dr. Mayer hat die Paula in das Spital von Kastelruth eingewiesen. Dort wird dann er schauen, was das wieder für ein Humbug ist, denn mit der Wissenschaft ist das nicht zu erklären."

„Die Planitzerleute tun mir leid", sagte die Profillerin, „was das kosten wird und das Gerede der Leute noch dazu!"

Die Paula war kaum im Spital von Kastelruth, da tickte es in der Matratze wie in einer Uhr. Als sie in ein anderes Zimmer verlegt wurde, ging es noch mehr los. Es klopfte, dann

---

[84] geistern
[85] Bergkuppe unter dem Mulser Albl

kreischte es wie eine Säge, es zischte wie das Gras beim Mähen und klang, wie wenn man mit einem schweren Schlegel auf den Holzboden schlägt. Sogar die Bettstatt zitterte.

Bald kam der Lärm von oben, bald von unten und dann von der Seite. Der Dekan hat versucht, mit der einfachen Teufelsaustreibung dem Spuk ein Ende zu setzten. Den feierlichen Exorzismus erlaubte ihm der Bischof nicht. Das Klopfen wurde aber dadurch noch lauter. Bei bestimmten Gebeten und bei der Segnung mit Reliquien flog das Bett in die Luft, aber das Klopfen hörte auf. Dann wurden die Reliquien wie von einer unsichtbaren Hand weggeschleudert.

Manchmal wurde das Leintuch herausgezogen, dann auch noch Bett und Polster weggerissen. Die Paula war mehrmals zeitweise verschwunden und nirgends zu finden, auch wenn die Außentür versperrt war. Nach ein paar Stunden fand man sie bewusstlos unter einem Strauch im Spitalsgarten draußen.

Der Gemeindearzt Dr. Mayer stellte die Diagnose auf Hysterie. „Das Mädchen braucht nur einen Mann, dann hört der Spuk von allein auf", erklärte er. „Wenn die Paula wieder einmal starr irgendwo liegt, braucht man sie nur mit einer Rute züchtigen, dann wird sie schon aufwachen."

Weil ihm das Spital zu teuer wurde, holte der Planitzer die Tochter nach sechs Wochen wieder heim. Im Spital hatte der Dekan angeordnet, dass die Besucher nur einzeln zur Paula durften. Beim Planitzer kamen jetzt abends dreißig, vierzig Personen zusammen, um zu sehen, wie das mit dem Goggl war. Sie stellten dem Goggl die unmöglichsten Fragen. Er beantwortete sie mit Klopfzeichen immer richtig, auch wenn die Paula den Fragesteller nicht kannte. Auf Wunsch klopfte der Goggl sogar den Takt von Musikstücken fehlerfrei herunter. Viele Besucher blieben bis nach Mitternacht und dachten sich immer neue Proben aus.

Der Niggl Meinrad war zu dieser Zeit ein kleiner Lausbub, der den Spuk auch sehen musste. Am nächsten Schultag fing er dafür vom Kuraten von Tagusens eine zünftige Ohrfeige.

Den Planitzer Leuten wurde der Rummel mit der Zeit zu lästig. Sie brachten die Paula deshalb nach Innsbruck in die Nervenklinik. Dort blieb alles ruhig.

Bald war die Paula wieder zu Hause und es schien alles wieder in Ordnung zu sein. Am 23. Juli ging es aber wieder los und zwar im ganzen Haus. Sogar die Suppe auf dem Tisch rührte der Goggl um. Es wurde unheimlich im Haus. Mal winselte es wie ein Hund und dann zog wieder ein Sturmwind durch das Haus.

Einmal entfernte sich die Paula beim Grasausstreuen auf der Wiese. Dabei warf sie nach und nach die ganzen Kleider weg. Dieses Mal versuchte es der Planitzer mit einer Birkenrute. Die Planitzerin machte ihm dafür Vorhaltungen, er könne doch nicht seine Tochter so schlimm behandeln.

Der Dekan schlug jetzt vor, man sollte den Goggl nicht beachten, dann höre er von selber auf, denn das Segnen und der Zulauf der Leute reize ihn anscheinend erst recht.

So war es dann auch. Der Dekan verschaffte der Paula bei seinen Verwandten in Tramin einen Platz zum Wimmen[86]. Dort blieb sie bis anfangs November. Zu Weihnachten kam

---

[86] Weinlese

Hugo, der älteste Sohn vom Bauern in Tramin nach Kastelruth und hielt um die Hand der Paula an.

Zu Lichtmess traute der Dekan Lintner die beiden in Tramin unten. Sie hatten mehrere Kinder und vom Goggl war nie mehr etwas zu sehen und zu hören.

Als die Planitzer in den dreißiger Jahren wegen wirtschaftlicher Schwierigkeiten den Hof verkaufen mussten, zögerten mehrere Kastelruther wegen dem Goggl so lange, bis ihnen ein Deutschnofener Bauernsohn zuvorkam.

Santifaller – Maria Trocker Fulterer Außerlanzinerin

Der Taschn Goggl

Der Laschn Much hauste mit seiner Frau Regina und mit der Schwester beim Taschn. Die Schwester hatte sich wegen ihrem Männerhut, den sie zusätzlich zum Kopftuch trug und wegen der Pfeife, die sie wie ein Mann rauchte, den Spitznamen Laschnpittl eingefangen.

Als sie in die Jahre kam, machten sich die Altersgebrechen bemerkbar. „Aber wenn es bald da, bald dort weh tut, braucht man sich nichts zu denken", pflegte sie zu sagen, „gefährlich wird es erst, wenn die Schmerzen an einer Stelle bleiben." Zur Winterszeit setzte ihr einmal über längere Zeit das linke Bein arg zu. Trotz fleißigem Einreiben mit Arnikaschnaps und Murmeltierfett wollten die Schmerzen nicht aufhören.

Als sie dem Kompatscher Hans ihr Leid klagte, riet er ihr, sie solle sich mit der blanken Haut auf den Stock eines frisch gefällten Lärchbaumes setzen. Danach müsste sie sich ins Heu legen, damit das Lärchenharz richtig wirken kann. Beim Fütterer Höfl waren gerade ein gutes Dutzend Lärchen frisch geschlägert worden. Die Pittl machte auf allen eine ausgiebige Sitzung und nahm anschließend das empfohlene Heubad. Als das Lärchenharz und die Heublumen nach über drei Wochen abfielen, waren auch die Schmerzen vergangen.

Zu Hause war Schmalhans Küchenmeister. Wenn ein ganz karges Mittagssen in Aussicht war, ging der Much um halb zwölf zum Plunger hinunter, um zu fragen wie spät es sei. Sonst sagte er immer: „Meine Uhr geht Bahn." Das war ein Begriff für Genauigkeit, denn die Bevölkerung von St. Michael und Tagusens richtete damals die Uhren nach dem Grödner Bahnl, wenn es über Layen tuckerte. Die Plungerin wusste schon, der Much hatte nur Hunger. Auf einiges Zureden hin, ließ er sich bewegen zum Mittagessen zu bleiben. Beim Malsiner führte er öfters das gleiche Stück auf. Dort stellte er den Verkauf des „Lutzn" in Aussicht. Das war eine baufällige Hütte ober Malsin, die ihm gehörte und die der Malsiner nicht ungern gekauft hätte. Der Handel kam aber nie zustande.

Im Mesnerwald geisterte es öfters im Winter am Abend, sobald die Bauern im Stall waren. Da irrte ein Lichtlein um die Brennholzkästen und Schabdristen herum. Die Michaeler glaubten weniger an einen Geist. Sie verdächtigten den Much und den Pittl, wenn Scheiter und Schabe verschwanden.

Konrad Hofer – Malsinersohn

Der Malider Goggl

Drei Männer waren mit ihren Schlitten an einem kalten Jännertag auf der Seiseralm auf den Tirlerböden unterwegs um Heu zu holen. Als sie an der Malider Schwaige vorbeifuhren, meinte einer spaßhalber: „Jetzt könnte der Malider Goggl schon kommen, dann könnten wir uns wärmen."

Als sie mit Heu beladen auf dem Rückweg zu dieser Stelle kamen, sauste ein glühender Haufen vom „Spiegel"[87] herunter und geradewegs auf die Heuschlitten zu. Aus dem Haufen züngelten Flammen wie bei einem Schmiedfeuer. Die Männer erschraken mächtig und die Pferde konnten nur mit Mühe gebändigt werden. Nicht auszudenken, wenn die Heufuder Feuer gefangen hätten.

In der Malider Schwaige wollte fortan niemand mehr übernachten. Im Sommer gingen die Almleute zum Schlafen in die Nachbarsdille zum Tirler. Nur der Malider Bauer selber wollte es eine Nacht ausprobieren. Um Mitternacht bettelte er bei der Tirler Dilltür, sie sollten ihm aufmachen, beim Malider gehe wirklich der Goggl um.

Mahlknecht 1978

Der Bildstock in der Struzza

Besonders unheimlich war es früher in den Neumondnächten im Wald. Wer da unterwegs sein musste, bekam schreckliche Gestalten zu sehen. Diese lauerten hinter Büschen, Bäumen und großen Felsbrocken.

Außer dem Rauschen des Windes hörte man schauerliche Töne, die nur von Unwesen stammen konnten, die den Wald unsicher machten.

Der Zwingensteiner Jos hatte sich einmal beim Seelaus Gasthaus verspätet und dabei noch großspurig behauptet, vor Geister würde er sich nicht fürchten. Die sollten ihm nur kommen. Als er unter dem Frommer Gasthaus auf der Struzza unterwegs war, tauchten hinter den Bäumen zwei unheimliche Gestalten auf. Er glaubte ein drohendes Knurren zu hören und wollte den beiden ausweichen. Dabei geriet er über den Wegrand hinaus, stolperte über eine Wurzel und stürzte über den Steilhang in die Frommerlahn hinunter bis in den Frommer Bach.

Dort wurde er am nächsten Tag schrecklich zugerichtet gefunden. Da er ledigen Standes war, ließen ihm seine Verwandten ein Marterle[88] errichten.

---

[87] Bergkuppe unter dem Mulser Albl
[88] Bildstock, meistens mit Kreuz und bildlicher Darstellung des Unfalls

Der Lieger Goggl

Früher wollte niemand allein zwischen dem Betläuten am Abend und am Morgen unterwegs sein. Diese Zeit gehörte den Geistern und um Mitternacht war es besonders gefährlich.

Der Gustl vom Fixl in Tagusens hatte die hübsche Tochter vom Decker Hof in Tisens besucht und war um Mitternacht auf dem Heimweg. Als er bei Kaltenbrunn hinaustrabte, beschlich ihn ein ungutes Gefühl, wegen der Göggl die dort ihr Unwesen treiben sollen.

Und richtig, beim Liegerzaun bewegte sich etwas. „Das kann nur ein Goggl sein!", fuhr ihm der Schreck durch alle Glieder. Gebannt starrte er auf das Ungeheuer und wollte sich auf der anderen Seite vorbeidrücken. Dabei stolperte er über einen Stein und fiel der Länge nach in den Graben neben dem Weg.

Er glaubte, sein letztes Stündchen sei gekommen. Als aber ein Weile nichts passierte, stand er vorsichtig auf und lief so schnell ihn die Füße trugen nach Hause.

Die Tagusener glaubten ihm seine schreckliche Erfahrung mit dem Lieger Goggl nicht, denn es wurde recht bald bekannt, dass der Wegmacher beim Lieger auf dem Zaun seine Jacke vergessen hatte, die vom Wind leicht bewegt wurde. Bei der Deckertochter ist sein Kredit nach diesem Erlebnis auch nicht gestiegen.

Franz Nössing – Reißner 2003

Der Poblider Kobold

Der Poblider Bäuerin wollte das Buttermachen nicht mehr gelingen, obwohl sie dabei immer sehr sorgfältig vorging. Der Hauskobold wollte sie mit dieser Bosheit ärgern. Sie wandte sich mit dem Problem an ihren Nachbarn, dem Flösser.

Der riet ihr den Butterkübel beim Buttern unter die Dachtraufe zu stellen. Zusätzlich sollte sie mit einem glühenden Bratspieß in den Rahm hineinstechen.

Sie befolgte den Rat. Mit einem fürchterlichen Schrei pfitschte der Kobold aus dem Butterkübel, nahm ein brennendes Scheit vom offenen Herd und warf es gegen die Pobliederin. Zum Glück traf er nicht, aber seitdem gelang die Butter wieder. Der Kobold belästigte von da an die Nachbarn.

Max Jaider – Rienzner

Maiandacht in St. Oswald

Früher meldeten sich die jungen Burschen schon deswegen gerne bei der Musikkapelle, weil sie wegen der Proben einen triftigen Grund hatten, abends aus dem Haus zu kommen. Das wäre sonst nicht so leicht möglich gewesen, schon wegen des Geldes, das man für nächtliche Abenteuer nicht ausgeben sollte und auch, weil man früh am Morgen bei der Arbeit seinen Mann zu stellen hatte.

Als der Kurat von St. Oswald, wie im ganzen Land üblich, im Mai abends die Maiandacht hielt, hatten sogar die Mädchen einen guten Grund abends auszugehen.

Nach der Andacht wurde die gewonnene Freiheit dazu benutzt, um vor der Kirche mit den Burschen zu schäkern und auch gemeinsame Ausflüge zur Lavogler Lacke, zum Buhin

Egg, zum Mesner seiner kleinen Kospenlatzwiese und in den Wald ober dem Rienzner zu machen.

Einmal kam die ganze Gruppe sogar fast bis zum Oberriedl hinauf. Aber dort geisterte es. Auf der Wiese war ein weißer Haufen, der sich bewegte. Die Mutigste von allen war die Drocker Nanndl. Als sie sich dem Ungeheuer nähern wollte, begann es auch noch zu grollen. Erschrocken wich sie zurück.

Nun wollten die Burschen zeigen, dass sie die Schneidigeren waren. Gemeinsam gingen sie auf den Goggl los ung bekamen ein Heutuch zu fassen. Sie rissen es weg und fanden darunter zwischen zwei Zimmerbänken kauernd den Malider Konrad.

Anton Planer – Seis 2001

Der Pitzer Goggl

Der alte Sattler machte sich einmal frühmorgens auf den Weg, um auf der Alm Heu zu holen. Als er beim Pitzer vorbeifuhr, zog dieser in einem Übermutsanfall ein Heutuch über den Kopf und gesellte sich zum Sattler. Ohne ein Wort zu sagen, ging er neben dem Sattler her. Das war für den Pitzer bei Gott nicht einfach, da er ungemein gerne redete.

Entlang des Weges grämte sich der Sattler wegen des Karlottn Goggls, der bei der Karlottenwand hauste. Beide zusammen könnten doch gefährlich werden.

Da es aber schon ein wenig heller wurde, erkannte der Sattler seine lästige Begleitung. Mit einem gezielten Peitschenhieb rächte er sich für die ausgestandene Angst. Der Pitzer heulte vor Schmerz und machte schleunigst kehrt.

Marianna Sibernagl Plunger – Patenerin

Der Moises Goggl

Der Pestol Weg ist nachts verschrien. Nicht nur im Pestolgraben oben, auch auf Moises soll es nicht geheuer sein. Das bekam der Sattler einmal zu spüren, als er sich frühmorgens mit seinem Fuhrwerk dem Bildstock auf Moises näherte.

Ein weiße Gestalt kam hinter dem Bildstock hervor und wollte dem Sattler den Weg versperren. Der aber ging zum Angriff über und zog dem Goggl die Peitsche um die Ohren. Dieser machte sich stöhnend aus dem Staube.

Anton Silbernagl

Seis

Von Seis, Trotz und in einem Fall auch von Kastelruth, gibt es mehrere Geschichten, die alle die Überschwemmung und Vermurung des Siedlungsraumes Seis zum Thema haben. In Seis werden bei Tiefbauarbeiten diese Geschichten immer wieder bestätigt, die sich in der Überlieferung erhalten haben. Zwischen verschiedenen Lagen von Geröll und Steinen, tauchen verschiedene Lagen von abgerutschtem Material mit eingeschlossenen Baumstämmen auf.

-o-

Dort wo heute Seis liegt, war einmal eine gleichmäßig ansteigende, fruchtbare Fläche. Die Bauern hatten nicht viel davon, denn der Ritter Hagobert und sein Vogt Schellian, der zusätzlich noch in die eigene Tasche wirtschaftete, plünderten die Bauern gründlich aus.

Ritter Hagobert hauste in seiner Burg auf einem zwanzig Klafter breiten Streifen, der sich von Marinzen bis zum Tschapit hinzog. Der einzige Weg, außer über Pufels, führte an dieser Burg vorbei und war für alle zollpflichtig, obwohl die Bauern die Wege mit harten Fronschichten bauen und instandhalten mussten.

Seine Frau war eine gute Seele, die viele Ungerechtigkeiten ihres Mannes auszugleichen versuchte. Der Alte hatte sich bei der Jagd im Herbst verkühlt und musste das Zeitliche segnen. Die Hoffnung der Leute, der junge Hartmut würde nach der Mutter geraten, war leider trügerisch. Der hatte mehrere Jahre bei der Kriegsmannschaft des Landesherrn gedient und kam mit ein paar rohen Kriegsknechten zurück.

Bei Tag verwüsteten sie mit ihren Pferden die Felder der Bauern und am Abend wurde gesoffen. Der Mutter brach vor lauter Verdruss das Herz.

Schließlich fiel dem Hartmut noch ein, einen großen Wehrturm zu bauen, wie er ihn in Trient unten gesehen hatte. Die Bauern mussten Arbeiter und Fuhrwerke stellen. Der Ritter und sein Vogt waren ständig unterwegs, um die Leute anzutreiben. Dabei fiel dem Ritter ein junges Mädchen auf, das geschickt ein Ochsengespann führte. Er stieg vom Pferd und fragte sie: „Warum kommt nicht der Knecht zur Arbeit?". „Wir haben keinen Knecht, unser Hof ist zu klein," anwortete sie, „der Vater kam vorige Woche unter ein Steinfuhrwerk und kann nur noch mit Krücken gehen. Und mein Bruder ist erst sieben Jahre alt."

Der Ritter griff ihr an die Kehle und befahl: „Du kommst morgen in die Burg! Die Köchin braucht eine Hilfe. Zum Vater kannst du sagen, er braucht keine Frondienste mehr zu leisten und der Zehent ist erlassen!" Jetzt ging der Vogt dazwischen und protestierte: „Der Hirler ist jetzt schon mit fünf Tagschichten im Rückstand und beim Zehent will er sich auch immer drücken!" „Du bist still", fauchte der Ritter, „hier bestimme ich!"

Die Waltraud, so hieß das Mädchen, erschrak, denn über den jungen Ritter und die Burg waren wilde Gerüchte im Umlauf. Andererseits freute sie sich über die Erleichterungen für die Familie.

Als sie den Vorfall abends der Mutter erzählte, begann diese wortlos zu weinen. Der Vater schimpfte mit bitterer Stimme: „Dieser gemeine Hund!" Die Eltern überlegten lange hin und her. Den Befehl nicht befolgen? Wegziehen, aber wohin? Die Tochter in eine andere Gegend schicken? Dann fiel dem Vater ein, wie der alte Ritter einen Bauern von seinem Pferd zum Krüppel trampeln ließ, weil dieser sich über den Vogt beschwert hatte.

Am Morgen rang die Mutter mühsam nach Fassung. Sie packte der Tochter ein paar notwendige Sachen zusammen und schenkte ihr schließlich noch das einfache Silberringlein, das ihr der Mann vor der Hochzeit vom ersten Knechtlohn gekauft hatte.

Beim Abschied drückte die Mutter die Tochter an sich und sagte: „Sei's wie Gott will!" Der Vater stand mit versteinertem Gesicht daneben. Unterwegs schaute die Waltraud immer wieder zurück. Auf Marinzen oben sah sie den Hof vom Hans. Als Kinder hatten sie viel miteinander gespielt. Sie mochte ihn schon immer. Als er größer wurde, hat er sich mehr mit den Buben der weiteren Umgebung abgegeben und ist den Mädchen ausgewichen, so wie es die Buben in diesem Alter aus Unsicherheit eben tun. Vor drei Tagen hatte er ihr mit einem roten Kopf ganz unbeholfen ein selbstgeschnitztes Pferdchen in die Hand gedrückt. Sie hatte es in ihrem Gepäck. Es grämte sie besonders, dass sie von ihm nicht Abschied nehmen konnte.

Das letzte Teilstück ging sie ganz langsam. Sie klopfte am Tor und sagte zum alten Hausknecht, der den Wegzoll kassierte: „Ich soll in der Küche helfen. Das hat der Ritter Hartmut befohlen." „Küche? Ha, das kennt man!", brummte er und zeigte ihr den Weg.

In der Küche traf sie die alte Köchin. Als diese statt zu grüßen sagte: „Kind, was kommt auf dich zu!", sank ihr der Mut. Dann sagte die Köchin: „Lass mich machen, wenn du brav bist, werde ich schon dafür sorgen, dass du deine Ruhe hast. Der hat sicher schon wieder vergessen, dass er dich in die Burg gerufen hat und in die Küche kommt er nie."

Die Waltraud stellte sich sehr geschickt an und konnte vieles lernen. Die Köchin achtete darauf, dass die Waltraud nie das Essen auftragen musste, wenn der Hartmut bei Tisch war. Eine besondere Freude hatte sie mit dem Küchenfenster durch das sie ihr Elternhaus und den Hof vom Hans sehen konnte. Sie gewann ihre Lebensfreude langsam zurück.

Als der Hartmut beim Essen einmal nach der Waltraud fragte, sagte die Köchin so nebenbei: „Ach, der dürre Besenstiel!. Ja, da ist sie, aber ich glaube, die hat die Auszehrung." Für dieses Mal war der Hartmut zufrieden.

Als er einmal mehrere Tage weg war, ließ die Köchin die Waltraud für zwei Tage nach Hause gehen. Die Mutter war froh, dass die Waltraud von der Köchin so gut aufgenommen worden war. Der Vater konnte wieder halbwegs arbeiten. Er war erleichtert, weil er nun vom Vogt in Ruhe gelassen wurde. Der kleine Bruder hatte mit den mit Honig gesüßten Keksen die größte Freude, welche die Köchin der Waltraud mitgegeben hatte.

Nach drei Monaten musste die Köchin für drei Tage nach Säben zum Begräbnis ihrer Schwester. Damit begann das Verhängnis. Die Küche hat sie der Waltraud übergeben. Soviel hatte diese schon gelernt. Die andere Küchenmagd hatte von der früheren Burgherrin die Geheimnisse des Gartens erlernt. Dort duftete und blühte es einen guten Teil des Jahres. Mit dem Kochen hatte sie aber keine besondere Freude. Sie war auch gehbehindert, weil sie der alte Ritter einmal in stockbesoffenem Zustand über die Stiege hinabgestoßen hatte. Ihr war damals ein Schreckensschrei entschlüpft, als sie der alte Wüstling begrabschte. In der Küche half sie beim Herrichten und beim Auftragen.

Zwei Tage ging alles gut. Der Hartmut war außer Haus und kam am dritten Tag mit einer Gruppe von Freunden zurück, um am Nachmittag auf die Bärenjagd zu gehen. Es ließ sich nicht anders machen, die Waltraud musste der Magd helfen, die schweren Pfannen mit dem Fleisch aufzutragen.

Als sie beim Hartmut vorbei mussten, wollte der die Waltraud mit dem Arm einfangen. Sie wich ihm aber geschickt aus und verschwand in die Küche.

„Endlich eine, mit der du nicht machen kannst was du willst!", stichelten die Freunde. Er wollte schon aufspringen und in die Küche stürmen. Da beruhigte ihn einer: „Lass doch das Waschbrett, wir wollen ja auf die Bärenjagd." Der Hartmut brummte: „Wartet nur bis zum Abend, dann werde ich schon zeigen, wer in der Burg das Kommando hat!"

Ein Knecht hatte den Bären am Vormittag beim Himbeerenfressen zu Unternonn beobachtet. Der Pferdeknecht hatte schon gesattelt und so machten sich alle auf den Weg.

Der Bär lag satt in der Sonne, als ihn die Hunde ober den Kalkwänden aufspürten. Er sprang auf und versetzte dem Hund, der sich zu nahe herangewagt hatte einen tödlichen Prankenhieb. Jetzt griffen die Männer an. Ein Knecht traf den Bären mit dem Speer am Schulterblatt. Der Bär knurrte und wollte flüchten. Er war erst ein Jahr alt und kannte die Gegend noch nicht, sah die Wand zu spät und blieb mit gebrochenem Rückgrat am Wandfuß liegen.

Als die Jäger nach unten kamen, blutete er aus mehreren Wunden. Er richtete sich noch mit den Vorderfüßen auf und empfing seine Häscher knurrend mit gefletschten Zähnen. Für diese war es nun ein Leichtes, ihm mit ihren eisenbeschlagenen Speeren den Todesstoß zu versetzen.

Zuerst machte die Schnapsflasche die Runde. Dann gingen sie sich gegenseitig mit ihrer Prahlerei auf den Geist. Jeder wollte am meisten zur erfolgreichen Jagd beigetragen haben.

Nun mussten zwei dünne Bäume gefällt werden. Diese banden sie am Sattel eines älteren Pferdes fest. Darauf befestigten sie mit Riemen aus roher Rindshaut Äste. Dann legten sie den Bären darauf und traten mit Gejohle die Heimfahrt an.

Den Knechten befahl Hartmut den Bären im Keller zu häuten, das Herz, die Lunge und die Hoden in die Küche zu bringen, um daraus das Festessen für die erfolgreiche Jagd bereiten zu lassen. Dort war die Köchin zurückgekehrt und machte sich an die Arbeit.

Die Jagdgesellschaft begoss im Rittersaal den Bären ausgiebig. Als die Köchin und die Magd das Essen auftrugen, brüllte der Hartmann: „Wo ist die Neue?" „Der geht es nicht gut heute", versuchte die Köchin mit einer Notlüge abzulenken, „sie ist schon im Bett."

„Du lügst, du alte Wachtel", brüllte der Hartmann, „wenn sie nicht sofort kommt, werfe ich euch beide aus dem Fenster!" Die beiden Frauen kamen ganz verzagt in die Küche zurück und wussten sich keinen Rat.

„Es wird leider nicht anders gehen", sagte schließlich die Waltraud, „ich stelle die Nachspeisen auf der anderen Seite auf den Tisch und renne zurück." Da hatte sie sich aber getäuscht. „Her zu mir!", brüllte Hartmut, als er sie sah. Sie stellte ganz verzagt die Schüsseln auf den Tisch. Da fasste er sie schon mit seinen Armen und drückte sie auf seinen Schoß.

Er roch nach Schweiß und Schnaps. Mit seinem sabbernden Mund wollte er sie küssen. Angeekelt wand sie sich, sodass er sie nur auf der Schulter erwischte.

Dann drückte er ihr den Schnapsbecher an den Mund. „Trink, damit du gescheiter wirst!", schrie er. Sie presste den Mund zu und trank keinen Tropfen. Als er sie begrabschte, sperrte sich alles in ihr. „Heute wirst du noch dem Bärenjäger das Bett wärmen", brüllte er, „sonst wirst du etwas erleben!"

Sie schlich weinend in die Küche zurück. Den beiden Frauen in der Küche kamen ebenfalls die Tränen, als sie hörten, was oben vorgefallen war. Sie räumten geistesabwesend die Küche auf und saßen dann ratlos um den Tisch.

Um Mitternacht torkelte der Hartmut daher und brüllte, während er sich am Türstock halten musste: „Du gehst jetzt mit mir! Du bist jetzt meine Ritterfrau!"

Waltraud wusste vor Angst nicht mehr, wo ihr der Kopf stand. Geistesabwesend folgte sie seinem Befehl. Er stützte sich auf sie. Sie hätte ihm leicht entkommen können, so betrunken war er. Aber sie traute sich nicht.

In der Kammer plumpste er auf das Bett und kommandierte: „Stiefel ausziehen!" Als sie ihm den zweiten Stiefel auszog, fiel ihm der Kopf zurück und schon begann er zu schnarchen.

Sie stellte die Stiefel in den Winkel und schlich aus der Kammer. Als sie zur Köchin in die Kammer kam, waren beide froh, aber dann kam wieder die Angst.

Beim Mittagessen am nächsten Tag hatten die meisten ihren Rausch leidlich ausgeschlafen. Der Hartmut prahlte mit seinen Erlebnissen der letzten Nacht. Nur wenn die Köchin und die Magd mit den Speisen kamen, war er wohlweislich still. Als ihn die anderen darauf aufmerksam machten, die neue Rittersfrau müsste neben ihm zu Tische sitzen, meinte er leichthin: „Ich muss erst eine Neue für die Küche finden."

Die Hoffnung der Frauen war umsonst gewesen. Am Abend nach dem Essen stand der Hartmut fordernd in der Küchentür. Diesmal war er kaum angetrunken. Er fasste die Waltraud roh am Arm und zog sie mit in seine Kammer. Dort riss er ihr das Gewand vom Leib und warf sie auf das Bett. Dann stürzte er sich mit seinem fast doppelten Gewicht auf sie. Sie ekelte sich so sehr, dass sie glaubte den Verstand zu verlieren.

Als er von ihr abließ, begann er sofort zu schnarchen. Sie tastete sich aus der Kammer und wusste nicht, wie sie in die Kammer der Köchin gekommen war. Dort setzte sie sich auf das Bett. Die Köchin setzte sich dazu und legte den Arm um die schmalen Schultern der Waltraud. Diese begann nach einer Weile still zu weinen. Erst nach einer Stunde brachte sie hervor: „Ich schäme mich vor der ganzen Welt, ich will nicht mehr leben. Wie kann der nur so gemein sein!" Die Köchin tröstete sie mit unbeholfenen Worten. Dann stammelte die Waltraud den Spruch, den ihr die Mutter mitgegeben hatte: „Sei's wie Gott will." „So etwas kann doch der Herrgott nicht wollen!", widersprach die Köchin energisch.

In den nächsten Tagen wurde für die Waltraud fast jede Nacht zur gleichen Pein. Er kam sogar untertags in die Küche und begrabschte sie vor den Augen der beiden anderen Frauen. Ein paar Nächte verschlief er total betrunken im Rittersaal. Die Waltraud war vor Leid und Ekel zu ihrem Schatten geworden. Schmal und bleich verrichtete sie ihre Arbeit.

Nach drei Wochen brachte Hartmut aus dem Pustertal ein Ritterfräulein mit, das mit den Männern wacker bei Tisch soff und deren derbe Späße noch übertrumpfte.

Die Waltraud hatte jetzt ihre Ruhe. Sie begann sich langsam wieder zu fassen, aber dann spürte sie, dass sich ihr Körper veränderte. Als sie sich beim Aufstehen erbrechen musste, sprach sie mit der Köchin. Dieser war der Mann nach kurzer Ehe bei einem Unfall ums Leben gekommen und das einzige Kind kam ganz schwächlich, zu früh auf die Welt. Sie legte den Arm um die schmalen Schultern der Waltraud und sagte: „Du bekommst ein Kind."

„Ich kann dieses Kind nicht wollen! Ich springe aus dem Fenster, dann hat diese furchtbare Zeit endlich ein Ende!" „Ich verstehe dich", sagte gütig die Köchin, „aber denk an das Kind. Es ist ein Teil auch von dir und es hat nur dich." Die Köchin unddie Magd ließen die Waltraud spüren, wie sehr sie sich auf das Kind freuten und in den folgenden Wochen über ihre wiederkehrende Lebensfreude glücklich waren.

Sie gingen ihr bei der Arbeit an die Hand und in der Burg merkte bis gegen den neunten Monat niemand von der Schwanderschaft.

Als die neue Rittersfrau einmal zufällig in die Küche kam, packte sie eine wilde Eifersucht. Sie lag dem Hartmut mit allen möglichen Schauergeschichten so lange in den Ohren, bis dieser befahl: „Die Waltraud hat sofort aus der Burg zu verschwinden!"

Im Jahr vorher hatte es ganz wenig geregnet. Der Vogt hatte trotzdem auf die Abgabe des Zehent in voller Höhe bestanden. Die Leute hatten das Mehl mit Föhrenrinde strecken müssen, damit es notdürftig gereicht hat. Im Winter hatte es kaum geschneit.

Der alte „Sogerle" hatte es schon vorausgesagt: „Das Wetter bleibt nichts schuldig!" Im Frühjahr regnete es ohne Unterlass. Die Bauern waren kaum imstande die Äcker zu bestellen. Das Heu faulte auf dem Boden und das wenige Getreide, das gewachsen war, keimte aus. Dazu kamen noch die Robotschichten für den unsinnigen Wehrturmbau.

Seit drei Tagen regnete es unterbrochen. Zu Unternonn oben ging die Lacke über. Diese bildete sich sonst nur nach schneereichen Wintern. Vom Tschapit führte der Frötschbach bereits ganze Bäume und Sträucher mit.

Die Köchin bestimmte: „Die Waltraud soll in der Kammer bleiben, denn bei einem solchen Wetter schickt man nicht einmal einen Hund ins Freie. Sie soll das Kind in der Burg zur Welt bringen, denn schließlich gehört es zur Burg." Da kam sie bei der neuen Burgherrin schlecht an. Sie setzte alles daran, bis der Hartmut drohte: „Wenn die Waltraud nicht sofort verschwindet, wird sie zusammen mit der Köchin aus dem Fenster geworfen!"

Die Waltraud wusste zwar nicht wohin, aber sie sagte: „Ich gehe." Die Köchin packte ihr Essen ein und schenkte ihr ein größeres Stück Leinen, in das sie einen Silbertaler knüpfte. Die Küchnemagd legte noch einen Silbertaler dazu. Beim Gehen weinten die zwei Frauen mehr als die Waltraud. Die Köchin legte ihr wegen des Regens noch ihren weiten Wollmantel über.

Mit schweren Schritten ging die Waltraud den Weg zurück, den sie vor über einem Jahr hatte gehen müssen. Dabei fielen ihr die Karlottenwände ein, in deren Löcher sie mit anderen Kindern oft gespielt hatte.

Als sie dort ankam, war sie unter dem Wollmantel noch leidlich trocken, aber die Schuhe waren durchnässt. Sie zog sich trockene Socken an. Da setzten die Wehen voll ein, die sie auf dem Weg schon mehrmals gespürt hatte.

Sie legte sich auf das Moos das spielende Kinder zusammengetragen hatten. Mit zehn Jahren war sie dabei gewesen, als ihr Bruder zur Welt kam. So war sie schon im Bilde, was auf sie zukam.

Sie bekam aber nicht mit, wie oben alles in Bewegung geraten war. Die Unternonn Lacke hatte die Gegend um Gatscheid aufgeweicht und der Überlauf vom damaligen Weiher in Tschapid rann den Weg entlang auf Gatscheid zu. Zuerst rann Wasser über die Wand, dann Erde und Steine und schließlich brach die ganze Felsbank mit der Burg herunter. Eine Mure von ungeheurem Ausmaß wälzte sich mit gewaltigem Getöse zu Tal.

Als die Mutter die Mure herannahen sah, betete sie zum Namenspatron der Kirche von St. Vigil: „Heiliger Vigilius heb s Stabala für!" Man kann heute noch sehen, wie die Erdmassen vor der Kirche stehengeblieben sind und auf der rechten Seite weiter zu Tal gingen.

Die Eltern und der Bruder der Waltraud konnten sich zu den Karlottenwänden retten, aber sonst kamen viele Menschen um. Als erste kam die Mutter zur Waltraud und konnte ihr beistehen. Als der Vater und der Bruder nachkamen, die noch das Vieh in Sicherheit gebracht hatten, war das Kind, ein netter Junge, bereits geboren.

Die Mutter zeigte es dem Vater und legte es dann der Waltraud auf den Bauch. Diese lächelte es ganz selig an.

Gegen Morgen ließ der Regen nach. Nun konnte man sehen, was das Wasser angerichtet hatte. Statt der Wiesen und Äcker war eine Geröll- und Schutthalde bis hinauf, wo Gatscheid gestanden hatte. Von der Burg war nichts mehr zu sehen.

Vater und Sohn suchten das Vieh. Von den sechs Tieren fanden sie fünf Stück. Die Mutter richtete aus dem Wenigen, das sie bei der Flucht mitgenommen hatte, ein Frühstück. Die Waltraud stillte ihr Kind.

Als der Vater zurückkam, sagte sie: „Ich werde ihn Seis nennen, weil mir der Spruch der Mutter, sei's wie Gott will, immer geholfen hat."

Um die Köchin und die Magd hat die Waltraud lange getrauert. Sie hat ihnen beim Karlotten Kofl, unter der Mithilfe des Vaters, ein Kreuz aufgestellt und oft davor gebetet.

Ein paar von den Leuten, die sich retten konnten, sind in eine andere Gegend gezogen. Unter den wenigen Leuten, die geblieben sind, war auch der Hans. Der kam an einem Nachmittag mit einem Buschwindröschen, das er hinter einem großen Stein gefunden hatte, und hielt es ganz verlegen der Waltraud hin. Sie nahm es und hielt ihm dafür das Kind hin. Er nahm es vorsichtig in die Arme und drückte ihm einen Kuß auf die Stirne.

Die beiden haben geheiratet und bekamen noch mehrere Kinder. Die Waltraud hat viel dafür gebetet, dass ihr Seis nach der Großmutter geraten möge. Er wurde sehr tüchtig und hat große Flächen wieder gerodet. Von ihm hat das Dorf Seis seinen Namen bekommen.

Paula Fulterer – Außerlanzin

Die alte Seiser Stadt

In Droz war früher eine schöne Stadt. Ihre Bürger glaubten, ihre Stadt wäre schöner als Meran. Als die Meraner dies hörten, brachen sie einen handfesten Streit vom Zaun. Schließlich mussten sich die Drozer doch beugen und zugeben, dass Meran schöner ist.

Sie sagten nur noch wehmütig: „So seis." Seit der Zeit heißt der Ort Seis. Die alte Seiser Stadt ist aber schon vor langer Zeit hinuntergeschwemmt worden.

Heyl – 1897

117

Die Stadt Seis

In der alten Zeit war dort, wo heute Seis liegt, eine große Stadt. Ein alter Mann ging einmal bettelnd durch die Stadt. Er wollte um ein Nachtlager bitten, aber niemand öffnete ihm die Tür. Schließlich kam er in das darüber liegende St. Valentin. Dort bat er in einem Bauernhaus um ein Kelle Wasser.

Er schüttete das Wasser aus dem Fenster. Das Wasser berührte den Boden, schwoll zu einem gewaltigen Strom an und schwemmte die stolze Stadt Seis hinunter.

In St. Vigil hielt der Heilige Vigilius mit seinem Bischofsstab die Mure auf. Deswegen blieb die Kirche von St. Vigil erhalten.

Am Ostersonntag wurde früher der erste Gottesdienst in St. Valentin oben gehalten, denn auf diesem Platz soll die Pfarrkirche der Stadt Seis gestanden haben.

Prof. Th. Wieser – Zingerle – 1891

Die reiche Stadt Seis

Dort wo heute das schmucke Dorf Seis liegt, war einmal eine prächtige Stadt mit reichen Bürgern. Aber der Reichtum hat die Leute so verdorben, dass sie es nicht mehr als notwendig erachteten zur Kirche zu gehen. Über den Pfarrer und die Religion lachten sie nur. Den Herrgott nannten sie ein altes bärtiges Männlein, das im Himmel oben sitzt.

Die Not armer Menschen ließ sie kalt. Sie gaben niemandem etwas von ihrem Überfluss. Einmal kam ein Bettler des Weges. Beim ersten Haus bettelte er um ein Stück Brot. „Verschwinde!," erhielt er zur Antwort. Beim zweiten Haus ging es ihm nicht besser und beim dritten hetzten sie sogar den Hund auf ihn. So ging es ihm bei allen Häusern.

Gegen Abend bat er oben, wo die Seiseralm beginnt, bei einer armseligen Bauernhütte um ein Stück Brot. Die gutherzige Bäuerin stellte ihm zum Brot eine Tasse Milch auf den Tisch. „Mehr haben wir leider selber nicht", bedauerte sie.

Schließlich bat er noch um eine Kelle voll Wasser. Die Bäuerin glaubte der Bettler hätte noch Durst. Er aber schüttete das Wasser auf den Boden. Die Bäuerin staunte, wie das Wasser immer mehr wurde, in Richtung Troz zu Tal stürzte und die ganze Stadt für immer vernichtete.

Als sich die Bäuerin nach dem Bettler umdrehte, war dieser verschwunden. Aber von weiter oben hörte sie aus dem Finstern eine Stimme, die sagte: „Das bärtige Männlein im Himmel hat lange zugeschaut, aber einmal ist genug."

Mahlknecht - 1985

Das Orgelspiel

Von der Ruine Hauenstein führt ein Steig zur Ruine Salegg. Auf halbem Weg sind drei große Steine wie zu einem Tor geformt. Von dort soll ein Gang in die Tiefe führen. Vor lauter Dornen und Gestrüpp ist an ein Durchkommen nicht zu denken, was sicher auch niemand möchte, weil die Gegend so verschrieen ist. Besonders zur Nachtzeit, wo den bösen Geistern die Gewalt über die Menschen gegeben ist und die Toten aus ihren Gräbern steigen.

Zu gewissen Zeiten hört man dort eine Orgel spielen. Wer sie hört, soll ja nicht stehen bleiben, er könnte um den Verstand kommen und sein Seelenheil verlieren.

Zur Zeit als diese Gegend noch heidnisch war, stand dort wo jetzt Seis ist, eine Stadt mit Palästen und Tempeln. Es gab auch einen Eremiten, einen heiligmäßigen Mann, der dem Volk das Evangelium predigte. Er hatte mehrere Anhänger. Sie trafen sich heimlich in einer großen Höhle, zu der dieser Gang hinunterführte, um ihre Gottesdienste zu feiern.

Als die reiche Stadt durch einen Bergsturz vernichtet wurde, bestand die Kirche so lange weiter, bis auch ein Teil der Priester und Ordensfrauen einen sündhaften Lebenswandel begannen. Dafür wurden sie mit einem Bann belegt und finden keine Ruhe mehr, bis sie erlöst werden.

In einer kalten Silvesternacht kam ein fremder Pilger in diese Gegend. Bei der Hauensteiner Ruine sah er einen Pater in grober Kutte mit einer brennenden Laterne. Er folgte ihm, da er auf ein Nachtlager hoffte. Bei den drei großen Steinen lud ihn der Pater mit der Hand ein, mit durch den finsteren Gang hinunterzusteigen. Von unten tönte ihnen Orgelmusik entgegen.

Vor der großen altertümlichen Kirche wurde es hell. Der Pater blies seine Laterne aus und verschwand in der Sakristei. Auf dem Hochaltar brannten sechs Kerzen und das ewige Licht.

Bis auf den Pater, der sich aus der Sakristei kommend, ganz hinten hinkniete, war die Kirche leer. Der Pilger wollte die Kirche verlassen. Als er am Pater vorbeiging, fragte dieser mit tonloser Stimme nach Namen und Stand des Pilgers. „Du bist nicht der Rechte", erwiderte er und bedeckte sein Gesicht wieder mit beiden Händen.

Die Orgel spielte einen Akkord. Als der Pilger Weihwasser nahm, gesellte sich der Pater mit der Laterne wieder zu ihm und begleitete ihn hinaus. Dabei brach er sein Schweigen. Er bat den Pilger, er möge sich beim Papst dafür einsetzen, damit er und seine Leidensgenossen die ewige Ruhe fänden.

-o-

Zu späteren Zeiten arbeitete an einem Silvesterabend ein Holzfäller in dieser Gegend. In seinem Eifer, die Arbeit zu beenden, überhörte er das Betläuten. Als der Baum endlich krachend umstürzte, hörte er eine Orgel spielen. Vor ihm stand eine junge Klosterfrau, die ihn nach der Jahrzahl fragte.

Auf seine Auskunft hin jammerte sie: „Ach Gott, ach Gott, noch hundert Jahre zu früh!" Darauf verschwand sie in diesem unterirdischen Gang, der zur Kirche führt.

Meyer – 1891

Die goldene Glocke

In St. Valentin arbeitete ein Bauer mit der Hacke auf seinem Acker. Dabei stieß er auf einen harten Gegenstand. Als er die Erde wegräumte, kam eine goldene Glocke zum Vorschein.

Begeistert holte er seine Nachbarn zur Hilfe. Sie bargen die Glocke und fanden auch noch schönes Küchengeschirr, das von der alten Stadt stammte, die untergegangen war.

-o-

Man erzählt, dass dort wo heute Seis liegt, früher einmal eine Stadt war, die von einem Murbruch von der Seiseralm verschüttet wurde. Die Mure rutschte bis zum Simmele Müller hinunter. Dort hielt sie der Hl.Vigilius an. Die dankbaren Bauersleute haben ihm deswegen eine Kirche gebaut.

Heyl – 1897

Versunkene Glocken

Unter der Nordwand vom Santner liegen große Steine, die vor urdenklichen Zeiten vom Schlern heruntergestürzt sind. Die mächtigen, moosigen Trümmer sollen von einer Heidenstatt herstammen, die wegen des sündhaften Lebens der Bewohner von Naturgewalten zerstört wurde und versunken ist.

Wenn die Sonne untergeht, hört man oft die seltsam hallenden Töne von den Glocken dieser versunkenen Stadt. Sie läuten immer noch und künden freudige und traurige Ereignisse an. Die Glocken haben die Pest und die Cholera gemeldet. Als in Mantua drunten der Andreas Hofer erschossen wurde, hörte man sie aus der unergründlichen Tiefe herauf.

Ein Tisenser Jäger verirrte sich einmal in diese Gegend. Als er zwischen den Steinblöcken rastete, hörte er aus der Tiefe herauf läuten. Er ging dem Klang der Glocken nach und fand eine Felsspalte, aus der die Glocken deutlicher klangen. Durch einen hohen schmalen Gang ging er noch hunderte Schritte in die Tiefe hinunter.

Was der Jäger dort unten gesehen hat, ist nie bekannt geworden, da er geistig umnachtet zurückgekehrt ist. Seine Haare waren schneeweiß geworden und reden konnte er auch nicht mehr.

Paulin – 1937

Die versunkenen Glocken

Ober Seis geht ein Kirchsteig durch Wiesen und Äcker in den Hauensteiner Wald hinauf. Am Waldrand liegen große Steine. Früher stand unter einer großen Buche ein Bildstock, bei dem ein altes Mütterchen saß, das allen Vorbeigehenden für ein Almosen das Gatter öffnete.

Verweilte man kurz, erzählte sie Dinge, die in Seis unten niemand wusste. Als junges Mädchen hatte sie bei einem Bauern Ziegen gehütet und später Kräuter gesammelt. Dabei kam sie einmal bis zur Heidenstadt. Man kann, wenn man gut hört oder gar ein Sonntagskind ist, die Glocken hören, die seit tausend Jahren tief im Grund versunken sind.

Von Maria Geburt, wenn die Schwalben abziehen, bis zu Rosari[89] hört man bei klarem Wetter vor Sonnenuntergang diese Glocken läuten. Man soll sie aber nicht suchen. Das würde Unheil bringen.

Das alte Mütterchen hörte aus dem Geläute, was die Zukunft bringen wird. Eine Hochzeit gibt es, wenn die Glocken festlich läuten. Wenn sie klagen, stirbt jemand. Als die asiatische Grippe das Land heimsuchte, haben sie vier Tage ununterbrochen geklagt. Sie läuteten auch, als der Andreas Hofer erschossen wurde und gleich mehrere Tage, als eine große Mure Wiesen und Äcker verwüstete.

In den dreißiger Jahren des vorvorigen Jahrhunderts, haben die Glocken zur Erbhuldigung von Kaiser Franz Ferdinand das letzte Mal festlich geläutet. Seitdem hört man sie nicht mehr.

Meyer – 1891

Die Wahrsinger

Vor sehr langer Zeit soll unter dem Schlern eine ganz große Stadt gewesen sein. Eine Stadtmauer aus behauenen Steinen und sichere Tore schützten die Stadt vor den Räubern, die in den Wäldern der Umgebung hausten. Tag und Nacht mussten die Bürger gepanzerte Wachen stellen, denn die Räuber waren nur mit dem Schwert zu bändigen.

Ein redlicher König führte ein gerechtes Regiment. Das Volk war glücklich und zufrieden. Handel und Gewerbe florierten. Überall war der Wohlstand sichtbar.

Wenn der König die Bürger zur Abwehr der räuberischen Nachbarn rief, leisteten alle Folge und schafften wieder Ordnung. In der Stadt gab es eine Bardengilde, die Wahrsinger. Sie wurde von den ehrlichsten und angesehensten Bürgern gebildet. Es wurden aber immer weniger, da nicht mehr leicht Männer zu finden waren, die würdig gewesen wären, die Plätze aufzufüllen, die der Tod im Laufe der Zeit riss.

Zuletzt blieb ein silberhaariger Greis übrig, vor dem alle großen Respekt hatten. Wenn er zu seiner Harfe sang, hörten ihm alle gerne zu. Sogar der König schätzte seinen Rat. Seine Hütte unter dem Schlern oben, war nur über einen ganz steilen Pfad erreichbar.

Der König hatte mit seiner Frau, die schon früh verstarb, drei Söhne. Der Älteste starb an einer ansteckenden Krankheit, die in der Stadt wütete. Der Zweite starb als Anführer auf einem Feldzug gegen die räuberischen Nachbarn. Beim Dritten merkte der König schon bald, dass er nicht viel taugte. Da konnten auch die besten Lehrer nicht viel ausrichten.

---

[89] Erster Sonntag im Oktober

Zudem war er eingebildet und jähzornig. In seinem Größenwahn konnte er niemanden ertragen, der ihm die Wahrheit sagte. Als ihm der erste Bartflaum wuchs, gab er sich mit Schmeichlern und Schleimern ab. Er behandelte alle die ihn ermahnen wollten, als Feinde. Schließlich wichen ihm alle aus, die es gut mit ihm gemeint hätten.

Der König war schon zu alt, um den Prinzen auf den rechten Weg zu bringen. Als er merkte, dass es mit ihm zu Ende ging, ließ er den Wahrsinger holen. Der stieg gar nicht gern von seiner Behausung herunter, da ihm die Stadt und das laute übertriebene Treiben fremd geworden waren. Die Leute waren ihm zu viel der Raffsucht und Genusssucht zugetan.

Als er zum Krankenlager des Königs kam, sagte dieser mit schwacher Stimme: „Du kannst dir wohl denken, warum ich dich rufen ließ. Die Götter haben sich von mir abgewandt und mein Jüngster wird nicht imstande sein, der schönen Stadt Wohlfahrt und Gedeihen zu sichern. Heute brauche ich deinen Rat mehr als sonst, denn meine Tage sind gezählt. Der Schatten des Grabes hat mich schon gestreift. Was rätst du mir, bevor ich in die Gruft meiner Väter steige?"

Der Wahrsinger hob den Kopf und verkündete mit feierlicher Stimme: „Mein König, du weißt, dass ich sage, was ich denke. Als Wahrsinger habe ich gelebt und so will ich auch sterben. Willst du hören, was ich dir zu sagen habe, wenn es auch deinem Vaterherzen sehr weh tun wird, dann rede ich, wie ich es der Göttin geschworen habe?"

Als der König mit Kopfnicken zustimmte, sprach er weiter. „Schon früh sah ich die unguten Geister, die deinen Jüngsten auf die schiefe Bahn gebracht haben. Das würde zu Unheil und Verderben in dieser schönen Stadt führen, wenn er die Macht in der Hand hätte. Er bräuchte selbst noch eine Führung. Es wird für dein Vaterherz nicht leicht sein, aber es bleibt nur ein Weg offen, wenn dir das Wohl der Stadt höher steht als dein Blut. Du musst den Ältesten die Regierung übertragen und diesen freistellen, wann sie den Prinzen für würdig halten, das Volk zu regieren."

Der König war betroffen, aber er sagte trotzdem: „Du hast wie immer Recht gesprochen. So soll es geschehen, bevor ich in die Gruft hinabsteigen muss."

Noch am selben Tag ließ er alle wichtigen Persönlichkeiten der Stadt zusammenrufen. Auch den Prinzen wollte er dabei haben. Der König saß bleich auf seinem Thron und verkündete: „Meine Tage sind gezählt. Ich lege meine Macht in eure Hände. Regiert bis ihr mit vollem Vertrauen die Regierung dem übergeben könnt, den das Gesetz zum Nachfolger bestimmt hat." Zum Prinzen, der ganz finster dreinschaute, sagt er: „Mein Sohn, ich tu es nicht gern, aber die Pflicht geht vor. Lerne zuerst folgen und dich selbst zu beherrschen, bevor du über andere herrschen kannst. Die Götter sollen dir dazu helfen."

Dann fiel der König in Ohnmacht, von der er nicht mehr erwachte. Die Ältesten übernahmen die Regierung, wie es ihnen der König aufgetragen hatte. Aber nicht alle Bürger waren damit einverstanden. Sie wollten lieber grausame Veranstaltungen bei denen Tiere gezwungen wurden, gegeneinander zu kämpfen. Die sündigen Häuser hatten mehr Zulauf als die Tempel. Der Prinz schmeichelte sich als Rädelsführer bei jenen Bürgern ein, denen das lose Treiben gefiel.

Als das Räubervolk der Nachbarschaft wieder einmal angriff und mehrere Fuhrwerke mit wertvoller Ladung raubte, ließen die Ältesten die Bürgerwehr vor die Stadt hinaus ausrücken. In der Stadt brach ein blutiger Aufstand aus. Bewaffnete Banden zogen durch die

Straßen und warfen die Ältesten in das Gefängnis. Dann riefen sie den Prinzen zum König aus. Der bestieg sofort mit großem Pomp, unter dem Beifall des Pöbels den Thron und setzte sich selbst die Krone auf.

Das Geld der Stadtkassa ließ er auf den Straßen verteilen und ein großes Fest veranstalten. So wollte er sich beim Volk ins rechte Licht rücken.

Vor der Stadt ging den ganzen Tag der blutige Kampf hin und her. Die Bürgerwehr konnte den Feind aufhalten und schickte Boten um Verstärkung. Weil sich darum aber niemand kümmerte, ging der Kampf verloren und die meisten Männer der Bürgerwehr fielen.

Das war nach dem Plan des neuen Königs, denn wenn die Bürgerwehr zurückgekommen wäre, hätte sie sicher schnell für Ordnung gesorgt. Um sich den Rücken frei zu halten, machte der König den barbarischen Siegern wertvolle Geschenke und verpflichtete sich, jährlich einen hohen Tribut zu zahlen.

Seine Anhänger lobten diese Missetaten über den grünen Klee, nur der Wahrsinger unter dem Schlern oben schüttelte den Kopf. Zornig griff er in die Saiten seiner Harfe. Die Akkorde brausten wie der Sturm bei einem Unwetter durch die Luft.

Von Schleimern und Schmeichlern umgeben, übte der König hochmütig und prunkvoll seine verschwenderische Herrschaft aus. Die Besten der Stadt, die nicht schon beim Kampf gefallen waren, verschmachteten im Kerker.

Misstrauisch wie alle Tyrannen, führte er ein Gesetz ein, nach dem das Waffentragen allen Bürgern unter Todesstrafe verboten wurde. Statt dessen beauftragte er ein Söldnerheer für die Bewachung der Stadt. Die wichtigen Posten besetzte er mit seinen Günstlingen, die munter in den eigenen Sack wirtschafteten. Handel und Gewerbe gerieten unter diesen Umständen in Krise und die Bürger begannen zu rebellieren.

Der Unterschied zu früher war nicht mehr zu übersehen. Auch jene, die den Prinzen auf den Thron gehoben hatten, mussten erkennen, dass sie einen großen Fehler begangen hatten.

Die Menschen gingen wieder mehr in die Tempel, aber die Priester schimpften nur über die schlechten Zeiten und drohten mit dem Zorn der Götter, wenn nicht genug geopfert wurde. Aus Verzweiflung verfielen viele Bürger der Trunksucht und anderen Lastern.

Der König lebte mit seinem Anhang in Saus und Braus, als ob der Reichtum nie zu Ende ginge. Seiner Leibwache ließ er kostspielige Uniformen, vergoldete Helme und Rüstungen machen. Die Genusssucht und der Hochmut kannten keine Grenzen mehr.

Als die Abgesandten kamen, um den vereinbarten Tribut abzuholen, gab er ihnen einen toten Hund und ließ sie von den Wachen mit Ruten zum Stadttor hinaustreiben. Auf die Antwort für diesen Streich brauchte er nicht lange zu warten. Das feindliche Heer marschierte auf die Stadt zu und griff an.

Dieses Mal hatte der König keinen Trick mehr auf Lager. Die Bürger hatten keine Waffen mehr und das Söldnerheer weigerte sich auszurücken. Um das drohende Unheil aufzuhalten, ließ der König die Ältesten aus dem Kerker zur Richtstatt schleppen und den zornigen Göttern opfern. Für den Abend ließ er im Palast für seinen Anhang ein Fest ausrichten. In einem mit Gold und Juwelen besetzten Gewand saß er zwischen leichtfertigen Damen, mit denen er schmuste und becherte. Die Musikkapelle musste dazu verführerische Stücke spielen.

Auf einmal wurde es plötzlich still im Saal und alle blickten zum Eingang, dessen Türen sich weit öffneten. Eine ehrwürdige Gestalt in weißem Gewande, mit einer Harfe in den Händen, betrat in würdevoller Haltung den Raum und stellte sich vor den König.

Es war der Wahrsinger vom Schlern. Eine feierliche Ruhe strahlte aus seinem Gesicht als er zum König sagte: „Herr König, höre, was ich dir im Namen des Gottes, dem ich diene, zu sagen habe, bevor ich dorthin gehe, wo aller Trug endet und die Wahrheit ihre Heimstatt hat. Die Götter, die du in frevlerischer Verblendung versöhnen wolltest, als du die Besten der Stadt ermorden ließest, sind nicht versöhnt. Sie verachten dich. Du hast das Volk verraten, die Freiheit vernichtet und die Wohlfahrt verlottern lassen. In deinem grausamen Übermut hast du Unheil und Verderben über die blühende Stadt gebracht. Die Tage deiner Herrschaft sind gezählt. Ruhmlos wie sie begonnen hat, wird sie enden. Das verkünde ich dir im Auftrag meiner Gottheit als der letzte Wahrsinger."

Die Leute im Saal erschraken bei diesen Worten und blickten auf den König. Der sprang zornig von seinem Sitz auf und schrie höhnisch: „Verschwinde aus dem Saal und störe nicht unser Fest mit deinem Geleier!"

„Das Unheil ist schon da, noch bevor du deinen Becher geleert hast", sagte der Alte. Dann schritt er mit feierlicher Ruhe aus dem Saal. Am Eingang zerschellte er an einer Marmorsäule seine Harfe, dass die Stücke weitum flogen. Aus seiner Brust kam noch ein dreifaches: „Wehe!"

Der König setzte sich und befahl den Musikanten, weiterzuspielen. Als sie die Instrumente ansetzten, drangen von draußen Schreckensschreie und Schlachtenlärm herein. Ein Diener stürzte in den Saal und schrie: „Der Feind ist in der Stadt und bringt jung und alt um!" In allen Straßen und Häusern, ja sogar in den Tempeln floss Blut. Auch Alte, Frauen und Kinder wurden niedergemacht.

Die Soldaten erschlugen den König und machten die blühende Stadt dem Erdboden gleich. Dort liegen nur mehr wilde Steintrümmer herum. Die zwei Schlernzacken zeigen wie Riesenfinger in die Luft und warnen alle Herrscher, die in ihrer eingebildeten Gottähnlichkeit die Wahrheit nicht hören wollen.

Meyer – 1891

Seis, die versunkene Stadt

Seis, die goldene Stadt wurde einst übermurt, weil ein stolzer Bauer einen Bettler abgewiesen hatte. Dieser ließ dann aus seiner Hütte bei Unternonn mit einer Kelle Wasser eine Mure los, die ganz Seis verschüttete.

In Seis gibt es Bauernhöfe, deren Felder auf Steinlammern liegen. Dort fällt immer wieder die Erde durch, sodass in den Wiesen Löcher entstehen, die man auffüllen muss. Als ich in Seis mein Haus baute, sind wir zu einer Schicht von achzig Zentimetern Phorphyrerde, einer Lage blauen Lehm und Humuserde mit Holzkohlen gestoßen. Darunter war eine Trockenmauer von drei mal drei Metern und fünfzig Zentimetern Breite. Darin fanden wir eine Ruggl[90], und ein spannenlanges Stichmesser. Erst darunter stießen wir auf festen Grund.

---

[90] Buschmesser

Beim Frommerstall bildet sich bei der Schneeschmelze nach einem schneereichen Winter ein Lacke mit glasklarem Wasser, in dem man Primeln und Enzian blühen sieht. Die Lacke ist an die hundert Meter lang und dreißig Meter breit. Von dem kleinen Rinnsaal das ihr zufließt könnte sie nicht so groß werden. Man vermutet, dass vom Boden heraus Wasser in die Lacke kommt.

Nach ein paar Wochen verschwindet das Wasser und die Wiese kann gemäht werden. Die Lacke könnte die Vermurung von Seis mitausgelöst haben. 1926 ist in der Lacke ein Frommersohn beim Baden ertrunken.

Kreil – 1971

Die Ruine Hauenstein

Die Ruine Hauenstein und der Reichtum der früheren Eigentümer hat immer wieder die Fantasie der Geschichtenerzähler angeregt. Vom dort liegenden Schatz gibt es, gleich wie vom Bergsturz in Seis, verschiedene Geschichten.

Oswald von Wolkenstein

Oswald war der Berühmteste aller Wolkensteiner und hat mit seiner Familie auf Hauenstein gelebt. Er wurde 1377, vermutlich am 5. August in Villanders geboren. Damals war es nämlich üblich, das Kind auf den Namen des Tagesheiligen zu taufen. Seine Mutter Katharina erbte als einzige Tochter des reichen Eckhart von Villanders die Trostburg und zog mit ihrem Mann Friedrich von Wolkenstein in die stattliche Burg, oberhalb Waidbruck. Im Kindesalter wurde dem Oswald bei einer Fasnachtsfeier ein Auge herausgeschossen.

Zur damaligen Zeit gaben die Adeligen ihre männlichen Nachkommen mit etwa fünfzehn Jahren zur Ausbildung erwachsenen Rittern mit auf die abenteuerlichen Reisen. Botendienste, Verhandlungen, Zehent eintreiben und nicht selten kriegerische Auseinandersetzungen waren die oft nicht ungefährlichen Tätigkeiten, die aus den Edelknaben starke unerschrockene Ritter machen sollten.

Oswald hat sich im Alter von zehn Jahren mit drei Pfennig im Beutel und einem Stück Brot in die Lebensschule begeben. vierzehn Jahre zog er durch die damals bekannte Welt. Mit vielerlei Arbeiten hielt er sich über Wasser. Zeitweise litt er bittere Not und brachte es in dieser Zeit nie zu einem eigenen Pferd, so klagte er später in einem Lied. Dafür machte er aber reiche Erfahrungen und konnte sich in zehn Sprachen ausdrücken.

Im Jahre 1401 zog es ihn nach Hause. Mit rauen Mitteln wollte er die Aufteilung des elterlichen Vermögens durchsetzen, um seine Vermögensverhältnisse zu verbessern. Dabei verletzte ihn sein Bruder Michael mit dem Schwert.

Anschließend zog es ihn wieder in die Welt, um beim Italienfeldzug von König Ruprecht zu Ehren und Vermögen zu kommen. Dieser war aber auch ständig in Geldnöten und wollte deswegen die reiche Handelsstadt Florenz dazu bewegen, seinen Feldzug nach Rom zu finanzieren, um sich dort zum Kaiser krönen zu lassen. Das Vorhaben endete kläglich. König Ruprecht war vor Rom noch kreditunwürdiger geworden und musste aufgeben.

Im Jahre 1407 konnten sich die drei Wolkensteiner Brüder über die Aufteilung des elterlichen Vermögens einigen. Die Trostburg und die Stammburg Wolkenstein, mit den dazu gehörenden Höfen, fielen dem ältesten Bruder Michael zu. Oswald erhielt das Drittel Anteil von Schloss Hauenstein mit mehreren Höfen in Kastelruth. Für Leonhard den jüngsten Wolkensteiner fielen nur ein paar Bauernhöfe ab.

Seinen nunmehr erreichten Wohlstand fühlte sich Oswald verpflichtet auch zu zeigen. Er stiftete im Dom zu Brixen eine St. Oswaldkapelle mit zwei Benefizianten. Für deren Unterhalt mussten ein paar seiner Höfe aus Kastelruth zinsen. Die Kapelle wurde in seinem Auftrag schön ausgemalt. Ein Bild zeigte ihn selber, wie er sich im Schwarzen Meer, an ein Fass geklammert, aus Seenot retten konnte. Ein Gedenkstein mit einer Abbildung von ihm befindet sich heute noch im alten Friedhof zwischen Dom und Pfarrkirche zu Brixen.

Die anderen zwei Drittel waren im Besitz der Barbara von Hauenstein, der Gattin von Martin Jäger, einer gehobenen Bürgerfamilie. Hubert Mumelter ließ in seinem Roman „Zwei ohne Gnade" die Familie Jäger im Gostner Haus in Tisens leben und nannte die Tochter Sabine. Oswald machte der schönen jungen Frau den Hof. Mit einer Heirat hätte er auch das Besitzproblem von Schloss Hauenstein lösen können. Oswald folgte zwischendurch einer Einladung von Herzog Friedrich zu einem Feldzug auf den Arlberg. Als er heimkehrte, hatte die treulose Seele den reichen Hans Hausmann aus Hall geheiratet. Damit war das Erbproblem zu einem handfesten Erbstreit geworden, bei dem sich Oswald mit List und Gewalt durchsetzte. Mit rüder Gewalt zwang er über lange Zeit die Hauensteiner Bauern, den ganzen Zehent nur ihm abzuliefern.

Historische Quellen geben als Familiensitz der Familie Jäger Tisens südlich von Meran an. Deren von Oswald umworbene Tochter hieß Barbara. Als er schon vier Jahre in anderen festen Händen war, glaubte er immer noch an die alte Liebe. Er ließ sich von Barbara in eine Falle locken, bei der ihn Martin Jäger, Frey und Neithart verhafteten. In der Fahlburg, bei Tisens versuchten sie mit Folterungen das Erbproblem um Hauenstein zu ihren Gunsten zu lösen. Oswald beklagte sich in späteren Liedern bitter über die Übergriffe. „Gevangen durch ains Waibes List........" dichtete er dann im Kerker von Schloß Forst, in den er überstellt wurde und über ein Jahr festsaß. Seiner Frau hatte er gesagt, dass er eine Wallfahrt machen wolle.

Zu Allerheiligen 1411 schloss Oswald von Wolkenstein einen Vertrag mit dem Kloster Neustift. Gegen Vorauszahlung einer beträchtlichen Summe erwarb er das Wohnrecht für sich und zwei Knechte im Klosterbereich. Während er selbst mit dem Probst speisen durfte, wurden seine Knechte mit dem Personal verköstigt. In dieser Zeit schloss er mit Bischof Ulrich von Brixen einen Dienstvertrag für zehn Jahre. Die beiden hatten aber recht bald Schwierigkeiten miteinander. Trotz Schlichtungsversuchen von Herzog Friedrich, sah sich Bischof Ulrich 1413 gezwungen, Oswald zu entlassen.

Mit neunundreißig Jahren stellte Oswald fest, dass es für ihn an der Zeit wäre, eine Familie zu gründen. Ein Jahr später heiratete er Margarete von Schwangau aus Schwaben und zog mit ihr in das Schloss Hauenstein ein. Margarete gebar ihm fünf Söhne und zwei Töchter. Im Schloss Hauenstein kam sich Oswald immer als Gefangener vor. „Weibergezanke und Kindergeschrei, die rußigen Bauersleute und der Schatten auf Schloss Hauenstein machen mich ganz trübsinnig", schrieb er nieder. In einem Lied klagte er: „Neider haben mich beim Landesfürsten schlecht gemacht, sodass niemand mehr meine Dienste in Anspruch nehmen will. Nun muss ich auf Hauenstein grau und hintersinnig werden." Besonders der Winter setzte ihm hart zu. Im Frühjahr dichtete er einmal: „Zergangen ist meins Herzen Weh, seit nun fließen will der Snee … … … …"

Oswald konnte dichten und singen. Er spielte mehrere Instrumente. Seine Wunschbeschäftigung aber war die diplomatische Tätigkeit bei Fürsten, Grafen und Bischöfen. Für diese führte er diplomatische Verhandlungen und überbrachte Botschaften. Am Konstanzer Konzil, das 1413 begann, war auch Oswald im Gefolge von König Sigmund beteiligt. Dabei musste er mehrmals zum Papst nach Rom reisen und Verhandlungen wegen der Kaiserkrönung Sigmunds führen, die dann am 31. Mai 1433 in Rom stattfand. Bei den zahlreichen kriegerischen Auseinandersetzungen, die der ständig an Geldmangel leidende König Sigmund führte, war Oswald meistens dabei.

Herzog Friedrich mit der leeren Tasche trat als Bauernrebell gegen die Adeligen auf. Diese nahmen ihn dafür in Konstanz gefangen. Im Mai 1416 gelang ihm die Flucht. Zehn Jahre später war seine Tasche nicht mehr so leer. Er war in Tirol zu Macht, Ansehen und Vermögen gekommen und hatte bald alle Adeligen unterworfen. Mit Ausnahme von Oswald, der ihn nicht leiden konnte und dafür 1417 ein demütigendes Urteil im Erbstreit mit der Jäger Familie, mit fünfhundert Ducaten Schadenersatzzahlung hinnehmen musste. Erst im Jahre 1427 konnte er dann dank seiner Beziehungen zu Kaiser Sigmund, die leidige Erbschaftsfrage mit der Familie Jäger um Hauenstein endgültig lösen.

Mit den ablieferungspflichtigen Bauern war Oswald sehr streng. Nach dem damaligen Zeitgeist hatte Gott die Menschheit in drei „orden" eingeteilt, in „gaischtlich, edel und arbaiter." Der Klerus war zum Beten da und der Adel schützte die gesamte Ordnung mit dem Schwert. Die Bauern und die Handwerker sollten für die Geistlichkeit und den Adel arbeiten.

„**Der gaistlich** ist also bedacht,
das er soll bitten tag und nacht,
für die zwen taile gottes kraft;
und straitten soll **die ritterschaft**
hert für die andern vorgenant.
der pawer darzu ist gewant,
das er sain arbait täglich brauch
umb unser nar, im selber auch.
Die Geistlichkeit sei darauf bedacht,
dass sie erbitte Tag und Nacht
für alle Stände Gottes Kraft!
Und streiten soll die Ritterschaft,
auf dass sie stark das Land beschützt;
Wie auch **der Bauer** allen nützt,
wenn er die Arbeit stets bewährt
und uns und sich damit ernährt.
wer zur arbait ist geporn
der arbait durch getreuen hort
tut er dies, nicht, so wirt verlorn

sain arbait baide hie und dort.
Und herwidrumb ist er getreu
als ainem pawman zu gebiert
stirbt er also mit guter reu
sain freud mag im wol werden neu
dort ewikleichen unveriertt.
Und wer zur Arbeit **ist geboren,**
der werke stet und treulich fort!
Tut er dies nicht, ist verloren
seine Arbeit und er hier wie dort.
Doch ist er willig und getreu,
wie es dem **Bauersmann gebührt,**
stirbt er dann in guter Reu,
so wird ihm alle Freude neu,
auf ewig rein und unbeirrt."

Bei seinen persönlichen Geldgeschäften aber ließ sich Oswald von seinem Cousin Hans von Villanders hereinlegen. Er vertraute ihm einen größeren Geldbetrag treuhänderisch an, von dem er selbst nichts und seine Söhne erst nach längeren energischen Forderungen nur einen Teil zurückerhielten.

Im Herbst 1429 war Oswald der Anführer bei der zeitweiligen Absetzung von Bischof Ulrich von Brixen, dem er dabei einen derben Schlag versetzte.

Am 9. Dezember 1437 starb Kaiser Sigmund. Sein Nachfolger wurde sein Schwiegersohn Herzog Albrecht von Österreich, mit dem in der Folge das ewige Habsburgerische Königstum begann.

Eineinhalb Jahr später, am 24. Juni 1439, starb auch noch Herzog Friedrich. Friedrichs Sohn Sigmund, (Kaiser Sigmund war sein Taufpate gewesen) war noch nicht zwölf Jahre alt. Im Ränkespiel der Adeligen setzte sich schließlich der steirische Herzog Friedrich für vier Jahre als Vormund durch. Er verschleppte den jungen Sigmund samt Vermögen, entgegen der Abmachungen, an seinen Hof nach Graz und hielt ihn über die vereinbarten vier Jahre hinaus dort fest.

Die Tiroler wollten ihre Geschicke selber in die Hand nehmen. Oswald nahm im Geheimen Kontakt zum jungen Sigmund auf und setzte sich für die Einberufung eines Landtages in Meran ein. Dabei wurde er zum Verweser am Eisack und im Pustertal ernannt. Das waren strategisch die wichtigsten Bereiche, da von Brenner und von Lienz aus Angriffe zu befürchten waren. Damit war er zum wichtigsten politischen Mann in Tirol geworden. Oswald und die übrigen Adeligen mobilisierten auch die Bauern. Damals legte sich der Stärkere das Recht so zurecht, wie er es gerade brauchte und ein Menschenleben galt wenig.

Um den 10. Dezember traf in Graz eine Tirolerdelegation mit klaren schriftlichen Forderungen ein: Der junge Herzog Sigmund ist sofort frei zu geben und das Vermögen herauszurücken! Herzog Friedrich redete dem jungen Sigmund ein, er sei noch zu jung zum Regieren und brachte ihn dazu, das zu erklären. Graf Cilli wurde dazu bestimmt mit Oswald zu verhandeln. Er bestellte Oswald nach Lienz. Oswald fürchtete um sein Leben und dachte nicht daran, Folge zu leisten. Während sich Abgesandte und Botschafter mit einem Geleitbrief ziemlich sicher bewegen konnten, waren Herrscher, bzw. Bischöfe damals außerhalb der schützenden Burg in Lebensgefahr, wenn sie nicht von getreuen Untergebenen umgeben waren.

Bei einer Lagebesprechung in Meran wurde Oswald mit einer weiteren ehrenvollen Aufgabe betraut, nämlich die beiden damals wichtigsten Urkunden, den Vormundschaftsvertrag für den jungen Sigmund und die Inventarliste des Staatsschatzes in Verwahrung zu nehmen.

Am 16. Mai 1445 bekräftigte man auf einem Landtag in Meran, an dem auch Oswald teilnahm, ein weiteres Mal die Forderung nach der Freigabe von Herzog Sigmund und der Rückgabe des Staatsschatzes. Oswald war zu dieser Zeit schon schwerkrank. Er hatte deshalb einen Boten zum Bischof von Brixen um ein Grab in der Stiftskirche geschickt. Die Erfüllung seines letzten Willens wurde ihm am 14. Juni schriftlich zugesichert. Am 2. August 1445 starb er 68 jährig in den Armen seiner Frau in Meran. Das war für die damalige Zeit ein hohes Alter.

Seine Frau übergab die Schlüssel für den Turm, in dem die beiden wichtigen Dokumente aufbewahrt waren, dem Ulrich von Matsch. Oswald wurde nach drei Tagen in Brixen beigesetzt. Seine Frau Margarete starb zwei Jahre später.

Oswalds jüngste Tochter, die Maria von Wolkenstein, war nach dem Vater geraten. In das Klarissenkloster in Brixen eingetreten, führte sie im Kloster eine Oppositionsgruppe an und verlangte die Absetzung der Äbtissin Agnes Rasner wegen Unfähigkeit.

Auch der neuen Äbtissin Barbara Schwäbin machte sie bald, mit ein paar ebenfalls adeligen Mitschwestern, das Leben schwer. Die edlen Damen wollten absolut nicht auf ihren Privatbesitz verzichten und sich vom vermittelnden Bischof Nikolaus Kues, „eines schneiders sohn", also bürgerlicher Herkunft, nichts vorschreiben lassen. Es half auch nichts, dass ein weiteres Mal eine neue Äbtissin gewählt wurde. Erst die Drohung, man werde die Unbotmäßigkeit dem Papst in Rom berichten, brachte die Maria von Wolkenstien zum Einlenken. Mit dem Bischof stritt sie aber weiter und gab ihm freche Antworten. Nach ein paar Jahren zog sie in das Meraner Konvent. Dort starb sie 1478 als Äbtissin.

Dieter Kühn – 1977

Die gute Fee von Hauenstein

In den Wäldern um Hauenstein haust eine gute Fee. Der Türkenbund, die Orchideen im Hauensteiner Wald und die Teufelskrallen, die anfangs August in Felsritzen bei den Köpfen[91] oben ihre anmutigen Blütenköpfchen tragen, sind ihre Lieblingsblumen. Den Pflanzen, Blumen und Tieren ist sie überhaupt sehr zugetan. Sie hat ihre helle Freude daran, wie im Frühling alles zu neuem Leben erwacht und über dem Sommer im Herbst der Reife zuneigt. Im Winter gleitet sie leise durch den tief verschneiten Wald und freut sich an der stillen, unberührten Natur.

---

[91] bewaldet Bergkuppen unter dem Santner

Den Menschen und den Tieren hat sie früher viel Gutes getan. Wenn ein Kind hingefallen war oder sich einen Finger verbrannt hatte, war sie immer zur Stelle. Sie tröstete das Kind und blies auf die schmerzende Stelle, bis die Schmerzen nachgelassen haben.

Den Großmüttern und Tanten flüsterte sie die schönsten Geschichten ein, von denen die Kinder nie genug bekommen konnten.

Gerne hat sie Ratschläge erteilt, wenn sie darum gebeten wurde, sobald den Frauen beim Kochen etwas nicht gelingen wollte. Damit konnte noch manches Gericht, das sonst im Schweinetrog gelandet wäre, für den Tisch gerettet werden.

Fuhrleute und Holzhacker, die eine besonders gefährliche Arbeit hatten, warnte sie rechtzeitig bei Gefahr. So wurde viel Unglück verhindert.

Den Bauern sagte sie zur Erntezeit das Wetter voraus. Den Bäuerinnen verriet sie, wann der richtige Mond zum Ansetzen der Gluckhennen und zum Säen im Garten war.

Im Winter kehrte sie in den Spinnstuben ein und sagte den Menschen die vielen schönen Geschichten ein, die man sich heute noch gerne erzählt.

Ein besonderes Verhältnis pflegte sie zu den Liebenden. Diesen schenkte sie die schönsten Träume und gab ihnen gute Einfälle, wie sie der und dem Geliebten eine besondere Freude machen konnten. Die jungen Mädchen konnten mit ihrer Hilfe beim Nähen der Aussteuer rechnen.

Sie tröstete die alten Leute, die krank und vom Schmerz geplagt beim Ofen kauerten, oder nur noch Tag und Nacht das Bett hüten mussten. Sie erleichterte ihnen die Lebenslast und schenkte ihnen die Freude an kleinen Dingen.

Nur die Jäger mochte sie nie besonders. Da hat sie sich mehr auf der Seite der Tiere in Wald und Feld gestellt. Besonders seit die neumodischen Schießgewehre aufkamen, warnte sie öfters ein Tier und mancher Grünrock musste ihretwegen, ohne Beute heimkehren.

Das ging alles so lange gut, wie die Leute für die guten Dienste dankbar waren. Nicht, dass sie jedes Mal einen besonderen Dank verlangt hätte. Aber an einer Wertschätzung ihrer Person ist ihr schon gelegen. Als in der neueren Zeit, wo sich alles nur mehr um das Geld drehte, vieles selbstverständlich und sofort sein sollte, und die Leute über ihre Dienste auch noch zu meckern anfingen, hat sie sich etwas zurückgezogen.

Nur die Kinder und die Liebenden, die ein unverdorbenes Herz haben, können auch heute noch mit ihrer Hilfe rechnen.

Das Knochengerippe auf Hauenstein

Oberhalb von Seis befindet auf einem Stein, größer als ein Haus, die Ruine Hauenstein. In der ersten Hälfte des 15. Jahrhunderts war das Schloss Hauenstein der Ansitz des Minnesängers und Diplomaten Oswald von Wolkenstein. Manchmal kann man Saitenspiel und Trauergesänge einer Jungfrau hören, die dort oben verzaubert sein soll.

Einmal hüteten Hirten noch spät am Abend bei der Ruine herum ihre Schafe. Sie saßen am Eingang und erzählten sich Geschichten. Da hörten sie wie oben ein Fenster geöffnet wurde. Im hell erleuchteten Rahmen sahen sie eine Frau, die ihr langes Haar kämmte. Sie hatte einen Totenschädel. Die Hirten wunderten sich, wie darauf so schönes frisches Haar wachsen konnte.

Als die Frau Sand und Steine auf die Hirten herunterwarf, flüchteten sie. Die Leute sagen, das ist die Frau eines verbannten Ritters, sie muss solange im Schloss herumgeistern, bis er zurückkommmt.

Im Schloss ist ein reicher Schatz vergraben. Den findet man aber nur, wenn man sich traut durch den unterirdischen Gang zur Ruine Salegg hinüberzugehen. Andere behaupten, dass unten im Schloss eine Truhe mit Geld liegt, die von einer Jungfrau mit goldenen Haaren bewacht wird.

Heyl – 1897

Spuck auf Hauenstein

Auf einem moosigen Felsblock im Wald unter dem Santner kann man die Trümmer von Schloss Hauenstein sehen. Oswald von Wolkenstein hat mit seiner Familie nach einem Erbstreit mit der Familie Jäger dort seine reiferen Jahre verbracht.

Wenn Seiser Hirten spät am Abend ihre Schafe heimwärts treiben und an der Ruine vorbeikommen, sehen sie manchmal einen eigenartigen Spuk. In einem der Fenster sitzt im silbernen Mondlicht eine Frau, die ihr langes Haar kämmt. Das Haar hängt von einem Totenschädel mit leeren Augenhöhlen herunter. Auf Hirten, die neugierig nach oben gaffen, wirft sie Steine herunter.

In der Ruine oben liegt ein Schatz, nach dem die Leute der Umgebung schon öfters gesucht haben. Zur Nachtzeit sieht man Lichter und Flämmchen über den Trümmern schweben. In solchen Stunden blüht der Schatz. Wer dann zurechtkommt, kann versuchen ihn zu heben.

Ein Seiser Bauer ging einmal zur Geisterstunde auf Hauenstein, um den Schatz zu suchen. Seine ganze Mühe war umsonst. Er fand nur ein paar Glasscherben. Von diesen nahm er einige mit nach Hause. Als er die Scherben daheim aus seinem Sack nahm, waren es blanke Goldstücke.

Ein anderer Seiser wollte es ebenfalls probieren. Der fand vor dem Tor ein paar große Adlerfedern. Spaßhalber steckte er sie auf seinen Hut und ging heim. Daheim staunte er nicht schlecht. Auf seinem Hut steckten, statt der Federn, silberne Löffel.

Paulin – 1937

Der Weiße Hirsch

Unter dem Schlern liegt zwischen stattlichen Höfen mit saftigen Wiesen und fruchtbaren Äckern das freundliche Dorf Seis. An den obersten Hof schließt der Hauensteiner Wald an, von dem schon die alten Geschichten wissen.

Im Wald gab es viel Wild. Davon ist sicher manches in der Hauensteiner Küche gelandet, wenn nicht Wilderer schneller waren.

Die Leute erzählen sich, im Hauensteiner Wald hausen wilde Männer und Zwerge, der Putz und Wichtelen, salige Jungfern und sogar Truden, die Bäume drücken.

Die Kohlenbrenner, die Holzarbeiter, die Jäger und Wilderer kannten sich da oben genauer aus. Jeder schwor, mindestens einmal, einen weißen Hirschen gesehen zu haben. Schießen konnte man ihn aber nicht leicht. Dazu brauchte es eine Freikugel und außerdem musste man sich mit Leib und Seele dem Teufel verschreiben.

Jäger und Wilderer waren trotzdem scharf auf den weißen Hirschen, wegen des Felles, das wie Silber glänzte, und des Geweihs, das aus reinstem Gold sein sollte.

Um den längsten Tag herum, wirft der Hirsch jedes Jahr um Mitternacht sein goldenes Geweih ab. Genau dann wäre der Augenblick, den Hirsch ohne Freikugel zu schießen.

Wem das gelänge, wäre ein gemachter Mann, denn das Geweih hat einen unschätzbaren Wert. Wenn man aber den richtigen Moment verpasst, hat man das Nachsehen, denn ein Buhin trägt den Schatz in eine Höhle in den Schlernwänden hinauf. Kein Mensch könnte ihm folgen, es sei denn, er könnte fliegen.

Deswegen singen die Burschen, die beim Sonnenwendefeuer eine Scheibe für den Schatz schlagen:

„Flieg hinauf meine Scheibe
Flieg hinauf in die Wänd
Und sag wo der Hirsch hat
Sein goldenes End."

„Dann flieg ich dir nach
Und hol mir s in Witsch
Zu einem saggrischen Brautschatz
Für meine herzliebste Gitsch."
Meyer – 1891

Die verlorene Goaß[92]

Vor langer Zeit schlief ein Ziegenhirte unterm Schlern ein und träumte von seinem Glück. Aber statt es zu ergreifen, schaute er nur zu, wie es entschwand. Aus Gram darüber begann er zu weinen und sich selbst mit den Fäusten auf den Kopf zu hauen.

---

[92] Ziege

Damit wachte er auf und bemerkte, dass schon wieder die schwarze Ziege mit dem weißen Fleck fehlte. Die Bäuerin mochte ihn so schon nicht und ihr Mann, der Huber Joch,
war ein grober Zoch. Der hätte ihn zum Krüppel geschlagen, wenn er ihn ohne die schwarzen Ziege erwischt hätte.

Wenn ihm auch der Magen knurrte, er ließ die Suppe sein und machte sich auf die Suche. Er meckerte wie ein Bock, dann wie ein Kitz, um die Ziege anzulocken. Von der Ziege
war aber keine Spur zu sehen. Dafür fegte ein eiskalter Wind durch die Bäume. Im Mondlicht suchte er weiter, aber da half kein Beten und Fluchen. Beim Morgengrauen grämte er
sich, wie viel Schelte und Schläge der heutige Tag ihm wohl bringen würde.

Als er gegen Hauenstein hinaufkam, dachte er sich: „Da oben kann das Teufelsvieh
nicht sein, denn dort ist es gefährlich!" Dann aber kam ihm vor, schlimmer als bei den Hu-
berischen konnte es auf Hauenstein und beim Teufel selber auch nicht sein.

Mit Macht zog es ihn zu dem verschrieenen Ort hinauf. Als er durch ein zerbrochenes
Fenster kroch, hörte er singen. Dann sah er eine Salige mit goldenem Haar, die auf einem
Stein saß. Er kniete vor ihr nieder und sie strich ihm mit der Hand über das Haar.

Dann zog sie ihn zu sich hinauf, nahm ihn in die Arme und sagte: „Du kannst alles was
du willst von mir haben, weil ich dich mag!"

Der Huberhirt entgegnete, nur an die schwarze Ziege denkend: „Ich möchte die Goaß,
die schwarze Goaß." Im selben Augenblick fuhr vom Himmel ein Blitz mit einem kräftigen
Donner herunter. Die Salige entschwand und der Hirt lag im Heidekraut. Ein struppiger
Bart kitzelte ihn und im Gesicht spürte er eine kalte Nase. Dann meckerte die Goaß auch
noch zur Begrüßung.

Weber – 1914

Die Geister auf Hauenstein

Ein armes Bauernweiblein sammelte beim Schloss Hauenstein Holz für ihre Küche. Dabei kam sie zufällig zum Tor des verfallenen Schlosses. Sie staunte nicht schlecht, als sie zum
Tor hineinsah und eine große Gesellschaft an reich gedeckten Tischen essen und trinken sah.

Während sie noch hineinsah, kam ein Diener heraus und bat sie in den Saal. Die Herr-
schaften möchten ihr nämlich etwas schenken. Das Weiblein dachte sich nichts dabei und
folgte ihm. Ein Gast drückte ihr ein Goldstück in die Hand. Aber bevor sie sich bedanken
konnte, war der Spuk verschwunden.

Ganz verschreckt verließ sie den Saal. Dabei kam sie an einem alten Kriegsmann in voller Rüstung vorbei, der seinen Kopf unter dem Arm hielt. Er konnte trotzdem reden und
trug ihr ganz fest auf, ja zu keinem Menschen ein Sterbenswort von dem zu sagen, was sie
gerade gesehen hatte, sonst würde es ihr ganz schlimm ergehen. Das versprach sie hoch und
heilig. Dann eilte sie schnell heim.

Daheim zeigte sie ihr Goldstück her, sagt aber nicht, wie sie dazu gekommen war. Das
stachelte die Phantasie der Leute an. Es dauerte nicht lange, bis die wildesten Gerüchte
dem Richter in Kastelruth zu Ohren kamen.

Er ließ sie vom Gerichtsdiener vorladen und wollte die Geschichte vom Goldstück genau wissen. Da sie nicht bereit war zu reden, drohte er ihr mit der Folter. Aus Angst erzählte

sie, wie sie zum Goldstück gekommen war. Sie hatte kaum geendet, da wurde sie von unsichtbarer Hand weggetragen. Man hat nie mehr etwas von ihr gesehen.

-o-

Ein anderes Mal kam ein Edelmann mit seinem Knecht abends am Schlosstor vorbei. Da stand wieder der Kriegsmann mit dem Kopf unter dem Arm und fragte ihn, was er da suche.

„Ich will das Schloss besichtigen", erwiderte der Edelmann und griff zum Schwert. Da ritt ein schwarzer Ritter zum Tor heraus, schlug ihm das Schwert aus der Hand und zerrte ihn in das Schloss hinein. Den Knecht jagte er den Berg hinunter. Vom Edelmann hat man nie mehr etwas gesehen.

Heyl – 1897

Das Hauensteiner Wunder

Im alten zerfallenen Schloss Hauenstein ist ein ganz großer Schatz vergraben. Viele Leute hatten schon versucht, auf billige Art reich zu werden. Sie haben gegraben, gestochen, gepickelt und geschaufelt. Sie hätten einen Nutzen gehabt, wenn sie die gleiche Mühe daheim beim Kartoffelacker aufgewendet hätten.

Manchmal ging es jemand ein bisschen besser. Ein Seiser Bauer hat einmal die ganze Nacht oben gesucht und nichts gefunden. Als er morgens die Schaufel schulterte, um heim zu gehen, sah er an einem Fensterstock ein paar halbblinde Putzenscheiben. Er nahm sie mit. Daheim waren es kostbare Kristalltafeln, durchsichtig wie Wasser.

Ein anderer sah auf dem Tor ein paar Adlerfedern aufgenagelt. Er steckte sie auf seinen Hut. Daheim waren es silberne Löffel.

Ein Dritter fuhr mit der Hand durch eine Wacholderstaude, die in den Trümmern der Ruine wuchs. Er steckte die paar Beeren, die ihm in der Hand geblieben waren in die Tasche. Als er nach einigen Tagen wieder in die Tasche griff, hatte er schöne geschliffene Granaten in der Hand.

Ein Weiterer nahm nach ergebnislosem Suchen, ein paar Tannenzapfen zum Spielen für die Kinder mit. zu Hause waren sie aus reinem Gold.

Weber – 1914

Die Dame von Hauenstein

Auf Schloss Hauenstein, in dem Oswald von Wolkenstein einen Teil seiner Lieder gedichtet hat, lebte einmal ein Ritter, der in das Heilige Land fahren musste. Da er sehr eifersüchtig war, richtete er Essen für ein ganzes Jahr und verschloss alle Zugänge, damit ja niemand hinein oder hinaus konnte.

Seine junge Frau war schwanger und freute sich auf das Kind. Es machte ihr deshalb nichts aus, nur mit der Magd, ein ganzes Jahr allein im Schloss zu bleiben.

Nach drei Monaten brachte sie ein Büblein zur Welt, das ganz dem Vater glich. Das Jahr war schnell vorbei und das Essen ging zur Neige. Die junge Frau schaute nun hundertmal zum Erker hinaus, ob sie nicht bald erlöst würden. Sie wurde alle Tage schwächer und schließlich lehnte sie im Erker, mit dem Büblein an der Brust, bis beide tot waren. Die Magd starb den Hungertod drei Tage später.

Am nächsten Tag kam der Ritter ganz beunruhigt nach Hause. Er hatte gehofft, alle wohlbehalten wiederzufinden. Als er die drei Leichen sah, starb er ebenfalls. Die vier Verstorbenen wurden in der Kirche von Seis beigesetzt.

Jeden Nachmittag um drei Uhr wandelt die Frau, mit offenem blonden Haar, in der Ruine des Schlosses und schaut durch die Fenster hinunter nach Seis. Der Wind wirft ihr das Haar in das bleiche Gesicht.

Wenn es abends finster wird, sieht man in einem Fenster der Ruine ein Lichtlein brennen. Die Leute flüstern einander zu: „Das muss die Frau vom Hauensteiner sein."

Alpenburg – 1857

Der Schatz auf Hauenstein

Ein Bauer ging einmal auf Hauenstein hinauf. Dort fand er, statt der verwitterten Ruine, ein prächtiges Schloss. Als er hineinging, sah er eine solche Pracht und Herrlichkeit, die ihn zuerst ganz verlegen machte.

Er nahm sich von den wertvollen Sachen so viel, wie er einstecken konnte und wollte sich unbemerkt hinausschleichen. Es kam aber aus allen Seiten Wasser hervor, das ihn zwang, über die Stiegen nach oben zu flüchten.

Im obersten Stock blickte ihn ein Ritterfräulein ganz ernst an und drohte ihm mit dem Finger.

Vor Schrecken legte er die ganzen wertvollen Sachen vor ihr nieder und schon waren das Ritterfräulein, der Schatz und das Wasser verschwunden. Geblieben sind nur die morschen Mauern.

Der Bauer gelangte zwar noch unbehelligt nach Hause, musste aber bald darauf sterben.

Menghin – 1884

Das grüne Licht im Schloss

Ein junges Mädchen hütete in Seis in der Nähe eines alten verfallenen Schlosses Ziegen. Diese ästen ruhig an den Büschen und Sträuchern rund um das Schloss. Dabei schlief die

Hirtin ein und hörte im Traum eine Schelle. Sie folgte dem Ton der Schelle in das Schloss hinein, weil sie annahm, die Schelle gehöre zu einer Schafherde. Im Schloss drinnen glaubte sie, die Schelle im Turm oben zu hören. Da konnte sie aber nicht hinaufgehen, denn der Turm war schon sehr baufällig und die Treppen ganz morsch.

Jetzt erwachte das Mädchen und fürchtete sich. Weil es schon dunkel wurde und der Mesner die Aveglocke läutete, trieb sie ihre Ziegen schnell heim. Dort erzählte sie in der Küche den Traum ihrer Mutter. Dann hörte sie, wie in der Stube die Großmutter sagte, dass an allen schmerzhaften Freitagen im Schloss ein grünes Licht brennt.

Am nächsten Tag nahm sie ihren ganzen Mut zusammen und wollte sich im verfallenen Schloss genauer umsehen. Sie fand aber nichts als ein paar schöne Scherben von Tongeschirr. Die größte Scherbe mit der schönsten Verzierung nahm sie mit. Zuhause zog sie statt der Scherbe einen blanken Taler aus der Tasche.

Im Volk hält sich die Meinung, dass dort oben der Schatz eines alten Grafen verborgen liegt. Aber niemand weiß, an welchem Tag, zu welcher Stunde und in welchem Jahr der Schatz zu heben ist.

Leander Petzoldt

Der Schatz auf dem Hauensteiner Schloss

Oswald von Wolkenstein verließ vor Eifersucht auf Hauenstein Frau und Kinder. Weil sie so schlecht versorgt waren, starben alle bis auf ein Kind den Hungertod.

Später sah man vor dem Burgtor öfter eine Frau sitzen, die ihr Haar kämmte. Sie soll öfters Wanderern, die am Schloss vorbeikamen, von einem Schatz erzählt haben, der im Schlosshof verborgen liegt. Dort sah man früher öfters ein großes Feuer. Lichter die den Wanderer fehl leiten, kann man heute noch manchmal sehen.

Ein Bauer von Seis ging, mit der Absicht den Schatz zu heben, zum Schloss hinauf. Seine Mühe war umsonst. Er fand nichts als zerbrochene Fensterscheiben. Ein paar größere Scherben nahm er mit, um damit zu Hause seine schadhaften Fenster zu reparieren. Als er sie zu Hause auf den Tisch legte, waren sie aus Gold.

Ein anderer Bauer fand nach der erfolglosen Suche vor dem Tor, große Geierfedern. Er steckte sie auf den Hut und staunte daheim, weil sie zu silbernen Löffeln geworden waren.

Zingerle - 1897

Die Margarete und ihr Schwan

Schloss Hauenstein war festlich hergerichtet. Auf dem Wehrturm wehte die Wolkensteiner Fahne im Wind. Auf den Zinnen und am Tor steckten bunte Fähnchen. Am Eingang waren Girlanden aus Weißtannenzweigen angebracht. Graue bärtige Kriegsknechte hielten am Tor Ehrenwache. Der Vogt und das ganze Hauspersonal hatten sich festlich gekleidet

auf der Zugbrücke aufgestellt. Alle blickte gebannt auf den Weg hinunter, weil der Schlossherr Ritter Oswald von Wolkenstein, mit seiner frisch angetrauten schönen Frau Margarete
von Schwangau, erwartet wurde.

Ein schöner Maitag mit einem wolkenlosen Himmel neigte sich dem Ende zu. Als erstes hörten sie Hufschläge und schließlich Stimmen. Dann tauchten an der Wegbiegung die
Pferde mit Oswald und Margarete auf und dahinter der lange Zug der Hochzeitsgäste.

Das Hochzeitspaar war im schönsten Festgewand. Die junge Frau trug einen Myrthen-
kranz in ihrem blondgelockten Haar. „Glück überall, Glück für uns zwei und Glück für die
Burg!", rief Oswald, als er das festlich geschmückte Schloss sah und vom Turm die Fanfaren
schmetterten.

Im Schlosshof stieg er ab und half seiner Frau galant vom Pferd. Die übrigen Herren
folgten seinem Beispiel. Die Knechte übernahmen die Pferde und die Gesellschaft versam-
melte sich um die festlich gedeckte Tafel im Rittersaal.

Die Schüsseln dampften und der Siebeneichner war in kühlen Steinkrügen aufgestellt.
Bis spät in die Nacht dauerte die Feier, dann verlangte der Schlaf sein Recht.

Die nächsten Tage wurde weiter gefeiert. Man ging auf die Jagd, focht Turniere aus und
führte Gesellschaftsspiele auf.

Die neue Schlossherrin eroberte mit ihrem freundlichen Wesen schnell die Herzen aller. Als die Gäste nach und nach abzogen, konnte Oswald seiner Margarete die neue Heimat zeigen. Zu Ross und auch zu Fuß, machten sie Ausflüge auf die Seiser Alm, auf den
Burgstall, nach Kastelruth und zu den Nachbarsschlössern. Margarete pflückte dabei gerne
seltene Blumen und Kräuter.

Als sie einmal im Tschapid oben im Schatten einer Zirbelkiefer ein wenig rasteten, bemerkte Oswald im Gesicht der Margarete einen eigenartigen Zug. Es war ihm schon ein
paar Mal aufgefallen, dass sie so nachdenklich dreinschaute, wenn sie sich unbeobachtet
fühlte.

Während er noch darüber nachdachte, zupfte ihn Margarete sacht am Arm und zeigte
ihm einen langen Streifen, der sich am Rittnerhorn hinzog. „Das sind Störche, die bringen
uns Glück auf Hauenstein!", meinte Oswald und legte den Arm um ihre Schultern.

„Nein", erwiderte sie, „das sind keine Störche! Das sind Schwäne, das erkenne ich an ihrem Flug. Da wird mein Schwan sicher auch dabei sein. Der findet mich gewiss nicht mehr,
wenn er mit den anderen fliegt und in das klare Wasser von Schwangau taucht." Oswald
wusste mit diesen Worten nichts anzufangen, denn zur damaligen Zeit wurden überall
Geister und überirdische Wesen vermutet, die auf das Leben Einfluss nahmen.

An einem warmen Juniabend machte Oswald mit seiner Margarete einen Spaziergang
zum kleinen Weiher zwischen hohen Bäumen unter dem Schloss. Als sie näher kamen, riss
sich Margarete los und eilte mit einem Jubelruf zum Ufer. „Er ist es", rief sie, „mein Goldstück! Komm her, ich habe mich schon so lange nach dir gesehnt!"

Oswald sah einen großen silbergrauen Schwan, der auf Margarete zuschwamm und vor
Freude mit den Flügeln schlug. Sie streichelte ihn und gab ihm Kosenamen. Der Schwan
rieb seinen Kopf an ihrer Schulter.

Als auch Oswald den Schwan anfassen wollte, schüttelte er zornig sein Gefieder und
schwamm davon. Kein Lockruf und Schmeichelwort von Margarete konnte ihn dazu be-

wegen zurückzukommen. „Du hast mir meinen Liebling erschreckt", sagte sie vorwurfsvoll, „er lässt sich nur von mir berühren. Jetzt wird er beleidigt sein."

Oswald konnte sich nicht vorstellen, dass ein Schwan von Schwangau alleine bis hierher finden konnte. Er vermutete einen verwunschenen Ritter oder Königssohn und wurde von Eifersucht überwältigt. Seine Frau musste in einem Zauberbann stehen und einen Verehrer haben, der mächtiger war als er.

Er wurde argwöhnisch und plagte Margarete mit seinem Misstrauen. Sie kam sich vor wie eine Gefangene und nicht wie eine Schlossherrin. Darüber wurde sie schwermütig, weil sie nie mehr zum Weiher mit ihrem Schwan gehen durfte. Heimlich weinte sie viel und verlor die gesunde Farbe im Gesicht.

Oswald bemerkte, dass mit seiner Frau etwas nicht stimmte. Er lud sie deshalb zur Sonnwendzeit zu einem Waldspaziergang ein. Der Mond blickte durch die Wipfel der Bäume, Leuchtkäferchen tanzten durch die Äste und zwischendurch hörten sie ein Käuzchen rufen.

Oswald bemerkte gar nicht, dass ihn Margarete in die Nähe des Weihers mit dem Schwan führte. Als sie nur noch ein dichter Strauch trennte, sagte sie ganz leise: „Da möchte ich bleiben, jetzt schon und auch wenn ich gestorben bin." Sie setzte sich ins Moos und zog ihren Mann zu sich herab. „Du hast recht", sagte er, legte den Arm um ihre Schultern und gab ihr einen Kuss. „Das wäre ein Platz zum Rasten, zum Träumen, zum Erzählen, was die Seele drückt und das Herz verspürt. Sag mir was dich bewegt!"

Nach einer Weile seufzte Margarete und begann zu erzählen: „Meine Kindheit und mein Leben hängen an diesem Schwan. Er ist meine zweite Seele. Als ich noch klein war, ist mein Zwillingsbruder gestorben. Ich war ganz traurig und wollte auch sterben. Da kam bei uns daheim eine junge Zigeunerin, der grausame Räuber Mann und Kinder erschlagen hatten. Weinend bettelte sie um Almosen. Die Mutter beschenkte sie reichlich. Beim Gehen trat sie zu mir ans Bettchen, schaute meine Hände an und sprach etwas Unverständliches vor sich hin. Dann nahm sie das Tuch von ihrem Korb, hob einen kleinen Schwan heraus und sagte: „Da hast du dein Brüderlein wieder. Du musst es lieb haben und merk dir eines, dein Leben hängt daran, wie die Wurzel an der Pflanze. Du musst auf ihn aufpassen, wie auf deine Augen. Er ist von nobler Herkunft. Mit ihm ist das Glück auf deiner Seite. Er blickte mich mit seinen klugen Augen an. Ich hatte die größte Freude an ihm. Er nahm das Futter nur von mir an und ließ sich auch nur von mir streicheln."

„Schon am nächsten Tag ging es mir gut. Ich trug ihn in den Schlossteich und besuchte ihn jeden Tag. Als im Herbst die Schwalben und Zugvögel abreisten, verschwand auch er und mit ihm mein Glück, wie es mir die Zigeunerin gesagt hatte. Es kamen trübe Tage. Meine drei ältesten Brüder starben als Kreuzfahrer im Heiligen Land an der Pest. Die Mutter erlitt aus Gram einen Schlaganfall und hat sich nicht mehr erholt. Der erste Schnee deckte ihr Grab zu."

„Ich war allein auf der Welt, aber im Frühjahr kam mein Schwan wieder. Er war zum größten und schönsten Schwan ausgewachsen und hielt sich immer um Schwangau auf. Als du um meine Hand angehalten hast, war ich selig und wünschte so könnte es immer bleiben."

„Nachdem ich dir das Jawort gegeben hatte, ist der Schwan verschwunden und seitdem habe ich Angst um mein Glück. Sogar jetzt, wo ich meinen Schwan ganz nahe weiß, kommt es mir so vor, es wird nicht lange dauern, bis ich wieder ganz verlassen bin."

Darauf wusste Oswald nichts zu sagen. Dann hörten beide auf einer Harfe schöne Weisen spielen. Als sie verklungen waren, flüsterte Margarete: „Was war das?" Oswald entgegnete: „Das war der Schwan. Nur einmal im Leben habe ich einen solchen Gesang gehört. Die dänische Königin hatte auch einen singenden Schwan, der vor wichtigen Ereignissen seine Stimme hören ließ. Damals starb kurz darauf das einzige Kind, der Erbe vom dänischen Königsthron."

Die Margarete rief ihren Schwan. Er kam, aber nicht flügelschlagend wie früher, und rieb den Kopf an ihrer Schulter. Als ihm Oswald in die Augen blickte, schüttelte er seine Federn und kehrte zurück ins Wasser.

Seitdem waren mehrere Monate vergangen. Ritter Oswald wurde von seiner alten Leidenschaft eingeholt. Er wollte dem Landesherrn dienen. Aber dieser ließ ihn in das Völlenberger Schloss sperren.

Als Margarte von diesem traurigen Ereignis hörte, verlor sie jede Lebensfreude. Der einzige Trost war der tägliche Besuch bei ihrem Schwan. Der Herbst ging dahin und mit ihm auch ihr junges Leben. Ein Kohlenbrenner fand sie auf dem reifigen Moos. Ihre Seele hat der Schwan an einen schöneren Ort getragen.

Meyer – 1891

Der Geisterritt

Harte Zeiten zogen über das Land. Viele Männer kamen in den Kriegen um. Dann wütete auch noch die Pest und brachte einen Großteil der Bevölkerung ins Grab.

Von den Kirchtürmen jammerte immer wieder das Sterbeglöcklein. Die Friedhöfe konnten die vielen Toten nicht mehr fassen. So musste man auf einer Wiese ein großes Grab öffnen und alle miteinander begraben.

Im Hauensteiner Schloss ging es trotzdem laut und lustig zu. Dort lebte man in Saus und Braus. Das Elend des einfachen Volkes berührte die feine Gesellschaft nicht. Ein Fest nach dem anderen wurde gefeiert und die Gäste von weitum dazu eingeladen.

Das Getreide stand noch auf den Feldern, weil es bald keine Hand mehr gab, um die Arbeit zu tun. Da kam an einem trüben nebligen Herbsttag ein Tross von adeligen Frauen und Herren an einem armen Weiblein vorbei, das am Hauensteiner Weg saß und weinte.

Der erste Reiter warf ihr, ohne anzuhalten, ein paar schäbige Kupfermünzen hin und herrschte sie an: „Was plärrst du, du alte Hexe!. Mach dir mit dem Geld einen schönen Tag und verdirb uns nicht den Humor mit deinem Jammergesicht!"

Die Alte hob den Zeigefinger und erwiderte mit brüchiger Stimme: „Von meinen sechs Buben ist mir keiner geblieben, um mir in meinen alten Tagen beizustehen. Drei hat mir der Krieg genommen und die anderen drei hat die Pest geholt. Gestern haben sie den letzten im Pestanger eingescharrt."

Der Ritter spöttelte: „Wir haben hinten ein lediges Rösslein. Setz dich darauf und reite ihnen nach, dann sind es sieben!" Dann ritten sie höhnisch lachend weiter.

Die Alte hob beide Hände und rief ihnen nach: „Ich reite heute noch, aber ihr reitet mir voraus!"

Auf dem Hauensteiner Schloss war es noch nie so groß hergegangen. Als der Wächter die Mitternachtsstunde ausrief, hörte man aus dem Wald laute Hufschläge. Betroffen hielten plötzlich alle inne und zitterten vor Fieberfrost wie Espenlaub. Die vom Wein geröteten Gesichter wurden kalkweiß.

Den Gästen wurde unheimlich zu mute. Sie ließen die Pferde satteln und flohen aus dem Schloss. Die Alte, die sie am Morgen noch verhöhnt hatten, ritt auf dem ledigen Rösslein hinterher. Sie hob wieder ihre dürren Arme zum Himmel und schrie: „Sieben waren es am Morgen, jetzt sollen es dreizehn sein!"

Alle Jahre, wenn auf den Äckern die Zeit zum Schneiden ist, sieht man um Mitternacht einen gespenstischen Zug von Hauenstein kommen und auf den Pestanger hinaufreiten. Schaurig flattern die schwarzen Gewänder im Wind und unter den großen Hüten grinsen Totenschädel heraus, dass jeden der sie sieht das kalte Entsetzen packt.

Ein altes Weiblein reitet auf einem dürren Ross hinterher. Auf dem Pestfriedhof oben verschwindet der Spuk.

Meyer – 1891

Die wilde Jagd

Von Allerseelen bis zur Weihnachtswoche kommt die wilde Jagd vom Nons- und Sulztal herauf. Sie jagt über den Hauensteiner Wald hinweg und verschwindet hinter dem Burgstall oben.

Deutlich hört man das Stöhnen des Windes, die ächzenden Bäume im Sturm, die bellenden Hunde, das Hallali und die Jagdhörner der Jäger. Wer nahe daran ist, kann den Putz sehen, der auf seinem fünfbeinigen Pferd vorausreitet. Man hört sogar den Wind nicht mehr, wenn der Putz mit seiner schrecklichen Stimme schreit:

„Hussah, hussah, trallala
Was auf dem Weg ich findt
Ich würge Mann, Weib und Kindt
Hussa, hussah, trallala."

In einer stürmischen November Nacht hörte der Ratzeser Bauer seinen Hund erbärmlich winseln. Als er den Kopf aus dem Fenster steckte, sah er die wilde Jagd ganz in der Nähe durch die Luft sausen. Eine Stimme rief: „Fahr mit! Fahr mit!" Eine andere Stimme jammerte: „Ich kann nicht, der große Bock hat mich abgeworfen."

Am Morgen humpelte der Knecht mühsam daher. Als ihm auch noch der Kopf anschwoll, wurde er bettlägerig und musste bald darauf am „matten Tißl" sterben.

-o-

Drei lustige Bauernburschen waren einmal nachts auf dem Heimweg. Sie hatten zu viel vom Neuen[93] erwischt und sangen ein Trutzlied nach dem anderen. Als sie am Friedhof vorbeikamen, war es als ob ein paar hundert wilde Vögel über ihre Köpfe flögen.

„O weh!", klagte der Erste und warf sich mit dem Gesicht auf die Erde. Der Zweite schaute mit den Händen in den Hosentaschen lachend in die Luft. Der Dritte juchzte laut.

Da rief schon eine schreckliche Stimme:

„Den ersten finde ich
Den zweiten schinde ich
Den dritten zerreiße ich in tausend Fetzen.

Der Erste kam mit dem Schrecken davon. Der Zweite war zerkratzt und geschunden und vom Dritten lagen nur noch die Stücke herum.

Meyer – 1891

---

[93] Halbvergorener Wein

141

Die Alte und die wilde Jagd

Tief im Wald stand eine einsame Hütte, in der eine hässliche buckelige Alte hauste. Sie hatte feuerrotes Haar, rinnende Augen und teilte mit ein paar Ziegen ihre armselige Hütte. Im Dorf war sie als Goaß Ul bekannt.

Man konnte ihr eigentlich nichts Schlimmes nachsagen, aber die Leute mieden sie, weil sie den Verdacht hegten, sie sei eine Hexe und hätte mit dem Putz einen Bund geschlossen.

Ein Waldarbeiter kehrte einmal, als es schon stockfinster war, bei ihr ein und bat sie, über Nacht bleiben zu dürfen, denn es sei schlechtes Wetter im Anzug.

Die Alte saß am Tisch, las in einem Buch und tat so, als ob sie alleine wäre. Der Waldarbeiter setzte sich ebenfalls an den Tisch. Nach einer Weile klappte sie das Buch zu und murmelte einen Spruch, den er nicht verstand. Dann fragte sie, was er möchte und erklärte gleich, sie könne ihm kein Nachtlager bieten, wie es sich für einen Gast gehört. Es würde in dieser Nacht nämlich noch ein anderer Besuch kommen und sie mochte nicht, dass der in der Hütte auf den Waldarbeiter traf.

Als der Waldarbeiter das hörte, lief es ihm kalt über den Rücken. Er bereute es, eingekehrt zu sein, ließ es sich aber nichts anmerken. Er sagte nur: „Mache dir ja keine Umstände, ich liege gern auf der Ofnbrugga[94]!"

„Das kannst du tun und weil du mein Gast bist, werde ich dafür sorgen, dass dir nichts Übles passiert."

Dann blätterte sie in ihrem Buch weiter, las mit lauter Stimme eine Beschwörung und schmierte sich Gesicht und Hände mit einer Salbe ein. Schließlich sagte sie: „Lege dich auf die Ofnbrugga und verhalte dich ruhig, komme was wolle!"

Es dauerte nicht lange, da hörte er lautes Geschrei und Peitschenknallen. Mit schrillem Ton schallten mehrere Hörner wild und schauerlich durch die Nacht. Dann ging die Fahrt über das Hüttendach hinweg. Dem Waldarbeiter standen die Haare zu Berge.

Mit Gepolter betraten drei grobschlächtige Gestalten in zotteligen Bockfellen, mit schwarzen Gesichtern und struppigen Bärten die Hütte und setzten sich an den Tisch. Auf ihren breitkrempigen Hüten hatten sie Federn, Tannen- und Mistelzweige stecken. Der Gewichtigste von allen hatte ein Jagdhorn und ein Seil mit Kinderfingerchen umgehängt. Er fragte die beiden anderen, was sie erjagt hatten.

„Wildtauben", sagte der eine und legte ein halbes Dutzend davon auf den Tisch. Der andere warf ein blutiges Stück Fleisch auf den Tisch und sagte: „Das ist der Rücken von einem zweibeinigen Reh, das ich beim saligen Grund oben gerissen habe. Das wird ein leckeres Stück!"

Der Erstere legte sein Seil mit den Fingerchen und Zehen dazu. Dann brüllte er die Alte an: „Siede, koche und brate, aber lass ja nichts übergehen!" Die Alte machte in der Küche ein großes Feuer, steckte die Tauben auf den Bratspieß und setzte das Übrige in einem Kessel über das Feuer.

---

[94] Holzgestell mit Plattform über dem Ofen

Als alles kochte, sagte einer: „Ich rieche noch Menschenfleisch, erkenne aber nicht, ob es Mann, Frau oder Kind ist!" Dem Waldarbeiter auf der Ofnbrugga rann der kalte Schweiß von der Stirn. Er glaubte schon, in Stücke gerissen zu werden.

In dem Moment kam die Alte in die Stube und schrie: „Lasst meinen Gespons in Ruhe, der ist alt und krank, sein Fleisch ist nicht mehr genießbar!"

Draußen ging der Kessel über. Die Alte wollte noch hinauseilen. Der Wilde aber packte sie und brach ihr das Genick. Sie fiel sogleich wie ein Klotz zu Boden.

Dem Waldarbeiter schnitten sie nur ein Ohr ab und gröhlten: „Das nächste Mal das andere und den Kopf dazu!"

Meyer – 1891

Die wilde Jagd und die Kriege

Die wilde Jagd hatte schon früher Drangsal und Kriege angemeldet. Beim Brandstiften und Morden halfen die Unholden dann noch kräftig mit.

Der grausame Spuk wollte nicht mehr aufhören, als die Bauern dem Adel auf den Schlössern und noblen Ansitzen auf den Pelz rückten. Nacht für Nacht raste die wilde Jagd mit einem Heidenlärm über das Land. Wo man sie hörte, gingen die Schlösser und Herrenansitze in Rauch auf.

Vom Grödental kam so ein wütiger Schwarm mit Spießen und Morgensternen auf die Seiseralm und machte bei einer Schwaighütte kurze Rast. Stockfinster war es schon und während sie überlegten, wo es hingehen sollte, jagte ein Sturmwind um die Hütte.

Über das Dach kam ein Sausen und Brausen. Eine wilde Stimme rief: „Hussa, ho, hinunter auf Hauenstein!" Auf dem Weg tauchten noch drei fremde Männer auf, die den wütenden Männern den Weg zum Schloss zeigten, dem sie dann den roten Hahn aufsetzten.

-o-

Als die Schweden in das Land einfielen, war auch die wilde Jagd vorausgekommen. Ein Mann auf einem schwarzen Pferd, den niemand kannte, bot sich an, den Soldaten den Weg zu zeigen, wenn er dafür die Finger und Zehen der aufgespießten Kinder bekomme.

-o-

Bei den Franzosenkriegen 1809 kam einmal abends eine starke Kompanie mit Wagen und Geschützen von der Seiser Alm herunter. Damit sie sich nicht selbst verrieten, umwickelten sie die Räder und die Hufe der Pferde mit Stroh. Keiner durfte ein Wort reden, denn sie hatten Angst vor den Bauern, die ihnen überall auflauerten.

Mitten im Wald hörten sie plötzlich wildes Johlen und Hörnerblasen. Sie glaubten sich schon von einem Landsturm umzingelt. Der Hauptmann gab Befehl zum Anhalten und hielt mit seinen Offizieren Rat. Einige wollten kämpfen, aber die Mehrheit wollte die Waffen strecken.

Da bot sich ein wilder großer Mann an, die Truppe in das nächste Dorf zu führen. Um seinen Lohn befragt, sagte er: „Alles anzünden was brennt!" „Das machen wir, sobald wir zu deinem Haus kommen", sagte der Hauptmann. Der Mann lachte höhnisch und verschwand. Die Franzosen kamen ohne Anstände in das Dorf.

-o-

In der letzten Zeit hat man von der wilden Jagd nichts mehr gehört. Wahrscheinlich ist sie in andere Orte gezogen, wo die Menschen Kriege führen.

Meyer - 1891

Die Schlernklamm

In der Schlernklamm waren früher Säulen und Bögen, wie sie heute noch oben beim Plattkofel neben dem Zahnkofel sind. Da war ein großes Schloss mit Gängen, Küchen, Stuben, Zimmern und Kellern, auf fünf Stockwerke verteilt.

Darin haben seit langer Zeit die Mintelen gehaust. Das waren kleine fleißige Leutchen, nicht einmal halb so groß wie die Menschen heutzutage. Es werden gut zwei tausend gewesen sein. Sie lebten in einer Hierarchie, wie in einem Bienenstock.

Es gab eine Königin, die alles bestimmte. Statt der Drohnen gab es ein Dutzend Minister, welche für die Umsetzung der Befehle verantwortlich waren. Jedes Mintele hatte seine Aufgabe.

Sie lebten von den Fischen, die sie aus dem See auf ihrem Dach fischten. Auf den steilen Hängen hielten sie Gämsen wie Kühe. Aus der Milch machten sie Butter und Käse. Dazu sammelten sie Beeren, Pilze, Zirbelnüsse und Kräuter.

Den Leuten der Umgebung gaben sie in Hälften von Zirbelnussschalen Salben, die für Krankheiten bei Mensch und Vieh halfen. Man musste nur mit einer Tannennadel eine winzige Menge auf die kranke Stelle auftragen und schon setzte die Heilung ein. Mit den Salben waren sie sehr freigiebig. Man brauchte nur auf einem gewissen Platz vor dem Schloss das Übel laut zum Schloss hinaufrufen und schon segelte eine Zirbelnussschale mit der richtigen Salbe herunter.

Man bekam aber jeweils nur eine Salbe, damit niemand etwas verwechseln konnte. Leute, die es trotzdem probierten, mussten feststellen, dass die Salbe nicht half oder sogar schadete.

Das ging so lange gut, bis einmal die Telfmühlerin auftauchte. Sie schrie zum Schloss hinauf: „Ich habe nicht die Zeit dazu, wegen jeder Krankheit von Tisens bis zum Schlern zu rennen, um die Salbe zu holen. Ich will eine Salbe für eine Kuh mit krankem Euter, für ein lahmes Pferd, für die Hennenkrankheit, für mein offenes Bein und für den Hexenschuss von meinem Mann. Für die Kinder brauche ich eine Salbe gegen den Keuchhusten und die Schwiegermutter hat Tuberkulose."

Ein Mintele sagte ihr: „Wir dürfen nur eine Salbe ausgeben, weil sie die Leute verwechseln könnten und das wäre gefährlich. Wenn man die falsche Salbe erwischt, kann man sogar daran sterben, soll ich dir von unserer Königin ausrichten."

„Wo ist die dumme Wachtel, die nicht verstehen will, dass ich keine Zeit habe hundert Mal herzurennen?", schrie die Telfmühlerin. Da ging im oberen Stockwerk ein Fenster auf und die Königin meldete sich selber. „Es geht wirklich nicht. Wir geben nur eine Salbe aus, damit niemand zu Schaden kommt."

Jetzt wurde die Telfmühlerin noch zorniger. Sie hob einen Stein auf. Die Königin sagte beruhigend: „Gute Frau, sag was du am nötigsten brauchst. Das bekommst du, aber für die anderen Übel musst du wiederkommen." Die Telfmühlerin achtete gar nicht mehr auf das, was die Königin sagte. Sie wollte den Stein auf die Königin werfen, traf aber den Fensterstock.

Das war schon zu viel. Der Fensterstock brach zusammen. Wie fallende Dominosteine stürzte das ganze Schloss zusammen und begrub auch die Telfmühlerin. Der See auf dem Dach schwemmte alles den Berg herunter. Übrig blieb nur die Schlernklamm wie sie heute ist.

Der Wolfsschlucht Jäger

Über den Hauensteiner Wald zog eine pechschwarze Nacht auf und vom Pez zog ein Sturmwind herunter wie ein wildes Vieh. Im Hauensteiner Schloss war schon die Nachtruhe eingekehrt. Nur im kleinen Jägerhaus brannte noch Licht.

Der Jagdaufseher hatte schon das Gewehr geschultert und den Bergstock in der Hand, da bettelte seine junge Frau, die er erst vor ein paar Wochen geheiratet hatte: „Bleib doch zu Hause! Es zieht ein wildes Wetter auf."

Er entgegnete: „Es sind Wilderer auf dem Weg. Soll ich warten bis diese die besten Stücke geholt haben und die Herrschaft das Nachsehen hat?"

„Auf dem Rittner Horn wütet das Wetter schon und dann wird es bald da sein", flehte sie. „Wenn es dich da oben erwischt! Die Wetter ziehen gerne über den Schlern." „Beruhige dich, geh schlafen und bete für mich ein Vater Unser", sagte er. „Ich kenne alle Wege und Steige. Die Nacht ist für mich wie der Tag. Ich bin Sturm und Unwetter gewohnt. Die Pflicht ruft und da darf man sich nicht drücken."

An der Tür fiel sie ihm um den Hals und sagte: „Sepp, bitte bleib daheim! Oben ist der Wilde Jäger. Der geht in der Nacht um und hat schon öfter einen Jäger meuchlings erschossen."

„Der kann mir nichts tun. Ich habe immer das Sterbkreuz meiner Mutter bei mir, da ist der böse Geist machtlos."

Er machte sich von ihr los und verschwand mit seinen zwei Hunden in die Nacht. Die junge Frau betete noch eine Zeitlang kniend vor dem Bett.

Gegen Mitternacht erreichte er die Wolfsschlucht. Er rastete ein wenig und hörte in die Nacht hinein. Außer dem gleichmäßigen Rauschen des Frötschbaches hörte er nur ein Käuzchen rufen.

Der Sturm hatte nachgelassen, aber nun zog über den Rosszähnen ein Gewitter auf.

Über den Teufelsspitzen[95] und dem Burgstall leuchteten die ersten Blitze mit fernem Donnergrollen.

Das Wetter kam schnell näher und der Wind trat stoßweise auf. Der Jagdaufseher musste aufpassen, dass er nicht vom schmalen Steig geworfen wurde.

Dann kam er zum großen Stein, den die Waldarbeiter und Kohlenbrenner das „Wilde Mandl" heißen. Ein Blitz fuhr ganz in Nähe in den Boden, auf den sofort der Donnerschlag durch die Schlucht hinaufhallte.

Für einen Moment war es taghell. Er glaubte beim „Wilden Mandl", eine große Gestalt mit Lodenjoppe, Lederhosen und einem Filzhut mit Federn gesehen zu haben, der ein Gewehr und einen Gamsbock geschultert hatte.

Der Waldaufseher wurde zornig und wollte schon schießen. Zu seinem Glück war es wieder stockdunkel. Die Kugel wäre nähmlich zurückgekommen.

Beim nächsten Blitz sah er, wie die verdächtige Gestalt mit langen Schritten in der Schlucht verschwand.

Als er der Gestalt folgte, wurde sie immer größer. Er setzte das Gewehr an und schoss, als ein Blitz mit grünem Licht die Klamm erhellte. Von der Gestalt kam ein grimmiges wildes Auflachen zurück. Zugleich spürte er am Herzen einen brennenden Schmerz. Als er seine Weste öffnete fiel seine Kugel, die zurückgekommen war, auf den Boden. Das Sterbkreuz der Mutter hatte die Kugel aufgehalten.

-o-

Zum letzten Mal hat der Wilderer einen jungen Waldarbeiter erschreckt. Der war schon vor dem Tagwerden bei der Wolfsschlucht oben und hatte einen Baum gefällt. Nun hackte er mit seinem scharfen Beil drei Kreuze in den Stock und setzte sich darauf, um zu verschnaufen.

Da tönte schon eine hohle Stimme: „Danke deinen drei Kreuzen, denn ohne diese würde ich dich krumm und lahm schlagen." Seitdem ist die unheimliche Gestalt vom Erdboden verschwunden.

Meyer - 1891

Eine Krähe erzählt

Weitum war alles in tiefem Winterschlaf. Mannshoher Schnee bedeckte im Hauensteiner Wald bereits die Natur. Dann begann es wiederum zu schneien und zu stürmen, dass man keine drei Klafter weit sehen konnte.

Die Krähen hatten größte Mühe bis zum Abend genug Futter aufzutreiben, um ihre Mägen halbwegs zu füllen. Sie kamen nun krächzend von allen Seiten angeflogen und wollten in einer besonders dichten Baumgruppe die Nacht verbringen.

Die älteste Krähe hatte schon ihren angestammten Platz eingenommen. Die Jüngeren drehten noch ein paar Runden, um sich zu vergewissern ob nicht ein Marder, eine Eule oder gar ein Mensch in der Nacht gefährlich werden könnte.

---

[95] Santner und Euringer

Schließlich hatten alle einen passenden Platz gefunden. Da begann die älteste Krähe zu erzählen: „Kinder, heute ist mein Geburtstag! Ich bin jetzt volle fünfhundert Jahre alt. Das ist lange her, als ich das erste Mal ausgeflogen bin. Damals war hier noch ein richtiger dichter Wald, mit mächtigen steinalten Bäumen, und nicht nur so bessere Sträucher wie jetzt."

„An den Ästen der Bäume hing langer Baumbart. Darunter ästen Hirsche und Wildschweine und nicht nur ein paar lausige Hasen. In den Burgen und Schlössern, von denen die meisten jetzt leer und verfallen sind, hausten mächtige Geschlechter. Männer mit langen Schwertern und Spießen ritten aus und ein. Schöne Frauen mit prächtigen Gewändern gingen mit Falken auf die Jagd."

„Dort wo jetzt ein paar Mauerreste aus dem Boden ragen, stand einst ein stattliches Herrenhaus mit hohem Giebel und Zinnen. Dazu gehörte ein großer Wald und mehrere schöne Höfe, die dem Schloss ordentlich Zinsen zahlen mussten. Darin hausten zwei Schwestern mit ihrem Hausgesinde."

„Beide waren im besten Alter und sehr schön, aber so verschieden, dass man sie nie für Schwestern gehalten hätte. Die ältere der beiden hieß Waltraud, war groß und schneidig, die Haare und die Augen so schwarz wie meine Federn, aber sie war stolz und jähzornig. Die

Hausangestellten schlichen geschlagen davon, wenn sie richtig in Rage kam. Ihre Stimme war angenehm zu hören, aber wenn sie einen Wutanfall hatte, klang das wie Bock augeigen[96]."

„Elsbet, die Jüngere, war ein zartes freundliches Mädchen. Ein Blick in ihre tiefblauen Augen ließ den Himmel erahnen. Ihr flachsblondes Haar hing über ihre Schultern. Sie war das Gegenteil ihrer Schwester, schüchtern und höflich, mit einer Stimme wie ein Kind."

„Im Burgzwinger stand eine hohe Linde, so stark, dass sie drei Männer mit ihren Armen kaum umspannen konnten. Um den Stamm herum war eine Bank auf der man im Sommer gemütlich im Schatten sitzen konnte."

„Ich saß oft in der Linde und habe vieles mitgehört und gesehen. Wenn die Waltraud mit dem Falkner, einem kaum zwanzigjährigen, schneidigen Burschen, auf die Jagd ging, saß die Elsbet mit einer Stickerei auf der Bank unter der Linde. Ihre zahme weiße Taube war meistens in ihrer Nähe und bettelte um Brosamen."

„Wenn ich zuhörte, wie sie mit ihrer Taube redete, plagte mich die Eifersucht und ich bedauerte immer, nur eine schwarze Krähe zu sein. Die Waltraud unterhielt mit dem Falkner ein Verhältnis. Als sie von der Elsbet deswegen zur Rede gestellt wurde, sagte sie: „Du blöde Bethe! Wenn ich seiner überdrüssig bin, magst du ihn haben. Dann kannst du deinen Tugendspiegel mir zur Aufbewahrung geben." Elsbeth errötete vor Verlegenheit, traute sich fortan aber nichts zu sagen, weil die Schwester so jähzornig war.

„Einmal kam die Waltraud mit dem Falkner erst spätabends heim und verkroch sich sofort in ihr Zimmer. Zwischen den beiden musste etwas besonderes vorgefallen sein, weil sie einen feuerroten Kopf hatte. Er hingegen trug den Kopf noch höher als sonst. Die Reiherfeder, die sie beim Ausritt auf ihrem Hut hatte, trug jetzt er ganz keck auf seinem Hut. Aber Weibergunst ist eitel Dunst."

„Das bekam er bald zu spüren. Als im Herbst die Besuche der anderen Schlösser eintrafen, ließ sie den Falkner erfahren, dass er nur ein Knecht war. Er schlich jetzt trübsinnig mit hängendem Kopf herum."

„Mit den Gästen kam ein nobler schwäbischer Ritter, Hartwig von der Aue, von hoher fürstlicher Abstammung auf das Schloss."

„Die Waltraud gab mit Liebesliedern singend zu erkennen, dass sie zu haben wäre und stellte ihm ständig nach. Elsbet hingegen saß schüchtern mit ihrer Handarbeit daneben und traute sich kaum, den schmucken Ritter anzusehen, wenn er ein paar freundliche Worte an sie richtete. Wenn sie ihn verstohlen musterte, gefiel er ihr schon auch."

„Die Waltraud hatte ihn schon fast an der Angel. Aber dann lief die Geschichte ganz anders. Hört nur gut zu!", sagte die alte Krähe. Die jungen Krähen rückten näher heran um alles genau zu verstehen.

„Als ich im Herbst meinen Platz auf der Linde anflog, waren alle im Zwinger beieinander. Der Ritter hatte eine Scheibe aufgestellt , auf die er mit der Waltraud um die Wette schoss. Die Elsbet saß auf der Bank unter dem Baum und wand aus Astern ein Kränzchen. Der Falkner lehnte seitwärts an der Mauer und sah finster der Waltraud zu. Er klimperte auf seinem Instrument und brummte dazu:

---

[96] Mit dem Wetzstein auf dem Sensenrücken fideln - erzeugt schmerzenden Lärm im Ohr

Minneschwur und Lautenklang
Klingt wohl süß, aber hält nicht lang."

„Die Waltraud setzte gerade zum Schuss an, da flog die Taube der Elsbet über die Mauer und setzte sich auf den Giebel. Die Waltraud musste der Teufel geritten haben. Sie zielte auf die Taube und traf sie mitten in die Brust. Die Taube flog noch mit Mühe bis in den Schoß von Elsbet und verendete dort.

Die Waltraud sprang herbei und schrie: „Das ist mein Vogel, den habe ich mir ehrlich erschossen!"

Die Elsbet weinte ein wenig, sagte aber kein Wort, da sie die Schwester fürchtete. Der Ritter warf der Waltraud einen frostigen Blick zu, wie ich ihn bei ihm noch nicht gesehen hatte. Dann setzte er sich zur Elsbet und tröstete sie.
„Der Falkner sang:

Willst du minnen und frein
Muss es Blauauge sein
Schwarzauge lügt
Schwarzauge trügt
Das Blauauge ist klar
Treu und wahr."

„Zuerst dachte ich mir, die Waltraud würde sich auf den Sänger stürzen und ihm einen Dolch in den Hals rennen, aber dann begann sie zu zittern und schlich geschlagen in das Haus."
„Ritter Hartwig ließ sein Pferd satteln und verließ das Schloss. Auf der Burg ließ er sich nicht mehr sehen. Die Waltraud ließ ihren Zorn an allen aus, die ihr unterkamen."
„Schließlich bandelte sie wieder mit dem Falkner an. Sie ließ sich nun wieder von ihm auf der Jagd begleiten. Die Elsbet wich ihr aus und war untröstlich wegen ihrer Taube."
„Von einem Jagdausflug kam die Waltraud allein zurück. Der Falkner blieb seitdem verschwunden. Ich fand ihn an einem ganz entlegenen Ort in einem dichten Gestrüpp. Er hatte einen Bolzen mit einem roten Band von der Waltraud in der Brust stecken. Ich überließ ihn den anderen Tieren zum Fressen, weil er mich so erbarmte."
„Später kam der Hartwig wieder auf die Burg. Die Waltraud stellte ihm wieder nach. Er beachtete sie nicht und machte nur der Elsbet den Hof. Das machte die Waltraud halb verrückt."
„Einmal ritt sie spät abends aus dem Schloss. Vorher muss es in der Burg eine hässliche Auseinandersetzung gegeben haben. Man hörte die Waltraud keifen und dann die Elsbet weinen."
„Ihre schwarzen Haare flatterten wild im Wind und ihre Augen schauten grimmig drein. Ich flog ihr nach, bis sie bei den drei großen Tannen halt machte und sich umsah. Ich krächzte ihr das Lied, das ihr der Falkner gesungen hatte:

„Schwarzauge lügt
Schwarzauge trügt
Das Blauauge ist klar
Treu und wahr.“

„Da erschrak sie und glaubte zuerst die Stimme des ermordeten Falkners zu hören. Als sie aber mich sah, riss sie die Armbrust her und wollte mich erschießen. Dann fiel ihr etwas anderes ein. Mit schmeichelndem Ton sagte sie: „Höre, du schwarzer Geselle, hacke mit deinem spitzen Schnabel der Elsbeth die zwei blauen Augen aus und bringe sie dem feinen Ritter zum Frühstück! Dann lass ich für dich und deine Sippschaft einen Knecht aufhängen.“

Ich verstand sofort, was diese rabiate Weibsperson von mir wollte. Am liebsten hätte ich ihr mit meinem scharfen Schnabel die Augen ausgehackt. Ich ließ mir aber nichts anmerken und sagte zu ihr: „Du hast als echte Rabenmutter für uns gesorgt. Mit dem Burschen, der im tiefen Wald liegt, haben wir noch eine Zeitlang zu leben. An deiner Schwester kann ich mich nicht vergreifen. Uns Krähen stehen nur die Toten zu, auf Lebende haben wir kein Anrecht!“

Einen Augenblick kämpfte Waltraud mit einem Rest von menschlichem Gefühl, aber dann packte sie ihre alte Leidenschaft. „Sie soll nicht länger leben“, schrie sie, „sie hat mir den Schatz abspenstig gemacht!“ Ich will ihn wiederhaben, selbst wenn ich dafür durch die Hölle muss!“

Da kam mir ein Gedanke, wie ich der bösen Trud ihr teuflisches Gewerbe verderben könnte. Ich flog zu ihr hin und flüsterte ihr ins Ohr: „Ich kenne ein Kraut. Es heißt Teufels Abbiss und wächst oben in den Schlernwänden. Wenn du ein Blatt davon dem Ritter in den Wein gibst, wird er ganz scharf auf dich werden. Lege eine Blüte dieser Pflanze unter den Polster von Elsbeth, das macht sie wahnsinnig und bringt ihr den Tod.“

„Kannst du mir das Wunderkraut verschaffen?“, fragte sie sofort. Ich sagte ihr: „Du musst es mit den eigenen Händen pflücken, sonst hat es keine Wirkung. Siehst du den Mond? Morgen um Mitternacht wird er voll sein. Dann lässt er seinen Tau auf das Kraut fallen, so bekommt es seine Zauberkraft. Wenn du den Weg über tiefe Schluchten und steile Wände nicht fürchtest, kannst du morgen um diese Stunde vor dem Schlosstor warten, dann führe ich dich hinauf, wenn du dich nicht fürchtest.“

„Ausgemacht“, sagte sie, „ich fürchte mich nicht und wenn es durch die unterste Hölle geht.“

„Am nächsten Abend trieb der Wind die Wolken vor sich her. Diese verdeckten zeitweise den Mond, sodass es finster wurde. Die Bäume ächzten und der Buhin ließ seinen schauerlichen Ruf hören. Als ich zurecht kam, lehnte die Waltraud schon am Tor. Sie war noch verstörter als sonst. Ihr blühendes Gesicht war weiß wie Wachs. In dem Augenblick hatte ich Mitleid mit ihr, aber dann fielen mir ihre Gemeinheiten ein, die sie alle begangen hatte, so sagte ich mir: „Die Strafe ist verdient!“ Sie sagte: „Ich bin bereit! Flieg voraus, ich komme nach.“

„Ich führte sie eine Zeit lang kreuz und quer durch den Wald und dann durch die Klamm hinauf. Ganz oben in der Schlernklamm lockte ich sie über ein Grasband in die gefährlichen Wände hinaus. Wenn sie mit ihren Schühlein auf dem Bürstling[97] ausrutschte, fluchte sie wie ein Fuhrknecht. Ein starker Windstoß warf sie fast aus der Wand. In diesem Moment kam der Mond voll heraus, da sah ich wie sie am ganzen Leib zitterte. Im Schloss unten rief der Turmknecht gerade die Mitternachtsstunde aus."

Die Krähe blickte in die Runde, ob noch alle zuhörten, dann erzählte sie weiter: „Seht ihr da drüben den dünnen Nebelstreifen. Genau dort setzte ich mich auf einen Stein und sagte zur Waltraud: „Wir sind angelangt. Ganz draußen auf dem überhängenden Felsblock wächst das Kraut. Merk dir aber, wenn du es pflückst, bist du mit Leib und Seele der finsteren Macht verfallen. So wie du deine Schwester Elsbeth umbringen willst, wirst du selbst zu Grunde gehen!"

Sie überlegte einen Augenblick, dann schrie sie: „Tot soll sie sein!" Sie riss das Kraut mitsamt der Wurzel aus dem Boden, verlor dabei das Gleichgewicht und stürzte, den Kopf voraus, mit einem Schrei in die Schlucht."

„Als ich am frühen Morgen über die Schlucht flog, war schon eine Schar Krähen versammelt, die gerade dabei war, ihr die schwarzen Augen auszuhacken. Ich wollte gar nicht mithalten, weil ich Angst hatte, von ihrer Bosheit angesteckt zu werden."

„Die Elsbet trauerte trotz allem um ihre Schwester. Sie erfuhr nie, unter welchen Umständen diese zugrunde gegangen war. Später heiratete sie den Hartwig von der Aue und zog mit ihm in das Schwabenland."

Es war spät geworden. Die Krähen steckten den Kopf in ihre Flügel und schliefen ein. Im Wald wurde es so still, dass man den Schnee fallen hörte.

Meyer – 1891

Der Toten Steg

Im Hauensteiner Wald verlaufen die Wege in alle Richtungen und sie kreuzen sich auch mehrmals. Man kann sich deshalb leicht verirren und nicht mehr herausfinden. Es ist ein Glücksfall, wenn man es vor dem Finsterwerden schafft, denn im Wald ist die Nacht der Feind des Menschen.

Ein junger schneidiger Ritter aus dem Grödental war bei den Maulrappen auf Hauenstein zu Gast. Bei der Jagd geriet er abends auf einen Irrweg und kam immer tiefer in die wildesten Gegenden hinein.

Es war Herbst und die Blätter hatten sich schon verfärbt. Ein feuchter Nebel legte sich über den Waldboden. Schließlich sah er nichts mehr. Da tauchte plötzlich eine weiße Frau auf, die an einem Baumstamm lehnte. Er wollte sich vorsichtig nähern, aber sie ging flinken Fußes zuerst in Richtug Schloss hinunter und dann wieder aufwärts. Der Weg wurde steiniger und die Nebelschwaden waren zeitweise so dicht, dass er kaum fünf Schritte weit sah.

Die weiße Frau stieg auf einem schmalen Steig in die Wand hinauf. „Wenn die mit ihren zarten Füßen das schafft, kann ich es auch!", sagte er zu sich selbst, während er sich auf dem immer schmaler werdenden Weg abmühte. Irgendwann hörte der Steig ganz auf. Er sah

---

[97] Borstgras

empor und sah die weiße Frau weit oben in der Wand. Nun wurde ihm klar, dass er von einem Gespenst in eine gefährliche Wand gelockt worden war.

Schritt um Schritt tastete er sich ganz vorsichtig zurück und brauchte sehr lange, um bis zum Fuß der Wand hinunterzugelangen. Schließlich fand er auch noch zum Schloss. Als er dort von seinem Abenteuer berichtete, sagte die Schlossfrau zu ihm: „Du kannst von Glück reden, dass du wohlbehalten davongekommen bist. Das Gespenst hat schon viele Menschen auf den Totensteg hinaufgelockt und die wenigsten sind zurückgekommen. Die meisten liegen in tiefen Schluchten, die für Menschen unerreichbar sind. Die Leichen werden von den Geiern gefressen und ihre Gebeine bleichen in der Sonne. Lasse dir vom alten Kastellan erzählen, wie es zu diesem Totensteig kam."

Dieser begann: „Dieses Schloss war nicht immer ein gastliches Haus mit einer gastfreundlichen Schlossherrin. Vor langer Zeit hausten an der Etsch die übermächtigen Eppaner Grafen, die mit dem Trientner Bischof kriegerische Auseinandersetzungen hatten. Der Schlossherr kämpfte dabei so lange mit, bis er im Kampfe fiel."

„Die junge kinderlose Witwe war eine schöne Frau und hatte schnell viele Verehrer. Die Abenteuerlust ihres Mannes, der bei jeder Schlacht dabei sein wollte, hatte ihr die Männer so verleidet, dass sie schwor, ihre Freiheit nie mehr einem Mann zu opfern."

„Je mehr sie die Freier abwies, desto lästiger wurden sie. Als ihr die Zudringlichkeiten zu viel wurden, ließ sie von durchziehenden Knappen im Fels oben einen Steig anlegen, der mitten in der Wand aufhörte. Die meisten Freier schafften den Abstieg nicht mehr und stürzten in die Schlucht."

„Jedes Mal wenn wieder ein Bewerber auftauchte, wurde er freundlich aufgenommen und gastlich bewirtet. Aber dann verlangte sie, der Werber müsse mindestens gleich viel Mut haben, wie ihr verstorbener Mann. Dafür müsste er hoch zu Ross in voller Rüstung einen Ritt auf den Schlern wagen. Wer sich nicht traute, wurde zum Teufel gejagt. Für all jene, welche die Herausforderung annahmen, gab es keine Umkehr. Sie liegen nun alle in der Schlucht unten."

„Es sah fast so aus, als wären alle Freier zugrunde gegangen, beziehungsweise abgeschreckt worden. Bis im Mai ein Ritter in glänzender Rüstung auf einem feurigen Berberross vor dem Tor stand. Er war ein besonders schöner Mann, dem der Mut aus den Augen blitzte. Als er um ihre Hand anhielt, errötete die Frau. Bei den anderen Männern ließ sie dies stets kalt. Diese hatte sie mit einem stolzen Lachen abgefertigt und über den Steig in den Tod geschickt."

„Sie bat um ein paar Tage Bedenkzeit, wobei er weiter ihr Gast sein sollte. Aus den Tagen wurden Wochen und Monate. Er hielt sich zurück, aber je länger es dauerte, desto mehr verliebte sie sich. Schließlich gestand sie ihm, er wäre der Erste, der ihr Herz erobert habe. Sie würde ihm durch Himmel und Hölle folgen."

„Mit spöttischem Lachen sagte er zu ihr: Ist recht! Das werden wir sehen. Ich will den anderen Brautwerbern gegenüber keinen Vorteil. Morgen früh mache ich den Schlernritt! Aber zum Beweis, dass du mich wirklich magst, musst du vorausgehen, um mir den Weg zu zeigen."

„Wie vernichtet stand sie da. Dann bettelte sie, er möge das nicht verlangen, denn es wäre für beide das Verderben. Der Ritter bestand aber auf dem Liebesbeweis."

„Beim Sonnenaufgang stieg der Ritter in voller Rüstung auf sein Berberross. Die Frau ging bleich und verstört voraus. Sie sprachen kein Wort miteinander. Als sie zur Wand kamen, warf sie noch einmal einen verzweifelten Blick auf ihn. Als sie in seine Augen sah, erschrak sie vor der Kälte und dem Hass, die darin funkelten.

„Du hast es so gewollt", flüsterte sie, „mit dir durch Himmel und Hölle!" Sie ging voraus, bis der Steig endete. Der Ritter rief ihr zu: „Du schäbiges Weib, deine Opfer da unten rufen dich, die Geier warten auf dich, damit sie dich fressen können! Fahr in die Hölle, aber ohne mich!" Sein Speer traf sie in die Brust. Mit einem schrecklichen Schrei stürzte sie in die Tiefe."

„Der Ritter riss sein Ross herum. Für einen Moment sah es aus, als ob beide abstürzen würden, aber das Pferd schaffte es umzudrehen."

„Die Unglückliche findet in der Schlucht unten keine Ruhe. Hie und da kommt sie heraus und lockt einen verirrten Wanderer auf den Totensteig. Wann und ob die arme Seele überhaupt erlöst wird, weiß bis heute niemand."

Meyer – 1891

Der Schatten

Geht man am Morgen vor dem Betläuten durch den Wald, sieht und hört man allerhand, was nicht geheuer ist. Beim Marterle[98], das für einen vom Jagdaufseher erschossenen Wilderer errichtet wurde, sitzt eine dunkle Gestalt mit dem Kopf auf der Brust. Drei Blutstropfen rinnen auf den Boden und verfärben die Erde.

Wenn man vorbeigeht, ohne ein „Vater Unser" zu beten, seufzt die arme Seele, dass einem das Herz bricht. Und eine Stimme aus dem Wald ruft: „Wehe – wehe – wehe!" Wer weitergeht, ohne ein Kreuzzeichen zu machen, stolpert über eine Wurzel und bricht sich ein Bein.

Wenn jemand mit dem Gewehr auf einer Wegkreuzung steht, gehen auf ihn und seinen Hund ein Rudel grauer Katzen los, die an den Schwänzen zusammengebunden sind. Es sei denn, er hat eine geweihte Kugel im Lauf.

Ist man nach dem Betläuten noch im Hauensteiner Wald, muss man schauen rasch herauszukommen, sonst kann man an Leib und Seele Schaden nehmen. Man darf sich nicht

---

[98] Bildstock zum Gedenken an einen Unfall

von einem Lichtlein hinter Sträuchern täuschen lassen. Statt in eine Unterkunft, wird man in ein Moor gelockt und geht elend zugrunde.

Geht man an der Ruine Hauenstein vorbei und hört eine Harfe, soll man keinesfalls stehenbleiben, sonst erleidet man das gleiche Schicksal wie der einzige Sohn des Firgler Bauern. Der wurde vom Harfenspiel verrückt und glaubte immer, die versunkenen Glocken von Seis zu hören, bis ihm die Totenglocke geläutet werden musste.

Kommt ein wandernder Schatten auf dich zu, bevor du bei der Kapelle ganz hinten im Wald bist, magst du, ohne zurückzuschauen, drei Kreuzzeichen machen und doppelt so schnell gehen, sonst ist es aus mit dir.

Ein Wanderer ging einmal spätabends an der Ruine Hauenstein vorbei. Er hatte ein bleiches Gesicht mit langem fliegendem Haar. Er war vom Weg abgekommen und sah durch die Baumstämme ein Lichtlein. Als er genauer hinblickte, war es aber nur moderndes Holz. Dabei stolperte er über eine Wurzel und schon tauchte aus dem Wald eine Erscheinung auf. Es war kein Mensch und kein Tier, kein Riese und auch keine Katze mit Feueraugen. Es war eine menschenähnliche Gestalt, ohne Farbe und Leben, ein wandernder Schatten.

Der Mond verschwand wieder hinter einer Wolke. Ein heftiger Windstoß fuhr über den Wald und ein Waldkauz schreckte mit klagendem Schrei auf. In der Ferne hörte man einen Wolf heulen.

Der Schatten winkte dem Wanderer zu, ihm zu den Teufelsspitzen[99] hinauf zu folgen. Diese waren nur manchmal zwischen den Wolken zu sehen. An der Waldgrenze oben sprach der Schatten mit hohler Stimme: „Höre, was ich dir zu sagen habe! Dort wo dein Fuß steht, wurde der letzte Hauensteiner von seinem Bruder umgebracht. Der Mörder flüchtete dann ruhelos um die Welt. Nicht einmal der Papst konnte ihn von der schrecklichen Sünde lossprechen. Von diesem Platz aus hat sich der Brudermörder, mit einem Sturz über die Wand, das Leben genommen. Sein Geist findet seitdem keine Ruhe und muss warten bis jemand kommt, auf dem der gleiche Fluch lastet. Ich bin der Brudermörder und warte seit vielen Jahren auf meine Erlösung."

---

[99] Santner und Euringer

Der Wanderer presste die Fäuste an seine Stirn und sagte: „Dann bist du erlöst! An meinen Händen klebt das Blut meines Bruders, das kein Weihwasser abwaschen und von dem mich kein Priester lossprechen kann."

Als in der Früh in Seis unten die Betglocke anschlug, verschwand der Schatten. Man hörte nur noch einen verzweifelten schrecklichen Schrei. Waldarbeiter fanden Wochen später unter der Wand einen schrecklich zugerichteten Toten, den niemand im Dorf kannte.

Er wurde auf dem Friedhof von Kastelruth christlich begraben und auf sein Grab ein Kreuz gesetzt. Das Kreuz war am nächsten Tag verschwunden und Wölfe hatten die Leiche ausgegraben und bis auf ein paar Knochen gefressen.

Der wandernde Schatten des Toten soll heute noch im Hauensteiner Wald umgehen und nachts die Wanderer erschrecken.

Meyer – 1891

Der Nixen See

Als das Schloss Hauenstein noch nicht stand, war in dieser Gegend ein See. In hellen Nächten fuhr darauf eine reizende Nixe in ihrem silbernen Schiffchen herum.

Einmal tauchte der Berggeist auf und machte ihr den Hof. Sie wies ihn aber entschieden ab. Das machte ihn so wütend, dass er zu den Schlernwänden hinaufrannte, Bäume ausriss und mächtige Felsblöcke herunterwälzte.

Auf einem der Felsblöcke wurde später das Schloss Hauenstein errichtet. Man weiß heute nicht mehr, ob der See dort war, wo bis vor kurzem das Magenwasserle geflossen ist. Das war eine Quelle, die in einen Teich mit Krönlnattern mündete.

Ausserer – 1927

Der Elfen Weiher

In der Nähe der Ruine Hauenstein gab es früher im Schatten von bemoosten alten Bäumen, einen kleinen Weiher mit Schilf am Ufer. Der Weiher war nicht viel größer als ein Schinaggl[100], aber sehr tief. Außen herum war ein weicher Teppich aus Moos.

Kein Mensch kam in diese Gegend und die Vögel sangen ihre Lieder um einen Ton leiser.

Tief unten im Weiher hauste eine Nixe. Wenn es Nacht wurde und der Mond durch die Baumwipfel schien, tauchte sie auf und fuhr auf ihrem silberglänzenden Schiffchen hin und her. Mit ihren zarten scheeweißen Händchen spielte sie auf einer Harfe so schöne Weisen, dass sich alle Vögel versammelten um zu lauschen.

Zwischendurch trank sie mit ihrem Becher vom kristallklaren Wasser, das ihr ewige Jugend und Unsterblichkeit bescherte.

In der Wolfsschlucht oben gab es eine Höhle, die mit einer siebenfachen Kette gesichert war und von einem Ungetüm, halb Wolf, halb Schlange bewacht wurde.

---

[100] Kleines Boot

In der Höhle hauste ein Kobold, ein gewaltiger Zauberer, dem alle Geister der Unterwelt untertänig waren. Er spielte sich deshalb als Herrscher der Berge auf. Seine übernatürliche Kraft nutzte er nur, um Unfug zu treiben. Wenn er zornig war, fuhr er vom Schlern herunter und knickte die Bäume um, als wären es Strohhalme. Im Sommer ließ er öfters klafterhohen Schnee fallen.

Er sah aus wie ein Zwerg und war sehr hässlich. Mit seinem Zaubergürtel konnte er die Gestalt wechseln. War er einmal ausnahmsweise sehr freundlich, musste man besonders auf der Hut sein, weil er dann eine schreckliche Bosheit im Sinn hatte.

Im frühen Herbst tauchte die Nixe wieder einmal auf. Da ließen sich die Vögel aber nicht sehen. Die Luft war schwül und die Eulen riefen in die Nacht. Plötzlich kam von der Wolfsschlucht ein heftiger Windstoß herunter, dass sich die größten Bäume ächzend bogen. Das Schifflein der Elfe begann so heftig zu schaukeln, dass sie beinahe herausgefallen wäre.

Am Rand des Weihers tauchte eine Erscheinung auf, die jeder Frau gefallen hätte. Ein Mann von majestätischem Aussehen mit königlicher Würde, einem langen schwarzen Bart und einer Krone mit Juwelen auf dem Kopf. Über einem schneeweißen Gewand mit einem schönen Gürtel, trug er einen scharlachroten Mantel.

„Holde Nixe, liebliche Herrscherin dieses schönen Waldes", begann er mit schmeichelnder Stimme, „neunmal ist dieser Wald schon neu nachgewachsen und neunmal sah ich, wie die kleinen Bäume zu dicken Stämmen wurden, seit ich dich das erste Mal gesehen habe und dein wunderschönes Spiel gehört habe. Seit dem ist mein Herz krank und wird vor Sehnsucht ganz schwach. Ich lege es heute mit meinen ganzen Reichtümern zu deinen Füßen und bitte um dein Herz!"

Die Nixe hatte wegen des lästigen Windes schon untertauchen wollen. Doch dann zögerte sie und sagte zu ihm: „Du wilder Bergteufel, dein Auftritt macht auf mich keinen Eindruck und deine Schmeicheleien sind gelogen! So wie Wasser und Feuer, oder Licht und Finsternis würden wir zusammenpassen. Ich schaue zu den Sternen, du aber zur Hölle, wo du auch herkommst. Alles was du in deiner schauerlichen Höhle oben ausbrütest, ist Unheil, Schrecken und Entsetzen. Jede Blume welkt, wenn du das Maul aufmachst und jeder Ton erstickt, wo du auftauchst. Verschwinde dorthin, wo du hergekommen bist. Mich graut es vor dir!"

Sie sah ihm furchtlos in die zornigen Augen, während er losbrüllte wie ein Stier. Sein Gesicht verzerrte sich zur Teufelsfratze. Wie ein Raubvogel wollte er sie mit seinen fürchterlichen Pratzen ergreifen, sie tauchte aber flink unter. Da er kein Wassergeist war, konnte er ihr nichts mehr anhaben. Wütend fuhr er zu seiner Höhle hinauf und warf dabei die stärksten Bäume um.

-o-

Die Nixe ließ sich seither nie mehr sehen. Der Wald trauert und die Singvögel sind auch weggezogen. Die Bäume sind seither ein paar Mal neu nachgewachsen. Zwischendurch wirft der tückische Teufel immer wieder Steine herunter, um den Weiher zu treffen und die Ruhe der Nixe zu stören. Auf einem dieser großen Steine wurde später Schloss Hauenstein gebaut.

Meyer – 1891

Elfenfäden und Elfenringe

Wenn das Getreide auf den Äckern geschnitten und das Grummet auf den Wiesen gemäht ist, sieht man glänzende Fäden durch die Luft fliegen, die auf den Sträuchern und Bäumen hängenbleiben. Die Gescheiten behaupten, das sind Spinnenfäden. Fromme Menschen sagen, das sind Muttergottesfäden, aber wer sich bei den heimlichen alten Geschichten ein wenig auskennt, weiß es besser. Es sind Elfenfäden. Sie werden von Elfen gesponnen, die in den klaren Mondnächten überall herumtanzen.

Wer genau aufpasst, wird im nachwachsenden dritten Schnitt auf den Wiesen kaum ellengroße Ringe sehen. Das sind kleine Plätze, auf denen die Elfen tanzen. Wer einen solchen Tanz sehen will, muss sich nach Mitternacht auf die Suche begeben. Wenn es im Osten grau wird, verschwinden die Elfen in alle Richtungen, denn sie vertragen kein Sonnenlicht. Sie sehen aus wie Menschen, sind aber nur eine Spanne groß. Wer glaubt, einen Floh kriechen zu hören, hört noch lange nicht den leisen Tritt einer Elfe.

Die Elfen mögen zwar die Menschen, aber es stört sie, wenn ihnen in der Nacht jemand zusieht. Kommt ein Mensch aber rein zufällig dazu, macht es ihnen nichts aus. Am liebsten haben sie die Liebespaare. Denen geben sie besonderen Schutz. Gerät ein Liebespaar nachts in ein Elfenrevier, binden sie es mit ihren Fäden so stark zusammen, dass die Liebenden ihr ganzes Leben beisammen bleiben.

Ihr Lebenselement ist der Wald, je dichter und finsterer er ist, um so lieber ist es ihnen. Ein Hirt hatte einmal ein Lamm verloren. Die halbe Nacht hatte er den Wald kreuz und quer abgesucht, ohne es zu finden. Ratlos setzte er sich bei einer Lacke auf einen moosigen Stein und zündete sein Pfeifchen an.

Im Wasser vor ihm waren Seerosen. Man hörte die Frösche quaken und die Grillen geigen. Der Mond schien so hell, dass man alles genau sehen konnte. Auf einmal kamen von allen Seiten winzige Gestalten mit silbernen Gewändern, goldenen Reifen auf dem Kopf

und Flügeln, wie sie die Schmetterlinge haben. Sie begannen im Kreis zu tanzen und auf Seerosenblättern über den Teich zu fahren. Mit goldenen Stäbchen wehrten sie die Frösche, die von allen Seiten nach den Elfen schnappen wollten. Einem ganz frechen Frosch gelang es, das Füßchen einer Elfe zu schnappen. Als die Elfe laut aufschrie, eilten die anderen zu Hilfe und schlugen auf den frechen Kerl ein. Der ließ sich aber davon nicht beeindrucken.

Der Hirt hatte es auch bemerkt. Er nahm ein passendes Steinchen und traf mit dem ersten Wurf den Frosch auf sein Maul. Mit einem Schmerzensschrei ließ er die Elfe los.

Die Elfen waren über die Rettung glücklich. Sie machten um den Retter herum einen Kreis. Der König mit dem roten Mantel sprach feierlich: „Retter meines Erstgeborenen, sag, wie ich dir für die Rettung danken kann. Verlange etwas Kostbares, du wirst es bekommen!" Der Hirt war ein wenig einfältig. Er sagte nur: „Helft mir mein Lamm zu suchen, sonst bekomme ich von meinem Bauer Schläge."

Der König sprach: „Da drüben, unter dem Baum, liegt dein Lamm! Wenn du aber wieder einmal ein Anliegen hast, kannst du zur Sonnwendzeit herkommen, dann findest du uns hier." Danach verschwanden alle Elfen. Der Hirt zog zufrieden mit dem Lamm und der Herde nach Hause.

Nach zehn Jahren verirrte sich ein Liebespaar auf diesen Platz. Ein stämmiger Bursche von fünfundzwanzig Jahren mit groben Zwilchhosen und einem rußigen Hemd. Sie war ein nettes Mädchen mit einem Stutzer[101].

Der Mond schien so hell, dass man hätte lesen können und Leuchtkäferchen flogen herum. „Siehst du Gretl", sagte er, „das ist der Platz, wo mir vor zehn Jahren die Elfen geholfen haben ein Lamm zu suchen. Sie haben mir etwas Kostbares versprochen, denn ich habe damals eine von ihnen gerettet. Ich warf ein Steinchen auf einen Frosch, weil der eine Elfe am Fuß geschnappt hatte."

„Hättest du dir doch etwas Anständiges gewünscht", zankte sie, „dann könnten wir heiraten. Aber du warst vor zehn Jahren auch nicht gescheiter!"

„Wenn es dir nicht passt, brauchst du es nur zu sagen! Dann gehe ich mit der Jagglmüller Trina. Die sieht mich auch nicht ungern!" „Und du siehst nur dem alten Jaggl seine Taler", maulte sie und rückte von ihm ab, „aber dann ist es aus mit uns zwei und das für immer!"

„Geh, sei nicht so grantig", versuchte er sie zu beschwichtigen, „es war nicht so gemeint! Wirst wohl einen Spaß verstehen!" Sie aber war beleidigt und sagte trotzig: „Zwei Häuser unter dem Jagglmüller haust der Niederweger Peter. Der steigt mir auch nach. Dann werden wir vielleicht Nachbarn!"

Jetzt war er eingeschnappt und zog nur mehr an seiner Pfeife. Aber da kamen die Elfen herbei und machten einen Kreis um das Paar. Der König sprach: „Wir Elfen vergessen nicht, wenn uns jemand geholfen hat. Sag deinen Wunsch!" Er überlegte ein wenig und meinte treuherzig: „Halt doch meine Gretl!" Der König sagte: „Was man schon hat, braucht man nicht mehr zu wünschen, aber es soll dir gewährt sein." Zur Gretl sagte der König: „Ich hoffe du wirst vernünftig sein. Was möchtest du?" Ohne einen Augenblick zu überlegen, fiel sie ihrem Schatz um den Hals und jubelte: „Meinen Hans natürlich!"

---

[101] Halblanger Rock

Die Elfen kamen und banden die Beiden mit ihren Silberfäden zusammen. Die goldenen Reifen von ihren Köpfchen legten sie dem Mädchen als Aussteuer für die Hochzeit auf den Schoß.

-o-

Nicht alle Tage findet man solche Ringe. Es wird immer schwieriger Elfen zu sehen. Wenn im Frühjahr zum ersten Mal der Kuckuck schreit, ziehen sie auf die Alm.

Meyer – 1891

Der Schlernsiedler

Dort oben, wo im Hauensteiner Wald unter den Schlernwänden die letzten Fichten stehen, gibt es eine fast unerreichbare Höhle, das Klausner Loch. Daneben entspringt eine klare Quelle. In der Höhle war vor ein paar Jahrhunderten eine Einsiedelei mit einer kleinen Kapelle, wovon schon längst keine Spur mehr zu sehen ist.

Als Kaiser Max, der letzte Ritter, die Krone des deutschen Reiches trug, ging im Sommer gegen Abend ein Pilger zum Schloss Hauenstein hinauf. Er unterhielt sich längere Zeit mit dem Hauensteiner, dann opferte er sein Waffenkleid und seine kostbaren Waffen mit eingelegten Edelsteinen in der Burgkapelle. Am nächsten Tag begleitete ihn der Hauensteiner hinauf in die Höhle. Die Hauensteiner Werkleute richteten in den folgenden Tagen eine bescheidene Einsiedelei ein.

Der Fremde lebte in der weltfernen Einschicht. Außer dem Hauensteiner wusste niemand um den Namen und die Herkunft des Einsiedlers. Dieser freundete sich mit dem Zwergenvolk an, das da oben in den Felsklüften hauste. Er verstand die Tiere, kannte Pflanzen und Moose, die den kranken Menschen helfen konnten. Als einmal die Pest in das Land einfiel, stieg der Einsiedler von seiner Klause herunter und vertrieb den schwarzen Tod von manchem Krankenlager.

Einmal ritt ein glänzender Rittertross den schmalen Steig zur Einsiedelei hinauf. Kaiser Max hatte gerade in Innsbruck Hof gehalten und vom Klausner gehört. Er wollte ihn unbedingt besuchen, da er wusste, dass es einer der ganz Großen im Reiche war. Weit oben beschied Kaiser Max der Begleitung, sie möge zurückbleiben. Er ging allein zum Einsiedler in die Höhle und redete mit ihm ein paar Stunden.

Beim Abschied bettelte der Kaiser den Einsiedler, er solle als sein Berater in die Welt zurückkommen. Er bräuchte seinen weisen Rat noch mehr als früher. Der Einsiedler ließ sich nicht dazu überreden, seine Klause zu verlassen. Kaiser Max zog weinend ab und verriet niemandem, wer der Einsiedler wirklich war.

Die Jahre vergingen. Der Einsiedler ging schon sehr gebückt. Da brachten ihm die Zwerge die Nachricht, dass 1519 in Wels der Kaiser Max verstorben war. Der Einsiedler trauerte um seinen Freund. Er überlebte ihn nur noch wenige Tage.

Seit dieser Zeit ist die Einsiedelei mit der Kapelle verlassen, nur der Wind brachte noch öfter das Glöcklein im Türmchen zum Läuten. Nach vielen Jahren zündete ein wildes Kriegsvolk die Einsiedelei an. Die Zwerge trugen das silberne Glöcklein auf den Schlernspitz hinauf. Von dort hört man es läuten, wenn ein Unheil droht.

Paulin – 1937

Das Klausner Loch

Wenn im Etschtal unten bereits die Kirschen reifen, gibt es unter den Legföhren in den Schlernwänden oben noch alten Schnee. An einem versteckten Ort gibt es ein Loch in der Wand. Jäger und Holzarbeiter suchen dort Unterschlupf, wenn ein Unwetter droht. Man nennt es das Klausner Loch. Daneben entspringt eine Quelle. Das Wasser versickert aber wieder im Schotter.

Meyer – 1891

Das verwunschene Schloss

Hast du noch nie vom verwunschenen Schloss gehört? Es steht tief im Wald drinnen, aber niemand kann sagen wo. Jene die es suchen wollten, fanden es nicht und wer es zufällig fand, ist nicht mehr zurückgekehrt.

Man erzählt sich, dass ein herumziehender Grödner an einem dunstigen Sommertag von der Alm herunterkam. Oben hatte er am Tag vorher nach Feierabend den Almleuten zum Tanz aufgespielt. Die Sonne brannte ihm auf das Genick und der Leierkasten drückte schwer auf seinen Rücken.

Als er den Wald erreichte, rastete er unter einer Fichte. Vor ihm war eine Lichtung mit Disteln und Brombeerstauden. Aus einer Pfütze hörte er Frösche quacken und Kröten herumtapsen. Sonst herrschte eine heilige Ruhe, wie an einem Sonntag. Nur ein Eichelhäher machte sich gelegentlich bemerkbar.

Der Grödner klopfte seine Pfeife aus und nahm einen Schluck aus seiner Schnapsflasche, dann schlief er ein. Als er aufwachte, war die Sonne beim Untergehen.

Halbschlafend sah er vor sich ein herrschaftliches Haus, mit einem runden Turm an jeder Ecke. Über einem großen Eisentor bemerkte er ein Wappen, das aus Stein gemeißelt war. An den Fenstern fielen ihm die fast blinden Butzenscheiben[102] auf. Dort wo er die Pfütze mit den Fröschen gesehen hatte, war ein runder Teich, der mit Ziersträuchern umsäumt war. In der Mitte thronte eine Steinfigur, die sich im verlotterten Teich spiegelte.

Keine menschliche Seele war zu sehen, kein Laut zu hören, der rostige Zeiger der Uhr zeigte auf die Zwölf.

Der Grödner wollte schon sein Instrument nehmen und weiterziehen. Da packte ihn aber doch die Neugierde, was es wohl mit dem merkwürdigen Schloss auf sich hatte. Er ging zum Tor und meldete sich mit dem Türklopfer. Niemand antwortete, so versuchte er die Türklinke zu drücken. Die Tür ließ sich öffnen.

Eine breite Marmorstiege führte zu den Stuben und Kammern hinauf, die mit schön, geschnitzen und verzierten Schränken, Tischen und Stühlen ausgestattet waren. In den halboffenen Schränken sah er wertvolle Sachen. Auf den Stühlen und Betten lagen Perücken und gestickte Gewänder, als wären die Leute gerade erst dagewesen. Nur die modrige Luft ließ keinen Zweifel daran, dass hier schon seit langem niemand mehr lebte.

---

[102] Sechseckige ungf. 8 bis 10 cm große Glasscheiben mit Bleistegen verbunden

Er staunte über den Reichtum und kam beim Weitergehen in einen großen Saal, in dem sich die Sonne im glänzenden Marmorboden spiegelte. An der Wand hing ein Bild neben dem anderen, mit Herren aus dem geistlichen und weltlichen Stand in schönsten Kleidern. Die Frauen mit ihren Reifröcken trugen viel wertvollen Schmuck. Alle blickten drohend auf den Bettler mit seinem Leierkasten.

Der Kampfhund, der auf einem großen Bild neben einem vornehmen Herrn abgebildet war, fletschte die Zähne und sah grimmig auf den Betrachter herunter. Der Grödner fürchtete sich und drückte sich zur Tür hinaus. Durch einen langen Gang kam er in die Rüstkammer. Dort waren Rüstungen, zerrissene Fahnen, alte Waffen und auf dem Tisch lagen Urkunden mit Siegel.

An einem Tisch saß ein alter Mann mit einer Samtkappe auf dem Kopf. Vor sich hatte er ein Buch aufgeschlagen. In der rechten Hand hielt er die Feder. Mit seinen leblosen Augen sah er auf das Buch hinunter. Da schlüpfte eine Maus aus seinem Mund und verschwand zwischen den Pergamenturkunden.

Den Grödner packte das blanke Entsetzen. Lautlos schlich er durch die schwere Eisentür hinaus, um den Ausgang zu suchen. Jetzt kam er zu einem eisernen Gatter, durch das er in die Kapelle hineinsah. Vor dem Altar stand ein kunstvoll geschnitzter Sarg mit sechs Wachskerzen. Auf dem Sarg lag ein blutiger Myrtenkranz und ein blutiger Dolch. Vom Sarg tropfte Blut auf den Boden.

In den Kirchenstühlen knieten Frauen und Männer in schwarzen Gewändern, die immer wieder einen Seufzer hören ließen. Der Grödner begann vor Angst zu schwitzen und war froh, als er endlich einen Ausgang fand. Aber das Tor war versperrt.

Er setzte sich auf einen Stein und überlegte, wie er entkommen könnte. Es war inzwischen finster geworden und aus dem Schloss hörte er klagende Musik und in den Pausen das Weinen und Schluchzen der Menschen in der Kapelle. Darüber schlief der Grödner ein weiteres Mal ein.

Gegen Mitternacht kam ein starker Wind auf, der die Wolken herumjagte und als die Eulen die Geisterstunde ausriefen, erwachte der Grödner.

Die Uhr schlug zur Mitternachtsstunde. Beim zwölften Schlag gingen in allen Fenstern die Lichter an. Menschen gingen geschäftig hin und her. Ein kleines Männchen kam auf den Grödner zu und mahnte ihn mit dem Finger, ganz leise zu sein und ihm zu folgen. Der Grödner schulterte seinen Leierkasten und folgte bis zum Prunksaal. Als er die Menschen, die er vorher auf den Bildern gesehen hatte, mit schwarzen Gewändern beim Totenmahl sah, wurde er starr vor Schrecken.

Er sah versteinert zu und wusste nicht was tun. In seiner Verlegenheit begann er an seinem Leierkasten zu drehen. Er drehte immer schneller, da verschwanden die Gestalten, die Lichter verloschen und das ganze Schloss fiel mit großem Getöse zusammen.

Als er aufwachte, lag er wieder im Wald unter der Fichte. Die Turmuhr schlug eins. Seine Haare waren in dieser Nacht schneeweiß geworden.

Meyer – 1891

Das verschlossene Tor

Zwei Mädchen und ein Bub gingen in den Hauensteiner Wald, um Beeren zu sammeln. Dabei wurden sie müde und bekamen Hunger. Sie setzten sich unter eine Fichte und aßen das mitgebrachte Gerstenbrot.

Da hörten sie plötzlich schöne Musik. Als sie die Musiker suchen wollten, sahen sie nach zwanzig Schritten ein eisenbeschlagenes Tor, das mit einem großen Vorhängeschloss versperrt war.

Sie trauten sich nicht mehr weiter, aber dann war doch die Neugierde größer. Der Bub probierte das Schloss zu öffnen. Weil es ihm nicht gelang, klopfte er mit einem Stück Holz so fest an das Tor, dass es drinnen hallte.

Weil sich noch nichts rührte, schaute er, ob ein anderer Eingang zu finden wäre. „Was wird wohl hinter dem Tor sein", rätselten die Mädchen, „gewiss schöne Sachen, Puppen, Spielzeug und schöne Kleider, wie sie die Kinder der reichen Leute haben!" „Oder gar ein

Schatz", meinte der Bub, „eine Truhe voll Silbertaler! Der Wirt in Seis unten hat so eine Truhe voll Geld." „Was würden wir mit den vielen Talern tun? Wir hätten nicht einmal einen Kasten dafür!", gab das größere Mädchen zu bedenken. Die Kleinere meinte: „Ach was, Puppen und Geld! Habt ihr nicht die schöne Musik gehört? Da sind gewiss Engel drinnen. Nur die können so schön spielen!" So redeten sie eine Zeitlang durcheinander und wurden dabei immer neugieriger.

Schließlich wurde es Zeit zum Heimgehen. Damit sie das Tor beim nächsten Mal wiederfinden konnten, knickten sie Astspitzen und drehten Steine um. In diesem Sommer kamen sie noch oft vor das Tor. Es war aber immer verschlossen.

Einmal blieben sie länger. Die Sonne war schon hinter der Mendel verschwunden und ein kühler Wind zog durch die Wipfel. Von Seis herauf hörten sie das Betläuten. Sie beteten, wie sie es gewohnt waren, ein „Ave Maria." Da raschelte es neben dem Weg in den Sträuchern, aus denen ein alter buckeliger Mann heraustrat und mit seinen pfiffigen Augen die Kinder der Reihe nach musterte.

„Amen", sagte der Alte, denn sie hatten das Gebet gerade beendet, „das ist brav, Kinder. Aber jetzt ist es nicht mehr gut für euch auf diesem Platz. Die bösen Geister bekommen im Wald nach dem Betläuten die Macht über die Menschen. Schaut, dass ihr schnell aus dem Wald hinauskommt bevor es zunachtet, damit euch ja nichts passiert. Ein anderes Mal dürft ihr nicht so lange vor dem verhexten Tor da bleiben, wo es nicht geheuer ist und der wilde Schuri umgeht, der die Mädchen verträgt und die Buben auffrisst."

Da kam schon aus dem tiefen Wald ein dumpfes Brüllen näher. Die Kinder bekamen Angst und hielten sich am Alten fest. Er nahm sie an den Armen und führte sie über Stock und Stein aus dem Wald, dass ihnen fast der Atem wegblieb.

Am Waldrand machte er drei Kreuze über die Kinder und sagte: „Gott sei Dank ist alles gut gegangen! Geht nach Hause und haltet euch nie mehr nach dem Betläuten im Wald auf. Ich bin nicht immer zuwege, um euch zu helfen." Dann verschwand er im Wald.

Nach ein paar Jahren suchte ein Ziegenhirt ein verlorenes Kitz. Dabei kam er auch in diese Gegend. Dort begegnete er einer bleichen, schwarz gekleideten Frau mit einem Schlüsselbund, die ihm bedeutete, er solle ihr lautlos folgen. Weil er glaubte, sie würde ihn zu seinem Kitz führen, folgte er ihr.

Sie sperrte das Tor auf und ging voraus in den Hausgang. Da der Hirte verlegen stehenblieb und nicht recht wusste, was er tun sollte, drehte sie sich um und hieß ihn nachzukommen. Drinnen sperrte sie eine weitere Tür zu einem hellen Saal auf. Die Wände waren mit Spiegeln verkleidet und die Decke mit wertvollen Fresken verziert.

In einem offenen Kasten sah er wertvolle Sachen. Die Alte zeigte auf den Schatz und sagte: „Wegen dieses Mammons, den mein Mann, der Herr von Prösels, auf gewalttätige Weise zusammengestohlen und da versteckt hat, habe ich bis heute keine Ruhe im Grab gefunden. Er selbst irrt als Gespenst zum Unheil und Entsetzen für späte Wanderer im Wald herum."

„Wenn du meinen Mann und mich erlösen willst von unseren Qualen, musst du diese goldenen Schlüssel dem Pfarrer von Kastelruth bringen. Der muss dafür so lange heilige Messen lesen, bis der abgestorbene Rosenstock auf unserem Grab wieder blüht. Das wäre das Zeichen dafür, dass wir unsere Ruhe gefunden haben."

„Sobald das geschehen ist, kannst du herkommen und alles nehmen was du da siehst. Es gehört dir, aber hüte dich bis dahin etwas anzurühren. Das wäre dir und mir zum Unheil!"

Sie überreichte ihm den Schlüsselbund und verschwand durch eine Geheimtür. Er warf noch einen schnellen Blick auf die kostbaren Sachen, da stach ihm ein besonders schönes Halsband mit Perlen und Granaten ins Auge, wie es die reichen Bauerntöchter am Sonntag tragen. „Was wird schon dabei sein", dachte er sich, „es gehört ja doch alles mir!"

Während er noch überlegte, glaubte er im Nebenraum ein Jammern zu hören. Er konnte trotzdem nicht widerstehen und steckte das Halsband mit schnellem Griff in die Tasche. Da hörte er einen Wehschrei, der durch Mark und Bein ging. Die Lichter erloschen, die Spiegel klirrten, der Fußboden krachte und zitterte unter seinen Füßen. Jetzt wollte der Hirte nur noch hinaus. Mit einem Donnerschlag fiel das Tor hinter ihm ins Schloss.

Draußen wurde es dunkel. Ein schweres Gewitter mit Blitzen und Sturmwind zog auf. Das dumpfe Brüllen, das die Kinder schon gehört hatten, war wieder zu hören. Der Hirt lief, so schnell er konnte und erreichte klatschnass seine Hütte.

Zu seinem Schrecken merkte er, dass er die goldenen Schlüssel verloren hatte. Es suchte am nächsten Morgen die ganze Gegend ab. Die Schlüssel blieben verschwunden.

Als er nach einer Weile den Schrecken vergessen hatte, schenkte er seiner Braut das schöne Halsband. Diese hatte eine Riesenfreude damit und trug es an den Festtagen mit besonderem Stolz.

Sie erkrankte aber bald darauf und starb nach ein paar Wochen. Der Hirte wurde schwermütig und verlor seinen ganzen Lebensmut. Er irrte jeden Tag im Wald herum, um die Schlüssel und das Tor zu suchen. Schließlich verlor er den Verstand und folgte seiner Braut in das Grab.

Der wilde Schuri geht heute noch im Hauensteiner Wald um. Waldarbeiter sehen öfters eine bleiche Frau im Trauergewand, die den Gruß mit einem Seufzer erwidert.

Meyer – 1891

Der Junker von Salegg und die Wasserfrau

Als Margarete von Maultasch unser Land regierte, hauste auf Schloss Salegg ein lediger Ritter. Zu seinen Diensten hatte er ein paar Knechte, ein Pferd, zwei Hunde und einen glatzköpfigen Knappen. Dieser hatte nur mehr ein Auge, ein schrulliges Wesen und ein Fußleiden.

Im Mittelalter war es für Ritter und Bürger gehobenen Standes geboten, eine Pilgerreise in das heilige Land zu machen. Der Junker von Salegg und sein Knappe waren auch als Pilger in Palästina gewesen. Sie hatten von dort die Abscheu vor dem Wasser und vor den arglistigen Töchtern Evas mitgebracht.

Der Junker war früher Kämmerer am Hof der Margarete von Maultasch gewesen und hinter jedem Frauenrock her, bis er sich unsterblich in ein Edelfräulein verliebte. Diese schickte ihn, als Liebesprobe auf Pilgerfahrt in das heilige Land.

Für die beiden Burschen war dort nicht viel zu holen, außer Krankheiten, gebrochene Knochen und wenn es schlimm gekommen wäre, ein Tartarenpfeil zwischen den Rippen.

Als sie mit ihren Pferden in Damaskus einritten, schüttete eine junge Armenierin dem Knappen einen Topf voll heißen Öls über den Kopf. Davon fielen ihm alle Haare aus und seine Glatze sah seitdem aus wie eine verbrannte Speckschwarte. Der Knappe war dem weiblichen Geschlecht trotzdem nicht abgeneigt und wollte sich, als Trost für den erlittenen Schaden, bei einer schönen Griechin einschmeicheln. Diese aber stieß ihm mit einem Bratenspieß das linke Auge aus und ihr Mann, ein vierschrötiger Hufschmied, zertrümmerte ihm mit einer Eisenstange das rechte Schienbein. Ein Glatzkopf, ein verlorenes Auge und ein lahmes Bein waren seine Errungenschaften im Heiligen Land.

Nicht viel besser erging es seinem Herrn. Der hatte sich in einem abgelegenen, schmutzigen Gässchen in eine schöne Dalila verschaut, die seiner Angebeteten zu Hause glich. Sie lockte ihn in eine Räuberhöhle. Dort wurde er mit Stöcken durchgeprügelt, ausgeplündert und schließlich wie eine tote Katze auf die Straße geworfen. Ordensbrüder haben ihn dort aufgelesen, in das Kloster gebracht und gesundgepflegt.

Während der Reise durch die lybische Wüste, ging ihnen der Wein aus. Beide glaubten schon, sie müssten verdursten. Als sie zum Jordan kamen, tranken sie gierig das schmutzige Jordanwasser. Daraufhin wurde sie von Bauchschmerzen und Durchfall geplagt. Das veranlasste sie zum Schwur, um jedes weibliche Wesen einen großen Bogen zu machen und Wasser nie mehr anzurühren.

Als die Beiden von der Pilgerreise heimkamen, erfuhr der Junker, dass ihm seine Angebetete nicht treu geblieben war und schon längst einen anderen geheiratet hatte. Das bestärkte die Beiden ihren Schwur zu halten. Wie der Teufel das Weihwasser mieden sie die Frauen und tranken nur noch Wein.

Der Junker trank zu Tisch und der Knappe musste vorher als Mundschenk aus jedem Krug Wein, der auf den Tisch kam, einen Schluck nehmen. Sein Durst auf Wein war aber oft viel größer. Deshalb suchte er immer heimlich den Keller auf, wo ihn der Junker dann öfters an beiden Löffeln zwischen zwei Weinfässern herausziehen musste. Dann versohlte er ihm den Hintern, denn beim Wein verstand der Junker keinen Spaß.

Untertags ging der Junker fast bei jedem Wetter auf die Jagd. Wenn er bis auf die Haut durchnässt heimkam, sagte er gut gelaunt zu seinem Knappen:

„Heute zapfe mir vom Mutterfass
Denn wird der Mensch von außen nass
Muss er das auch innen sein
Aber keinenfalls mit Wasser
Da braucht es schon einen Wein.“

Bei solchen Gelegenheiten durfte sich der Knappe auch einen Humpen voll schenken und mit dem Junker zu Tische sitzen. Dabei erzählten sie sich ihre Heldentaten vom heiligen Land gegen die Beduinen, Sarazenen, Araber und Heiden, Schlangen und Skorpione.

Wenn sie auf die schöne Dalila zu sprechen kamen, wurde der Junker immer ganz wild und fuchtelte mit beiden Fäusten. Der Knappe nahm seine Leier und sang dazu:

„Johannes der Täufer
Ist kein Deutscher und kein Säufer
Er tauft die Juden und die Heiden
Damit sie nicht leiden.“

„Das Wasser vom heiligen Fluss
Gab er ihnen zur Buß
Für uns war es eine große Pein
Am Jordan ohne Wein.“
„Das sind schon große Plagen
Verdorrt der Mund bis zum Magen
Wir haben getrunken die grausige Flut
Dann sank uns der ganze Mut.“

„Wir haben uns gewaschen die wunden Glieder
Dann zogen wir heimwärts wieder
Da trinken wir jetzt Wein
Und lassen das Wasser, Wasser sein.“

Der Junker nickte nach jeder Strofe mit dem Kopf und sang zum Schluss selbst weiter:

„Ein rechter Mann, der trinkt
Bis untern Tisch er sinkt
Und liegt er unterm Tisch,
Wird er wieder frisch
Und singt und fängt von vorne an,
Bis er nicht mehr singen kann.“

-o-

Es ging schon gegen Weihnachten und der Wind trieb den Schnee vor sich her, da kam der Junker einmal erst spät am Abend von der Jagd zurück. Der Knappe merkte sofort, es musste etwas passiert sein. Das Pferd zitterte und war ganz verschwitzt. Die Hunde kamen mit dem Schwanz zwischen den Hinterbeinen daher und verkrochen sich in der Hundehütte.

Der Junker ließ den Ofen einheizen und setzte sich traumverloren davor. Er kam erst zu sich, als das Feuer ganz niedergebrannt war. Dann verlangte er seinen Humpen Wein. Nach einem großen Schluck fragte er den Knappen, ob er einmal bei der Schwarzlacke in Salteria oben gewesen sei. Der Knappe entgegnete entsetzt: „Das ist das Sauparadies, in dem die Wildschweine baden! Zu Dutzenden waren sie dort. Das wäre eine Jagd gewesen. Ich hatte aber keine Lust auf einen solchen Teufelsbraten, denn da oben ist alles verhext. Wer nach dem Betläuten am Abend noch dort oben ist, mag danken wenn er mit heiler Haut davonkommt.“

„Hast du sonst etwas gesehen?", wollte der Junker wissen. Der Knappe wollte mit der Sprache nicht herausrücken. Erst als der Junker nicht aufgab, stotterte er etwas von einer Frau mit blondem Haar, die ihm vom Schilf aus zugewinkt hatte, er solle zu ihr in das Wasser kommen. „Ich habe mich davor gehütet zu diesem Ungeheuer mit dem Fischschwanz in das Wasser zu steigen. So schnell es mir mein krummes Bein erlaubte, bin ich abgehauen!", gestand er.

Eine Weile sagte der Junker gar nichts, dann platzte er heraus: „Wer sagt, dass die Wasserfrau ein Ungeheuer mit einem Fischschwanz ist? Das ist eine Frau wie jede andere, nur viel schöner als alle Frauen, die ich bis heute gesehen habe!"

„Seid ihr etwa von dem Fischweib verhext?", fragte der Knappe, „gebt acht, das Fischweib spielt Euch noch viel übler mit, als die beiden Anderen! Statt Wein werdet ihr Dreckwasser saufen, wie im Jordan und dann frisst sie Euch noch mit Haut und Haar."

„Du Lästermaul, du giftiges", schrie der Junker, „du bist still!" Dabei packte er den Knappen an der Gurgel und drückte ihn an die Wand. Dann sagte er: „Du warst wohl ein armer einfältiger Tropf, wenn du davongelaufen bist, als sie dir zugewinkt hat!"

Der Knappe sagte nichts mehr, weil er die Fäuste seines Herrn fürchtete. Aber bei beiden Stallknechten machte er seinem Ärger Luft: „Das Pferd frisst den Hafer nicht und lässt den Kopf hängen, gleich wie damals, als es das dreckige Jordanwasser im Bauch hatte."

Auch einer der beiden Knechte sagte: „Das Ross muss etwas Schreckliches gesehen haben, es hat den Haarstrich nach vorne, es beißt und schlägt aus, was es sonst nie tut, wenn man es striegeln will. Gebt nur Obacht, was man besonders in Abrede stellt, tut man! Unser Herr will zwar unser gutes Wasser nicht trinken. Er wird aber noch das Dreckwasser bei der Saulacke oben saufen und wie er einer christlichen Hausfrau abgeschworen hat, vernichtet ihn noch die heidnische Unholdin bei Leib und Seele!"

Der wasser- und frauenscheue Knappe fühlte sich auch betroffen. Er verdrückte sich in den Keller.

-o-

Der Ritter verfiel zusehends. Er aß kaum mehr etwas und mied den Wein. Er magerte ab und irrte wochenlang mit den Händen auf dem Rücken durch das Schloss. Schließlich ließ er das Pferd satteln, ohne zu sagen wohin er reiten wollte. Spät in der Nacht kamen beide so verdreckt nach Hause, als wenn sie gerade noch aus einem Morast herausgekommen wären.

„Ich lasse mir meine grauen Barthaare einzeln ausreißen, wenn der heute nicht wieder bei der verdammten Wasserhexe oben war", sagte der ältere Knecht, „die hat es ihm angetan. Sie zieht ihm das Blut aus den Adern, dass er bald aussieht wie ein Karthäuser Mönch." Auch den Knappen drückte das Missgeschick seines Herrn sehr. Er tröstete sich immer öfter beim Mutterfass im Keller.

-o-

„Wo bleibt der Junker?", fragten die beiden Knechten den Knappen, als der einmal spätabends aus dem Keller stolperte, „es hat schon Abend geläutet und er ist seit dem frühen Morgen weg." Der Knappe lallte mit schwerer Zunge: „Wer in der Minne steht, fragt nicht nach dem Abendläuten!" „Mir schwant nichts Gutes", sagte der jüngere Knecht, „seit drei Tagen höre ich die große schwarze Katze schreien und das Schlossgespenst geistert auch herum! Ich sage euch, wir erleben ein Unglück!"

„Schaut, was da kommt!", sagte der ältere Knecht. Durch das offene Tor kam das ganz verschwitzte Pferd ohne Reiter angesprengt. Es ließ sich willig den Sattel abnehmen und in den Stall führen.

Alle drei überlegten, was zu tun sei, aber keiner getraute sich in die finstere Nacht hinaus. Am Morgen zogen die Suchmannschaften aus, um den Junker zu suchen. Als sie zur Schwarzlacke kamen, fanden sie dort am Ufer, wie vermutet, seinen Hut und die Handschuhe. Jetzt war kein Zweifel mehr, der Junker war das Opfer der listigen Wasserfrau geworden. Die Männer bekamen es mit der Angst zu tun und machten sich eilends auf den Heimweg.

Der Knappe trauerte so recht und schlecht um seinen Herrn, wie es gerade zu seinem Gemüt passte. Als der Wein im Keller zu Ende ging, sattelte er das Ross und ritt von dannen.

Ob er sich noch ein Weib genommen hat, das ihm den Weinkrug höher gehängt hat, ist nicht mehr in Erfahrung zu bringen. Auch den beiden Knechten wurde es im Schloss zu ungemütlich. Geblieben ist nur mehr die schwarze Katze, die heute noch herumschreit und im Schloss die Mäuse und Ratten fängt. Das Schlossmandl hat weiterhin sein Unwesen getrieben, bis alles in Trümmer ging. Die Reste der Burg kann man heute noch ober dem Hotel Salegg sehen.

Meyer – 1891

Die Meerjungfrau

Westlich von der Ruine Hauenstein stand einst die Burg Salegg. Dort hausten die Herren von Salegg. Sie waren die Grundherren von Seis. Der Ritter war einmal von einer langen Kriegsfahrt heimgekehrt und führte fortan mit seinem Hofstaat ein liederliches Leben. Da er nicht verheiratet war, konnte keine edle Burgfrau die rauhen Sitten mildern.

Als der Ritter eines Tages allein durch den Hauensteiner Forst ritt, kam er an einen See, den er bisher noch nie gesehen hatte. Als er kurz anhielt, teilte sich das kristallklare Wasser und eine wunderschöne Meerjungfrau mit goldblondem Haar tauchte auf. Der Ritter war auf der Stelle von ihr verzaubert. Er stieg vom Pferd und bewunderte die Meerjungfrau, bis sie wieder abtauchte.

Von dem Tag an war der Ritter von Salegg derart verändert, dass ihn selbst seine Freunde nicht mehr wiedererkannten. Jeden Tag ritt er zum See hinauf und kehrte erst spät in der Nacht zurück. Die Freude an der Gesellschaft seiner Freunde und an dem ausgelassenen Treiben hatte er verloren und war in eine tiefe Schwermut verfallen. Die Meerjungfrau hatte ihn mit ihrer Schönheit so betört, dass er an nichts anderes mehr denken konnte. Sein Geheimnis verriet er aber niemandem.

In einer stürmischen Herbstnacht kehrte das Pferd schweißgebadet und am ganzen Leib zitternd, allein zurück. Als die Knappen am nächsten Tag Nachschau hielten, fanden sie am Seeufer die Handschuhe und den Hut des Ritters. Die Meerjungfrau hatte ihn in die Tiefe gelockt.

Lucillo Merci

Schloss Niemandsfreund

Hinter Tagusens ist auf einer Erhöhung im Wald die Ruine von Schloss Niemandsfreund. Die Grundmauern sind, obwohl sie von Sträuchern und Bäumen Überwachsen sind, recht gut zu erkennen.

Als am 4. August 1904 in Tagusens das halbe Dorf niederbrannte, wurden von der Ruine auf der Westseite Mauersteine für den Wiederaufbau des Dorfes entnommen. Von den acht Höfen die damals niederbrannten, wurde der Maloar, der Tschongitt, der Jager, der Fixl und der Tatscher an derselben Stelle wieder aufgebaut. Der Gedrinner ist siedelte aus. Der Tuf und der Zoch wurden aufgelassen.

Das Schloss gehörte einem Ritter. Es soll mit einem unterirdischen Gang mit dem Widum in Tagusens und vermutlich sogar mit der Trostburg verbunden gewesen sein.

Beim Tschongittn war der vierzehnjährige Benedikt aus St. Christina als Hirte angestellt. Gleichzeitig sollte er auch deutsch lernen. Im Herbst musste er im Wald ober Tagusens die Schafe hüten.

Nach Rosari[103] war er mit den Schafen bei der Ruine oben. Als es am Abend Zeit zum Heimtreiben war, merkte er, dass ein paar Schafe fehlten. Der Schrecken fuhr ihm in alle Glieder, weil der Tschongitt sicher schrecklich geschimpft hätte, wenn am Abend nicht alle Schafe heim in den Stall gekommen wären.

Er machte sich auf die Suche und kam dabei wieder zur Ruine hinauf. Dort hörte er hinter sich dürre Reiser, wie sie die Bäume abwerfen, knacken. Als er sich umdrehte, stand

---

[103] 1. Sonntag im Oktober

eine junge blonde Prinzessin in einem Gewand aus Seide und mit einer Krone auf dem Kopf vor ihm. Obwohl es schon fast finster wurde, war es um die strahlende Prinzessin herum fast taghell.

Benedikt fiel ganz verzagt auf die Knie und sah die Prinzessin ganz scheu an. Ihm kam sie so schön vor wie die heilige Magdalena in der Kirche von Tagusens. Die Prinzessin nahm ihn bei der Hand und hieß ihn aufstehen. Sie führte ihn durch einen mit Sträuchern verdeckten Eingang über eine Stiege in einen großen lichten, mit Kerzen erleuchteten Saal hinunter. An den Wänden hingen Waffen und wertvolle Bilder.

Die Prinzessin setzte sich zu Tisch und bot ihm den Platz neben sich an. Da kamen schon zwei Mädchen und brachten Kekse, Kuchen, süße Äpfel, Birnen und Zwetschgen. Dazu reichten sie edlen Wein. Die Prinzessin lud ihn ein zu essen und zu trinken. Dabei strich sie ihm mit der Hand über den Kopf. Er küsste ihr dafür die Hand.

Als er satt war, führte ihn die Prinzessin wieder über die Stiege hinauf. An der Tür lud sie ihn ein wiederzukommen, aber immer erst nach dem Betläuten in Tagusens. „Dann kannst du bekommen was dein Herz begehrt, aber du darfst niemandem sagen, wo du gewesen bist, sonst wehe dir und wehe mir!" sprach sie.

Als der Benedikt das versprochen hatte, wurde es finster. Er stand nun allein unter einer alten Fichte, mit tief hängenden Ästen, und begann vor Kälte und Angst zu schlottern, weil ihm wieder die verlorenen Schafe einfielen. Diese hatten sich jetzt gewiss hingelegt, sodass er sie nur finden würde, wenn er über sie stolperte.

Ganz verzagt kehrte er nach Hause zurück und wollte unbemerkt in seine Kammer schleichen. Als er sich durch die Haustür drücken wollte, hatte ihn der Tschongitt aber schon bemerkt. Er packte ihn beim Genick und wollte wissen, wo er sich so lange herumgetrieben habe.

Benedikt dachte an das Versprechen und stotterte nur: „Als ich beim Betläuten heimtreiben wollte, haben einige Schafe gefehlt und ich habe sie gesucht. Dann habe ich mich im Wald verlaufen und erst jetzt den Weg nach Hause gefunden."

„Gib ein anderes Mal besser auf die Schafe acht, du krautwelscher Nichtsnutz!", keifte der Tschongitt in seinem Zorn, „die Schafe sind längst im Stall. Die sind gescheiter als du, du fauler Esel! Ich werde dir schon Ordnung beibringen, damit du die Schafe ordentlich hütest und beim Betläuten heimtreibst. Und jetzt will ich die Wahrheit wissen, wo du gewesen bist!"

Benedikt biss sich auf die Lippe und schwieg. Da packte den Tschongitt die Wut. Er warf ihn auf die Ofenbank, zog ihm die Hose herunter und schlug ihn mit der Birkenrute, bis er blutig war.

Er hörte erst auf, als Benedikt zu reden begann. Als er die Geschichte mit der Prinzessin erzählt hatte, ging die Tortur weiter. „Ich werde dir die Prinzessin schon austreiben, mitsamt dem Schloss, du Spinner, du nichtsnutziger!", schrie der Tschongitt. Von den Schlägen spürte Benedikt nichts mehr und sein Peiniger hörte erst auf, als er von der Bank fiel. Jetzt nahm er seine Hose und schlich zur Stubentür hinaus in seine Kammer.

Schlafen konnte er nicht. Der Rücken tat schrecklich weh und für die Schläge schämte er sich. Aber am allerschlimmsten war das gebrochene Versprechen. Das konnte er sich nicht verzeihen.

Als der Tschongitt nach dem Stallrundgang die Haustür absperrte, hatte Benedikt keine Ruhe mehr. „Ich muss der Prinzessin alles erzählen! Sie muss mir verzeihen, wenn sie hört wie ich vom Bauer geschunden worden bin. So etwas kann ja kein Mensch aushalten! Sie wird das ganz gewiss verstehen. Ich muss sie heute noch aufsuchen," sagte er sich.

Durch die Haustür zu gehen traute er sich nicht. Die hätte ihn durch das Quietschen verraten. So band er ein Seil an einem Sparren in seiner Dachkammer fest und seilte sich durch das Fenster über die Mauer ab. Dann lief er barfuß zur Ruine Niemandsfreund hinauf.

Er hoffte, die Prinzessin würde ihn empfangen, wie sie ihm angeboten hatte. Aber jetzt war nichts zu sehen. Er fand nicht einmal den Eingang. Das machte ihn so verzweifelt, dass er sich weinend auf den Boden kauerte. Mit der Zeit schlief er ein. Doch im steilen Gelände begann er zu rutschen und er erwachte, als er gegen einen Stein stieß. Weit unten sah er ein Licht. Das musste die Prinzessin sein! Er hastete hinunter. Als er bei ihr ankam, stand sie ganz bleich und niedergeschlagen da und hatte ein todtrauriges Gesicht.

„Warum hast du mit deinem Gerede unser Glück zerstört?", fragte sie mit zittriger Stimme, „ich muss nun abermals ein paar hundert Jahre tief im Schloss unten warten, bis wieder einmal ein braver unschuldiger Bub abends nach dem Betläuten zum Schloss kommt und mich von dem alten Zauberbann erlöst, der auf diesem Schloss lastet." Damit verschwand das Licht um sie herum und sie selbst versank weinend im Erdboden.

Benedikt lief es eiskalt über den Rücken. Er tastete in seiner Verzweiflung die Stelle ab, wo sie verschwunden war. Einmal glaubte er noch, er sehe sie von weitem. Da begann er zu laufen, bis er zu einem Gang kam. Das musste der Gang sein, der zur Trostburg führte, von dem ihm die Tschongittn Tochter, die Anna, öfters erzählt hatte.

Dann spürte er keinen Boden mehr unter den Füßen und fiel ins Leere. Ganz weit unten rauschte der Grödner Bach.

Am anderen Tag gab es beim Tschongitt große Aufregung, weil Benedikt nicht zum Füttern aufgestanden war. Als ihn der Tschongitt aus dem Bett treiben wollte, war das Bett leer. Das Seil am Fenster verriet, wie Benedikt das Haus verlassen hatte. Im Garten zeigten frische

Fußspuren die Richtung. Die Tschongittn Leute nahmen an, dass Benedikt nach St. Christina zu seinen Eltern gegangen war.

Als Benedikts Vater beim Katreinmarkt in Klausen vom Tschongitt wissen wollte, wie es mit dem Benedikt so gehe, antwortete der Tschongitt: „Das weiß ich nicht, denn er ist in der Allerheiligennacht weggegangen!" „Dann ist ihm etwas passiert", stellte Benedikts Vater erschrocken fest, „denn bei uns daheim ist er nie angekommen!"

Daraufhin suchten die Tagusener drei Tage lang die ganzen Bühlen und den Grafenwald ohne Erfolg ab.

Vor Ostern mussten die Tschongittn Anna und die Maloar Mena nach St. Peter zum Begräbnis einer Base gehen. Auf dem Rückweg suchten sie neben dem Steig Blumen für den Osteraltar. Dabei fanden sie zu ihrem Schrecken unter einer Wand eine halb verweste Leiche. Die Tschongittn Anna erkannte an den Haaren und am Gewand, dass es der Benedikt sein musste.

Die zwei Mädchen eilten mit der traurigen Nachricht nach Hause und meldeten es auch dem Kuraten. Vier Männer von Tagusens holten den Benedikt auf einer Bahre. Er wurde zwei Tage beim Tschongittn aufgebahrt und dann auf dem Friedhof von Kastelruth beerdigt.

Santifaller – 1965

Die Maulrappen

Damals als Tagusens noch ohne Kirche war und nur drei Bauernhöfe hatte, war auch die Trostburg noch viel kleiner. Die Maulrappen waren die Herren über die ganze Gegend. In Wolkenstein war ihr Stammschloss an die Stabia Wand geklebt. Die Ruine kann man dort heute noch sehen.

Sie waren ein halbes Dutzend großer stämmiger Männer, mit Spitzbärten wie ein Ziegenbock, und ritten bewaffnet bis zu den Zähnen auf schwarzen feurigen Rössern. Sie waren viel unterwegs um den überhöhten Zehent[104] einzutreiben und die Bevölkerung zu den Robotarbeiten[105] für ihre Bauten und Wege anzutreiben.

Sie trugen alle das gleiche Ledergewand und schmückten ihre Helme mit Hahnenfedern.

Wenn sie des Weges waren, versteckten sich die jungen Mädchen und die Bäuerinnen machten ein Kreuzzeichen, wie es sonst üblich war, wenn ein Unwetter aufzog. Hatten die Bauern in schlechten Jahren zu wenig, um den Zehent abzuliefern, plünderten die Maulrappen die Speisekammern, die Keller und die Schränke. Sogar Kälber, Schweine und Schafe steckten sie in ihre Schnappsäcke.

Die Bauern von Tagusens, Kastelruth und dem Grödental beteten oft, dass sie Gott vor Blitz, Unwetter, Pest, Hunger und Krieg, vor dem Teufel und vor den Maulrappen beschützen möge.

Hinter Tagusens ließen die Maulrappen das Schloss Niemandsfreund bauen. Zu dieser Zeit passierte etwas Schreckliches. Die Verena vom Galrainer Hof hütete im Herbst ober der Trostburg die Kühe. In diesem Herbst gab es eine schöne Weide und die Kühe grasten friedlich. So konnte die Verena beruhigt, unter einer Haselstaude sitzend, an einem Strumpf stricken. Sie war ein liebes Mädchen und hatte gerade vor zwei Tagen ihr fünfzehntes Lebensjahr vollendet.

---

[104] Abgabe an den Grundherren
[105] Unentgeltliche Arbeit

Verena hörte die Kühe weiden und ein paar Fliegen summen, da überraschten sie von hinten zwei dieser Maulrappen und steckten sie in einen Sack. Vor Schrecken konnte sie nicht einmal schreien. Den Sack banden sie beim Hals herum zu und verbanden ihr noch den Mund mit einem Stofffetzen. Auf der Waldlichtung dahinter standen ihre Pferde. Sie knüpften den Sack mit der Verena an den Sattel eines Pferdes und ritten davon.

Einer zog das Pferd mit der Verena hinter sich her und der Andere folgte ihm in Richtung Tagusens. Dort wurden sie von den Leuten des Tamines- und des Prantner Hofes gesehen.

Daheim erschraken die Leute, als die Kühe abends allein zum Stall kamen. Der Vater ging sofort auf die Wiese um nachzusehen. Er fand bei der Haselnussstaude nur das Strickzeug. Die Mutter fiel fast in Ohnmacht, als der Vater nur mit dem Strickzeug zurückkam.

Die Galrainer Leute suchten mit mehreren Tagusnern die ganze Nacht die Gegend ab. Sie fanden aber keine Spur, nur den Hinweis der Tamineser- und der Prantner Leute, die beim Finsterwerden drei Pferde mit Reitern gesehen hatten.

Der Laschen Bauer in St. Michael sah die Drei an seinem Hof vorbeireiten, als er nach einer Kälberkuh schauen wollte. Er war sich ganz sicher, richtig gesehen zu haben, da die Maulrappen Fackeln mithatten. Der Dürschinger Wirt, unten bei der Mündung des Brembaches, der eine Gehstunde vom Laschen entfernt sein Gasthaus hatte, glaubte, sie um die gleiche Zeit auch gesehen zu haben, als er die letzten Gäste zur Tür hinausgeleitete. Spät in der Nacht sah sie der Suntavaller in St. Christina vorbeireiten.

Die Leute waren entsetzt, dass jetzt sogar die Mädchen nicht mehr sicher waren. Man hatte bei den Maulrappen bisher nie Frauen gesehen. Mit den anderen Adeligen im Lande waren sie so sehr verstritten, dass sie nie eine Frau bekommen hätten. Man verstand auch nie, warum ihrer nicht weniger wurden. Denn bei ihren Raufereien kam öfters einer um. Die Bauern erschlugen in ihrer Wut auch einige, wenn sie gar zu arg plünderten.

Jetzt befürchtete man, dass sie junge Mädchen raubten und sie zwangen Kinder auszutragen, um sie dann verschwinden zu lassen. Man hatte nie von einer Hochzeit oder einer Beerdigung einer Maulrappenfrau gehört und auch nie einen Grabstein gesehen.

Die Maulrappen waren sicher keine Christen. Man sah sie auch nie in einer Kirche. Einmal lauerten sie sogar dem Brixner Bischof in Klausen unten auf und sperrten ihn für mehrere Monate im Schloss Wolkenstein in den Kerker. Damals rückte der Herzog Meinrad von Tirol mit seinem Heer aus. Er konnte aber mit den Waffen nichts ausrichten, da zum Schloss nur ein ganz schmaler Steig hinaufführte, der von den Maulrappen leicht zu verteidigen war. Die Maulrappen aushungern zu lassen wäre auch nicht möglich gewesen, denn die hätten zuerst den Bischof verhungern und von den Ratten fressen lassen.

Nach drei Wochen gelang es dem Rottensteiner, dem Vogt des Herzogs, mit einer List und einem Wortbruch, den Bischof aus dem Schloss zu schmuggeln. Die Maulrappen waren dabei, bis auf ein paar Wachen, alle total besoffen.

Nach dieser Niederlage machten sie den Bauern das Leben noch schwerer. Die Händler, die von Bozen über den Ritten nach Brixen unterwegs waren, mussten nicht nur Wegzoll zahlen. Oft mussten sie froh sein, wenn sie mit dem Leben davon kamen.

Zur Nachtzeit lieferten sie die geraubten Sachen zum Wandfuß von Stabia und zogen sie mit einem Seilzug zum Schloss. Wenn größere Stücke, wie Weinfässer und Brennholz zu befördern waren, spannten sie ein Pferd vor den Seilzug.

Im Berg hinter dem Schloss waren Gänge und Höhlen. An einer Stelle war sogar eine Quelle. Ein Gang führte auf die Zanser Alm ober Villnöß. Deswegen hatten auch die Villnösser unter diesem Gesindel zu leiden.

Eine Zeitlang hörte man nichts mehr von der Galrainer Verena. Sie blieb verschwunden. Nach einem altem Brauch, der noch von der Heidenzeit herrührte, mauerte man damals im Grundstein wertvolle Gegenstände ein. Man wollte damit die Götter gütig stimmen, damit der Bau vor Blitz, Feuer, Überschwemmung und Erdbeben sicher wäre.

Das Schloss Niemandsfreund war kurz vor der Fertigstellung. Da sahen die Prantner Leute drei Reiter vom Brembach heraufkommen und nach Tagusens weiterreiten. Zwei der Reiter waren finstere Maulrappen und auf dem dritten Pferd saß ein sehr hübsches Mädchen mit einem schönen Gewand. Der Niggl Bauer stand gerade in der Stalltür, als sie vorbeiritten. Er erkannte die Galrainer Verena. „He Verena, geht es heimzu?", fragte er, „bist lange ausgeblieben und vornehm geworden, fein angezogen wie eine Prinzessin, mit Gold- und Silberschmuck!"

Die Verena errötete, konnte aber keine Antwort geben, weil ihr der Bärtige, der hinter ihr ritt, mit der Peitsche drohte. Dem Niggl Bauer zog er mit dem Lanzenschaft einen kräftigen Hieb über den Rücken, dass er beinahe hinfiel. Die Reiter nahmen den Weg zum neuen Schloss.

Beim Niggl hatte ein italienischer Maurergeselle eine Kammer gemietet. Er war wortkarg und sehr fleißig. Er arbeitete vom frühen Morgen bis zum Finsterwerden beim neuen Schloss. Abends legte er sich bald ins Bett.

Ein paar Tage nachdem die drei Reiter beim Niggl vorbeigeritten waren, kam der Maurergeselle erst spät am Abend von der Arbeit heim. Die Niggl Leute hatten gerade den Abendrosenkranz gebetet. Sie sahen sofort, dass der Maurer ganz durcheinander war und fragten besorgt, ob er krank sei. „Nein, krank bin ich nicht, aber ich glaube, ich werde verrückt, wenn ich daran denke was wir Maurer heute tun mussten. Mein Gott! Ich darf nichts sagen, sonst bringen die mich um, die schwarzen Teufel mit ihren Bocksbärten. Das arme Mädchen und so ein entsetzliches Ende!", jammerte er.

„Von welchem Mädchen redest du?", fragte die Nigglin den Maurer. „Von wem sollte ich reden, als von der Prinzessin, die vor ein paar Tagen mit den zwei Schwarzen in das Schloss geritten kam. Es gibt keine andere Frau im Schloss oben."

„Die zwei bärtigen Männer, die mit ihr gekommen sind, haben uns gesagt, wir sollten uns beeilen, das Schloss für die neue Herrin fertigzustellen. Denn die würde jetzt hier Hofstaat halten. Dazu lachten sie dreckig. Wir wollten die Prinzessin grüßen, aber sie sagte kein Wort und sah nur sehr traurig drein."

„In den letzten Tagen mussten wir im Keller unten, neben dem Kerker, einen schmalen Schacht mauern. Wir verstanden nicht, wozu es dieses Loch brauchte. Die Handlanger hatten schon Feierabend gemacht, da schoben die Bärtigen mit ihren groben Pratzen die weinende Prinzessin vor sich die Wendeltreppe herunter. Sie war nur mehr mit einem rupfenen Hemd bekleidet.

Der Lange von den Bärtigen zog eine Urkunde aus seinem Wams und verlas das Urteil. Die Verena war als neue Schlossherrin ausersehen. Da sie aber dem Schlossherrn nicht zu Willen war, wurde sie verurteilt, als Opfer für die Götter vom tiefen Wald und dem Felsen, lebendig eingemauert zu werden: „Die Götter sollen dafür das Schloss bis in alle Zeiten schützen. Die Verena muss darin bleiben, bis der jüngste Tag anbricht!"

Als er das letzte Wort gesprochen hatte, riss er der Verena auch noch das rupfene Hemd weg und stieß sie in das Loch. Sie bettelte und flehte zum Gotterbarmen um die Freilassung. Diese Männer aber haben ein Herz aus Stein. Uns zwangen sie, das Loch zu verschließen. Als wir uns weigern wollten, drohten sie uns mit ihren Schwertern. Sie brachten selber auch Steine herbei und mischten den Mörtel. Der Lange stand mit seinem erhobenen Schwert dahinter und hat uns bedroht und angetrieben."

„Das Jammern der Prinzessin war entsetzlich! Mir wurde schlecht davon. Ich hoffe, ich habe nur geträumt, dass wir einen lebendigen Menschen eingemauert haben! Ich weiß gar nicht, wie ich heimgekommen bin."

Als der Maurer den Niggl Leuten alles erzählt hatte, rief er verzweifelt: „Mit mir ist es aus! Mich werden diese bockbärtigen Teufel überall verfolgen, weil ich geredet habe. Sie werden mich erschlagen wie einen räudigen Hund, wenn sie mich erwischen und ewig verdammt bin ich auch, weil ich unschuldiges Blut eingemauert habe!"

Dann sprang er auf und rannte in die Nacht hinaus. Die Niggl Leute wären nicht imstande gewesen, ihn aufzuhalten. Die Nigglin bekreuzigte sich in einem fort und spritze Weihwasser in alle Richtungen. Zum Schluss schüttete sie den ganzen Weihwasserkessel in die Richtung von Schloss Niemandsfreund.

Der Niggl, der dem Maurer folgen wollte, sah ihn noch im Wald gegen die Schluchten zum Grödner Bach verschwinden. Er rief ihm noch mehrmals nach. Jedoch vergeblich, denn am nächsten Tag fand man ihn tot unter einer Wand.

Santifaller – 1965

Die Hirschlacke

In den Bühlen gab es früher viel Wild. Der Ritter von Schloss Niemandsfreund aber war ein ganz rabiater Teufel und hat alles geschossen, bis auf die letzte Hirschkuh. Seine einzige Tochter war das glatte Gegenteil von ihm. Als er auch diese letzte Hirschkuh erlegen wollte, setzte sie sich auf deren Rücken, in der Hoffnung, dass er vom tödlichen Schuss absehen würde.

Als er trotzdem schoss, flüchtete das waidwunde Tier, mit der Prinzessin auf dem Rücken, in die Hirschlacke. Dort kamen beide ums Leben. Von da an sah man auf dem Hirschmoos in der Nacht öfters ein blaues Licht.

-o-

Ein gutmütiger Waldarbeiter hatte davon reden gehört. Er rief bei der Hirschlacke die Ritterstochter dreimal beim Namen. Das Mädchen kam lebendig heraus und erzählte ihm die ganze Geschichte. Er fand sofort Gefallen an ihr und wollte sie umarmen und küssen. Sie entwand sich ihm und flüchtete wieder in die Hirschlacke. Er folgte ihr und so ertranken beide.

Fink 1983

Schloss Rotkofel

Beim Pestol[106] befinden auf der rechten Seite gegen den Katzenlocher Bühl die faulen Wände. Zweihundert Klafter lang und gut sechzig Klafter breit ist dort stark zerklüftetes Porphyrgestein vom Hauptfelsen abgespalten. Da gehen Felsspalten tief hinunter, manche ellenbreit, andere auch mehr. Die meisten sind mit Bruchsteinen verlegt, aber einige sind noch offen.

Ganz am Ende ist die rote Wand darunter besonders hoch. Dort sieht man noch gut erhaltene Mauerreste. Dort soll das Schloss eines reichen und jähzornigen Ritters gestanden haben, der Menschen und Vieh geschunden hat.

Einmal kehrte er von einer mehrtägigen Reise zurück und sein Pferd war so müde, dass es auf dem steilen Buntschakofl[107] Weg mehrmals stolperte. Anstatt abzusteigen, gab er dem armen Pferd die Sporen, weil er noch vor dem aufziehenden Gewitter im Schloss sein wollte. Das Pferd blutete bereits an beiden Knien, als es auf der Felsenplatte in der für die Zugtiere Querrillen eingemeißelt waren, ausrutschte und unglücklich stürzte. Das Pferd brach sich den Fuß und kam auf einem der Beine des Ritters zu liegen.

Es konnte nicht mehr aufstehen. Als der Ritter sein Bein mühsam freibekam, stach er dem Pferd in seiner Wut mit dem Dolch ein Auge aus. Das arme Tier stöhnte vor Schmerzen und schlug mit dem Kopf und mit den Beinen um sich.

In diesem Augenblick hörte man vom Schloss oben ein fürchterliches Krachen und Bersten. Der große rote Stein über dem Schloss brach auseinander und walzte das Schloss nieder. Ein großer Stein sauste gegen den Buntschakofl hinunter, zermalmte den Ritter und erlöste das Pferd.

Der Schatz im Pfleger Schloss

Beim Unterwirt in Seis waren an einem Sonntag nach Allerheiligen gegen Abend ein paar Männer in der Wirtsstube beim Kartenspielen. Der Penn Martl, der alte Ganar, der Porzer Peter und der Unterwirt selber.

Da kam der Penz zur Stubentür herein und begann sogleich vom Schatzsuchen zu reden. „Das verstehe ich überhaupt nicht, dass noch niemand den Schatz im Pfleger Schloss unten gehoben hat. Ich habe erst vor ein paar Tagen von einer alten Frau auf dem Ritten gehört, dass der Schatz ganz leicht zu finden wäre. Ich bin leider nicht von hier, sonst hätte ich es längst schon versucht!"

Der Peter spitzte die Ohren. "Wo soll er denn sein, dieser Schatz?", wollte er wissen.

„Da kann man nie fehlgehen! Du bist ja mit der Wünschelrute gut. Magst es nur suchen das Gold, bevor ein anderer schneller ist!"

Jetzt hatte der Peter kein Sitzleder mehr. „Ich muss jetzt heim", sagte er. Worauf der Penn Martl meinte: „So eilig musst du es nicht haben, heute ist Sonntag, da läuft dir schon nichts davon!" „Es wird früh finster, jetzt muss ich wirklich gehen!" Er hastete auf dem kürzesten

---

[106] Schwer zugänglicher Graben neben dem alten Weg nach St. Oswald hinter dem Hof Außerlanzin

[107] Alter Zufahrtsweg für Kastelruth

Weg zu Pfleg hinunter und grämte sich ein wenig, weil er seine Spezialwünschelrute aus Kupfer und Messing nicht mithatte. Aber er wusste sich zu helfen. Er riss von einer Haselnussstaude einen Zwiesel herunter und machte sich damit auf die Schatzsuche. Die Rute schlug an einer Stelle ganz heftig aus und an mehreren Plätzen in der Ruine zeigte sie auch noch wertvolle Sachen an.

Die Pflegerleute fragte er noch um die Bewilligung zum Schatzsuchen. „Ein Anteil vom Schatz muss für uns aber schon herausschauen!", meinten die beiden augenzwinkernd. Auf sein Bitten hin versicherten sie ihm auch noch, dass sie niemand anderem die Bewilligung für das Schatzsuchen geben würden.

Der Peter ging hoch erfreut heim und sagte zum Franz: „Morgen müssen wir beide in das Pfleger Schloss hinauf, um einen Schatz zu heben. Der Penz hat davon erzählt. Ich habe auf dem Heimweg mit einer Haselnussrute probiert und den Platz, wo der Schatz liegt, schon gefunden. Ich bin mir ganz sicher! Wir müssen ihn nur noch ausgraben. Du musst mitkommen, denn allein kann ich ihn nicht heimtragen. Morgen nehme ich meine gute Wünschelrute mit, dann haben wir es bald!" Seiner Schwester, der Rosa, versprach er noch eine goldene Halskette mit einem Muttergottespfennig.

Am Montag rückten beide mit Wünschelrute, Schaufel, Pickel und großen Rucksäcken aus. „Halbmittag[108] brauchen wir heute keines! Wir sind nicht lange aus", sagten sie zur Rosa.

Mit der richtigen Wünschelrute glaubte der Peter den Schatz noch schneller zu finden. Doch es ging nicht so flott wie geplant. Beim Mittagessen versicherten die beiden: „Bis zum Abendessen haben wir den Schatz! Wir sind ganz nahe dran!" Die Rosl meinte: „Wenn es der Penz gesagt hat, wird wohl nicht viel dahinter sein." „Ich habe den Schatz mit meiner Wünschelrute deutlich gespürt", maulte der Peter verärgert, „den haben wir schon so gut wie sicher in der Hand!"

---

[108] 2. Frühstück

Bis zum Abend hatten sie noch nichts gefunden und an den folgenden Tagen blieben sie auch erfolglos. Der Franz nahm sich fast nicht mehr die Zeit für seine wöchentlichen Botengänge nach Bozen, so eifrig waren die beiden täglich auf Schatzsuche.

Als sie die lockeren Schichten durchwühlt hatten, arbeiteten sie mit Kompressor und Brechhammer im Felsen weiter. Es machte ihnen auch nichts aus, wenn sie von den Leuten deswegen dumm angeredet und mitleidig belächelt wurden.

Nach gut einem halben Jahr kamen sie dann zur Einsicht, dass es im Pfleger Schloss wohl keinen Schatz mehr gab.

Max Jaider – Rienzner

Der unterirdische Gang

Von der Trostburg führt ein unterirdischer Gang zum Zollhaus in Kollmann. Wenn die Trostburger einem Sturmangriff nicht mehr standhalten konnten, flüchteten sie durch diesen Gang und kamen in Kollmann drüben sicher wieder heraus.

Heyl – 1897

Die Seiser Alm

Um 1600 herum schrieb Max Sittich von Wolkenstein, dass „ab den Dorf Castelreudt di allerschonigste und große alm, so man nit jr gleichen findt, genant dis Seysser Almb, darauf man jarlichen in Sumber in di 1500 kie und bey 600 Ogsen erhalten und nichgest weniger in di 1800 futer hey herab gefiert werten und auch etliche euter (hundert) zendten Schmalz und Käs gemacht werten, so sollten bey 400 heytillen darauf stein und 100 kasertillen und um Jakobi bey 4 oder 5 wochen bey 4000 man und weeib daroben liegen und arbeyten tain in hey und das kroffigist und beste hey, so man in landt findt und man kann sy kamb in ein ganzen tag umbgian."

Weiters führt er aus: „Man sagt auch fyr gewis, das man ob 100 jaren alda wilte leyt gesechn saint wortn." Die „Sylvanti" waren am ganzen Körper stark behaart und hausten in einer Schlucht ober Gschtatsch. Die Schlucht führte bis nach Pufels in den Keller des Gasthauses. Inzwischen ist die Schlucht verfallen.

Die Seiser Alm war schon früher wegen ihrer landschaftlichen Eigenheiten, mit dem einmaligen Rundblick, der Abgeschiedenheit der Sennerinnen und Hirten ohne sonntäglichen Kirchgang und den schnell aufziehenden heftigen Gewittern, (um die Sella, den Lang- und Plattkofel herum fallen dreimal so viele Niederschläge wie in Kastelruth) ein fruchtbarer Boden für Sagen und abenteuerliche Geschichten.

Max Sittich von Wolkenstein

Die Almordnung

Auf der Seiser Alm gab es schon zu früheren Zeiten handfeste Auseinandersetzungen wegen der Weiderechte, dem Hüten auf fremdem Grund und wegen dem Auftrieb in die Ochsenwälder. Da auch jedes Jahr die Wege instand zu halten waren, gab es Streit bei der

Aufteilung der Robotschichten, die dafür unentgeltlich geleistet werden mussten. Da sich die Bauern öfters nicht einigen konnten, wurde die Obrigkeit zu Hilfe gerufen.

Die erste amtliche Almordnung wurde in den fernen Jahren 1473 bis 1477 verfasst. Darin wurde das damals übliche Mähen von Heu auf den Gemeindeweiden vor Laurenzi[109] verboten. „wer die Gmain mädt vor Sanct Larentzn Tag, ist verfallen dem Gericht 50 Pfund." Auch das Abmähen des Porst[110] wurde hart bestraft.

Im Jahre 1598 gab es eine weitere Almordnung. Darin stand in den Prämissen, wie die Alten gedenken und wie man früher getan hat. Diese Urkunde ist verschollen. Eine sehr ausführliche Urkunde wurde von Beamten der Kaiserin Maria Theresia verfasst. Diese beriefen sich auf die ersten Urkunden und auf Urkunden vom Kaiser Leopold vom 21. Juli 1619 und Kaiser Karl vom 27. Mai 1716.

In achtundvierzig Punkten wurde angeführt, wer bei der Instandhaltung der Wege, Brücken und Zäune roboten[111] musste, wer auf Gemeindegrund Vieh hüten und in die Ochsenwälder Vieh auftreiben durfte.

Die Strafen für Heu- und Holzdiebstahl waren festgelegt. Schließlich wurden auch die Maßnahmen bei ansteckenden Viehkrankheiten angeführt. Um die Kenntnis des umfangreichen Regelwerks aufzufrischen, damit es die Bauern genauer befolgen konnten, bzw. die Mitinteressenten zu kontrollieren in der Lage waren, hat man die Almordnung zum Beginn des Almsommers jedes Jahr beim Kirchtag in Pufels verlesen.

Die Bauern kauften sich früher im Frühjahr im Pustertal magere Ochsen. Diese haben dann auf der Alm kräftig zugenommen und konnten im Herbst mit gutem Gewinn den Weinbauern im Etschtal verkauft werden.

Ausserer – 1977

---

[109] 10. August

[110] Auf Dauer stehengelassener Grasstreifen an der Grenze

[111] Unentgeltlich arbeiten

Die Seiser Alm und die verheißene Zeit

Der König vom Rosengarten besaß auf der Hochebene auf der Nordseite seines Reiches eine große Eigenjagd mit weißen Hirschen und Goldfasanen. Saftige Weiden wechselten mit den finsteren Wäldern, wo stattliche Zirbelkiefern jedes Jahr viele Zirbelnüsse trugen. Auf den Berghängen rundum weideten Gämsen. Der Partschott war als Jagdaufseher angestellt. Er musste auch die Wiesen im Rosengarten mähen und mit dem Heu im Winter das Wild füttern.

Eines Tages schickte der König seinen Hofstaat in den Berg hinunter und versteinerte den Rosengarten. Den Partschott und die Jagd hat er vergessen. Als dieser abends nach Hause kam, wunderte er sich über die Versteinerungen. Sein Rufen blieb ungehört. Niemand gab ihm Antwort. Der Partschott hielt sich nicht lange damit auf. Er baute sich auf dem Gunzer Bühl[112] eine Hütte und versah jetzt seinen Dienst am Wild ohne Lohn.

Es dauerte nicht lange, da tauchten fremde Leute auf. Sie brachten Vieh mit und hüteten es auf den Weiden. Sie führten sich auf, als wären sie die Eigentümer. Der Partschott versuchte mit den neuen Nachbarn auszukommen und bat sie, nicht alle Hirsche, Gämsen, Rehe und Fasane auszurotten. Diese hörten aber nicht auf ihn. Sie nahmen sogar seine Heustädel in Besitz und erweiterten mit Brandrodung die Weideflächen und Wiesen.

Darüber grämte sich der Partschott. Er redete mit niemandem mehr und wich den Leuten aus. Er schlich in den Wäldern herum und trauerte seinen Wildtieren nach.

---

[112] Erhebung vor dem Goldsknopf

Aus dem herrlichen Wald mit einzelnen Weideflächen wurde die Seiser Alm. Der letzte weiße Hirsch floh in den Hauensteiner Wald. Die Goldfasane flogen zu den Rosszähnen hinauf. Dort kann man sie heute noch sehen, wenn die Sonne mit den letzten Strahlen die Rosszähne streift. Dort oben wurde vor zweihundert Jahren der letzte Luchs geschossen. Vom Wald gibt es nur mehr ein paar Streifen und darin streiten sich die Eichelhäher um die Zirbelnüsse.

Den Partschott hatten die Leute ganz vergessen. Wenn sie ihn manchmal oben bei den Rosszähnen durch die Latschen schleichen sahen, glaubten sie, ein Gespenst zu sehen und fürchteten sich. Er wurde immer scheuer und schließlich wussten nur mehr die ganz alten Hirten vom Hörensagen, dass es einen Almgeist geben sollte.

Nur einmal im Jahr im Spätherbst, wenn kein Mensch und kein Vieh mehr auf der Alm ist, kommt der bärtige alte Partschott früh am Morgen vom Confin Boden her. Er geht langsam auf den Grunzer Bühl zu und schaut, ohne ein Wort zu sagen, die große leere Weite an. Dabei sieht er, dass er noch lange warten muss, bis er sein Jagdrevier zurückerhält. Er geht dann weiter zum Schlern und verschwindet dort.

Den Gang wird er noch oft machen müssen, öfter als alte Menschen denken können. Wenn er dann endlich auf dem Grunzer Bühl den Minnesänger Oswald von Wolkenstein in voller Ritterrüstung trifft, stößt der Partschott einen Jubelruf aus, dass man ihn bis auf die Raschötzer Alm hinüber hört und von allen Gipfeln das Echo zurückkommt.

Dann ist die verheißene Zeit gekommen und alles wird wieder, wie es einmal war. Der Minnesänger Oswald von Wolkenstein wird wieder seine Lieder singen und der Rosengarten wird in seiner alten Pracht blühen. Die versunkenen Bergpaläste werden auftauchen und der Hofstaat vom König Laurin wird zu neuem Leben erwachen. Der Zirbelwald wird sich neu ausbreiten und die Alm bis zum Grunzer Bühl zudecken. Der alte Partschott wird wieder das Wild hüten, wie er es früher getan hat.

Wolff – 1969

181

Die Legende vom Langkofel

Das Schloss des Königs von Laiandro hatte an den Ecken vier runde Türme mit gotischen Fenstern. An den Fenstern blühten rote Geranien und auf der Balkonbrüstung standen die Blumen so dicht, dass man aus der Ferne meinte, ein rotes Band sei um das Schloss gebunden.

Dem alten König waren schon alle Freunde seines Alters weggestorben. Er hatte nur mehr seine Blumen, bei denen er sich oft aufhielt. Wenn das Abendrot von der Sella den Widerschein auf sein faltiges Gesicht warf, leuchteten seine Augen und ließen die kahlen Felsen leicht und luftig erscheinen, die aus den dunklen Latschenkiefern durchschienen. Die Weiden, unterbrochen von herrlichen Almrosen, atmeten weich in der Almluft. Das Licht huschte am Abend über die Weiden nach oben und zauberte in das Gesicht des alten Königs ein gütiges Lächeln.

Sein Lieblinsbalkon befand sich ganz oben unter der Dachtraufe. Dort verharrte der König bis das letzte Licht verglüht war und die graue Dämmerung ihren Schleier über die Landschaft zu breiten begann. Dann warf er einen letzten Blick auf die Runde seiner lieben Berge, zerrieb ein Geranienblatt zwischen seinen Fingern, sog den feinen Duft ein und erinnerte sich, wie er einst im Spiel des Abendrots in zwei liebe blaue Augen geschaut hatte, mit denen er eine lange Zeit viele schöne Stunden geteilt hatte. Leise Wehmut legte sich auf sein Herz, wenn er sich langsamen Schrittes in seine Gemächer begab.

Als er wieder einmal an einem herrlichen Frühsommerabend bis zum Aufblinken der Sterne verweilte, erhob sich am Horizont ein heller Schimmer und eine lichte Frauengestalt schwebte her zum König Leandro auf den Balkon. Die Augen der Frau blickten traurig und zwei feine Falten lagen auf ihrer Stirn. Der vom Schmerz gezeichnete Mund lächelte leicht, als sie sagte: „Ich bin die Königin eines fernen Landes, in dem die Sonne weite Ebenen mit ihren Strahlen fruchtbar macht und eine wunderbar reiche bunte Landschaft zaubert. Ich kann mich an alledem nicht mehr erfreuen, seit ich mit ansehen muss, wie an der Gesundheit meines Sohnes ein heimliches Leiden nagt, gegen das unsere besten Ärzte keine Rettung kennen. Sein Lächeln ist erloschen und sein Blick irrt verloren in die Ferne. In der letzten Nacht sprach im Traum eine Stimme zu mir, das Wohlergehen deines Sohnes liegt in einem fernen Land. Ich werde dich leicht machen wie Luft und auf einer lichten Wolke in eine Landschaft mit verzauberten leuchtenden Bergen hintragen. Dort sollst du aber nicht die Schönheit der Berge bewundern. Du musst auf den darunter liegenden Bergweiden in einer Vollmondnacht ein bestimmtes Kraut pflücken, das sich nur durch seinen Geruch verrät. Wenn es der Morgentau noch nicht benetzt hat, wird es deinem Sohn helfen. Seine Lebensfreude wird zurückkehren und seine Augen werden wieder hell und klar werden.“

Der König nickte mit seinem Kopf und seine Augen füllten sich vor Mitleid mit Tränen. Als die fremde Königin aber weiter ausführte, dass ihr die Stimme im Traum gesagt hatte: „Du musst dem König Laiadro aber sagen, nachdem das Kraut gepflückt ist, wird am Fuß der Felsen alles Gras verdorren und das Vieh wird dort keine Weide mehr finden," wurde der König sehr zornig. Kalt und klar wurde jetzt sein Blick, Gier und Habsucht stach aus seinen Augen, mit denen er seine herrliche Umgebung musterte.

Die fremde Königin sprach weiter: „Ich darf dir auch nichts dafür anbieten, außer dass dich die Geister des Guten nach deinem Tode in ihr Reich geleiten und dir dort die ewige Ruhe schenken werden. Ich flehe dich an, habe Mitleid mit mir!"

Der Vollmond stand über den Bergen. Der König hörte nicht auf das Schluchzen der fremden Königin, er sah nicht auf ihre Hände, mit denen sie das Gesicht verbarg, er nahm ihre Worte nicht wahr. Er starrte nur vor sich hin. Sie verlangte zu viel von ihm. Das konnte er nicht gewähren.

Mit schneidender kalter Stimme drückte er zwischen den Zähnen heraus: „Du verlangst zu viel, das werde ich dir nie gewähren!"

Die Königin löste die Arme, die sie um seine Knie geschlungen hatte und ein leichter Wind brachte sie auf einer Wolke in das ferne Land zu ihrem kranken Sohn zurück.

Dann aber kam der leichte Wind als Sturm zurück und wütete um das Schloss des hartherzigen Königs. Er entwurzelte die Bäume und zugleich setzte ein mächtiger Sturzregen ein, der tagelang nicht mehr aufhörte und mit wilden Blitzen noch bedrohlicher wirkte. In der dritten Nacht hielt es der König in seinem Bett nicht mehr aus. Als er sich auf seinen Balkon begab, bemerkte er, wie sich die Erde auftat und ein mächtiger Turm empor wuchs. Die Berge rundherum ächzten, als würden sie samt ihren Wurzeln ausgerissen.

König Laiadro wurde von einem heftigen Windstoss auf die Spitze des umtosten Turmes getragen. Verängstigt blickte er in die Tiefe. Als auch noch die Geister des Bösen auftauchten und der Schmerz über seine Hartherzigkeit in seinem Innern wühlte, wusste er sich nicht mehr zu helfen. Mit einem Schrei stürzte er sich in die Tiefe. Ein schwarzer Geier tauchte mit ihm hinab.

Als die Hirten im Tal am nächsten Morgen vor die Hüttentür traten, sahen sie einen neuen Berg noch tropfnass steil in den Himmel ragen. Sie betrachteten bewundernd den steilen Felsen, denn die Verwüstung um den Berg herum konnten sie vom Tal aus nicht sehen. Einer fragte: „Wo kommt denn in Gottesnamen dieser lange Kofel her?"

Wo der neue Berg hergekommen ist, erfuhren die Hirten erst später von den Berggeistern. Der Name Langkofel ist geblieben.

Kindl

Blumen, die Augen der Berge

Im Volksglauben haben alle Alpenblumen eine besondere Bedeutung. Ihre Form, ihr Duft, ihre inneren Kräfte üben auf die Menschen in den Bergen einen großen Einfluss aus.

Die Almrose liebten schon die Riesen und Heidengötter in der grauen Vorzeit.

Die gelbe Bergaurikel ist das Sinnbild für kühnen Mut. Sie lockt mit ihrer Schönheit und bringt damit manchmal auch Verderben.

Der Enzian mit seinem tiefblauen Kelch, gilt als die Blume der großen, treuen Liebe und Zuneigung.

Die Soldanelle, das zarte violette Alpenglöcklein, das im Frühjahr neugierig aus dem zergehenden Schnee lugt, soll früher ein schönes Mädchen gewesen sein. Die Soldanelle ist die erste Blume, die in den Bergen den nahenden Frühling ankündet.

Die Silberdistel entfaltet ihre Schönheit im Herbst. Vor dem Regnen schließt sie ihre silbrigen Blütenblätter, damit sie sehr lange mit ihrer Schönheit den herbstlichen Wanderer erfreuen kann.

Der Lawendel versinnbildet, mit seinem angenehmen Duft und den blassblauen Blüten, das Siegel der Verschwiegenheit.

Die Maiglöckchen bedeuten Glück und die Veilchen betören mit ihrem Duft, mahnen aber gleichzeitig zur Bescheidenheit.

Das Gänseblümchen schenken sich junge Liebende als Zeichen ihrer aufrichtigen Zuneigung.

An den Südhängen der Dolomiten schaukeln die Alpenglockenblumen auf zarten Stängelchen ihre zartblauen Glöcklein. Sie werden von den Elfen liebevoll betreut.

Der gelbe Enzian ist das richtige Mittel für einen beleidigten Magen. Er ist sehr wählerisch was den Standort betrifft und blüht im Spätsommer.

Die Schlernhexen wiegen auf dem Schlern ihren Wuschelkopf im Wind. Im Herbst trägt der Wind den Samen mit den Federchen in alle Richtungen. Einmal sind sie sogar bis zur Kreuzwegkapelle auf Kohlern geflogen. Sie sind aber, wie die meisten Alpenblumen, Kinder der Berge und können nur dort richtig gedeihen.

An der stark aromatischen Brunelle erkennen die Verliebten ob ihr Glück von ewiger Dauer sein wird. Sie hat eine weiße und eine schwarze Wurzel, die wie Hände aussehen und miteinander verflochten sind. Einer Legende zufolge hat der Herrgott der Brunelle diese eigenartigen Wurzeln erschaffen, weil eine treue Braut, die immer eine Brunelle in ihrem blonden Haar trug, von ihrem Bräutigam schmählich verlassen wurde, obwohl er ihr ewige Treue geschworen hatte.

Der Gletscherhahnenfuß ist ein harter Bursche, der mit den rauen Bedingungen im ewigen Eis oben spielend fertig wird.

Der Eisenhut ist die Pflanze der finsteren Mächte. Er ist giftig und wird von allen Weidetieren gemieden.

Das Edelweiß ist die edelste aller Alpenblumen. Die saligen Fräulein lieben das Edelweiß und pflegen es sorgfältig. Heutzutage freuen sich Bergsteiger und Wanderer daran und lassen es stehen. Früher stürzten öfters junge Burschen beim Edelweißpflücken für die Angebetete ab.

Alle Blumen in den Bergen sind Zeugen des harten Lebens unter Grenzbedingungen und ringen mit ihrer Anspruchslosigkeit dem Wanderer die Bewunderung ab.

Die schönen Steine

Die Dolomiten besitzen nicht nur die stillen Farbtupfer, wo ein bisschen Erde Leben möglich macht und wo in einer schmalen Felsritze ein wenig Feuchtigkeit ein liebes Blümchen sprießen lässt, sie bergen auch edle Steine, die Heil- und Zauberkräfte besitzen.

Ein Achat am Hals getragen, schützt vor Schlangenbissen. Er macht lustig Blut und schickt schöne Träume.

Ein roter oder gelber Karneol an einem Ring vertreibt die Angstgefühle. Der rote Rubin behütet vor jeglicher Gefahr, besonders vor einem gewaltsamen Tod. Ein roter Granat verliert seinen Glanz, sobald Gefahr im Anzug ist. Der grüne Smaragd stärkt das Gedächtnis und die Blickschärfe. Außerdem nimmt er die Angst vor Geistern. Der Türkis behütet vor jedem Todessturz.

Wer an Schmerzen leidet, hole sich beim nächsten Bach drei Kieselsteine und trage sie in der Tasche. Er wird schnellstens genesen.

Im Bergkristall liegt die Zukunft verborgen. Damit können Sonntagskinder in hellen Vollmondnächten die Zukunft ergründen.

Lucillo Merci

Der starke Hans

Der Graf Altenburg von Glaning hatte einen Knecht angestellt, der vorher bei mehreren Bauern vergebens um Arbeit gefragt hatte. Der Graf war aber recht zufrieden mit dem Knecht. Als dieser weiterziehen wollte, fragte er ihn, was er sich als Lohn wünsche. „Eine Eisenstange mit einem Gewicht von hundert Kilo möchte ich haben," erwiderte der Knecht.

Der Graf besorgte die gewünschte Stange, verlangte aber, der Knecht solle ihm vor dem Fortgehen noch den ganzen Mist ausfahren.

Der Knecht nahm die Eisenstange, warf den Stadel mitsamt dem Mist den Berg hinunter und machte sich davon.

Als nächstes tauchte er auf der Seiser Alm auf. Dort traf er den Franz, der die Alm eben machen sollte. Ohne ein Wort zu sagen, hat der starke Hans alle Bühel mit seinem Buckel hin - und her geschoben, bis alles eben war.

Dann sagte der starke Hans zum Franz: „Lass uns miteinander auf ein Handwerk gehen." Sie zogen weiter und kamen auf die Lagazoier Alm. Dort hatte ein Bauer die Schafe verloren und konnte sie nicht finden, obwohl er schon drei Tage gesucht hatte. Der Franz schaute drei Mal die Runde und sah durch den Berg hindurch die Schafe ganz hinten im Fassatal auf einer Wiese weiden.

„Dich kann ich brauchen," freute sich der Hans, „zieh mit mir weiter in das Pustertal!" Dort trafen sie den Lenz. Der sagte: „Ich bin ein armer Mensch und kann gar nichts, aber ich habe Siebenmeilenstiefel. Wenn ich die anziehe, bin ich in einer halben Stunde über Europa draußen."

„Dich kann ich brauchen!" sagte der Hans und sie zogen weiter in die Steiermark. Dort war ein Graf, der gerade einen Krieg führte. Er hatte auch eine schöne Tochter. Diese wollte er dem Geschicktesten zur Frau geben, wenn ihm die Drei helfen würden, den Feind zu überlisten. Der Franz sollte auskundschaften, wo der Feind steckte. „Der Feind ist mit zwei Regimentern noch zwei Tage entfernt," stellte der Franz sogleich fest.

„Lasst uns essen und trinken," verkündete der Graf, „dann üben wir das Schießen." „Lasst das Schießen sein," befahl der Hans, „das kostet nur Geld!"

Als der Feind kam und über den Graben wollte, schob der Hans mit seinem Buckel einen ganzen Hügel in den Graben und erstickte damit den Feind. Dafür wollte er die Prinzessin zur Frau haben, aber diese grantelte: „Mich gelüstet nach einem Apfel vom Heiligen Land und nicht nach dem Hans."

Da schickte der Hans den Lenz mit den Siebenmeilenstiefeln in das Heilige Land, um den gewünschten Apfel zu holen. Der kam aber nicht zurück. Nun musste Franz nach dem Rechten sehen. „Den sehe ich unter einem Olivenbaum liegen und schlafen," gewahrte der Franz mit seinem scharfen Blick in das Heilige Land. Da hat der Hans seine hundert Kilo schwere Eisenstange genommen und in der Steiermark so fest auf den Boden gehauen, dass es den Lenz im Heiligen Land drei Meter in die Luft geworfen hat, worauf dieser sofort mit dem Apfel zurück gekommen ist.

Die Prinzessin aß den Apfel und heiratete den Lenz. Die Hochzeit dauerte acht Tage und wenn sie mit dem Feiern noch nicht genug haben, sind sie immer noch dabei.

Leander Petzoldt

Brandstifter

Zu früheren Zeiten brannte die Außerlanziner Schwaige ab. Der Außerlanziner ging auf die Alm um den Schaden zu besichtigen und die weiteren Maßnahmen einzuleiten. Schon von weitem sah er die Sennerin auf einem Haufen Asche in der Mitte des Brandherdes sitzen. Sie rührte sich nicht, als er sie ansprach. Er wollte sie an der Hand nehmen und aus der Brandstätte herausführen. Da verschwand sie und wurde nie mehr gesehen. Das war das sichere Zeichen dafür, dass sie den Brand verursacht hatte.

Ausserer – 1937

-o-

Vor hundertfünfzig Jahren konnte der Außerlanziner Tonl seinen zehnten Geburtstag fast nicht erwarten, damit er endlich auf der Alm hüten durfte. Das Hirtenleben auf der Alm oben malte er sich in den schönsten Farben aus. Sein Glück war vollkommen, als er zwei Tage vor dem Almauftrieb beim Sattler die neue Peitsche abholen durfte, die sein Vater für ihn bestellt hatte. Mit dieser übte er so fleißig, bis er an beiden Händen Blasen hatte.

Beim Auftrieb ging er stolz vor dem Vieh und kam sich ungeheuer wichtig vor. Die Hofleute hatten auf der Schwaige noch zwei Tage zu tun, um den im Herbst ausgebreiteten Mist zu zerkleinern und den Zaun zu reparieren. Als diese aber heim fuhren und nur mehr der alte brummige Senner auf der Schwaige werkelte, packte den Tonl ein entsetzliches Heimweh.

Nach drei Tagen kam er auf den Gedanken, die Hütte anzuzünden. Er dachte sich, wenn die Hütte abbrennen würde, müsste man auch das Vieh wieder hinuntertreiben.

Als sich der Senner am Nachmittag zum Melken in den Stall begab, schnürte er zuerst das Bündel mit seinen persönlichen Sachen. Dann grub er auf dem offenen Herd die Glut aus der Asche und legte eine große Menge Holz darauf. Als sich das Feuer entfacht hatte, packte er sein Bündel und setzte sich auf den Hang oberhalb der Hütte, um noch zuzuschauen, wie die Hütte niederbrennt. Dann wollte er sich auf den Heimweg machen.

Der Senner im Stall darunter hörte während dem Melken plötzlich das Feuer knistern. Er lief mit dem Melkeimer in die Hütte hinauf. Dort hatte das Feuer bereits die Foltn[113] angesengt. Er schüttete die frisch gemolkene Milch, den ganzen Wasservorrat und schließ-

---

[113] Schlanke Rundstämme quer gelegt, statt der Dachsparren und Latten bei den Hütten auf der Alm

lich sogar die zum Aufrahmen aufgestellte Milch in das Feuer. Damit konnte er den Brand gerade noch löschen.

Der Tonl bekam vom Senner neben grober Schelte, ein paar Ohrfeigen. Das hat auch gegen das Heimweh ein wenig geholfen.

Karl Fulterer – Außerlanziner

-o-

In den neunziger Jahren des 19. Jahrhunderts brannte die Enzianhütte ab. Dort hatte der Enzian Simmele den Enzianschnaps gebrannt, der gegen alle Übel geholfen hat.

Im vergangenen Jahrhundert brannten einige Schutzhütten. Hinter vorgehaltener Hand wurde öfters von einem warmen Abbruch gemunkelt.

Die Riesen von Sassegg

Auf dem Sassegg, der heute Plattkofel heißt, hausten früher Riesen, die sich zu ihrer Bedienung eine große Schar von Zwergen hielten. Die fleißigen Wichte mussten für ihre Herren alle Arbeiten verrichten, damit diese ein bequemes Faulenzerleben führen konnten. Die Riesen hatten auch eine unglaubliche Kraft. Wenn sie Durst verspürten, nahmen sie den erstbesten Stein und drückten mit ihrer Faust daraus Wasser in ihr Maul.

Den ganzen Tag trödelten sie faul herum. Nur einmal wollten sie etwas Nützliches tun, aber auch das ging daneben, weil sie ihre Kraft doch überschätzt hatten. Sie klemmten sich zwischen den Plattkofel und den Zahnkofel, den sie zum Innerkofler Turm hinüberschrieben wollten, damit sie gleich wie beim Plattkofel bequemer auf diesen hinaufsteigen konnten. Der Zahnkofel neigte sich wohl ein wenig zur Seite, sodass er heute stark überhängt. Aber dann nützte die ganze Kraft nichts mehr. Sie mussten aufgeben.

Wegen ihrer Faulheit war ihnen die pultdachartige Form des Plattkofels gerade recht, damit sie ihr Mittagessen bequemer verspeisen konnten. Jeden Tag wollten die Riesen zu Mittag Knödel, die ihnen die Zwerglein von der Spitze des Plattkofels herunter in ihr großes Maul rollen mussten.

Mit den Riesen hatten die Zwerge die größte Mühe, da sie es kaum schafften, diese Vielfraße jeden Tag satt zu bekommen. Abends fielen sie todmüde in ihre Bettchen und wurden von schweren Träumen geplagt.

Die Knödel aber nahmen beim Herunterrollen über die Steinplatte kleine Steine auf, welche die Riesen für schmackhafte Speckstücke hielten. Das Verhängnis nahm seinen Lauf, da sich die Steine in ihren Mägen ansammelten.

Nach einiger Zeit bekamen die Riesen davon höllische Schmerzen. Sie fühlten ihr Ende nahen und verkrochen sich in die Schluchten des Molignons, wo sie dahinsiechten. Die Zwergen waren heilfroh, die Riesen losgeworden zu sein.

Erlacher

Der Tschon Stein

Als auf den Bergen noch Riesen hausten, wollte einer von den wilden Männern einen Stein über die Seiser Alm und das Grödental bis zu den Flitzer Riesen auf Tschann hinüberwerfen.

Er hat seine Kraft aber doch deutlich überschätzt, denn der Stein flog gerade bis zur Tschon Schwaige auf der Seiser Alm.

Fink - 1971

Die Tschon Sennerin

Auf der Tschon Schwaige wirtschaftete eine fromme Sennerin, die Lena. Sie betete am Morgen nach dem Aufstehen, zu jedem Essen und untertags verrichtete sie immer wieder ein Stoßgebet, um sich vor allerlei Übel zu schützen. Am Abend betete sie einen ganzen Rosenkranz, zwei Litaneien und Fürbittgebete für alle Verwandten und Bekannten. Dem armen Hirten fielen öfters die Augen zu, wenn die Fürbittgebete gar nicht mehr aufhören wollten.

Eines Tages tauchten bei ihr Els, die Sennerin von der Trostburg und Anna, die Sennerin vom Zwingensteiner Hof auf. Nachdem sie vom Wetter, vom Vieh, vom Butter- und Käsemachen geredet hatten, rückten sie mit dem Vorschlag heraus, die Lena solle doch am Abend mit auf den Schlern kommen. Da oben gäbe es eine lustige Unterhaltung, viele gute Speisen und den besten Wein dazu.

Die Lena erwiderte: „Ich habe heute noch viel Arbeit und wenn ich am Abend meine Gebete verrichtet habe, bin ich froh, wenn ich ins Bett kann. Für den weiten Weg auf den Schlern taugen meine alten Füße auch nicht mehr."

„Das Beten kannst du dir schenken", sagte die Els, „und wer redet vom Zufußgehen. Du kannst mit uns auf der Ofengabel fahren!" „Du musst nur dem Herrgott, der Muttergottes und allen Heiligen abschwören", ergänzte die Anna. „Um Gottes willen, ihr seid vom Teufel geschickt!", rief die Lena ganz entsetzt. Sie bekreuzigte sich und drückte abwechselnd die Hände vor das Gesicht. Die beiden Frauen redeten in den süßesten Tönen über das schöne Leben, das sie mit ihrem neuen Glauben bekommen hatten und bedrängten die Lena mitzumachen.

Die Lena ärgerte sich über den lästigen Besuch und überlegte, wie sie die Zwei wieder loswerden könnte. Schließlich gab sie keine Antworten mehr und begann still für sich zu beten. Das ärgerte die beiden fürchterlich. Sie stießen wilde Flüche und Drohungen aus, worauf die Lena das Weihwasserkrüglein von

der Wand nahm und die beiden Frauen besprengte. Bei jedem Tropfen, den sie auf der Haut spürten, stießen diese grelle Schmerzensschreie aus und flüchteten laut schreiend aus der Hütte. Die Lena schüttete ihnen den ganzen Inhalt des Weihwasserkrügleins nach und legte auch noch geweihte Kräuter in die Glut des Herdes. Der aufsteigende Rauch hat den beiden Teufelsweibern den Atem genommen, obwohl sie schon einen Steinwurf von der Hütte entfernt waren. Hustend und keuchend stießen sie beim Weitergehen noch üble Verwünschungen aus, bis sie die Tschon Schwaige nicht mehr sahen.

Die Lena füllte das Weihwasserkrüglein wieder auf und betete an diesem Abend besonders andächtig. Vor allem dankte sie Gott dafür, dass es ihr gelungen war, die beiden Weiber aus der Hütte zu vertreiben. Zum Schluss besprengte sie die Hütte innen und außen mit Weihwasser. In diesem Moment hörte sie ein gewaltiges Rauschen in der Luft. Ein mächtiger Felsbrocken landete gut achtzehn Klafter[114] neben der Tschon Schwaige, wo er heute noch liegt. Die beiden Hexen hatten ihn in ihrer Wut beim Hexentreffen vom Schlern herübergeworfen. Sie wollten damit die Lena in der Schwaighütte zermalmen. Die Gebete und das Weihwasser haben aber ihre Wirkung getan.

Rudolf Grießer – 2007

---

[114] 50 Meter

Der Hexenfriedhof

Ober dem Moarhofer Loch[115] haben die verschiedenen Bächlein tiefe Gräben in das Lavagestein gefressen. Dort stürzen bei der Schneeschmelze, bei Gewittern und vor allem bei Hagelschlag gewaltige Wassermassen von den Rosszähnen herunter und graben sich immer tiefer in das weiche Gestein.

Etwas unter dem Steig, der durch diese Schlucht von der Malknecht Hütte zum Dialer führt, befindet sich in unwegsamem Gelände der Hexenfriedhof. Dort sind alle Hexen übereinander zur ewigen Unruhe aufgestockt, die nicht von einem Gericht zum Tod auf dem Scheiterhaufen verurteilt wurden, sondern aus Altersgründen oder durch einen Unfall gestorben sind. Die mächtigen Schichten kann man heute noch sehen.

Da müssen sie büßen, bis jede einzelne von einem gutherzigen Menschen, der aber ein Sonntagskind sein muss, erlöst wird. Es wird aber noch sehr lange dauern, bis alle Hexen aus dem großen Stapel die ewige Ruhe finden werden.

Rudolf Gießer - 2007

Der Wilde auf der Seiser Alm

Auf die Seiser Alm kam einmal ein alter Mann mit einem langen eisgrauen Bart, der ihm bis zu den Füßen reichte. Er sagte zu den Leuten:

„Ich bin so alt, denk die Seiser Alm, neun mal Wiese und neun mal Wald." Dann verschwand er.

Heyl – 1897

Der Seiser Alm Geist

Auf der Seiser Alm haust ein Almgeist, der den Leuten als grässliches Ungetüm erscheint, mit nichts zu vergleichen.

Einmal bekam er eine menschliche Stimme und rief ganz laut:

„I bin sovl ålt, denk drai maol Wiesa und drei mål Wåldt." Seit dieser Zeit sieht man ihn viel seltener.

Heyl – 1897

Der Gschtrahlschneider und seine Hexen

Er war ein Hexenmeister und hatte die Pemmerer Hexe vom Ritten und Pachler Zottl aus dem Sarntal unter seinem Regiment. Das flotte Trio hatte in allen Gemeinden der Umgebung schon viel Unheil angerichtet. Die Zusammenkünfte mit den anderen Hexen haben sie oft auf dem Schlern abgehalten. Einmal hat die Pachler Zottl gesagt: „Heute

---

[115] Stelle am unteren Ende der tiefen Einschnitte hinter der Malknecht Hütte

waren nicht viele Hexen da. Wir hatten nur siebenundsiebzig Saum Nüsse zu verteilen und für jede Hexe hat es sieben Nüsse getragen."

Die Pemmerer Hexe wollte einmal vom Gasser Bauern die Ochsen zum Pflügen leihen. Weil dieser selber einen Acker zu bestellen hatte, musste er ablehnen. Da spannte sie einfach ihre zwei schwarzen Katzen vor den Pflug um.

Leander Petzoldt

Das Pfeifer Huisele

Weil der Vater des Huisele mit dem Pfarrer einen Streit hatte, taufte dieser das Huisele auf den Teufel. Mit drei, vier Jahren konnte das kleine Huisele bereits Wetter machen.

Bald musste es Vieh hüten. Das hat dem Huisele keine Mühe gemacht. Statt hinter dem Vieh herzulaufen, steckte es ein paar Äste in den Boden und hielt damit die Tiere auf der gewünschten Weide.

Später wurde das Huisele richtig boshaft und hat den Leuten manchen Schabernack gespielt. Einmal verwandelte es sich in einen Baumstock als ein Jäger daherkam. Der Jäger war hungrig und setzte sich gerade auf diesen Stock um seine Jause zu halten. Dabei spielte er mit seinem Messer, indem er es immer wieder mit der Spitze auf den Stock fallen ließ. Das hat dem Huisele arg weh getan.

Auf der Seiser Alm verwandelte sich das Huisele einmal in einen Bären und riss zweiundvierzig Tiere. Die aufgebrachten Bauern wollten den Bären erlegen. Sie konnten aber nichts ausrichten, weil sich das Huisele schon in einen Korb verwandelt hatte.

Einmal fuhr das Huisele mit einem schwer beladenen Holzfuhrwerk durch die Stadt Sterzing. Davor hatte es einen schwarzen Hahn gespannt. Eine alte Frau bereitete ihm aber einen unrühmlichen Auftritt. Sie hatte auf ihrem Rücken einen Korb voll Gras, in dem ein Vierklee war. Der machte den Zauber zunichte und die Leute lachten das Huisele gründlich aus.

Als es mit dem Huisele zu Ende ging, hat es der Teufel im Sarntal drinnen aus einer Höhle hinter dem Johanneskofel herausgezerrt und zur ewigen Verdammnis getragen.

-o-

Beim Sterzinger Musikfest im Jahre 1956 haben die Ratschingser den für das Huisele blamablen Holztransport zum Besten gegeben. Am selben Abend verwüstete ein Unwetter Ratschings und richtete auf den Feldern große Schäden an.

Die Bevölkerung meinte darauf, jetzt hat sich das Huisele für das Ausspötteln gerächt.

Fink – 1968

Der "Pflanzgeist" auf der Seiser Alm

Vor vielen Jahren pflanzte[116] auf der Seiser Alm ein unguter Geist die Menschen. Die Hirten und Mäher hatten unter seinen boshaften Späßen arg zu leiden. Am liebsten stieß er die Hocker[117] durcheinander. Sobald die Leute müde ihm Heu schliefen, kam der Pflanzgeist und streute wie ein Wirbelwind das Heu in der Gegend herum.

Der pfiffige Groaßa[118] sagte am nächsten Tag: „Jetzt werden wir das Heu wieder schön hockern. Dann verstecken wir aber in den Hockern frisch gewetzte scharfe Sensen!"

In der nächsten Nacht kam der Geist wieder und lachte schon diebisch, dass man es weitum hören konnte. Schon beim ersten Hocker schnitt er sich arg in den Fuß und in die Wade. Darauf schrie er so fürchterlich, dass es durch Mark und Bein ging:

"Ich bin so grau, ich bin so alt
Ich denk schon die Seiser Alm
Neun Mal Wiese und neun Mal Wald.
Ich gehe weck
Von dem Fleck
Und nimmermehr
Komme ich her."

Er hat Wort gehalten und wurde auf der Seiser Alm seither nie mehr gesehen.
Zingerle – 1891

Eine Kellnerin begegnet dem Almgeist

In einem Klausner Gasthaus kam eine Tischgesellschaft auf die Geister der Seiser Alm zu reden. Dabei warnte einer, dass mit diesen Geistern nicht zu spaßen sei. Da mischte sich die Kellnerin ein und sagte keck: „Solche Kindergeschichten braucht man nicht zu glauben!" Eine Zeitlang gingen die Reden hin und her. Schließlich bot die Kellnerin eine Wette an: „Um acht Taler gehe ich in der Nacht auf die Alm." Als Beweis verlangte die Tischgesellschaft, die Kellerin müsse aus einer Schwaige die Milchseihe[119] mitbringen.

In einer hellen Mondnacht zog sie nach Dienstschluss mit dem großen Hofhund los. Diesen hatte sie vorsorglich mitgenommen, weil ihr der Mut schon ein wenig gesunken war.

Auf Kompatsch oben dämpfte sie ihre Schritte, als sie von weitem ein Bockshorn blasen hörte. Der Hund, der bisher meistens einen Steinwurf vorausgelaufen war, klemmte den Schwanz zwischen die Hinterbeine und sauste heimwärts. Er ließ sich mit keinem Zurufen mehr zurückholen.

---

[116] hänselte

[117] Wenn abends Regen drohte, hat man am Abend das halbdürre Heu auf der Wiese zu kleinen Häufchen zusammen gestockt

[118] Vorarbeiter

[119] Gerät zum Milch seihen

Sie setzte sich auf eine Bank und überlegte, ob sie nicht auch umkehren sollte. Aber dann dachte sie an den Spott der Gasthausbesucher und die acht schönen Taler. „Alle guten Geister loben Gott den Herrn", betete sie und ging weiter. Als sie zur Schwaige kam, nahm sie den Schlüssel aus der Spalte über dem Türstock und sperrte die Hüttentüre auf. Drinnen machte sie auf dem offenen Herd ein Feuer um sich zu wärmen.

Als das Feuer auflodere, hörte sie das Bockshorn wieder. Als es näherkam, riss sie die Milchseihe von der Wand, bekreuzigte sich und wollte zur Türe hinaus. In dem Augenblick wurde vor der Tür geblasen und die Tür aufgestoßen. Sie schaffte es gerade noch, sich hinter der Tür zu verstecken, als ein riesiger Almgeist mit feurigen Augen auf den Herd zuging. Zuerst legte er noch Holz nach und dann begann er eine Suppe zu kochen. Während er umrührte, sah er immer wieder in den Winkel, in dem die Kellnerin zähneklappernd kauerte.

Als die Suppe gekocht war, lud er sie ein herzukommen und mitzuessen. Sie blieb ganz verschwitzt an ihrer Stelle und tat, als ob sie ihn nicht verstehen würde. Da er Anstalten machte, sie herzuholen, sprang sie in ihrer Verzweiflung auf, stieß ihn zur Seite und lief mit der Milchseihe zur Tür hinaus. Im Morgengrauen tauchte gerade der Turm von Klausen auf, als der Mesner mit dem Betläuten begann.

Die acht Taler hat sie erhalten, als sie die Milchseihe vorzeigte. Aber bald darauf erkrankte sie schwer und wurde nicht mehr gesund.

Heyl – 1897

Die Angst

Ein Bauer von Waidbruck hatte auf der Seiser Alm oben eine schöne Schwaige. Beim Almabtrieb am „Rosari Samstag[120]" hat er einmal den Melkeimer und die Milchseihe vergessen.

„Wenn ich einen Taler bekomme, gehe ich in dieser Nacht um beides zu holen", bot sich die Magd an. „Aber den Hofhund nehme ich mit, denn im Wald oberhalb von Kastelruth soll es geistern. Dort soll es öfter fürchterlich krachen." Und richtig, als die Magd mitten im Wald war, ging ein schreckliches Getöse los. Der Hund begann zu bellen und zu winseln, dann klemmte er den Schwanz zwischen die Beine und flitzte nach Hause.

Jetzt war die Magd allein im Wald. Sie dachte an den Taler, nahm den ganzen Mut zusammen und marschierte weiter bis sie merkte, dass ihr jemand folgte. Sie ging schneller, aber der Mann blieb dicht dahinter, bis sie zur Schwaighütte kam.

Als sie in der Hütte eine Suppe kochte, kam auch der Mann herein und aß mit. Sie begann am ganzen Leib zu zittern. Da meinte er spöttisch: „Zittere, zittere, das gefällt mir!"

Die Magd nahm Melkeimer und Seihe und machte sich auf den Heimweg. Der Mann folgte ihr bis in den Wald hinunter. Dort verschwand er.

Die Magd kam leichenblass in Waidbruck an. Sie legte sich ins Bett und wollte am Morgen nicht mehr aufstehen. Nach drei Tagen ist sie aus Angst gestorben.

Leander Petzoldt

---

[120] Samstag vor dem ersten Sonntag im Oktober

Die Frommerlahnen Geister

Wenn man um Mitternacht auf der Struzza[121] unterwegs ist, kann man in der Frommerlahne unten Räder rollen hören. Das verursachen die Fuhrleute, die früher die Zugtiere schlecht behandelt haben. Weil sie zu faul waren, auf diesem steilen Wegstück zu Fuß zu gehen, sind sie auch bei der Bergfahrt aufgesessen.

Jetzt müssen diese Fuhrleute in der Frommerlahne unten das Fuhrwerk über Geröll und Schotter nach oben ziehen. Wenn sie oben angelangt sind, saust das Fuhrwerk immer wieder in den Frommer Bach hinunter.

Das müssen sie so lange tun bis sie erlöst werden. Das kann aber nur ein Fuhrmann tun, der ein Sonntagskind ist und der Zugtiere immer gut behandelt hat. Der müsste, sobald er unten die Räder rollen hört, hinuntergehen und beim Schieben helfen.

Da aber durch den Straßenbau auf der Struzza keine Fuhrwerke mehr fahren, müssen die Geister noch lange auf die Erlösung warten.

Die Wasserkofl Quelle

Von der Wegkreuzung ober St. Valentin führt der Öfaser Steig auf die Seiser Alm. Das ist der kürzeste Weg, wenn man in das Fassatal gelangen will. Auf diesem Steig ist der heilige Hartmann hinaufgeritten, als er noch Bischof von Brixen war. Als er zum Wasserkofel[122] kam, plagte ihn, seine Begleiter und die Reitpferde arger Durst. Da die Quelle aber als giftig verschrien war, segnete er sie. Daraufhin wurde eine der Senevitten,[123] die im Wasser schwammen, riesengroß wie ein Drachen. Bischof Hartmann hat sie mit seinem Bischofsstab erschlagen.

Fink – 1983

---

[121] Alter Pflasterweg zwischen Gschtatsch und Fromm

[122] Frühere Tränkstelle 500 m oberhalb Gschtatsch

[123] Fadenwürmer

Der Peterlunger Lackengeist

Im obersten Teil der Tschapiter Gemeindeweide ist eine größere Lacke. Die Leute wollten wissen, wie tief die Lacke ist und haben drei Heuseile zusammen gebunden (ca. 120 m) und einen Stein daran gehängt. Der Stein hat den Grund nicht erreicht.

In der Lacke lebt ein Geist, der sich früher alle Jahre einen Stier geholt hat, wenn die Tiere zum Wassersaufen zur Lacke gekommen sind. Wenn er keinen Stier bekommen hat, lockte er einen Menschen in das Wasser.

Man soll auch nicht mit einem Schiffchen in die Lacke hineinfahren, auch bei Windstille nicht und wenn das Wasser ganz ruhig ist. An einem gewissen Punkt soll es einen unsichtbaren Strudel geben, der alles in die Tiefe zieht.

Früher hat es einmal ein ganz guter Schwimmer trotzdem versucht. Den hat der Strudel erfasst, in die Tiefe gezogen und erst in Venedig unten wieder freigegeben.

Karl Fulterer – Außerlanziner

Der Tengelgeist

Beim Tschonstein hörte man an einem Sonntag „tengeln". Es war aber niemand zu sehen. Seither hört man das Tengeln öfters und vor allem am Sonntag. Der Tengelgeist hat am Sonntag gemäht und gefrevelt. Dafür muss er jetzt büßen.

Zingerle – 1891

Die versteinerte Sennerin

Wer von Kompatsch in Richtung Piz geht, kommt zu einem ganz besonderen Stein. Von diesem Stein erzählt man, dass der Bauer mit seiner Stallmagd ein Verhältnis hatte. Als sie im Sommer mit dem Vieh auf der Alm war, hat er jede Gelegenheit benutzt, um bei ihr oben zu sein.

Das hat seine eifersüchtige Gattin so sehr erzürnt, dass sie den Fluch tat, die Stallmagd solle zu Stein werden. Diese war gerade dabei, vor der Hütte eine Kuh zu melken, als der Fluch wirkte.

Zingerle – 1891

Der zu Stein gewordene "Heudristen"

Ein Bauer hat einmal an einem kirchlich gebotenen Feiertag auf der Alm Heudristen[124] aufgeschichtet. Alle Leute haben ihm dringend geraten, nicht weiter zu arbeiten, denn so etwas tut man nicht.

Er aber sagte nur: „Ich merke nicht, dass es heute schlechter gehen sollte als an einem Werktag". Und machte weiter. Als er die Arbeit beendet hatte, freute er sich noch.

---

[124] Im Freien aufgeschichtetes Heu

Am nächsten Morgen waren die Heudristen zu Stein geworden. Man kann sie heute noch ganz oben im Tschapid sehen.

Zingerle - 1891

Die eingeschneite "Dilla"

Am Hohen Unser Frauen Tag[125] war ein Bauer auf der Seiser Alm bei der Heuernte. Alle Leute, die es sahen, rieten ihm dringend davor ab, an einem so hohen Festtag Heu zu ernten.

Er sagte nur: „Festtag hin, Festtag her, ich bringe das Heu heute in die Dilla[126]!"Da fing es zu schneien an und hörte nicht mehr auf, bis die Dilla im Schnee verschwunden war. Sie ist bis zum heutigen Tag nicht mehr ausgeapert.

Zingerle – 1891

Die Seelaus Hütte

Dort wo heute das Hotel Seelaus steht, war früher eine armselige Hütte. Sie gehörte dem Joch, einem rechten Pechvogel, dem alles schiefging, was schief gehen konnte. Ließ er Vieh aus dem Stall, stürzte es ab. Wenn er zum Mähen ging, brach ihm nach wenigen Minuten die Sense an einem Stein.

An gutem Willen hat es dem Joch gewiss nicht gefehlt. Fleißig und gescheit war er auch. Trotzdem ist er nie auf einen grünen Zweig gekommen.

Einmal saß er abends hungrig und verzweifelt in seiner Hütte. Er wusste nicht, wo er am nächsten Tag etwas zu essen herbekommen könnte. Da ging die Tür auf und ein fremder Mann mit Reitstiefeln betrat die Hütte. Er trug ein grasgrünes Gewand und dazu einen spitzen Hut mit einer Spielhahnfeder. Der Joch hieß ihn willkommen, sagte aber gleich: „Essen und etwas zu trinken kann ich dir nicht anbieten, denn ich habe selber nichts. In meiner Hütte würde eine Maus verhungern."

„Das ist überhaupt kein Problem," meinte der Grüne und öffnete seinen Rucksack, stellte mehrere Flaschen Wein auf den Tisch, ein mächtiges Stück Speck und Brot dazu. Dann zog er sein Jagdmesser und säbelte vom Speck herunter. Er lud den Joch ein, kräftig mitzuhalten und seinen Durst zu stillen.

---

[125] 15. August

[126] Heustadel

Während der Joch zugriff, schilderte er sein trauriges und glückloses Leben. „Wenn es nur das ist", meinte der Grüne, „kann dir leicht geholfen werden!" Er griff in seinen Rucksack und legte eine Handvoll Dukaten auf den Tisch.

„Heiliger Himmel", staunte der Joch, „so viel Geld habe ich in meinem Leben noch nicht gesehen!" Beim Wort, „Heiliger Himmel" stieß der Grüne einen schrecklichen Fluch aus und aus seiner Stirne wuchsen zwei große Bockshörner, weil er der Teufel war.

Der Joch erschrak zunächst, aber der Wein hatte schon seine Wirkung getan und außerdem war er so gutmütig, dass er sich gerne überreden ließ, den Schrecken mit einem weiteren kräftigen Schluck hinunterzuspülen. Der Grüne trank kräftig mit und so war der Joch bald ganz betrunken.

Der Grüne zog einen Vertrag aus dem Rucksack und sagte zum Joch, er solle unterschreiben. Dabei führte er ihm sogar die Hand. Dann zählte er weitere hundert Dukaten auf den Tisch und verabschiedete sich.

Im Vertrag stand drinnen, dass sich der Joch verpflichtete, das Geld in fünf Jahren zurück zu geben, andernfalls hätte der Grüne nach zehn Jahren das Recht, die Seele vom Joch zu holen. Als dieser am nächsten Tag ausgenüchtert den Vertrag noch einmal genau las, kam er drauf, dass der Teufel in genau fünf Jahren um Mitternacht sein Geld oder in zehn Jahren seine Seele holen würde.

Die fünf Jahre waren bald um. Der Joch hatte das Geld verwendet, um seine Hütte herzurichten, Vieh und Geräte zu kaufen. Der Teufel kam am Abend des letzten Tages der fünf Jahre und verlangte sein Geld. Der Joch hatte an diesem Abend zwar gut gegessen und getrunken, aber das Geld konnte er nicht aufbringen. „Ist mir auch recht", sagte der Teufel, „dann hole ich mir eben in fünf Jahren deine Seele."

Die nächsten fünf Jahre gingen noch schneller vorbei. Es fehlten nur noch ein paar Tage. Der Joch war ganz verzweifelt, denn diesmal ging es um seine Seele. Am letzten Tag war er auf dem Spitzbühl drüben, um Holz zu hacken. Die Arbeit ging ihm nicht von der Hand, denn er überlegte viele Möglichkeiten, aber es war nichts Brauchbares dabei.

Als er sein Werkzeug ein sammeln wollte um heimzugehen, fehlte ihm das Beil. Er sah gerade noch, wie sich ein Nörgele mit seinem Beil hinter einem Stock verstecken wollte. Der Joch packte das Nörgele beim Kragen und fragte: „Du Lump, was hast du mit meinem Beil zu schaffen?"

„Ich brauche es nur einen Augenblick, dann gebe ich es dir zurück, " stotterte das Nörgele.

„Wozu brauchst du ein Beil?", wollte der Joch wissen, „man sagt, ihr Nörgelen seid so geschickt und dabei hast du nicht einmal ein Beil." „Wir wissen uns schon zu helfen", meinte das Nörgele, „aber es gibt große und gescheite Leute, die sich vom Teufel hereinlegen lassen."

„Oho", entgegnete der Joch, „wenn du auch viel gescheiter bist, da würdest du auch keinen Ausweg mehr wissen."

„Das glaubst du", meinte das Nörgele, „ich will dir etwas sagen. Der Teufel ist vergesslich. Deswegen schreibt er >Seelaus< über die Haustür, wenn er eine Seele abgeholt hat, damit er nicht dauernd umsonst in einem Haus einkehrt, denn er hat heut zu Tag viel zu tun. Er schreibt aber in einer Schrift, die nur wir Nörgelen und die Sonntagskinder lesen können."

„Himmel saggra", fluchte der Joch, „wenn der Teufel meine Seele geholt hat, kann er über meiner Hüttentür schreiben was er will!"

„Aber siehst du nicht, dass du dich auf diese Weise retten kannst? Wenn du zu ungeschickt dazu bist, dann helfe ich dir, aber du musst mir dein Beil dafür geben." „Das Beil magst du haben, wenn du mich vor dem Teufel rettest!", sagte erleichtert der Joch. Der Zwerg begleitete den Joch nach Hause. Dort suchte er in der Asche des Herdes eine Kohle. Dann ließ er sich vom Joch vor der Haustür hochheben, um >Seelaus< auf den oberen Türstockbalken zu schreiben.

Der Joch legte sich zur Ruhe und das Nörgele schielte durch das Schlüsselloch nach dem Teufel. Der rückte um Mitternacht an und hatte schon einen Sack voll Seelen auf der Schulter. Er blieb drei Schritte vor der Haustür stehen und rief mit schnarrender Stimme: „Zehn Jahre sind jetzt um, seit ich dir eine Handvoll Dukaten und weitere hundert gegeben habe. Du hast sie mir vor fünf Jahren nicht zurückgegeben, heraus jetzt mit deiner Seele!" „Was willst du schon wieder", rief das Nörgele durch das Schlüsselloch, „du bist ja gestern schon da gewesen. Kannst du deine Schrift über der Tür nicht mehr lesen?" Der Teufel knurrte einen Fluch und machte sich davon.

Der Joch tischte seinem Gast noch Speck, Brot und Wein auf. Beide griffen wacker zu. Danach hüpfte das Nörgele mit seinem Beil im hellen Mondschein nach Hause.

Der Joch vergaß die Schrift abzuwischen. Unter den vielen Leuten die an seiner Hütte vorbeigingen, waren auch Sonntagskinder. Diese brachten den Namen Seelaus unter die Leute. Dieser Namen ist bis heute geblieben.

Wolff – 1969

Wie die Teufelskrallen entstanden sind

Unter dem Jungschlern hat vor Zeiten ein Hirt seine Schafe gehütet. Er liebte seinen Beruf, weil er dabei Heiligenfiguren und Tiere schnitzen konnte, wenn seine Schafe ruhig grasten.

Einmal erkrankten ihm alle Schafe. Sie weideten nicht mehr und lagen nur noch herum. Der Hirt saß ganz verzweifelt auf einem Stein und wusste sich nicht zu helfen. Da stand plötzlich ein schwarzer Geselle vor ihm und fragte: „Warum bist du so traurig?" Der Hirt entgenete: „Meine Schafe sind alle krank und ich weiß nicht, wie ich ihnen helfen könnte. Hast du vielleicht ein Mittel?

„Ich könnte dir schon helfen, aber du musst mir deine Seele dafür geben." Der Hirte hatte sofort mitbekommen, dass er sich da mit dem Teufel einlassen musste. Aber er dachte sich: „Das Wichtigste ist, wenn meine Schafe wieder gesund werden. Ich bin noch jung und mit der Zeit wird mir schon noch etwas einfallen, um mein Seelenheil zu retten." Den Vertrag haben beide mit dem Blut des Hirten unterschrieben.

Die Schafe standen auf und begannen zu weiden. Der Teufel verschwand hinter einer Felswand. Weil seine Schafe jetzt besonders gesund waren, verdiente der Hirt durch mehrere Jahre ein schönes Geld. Er dachte schon daran, einen Hof zu kaufen, da kam der Teufel vorbei und fauchte drohend: „Du weißt schon, was wir ausgemacht haben."

Der Hirt erschrak zunächst, aber dann fiel ihm eine List ein. „Wollen wir sehen, wer von uns beiden besser klettern kann?", fragte er und zeigte auf die Bergspitze hinauf. „Wenn du als erster oben bist, kannst du meine Seele haben, bin aber ich schneller, gilt der Vertrag nicht mehr." Der Teufel war sich seiner Sache sicher und willigte ein.

Das erwies sich aber als falsche Einschätzung. Der Hirte war ein geschickter Kletterer. Er kannte auch die schwierigen Stellen und war als erster oben. Da zog aber ein fürchterliches Unwetter mit Blitz, Donner und Hagelschlag auf. Der Hirte rief nach unten: „Teufel, wo bleibst du so lange?" Der jammerte einen Steinwurf unter dem Gipfel ganz jämmerlich, denn er hatte sich seine Kralle in einer Spalte eingeklemmt und kam nicht mehr los. Der Hirte wollte absteigen um zu helfen, aber der Teufel war ungeduldig und riss mit seiner Tatze derart, dass die Krallen abbrachen. Mit einem bösen Knurren und einem Fluch verschwand der Teufel ohne die Seele des Hirten. Noch von weitem konnte man aus dem Donnergrollen den Lärm des Teufels heraushören.

Die Seele des Hirten war frei. Aus der Spalte wuchs ein ganz liebes Blümlein. Die Leute nannten es Teufelskralle. Wer im August auf dem Schlern herumkraxelt, kann es anstaunen, aber wenn man es pflückt verschwindet es für immer.

Die Bergspitze wurde von da an Teufelsspitze genannt. Als später Bad Ratzes gebaut wurde, ist daraus die Badlspitze geworden. Seit vor gut hundert Jahren der Johann Santner hinaufkraxelte, ist der Name Santner aufgekommen.

Widmann – 2001

Der Seelaus Bauer in Kastelruth

In St. Anna bei Kastelruth lag das kleine Seelaus Höfl, das den Besitzer und seine Familie schon früher mehr schlecht als recht ernährte. Deswegen war der Bauer nachts öfters mit Pfeil und Bogen unterwegs, um den kargen Speiseplan ein bisschen aufzubessern. Dabei durfte er sich freilich nicht vom Vogt erwischen lassen, denn sein Herr, der Oswald von Wolkenstein, war der Meinung, dass Wildhasen, Rebhühner, Wildtauben, Rehe und

Hirsche für das gewöhnliche Volk viel zu schade seien. Wer vom Vogt erwischt wurde, hatte mit grausamen Strafen zu rechnen.

In einer Sommernacht sah er bei fahlem Mondlicht auf Marinzen oben zwei Klafter entfernt zwischen dichten Zweigen einen Rehrücken. Diese Gelegenheit konnte er sich nicht entgehen lassen. Er setzte seinen besten Pfeil an, spannte den Bogen und traf das Reh zwischen den Rippen genau ins Herz. Das Reh machte nur mehr einen klafterlangen Sprung und blieb dann röchelnd liegen.

Er freute sich über den gelungenen Schuss, aber dann sah er das kleine scheckige Kitz im hohen Gras stehen. Als er es fangen wollte, lief es schnell davon. Jetzt reute ihn sein voreiliger Schuss, denn das arme Kitz würde ohne die Geiß sicher nicht aufkommen.

Dann dachte er wieder an die hungrigen Mäuler zu Hause. Er weidete das Reh aus und steckte es in seinen Rucksack. Die Gedärme streifte er aus, denn daraus ließ sich ein besonders haltbarer Nähfaden machen.

Als er seiner Frau vom zweifelhaften Jagdglück erzählte, war sie sehr beunruhigt. „Es bedeutet Unglück, wenn man ein Vieh umbringt, das Junge hat! Das muss man später büßen", bemerkte sie ängstlich.

Der Seelaus wurde nicht alt. Seit er gestorben ist, muss er in den Köfeln oben unter den Puflatschwänden umgehen und Schneehühner, Spielhähne und Auerhühner hüten. Da hat er viel zu tun, denn die sind alle Bodenbrüter. Er muss sie vor dem Fuchs beschützen, der nicht ungern ein Nest plündert und den Jungen nachstellt. Dabei helfen ihm die Adler und Kolkraben, die dort oben in der Nachmittagssonne kreisen. Aus den Lauten, die diese laufend von sich geben, hören die Tiere auf dem Boden, wenn Gefahr droht. Die Eichelhäher spielen Ortspolizei. Von den Bäumen und aus der Luft haben sie einen besseren Überblick. Sie beginnen sofort ein Riesengeschrei, wenn der Fuchs in die Nähe eines Nestes kommt. Lässt sich der Fuchs nicht ablenken, versuchen die brütenden Vögel den Fuchs vom Nest wegzulocken, indem sie einen flügellahmen Vogel vortäuschen. Dabei muss ihnen dann der gebannte Seelaus Bauer helfen.

Da oben ist es im Winter recht ungemütlich und auch sonst kommen kaum Leute in diese Gegend, denn der Touristensteig führt vom Schafstall über Tschenadui auf den Puflatsch.

Der Seelaus geistert dort oben herum, aber man sieht ihn ganz selten. Er muss sich über die neumodischen Jäger ärgern, die statt mit Pfeil und Bogen, mit Feldstecher und Gewehr mit Zielfernrohr auf die Wildtiere losgehen. Am meisten regt ihn auf, wenn sie während der Balz die Auerhähne und den Spielhahn jagen. Diese sonst sehr scheuen Vögel verraten sich dann mit den Balzrufen und vergessen dabei ihre lebensrettende Scheu vor den Menschen.

Der Seelaus muss noch so lange da oben bleiben, bis ein anderer Jäger dort hinaufgebannt wird.

Das glühende Schwein

In Tschapid oben brachte früher einmal eine Kreuzer Sennerin ein Kind zur Welt. Sie war unverheiratet und schämte sich dafür vor den anderen Leuten. Das Kind wollte sie nicht großziehen, weil sie damit auch kaum mehr einen Mann zum Heiraten bekommen hätte.

Sie legte es in den Schweinestall, wo es vom Schwein gefressen wurde. Seit dieser Zeit geistert im Taschapit oben ein Schwein mit einem Kind im Maul herum und voraus rennt die Sennerin im Nachthemd.

Karl Fulterer - Außerlanziner

Das feurige Schwein

Eine Kreuzer Magd hat auf der Seiser Alm ihr neugeborenes Kind den Schweinen gegeben. Nach ihrem Tod musste sie als glühendes Schwein umgehen. Besonders während des Essens war es so schlimm, dass sogar die Leute aufstanden und hungrig flüchteten, obwohl kein Schwein zu sehen war. Am wildesten rumorte es im Schweinestall unten.

Schließlich wollte kein Mensch mehr in der Kreuzerschwaige bleiben. In seiner Not bettelte der Kreuzer Bauer den frommen Kuraten von Tagusens, er solle den unguten Geist verbannen. Der segnete zuerst die Wiese und dann die Flächen hinter der Dachtraufe. Als er die Schwaighütte segnete, wurde diese durchgeschüttelt wie bei einem Erdbeben.

Im Schweinestall drunten war es dann am schlimmsten. Dort getraute sich keines von den Kreuzer Leuten mitzugehen. Als der Kurat herauskam, hing die Stola nur mehr in Fetzen über dem Chorrock. Seit dieser Zeit ist aber in der Kreuzer Schwaige wieder Ruhe.

Fink – 1957

Im Schweinestall spukt es

Auf der Seiser Alm gab es einmal eine bissige Sennerin, die niemandem etwas Gutes tat. Der Storch ist da wohl an die Falsche geraten, als er ihr ein Kind brachte.

„Was soll ich mit dem Fratz? Bei Tag hält er mich bei der Arbeit auf und in der Nacht stört er mich beim Schlafen", maulte sie, „den hätte er sollen der Nachbarin bringen!"

Zornig wie sie immer war, warf sie das Kind dem Schwein vor, das es gleich auffraß.

Seit dieser Zeit war es im Schweinestall nicht mehr geheuer. Untertags rumorte es und in der Nacht war es noch schlimmer. In der Hütte konnte niemand mehr schlafen. Jeden Tag verendete Vieh, nur das Schwein blieb übrig und gebärdete sich jetzt rasend.

Die Sennerin holte einen Priester, um die Hütte auszusegnen. Der konnte aber nichts ausrichten, da hat die Sennerin ihr schreckliches Verbrechen gebeichtet. Daraufhin spendete der Priester auf den Schweinestall einen besonders kräftigen Segen und trug der Sennerin auf, oft und eifrig zu beten.

Das hat dann schließlich geholfen. Schon in der folgenden Nacht war in der Hütte Ruhe, aber am Morgen lag das Schwein tot im Stall.

Heyl – 1897

Der Senner Spuck

Auf Puflatsch in der Filln Schwaige war einmal ein Senner, der seine Hirten schlecht behandelte. Er gab ihnen wenig und schlecht zu essen und nörgelte an ihnen herum, so oft er sie zu sehen bekam.

Nach seinem Tod ist er oft wieder erschienen und hat in der Hütte noch mehr gearbeitet als zu Lebzeiten. War der nunmehrige Senner in der Stube beschäftigt, kochte der Geist in der Küche das Mus. Oft rief er wie zu Lebzeiten den Hirt: „Seppeloh! – Seppeloh!" Öfters stand er nur stumm neben dem Bett des Hirten.

Manchmal lag er wie zu Lebzeiten unter einem Baum, um ein Mittagsschläfchen zu machen. Da lief das Vieh um den Baum herum und brüllte. Ein frommer Pater konnte schließlich dem Spuk ein Ende setzen.

Paul Fill – 2004

Die Lacke auf der Seiser Alm

Auf der Seiser Alm gibt es eine Lacke, die mit anderen Gewässern in Verbindung steht. Zwei Ochsen rauften einmal am Ufer derart, dass einer hineinfiel.

Die Hirten wollten ihn retten, aber er versank und tauchte nicht mehr auf. Mehrere Tage später wurde er bei Trient unten aus der Etsch gezogen.

Heyl - 1897

Der Schlangenbann auf der Seiser Alm

Oberhalb von Kastelruth liegt die Seiser Alm, für die man zwölf Stunden braucht, um sie zu umrunden. Auf den weitum schönsten und besten Wiesen stehen vierhundert Dilln[127] und dreihundert Hütten.

Vor vielen Jahren gab es auf der Alm viele giftige Schlangen, die beim Vieh große Schäden anrichteten.

An einem Tag, an dem besonders viel Vieh gebissen wurde, kam ein kleines Männlein zu einem Senner und fragte: „Wie steht es heuer mit der Schlangenplage?" Der Senner jammerte wegen der vielen Schäden durch die Schlangen.

Da riet ihm das Männlein er solle ein großes Feuer anfachen und dann mit geweihten Dingen einen großen Kreis um das Feuer ziehen. Schließlich gab er ihm noch ein Buch. Mit diesem sollte er sich in den Kreis hineinstellen und daraus lesen.

„Du wirst die fürchterlichsten Sachen hören und sehen," sagte das Männlein, „du darfst dich aber nicht fürchten und auf keinen Fall aus dem Kreis herausgehen, denn dann steht dein Leben auf dem Spiel!"

Das Männlein verschwand und der Senner tat wie ihm geraten worden war. Als das Feuer richtig brannte, kam eine Schlange nach der anderen. Sie zischten alle um den Kreis herum, sprangen schließlich in das Feuer und gingen zugrunde.

Schließlich kam ein großer weißer Beißwurm, der dem Senner schreckliche Sachen androhte. Der Senner ist nur deswegen nicht geflüchtet, weil ihm das Männlein geraten hatte, den Kreis ja nicht zu verlassen. Schließlich sprang auch der weiße Beißwurm über den Kreis und stürzte sich in das Feuer, das sofort hell aufloderte bis er verbrannt war. Seit dieser Zeit werden auf der Alm die Tiere von Schlangen nicht mehr belästigt.

-o-

Ähnliche Geschichten gibt es von mehreren Almen. Dort kommt der Schlangenbanner meistens mit der letzten Schlange um.

Alpenburg – 1857

Der weiße Wurm auf der Seiser Alm

Es ging ihm nicht so schlimm wie den anderen Schlangenbannern, dem Männlein das auf der Seiser Alm alle Beißwürmer getötet hat. Das Männlein war vorsichtiger und hat um den Holzstoß herum mit geweihten Dingen einen Kreis gezogen. Jede Schlange, die daher geschossen kam, ringelte sich mit grausigem Zischen um den Kreis herum und sprang schließlich in das Feuer.

Besonders wild gebärdete sich der weiße Wurm, der als letzter auftauchte. Aber gegen die geweihten Dinge konnte er nichts ausrichten. Es blieb ihm keine andere Wahl. Auch er musste über den Kreis in das Feuer springen.

Heyl – 1897

---

[127] Heustädel

Die „Schlern Beißa"

Wer im Herbst auf dem Schlern unterwegs ist, mag aufpassen, dass er nicht die Schlern Beißa[128] bekommt. Nicht jeder wird davon betroffen, aber manche Menschen leiden sehr darunter. Noch schlimmer wird es für jene, die schon einmal betroffen waren.

Besonders befallen werden die Waden, die Arme und das Gesicht. Am Tag danach geht es richtig los. Die Haut rötet sich und beginnt fürchterlich zu jucken. Im warmen Bett in der Nacht wird die Baißa fast unerträglich. Besonders Empfindliche bekommen sogar Fieber.

Ein bewährtes Hausmittel ist das Einreiben mit gutem Schnaps. Dann lässt der Juckreiz ein bisschen nach und hört nach einer Woche auf, wenn man nicht kratzt. Sonst dauert die Qual noch länger. Wer mit der Flasche einreibt und den Schnaps trinkt, dem hilft es überhaupt nicht.

Die Tiere bekommen davon um die Augen herum rote Ringe. Bei diesen dauert die Heilung noch länger, weil sie behaart sind und sich immer wieder an Bäumen und Sträuchern reiben.

Toldt – 1921 – 1951

Der Schnigg

Auf der Seiser Alm war einmal ein besonders schöner Augusttag. Die Sonne war beim Untergehen. Der Schlern warf seinen Schatten bis zu den Rosszähnen. Der Burgstall und die Platten drohten schon finster auf die Alm hinüber, hingegen Lang- und Plattkofel waren noch in ein mildes Rot getaucht. Durch die klare Luft konnte man weit in die Ferne sehen.

Aber der beginnende Herbst war wegen der bereits auf braun umschlagenden Wiesen nicht mehr zu übersehen. „Auf der Alm ist der Herbst anfangs August auf dem Joch", sagten die Alten. Die Hirten lagen faul bei den ruhig grasenden Tieren auf der Wiese und träumten davon, dass es so bleiben könnte, aber in der untergehenden Sonne wurde es schon frisch.

Beim Malknecht unter dem Mulser Albl drinnen saßen drei junge Männer beim Marennen[129]. Der Gschwendtner Martl war der Senner. Der Gruber Waschtl, ein Holzabeiter und der Knotten Sepp, ein Pusterer, der Kräuter und Wurzeln sammelte, hatten ihn besucht. Der Wastl und der Sepp hatten Gewehre dabei, wie jeder Tiroler zur damaligen Zeit, der etwas gelten wollte.

---

[128] Ausschlag mit starkem Juckreiz verursacht von Trombicula Milben
[129] Nachmittagsjause

Der Waschtl blickte gerade durch das Guggerla[130], als der Martl und der Sepp über einen besonders traurigen Fall sprachen, der sich unter den Teufelsspitzen zugetragen hatte. Zur damaligen Zeit wurden sie auch Badlspitzen geheißen, nach dem gerade gebauten Hotel Bad Ratzes. Erst mit der Besteigung durch die beiden Bergsteiger Santner und Euringer erhielten sie ihren heutigen Namen.

„Einen jungen Mann hat man dort gefunden. Dem ist sein Mädchen untreu geworden", sagte der Sepp. Der Martl meinte: „Der hat sich aus Liebeskummer umgebracht." Der Sepp behauptete: „Da steckt der Schnigg dahinter, der ist vor ein paar Tagen über die Törggele Brücke herübergekommen. Ein Wilderer hat ihn auf den Rosszähnen oben gesehen. Jetzt soll er den Hauensteiner Wald und die Schlernklamm unsicher machen. Der hat seine Hand im Spiel, denn am letzten Sonntag hat der Bub beim Enzian in Seis unten noch geprahlt, dass seine Leni nur ihn und keinen Anderen mag, komme was wolle. Etwas Gerede ärgert den Schnigg."

Der Waschtl drehte sich um und sagte: „Von diesem Gerede halte ich nichts. Das ist doch dummes und erlogenes Zeug!" „Pass nur auf, dass dir der Schnigg nicht in die Quere kommt", sagte verärgert der Sepp. „Der soll nur kommen", sagte der Waschtl keck, „mit dem werde ich schon fertig!" „Gib acht Waschtl", mahnte nun auch der Martl, „vom Schnigg soll man nicht reden und man soll ihn auch nicht ärgern, denn der könnte dich beim Wort nehmen."

„Der Schnigg ist gefährlich, aber der Waschtl wird schon wissen, dass ihm seine Rosl treu bis in den Tod ist, da kann der Schnigg nicht viel tun," stichelte der Sepp spöttisch. Der Waschtl ging dem Sepp an die Gurgel und schon balgten sich beide vor der Hütte am Boden. Der Waschtl wollte bald aufhören, aber jetzt war der Sepp nicht mehr zu halten, bis er den Senner von der Fasslfuner Schwaige kommen sah, der den Lärm gehört hatte.

Jetzt nahm der Sepp fluchend sein Gewehr und stürmte davon. „Wo willst du hin?", rief ihm der Martl noch nach. „Dorthin, wo es dem Waschtl nicht passt!" schrie der Sepp zurück und verschwand im Wald.

Der Martl schüttelte den Kopf und meinte: „Heute hat uns wohl der Schnigg durcheinander gebracht." Der Waschtl blickte durch das „Guggerla" ins Freie und sagte übermütig: „Schau hinaus, ich glaube der Schnigg geht vorbei!" Der Martl sah eine Kuh vorbeigehen. Er bemerkte mit ernstem Gesicht: „Pass auf, der Schnigg versteht keinen Spaß!" „Ach, du Angsthase", erwiderte der Waschtl und nahm sein Gewehr und wollte gehen. „Bleibst du nicht da?", fragte der Martl.

Der Waschtl zwinkerte mit den Augen und meinte: „Ich habe heute noch etwas vor." Der Martl verstand: „Die Nacht mit dem hellen Mond wäre nicht so übel, wenn der Schnigg nicht wäre." „Gib mit diesem Unsinn Ruhe und jetzt behüt dich Gott," sagte der Waschtl und ging hinter dem Goldsknopf in das Tschapid in Richtung Saltner Hütte hinunter und stieg dann den Schlernbodensteig zu den Köpfen hinauf. Die Alm war jetzt in ein silbriges Licht getaucht. Er suchte das Latschenband mit dem besten Wildwechsel, das unten und oben von senkrechten Wänden begrenzt ist. Dort nahm er einen bequemen Sitz ein und lud das Gewehr.

---

[130] Kleine Öffnung mit Schubfenster bei Almhütten

Jetzt fiel ihm die Bemerkung vom Sepp ein, er gehe dahin, wo es dem Waschtl nicht passte. Er hatte den Wortwechsel nur witzig gefunden, aber jetzt kam ihm der Gedanke, der Sepp könnte zu seiner Rosl gegangen sein, die in der Glennhütte Sennerin war.

Sein Übermut war verflogen. Er hatte keine Ruhe mehr, bis er ein leises Knacken hörte. Es kam näher und musste von einem Reh stammen. Da war er sich sicher. Als es stehen blieb, dachte er, es hätte ihn gewittert. Schließlich glaubte er, zwanzig Schritt unter sich den Sepp zu sehen, der womöglich auch wildern wollte. Aber dann war er sich sicher, es war ein stattlicher Rehbock! Und drückte ab. Der Schuss warf von den Schluchten und Wänden ein wildes dumpfes Echo zurück.

Er wartete bis sich seine Augen nach dem Büchsenlicht wieder an die Dunkelheit gewöhnt hatten und die Ohren für die Nachtruhe geschärft waren. Er saß, ohne sich zu rühren, da und umklammerte den Griff seines Messers, denn nach dem Schuss ist ein Wilderer in größter Gefahr. Da heißt es Obacht geben und auf alles gefasst sein.

Als er die Einzelheiten auf dem Platz, wo er das Reh angeschossen hatte, wieder erkannte, lud er das Gewehr nach und begab sich zur Stelle. Aber dort war kein Reh zu finden. War es ein Fehlschuss gewesen? Dann hörte er in Richtung Schlernklamm wieder ein Knacken. Vorsichtig versuchte er, stellenweise kriechend, heranzukommen. Der Mond verschwand hinter den Badlspitzen. Nur vom Gabler spiegelte das Mondlicht ein bisschen herüber. Er hatte sonst nirgends Angst, aber bei der Klamm machte er nachts immer das Kreuzzeichen.

Nach Mitternacht sah er auf dem Schotterfeld in der Klamm eine Gestalt mit flottem Schritt nach oben gehen. Er wollte wissen, ob es ein Mensch oder Wild war und versuchte anzuschleichen. Da sah er auf einem großen Stein einen Menschen stehen. Als er näher kam, verlor er ihn aus den Augen. Erst als er um den Stein herumgegangen war, sah er ihn wieder über die Burgstallwände hinaufklettern.

„Bleib stehen, sonst bekommst du eine Kugel!", schrie der Waschlt hinauf. „Kugel", hallte es zurück, und der unbekannte Mann bekam immer mehr Vorsprung. Als der Waschtl unter einer überhängenden Wand ein wenig rastete, schrie er hinauf: „Höllteufel, wer bist du?"

„Ich bin der Schnigg
hab feste Händ, einen sichern Blick
kein Bach, kein Berg hält mich zurück
und wer sich mit mir anlegt, geht zu Grund!",

tönte die Antwort mit einer unheimlich hohlen Stimme zurück.

Jetzt bekam der Waschtl eine Gänsehaut. Hundert Fuß in der Wand oben und ein gefährlicher Gegner über ihm. Er wollte keine Schwäche zeigen, hob das Gewehr und schrie:

„Will ich doch einmal sehen, ob ein ordentliches Blei etwas ausrichtet!" Als er abdrücken wollte, kam von oben ein großer Stein und zersplitterte gerade auf dem Felsen, unter dem der Waschtl stand. Die Steinbrocken flogen ihm um die Ohren. Er schrie einen Fluch nach oben und drückte ab. Jetzt kam von oben ein ganze Ladung Steine herunter. Der Waschtl duckte sich, während die Lawine über ihn hinwegprasselte. Es dauerte eine Weile bis er wegen dem Gestank und dem Staub wieder Luft bekam. Unter dem großen Stein hatte sich um ihn herum eine Mulde gebildet, die ihn vor dem Erschlagen geschützt hatte.

Jetzt bestand kein Zweifel mehr, das war der Schnigg. Der Abstieg war sehr schwierig, da die Griffe im Fels alle abgeschlagen waren. Unten angekommen bemerkte er, dass er auch das Gewehr verloren hatte.

Als es von den Brixner Bergen her heller wurde, sah er das Gewehr auf einer Steinplatte liegen. Daneben lag ein Edelweiß und auf der Platte war mit Kreide geschrieben:

„Dich hat deine Rosl heute bewacht,
Sonst wäre es gewesen deine letzte Nacht.
Und weil sie so treu an dich gedenkt,
Wird dir dies Edelweiß geschenkt."

Er steckte das Edelweiß auf den Hut und ging durch den Hauensteiner Wald hinunter nach Ratzes, über Lavals bei der Struzza hinauf bis zum Seelaus. Dort bestellte er ein Frühstück und legte sich dann ins Heu. Gegen Mittag ging er auf die Glennhütte zu, wo seine Rosl Sennerin war. Da begegnete ihm der Sepp, der schon von weitem schrie: „Guten Morgen! Einen schönen Gruß von der Rosl und du brauchst gar nicht zu kommen, denn sie weiß schon, wie du aussiehst."

„Willst du mich zum Narren halten?", fragte der Wastl kurz angebunden. „Dich, so ein Milchsuppen Bübchen zu foppen, wäre mir zu minder", erwiderte der Sepp und setzte sich ins Gras. „Hast wohl ein rechtes Pech mit deinem Schatz in der Glennhütte drüben. Die Rosl hat wohl einen anderen lieber als dich, aber du bist ja so ein einfältiger Tottl. Hast du etwas geschossen beim Wildern heute Nacht oder ist das Edelweiß auf deinem Hut alles was du mitbringst? Gib es nicht der Rosl, die schenkt es schnell weiter."

Jetzt reichte es dem Waschtl. Er sprang auf den Sepp, packte ihn an der Gurgel und schrie: „Kein Wort mehr, sonst wirst du etwas erleben!" Der Sepp konnte sich freimachen und lief mit einem komischen Lachen davon. Der Waschtl konnte sich keinen Reim auf das Verhalten vom Sepp machen. Er konnte ja nicht wissen, dass der sich vorhin bei der Rosl einen Korb geholt hatte.

Der Waschtl ging leichten Schrittes zu seiner Rosl. Als der Sepp den Wastl nicht mehr sah, warf er sein Gewehr in das Gras und schrie: „Das schwör ich bei allen Heiligen, bei allen Höllenteufeln und Erzengel, die Rosl muss ich kriegen!"

Der Waschtl schenkte der Rosl das Edelweiß. Sie gab ihm dafür einen Kuss. Dann sprachen sie über die Zukunft, sagten aber beide nichts über die Begegnung mit dem Sepp. Der Waschtl wollte schon gehen, da kam ein müder fremder Mann in die Hütte und bettelte um etwas zu essen. Die Rosl stellte ihm Milch und Brot auf den Tisch. Während er aß, betrachtete ihn der Waschtl. Er hatte ein braunes zerlumptes Gewand, einen fuchsroten Bart, flaumige Haare und wasserhelle starre glasige Augen. Das Gesicht war bleich, wie das einer Wasserleiche.

Als er fertig gegessen hatte, bedankte er sich und bat die Rosl um das schöne Edelweiß, das sie im Haar stecken hatte. „Das Edelweiß gebe ich nicht her!", sagte die Rosl. Als er ein weiteres Mal vergebens um das Edelweiß bat und dann frech wurde, mischte sich der Waschtl ein. Er packte den Fremden am Kragen und wollte ihn aus der Hütte werfen. Der hatte aber eine unbändige Kraft und warf den Waschtl auf den Boden, dass er halb bewusstlos liegen blieb. Dann ergriff er das Beil hinter der Tür und schrie die Rosl an: „Her mit dem Edelweiß oder ich schlage deinen Waschtl tot!"

Die Rosl bekam Angst und gab ihm das Edelweiß. Darauf stellte er das Beil wieder hinter die Tür, steckte das Edelweiß auf den Hut und verließ ohne Gruß die Hütte. Die Rosl schüttete dem Waschtl kaltes Wasser über den Kopf, da kam er zu sich. Noch ganz benommen fragte er:

„Wo ist der Zaggler[131] jetzt?"
„Weg ist er."
„Kennst du ihn?"
„Nein, ich habe ihn noch nie gesehen."

Der Waschtl fasste an seinen angeschlagenen Kopf und fragte nach dem Edelweiß.
„Das musste ich ihm geben, sonst hätte er dich tot geschlagen." Er sah seiner Rosl in die Augen und wusste, dass sie ihm treu war. Dann aber packte ihn die Wut. Er nahm sein Gewehr und wollte dem Fremden eine Kugel nachschicken, aber von dem war keine Spur mehr zu sehen. Als er sich umdrehte, entdeckte er auf dem Hüttentürstock den Spruch:

„In der Hütte haust der Graus,
Da geht der Schnigg ein und aus."

Er rief die Rosl heraus, die sich auch über die Schrift wunderte. Die musste vom Fremden stammen, waren sich beide einig. In der nächsten Nacht brannte die Glennhütte ab. Dabei wäre die Rosl beinahe umgekommen.

Einige Monate vergingen und auf der Alm trieb der Wind den Schnee über das Joch. Das Vieh war längst schon in den Heimathöfen. Beim Rößlwirt in Kastelruth saßen am großen Eichentisch zehn, zwölf Männer. Der Knotten Sepp und der Gruber Waschtl waren auch da-

---

[131] Zerlumpte Mann

208

bei. Geredet wurde über den Schnigg, der einen armen Kraxenträger zu Tode gequält haben soll.

„Mit dem Schnigg ist nicht zu spaßen", sagte der Sepp, „das weiß ich schon lange. Es gibt viele Unkatlen[132] die in den Wäldern und auf den Bergen oben hausen und den Leuten, gerne Schäden zufügen. Eigenartig ist das mit dem Schnigg, der hält sich viel beim Eisack unten auf und hat es auf Liebespaare abgesehen. Anderen Menschen tut er nichts. Den Eisack überquert er nur über die Törggele Brücke, warum habe ich bis heute nicht in Erfahrung bringen können".

„Wie sieht er aus?", wollte ein junger Mann wissen. „Hässlich, ein zerlumptes Gewand, ein bleiches Gesicht und starre Fischaugen", erklärte der Sepp, „du meinst, der wird nicht mehr lang leben, dabei hat er die Kraft von zehn Männern."

Ein alter Waldarbeiter nahm die Pfeife aus seinem Mund und erzählte. „Der Schnigg hat ein eigenartiges Verhalten. Wenn zwei junge Leute sich mögen, dann fährt er dazwischen und richtet Unheil an. Nur wenn sich zwei besonders mögen und treu sind, kann er nichts ausrichten. Er ist hinter jeder Liebschaft her, wie ein Eifersüchtiger und wen er einmal im Visier hat, den lässt er nicht mehr in Ruhe. Man muss schon aufpassen, dass man sich nicht mit ihm anlegt, denn dann müsste man der Stärkere sein."

„Wie soll man stärker sein", mischte sich der Waschtl ein, „der hat Kraft wie ein Vieh?" Der alte Waldarbeiter lächelte: „Du verstehst mich nicht, mit den Fäusten und mit dem Gewehr wirst du dem Schnigg nie beikommen, das glaube ich dir schon. Der Schnigg ist

---

[132] Gespenster

ein auferstandener Toter, ein Geist oder Goggl oder was weiß ich!" „Ein Toter, - eine arme Seele, - ein Geist", redeten alle durcheinander. „Als kleiner Bub habe ich in Tagusens Ziegen gehütet. Da habe ich von einem alten Bauern die Geschichte vom Schnigg gehört. Ich kann sie euch erzählen, wenn ihr wollt," sagte der alte Waldarbeiter.

Die Männer rückten enger zusammen und der Waldarbeiter fuhr fort: „In ein kleines Dörfchen am Eisack kam einmal ein schneidiger fremder Bursche und verdingte sich bei einem großen Bauern als Knecht. Er war sehr fleißig und geschickt. Andere Bauern versuchten vergebens ihn abzuwerben. Bald wusste man auch warum. Der einzigen Tochter des Bauern gefiel er sehr und der Bauer betrachtete ihn bereits als Nachfolger."

„Da sie nicht nur Hoferbin war, sondern auch das schönste Mädchen im Dorf, wollten es die anderen Burschen nicht hinnehmen, dass ein Fremder sie ihnen wegschnappte."

„Sie beschlossen, ihm das Leben im Dorf zu verleiden und verwickelten ihn immer wieder in Raufereien. Dabei war er immer der Flinkere und Stärkere, keiner war ihm gewachsen. Die Haustochter hielt zu ihm und der Bauer bestimmte: Du bist mir als Schwiegersohn recht. Du hast Freude an der Arbeit, hast Schneid genug und ich bin einverstanden, wenn ihr bald heiratet."

„Die anderen Burschen wurmte das gewaltig. Sie beschlossen, ihm einen Denkzettel zu verpassen, sobald sich die Gelegenheit dazu gab. Am Tag vor der Hochzeit musste der Bräutigam noch in sein Heimatdorf. Als er spätabends über die Törggelebrücke kam, hatten ihm drei der Burschen aufgelauert. Mit Dreschflegeln schlugen sie derart auf ihn ein, dass er halb ohnmächtig liegen blieb. Dann wollten sie ihn in den Eisack werfen. Er konnte sich aber am Brückengeländer festhalten. Zwei Burschen liefen jetzt davon. Der Dritte, ein rothaariger großer Lümmel schlug ihm mit dem Dreschflegel so lange auf die Finger, bis er sich nicht mehr halten konnte und in den Eisack stürzte. Er tauchte noch einmal auf und schrie mit hoch erhobener Hand: „Wenn du einmal tot bist, sollst du hier umgehen müssen, bis dich einer an dieser Stelle über die Brücke wirft." Dann verschwand er in den Fluten.

„Ein paar Tage später haben die zwei anderen Burschen den Rothaarigen an der gleichen Stelle erschlagen und in den Eisack geworfen. Seit dieser Zeit geht der Schnigg um."

Während des Erzählens war es still in der Gaststube. Danach rätselten alle, wer dem Schnigg gewachsen wäre. „Ein verliebter Gimpel wie du, gewiss nicht!", pflaumte der Sepp den Waschtl an. Der tat, als hätte er es nicht gehört. Als der Sepp aber sagte: „Waschtl, ich gebe dir einen guten Rat, probier ja du nicht den Schnigg von der Brücke zu werfen, das könnte schlimm für dich ausgehen!" „Warum nicht?", fragte der Waschtl und sprang den Sepp an. Die anderen hatte große Mühe, die beiden Streithähne zu trennen. Da klopfte jemand an das Gaststubenfenster.

Ein junger Bursche ging hinaus um zu sehen, wer geklopft hatte. Er sah einen zerlumpten Mann durch den linken Torbogen im heutigen Gemeindehaus verschwinden. „Wer bist du?", schrie er ihm nach. Der Mann blieb stehen und rief zurück:

„Ihr spracht in dieser Stube hier
Gerade eben noch von mir.
Das zog mich an und unverweilt
Hat euch der Fluch des Schnigg ereilt."

Dann verschwand er im Dunklen. Nach ein paar Tagen trafen der Sepp und der Waschtl im Wald aufeinander. Der Sepp war ganz rabiat und hat den Waschtl übel zugerichtet. Schwer verletzt und aus vielen Wunden blutend ließ er ihn zurück. Ein paar Waldarbeiter, die von der Arbeit heimgingen, trugen ihn ins Dorf, sonst wäre er erfroren.

Die Leute hatten gleich den Knotten Sepp in Verdacht. Der Waschtl behauptete immer, dass es der Schnigg war. Sonst erzählte er nichts über Vorfall und redete immer weniger. Die Leute begannen schon, sich an den Kopf zu tippen, wenn sie von ihm redeten. Wenn er gefragt wurde, was er tun werde, sagte er: „Zu Ostern heirate ich die Rosl, aber vorher muss ich noch mit dem Schnigg fertig werden!"

Nachts ging er oft zur Törggele Brücke hinunter und wenn er morgens zurückkam, war er noch schweigsamer.

An einem öden Wintertag musste die Rosl nach Tagusens gehen. Dafür braucht man auf dem einsamen Waldweg durch die Bühlen eineinhalb Stunden. Besonders unheimlich ist es in der Gegend der Ruine vom Schloss Niemandsfreund. Als die Rosl das Wegkreuz bei der Ruine von weitem sah, merkte sie, dass ein Mann hinter ihr des Weges kam. Sie ging schneller und erreichte das Kreuz. Dort setzte sie sich auf die Bank vor dem Kreuz und fühlte sich sicher. Der Mann kam näher, da fuhr der Rosl der Schrecken in alle Glieder. Er hatte starre Fischaugen, einen roten Vollbart, zerlumpte Kleidung und auf dem Hut ihr Edelweiß. Er ging ohne etwas zu sagen an ihr vorbei und verschwand zwischen den Bäumen.

Erst nach einer Weile wagte sie sich, den Weg fortzusetzen. Als sie aus dem Wald trat, sah sie den Mann in eine Hütte hineingehen. Aus der Hütte hörte sie jemanden Holz hacken. Fast im gleichen Augenblick flitzte ein Hund zur Tür heraus und verschwand im Wald.

Die Rosl sah durch die offene Hüttentür einen jungen Burschen, der eifrig Holz spaltete. Sie fragte ihn, ob er allein sei, denn vorhin sei ein Mensch in die Hütte hineingegangen. „Nein, von einem Menschen habe ich nichts gesehen, aber ein Hund ist hereingekommen. Den habe ich wieder verjagt", sagte der Bursche.

„Jesus, Maria", erschrak die Rosl, „das war der Schnigg!" „Den muss ich mir ansehen", sagte der Bursche. Er nahm sein Beil und folgte den Hundespuren im Schnee. Die Rosl blieb allein in der Hütte zurück. Eine Leiter lehnte in einem viereckigen Loch im Oberboden.

Inzwischen war es finster geworden. Die Rosl packte die Angst, als sie von oben Schritte hörte und dann einen Mann über die Leiter herunterkommen sah. Als sie ihn erkannte, stieß sie einen Schrei aus. Es war der Knotten Sepp. Er blieb neben der Leiter stehen, hielt in der rechten Hand sein Gewehr und sah finster drein.

„So, da wären wir jetzt", sagte er niedergeschlagen, „wir könnten ein Wort miteinander reden. Du kannst dich noch erinnern, wie ich dich damals in der Glennhütte besucht habe. Danach ist mir der Waschtl begegnet, der auf dem Weg zu dir war und kurz darauf der Schnigg. Der hat meine Eifersucht noch angeheizt und dann gesagt, dass ich ihn totschlagen soll."

„Wir waren einmal Freunde, der Waschtl und ich! Es hätte nie so weit kommen dürfen. Bis dahin war ich ein anständiger Mensch, aber jetzt klebt Blut an meinen Händen. Dass er nicht gestorben ist, ist nicht mein Verdienst. Ich gebe es zu, ich wollte ihn umbringen."

Der Sepp stand unsicher da. Die wilde Feindseligkeit war aus seinem Gesicht gewichen.

„Ich frage dich jetzt noch einmal, willst du mich oder willst den Waschtl?"

Die Rosl erwiederte nichts.

„Also magst du mich nicht," sagte der Sepp tonlos.

Die Rosl sah ihm ins Gesicht und fragte: „Sepp, kennst du den Spruch?

Die Rosen blühen schön frisch alle Jahr

Das Herz blüht nur einmal und dann ist gar."

„Das bedeutet, dass du nur den Waschtl magst."

„Ja, ihm gehört mein Herz!"

„Dann mag ich wohl gehen. Behüt dich Gott für immer."

Damit ging er mit schwerem Schritt zur Tür hinaus.

Am gleichen Abend war der Waschtl wieder unten bei der Törggele Brücke. Ein kalter Wind pfiff über den Kuntersweg her und auf dem Eisack trieben große Eisschollen. Sie stießen gegeneinander und sausten dann unter der Brücke hindurch. Der Waschtl ging auf der Brücke hin und her, während es zunehmend finster wurde.

Ein paar Krähen krächzten auf ihrem Heimflug. Sonst hörte man nur das Rauschen des Eisacks und das knirschende Poltern der Eisschollen. Da tauchte auf der linken Seite eine Fackel auf, die schnell näher kam. Sie wurde von einem jungen Mann in einer zerlumpten Soldatenuniform getragen. Zwei Schritte vor dem Waschtl blieb er stehen und sagte: „Pass auf, heute kommt er!" Dann warf er die Fackel über das Geländer hinaus. Sie zog einen langen Feuerschweif über den Eisack. Schließlich sprang er über das Geländer in den Eisack und verschwand zwischen den Eisschollen. Der Waschtl konnte ihn nicht daran hindern. Er überlegte noch, ob er richtig gesehen hatte. Dann kam bei den Bergen oben der Vollmond heraus und spiegelte sich ihm Eisack. Der Waschtl ging wieder auf der Brücke hin und her. Er hörte den Widerhall seiner Schritte vom Brückendach.

Gegen Mitternacht hörte er Schritte von der rechten Seite kommen. Er drückte sich an eine Säule des Brückengeländers, um nicht gleich gesehen zu werden. Als der Mann fünf Schritte vor ihm vom Mondlicht erfasst wurde, hatte er genug gesehen. Den fuchsroten Bart, die glasigen Augen und auf dem Hut das große Edelweiß. „Du Schuft, gib das Edelweiß her!", schrie er ihn an.

Der Schnigg fluchte und tat so, als ob er eine Waffe ziehen würde. Der Waschtl sprang ihn an, schlug ihm den Hut herunter und packte ihn an der Gurgel. Der Schnigg wehrte sich und dann balgten sich die beiden, bis sie an das Geländer gerieten.

Da packte ihn der Schnigg und hob ihn auf das Geländer. „Jetzt ist alles verloren!", dachte sich der Waschtl und klammerte sich mit Händen und Füßen an das Geländer. Der Schnigg stieg auf das Geländer, der Waschtl nutzte die Gelegenheit, um ihm einen Fußtritt zu versetzen, sodass der Schnigg das Gleichgewicht verlor und im Eisack zwischen den Eisschollen verschwand.

Der Waschtl suchte das Edelweiß und steckte es auf seinen Hut. Dann ging er behenden Schrittes nach Kastelruth. Auf dem Weg begegnete ihm der Sepp. Beide blieben stehen. „Jetzt hast du gesiegt", sagte der Sepp mit gedrückter Stimme. „Wie kannst du das wissen?", fragte der Waschtl. „Ich weiß schon lang mehr, als du dir denken kannst. Ich schäme mich dafür, dass ich mich vom Schnigg gegen dich aufhetzen ließ. Entschuldige vielmals und behüt dich Gott! Ich gehe jetzt ins Ausland."

Der Waschtl und die Rosl haben fünfzig Jahre miteinander gehaust. Vom Knotten Sepp hat man nie mehr etwas gehört.

Wolff – 1969

Das Goldwasser

In der Sai, so wird ein Platz auf dem Schlern genannt, rinnt seit uralten Zeiten ein glashelles Wässerchen in einen kleinen hölzernen Trog. Um den Trogrand herum setzt es einen Rack[133] ab. Wer diesen abkratzt, hat das reinste Gold. Das Brünnlein ist aber sehr schwer zu finden.

Vor Zeiten ging ein Bauer mit seinem Knecht auf die Alm. Der Knecht war ein pfiffiger Ladiner und hatte vom Goldbrünnlein gehört. Beide waren recht müde und krochen bald ins Heu. Dem Knecht aber ließ das Goldbrünnlein keine Ruhe. Er wartete bis der Bauer schlief. Dann schlich er aus der Dilla[134] und stieg auf den Schlern. Dort fand er tatsächlich zwischen dem Burgstall und dem Pez das kostbare Brünnlein. Er steckte sich alle Taschen seines Gewandes voll mit Rack. Aber seither ist der Knecht verschwunden und auch das Brünnlein ist gar nicht mehr leicht zu finden.

-o-

Einem Völser Schuster lachte vor ein paar Jahren das Glück. Er hatte sich, obwohl er ortskundig war, auf dem Weg zur Schlernhütte vergangen und traf schließlich auf einen schmalen Steig, an dem er Wasser fließen hörte. Da er durstig war, ging er dem Plätschern nach und fand das Goldbrünnlein. Überall, wo das Wasser floss, war der Rack aus Gold zu sehen. „Holla", dachte er sich, „das ist das Goldbrünnlein! Da muss ich meinen Kollegen holen, damit er mir hilft das viele Gold einzusammeln."

Als sie zu zweit zurückkamen, konnten sie die Stelle aber nicht mehr ausfindig machen. Beide suchten dann zusammen die ganze Gegend ab. Das Goldbrünnlein fanden sie nicht mehr.

-o-

Manchmal findet ein Tier das Goldbrünnlein. Vor vielen Jahren ging ein Ochse alle Tage zum Brünnlein, um seinen Durst zu stillen. Als er zu Weihnachten geschlachtet wurde, hatte er einen Goldklumpen im Magen.

-o-

Auf dem Schlern war früher eine dicke Goldader. Jetzt ist sie aber tief in den Berg versunken.

Zingerle – 1891

---

[133] Belag
[134] Scheune

Die Bozner auf den Schlernspitzen

Auf den Santner ist ein Bozner Hexenmeister gebannt, der in seinem Leben viel Unheil angerichtet hat. Er hat zwei schwarze Katzen bei sich, die ihn den ganzen Tag umschleichen.

Sein Nachbar, auf dem Euringer, ist ein Bozner Metzgermeister, der einen lasterhaften Lebenswandel führte und seine Kunden mit einer manipulierten Waage betrog. Der muss dafür auf dem Euringer büßen.

Ob und wann die beiden erlöst werden können, weiß niemand zu sagen.

Paulin – 1937

Der Geizkragen

In Seis war einmal eine reiche Bäuerin, die vom Geiz geplagt wurde. Sie war spindeldürr, da sie sich selbst auch nichts vergönnte. Dabei gingen ihr viele Lebensmittel zugrunde, die sie für schlechte Zeiten aufheben wollte.

Sie hielt ihren Mann und die Kinder sehr knapp. Die Dienstboten blieben nie ein ganzes Jahr, denn dann wären sie glatt verhungert. Wenn Bettler vor ihre Tür kamen, jammerte sie so lange von den schlechten Zeiten und vom Unglück, das sie gerade verfolgte, sodass sich die Meisten mit einem Krüglein Wasser begnügten.

Einer Bettlerin, der sie ihre entsetzliche Not geschildert hatte, erbarmte sie so sehr, dass diese ihr einen Schal und ein paar Eier schenkte. Für den Klingelbeutel in der Kirche richtete sie sich immer die alten Hosenknöpfe her, bei denen die Löcher ausgebrochen waren.

Als sie schließlich das Zeitliche segnete, wurde sie für ihren Geiz auf den Santner gebannt. Dort oben traf sie auf die zwei Bozner, den Hexenmeister und den Metzger. Da die zwei Gesellen es sich gutgehen ließen, passte sie in die neue Gemeinschaft wie der Teufel zum Weihwasser.

Der Metzger kam mit einer Flasche Wein auf Besuch und wollte zur Marende eine schöne große Wurst anschneiden, da fiel sie mit einem Schreckensschrei fast in Ohnmacht. Der Hexenmeister packte sie dafür beim Kragen und warf sie auf den Schlernschoß hinunter.

Dort unten haust sie jetzt allein und lebt von den Käserinden, Speckschwarten und Eierschalen welche die Bergsteiger zurücklassen. Mit den Dohlen hat sie öfters Streit, weil ihr diese die besten Stücke stibitzen.

Mit dem Sehen bekam sie mit der Zeit Schwierigkeiten. Glücklicherweise fand sie eines Tages eine Brille, die einem Bergsteiger auf dem Plattl oben von der Nase gefallen war. Es fehlten zwar auf der einen Seite das Glas und auf der anderen die Spange. „Diese Brille steht mir wirklich gut!", meinte sie hoch erfreut.

Wenn sie unten gar zu viel grantelt und schimpft, werfen ihr die zwei Nachbarn von oben Steine und Schotter herunter.

Sie muss dort oben bleiben, bis sie erlöst wird. Das kann aber noch lange dauern, denn die Leute, die sie mit ihrem Geiz geplagt hat, gehen dort oben nicht vorbei. Und nur diese könnten sie erlösen.

Der Vogt Kilian

Auf den Rosszähnen, die an den Schlern in Richtung Lang- und Plattkofel anschließen, haust ein Geist mit seinem bissigen Hund. Es ist der Vogt Kilian, der zu seinen Lebzeiten den Herren von Wolkenstein auf der Trostburg diente.

Zu dieser Zeit wollten die Bauern die Grundherren samt ihren Vögten loswerden. Der Vogt Kilian war zudem besonders verhasst, weil er noch habgieriger war als die Wolkensteiner. Bei der Einteilung der Robotschichten zur Erhaltung der Bauten und Wege, ließ er sich alle schweren Arbeiten auf seinem Ansitz miterledigen und beim Eintreiben des Zehnten wirtschaftete er unverschämt in seinen eigenen Sack.

Er schnüffelte in allen Vorratsräumen herum und nahm sich das Beste heraus. Selbst wenn die Bauern deswegen hungern mussten, rührte das sein kaltes Herz nicht. Einer Kleinhäuslerin nahm er das einzige Schwein aus dem Stall.

Nach seinem Tod wurde er dafür auf die Rosszähne gebannt. Dort oben muss er mit diesem Schwein umgehen und zur Strafe leiden. Wenn er im Sommer die vielen Wanderer sieht und ihnen nichts abnehmen kann, bricht ihm fast das Herz. Mit seinen Händen fingert er immer herum, als wollte er mit Talern seine Geldkatze füllen und wertvolle Sachen in seinen Schnappsack stecken. Ganz besonders ärgert ihn, dass er keinen Wegezoll einheben darf. Vor lauter rechnen, wie viele schöne blanke Taler da auf dem Rosszahnscharten-Steig und dem Laurenzi-Klettersteig ungezahlt bleiben, ist er schon ganz durcheinander im Kopf.

Als die zwei fidelen Bozner, welche auf die zwei Teufelsspitzen beim Schlern gebannt sind, zu ihm auf Besuch kamen, hat er mit seinem Jammern ihre flotte Stimmung verdorben. Die beiden nahmen das mit dem Hausarrest nicht so genau und ließen es sich dort oben gutgehen. Der Kater vom Hexenmeister hat mit dem Hund vom Vogt einen fürchterlichen Streit angezettelt, wobei sich der Letztere eine blutige Nase und ein zerbissenes

Ohr holte. Der Hexenmeister und sein Kater waren wegen ihrer Missetaten auf den Santner gebannt worden. Der Metzgermeister hatte seine Kunden mit dem Gewicht betrogen und muss dafür auf dem Euringer büßen.

„Wenn er seine habgierige Seele gründlich abgestaubt hat, kann er gerne auf Besuch kommen", meinte der Hexenmeister. „Wir vertreiben uns mit guter Bozner Hausmannskost und flottem Kartenspiel in lustiger Hexengesellschaft die Zeit", sagte der Metzger, „gut gelaunte Gäste sind uns jederzeit willkommen, aber alle anderen haben bei uns nichts verloren. Der Hexenmeister hat erst vorgestern die geizige Bäuerin von Seis, die nach ihrem Tode zur Strafe auf den Santner gebannt wurde, auf den Schlernschloß hinuntergeworfen, weil sie uns die gewohnte Marende nicht vergönnen wollte."

Die beiden machten sich weiter auf den Weg zum Antermoia See, um die Hexe Lomberda zu treffen. Der Vogt schlich sich davon. Er muss noch immer auf seine Erlösung warten.

Bergsteiger, die auf dem Klettersteig über die Rosszähne unterwegs sind, können ihn manchmal mit dem Schwein unter dem Arm und mit seinem Hund um die Ecke huschen sehen.

Die drei Schwestern

Der reiche Partschtottn Bauer in Ratzes hatte drei schöne Töchter. Sie hatten aber alle einen Tadel. Die Älteste war gehörlos. Die Zweite war stumm und die Dritte war blind. Für die Eltern war es schon ein rechtes Kreuz, weil trotz des Geldes keine Freier kamen.

Der Partschott fuhr einmal mit einem schönen Paar Ochsen auf den Bozner Markt. Er löste gutes Geld und hatte eine volle Geldkatze in seinem Pindtl.[135]

Vor dem Heimgehen sah er sich noch bei den Marktständen um. Ein Stand gefiel ihm besonders, weil sein kleinwüchsiger Besitzer mit rotem Frack, Perücke und Degen laut gestikulierend behauptete, er sei ein Wunderdoktor und sein Wunderbalsam helfe gegen alle Übel und Gebrechen.

Der Partschott ließ sich für einen blanken Taler ein Fläschchen Wunderbalsam andrehen. Der Wunderdoktor schwor bei seiner Großmutter, dass von seiner Wundermedizin die Stummen sprechen, die Gehörlosen hören und die Blinden sehen könnten. Die zwei älteren Mädchen probierten das Mittel sofort aus. Die Jüngste wollte erst die Wirkung bei den Schwestern abwarten.

Das Mittel wirkte zwar, aber der Wunderdoktor war trotzdem ein Gauner. Die Gehörlose konnte zwar hören, aber nicht mehr sprechen und die Stumme redete drauflos, hörte aber nichts mehr. Sie hatten ihre Behinderungen nur getauscht. Die Jüngste fragte: „Was hilft es mir, wenn ich sehe, aber dafür krumm oder gar lahm werde?" Sie machte den Schwestern den Vorschlag zur Sonnwendfeier auf die Alm zu gehen, wo jedes Jahr die Burschen den Mädchen Scheiben schlugen. „Vielleicht fliegt auch für uns eine Scheibe", meinte sie.

---

[135] Doppelwandiger Bauchgurt mit gesticktem Schild, diente als Geldtasche

Als sie zur Wegkreuzung kamen, saß dort eine alte Frau und bettelte. Die zwei Älteren warfen ihr ein paar kleine Kupfermünzen hin. Die Jüngste schenkte der Bettlerin ein Silberstück und sagte: „Der Stimme nach seit Ihr die Kräuter Hanna. Lasst Euch mit dem Geld etwas Gutes zukommen. Vielleicht könnt Ihr uns von unseren Leiden erlösen und einen Freier schicken!"

„Du verlangst zu viel auf einmal", sagte die Kräuter Hanna, „aber ich werde sehen, was sich tun lässt." Dann fragte sie, ob sie schon etwas ausprobiert hätten. Das Mädchen erzählte vom Wunderbalsam, den der Vater vom Markt gebracht hatte. „Da sind sie wohl betrogen worden", stellte die Hanna fest, „ich werde schauen, was ich tun kann, aber wie der Lohn, so die Arbeit." Sie stieß die beiden mit ihrer Krücke an und sprach: „Hick, hack, hock im alten Stock!" Die Älteste war wieder gehörlos und die Mittlere wieder stumm. Der Jüngsten aber empfahl sie: „Du wirst einem schneidigen Burschen begegnen, der dich fragt wohin die Reise heute geht. Gib ihm schlagfertig eine gereimte Antwort, dann gehen dir die Augen auf und du bist von deiner Blindheit geheilt!"

Als die Mädchen zum Almgatter kamen, standen dort drei schneidige Burschen. Der Erste fragte die Älteste: „Wohin geht's heute?" Sie hörte ihn nicht und ging vorbei.

Der nächste Bursche fragte die zweite Schwester: „Wo willst du hin?" Weil sie nicht sprechen konnte, ging auch sie vorbei und die zwei Burschen verschwanden.

Der Dritte trat zur jüngsten Schwester, umarmte sie und fragte: „Wo gehst du hin?" Sie antwortete ihm schneidig: „Ich gehe mit dir, wenn du mich magst und bleibe bei dir, wenn du es sagst!" Von dem Moment an konnte sie sehen. Sie gingen miteinander auf den Burgstall. Dort stimmte er einen Jodler an und verkündete: „Diese Scheibe schlage ich für meine Liebste und wem das nicht recht ist, der soll es sagen, dann werde ich ihm eine andere Scheibe schlagen!"

Nach ein paar Monaten feierten sie große Hochzeit. Die Kräuter Hanna war auch eingeladen. Sie hat sich überreden lassen, auch die zwei älteren Schwestern zu heilen und einen Mann hat sie den beiden auch noch verschafft.

Meyer - 1891

Der Kornschneider und der weiße Hirsch

In der Woche um Jakobi[136] fängt auf der Alm ein munteres Treiben an. Zu Hunderten ziehen die Mäher und Recherinnen von allen umliegenden Orten auf die Alm. Laut und lustig geht es dort zu, wenn alle flink mit der Sense und mit dem Rechen hantieren. Da werden schlagfertige Reden gewechselt, dass die Gesellschaft oft lachen muss.

Auf einer Schwaige war man beim letzten Fuder Heu, da drängte der Bauer: „Beeilt euch, der Pez hat schon eine Kappe auf, das Wetter wird eher da sein, als man meint!" Im selben Moment züngelte schon ein greller Blitz über den Schlern und der folgende Donner trieb die Leute an, doppelt so schnell zu arbeiten, damit das Heu noch vor dem Regen in die Dilla[137] kam.

---

[136] 25. Juli

[137] Scheune

Anschließend saßen die Almleute um den offenen Herd. Auf dem hatte die Haiserin[138] in einer Pfanne, halb so groß wie ein Dorf, Krapfen gebacken. „Esst Krapfen und trinkt einen Kerscheler[139] dazu!",lud die Haiserin ein, „der Pitter[140] mag leer werden. Ihr seid fleißig gewesen! Nicht einmal eine Ziege würde noch etwas finden, so sauber habt ihr gearbeitet." Die Mäher rauchten ihre Pfeifen und unterhielten sich mit den Recherinnen. Trutzlieder, Spottreime und Schnaderhüpfln[141] machten die Runde. Zwischendurch sah man durch das kleine Fenster und durch die Spalten in der Wand Blitze aufzucken und der Donner rollte über die Alm.

Dann hörte man draußen einen Jodler. Die Tür ging auf und ein verlottertes Männlein betrat die Hütte. Er setzte sich, ohne ein Wort zu sagen zu den anderen. Auf seinem breitkrempigen Hut hatte er eine Menge Plunder aufgesteckt. Sein Hund legte sich zwischen seinen Beinen auf den Boden und blickte misstrauisch in die Runde.

Das übermütige Volk wurde still. Schließlich fragte einer: „Kornschneider, was willst du bei uns?" Der aber blickte nur finster in die Runde, bis sein Blick auf ein nettes junges Mädchen fiel. Da tat er einen Lacher und sprach: „Ist die auch da, die falsche Katze? Wenn sie auf den Jagerstoffl passt, kann sie noch lange warten, denn den haben schon längst die Würmer gefressen. Da ist aber noch einer, der Mark in den Knochen und Muskeln hat. Wer es nicht glauben will, mag es probieren!"

Die Männer belächelten das verlotterte Männlein. Das Mädchen, das er angepflaumt hatte, stellte ihm ein Glas Schnaps hin. Er schob es nur beiseite und sagte: „Trink auf das Wohl vom Stoffl!" Dann ließ er seinen Kopf hängen. Das Wetter hatte sich inzwischen hinter die Schneiden verzogen.

„Lasst mich mit ihm machen!", sagte die Haiserin. Sie reichte ihm das Schnapsglas und sagte: „Trink Wastl, der ist doppelt gebrannt und nicht mit Fusel gepanscht!" Jetzt leerte er

---

[138] Köchin
[139] Kirschenschnaps
[140] Holzfäßchen
[141] Vierzeilige Spottlieder

das Glas in einem Zug und sagte: „Gell Nanndl[142], wir kennen uns. Du bist immer gut zu mir gewesen. Wenn ich einmal den weißen Hirsch schieße, bekommst du von mir einen neuen Wilfling[143] und eine gestrickte Pudelhaube."

„Lass doch diese dummen Faxen, du weißt doch, dass dich deine Passion um Haus und Hof gebracht hat!" „Und um meinen ehrlichen Namen! Jawohl, der liegt auf dem Friedhof unten. Dort ist dem Stoffl schon längst das Fleisch von den Knochen gefault."

„Aber ich bin der alte fidele Kerl, der nicht nachlässt und wenn er zehnmal Haus und Hof, Weib und Kind verspielt", sagte er und begann mit brüchiger Stimme zu singen:

„Der weiße Hirsch geht mir halt nicht aus dem Sinn
Solange ich ein lebfrischer Jagersmann bin
Ich hab ihn heut wieder gesehen
Da oben auf der Höh
Mit dem goldenen Geweih
Und dem Fell weiß wie Schnee."

Nach einem „Juchui" Schrei sackte er stöhnend zusammen und schlief ein. „Lasst euch nicht drausbringen, das macht er öfters so", erklärte die Haiserin. „Jetzt ist er im Schnapshimmel und merkt nicht mehr was vorgeht."

Einer der Männer drängte: „Nanndl erzähle uns, wie das mit diesem eigenartigen Mensch und seinem weißen Hirsch war, von dem er immer wieder faselt. Er erzählt so komisches Zeug, ich glaube, dem fehlt es im oberen Stock!"

„Das mag schon sein", meinte sie, „ein Mensch der seine fünf Sinne beisammen hat, bleibt bei seiner Sache und rennt nicht Tag und Nacht verrückten Dingen nach, die nichts weiter sind als Teufelswerk."

Jetzt meldete sich der alte Schafhirte, der schon seit fünfzig Jahren auf dem Schlern Schafe hü-

---

[142] Anna
[143] Grobes Tuch aus Wolle

tete und dort in einer notdürftigen Unterkunft aus Steinen hauste. Er schüttelte seinen weißhaarigen Kopf und meinte: „Es ist nicht alles Spuk und Hexenwerk. Viele von unseren Eltern haben es selber gesehen oder von ihren Eltern erfahren. Mit dem weißen Hirsch hat das seine Richtigkeit, mein Großvater, tröste in Gott, hat mir öfters davon erzählt und der hat nie gelogen. Wenn es weiße Hasen und Gämsen gibt, ja sogar weiße Krähen, dann kann es auch einen weißen Hirschen geben."

„Ich hatte sogar einmal eine weiße Maus", fügte die Haiserin hinzu, „von einer Zigeunerin um ein paar Kreuzer gekauft, aber.............". „Was aber?", fragte ein Bursche und zeigte auf das verlotterte Männlein. „Jetzt musst du uns aber erzählen was mit dem da ist!", drängte er. „Hört zu, dann werde ich euch alles erzählen! Der Mensch, der da so erbärmlich sitzt und dem kein Kreuzer aus dem Sack fällt, wenn man ihn auf den Kopf stellt, war in seinen jungen Jahren der erfolgreichste und größte Bauer im ganzen Dorf. In seiner Geldkatze haben die Gulden geklingelt."

„Ein angenehmer Mann war er, den alle mochten. Die Mädchen haben sich nach ihm umgedreht. Ich auch und weiß Gott, ob er mit mir nicht besser gefahren wäre, als mit der Jaggl Müller Trina, die er zu seinem Unglück geheiratet hat."

„Bei der Hochzeit ging es hoch her. Die ältesten Leute haben so etwas noch nie erlebt. Die Kranzjungfrauen, unter denen ich auch war, haben alle ein Seidentüchlein und goldene Ohrringe bekommen. Von den Musikanten hat jeder einen blanken Gulden erhalten. Die Tische bogen sich fast unter den Köstlichkeiten. Sie waren ein schönes Paar, das musste ihnen der Neid lassen!"

„Die ersten Jahre vergingen ohne besondere Ereignisse. Sie waren fleißig bei der Arbeit. Nur eben Kinder wollten sich nicht einstellen. Da kam von Bayern ein landfremder Mann daher, den im Dorf bald jeder als Jager Stöffl kannte. Er war verschrien wie das falsche Geld. Wo er ein- und ausging, wich der Segen aus dem Haus. Seine Anwesenheit wirkte wie das schleichende Gift im Blut."

„Er war früher bei den Soldaten und hatte aufdringliche anbiedernde Manieren, mit denen er bei den leichtfertigen Mädchen und Frauen leichte Hand hatte. Seine dunkle Gesichtsfarbe und die gewellten strohblonden Haare machten ihn zu einem schönen Mann. Dazu war er immer gut gekleidet und konnte reden wie ein Buch. Man hörte ihm gerne zu, wenn er von Kriegen und fernen Ländern erzählte."

„Auf den Waschtl und seine junge Frau hatte der Stoffl ein besonderes Auge. Bei einem Freischießen in Waidbruck drunten machte er sich an den Waschtl heran. Er verstand sich so einzuschmeicheln, dass dem Waschtl zeitlang wurde, wenn er einmal nicht auftauchte. Der Trina gefiel er, weil er ihrer Gefallsucht schmeichelte."

„Im Dorf begann man zu munkeln, dass der Waschtl seinen Hof vernachlässigte und lieber mit dem Stoffl auf die Jagd ging, als auf dem Hof nach dem Rechten zu sehen. Der Trina sagte man ein Verhältnis mit dem Stoffl nach. Sie kümmerte sich nicht mehr viel um das Haus, war störrisch und suchte bei jeder Gelegenheit Streit mit ihrem Mann."

„Der Waschtl entschuldigte ihre Verstimmung mit der angehenden Schwangerschaft. Wenn gar kein Auskommen war, nahm er seine Büchse und ging mit dem Phylax auf die Jagd oder mit dem Stoffl ins Wirtshaus. Dort wurde getrunken und gespielt, gezahlt hat dann immer der Waschtl."

„Als endlich der Stammhalter geboren wurde, war die ganze Verwandtschaft zum Taufschmaus geladen. An dem Tag habe ich den Waschtl das letzte Mal bei guter Laune gesehen. Die Vaterfreude leuchtet ihm aus den Augen, wenn er den Gästen den Hoferben präsentierte. Er bemerkte gar nicht, dass er den Leuten leid tat und wie sie ihn hinter seinem Rücken auslachten.“

„Er blieb wieder öfter zu Hause und kümmerte sich um die Wirtschaft, vor allem aber war er um das Wohlergehen von Mutter und Kind bemüht. Die Trina hingegen putzte sich heraus, kümmerte sich um das Kind nicht viel und um das Haus und die Wirtschaft überhaupt nicht. Geld, das sie in die Hand bekam, gab sie für teure Kleider aus, wenn sie es nicht gleich dem Stoffl zusteckte, der sich dafür über sie lustig machte.“

„Mit dem Waschtl suchte sie nur mehr Streit. Wenn er ihr mit dem Reden nicht mehr beikam, rutsche ihm schon einmal die Hand aus. Als er sah, wie es mit der Wirtschaft abwärts ging, tröstete er sich mit der Schnapsflasche. Der nichtsnutzige Stoffl war sein ständiger Begleiter. Sobald beinahe der letzte Nagel verpfändet war, band er dem Waschtl noch das Märchen vom weißen Hirsch mit dem goldenen Geweih auf. Der war einfältig genug, dem Wundervieh nachzulaufen. Er hat nicht verstanden, dass er der Hirsch war, mit ganz gewöhnlichen Hörnern, die ihm sein Weib aufsetzte!“

Als er einmal spät abends allein zur Jagd auf die Alm unterwegs war, begegnete er einigen jungen Burschen. Diese begannen übermütig zu singen:

„Kater geh heim, die Katze miaut.
Sie hat sich derweil um einen andern umgschaut.“

„Zuerst wollte er sich die Spottvögel vorknöpfen, aber dann sah er daheim in der Ehekammer Licht. Da ging auch ihm ein Licht auf. Er hatte zu seiner Frau gesagt, dass er auf der Schwaige übernachten und früh am Morgen auf den Hahn gehen würde. Doch nun kehrte er sofort um. Zu Hause fand er die Kammer versperrt.“

„Nach mehrmaligem Klopfen öffnete ihm seine Frau, aber in der Kammer war es finster. Als er das Licht anzünden wollte, merkte er, dass am Docht noch Glut war. Seine Augen funkelten vor Zorn und er leuchtete mit dem Licht die Kammer aus. Auf dem Tisch waren eine Weinflasche und zwei Gläser. Die Trina war herausgeputzt wie eine Hochzeiterin, aber sie zitterte, war weiß im Gesicht, brachte kein Wort hervor und hatte Mühe, sich auf den Beinen zu halten. Der Phylax schnüffelte in der Kammer herum und begann vor einem Kasten zu knurren. Der Waschtl brüllte: „Wo ist der Vogel, damit ich ihn rupfen kann?“

„Da ging die Kastentür auf und der Stoffl stand vor dem Waschtl. Der sagte spöttisch: „Zum Rupfen braucht es zwei, einen der rupft und einen der sich rupfen lässt!“ Dann sah man ein Messer blitzen und den Stoffl in seinem Blut am Boden liegen.

„Sag Nandl, woher weißt du das alles so genau?“, wollte einer wissen. „Der Waschtl hat es mir erzählt, aber hört nur weiter. Die Trina fiel vor Schrecken in die Knie. Der Phylax leckte das Blut und der Waschtl schaute finster auf den Sterbenden. Als dieser den letzten Atemzug getan hatte, ließ er das Messer fallen und stürmte in den Wald hinaus. Dort irrte er mehrere Tage ohne Essen und Trinken herum, bis er sich dem Gericht stellte. Wegen mildernder Umstände wurde er nur zu zwei Jahren Zuchthaus verurteilt.“

„Der Hof kam in andere Hände, das Kind haben die Engel geholt und die Trina hat sich mit einem fremden Taugenichts davongemacht. Von ihr hat man nie mehr etwas gehört."

„Als er wieder in das Dorf zurückkam, wollte ihn niemand mehr kennen. Er war ja nur mehr ein Bettler."

„Nur der Phylax, der auf dem Hof geblieben war, erkannte ihn sofort und ging mit ihm. Tiere sind besser als die Menschen."

„Mir hat er leid getan. Ich habe ihm eine Kammer und die Kost gegeben, bis er im Wald und beim Kornschneiden Arbeit fand. In meinen Augen hat er nichts Unrechtes getan, als er sich um seinen Hof und seine Ehre gewehrt hat. Wenn ich der Richter gewesen wäre, hätte er keine Stunde sitzen müssen!"

„Bei der Arbeit leistete der Waschtl fast das dreifache, aber der Trübsinn hat ihn nie ganz verlassen. Seit er dem Schnaps verfallen ist, spukt ihm der weiße Hirsch wieder im Kopf herum. Den wollte er schießen, obwohl er schon die längste Zeit keine Büchse mehr in der Hand hatte."

„Wenn er seinen Rappel bekommt, wirft er während der Arbeit das Werkzeug weg und rennt Tag und Nacht nur mehr dem Hirschen mit dem goldenen Geweih nach, bis ihn der Hunger heruntertreibt. Dann sieht er so aus, wie er jetzt vor euch sitzt."

„Geredet hast du wie ein Buch", sagte der Schafhirt, „was den armen Kerl angeht, will ich kein Wort in Abrede stellen. Aber was den Weißen Hirschen angeht, da ist etwas dran. Das würde ich dir schriftlich geben, wenn ich schreiben könnte. Was mein Großvater und der Urgroßvater mit eigenen Augen gesehen haben, lasse ich mir von dir nicht abstreiten, wenn du auch eine Schriftgelehrte bist, die Flöhe und Wanzen im Bett kriechen hört!"

„Dann sag, was du von dem Wundervieh weißt!", forderte ihn die Haiserin auf. „Mein Großvater, tröste ihn Gott", erzählte der Hirt weiter, „war nach dem Wirt der Gescheiteste im Dorf. Er hat den Hirsch keine fünfzehn Schritte vor sich gesehen und hätte ihn geschossen, wenn er eine Büchse gehabt hätte. Er hat, so wie ich, auf dem Schlern oben Schafe gehütet und musste einmal ein Lamm suchen. Die Nacht war vollmondhell, sodass man einen Kreuzer gefunden hätte. Da sah er den Hirschen daherkommen, mit einem Fell wie frisch gefallener Schnee. Ein paar Klafter vor ihm blieb er stehen und hat ihn mit seinen glänzenden Augen angesehen, als ob er fragen wollte: „Wer bist du?" Ein prächtiges Tier mit goldenem Geweih, das im Mondlicht schimmerte. Der Großvater hat Angst bekommen und drei Kreuzeichen gemacht. Der Hirsch reagierte nicht darauf und ging langsam davon, so wie er gekommen war. Das war unseligen Gedenkens der Tag, an dem die Bayern in Tirol einmarschiert sind."

Bei diesem Wort erwachte der Waschtl und sah dem Hirten mit stechendem Blick in das Gesicht. „Das ist kurios", meinte eine Recherin, „eine arme Seele ist es nicht gewesen, denn die wäre mit den Kreuzeichen erlöst gewesen. Der Teufel war es auch nicht, denn der wäre mit einem fürchterlichen Gestank in die Hölle hinuntergefahren. Aber vielleicht war es ein verwunschener Prinz!"

Der Waschtl stand auf und ging zur Tür hinaus. Die Haiserin rief ihm nach: „Wo willst du so spät am Abend noch hin? Du hast bestimmt den ganzen Tag noch nichts Warmes gegessen. Iss noch eine warme Suppe und schlaf mit uns im Heu!"

„Kann ich nicht, Nanndl", rief er über die Schulter zurück, „ich muss schnell auf den Pez hinauf! Heute erwische ich ihn gewiss, den weißen Hirschen!" Damit verschwand er mit seinem Hund in der Dunkelheit.

Nach ein paar Wochen fanden ihn Hirten unter einer Wand. Sein Hund lag tot neben ihm. Man hat beide an der Unglücksstelle begraben. Die Haiserin ließ ihm ein Marterle[144] aufstellen mit der Inschrift:

„Da liegt der Kornwaschtl und sein Philax dazu
Gott geb den beiden die ewige Ruh!"
Meyer – 1891

Der Rechenmacher Much[145]

Der Much war ein gemütlicher fleißiger Mann und ledigen Standes. Er hauste in einer kleinen Hütte, die zum Hauensteiner Schloss gehörte. Sein Grundsatz lautete: „Beim Gewehr sollst du nur hinten, bei einem Esel nur vorne und zu den Frauen sollst du überhaupt nicht hingehen!"

Er war sein eigener Koch. Einmal hatte er schwarzplentene Knödel aufgestellt. Während die Knödel kochten, wollte er beim Oberwirt noch schnell ein Saidl trinken. Dort war aber das Telfmühler Tonele und mit dem ist er ins Kartenspielen gekommen. Zu seinen Knödeln kam er erst drei Tage später. Der Much trank nicht oft, aber wenn, dann ordentlich.

---

[144] Hölzerner Bildstock zum Gedenken an einen Unglücksfall
[145] Michael

Als die Katastermappen angelegt wurden, trug er für die Geometer die Triangelzeichen auf die höchsten Erhebungen. Auf eine alte krumme Lärche, die auf dem Schwarzkofel oben über die Wand hinausgewachsen war, kletterte er für eine Halbe Wein ein zweites Mal hinauf, um eine Fahne aufzuhängen. Die Fahnenstange konnte man noch lange sehen. Da war die Fahne schon ganz zerschlissen.

Werktags kam er immer mit blauen Infanteriehosen daher. Wenn ihn Sommerfrischler fragten, wo er die Hosen her habe, flüsterte er: „Die habe ich im Zuchthaus bekommen, weil ich auf dem Ofen Schnee gedörrt und für Salz verkauft habe." Ein anderes Mal sagte er: „Ich bin in das Kriminal gekommen, denn ich habe den Völsern die Sonnenuhr mitsamt den Gewichten gestohlen."

Eine Zeit lang spielte er im umgekrempelten Schlafrock eines Münchner Malers bei der weißen Wand hinter Ratzes die Hexe. Das weibliche Publikum traute sich dann fast nicht mehr den Spaziergang zur Schwefelquelle zu machen, um einen Schluck Schwefelwasser für die Gesundheit zu trinken. Dort lagen viele Rosenkränze herum, die von erschrockenen Besuchern auf die Hexe geworfen worden waren. Nachts trug er das Magenwasser von Baumwipfel zu Baumwipfel auf Hauenstein hinüber. Die Leute meinten, es gehe ein Geist um.

Er konnte schnell und ausdauernd laufen. „An einem gefährlichen Ort könnte ich nie abstürzen", behauptete er, „denn ich bin viel zu schnell." Zum Schluss fiel er von einem kleinen Apfelbaum und brach sich das Genick.

Rudolf Christof Jenny – 1900

Wer bringt die Kinder?

Vielerorts bringt der Storch die kleinen Kinder. Im Grödental holt man sie in der finsteren Schlucht zu Puent im Anna Tal ab. Manchmal bringt sie auch die „Höfoma[146]" mit.

Die Seiser finden die Kleinkinder in der Schlernklamm oder gar in der Lafreider Hölle.

In Völs fischt man den Nachwuchs aus dem Völser Weiher, wenn nicht gar aus der Felskluft bei Peterfrag.

Die Tierser Mütter müssen den weiten Fußweg bis zum Tschetterloch gehen. Dort gibt es ständig genug Neugeborene.

In Kastelruth fliegen die ungeborenen Kinder mit „di Muggn[147]".

Fink

Der Fluch

Auf dem Weg zur Trostburg saß unter einem halb verdorrten Nussbaum eine alte Frau und bettelte. Nicht für sich selbst, denn sie hatte kaum mehr Bedürfnisse, aber für das kleine Mädchen mit einem arg geflickten Kleid, das unweit von ihr im Moos mit Fichtenzapfen spielte.

---

[146] Hebamme
[147] Mücken

Das Annele war ein aufgewecktes Kind von sechs Jahren, das noch nicht verstand, wie schwer das Leben drücken konnte. Es war mit seinem Spiel glücklich, obwohl es noch die bösen Worte der Bligglerin im Ohr hatte. Diese hatte so lange geschimpft, bis die Großmutter weinend mit dem Annele den baufälligen Hof verließ.

Die Mutter war bei der Geburt gestorben. Der Vater hatte als Stallknecht im Schloss außer der Kost nur ein paar Kreuzer als Lohn. Die Köchin steckte ihm heimlich immer wieder etwas für das kleine Mädchen daheim zu. Vor drei Tagen aber hatte den Vater ein übermütiger Hengst, den der Schlossherr gerade gekauft hatte, zu Tode getrampelt. Sein ganzes Vermögen waren zwei Gulden und ein paar Kreuzer. Das reichte gerade für einen Sarg und ein Armeleutebegräbnis in Waidbruck.

Gestern hatte die Bäuerin die überzähligen Esser vom Hof gejagt. Sie hatte selber sechs Kinder zu versorgen und der Bliggler war nicht der Fleißigste bei der Arbeit. Es hat sie wohl die Verzweiflung dazu getrieben, denn in der Hütte herrschte die blanke Not, weil der Bliggler lieber in den Gasthäusern becherte, als sich daheim um die Arbeit zu kümmern.

Als die Großmutter einen Hufschlag hörte, versuchte sie aufzustehen. Mit der Hilfe vom Annele kam sie schließlich auf die Füße, gerade als der Schlossherr dahergeritten kam. Sie stellte sich ihm in den Weg und bat mit hoch erhobenen Händen: „Das Annele ist das Kind von eurem Stallknecht, der von eurem Ross zertrampelt wurde. Daheim beim Bliggler ist die blanke Not. Die Schwiegertochter hat uns vom Hof gejagt. Letzte Nacht haben wir in der Strebhütte beim Tscheltner übernachtet. In ein paar Wochen wird Winter sein, lasst uns bitte in die kleine baufällige Kammer hinein, neben dem Ross-

stall im Schloss oben! Ich helfe dafür im Schloss, soviel ich noch imstande bin und das Annele ist auch schon recht geschickt bei der Arbeit."

„Geh mir aus dem Weg, du alte Vettel!", schrie der Schlossherr, „du kannst ja kaum auf den eigenen Beinen stehen. Was willst du denn arbeiten? Und der Fratz erst, ich habe ihn nicht gemacht! Der soll hingehen, wo der Pfeffer wächst. Wo kämen wir hin, wenn die Dienstboten Kinder in die Welt setzen könnten, die nachher uns zur Last fallen!"

Damit gab er seinem Ross die Sporen. Der Tross setzte sich rasch in Bewegung und überrumpelte die Großmutter. Das Annele konnte gerade noch auf die Seite springen. Die Großmutter blieb armselig, mit einem blutenden und gebrochenen Bein, auf dem Weg liegen. Das Annele wollte ihr aufhelfen. Sie ließ sich aber mit einem Schmerzensschrei zurück auf das Pflaster fallen. Dann hob sie die rechte Hand und sprach mit zwei gestreckten Fingern den Fluch:

„Du bist kein Mensch und Gott soll dich strafen! Der Vater vom Annele wurde von deinem Ross zertrampelt. Mich baufällige alte Frau hast du zum Krüppel gemacht, sodass ich sterben muss. Du sollst genau so zugrunde gehen wie ich und dann in die Hölle fahren! Dein Geschlecht soll aussterben und von allen vergessen werden. Der Teufel selber wird dich holen!"

Obwohl die Nachbarn der Großmutter beistanden, hat sie die Nacht nicht überlebt. Das Annele wurde beim Pitscher aufgenommen und großgezogen. Den Schlossherrn hat bald darauf der gleiche Hengst im Schlosshof zu Tode getreten, weil er von einer Krähe erschreckt worden war. Das Schloss haben Raubritter überfallen und geplündert. Wer von den Hofleuten dabei nicht umgekommen ist, wollte auch nicht mehr bleiben. Das Schloss kam in andere Hände.

Karl Fulterer – Außerlanziner

Der „Ruach"[148]

In St. Vigil lebte ein Bauer, der seine Geldkatze[149] und seinen Hals nie voll kriegen konnte. Seine Frau und die Kinder hatten kein leichtes Leben mit ihm. Die Dienstboten behandelte und bezahlte er schlecht. Die Nachbarn gingen ihm aus dem Weg, denn er wollte bei jeder Gelegenheit den größeren Teil. Wenn ihm das nicht gelang, wurde er sehr böse und beschimpfte jeden, der sich von ihm nicht betrügen ließ. Dabei musste er immer neue Opfer suchen, denn ein zweites Mal ließ sich kaum einer hereinlegen.

Mit dem Alter wurde er immer verbissener, weil er niemanden mehr fand, der bereit war, sich mit ihm einzulassen. Außerdem litt er an verschiedenen Altersbeschwerden. Selbst auf dem Sterbebett konnte er sich von seinen Talern nicht trennen. Er starb im Streit mit seiner Familie, der er sein Vermögen nicht anvertrauen wollte.

Die Erben konnten sich ebenfalls nicht einigen. Sie spendeten den größten Teil davon den Advokaten in Bozen.

Karl Fulterer - Außerlanziner

---

[148] Habgieriger Mensch
[149] Aus doppeltem Leder genähter Gürtel – diente als Geldtasche

Unrecht Gut

In St. Valentin lebte einmal ein Bauer, der alles zu Geld machte, was er anfasste. Im Schulalter hatte er bereits mit Schafen und Ziegen gehandelt. Kaum ausgeschult, verdiente er bei einem Rosshandel zwei blanke Gulden. Dem einfältigen Käufer hatte er ein altes müdes Fuhrmannsross für ein vierjähriges gutmütiges Zugpferd angedreht.

Als er den elterlichen Hof übernahm und heiratete, musste es die reichste Bauerntochter mit einer stattlichen Mitgift sein. Gutmütigerweise, wie er immer behauptete, lieh er anderen Bauern und Handwerkern Geld. Sobald jemand in eine schwierige Lage kam, forderte er das Geld zurück und erhöhte kräftig die Zinsen, wenn der Schuldner keinen anderen Kreditgeber fand.

Konnte der arme Fretter die Wucherzinsen nicht pünktlich bezahlen, unterbreitete er ein Kaufangebot. Mit säuerlicher Mine und mit dem Hinweis auf die schlechten Zeiten, stellte er sein schäbiges Angebot als den besten Preis dar, den der Markt hergab. So kam er bis zu seinem Lebensende zu drei weiteren Bauernhöfen, vier Almwiesen und fünf Häusern im Dorf. Während ihn ein Teil der Bevölkerung wegen seiner Geschäftstüchtigkeit achtete, wollten besonnene Bauern mit ihm nichts zu tun haben. Sie meinten: „Unrecht Gut kommt nicht auf den dritten Erben!"

Als der Bauer infolge eines Schlaganfalls plötzlich ohne Testament verstarb, beschäftigten seine sechs Kinder ein Dutzend Advokaten über zehn Jahre lang mit der Aufteilung. Wirtschaftlich ging es bei allen mehr oder weniger bergab, da sie ihre ganze Energie und die halbe Zeit in die Prozesse steckten. Als schließlich alle mit beachtlichen Schulden dastanden, mussten sie erbärmlichen Vergleichen zustimmen, weil vom Reichtum des Alten nicht mehr viel übrig war.

Nach der Lösung des Erbproblems beeinträchtigten Gesundheitsprobleme und Pechsträhnen die wirtschaftliche Erholung der Erben. Als es zur zweiten Erbfolge kam, war der größte Teil des elterlichen Besitzes nicht mehr da und der Rest konnte den Kindern nur mit Schulden übergeben werden. Weder die Kinder, noch die Kindeskinder hatten die „eigenartige Geschäftstüchtigkeit" des Alten mitbekommen. Für die dritten Erben gab es nur mehr die Geschichte vom reichen Urgroßvater.

Karl Fulterer – Außerlanziner

Die verschwundene Bolzen Tochter

Beim Bolz in St. Michael lag die Tochter krank im Bett. Ihre Mutter, die sie pflegte, konnte nicht verhindern, dass sie aufstand und aus dem Haus in Richtung Löcher lief. Sie schickte ihr sogleich den Knecht und die Magd nach, die sie jedoch nicht einholen konnten.

Auf dem Weg hat sie das Nachthemd und die Unterwäsche weggeworfen. Das Nachthemd fanden sie dort wo heute das Schmalzl Kreuz steht. Das Mädchen aber blieb wie vom Erdboden verschluckt.

Auf dem Schmalzl Kreuz war bis vor dreißig Jahren eine kleine Blechtafel angebracht, auf der ein Krankenbett abgebildet war und darunter der eigenartige Vorfall beschrieben wurde. Der Schmalzl hat das Täfelchen ins Haus genommen, da damals derartige Gegenstände sehr gefragt waren.

Michael Silbernagl – Schmalzl in den Löchern

Der Messbruder

Früher war es bei jungen Mädchen üblich, mit der besten Freundin die Messschwesternschaft zu vereinbaren. Neben der Teilnahme an der Hochzeit, war damit die Verpflichtung verbunden, der als erste Verstorbenen eine hl. Messe lesen zu lassen.

Bei den Burschen war es nicht so häufig, aber der alte Felderer hatte eine Messbruderschaft vereinbart. Dieser Messbruder nahm sich das Leben und schaffte damit einige Probleme. Die Kirche ließ damals die Selbstmörder gerade noch ohne Priester in der nicht geweihten Ecke des Friedhofs begraben und glaubte, damit Menschen von dieser Verzweiflungstat abzuhalten. Auch das „In den Himmel kommen" wurde in Frage gestellt.

Der Felderer stellte deshalb für sich fest:

„Wenn der sich umbringt, braucht er meine Messe nicht!"

Am Abend saßen der Felderer und der Müllerknecht nach dem Essen noch in der Stube. Die Feldererin war mit dem Spinnrad beschäftigt. Da hörten alle die Haustür und dann jemanden durch den Gang kommen. Die Stubentür ging auf und im Türrahmen stand der Messbruder. Er sah schweigend ein paar Minuten den Felderer an, dann drehte er sich um, machte die Tür zu, trabte den Gang hinaus und verschloss hinter sich die Haustür.

Der Felderer war zuerst sprachlos, dann schickte er den Knecht hinaus um nachzusehen, ob er etwa nach dem Kontrollgang in den Stall vergessen hatte, hinter der Haustür den Drembl[150] herauszuziehen. Der Knecht kam zurück und berichtete, dass der Drembl zu sei.

Am nächsten Morgen ging der Felderer gleich nach dem Frühstück zum Kuraten von Seis um die Messe für seinen Messbruder zu bestellen.

Michael Malfertheiner – Felderer (Sohn)

Das Vieh in der Christnacht

In der Christnacht redet im Stall das Vieh. Da wollte einmal ein Bauer, der mit seinem Vieh besonders grob umging, wissen, was das Vieh so zu sagen hat. Er zog sich warm an und legte sich beim offenen Abwurfloch des Futterkastens auf die Lauer.

Gegen zwölf Uhr nachts begann das kleine Kälbchen: „Schon nach zwei Tagen hat mich der Bauer nicht mehr zu meiner Mutti gelassen. Jetzt tränkt er mich mit gewässerter Milch und wenn er schlecht aufgelegt ist, bekomme ich Fußtritte." „Mir geht es auch nicht besser," sagte die Mutti vom Kalb, „mir wird jedes Jahr nach dem Kälbern das Kalb weggenommen.

---

[150] Sperrbalken, wurde auf halber Höhe der Haustür aus der Wand vor die Tür gezogen

Als ich einmal beim Melken unruhig war, weil ich mir am Stacheldraht die Zitzen verletzt hatte, hat er mir in seiner Wut zwei Schwanzwirbel gebrochen. Ich habe seitdem eine geschwollene Stelle im Schwanz, die immer noch schmerzt."

Dann begann das Ochsenpaar: „Mit uns flucht er beim Pflügen fürchterlich. Nie kann es ihm schnell genug gehen. Unser Rücken heilt von den Peitschenschlägen beim Pflügen im Frühjahr kaum bis zum Herbst."

„Mir gibt er oft einen Tag lang kein Futter und wenn ich dann vor Hunger grunze, sticht er mir mit der Mistgabel in den Rücken," klagte das Schwein.

Schließlich kam auch noch der Hofhund in den Stall geschlichen und begann: „Wenn er besoffen nach Hause kommt und das kommt immer öfter vor, bekomme ich immer ein paar Fußtritte."

„Nicht mehr lange," machte sich das Pferd bemerkbar. „ Bei der schweren Holzfuhre vor ein paar Tagen, hat mir der Bauer den Zappin über den Rücken gehauen. Obwohl bei der Fuhre die Bretter für den Sarg des Bauern dabei waren."

Jetzt hatte der Bauer genug gehört. Er wollte aufspringen und sich bei seinen Tieren für die, nach seiner Ansicht, frechen Reden rächen. In der Dunkelheit stolperte er durch das Futterloch in den leeren Futterkasten und brach sich das Genick.

Karl Fulterer Außerlanziner

Die Nacht im Paradies

Zwei Freunde vereinbarten, dass jener der zuerst heiratet, den anderen als Trauzeugen herbeirufen solle, selbst wenn dieser am Ende der Welt wäre. Unglücklicherweise verstarb einer der beiden an einer tückischen Krankheit.

Als der andere mit seiner Braut die Hochzeit vorbereitete, fragte er seinen Beichtvater deswegen um Rat. Dieser meinte: „Du musst zum Grab deines Freundes auf den Friedhof gehen und ihn zur Hochzeit einladen."

Der Bursche ging zum Grab und sagte: „Heute heirate ich meine Braut und du sollst mein Trauzeuge sein, wie wir ausgemacht haben."

Da öffnete sich die Erde und der Freund trat hervor. „Ich komme," erwiderte er, „ich will mein Versprechen halten, sonst muss ich noch sehr lange im Fegfeuer schmachten."

Die beiden kamen zusammen zur Kirche, als auch der Brautvater mit der Braut eintraf. Beim Hochzeitsmahl nach der Trauung erzählte der junge Tote viele Geschichten, aber kein Wort von der anderen Welt. Der Bräutigam hätte ihn zu gerne gefragt, wie es dort zugeht, aber er wagte es nicht.

Um Mitternacht erhob sich der junge Tote und verabschiedete sich mit den Worten: „Ich habe dir einen Gefallen getan, begleite du mich dafür zurück zum Friedhof."

Der Bräutigam gab der Braut einen Kuss und sagte: „Ich bin gleich wieder da, ich muss nur meinen Freund zurück zum Friedhof geleiten."

Auf dem Weg redeten die beiden noch über die Hochzeit, aber der Bräutigam hätte zu gerne die Frage gestellt, wie es in der anderen Welt war. Nachdem sich die Freunde beim Grab verabschiedet hatten, wagte er dann doch die Frage. „Ich darf nichts sagen," erwiderte der Freund, „aber wenn du unbedingt etwas erfahren willst, komm doch einfach mit ins Paradies."

Das Grab öffnete sich und der Bräutigam folgte dem Toten. Der zeigte ihm einen herrlichen Palast aus Kristall. Darinnen tanzten die Seligen mit den Engeln zu herrlicher Musik. Dann führte er den Freund in einen wunderbaren Garten. Dort sangen bunte Vöglein die schönsten Melodien. Noch schöner war die Landschaft im Himmel. Der Bräutigam konnte sich nicht satt sehen. Aber schließlich erinnerte er sich an seine junge Frau und meinte: „Jetzt ist eine Stunde vergangen. Ich muss zurück."

Der Freund geleitete ihn zurück und ließ ihn aus dem Grab steigen. Der Friedhof kam ihm fremd vor. Alles schien verändert, die Grabkreuze waren aufwändiger und die Kirche viel größer. Auf den Straßen fuhren Autos und ein Flugzeug zog mit einem Kondensstreifen am Himmel.

„Wo bin ich da hingeraten?", fragte er den Mesner. „Ich habe gestern geheiratet und um Mitternacht nur kurz meinen toten Freund in das Paradies geleitet, der mir Trauzeuge gemacht hat. Jetzt finde ich mein Dorf nicht mehr."

„Gestern hat hier niemand geheiratet, das ist sicher!", sagte der Mesner ganz bestimmt, „aber man erzählt sich eine alte Geschichte. Vor vielen, vielen Jahren ist jener Bräutigam der seinen Trauzeugen zum Friedhof zurückgeleitet hat, nicht mehr zurückgekommen. Die junge Frau ist bald darauf aus Gram gestorben."

„Ich bin dieser Bräutigam", sagte der Mann verzweifelt. „Da musst du mit dem Pfarrer reden", riet ihm der Mesner.

Er suchte den Pfarrer auf und erschrak, weil ihn ein ganz anderer Priester empfing. Dieser hörte sich die Geschichte an und holte dann die alten Bücher aus dem Archiv. Er durchsuchte Aufzeichnungen vor fünfzig, hundert, zweihundert und schließlich vor dreihundert Jahren. Dort fand er eine Eintragung und las sie vor: „Im Jahre 1625 verschwand ein Bräutigam auf dem Friedhof und seine junge Frau starb kurz danach an gebrochenem Herzen." „Aber der Bräutigam bin doch ich und ich war nur eine Stunde im Paradies", stammelte der Mann.

„Dann warst du in der anderen Welt. Erzähle mir doch wie es drüben ist", drängte der Pfarrer. Der junge Mann erbleichte und sank tot zu Boden. Er konnte nichts mehr davon erzählen, was er erlebt hatte.

Kindl

Der Scheintod

Der Torggler in St. Oswald hatte sein Leben lang nichts Gutes erlebt. Die Schinderei auf seinem Hof mit einer Kuh, die baufällige Hütte und die Plage als Taglöhner bei jedem Wetter, hatten ihn mit seinen fünfundvierzig Jahren zu einem altersgeplagten Mann gemacht. Im Winter erwischte ihn dann noch ein hitziges Fieber. Seine Frau hatte ihn neben dem warmen Ofen in die Stube gebettet und mit Hilfe der drei halbwüchsigen Kinder liebevoll betreut. Schon am zweiten Tag konnte er außer Tee nichts mehr zu sich nehmen. In der vierten Nacht war er sehr unruhig und am Morgen des fünften Tages lag er reglos mit toten Augen in seinem Bett. Die Kinder und die Mutter weinten. Dann schickte sie die älteste Tochter mit der traurigen Botschaft zu den Nachbarn und zum Pfarrer nach Kastelruth, um die Beerdigung zu bestellen. Der Bub musste nach Seis zum Tischler, um einen Sarg in Auftrag zu geben.

Die Frau bahrte den Leichnam mit Hilfe der alten Nachbarin und der jüngsten Tochter in der Stube unter dem Kreuz auf. Am Nachmittag kamen schon die ersten Nachbarn, um für den Toten ein paar „Vater Unser" zu beten, Weihwasser zu sprengen und die Familie zu trösten. Die alte Nachbarin setzte sich an den Ofen und hielt für die ganze Zeit der Aufbahrung die Totenwacht. Sie hatte auch die Aufgabe, allen Besuchern und den Teilnehmern am Rosenkranz mit einem „Vergelt`s Gott"zu danken.

Am Abend traf fast die ganze Bevölkerung von St. Oswald ein, um den Seelenrosenkranz für den Verstorbenen zu beten und Weihwasser zu sprengen. Am nächsten Tag zu Mittag, als alle die zu Hause abkömmlich waren, zum Rosenkranzgebet kamen, hatte der Tischler schon den Sarg geliefert und den Toten umgebettet.

Beim Rosenkranzgebet am Abend hielten plötzlich alle erschrocken inne, als sie vom Sarg her ein leises Klopfen hörten. Der Malider war der Erste, der sagte: „Der Torggler meldet sich, da müssen wir nachsehen". Als er den Sarg öffnete, sagte der Torggler mit ganz schwacher Stimme, „Hilf mir heraus, ich lebe noch!" Die Teilnehmer hatten Mühe sich auf die neue Situation einzustellen. Sie verzogen sich einer nach dem anderen und besprachen, wie es nur möglich sein konnte, dass alle den Torggler für tot gehalten hatten.

Der Torggler hat noch weitere sieben Jahre gelebt und ist dann an einer Lungenentzündung richtig gestorben.

Fulterer Karl Außerlanziner

Die Nörggelen von Kastelruth

Vom Kofel in Kastelruth geht ein unterirdischer Gang ins Flaimstal hinüber. Den Gang haben Nörggelen gegraben. Die Leute sehen öfters Nörggelen beim Zugang ein- und ausgehen.
Heyl - 1897

Kegel und Kugel

Vor hundert Jahren wurde in Kastelruth auf dem Kofel Theater gespielt. Von der Genoveva, den Rittern von Karneid und Oswald von Wolkenstein handelten die rührseligen Stücke, bei denen sich die Möglichkeit bot, der weltlichen und geistlichen Obrigkeit ein bisschen am Pelz zu kratzen. Das nahm die Obrigkeit natürlich nicht unwidersprochen hin und verbot das gotteslästerliche und aufmüpfige Treiben. Mit dem Verbot wurde das Theater aber nur noch beliebter.

Ganz früher hausten da oben richtige Ritter in einem prächtigen Schloss. Wenn sie in den Kampf zogen, winkten die Ritterfrauen vom Balkon aus nach. Die Ritterfräulein weinten die Taschentücher nass, wenn ihr Liebster dabei war. Diese Geschichte handelt aber von der Zeit nach den Rittern.

In den Quatembernächten und zu anderen heiligen Zeiten kamen auf dem Schlosshof die Ritter zu einer gemütlichen Unterhaltung zusammen. Es waren aber nur die Geister der Ritter, Gespenster in Rittertracht mit Helm und Harnisch, Kettenhemden und Eisenschienen. Bis ins Dorf herunter hörte man öfters die rollenden Kugeln, die fallenden Kegel und das Klappern der Deckel von den großen Weinhumpen.

Das interessierte den Mulser Matthias sehr. Er war nämlich der flinkste Schalderer[151] weit und breit. Er glaubte, es müsste ihm zustehen, dort oben den feinen Herren zu Diensten zu sein.

Keiner rollte die Kugel so gut zurück und stellte die Kegel so flink und genau auf wie er. Deswegen wollte er unbedingt sehen, wie es da oben zuging. Als er einmal mitten in der Nacht aufwachte und vom Kofel herunter die Kegler hörte, schlüpfte er flugs in sein Gewand. Er war besonders neugierig darauf, wer der Schalderer der Geisterkegler war und wie er aussah. So überwand er seine Angst vor den Geistern und obwohl es ihn in der kalten Nacht fröstelte, lief er behände auf den Kofel hinauf.

Oben näherte er sich vorsichtig dem Geschehen. Er sah gepanzerte Ritter mit grün funkelnden Augen, die mit silbernen Kugeln auf die goldene Neunt von Kegeln warfen, aber keinen Kegelbuben. So wie in Bad Ratzes, wo der Arzt den dicken Urlaubsgästen verordnet hatte, die Kegel selber aufzustellen. Bei diesen klapperdürren Gesellen hätte es das aber nicht gebraucht.

Der Matthias saß hinter einem Strauch und sah dem Treiben zu, bis ihn einer der Männer entdeckte. Der fasste ihn mit seiner kalten Hand beim Arm, zerrte ihn zur Kegelbahn und hieß ihn die Kegel aufstellen. Er rollte die schweren Kugeln zurück und stellte die gewichtigen Kegel auf. Dabei kam er richtig ins Schwitzen. Aber was tut man nicht alles für ein schönes Trinkgeld! Das hat er sich von der noblen Gesellschaft schon erhofft.

Getroffen haben die Ritter genug. Ein Naturkranzl fiel öfters und nicht selten alle Neune, obwohl es statt einer Kugellade nur einen unebenen Boden gab.

Die Eckkegel stellte er fachgerecht, je nachdem ob ein Rechts- oder Linkshänder am Werfen war. Er hoffte schon die vornehmen Herren würden seine Arbeit genau so zu schätzen wissen, wie er ihr Können beim Kegeln.

Die Herren redeten kein Wort miteinander. Nur bei einem guten Schub stießen sie ein kaltes Lachen aus, das dem Matthias Angst einjagte. Zum Fürchten hatte er bei dem zügigen Spiel aber keine Zeit.

Plötzlich warf ein eisgrauer Ritter die Silberkugel so, dass der Eckkegel in die Schar ging. Die Kegel flogen mit einem schrillen Klang auseinander. In diesem Augenblick verschwanden die Ritter, die Weinhumpen, Kegel und Kugeln im Erdboden. Der schrille Lärm setzte sich in Kaskaden länger fort.

„Betläuten!", rief die Mutter, „Matthias aufstehen!" Der kroch angekleidet und ganz verschwitzt aus seinem Bett und war sich ganz sicher, dass er nicht geträumt hatte. „Das Kegelgeld, das Kegelgeld!", schrie er.

---

[151] Kegelbub

Wenn in den Quatembernächten und zu heiligen Zeiten vom Kofel das Rollen der Kugeln und die fallenden Kegel zu hören waren, blieb der Matthias im Bett und räsonierte: „Da setze ich schon zehnmal lieber den einfachen Bauersleuten die Kegel, als den windigen Rittern, die für den Schalderer keinen Kreuzer oder nicht einmal einen Schluck Leps[152] übrig haben. Aber mit silbernen Kugeln und mit goldenen Kegeln müssen sie spielen, die noblen Herren Ritter! Aus großen Humpen saufen sie und machen einen Heidenlärm und dann halten sie nicht einmal eine Kirchenglocke aus." Wütend zog er das Bett über die Ohren, sodass man nicht mehr genau verstand, was er sonst noch über die windigen Ritter zu sagen hatte.

Als später auf dem Kofel die sieben Kreuzwegstationen gebaut wurden, hat der Spuk aufgehört.

Heyl – 1897

Goldene Kegel

Auf dem Kalvarienberg, dem Schlossberg von Kastelruth, für die Bevölkerung ist es der Kofel, lebten früher reiche Leute im Überfluss. Auf der Nordseite ist auf halber Höhe ein ebener schattiger Platz, der zum Kegeln geeignet ist. Dort sind neun goldene Kegel und zwei silberne Kugeln vergraben.

Würde man um Mitternacht auf den Kofel gehen, könnte man die alten Ritter auf dem Kegelplatz spielen hören.

Zingerle – 1891

Die Stadt Kastelruth

Kastelruth war früher eine große herrliche Stadt mit reichen Menschen, die im Überfluss lebten. Als einmal ein Bettler von Haus zu Haus ging, um etwas zum Essen zu betteln, wurde er in allen Häusern mit harten Worten verjagt.

Müde und ermattet schlich er zum Stadttor hinaus und kam zu einer baufälligen Hütte. Auf seine Bitte hin erhielt er ein Abendessen. Auch ein Nachtlager wurde ihm angeboten. Nach dem Essen bat er noch um einen Kübel Wasser. Den schüttete er zum Fenster hinaus. Die Hausleute staunten, wie aus dem wenigen Wasser ein reißender Bach wurde, der die kaltherzige Stadt Kastelruth wegschwemmte.

Von der herrlichen Stadt blieb nur die baufällige Hütte vor dem Stadttor übrig.

Es war der Herrgott selber, der als Bettler verkleidet, die Kastelruther auf Herz und Nieren prüfen wollte. Wegen ihrer Hartherzigkeit hat er über den ganzen Ort das Strafgericht verhängt.

Später wurde das Dorf wieder allmählich aufgebaut. Vor 150 Jahren wussten die Kastelruther noch von diesem Gottesgericht.

Alpenburg – 1857

---

[152] Minderer Wein, aus der zweiten Vergährung

Die Kofel Juden

Die Edlen von Kraus ließen auf dem Kofel, zur Erbauung der Bevölkerung, die sieben Kreuzwegstationen errichten. Für die Kapellen und Bildstöcke wurden die Steine des zerstörten früheren Schlosses verwendet. Mit lebensgroßen Statuen wurde in diesen Stationen das Leiden Christi dargestellt.

Der Spitzjud, der Jesus die lange Nase macht, war zu früheren Zeiten nicht immer in seiner Kapelle. Der Fledersbacher Schuster hat einmal an einem Samstag Abend alle Kospen[153] eingesammelt und auf der Stiege beim Turm aufgestellt. Die Kospen waren früher die Werktagsfußbekleidung für den Außenbereich. Sie wurden vor der Haustür abgestellt. Auf die oberste Stufe stellte er den Spitzjud dazu.

Den Kastelruther Bauersleuten fehlten am Morgen die Kospen um in den Stall zu gehen. Die Bürgersfrauen und Bäuerinnen staunten bei ihrem Gang zur Frühmesse am Morgen über die Menge Kospen, die der Spitzjud feilzubieten hatte.

Der Penz war als Fischereiaufseher angestellt. Weil er sein Amt sehr ernst nahm, genoss er in gewissen Kreisen kein großes Ansehen. Als er einmal spät abends beim Festl Bachl seinen Kontrollgang machte, sah er zwischen dem Gebüsch eine Gestalt, die sich offensichtlich ein paar Fische angeln wollte. Damit ihm der freche Vogel nicht entkommen konnte, machte er einen großen Satz und wollte ihn fest am Kragen packen. Dabei verstauchte er sich die Hand, denn der Schwarzfischer war niemand anderer als der Spitzjud vom Kofel.

-o-

Beim Pflügen ließ man früher nach Feierabend den Pflug zwei Meter vom Ackerrand in der Furche stehen. Dem Prögler Bauern vergruben die Dorfspitzbuben vor dem Pflug

---

[153] Schuhe ganz aus Holz oder Holzsohle mit Oberleder

einen Kofeljuden. Als die Ochsen am nächsten Morgen anzogen, blieb dem Prögler fast das Herz stehen, denn er glaubte einen Toten herausgepflügt zu haben.

Oswald Tröbinger - Kastelruth

-o-

Manchmal hatten junge Mädchen das zweifelhafte Glück, den Spitzjud am Morgen vor ihrem Fenster oder vor der Haustür vorzufinden. Es genügte schon, wenn eine sehr hübsch war und mehrere Verehrer hatte oder wenn eine, nach Meinung der Burschen, zu stolz war. Gefährlich wurde es, wenn sich einer einen Korb geholt hatte und mit seiner Wut nicht fertig wurde. Da konnte es schon passieren, dass er der Unnahbaren vom Spitzjud die lange Nase machen ließ.

Der Bligler Tonl hatte sich in die Telfmühler Rosl verschaut und wollte sie dem Paaln Lois ausspannen. Die Rosl hat ihn dafür nur ausgelacht. Der Tonl war sehr jähzornig und wollte sich rächen. In seiner Wut rannte er auf den Kofel, nahm in der Geißelungskapelle die größte Statue auf die Schulter, um sie der hochnäsigen Rosl vor das Fenster zu stellen. Weil ihn der Lehrer in der Schule nicht oft gesehen hatte, kannte er sich bei den Heiligen nicht besonders gut aus.

Den Abhang beim Prögler hinunter bis Tanötz ging es noch leidlich, aber beim Müller wurde die Statue immer schwerer. Als er schließlich die Kirchturmspitze von Tisens sah, wurde die Statue so schwer, dass er bis zum Kloatz dreimal rasten musste, denn er hatte die Christusstatue erwischt.

Mit Mühe brachte er die Statue erst wieder auf die Schulter, als er sich in Richtung Kofel umgedreht hatte. Er wollte den Weg fortsetzen, aber schon nach fünf Schritten bekam er Angst, vom Christus erdrückt zu werden. Er wandte sich ein weiteres Mal dem Kofel zu und schon war die Last leichter. Nach einem weiteren Versuch sah er ein, dass er die Statue zurückgeben musste. Diese verlor zunehmend an Gewicht, je näher er dem Kofel kam und der Ärger über den Korb, den er sich bei der Rosl geholt hatte, war auch nicht mehr so schlimm.

Karl Fulterer - Außerlanziner

„Castrum ruptum"

Auf dem Kofel soll es in der prähistorischen Zeit eine Burg gegeben haben. Die Römer haben sie vor zweitausend Jahren zerstört, um daraus ein Castell zu bauen. Von den Burgherren der damaligen Zeit weiß man wenig.

Während der Völkerwanderung hatte das Dorf Kastelruth wieder arg gelitten, aber im achten Jahrhundert wurde es wieder aufgebaut. Aus den Jahren 982 bis 988 gibt es alte Schriften wegen eines Grundtausches zwischen Bischof Albuin von Brixen und Bischof Eticho von Augsburg.

Vom Jahre 1018 besteht ein Brief der Herren von Kastelruth, der sie auch als Herren von Aichach und Layen ausweist. Die Fassaner erzählen, dass sie früher alljährlich von den Kastelruthern überfallen und beraubt wurden. Mehrmals ließen diese auch Vieh mitgehen.

Der Bischof von Brixen hatte ein rechtes Kreuz mit den Kastelruthern. Einmal zog er mit einem Heer von dreihundert Fassanern gegen die Kastelruther und besiegte sie. Der Burgherr wurde gefangen genommen und dem Bischof vorgeführt. Dabei musste er den feierlichen Schwur leisten, dass er gegen das Hochstift Brixen und gegen die Fassaner nie mehr etwas unternehmen werde.

Eine alte Schrift im Hofarchiv von Brixen vom Jahre 1256, berichtet von einer Fehde zwischen dem Heinrich von Maulrappe und Wilhelm von Aichach, in deren Verlauf der Aichacher den Maulrappe um die Burg Kastelruth gebracht hat. Der Bischof von Brixen war damit nicht einverstanden und verlangte die sofortige Rückgabe. Weil der Aichacher diese Weisung nicht befolgte, ließ der Bischof von Brixen die Burg belagern.

Bei den Friedensverhandlungen zwang der Bischof den Aichacher auf das „Castrum" und alles was dazu gehört zu verzichten. Mit einer eigenen Schrift musste er auch den vorderen Turm dem Bischof übergeben.

Laut einer Schrift vom Jahre 1287 verkauften die von Maulrappe die Burg Kastelruth, das Rofner Höfl in Völs und den Plan Hof beim Schloss Wolkenstein dem Grafen Meinrad von Tirol.

Ausserer – 1927 – Wolff 1908

Der letzte Wilde von Kastelruth

In Kastelruth, in Pufels und auf der Seiser Alm trieben sich früher Wilde herum. Sie wurden von den Leuten, die um den Kofel herum siedelten, in die entlegensten Winkel verdrängt. Die Telfmühler Moidl, die im Jahre 1856 geboren wurde, wusste noch, wie die letzten Wilden von Pedrutsch zuerst in die Frötschbachschlucht und dann auf die Grunzer Bühla[154] vertrieben wurden.

Die Leute fürchteten sich aber vor den Verwünschungen. Da die Wilden immer nachts unterwegs waren, wurde in St. Valentin bis 1960 um vier Uhr früh „betgeläutet", damit die Wilden ja nicht in die Nähe der Höfe kamen.

Zuletzt blieb von den Wilden nur mehr eine Frau übrig. Diese wollte sich in Tisens bei einem Bauern andienen. Aber niemand wollte sie ins Haus lassen. Sie wurde von allen gemieden und verachtet, weshalb sie in die Wälder zurückkehrte. Ein Baaln Knecht steckte ihr heimlich öfters etwas zum Essen zu, da sie ihm leid tat.

Das hat der Latscher Siml[155], von seiner Großmutter, der Telfmühler Moidl gehört.

Fink - 1981

Die Türken in Kastelruth

Wenn der Roggen zu reifen anfängt, wurde ganz früher einmal prophezeit, kommen die Türken über die Struzza[156] von der Alm herunter. Dann wird auf dem Tschonstoan ein Kirschbaum gewachsen sein, der blüht und Kirschen trägt.

Zu Gschtatsch wird es einen Stall mit einem Gewölbe geben. In Kastelruth wird eine Kirche im Bau sein, in der die Türken ihre Pferde unterbringen.

---

[154] Hügel vor dem Goldsknof auf der Seiseralm

[155] Simon Mauroner

[156] Alter Pflasterweg zwischen Gschtatsch und Fromm

Die Türken kommen unverhofft. Man wird um fünf Uhr morgens davon erfahren, aber um neun Uhr marschieren sie schon in Kastelruth ein.

Man möchte sie zwar aufhalten, sie kommen aber in solcher Überzahl, dass daran gar nicht zu denken ist. In Kastelruth zerstören sie alles. Die Gottesdienste werden von da an in St. Valentin gehalten.

Wer sich retten will, muss gegen Morgen flüchten und zwar bis dort hinauf, wo die Haselnusssträucher nicht mehr wachsen. Höher gehen die Türken nämlich nicht. Wer flüchtet, soll höchstens drei Brote mitnehmen. Wenn ihm eines davon zu Boden fällt, braucht er sich nicht danach zu bücken, denn er hat mit zwei genug. So schnell verläuft die Zerstörung vom Dorf und der Abzug des Feindes.

Bei Innsbruck wird es eine blutige Schlacht geben, dass sich ein halbjähriges Kalb in der Blutlache baden kann. Drei Tage wird das feindliche Wappen in Innsbruck prangen, aber nicht länger. Das Heer des Kaisers wird derart zusammengeschmolzen sein, dass es sich unter einem Baum in den Schatten stellen kann. Aber der Kaiser bekommt Verstärkung von anderen Ländern. Er verfolgt die Türken bis in das Morgenland und erobert Jerusalem.

Zingerle - 1891

Der Sonntagsjäger

In St. Vigil lebte ein Jäger, der nahm sich nicht mehr die Zeit sonntags in die Kirche zu gehen. Als er starb, wurde er in einen Spielhahn verwandelt, der heute noch umgeht. Man erkennt ihn, weil er mit dem Schwanz eigenartig wippt.

Trifft er einen Jäger, stöhnt er wie ein verwundeter Mensch. Er kann aber nicht sterben und muss noch lange auf die Erlösung warten.

Heyl – 1897

Die Frötschbach Wiege

Die Männer vom Punschieder Hof machten sich einmal mit der Ferggl[157] auf den Weg, um auf Ascht Heu zu holen. Ascht ist eine kleine Wiese auf der St. Konstantiner Seite des Frötschbaches.

Als sie den Frötschbach überquerten, sahen sie auf einer Schotterinsel eine Wiege mit einem Kind. Sie fanden das schon recht eigenartig und wollten auf dem Heimweg die Wiege mit dem Kind mitnehmen.

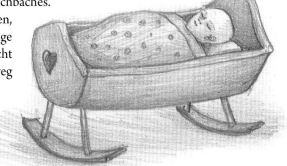

Sie luden deshalb auf eine Ferggl etwas weniger Heu, um Platz für die Wiege zu lassen. Während dem Aufladen hörten sie einen Knall.

---

[157] Großes Traggestell für Heu und Stroh

Von der Wiege war dann nichts mehr zu sehen. Aber auf der gleichen Stelle lagen zwei kleine Holztäfelchen, die sie mit heim nahmen und auf das Scheunentor nagelten.

Da die Puntschieder Leute nicht recht wussten, was das alles zu bedeuten hatte, beschlossen sie den alten Brudermesser in Kastelruth um Rat zu fragen. Der fromme Mann meinte, man hätte einen geweihten Rosenkranz oder ein Skapulier[158] in die Wiege legen müssen, dann wäre sie sicher nicht verschwunden.

-o-

Als die Franzosen im Jahre 1809 Tirol besetzten, marschierte ein Trupp französischer Soldaten von St. Vigil nach St. Oswald. Wohl zum Spaß nahmen sie die Täfelchen mit. In St. Oswald rissen sie von Tschötscher Zaun Spelten ab und warfen die Täfelchen in die Wiese.

Dort fand sie der Mesner. Der wollte sie beim Mesnerstadel an die Wand hängen, was ihm aber nicht gelang. Da die Täfelchen immer wieder auf den Boden fielen, gab sie der Mesner dem Puntschieder zurück.

Rudolf Schieder – Puntschieder

Die Perlagger und der Teufel

Beim Michaeler Wirt waren an einem Quatember Sonntag einmal mehrere Männer beim Perlaggen. Nicht umsonst heißt es:

„Gottes Wort und Perlaggerstreit
Dauern bis in Ewigkeit."

Die Männer schimpften, stritten, fluchten und riefen sogar den Teufel an. Der ließ sich nicht lange bitten und stand sofort in einem grünen Gewand in der Tür. Auf dem Kopf hatte er einen Spitzhut mit einer langen Hahnenfeder. Er setzte sich zu den Perlaggern und begann zu kibitzen[159]. Dabei hetzte er die Männer noch richtig übereinander, dass alle vier ganz rabiat wurden.

Als sich einer der Männer um eine hinunter gefallene Karte bückte, sah er, dass der Jäger einen Bockfuß hatte. Jetzt bekamen es die Männer mit der Angst zu tun. Sie wurden alle blass und hörten mit dem Kartenspiel auf. Dann machten alle das Kreuzzeichen und riefen Jesus, Maria und Josef zu Hilfe.

Der Fremde rührte sich nicht von der Stelle. Die Kellnerin holte einen Kapuziner. Der hat mit seinen Beschwörungen lange gebraucht, bis er den Teufel zur Tür hinausbrachte.

Alpenburg – 1857

Der Baum auf der Seiseralm

Wenn das Kirschbäumchen auf der Seiseralm blüht und in Kastelruth eine noch nicht fertiggebaute Kirche einstürzt, wird es große Kriege geben. Die Türken werden über die

---

[158] Geweihte Medaille

[159] Unbeteiligter mischt sich beim Kartenspiel ein

Alm oder gar über den Schlern kommen. Dann wird so viel gestritten und gemordet, dass zehn Mädchen um einen Mann raufen müssen.

Zingerle – 1891

NB: Dem Pauln Franz hat sein Vater erzählt, dass er von St. Michael aus die Staubwolke gesehen hat, als bei der im Bau stehenden Kirche von Kastelruth ein Teil des Gewölbes einstürzte, da die Kirche ohne Säulen gebaut werden sollte.

Es bestand damals zwar der Wunsch, die Kirche ohne Säulen zu bauen. Davon hatte aber das Bezirksaufsichtsamt in Bozen dringend abgeraten und deshalb bekam die Kirche die sechs wuchtigen Säulen.

Der Einsturz der Säule bei der Kanzel und in der Folge der Teileinsturz des Gewölbes erfolgte, weil für diese Säule brüchige Steine verwendet worden waren.

Nikolaus Malfertheiner - Lusner - Pfarrarchiv Kastelruth

Die Pest in Tagusens

In Tagusens starben zur Pestzeit alle Leute. Eine alte Frau versorgte die Kranken. Sie musste aber erleben wie ein Haus nach dem anderen leer wurde. Niemand traute sich mehr nach Tagusens zu kommen.

Die alte Frau rief mitunter ins Layeneried hinüber wie es stand. Zuletzt rief sie über das Tal hinüber: „Jetzt könnte es so bleiben, wie es ist, denn nun bin ich allein!"

Heyl - 1897

Das Totenbett

Als der Vater vom alten Zonner Peter im Sterben lag, ordnete er die Aufteilung seines Besitzes und dann sprach er: „Ich würde jetzt gerne sterben, denn mit mir ist eh nichts mehr. Einen Wunsch hätte ich noch vorher. Ich möchte noch einmal die laapete[160] Kuh sehen!"

Seine Tochter, die Nandl[161] wollte ihm seinen letzten Wunsch erfüllen. Sie breitete von der Haustür bis in die Stubenkammer alle erreichbaren Fleckerlteppiche aus. Dann legte sie der laapetn Kuh die Halfterkette an und führte sie bis zum Krankenbett des Vaters. Vor dem Bett brach die Kuh durch ein morsches Bodenbrett mit beiden Vorderfüßen ein, was ihr aber nichts ausmachte. Sie sah ihrem Bauern treuherzig in die Augen. Der Zonner sah seine liebste Kuh auch an und kraulte sie mit großer Mühe am Kopf. Dann zog er mit letzter Kraft die Hand zurück unter das Bett und tat eine halbe Stunde später mit einem Lächeln auf den Lippen seinen letzten Atemzug.

Die Kuh zog daraufhin ihre Beine aus dem Boden und drehte sich zur Nandl um, die sie zurück in den Stall führte.

Peter Wörndle - Unterzonner

---

[160] Scheckige
[161] Anna

Die Pest

Zur Pestzeit kehrte der schwarze Tod auch beim Unterzonner ein. Von den zehn Kindern blieben gerade zwei übrig. In einer Woche mussten drei hinausgetragen werden.

Peter Wörndle - Unterzonner

Der Glockengeist von St. Michael

Im Frühjahr 1955 hörte man nachts in den Michaeler Wäldern und in den Bühlen eine Ziegenschelle. Die Leute glaubten ernsthaft, dass ein Geist umgehe und stellten allerhand Vermutungen an, wer wohl von den zuletzt Verstorbenen auf diese Weise büßen müsse.

Schließlich ist dann doch durchgesickert, dass der Paossamanoar in einem Anfall von Mutwillen dem Fuchs, den er mit dem Schlageisen gefangen hatte, eine Schelle um den Hals gebunden hat, um ihn dann wieder laufen zu lassen.

Im Juni war dann die Bevölkerung vom Ritten in gleicher Weise beunruhigt. Es dauerte auch dort eine Weile bis bekannt wurde, dass nur ein armer Fuchs umgeht, der seine Beute warnt.

Malknecht – 1978

Der Schatz im Wegkreuz

In Kastelruth lebte einst ein Bauer, der arg vom Geiz geplagt wurde. Weil er sich selbst nichts gönnte und den anderen erst recht nicht, wurde er sehr reich.

Als 1809 die Franzosen im Land einmarschierten, plagte ihn die Angst, diese könnten es auf seine Goldfüchslein abgesehen haben, um die Kriegskasse aufzubessern. Weil er gehört hatte, dass die Franzosen gottlose Gesellen waren, kam ihm der rettende Gedanke. „Die werden dem Wegkreuz, das einsam auf Puflatsch oben steht, sicher keine Beachtung schenken!", dachte er sich und stemmte in der Nacht dem Herrgott im Rücken ein Loch aus, um seinen Schatz darin zu verbergen. Er schloss das Loch mit einem Brettchen und freute sich über seinen guten Einfall. „Nun können die Franzosen ruhig kommen!", dachte er bei sich.

Dass seine Befürchtungen nicht unbegründet waren, bestätigte sich recht bald. Einer von seinen Neidern im Dorf hatte ihn bei den Franzosen verpfiffen. Diese rückten schon am nächsten Tag fünf Mann hoch mit aufgepflanzten Bajonetten an und verlangten die Herausgabe seines Vermögens.

Der Bauer lachte nur und sagte wahrheitsgemäß, er habe nicht einen Kreuzer im Haus. Sie mögen nur selber im ganzen Haus nachsehen. Die Soldaten stellten alles auf den Kopf und fanden tatsächlich nicht die kleinste Münze. Als sie verärgert das Haus verlassen wollten, grinste der Bauer derart spöttisch, dass einen Soldaten die Wut packte. Er zog dem Bauern mit dem Gewehrkolben eines über die Rübe. Der brach zusammen und konnte gerade noch zu seinem Sohn ein paar Worte stammeln: „Geld...Kreuz.....versteckt......."

Man hat alle Wegkreuze der Umgebung vergebens abgesucht. Das Vermögen ist aber nicht mehr aufgetaucht.

Mahlknecht – 1978

Der Geist vom Fall Höfl

Das Fall Höfl neben dem Tisenser Bach im Tal unten gehörte früher zum Widum von Kastelruth und war dazu bestimmt, für die Geistlichkeit die tägliche Weinration zu sichern. Damals gehörten noch mehrere Weingüter zu dem Hof. Sie wurden inzwischen von den Nachbarn erworben.

Da gab es einmal in Kastelruth einen Pfarrer, der sich hauptsächlich in den Weingütern aufhielt und seine Pfarrkinder vernachlässigte. Mit Fleiß und harter Arbeit konnte er in einem Jahr neunundneunzig Yhren Wein keltern. In seiner Freude darüber erzählte er jedem, dass es das nächste Jahr hundert Yhren werden sollten.

So passierte es dann auch, aber anders als es der Pfarrer vorausgesagt hatte. Ein wildes Gewitter mit starkem Hagelschlag zog auf und zerstörte die Trauben kurz vor der Ernte. Gerade eine Yhre konnte er ernten. Das waren dann die hundert Yhren, aber für beide Jahre.

Das Seelenheil dieses Pfarrers war wohl auch nicht gesichert, denn nach seinem Tode musste er umgehen. Die letzte Fållerin, die Moidl[162], hat es von ihrer Mutter gehört. Diese sah den Pfarrer im Messgewand um ihre Bettstatt herumgehen. Als sie ihn im Namen der allerheiligsten Dreifaltigkeit ansprach, wurde er erlöst. Er dankte ihr dafür und ist seitdem nie mehr gesehen worden.

Paul Jaider – Tirler

Nur ein einziges „Vergelts Gott"

Ein Kastelruther Bauer war einmal auswärts auf dem Markt und hatte sich verspätet. Als er von der Törggele Brücke herauf zum Tschötscher Hof kam, war es schon finster. Da er sich vom Pestol Goggl fürchtete, wollte er nicht mehr weitergehen. Er fragte deshalb, ob er auf dem Heustock übernachten dürfe.

Die Stadeltür sicherte er von innen und verkroch sich in das Heu. Beim Mitternachtsschlag der Turmuhr von St. Oswald erwachte er. Bevor der zwölfte Schlag verklungen war, ging mit einem lauten Krachen die Stadeltüre auf und ein altes Männlein mit einer altmodischen Sturmlaterne betrat den Stadel.

---

[162] Maria

Das Männlein stellte seinen Rucksack auf den Boden und begann daraus eigenartige Sachen zu entnehmen. Einen dreifüßigen „Feuerhund[163]", eine Muspfanne, einige Hafen mit Rahm, Schmalz, Mehl und eine Flasche Milch. Zuletzt entnahm er noch Brennholz, Feuerstein und Zunder.

Der Bauer auf dem Heustock oben hielt den Atem an. Als er aber sah, wie das Männlein das Brennholz unter den Feuerhund schichtete und sich anschickte, mit dem Feuerstein und dem Zunder ein Feuer anzuzünden, konnte er sich nicht mehr zurück halten. Er schrie: „Bist du verrückt, im Heustadel ein Feuer zu machen!"

Das Männlein beachtete ihn nicht. Es stellte die Pfanne auf den Feuerhund und begann mit den mitgebrachten Sachen ein Mus zu kochen. Als das Mus fertig war, rief das Männlein auf den Heustock hinauf: „Komm herunter und iss mit!"

Der Bauer zitterte vor Angst, traute sich aber nicht der Aufforderung nicht zu folgen. Das Männlein drückte ihm einen Löffel in die Hand. Der Bauer hockte sich zur Pfanne und nahm zögernd einen halben Löffel voll. Weil das Rahmmus gut war, packte er ordentlich ein. Beide löffelten wortlos bis die Pfanne leer war.

Das Männlein packte seine Sachen zusammen, löschte das Feuer und ging mit seiner Windlaterne zur Tür hinaus. Der Bauer sah ihm ohne ein Wort zu sagen zu und wunderte sich noch, dass die Tür auch noch von innen gesichert wurde, wie er es am Abend getan hatte.

Dann hörte er das Männlein vor der Stadeltüre zuerst stöhnen und dann laut weinen. „Was hast du?", fragte der Bauer, der seine Angst verloren hatte nach draußen. „Ich habe dir ein gutes Mus gekocht", klagte das Männlein weinend, „du hast mit Appetit gegessen und kein „Vergelts Gott" dafür gesagt. Jetzt muss ich wieder hundert Jahre umgehen und warten bis mir jemand ein „Vergelts Gott", nur ein einziges „Vergelts Gott" sagt!"

Damit verschwand das alte Männlein. Der Bauer konnte den Rest der Nacht nicht mehr einschlafen. Als er am Morgen vom Stadel herunterkam, bemerkten die Tschötscher Leute, dass seine Haare über Nacht schneeweiß geworden waren.

In Kastelruth ist es seit dieser Zeit Brauch, immer und für jede noch so kleine Gefälligkeit „Vergelts Gott" zu sagen.

Mahlknecht - 1985

Edl

Vor über zweihundert Generationen lebte Wanda mit ihren Söhnen Uro und Ali in der Wallburg auf Valnötsch. Mit ihren fünfunddreißig Jahren war sie schon eine vom Alter gezeichnete Frau. Ihr Mann Boto rutschte im Winter bei der Jagd auf dem Eis aus und schlug schwer auf dem Hinterkopf auf. Als er nach einer längeren Bewusstlosigkeit aufwachte, war er schon stark unterkühlt. Er konnte sich noch mühsam heim in die Wohngrube schleppen. Wanda deckte ihn mit Fellen zu und kochte ihm einen Tee. Den trank er noch gierig. Dann fiel er in Ohnmacht und war zwei Tage später tot.

---

[163] Eisengestell, um über dem Feuer auf dem offenen Herd, die Pfanne aufzustellen

Die Familie nahm vom Mann und Vater in der Wohngrube trauernd Abschied. Dann betteten sie die Leiche unter einem Baum und deckte sie mit Ästen zu, da der Boden gefroren war. Im Frühjahr nach der Schneeschmelze legten sie ihn in ein Grab.

Auf Wanda kam nun neben der Sorge um das Feuer, das Essen und die Kleidung, auch noch die Jagd dazu. Da kam ihr zustatten, dass sie als junges Mädchen lieber mit den Brüdern auf die Jagd gegangen war, als den Frauen beim Kochen, Gerben, Nähen und Flechten zu helfen. Mit Pfeil und Lanze war sie sehr geschickt. Sie konnte aber keine weiten Wege mehr machen, da sie Schmerzen im Kreuz plagten. Im letzten Sommer konnte die Familie reichlich Vorräte von getrockneten Beeren und Früchten in Tonkrügen anlegen, deswegen kam sie mit der Nahrungsbeschaffung gerade so zurecht.

Die Buben hatten von Boto schon viel gelernt und Uro traf mit dem Pfeil schon sehr sicher. Ali wusste mit der Lanze besser umzugehen. Sie waren im Sommer sehr fleißig beim Jagen und Sammeln, um gut über den Winter zu kommen.

An den langen Winterabenden musste Wanda den Buben immer wieder erzählen, wie Boto, ihr Vater, als zehnjähriger Junge weinend und hilflos bei ihrer Familie aufgetaucht war. Seine Sippe, sieben Erwachsene und sechs Kinder hatte der Blitz erschlagen und das Dach und die ganzen Habseligkeiten in Brand gesetzt. Der Blitzschlag war so heftig, dass die große alte Lärche, die im Sommer so schön Schatten spendete, in viele Stücke gerissen wurde und verbrannte.

Nur Boto überlebte damals, weil er sich die jungen Füchse ansehen wollte, die er unten bei den faulen Wänden gesehen hatte. Diese waren am Vortag in den Bau geflüchtet, als nach seiner ungeschickten Bewegung ein dürrer Ast knackte.

An dem Tag hatte er einen sehr günstigen Platz eingenommen und konnte lange den spielenden Füchsen zuschauen. Schließlich sah er auch noch, wie die Füchsin eine junge Krähe anschleppte, über die sich die Jungen gierig hermachten.

Darüber hatte er das schnell aufziehende Gewitter nicht bemerkt. Da er den Weg bis zur Wallburg nicht mehr geschafft hätte, nahm er unter einem großen Stein Zuflucht bis das Ärgste vorüber war.

Nach einem schrecklichen Donnerschlag ganz in der Nähe zitterte er vor Angst. Als der Regen aufhörte, lief er heim. Da sah er schon von weitem, dass Vallnötsch lichterloh brannte. Beißender Rauch und große Hitze schlugen ihm entgegen. So sehr er auch nach Vater und Mutter rief, außer dem Feuer regte sich nichts mehr.

Boto saß verzweifelt am Rande des Brandherdes und wusste sich nicht zu helfen. Besonders schlimm war die Nacht. Als er am Morgen näher an die Wohngrube heran konnte, sah er mit Entsetzen, dass die ganze Familie schrecklich zugerichtet am Boden lag.

Da packte ihn das eiskalte Entsetzen. Er lief den ganzen Tag bis er am Abend auf Wandas Sippe stieß. Wandas Mutter, die Rina nahm ihn in die Arme und gab ihm zu essen. Sie streichelte ihm den Kopf, bis er erschöpft einschlief.

Am nächsten Tag lief er hinter Rina her und stammelte unverständliche Laute. Erst nach drei Tagen begann er, nach und nach das schreckliche Geschehen zu erzählen.

Als im Frühjahr der Schnee schmolz, begann Boto mit den anderen Kindern zu spielen. Er konnte nun das grausame Erlebnis zeitweise vergessen, nur wenn ein Gewitter aufkam, flüchtete er zur Rina. Sie musste ihn dann immer trösten.

Je mehr Zeit verging, um so wohler fühlte er sich bei Wandas Sippe. Als schließlich Wandanund Boto, ihr erstes Kind erwarteten, dachte er wieder an Valnötsch und dass dort immer noch seine Angehörigen zu bestatten wären , damit sie ihre Ruhe fänden. Es war zur damaligen Zeit ungeschriebenes Gesetz, dass Tote nur von eigenen Angehörigen zur Ruhe gebettet werden konnten. Der Platz, auf dem ein Toter lag, war heilig und einen Fremden hätte ein schwerer Bannfluch getroffen, wenn er sich an den Toten oder deren Besitz vergriffen hätte.

Boto überlegte auch, dass es dort schön sein müsste für seine junge Familie. Er war inzwischen groß und kräftig geworden und hatte seine Wanda sehr lieb.

Er fragte die Rina, die er mehr als eine eigene Mutter schätzte, um Rat. Sie meinte, er solle die Gebeine seiner Angehörigen würdig bestatten und dem Feuergott ein Opfer darbringen. Sie lehrte ihn auch einen Spruch, um das Unheil in Zukunft abzuwehren. Boto meinte noch, er würde ein Stück unter dem Hügel von Valnötsch eine Notunterkunft errichten, in der man bei Gewittern unterkommen konnte, denn der Feuergott schickte seine Blitze gerne auf die höchsten Erhebungen.

Am nächsten Tag verabschiedete er sich von Wanda und der Sippe. Zwei Brüder von Wanda begleiteten ihn mit Werkzeug.

Unterwegs fanden sie einen schweren hellbraunen Stein in der Größe eines Kinderkopfes. Sie schleppten ihn mit, bis sie zu einem Felsen kamen, der flach aus dem Boden ragte. Darauf legten sie ihren Stein. Dann suchten sie einen größeren Stein, den sie zu zweit kaum tragen konnten. Diesen hoben sie zu dritt hoch und ließen ihn auf ihren Stein niederfallen. Dieser zersplitterte in viele hundert Stücke zu Schneiden für Beile und Messer, Lanzen- und Pfeilspitzen. Sie betrachteten ihren Fund als gutes Omen für ihr Unternehmen und packten die brauchbaren Stücke in ihren Rucksack aus Rehleder.

Boto fand noch einen kleinen, runden Stein, der schwarz, weiß und rot geädert war. Er steckte ihn in die Tasche und gedachte, daraus einen Schmuck für seine Wanda zu fertigen.

Auf Valnötsch angekommen stieg Boto in die gemauerte Wohngrube zu den Gebeinen der Toten um Abschied zu nehmen. Wandas Brüder hoben mit ihren hölzernen Pickeln und Schaufeln ein Grab aus. Dorthin legten sie die Gebeine der Toten. Dann brachten sie daneben dem Feuergott ein Brandopfer dar.

Anschließend räumten sie die Brandstelle auf. Die vielen Holzkohlen legten sie auf Vorrat für die Feuerstelle. Die mühevollste Arbeit war das Fällen der Bäume mit dem Steinbeil. Die Baumstämme legten sie über die Wohngrube. Mit Ästen, Gras und Moos schichteten sie ein regensicheres Dach darauf.

Anschließend ordneten sie noch die Steinwälle und richteten die Absperrung für den Eingang her. Boto polierte an den Feierabenden seinen Stein so lange, bis er die Form einer Eule hatte. Diese galt schon damals als besonders kluges Tier, da sie sich bei Nacht fast lautlos durch die Luft bewegen kann.

Nach fünf Tagen zogen sie heimwärts. Die Wanda hatte schon sehnsüchtig Ausschau gehalten und kam ihnen entgegen. Boto hängte ihr die Eule, die er mit einer Darmsaite versehen hatte, um den Hals. Sie umarmten sich und Wanda führte Botos Hand auf ihren Bauch. Sie flüsterte ihm zu: „Da ist dein Kind. Es hat sich das erste Mal bewegt, als du weg warst."

Der Boto schwebte auf Wolken. Er schilderte Valnötsch in den leuchtensten Farben und erzählte auch, dass dort ein herrliches Plätzchen an der Sonne wäre. Gerade richtig für Rina, die an Gliederschmerzen litt, weil der Wohnplatz ihrer Sippe im Winter im Schatten lag. Sie ließ sich schnell überzeugen mitzukommen, da sie sich mit ihrer Schwiegertochter nicht sonderlich verstand.

Schon drei Tage später zog Boto mit Wanda und Rina in Richtung Valnötsch. Boto trug auf dem Rücken einen Korb mit einigen Tontöpfen und Werkzeugen. In der Hand hatte er einen Beutel aus Rehfell, gefüllt mit Asche. Darin hatte er glühende Holzkohlen verwahrt. Die Frauen trugen die Felle und das Nähzeug.

Auf Valnötsch angekommen, zündete Wanda mit den mitgebrachten glühenden Kohlen ein Feuer an, denn hier war nun sie für das Feuer verantwortlich. Drei zurecht gelegte Steine, ein paar Tontöpfe und Holzstäbe waren die ganze Kücheneinrichtung. Wanda musste sehr darauf achten, dass ihr das Feuer nie ausging. Deswegen vergrub sie beim Kochen immer große Glutstücke in der Asche.

Wanda und Rina waren von Valnötsch ganz begeistert. Rina zündete beim Grab von Botos Angehörigen ein Brandopfer an und sprach ihren Bannspruch. Die Steinplatten auf der Sonnenseite von Valnötsch gefielen der Rina besonders. Darauf konnte man Beeren, Früchte und Fleisch trocknen. Nachdem sie vom mitgebrachten Fleisch gegessen hatten, legten sie sich zur Ruhe.

Als am nächsten Tag die Sonne am höchsten stand, brachte ihr Rina ein Feueropfer dar und in der nächsten Vollmondnacht kam auch der Nachtgott zu seinem Recht.

Alle drei blühten im neuen Heim auf und beim vierten Vollmond brachte Wanda mit der Hilfe ihrer Mutter den Ali zur Welt. Der Boto hockte ganz verdattert daneben und war zum Schluss mehr mitgenommen als Wanda. Ali wuchs prächtig heran.

Im dritten Winter kam Mina zur Welt. Diesmal half Boto fleißig mit. Es war Winter und Mina war klein und schwach. Nach drei Wochen in der verrauchten Wohngrube war das zarte Leben zu Ende.

Drei Jahre später kam im Sommer Uro auf die Welt und Boto leistete allein Hilfe. Rina war recht gebrechlich geworden und konnte nur mehr Anweisungen geben. Im Herbst klagte sie über Schmerzen in der Brust. Als die Sonne im Winter am tiefsten stand, versagte ihr Herz. Der Boto war zutiefst betroffen, viel mehr noch als Wanda. Sie hatte mit den beiden Buben alle Hände voll zu tun und schaffte es auch noch Boto zu trösten.

Als Ali fünf Jahre alt war nahm ihn Boto mit auf die Jagd. Er lernte schnell und erlegte schon bald eine Wachtel.

Die Jahre vergingen und schon war Uro groß genug, um mit auf die Jagd zu gehen. Wanda war zu dieser Zeit wunschlos glücklich, bis eben das Unglück mit Boto geschah. Die Buben wollten diese Geschichte immer wieder hören. An einem Winterabend meinte Uro das Jaulen eines Wolfes zu hören. Ali stieg mit der Lanze und Uro mit Pfeil und Bogen aus der Grube. Wanda rief ihnen nach: „Seid vorsichtig, wenn es mehrere Wölfe sind."

Die Buben schlichen vorsichtig in die Richtung, aus der das Jaulen kam. Schließlich sahen sie aus einiger Entfernung ein wolfähnliches Tier am Boden sitzen und daneben einen kleinen Menschen kauern, der seine Arme hob.

Sie wussten sich nicht zu helfen und liefen zurück zu Wanda. Als sie erzählten was sie gesehen hatten, fiel der Wanda sogleich der Edl ein, von dem ein vorbeiziehender junger Mann erzählt hatte. Die Mutter von Edl, so hatte dieser erzählt, war mit dem Jungen von der Familie weggezogen, weil die anderen Kinder den Edl immer hänselten. Beide lebten seitdem mit dem Hund in einer Höhle im Wald drunten im Tal. Der Edl konnte nicht reden und hatte einen Buckel. Der Mutter ging es gar nicht gut. Es war nicht sicher, ob sie den Winter überleben würde.

Die Wanda war sich sicher, das konnte nur der Edl sein. Sie ging mit den Buben zur Stelle und richtig, wie sie vermutet hatte, kauerte dort ein kleines Männlein mit krausem Haar und Bart im Schnee. Daneben stand ein Hund und wedelte mit dem Schwanz.

Die Buben hatten bis dahin noch nie einen Hund gesehen, fassten aber sofort Zutrauen, auch weil dieser die Pfote hob und sich streicheln ließ. Die Wanda kümmerte sich um Edl und sah, dass der Arme ein Bein gebrochen hatte. Vor Schmerzen mahlte er mit den Zähnen. Sie hob ihn vorsichtig auf und trug ihn heim. Das fiel ihr nicht schwer, da er nicht größer als Uro war und sehr abgemagert.

Daheim legte sie Holz in die Glut der Feuerstelle und zündete einen Kienspann an. Jetzt sah sie die guten Augen von Edl, die aus seinem Gesichtchen leuchteten. Zum Buckel hatte er einen verwachsenen Hals, aus dem er kein Wort herausbrachte. Sie half ihm aus der zerlumpten Fellkleidung und sah, dass es zum Glück nur ein geschlossener Bruch des Unterschenkels war. Die Wanda wusste sich zu helfen. Sie schickte die Buben um frische Haselnussstäbe in den Wald. Dann packte sie das angeschwollene Bein in weiches Moos. Darauf legte sie die Haselnussstäbe und band sie mit Darmseiten fest.

Da die Schmerzen für Edl nun erträglich waren, huschte ein dankbares Lächeln über sein Gesicht. Die Wanda strich ihm über das Haar und bereitete ihm etwas zu essen. Sie zog ihm ein Fellkleid ihres Mannes an und richtete ihm ein Nachtlager bei der Feuerstelle ein. Der Hund hatte die ganze Zeit zugesehen. Er legte sich nun neben Edl. Die Wanda fragte ihn nun: „Wie geht es der Mutter?" Da begann der Edl zu weinen und machte die Augen zu. Die Wanda verstand sogleich, dass ihm die Mutter verstorben war. „Du bleibst jetzt bei uns, bis der Schnee geschmolzen ist, dann werden wir weiter sehen," sagte sie.

Nach vier Wochen nahm die Wanda den Verband ab. Der Edl konnte bald wieder richtig laufen und die Buben auf die Jagd begleiten. Dabei war auch der Hund eine wertvolle Hilfe. Der Edl konnte zwar nicht reden, dafür aber um so besser auf den Fingern pfeifen. Der Hund gehorchte ihm auf jeden Pfiff. Er kannte auch die weitere Umgebung ausgezeichnet und wusste, wo man das beste Holz für Pfeile und Lanzen findet. Die Vogelstimmen konnte er so gut nachahmen, dass sich Vögel öfters von ihm täuschen ließen. Im Frühjahr bettelten die Buben, dass der Edl bleiben durfte.

Als die Erdbeeren, Schwarzbeeren und Himbeeren reiften, wusste Edl viele gute Plätze. Er kannte alle Kirsch-, Birnen-, Apfel-, Kastanien- und Nussbäume, auf denen etwas zu holen war. Er gehörte jetzt zur Sippe.

Dem Ali begann der Bart zu wachsen. Er ging nun öfters allein fort und blieb oft mehrere Tage aus. Die Wanda ahnte, dass er bald eine Frau heim bringen würde. Als er dann mit Gota, einer schönen großen Frau auftauchte, beglückwünschte sie die beiden und gab die Feuerstelle ab.

Die Gota war tüchtig, das musste man ihr lassen, aber für Edl und seinen Hund hatte sie kein Herz. „Unnütze Esser sind das", meinte sie und ihr Mann wagte es nicht, sie zurecht zu weisen.

Die Wanda bemerkte, wie bedrückt der Edl deswegen war. Sie versuchte ihn aufzuheitern. Als die Gota ihr erstes Kind, ein Mädchen zur Welt brachte, wurde sie noch unleidlicher. Im vierten Winter gebar sie einen Buben. Der erkrankte nach zwei Wochen und Gota machte sich große Sorgen.

Der Edl hielt sich wegen seiner Rückenschmerzen an der Feuerstelle auf. Ali und Uro waren auf der Jagd, als der Bub einen Erstickungsanfall bekam. Da versetzte die Gota dem Edl einen Fußtritt und schrie: „Du bist immer im Weg, du gehörst nicht zur Sippe, verschwinde!"

Edl erhob sich mit tieftraurigem Gesicht, stieg aus der Wohngrube und humpelte zu Wanda, die halberblindet beim Spazierengehen vom Mädchen geführt wurde. Er umfasste sie mit beiden Armen und drückte sein Gesicht in ihr Fellkleid. Dann verschwand er in Richtung Sonnenuntergang im Wald. Sein Hund trottete mit hängendem Schwanz hinterher. Die Wanda ahnte Schlimmes, traute sich, aber gleich wie Ali, nichts zu fragen. Beide legten sich bedrückt schlafen.

Am Morgen ging es dem Buben noch schlechter und am Abend starb er. Wanda wagte den schüchternen Einwand, dass es nicht gut gewesen war, den armen Edl jetzt im Winter aus der Wohngrube zu jagen, weil er der Sippe immer Glück gebracht hatte. Gota schrie: „Hier befehle ich und sonst niemand!" Ali schämte sich für das Verhalten seiner Frau, traute sich jedoch nicht, ein Machtwort zu sprechen. Die Liebe zu seiner Frau bekam aber einen Riss.

Drei Wochen später erkrankte Wanda. Ali wich nicht von ihrer Seite. Sie nahm seine Pflege dankbar an, aber ihre Kräfte ließen zusehends nach. Sie war nur mehr zeitweise bei Bewusstsein.

Auch die Tochter von Ali erkrankte. Die Gota ging mit ihr an die Luft, weil sie an Atemnot litt. Plötzlich kam sie zurück und schrie: „Das Kind ist ganz blau! Es erstickt." Die Wanda schreckte auf und sagte mit schwacher Stimme: „Das sind die Freisen[164]. Nimm ein paar Federn und zünde sie an." Damit ging es dem Mädchen sofort besser.

Da kam Edls Hund geschlichen und legte sich winselnd neben Wanda. Daraufhin sagte die Wanda zu Ali: „Edl lebt nicht mehr. Du musst ihn zusammen mit Uro suchen und herbringen, damit endlich das Unglück aufhört. Er gehört zu unserer Sippe."

Beide machten sich in der hellen Mondnacht auf den Weg. Der Hund lief voraus und führte sie. Schon nach einer Stunde fanden sie den Edl ganz unten neben dem großen Bach zwischen zwei Steinblöcke liegen. Er musste am steilen Hang ausgerutscht und abgestürzt

---

[164] Fieberkrampf

sein. Beide konnten die Tränen nicht unterdrücken. Nach einer großen Wunde am Kopf war zu schließen, dass er nicht lange gelitten hatte.

Beim Heimtragen auf Valnötsch wechselten sie sich ab. Dabei erzählte Uro von seiner großen Liebe zu Mira, die er drei Tagreisen weit weg gefunden hatte. Ein gutes Mädchen sei sie. Sie hatte sehr lange die kranke Mutter gepflegt, bis diese starb.

Uro fragte Ali: „Hast du etwas dagegen, wenn ich die Mira auf Valnötsch bringe? Dann müsste Gota die Rolle der Sippenhauptfrau an die Mira abgeben."

Ali entgegnete: „Hole deine Mira, sobald wir den Edl bestattet haben. Damit wird wieder Friede und Glück auf Valnötsch einziehen."

In der Wohngrube angekommen, legten sie den Edl neben Wanda. Diese brachte mühsam hervor: „Ich bin alt und müde. Mein Leben geht zu Ende." „Du darfst nicht sterben", flehte Ali, „ich habe doch sonst niemand!" „Du hast Gota und deine Tochter. Die brauchen dich. Versprich mir, dass du den Edl als Sippenmitglied würdig beerdigst." „Ich werde es tun", versprach Ali.

Am Morgen war Wanda tot. Ali und Uro, aber auch die Gota waren sehr betroffen. Ihr Haar wurde dieser Nacht schneeweiß.

Der Hund vom Edl verweigerte außer Wasser jedes Futter und schlich mit traurigen Augen immer wieder zu den Gräbern von Edl und Wanda.

Als Uro Wochen später seine Mira auf Valnötsch brachte, ging ihnen Gota entgegen und übergab die Feuerstelle.

Auch der Hund kam zu Mira. Sie streichelte ihm den Kopf und er bettelte um Futter.

Die Willeweiß

Als in Welschnofen noch die wilden Männer hausten, war auf dem Einödhöf, beim Geiger oben, ein wildes Weib im Hause lästig. Man nannte sie die Willeweiß. Wenn die Bäuerin am Morgen im Herd das Feuer anmachte, saß sie schon in der Küche, sagte nichts und ließ sich nicht verscheuchen.

Ein Kapuziner gab der Geigerin den Rat, sie solle leere Eierschalen auf den Herd stellen. Als am Morgen die Willeweiß kam und die leeren Eierschalen sah, machte sie zum ersten Mal den Mund auf und sagte:

„Ich bin ein alter Narr

Ich gedenke den Kar

Neun mal Wiese und neun mal Wald

Das Reiter Joch eine Goldwurzel

Die Plengger Laommer eine Messerklinge

Die Rotwand eine Kinderhand

Den Schlern als Nusskern

Aber soviele Hafelen auf dem Herd

Habe ich meinder Lebtag noch nicht gesehen."

Sie schlurfte zur Tür hinaus und wurde seither nie mehr gesehen.

Paulin – 1937

Die gestrafte Milchpantscherin

Ein freundliches Nörgele hat der Radöller Sennerin öfters bei der Arbeit geholfen. Es kam von den Rosszähnen herunter und war sehr geschickt bei allen Arbeiten, die in der Hütte und im Stall anfielen. Die Sennerin belohnte es dafür einige Zeit mit einem Schüsselchen frischer Milch.

Das ging eine Weile recht gut, bis dann die undankbare Sennerin der Geiz zu plagen begann. Sie fand, dass die Milch für das Nörgele zu gut sei und mischte einen Schuss Wasser dazu. Als das Nörgele den ersten Schluck davon im Mund hatte, wurde es sehr zornig und spuckte die gewässerte Milch der Sennerin in das Gesicht. Dann schüttete es die gepanschte Milch aus dem Schüsselchen nach. Wo ein Tropfen Milch auf die Haut der Sennerin traf, blieb ein schwarzer Fleck zurück, der sich nicht mehr abwaschen ließ.

Mit ihrem verunstalteten Gesicht bekam sie keinen Mann mehr und zudem wurde sie von allen als Norgn Tatter Weibele ausgelacht.

Luisa Fulterer – Außerlanzin

Der Ring zu Unternonn

Ganz früher war zu Unternonn oben alles ganz anders. Das Meer reichte bis fast dort hinauf. In den Wänden ober Gschtatsch, die damals gerade aus dem Wasser ragten, kann man heute noch die Ringe sehen, an denen damals die Schiffe festgemacht wurden. Von dort fuhren die Leute zum Fischen aus.

Zu Unternonn wuchs damals noch Wein. Vor nicht allzulanger Zeit wurden dort noch Teile von alten Rebstöcken gefunden. Auf den Sonnenhängen der Seiser Alm reifte gutes Getreide.

Die Unternonn Lacke, die sich heutzutage nur mehr während der Schneeschmelze nach einem schneereichen Winter und bei sehr starkem Dauerregen bildet, war damals noch bis zum Rand gefüllt. Als das Meer immer tiefer absank, fand auch das Wasser der Lacke einen Abfluss. In der Lacke schwammen Fische, vor denen sich die Leute fürchteten. Da traute sich schon bei Tag niemand in die Nähe und in der Nacht schon erst recht nicht. Die Fischlein waren nur eine Spanne lang. Man wusste aber, dass wenn sie im Flug durch die Luft bei einem Menschen anstießen, an dieser Stelle ein Muttermal zurückblieb.

Karl Fulterer – Außerlanzin

Die Unternonn Mädchen

Unternonn ist eine kleine Alm zwischen Gschtatsch und dem Frommerbild. Im Mittelalter waren dort oben noch richtige Höfe, der Nüßl und der Unternonn. Vor fünfhundert Jahren aber wurden sie zu Schwaigen.

Der letzte Unternonner hatte drei schöne Mädchen, die aufgrund der Einöde etwas weltfremd waren. Sie arbeiteten immer brav im Haus und auf dem Feld. Beim Kornschneiden waren sie besonders gut. Zu Unternonn erntete man damals den besten Weizen.

Als der Unternonn Bauer einmal nach Kastelruth auf den Markt ging, begann es zu schneien. Die Mädchen hatten noch nie Schnee gesehen. Sie freuten sich über die weiße flauschige Pracht und trugen geschwind mehrere Schürzen voll von dem schönen Weiß in die Stube auf den Ofen zum Trocknen.

Als der Vater heimkam und die nutzlose Arbeit seiner Töchter sah, sagte er: „Jetzt kommen die tausend kalten Jahre. Wir müssen weiter hinunterziehen!" Zu dieser Zeit wurden die fruchtbaren Äcker zu saftigen Almwiesen.

Wenn die tausend kalten Jahre vorbei sind, wird zu Unternonn wieder Getreide stehen und die zwei uralten Höfe werden wieder das ganze Jahr über bewohnt sein.

Mahlknecht – 1995

Die saligen Jungferlen

Zu Gschtatsch kamen alle Jahre am Dreifaltigkeits Sonntag[165] drei Mägde, um in den Äckern das Unkraut zu jäten. Die Gschtatscher Leute waren froh darum, weil sie viel Arbeit erledigten und nur schwarzes Brot und rohe Milch für ihre Dienste annahmen. Von Geld wollten sie überhaupt nichts wissen. „Denn am Geld klebt Blut!", behaupteten sie immer.

Nach dem Betläuten am Morgen begannen sie mit dem Jäten. Mit fröhlichen Liedern ging ihnen die Arbeit gut von der Hand. Nach dem Betläuten am Abend zogen sie sich in ihre Kammer zurück und versperrten die Tür. Eine neugierige Magd, die durch das Schlüsselloch sehen wollte, was die Jungferlen in der Kammer taten, verlor das Auge.

An Sonn- und Feiertagen arbeiteten sie nie. Aber statt in die Kirche zu gehen, unternahmen sie ausgedehnte Wanderungen auf den Schlern und die Seiser Alm.

Wenn die Tage kürzer wurden und abends kühle Lüfte aufzogen, legten sie Pickel und Rechen kreuzweise vor die Haustüre und warteten auf den Lohn. Das waren ein paar Strähne feinen Flachs. Dann gingen sie wortlos davon.

Mit den Jungferlen kamen auch die guten Sommer. An einem Frühjahr kamen sie später und sagten sogleich: „Heuer wird es nicht viel zu jäten geben, denn es kommt ein trockener Sommer. Wir haben es schon zu Maria Verkündigung[166] beim Adlerfarn gesehen, der schon ausgetrieben hatte, denn: Farn im März, brennt der Pflanze das Herz!"

In diesem Jahr wollten sie keinen Lohn nehmen. Die Gschtatscherin gab ihnen dennoch den Flachs und nicht gesalzenes Brot dazu. Im folgenden Jahr gedieh alles so gut, dass die magere Ernte vom Vorjahr leicht aufgewogen wurde.

-o-

Wie alles auf der Welt vergeht, zog auch zu Gschtatsch das Glück aus, als eine junge Schwiegertochter einzog. Der junge Bauer begann zu trinken und seine Frau war eine Hexe. Die drei Jungferlen kamen nur mehr ein Mal. Da sie von der Bäuerin schlecht behandelt wurden, kamen sie nie wieder. Von da an hat der Segen den Hof verlassen.

Meyer – 1891

Die Rast im Wald

Auf der Welt gibt es Menschen, die eine besonders schwere Last zu tragen haben, besonders in den abgelegenen Tälern, wo man den Mist und die Erde auf die steilen Wiesen und Äcker hinauftragen muss. Was Mensch und Vieh braucht, trägt man Gott ergeben im Rückentragkorb und auf der Kraxe zum Haus und zum Stadel.

Die Leute bekommen von Kindheit an die Lasten nie vom Rücken und doch hört man sie nie jammern oder gar schimpfen. Geduldig tragen sie bei Hitze und Regen, bei Sturm und Schnee des Lebens Mühsal weiter. Wenn sie sich mit ihren schweren Lasten begegnen, sagen sie im Vorbeigehen: „Zeit lassen!"

---

[165] Sonntag nach Pfingsten
[166] 25. März

Wenn sich Bekannte auf dem Weg treffen, reden sie ein paar Minuten. Es gibt gewisse Plätze bei Wegkreuzen im Wald, oder wo auf einem Baum ein Kreuz ist und darunter eine Bank. Dort rasten sie ein wenig.

Rasten ist das Losungswort der Leute, die hart auf das Betläuten am Abend und auf den Sonntag warten, denn dann können sie rasten. Nach ihrer Vorstellung ist es im Himmel deswegen besonders angenehm, weil man dort immer rasten kann.

-o-

Zu Gschtatsch oben gab es einen beliebten Rastplatz. Ein paar alte Föhren breiteten mit ihren Ästen ein schattiges Dach über einen Stein, auf dem man gut sitzen konnte. Eine gemütliche Ruhe herrschte da, bestenfalls konnte man von fern die Glocken von Seis und St. Valentin hören oder einen Specht an einem Baum herumhämmern.

Vom Juni bis Rosari[167] sah man früh am Morgen und spät am Nachmittag einen alten Mann mit einer hoch beladenen Kraxe vorbeikeuchen. Er rastete jedes Mal auf diesem Stein, wischte sich den Schweiß ab und aß ein kleines Stück von seinem Gerstenbrot.

Der alte Mann brachte den Sennerinnen und Sennern auf der Alm Brot, Schnaps, Tabak und was man sonst auf der Alm so brauchte. Herunterwärts war seine Kraxe schwer beladen mit Butter, Schmalz und Käse. Diese Waren brachte er zu den Bauernhöfen. Sein Brot war sauer verdient.

Mit neunzig Jahren auf dem Rücken darf man seine Knochen ein wenig rasten lassen und es war auch kein Wunder, wenn er jedes Mal einen Seufzer tat, bevor er weiterging.

-o-

Auf der Alm machte sich der Herbst bemerkbar und in den Wäldern blühte schon das Heidekraut, als der alte Mann einmal besonders mühsam den Pflasterweg hinaufkeuchte. Die Morgensonne brauchte eine Weile, bis sie den Nebel aus dem Gesicht bekam.

---

[167] 1. Sonntag im Oktober

An der Waldgrenze oben begegnete der Kraxenträger einem jungen Mann, der ihm das Gatter aufmachte. „Vergelts Gott!", bedankte sich der Alte und sah dem Jungen neugierig ins Gesicht. „Bist etwa ein Prinz oder gar ein Hochzeitlader, weil du so einen schönen Kranz auf hast?" „Ja, ich bin ein Fürst von einem schönen Reich. Hochzeit mit Musik gibt es bei mir alle Tage. Du bist auch eingeladen, wenn du dir einen schönen Tag machen willst!"

Der Alte schüttelte sein weißhaariges Haupt und meinte treuherzig: „Du willst mich wohl auf den Arm nehmen! Was täte ich mit meinem groben Gewand in deiner noblen Gesellschaft und tanzen kann ich auch nicht mehr mit meinen müden Knochen."

Der Junge musterte den Alten mit seinem abgetragenen Gewand und dem runzeligen freundlichen Gesicht wohlwollend von oben bis unten. Dann legte er ihm die Hand auf die Schulter und sagte: „Schau mich gut an! Ich bin jetzt so wie du in deinen jungen Jahren warst."

Der Alte dachte eine Weile nach, dann schüttelte er den Kopf und meinte treuherzig: „Meine Jugend ist vorbei. Ich bin alt und müde."

„Höre", spach der Junge, „ich bin die Jugend! Wenn du werden möchtest wie ich, brauche ich dich nur mit meinem Stock zu berühren." „Lass das bleiben!", entgegnete der Alte, „mein Leben noch einmal von vorne anfangen, ein Leben lang schinden? Nein, das tue ich mir gewiss nicht mehr an!"

„Wenn du nicht willst, ist auch gut. Hast du vielleicht sonst einen Wunsch? So sag ihn mir, ich werde ihn dir gerne erfüllen, wenn ich es kann!"

Ohne einen Augenblick nachzudenken erwiderte der Alte: „Rasten möchte ich, nur mehr rasten!"

„Ich werde dir jemanden schicken. Der ist der beste Freund der alten und armen Menschen, die Ruhe suchen." Damit verschwand der Junge, und der Alte stapfte in Richtung Alm zu.

An dem Tag kam der Alte später als sonst von der Alm herunter zu seinem Rastplatz unter den Föhren. Er setzte sich auf den Rastplatz und genoss die Erleichterung, als er seine Kraxe auf der Steinbank absetzte und diese nur mehr an seinem Rücken anlehnte.

„Ja, ja, es wird nicht mehr lange gehen", murmelte er vor sich hin, „die Füße tragen mich nimmer, im Kopf geht es um wie ein Mühlrad, die Pumpe wird immer lauter und die Knochen tun alle weh. Wird nichts helfen Valtl, wirst es glauben müssen. Rasten, immer rasten, das wäre das Beste für dich!"

Die letzten Worte kamen ganz leise von seinen Lippen. Beim Einschlafen sank ihm der Kopf langsam nach vorne.

Im Dorf unten läuteten die Glocken zur Vesper. Ein leises Lüftchen spielte mit seinem Haar. Jetzt kam der, den ihm der Junge am Vormittag versprochen hatte. Es war aber nicht der Knochenmann mit der Sense und der Sanduhr, der die reichen noblen Leute aus ihrem Freudentaumel abholt.

Für den Valtl kam der mitleidige Engel, der den Armen und Geschundenen Trost und Erleichterung bringt und sie dorthin führt, wo sie ewige Ruhe finden.

Freundlich tippte er dem Valtl an die Schläfe. Der hob den müden Kopf ein wenig, seine Lippen zuckten kurz und dann ließ er mit einem zufriedenen Gesicht den Kopf fallen und tat seinen letzten Atemzug.

Auf einer der Föhren brachte ein Senner, der den Valtl besonders geschätzt hatte, ein Marterle[168] mit dem Namen des Sterbenden und dem Spruch an:

„Vom jähen Tod getroffen, starb da an dieser Stelle
Fast neunzig Jahre alt, Valtl Hell der Junggeselle
Nur Mühe und Plage hat er gehabt auf dieser Welt
Darum hat ihn Gott der Herr zur ewigen Rast bestellt
Gelobt sei Jesu Christ, der es so haben will
Daß der Valtl im Himmel rastet still. R. I. P."

Meyer - 1891

Der Freund in den Wolken

Ober dem Gschtatscher Hof stand früher ein einschichtiges kleines Häuschen. Den Jagdaufseher, der darin wohnte, hatten Wilderer erschossen. Seine junge hochschwangere Frau brachte kurz darauf ein liebes kleines Mädchen zur Welt. Die Mutter starb aber bald vor lauter Kummer.

Um das Kind kümmerte sich eine weitschichtige Basl[169]. Sie zog in das Häuschen ein, um für das bedauernswerte Mädchen zu sorgen.

Die Elsa war schon bei der Geburt ein schwächliches Kind und in der Küche regierte Schmalhans. Die Basl war ein alter Geizkragen. Sie vergönnte sich selber nicht viel und der kleinen Elsa nicht einmal das Notwendigste.

Anstatt zu wachsen, siechte sie nur dahin wie eine Pflanze, die keine gute Erde hat. Man sah sie nie lachen. Ihr Gesicht war bleich und durchsichtig. Mit ihren nussbraunen Augen sah sie ängstlich und traurig in die Welt.

Dass der Elsa harte Arbeit nicht zugemutet werden konnte, hat auch die Basl eingesehen. Sie schickte die Elsa deshalb in den Wald um die zwei Ziegen zu hüten. Einmal kam die Elsa am Abend viel später als gewöhnlich nach Hause. Die Amseln und Drosseln hatten so schön gesungen. Dann erklang auch noch die Ave Glocke von St. Valentin herauf, als gerade zwischen den Badlspitzen[170] in ein paar goldenen Wolken ein freundliches Gesicht auftauchte und die Elsa auf der Stirne küsste. Es war ein meeraltes Männlein mit einem

---

[168] Tafel mit Kreuz

[169] Entfernt verwandte Tante

[170] Santner und Euringer

254

runzeligen Gesicht. Es hatte keine Haare auf dem Kopf und war gewiss taub, da es keine Ohren hatte. Das Männlein setzte sich neben die Elsa und erzählte ihr liebe Geschichten.

Es versprach ihr auch am nächsten Tag wiederzukommen, aber da lag die Kleine mit hohem Fieber im Bett. Das machte die Basl noch grantiger, weil sie jetzt die Ziegen selber hüten musste und nicht Kräuter sammeln konnte, um sie den Händlern zu verkaufen.

Sie schimpfte grob auf die kleine Elsa ein, wenn sie unwillig das Notwendigste an Pflege leistete. „Du bist zu gar nichts nutz auf der Welt", grummelte sie, „es wäre besser, wenn dich deine Mutter holen würde, damit eine Plage weniger im Hause ist!"

Die Elsa sah mit ihren großen Augen unter der Bettdecke hervor und verstand nicht recht, was die Basl mit ihrem bösen Gerede wollte. „Mich friert", sagte die Elsa ganz zaghaft und bettelte um eine weitere Decke. „Bist schon ein verwöhnter Balg!", schimpfte die Basl und warf ihr noch eine Decke über. Dann machte sie ihr mit ihren knöchernen Fingern ein Kreuz auf die Stirn und sagte: „So, jetzt bist du vor den bösen Geistern sicher."

„Ich bin jetzt müde, ich geh schlafen! Morgen muss ich aufstehen, sobald der Hahn kräht. Schlaf auch du, damit du morgen wieder die Ziegen hüten kannst. Ich habe nicht die Zeit, mich immer nur um dich zu kümmern!"

Die Elsa konnte nicht schlafen. Durch die Butzenscheiben[171] sah sie zu den Badlspitzen hinüber und horchte auf alle Geräusche der Nacht. Draußen zogen Wolken am Mond vorbei und bildeten Fische, Vögel, Schiffe mit Masten und Segeln. Sogar ein Schwan zog majestätisch vorbei und sah freundlich zu ihr herein.

---

[171] Kleine sechskantige Glasplatten, die mit Bleistegen zu einer Fensterscheibe zusammengefügt sind

Schließlich sah das alte Männlein zum Fenster herein und sagte freundlich: „Weil du nicht zu mir gekommen bist, komme ich zu dir." Das Männlein erzählte ihr, um wie viel schöner es oben bei den Sternen ist, als auf dieser Welt da. „Oben warten schon der Vater und die Mutter und viele andere Kinder und so schöne Blumen, wie es nicht einmal im Hauensteiner Wald gibt."

So tröstete der alte Freund die Elsa, die fiebrig in ihrem Bettchen lag und erst um Mitternacht einschlafen konnte. Das Männlein schlüpfte hinter die Wolken, damit es die Elsa nicht beim Schlafen störte.

Die Elsa wurde mit jedem Tag schwächer und auch das Gesicht des Männleins wurde zusehends schmaler. Es kam jeden Abend um eine Stunde später. In der siebenten Nacht kam es nicht mehr, aber da lag die kleine Elsa schon mit gebrochenen Augen in ihrem Bettchen. Ihre Seele war bei ihren Eltern im Himmel oben.

Das Männlein trauerte längere Zeit hinter den Wolken. Als es wieder zwischen den Badlspitzen hervor lugte, sah es auf das Grab der kleinen Elsa, die dort ihre Ruhe gefunden hatte und für die die Welt zu rau gewesen war.

Meyer – 1891

Das Almrösl

Zu der Zeit als die Krähen noch weiße Federn hatten und allerhand Zeichen und Wunder geschahen, hauste auf der Seiser Alm eine etwas eigenartige Frau mit ihrem kleinen Mädchen. Niemand wusste, woher die Zwei gekommen waren und wie sie hießen. Für die Leute waren sie die Schlernhexen.

Ob die Frau wirklich eine Hexe war, wusste zwar niemand, aber mehr als bis fünf zählen konnte sie, das war sicher. Sie hat mit ihren Salben und Medizinen so manchen Menschen das Leben gerettet, die von den gescheitesten Ärzten bereits aufgegeben worden waren. Dafür war sie recht angesehen. Aber wie die Leute halt so sind, hinter ihrem Rücken tuschelten und schimpften sie und ließen kein gutes Haar an ihr.

Ein herumziehender Doktor, der den Leuten für seine Wunderkuren das Geld aus der Tasche ziehen wollte, hetzte die Leute auf, sie sollten das Rabenvieh verbrennen. Da zog ein Gewitter auf und ein Blitz erschlug den Wunderdoktor. Seitdem hatten die Leute noch mehr Respekt vor ihr und trauten sich nicht mehr viel zu sagen.

Das Mädchen bekam man kaum zu sehen. Wenn nicht die Frau, wenn sie den Lohn für ihre ärztlichen Leistungen in ihr Taschentuch knüpfte, immer gesagt hätte: „Das ist für mein liebes Rösl", hätten die Leute gar nicht gewusst, dass sie ein Töchterlein hatte, das sie sehr mochte.

Das wäre schade gewesen, denn weit und breit gab es kein hübscheres Mädchen, mit einem Gesicht wie Milch und Blut, zwei blauen Äuglein wie der Himmel nach einem Gewitter im Frühling. Wen es anlachte, dem ging das Herz auf. Der ärgste Widersacher konnte ihr nicht böse sein. Unter ihrem Näschen hatte sie ein kirschrotes Mündchen mit zwei Reihen schneeweißer Zähne, dass man fast betteln wollte, sie möge beißen. Das tat sie aber nicht, sie lachte so lieb und zutraulich, dass man sie gern geküsst hätte. Ihren Kopf umrahmte langes blond gelocktes Haar. So versteht man, wie schön das Rösl war. Ein Gemüt hatte es wie ein Kind und immer gleich freundlich, ganz gleich wie das Wetter war. Ganz gleich wie ihre Mutter, die dem Töchterchen die Natur zeigte und ihm erklärte, dass alles vom Herrgott kommt.

Es hätte so bleiben können, wenn nicht die Mutter beim Kräutersammeln von einer Wand herunter, dem Rösl vor die Füße gefallen wäre. Das Mädchen verstand zuerst gar nicht, wie schlimm es um die Mutter stand, denn diese nahm ihre letzte Kraft zusammen, um dem Rösl zu schildern wie es auf der Welt ging, wie falsch und verlogen die Menschen waren.

Schließlich sagte sie:„Es wäre gut, wenn du dich von der Welt lossagen könntest, wie ich es bisher mit dir getan habe. Aber allein hier heroben in der Wildnis hält das auf die Dauer niemand aus. Es wird das Beste sein, wenn du mich beerdigst und dann in Gottes Namen zu den Menschen hinuntergehst. Seinem Schicksal entrinnt niemand, wenn er es auch noch so schlau anstellt!"

„Wenn es dir unten aber ganz schlecht geht und du dich gar nicht mehr auskennst, was Gott verhüten möge, musst du auf den Schlern heraufgehen. Dann musst du im Gedenken an mich drei Schlernhexen pflücken. Diese wachsen überall, wo ich für dich einen Schweißtropfen verloren habe."

„Damit musst du zum Rosengarten gehen und die Blümlein einzeln an die Wand werfen und dabei rufen: Laurin erscheine! Du darfst aber nur einmal zu ihm kommen", brachte die Mutter gerade noch vor dem Sterben heraus.

Jetzt musste das Rösl zum ersten Mal in seinem Leben weinen. Auf dem Platz, der von den Tränen benetzt wurde wuchsen zwei zarte Rosen ganz ohne Dornen.

Wie alles auf der Welt seinen Lauf nimmt, den es nehmen muss, ist das arme Waisenkind ins Tal hinunter seinem Schicksal entgegen gegangen. Und, oh Gaudi, es hat ihr auch gleich gefallen, weil es unter der Nase einen Schnurrbart hatte und über der Schulter eine blanke Büchse! Lieb und freundlich war es auch, ganz wie die Mutter. Das Rösl lachte vor Glückseligkeit und freute sich von einem Tag auf den anderen, wie der Schneehase auf den Klee.

Das wäre ja alles schön und recht gewesen, wenn das Glück nicht daheim ein reiches, altes und bissiges Weib gehabt hätte. Das Weib brachte nämlich sehr schnell an den Tag, warum der Förster jetzt so oft im Jagerhäusl übernachten musste. Sie überraschte die beiden im Häusl und aus war es mit dem Glück vom Rösl, dem jetzt noch elender zu Mute war, als wie beim Tod der Mutter.

Wie der Mensch so ist, er empfindet das Unglück, unter dem er gerade leidet, immer als das größte. So ging es auch dem Rösl. Es lief schnurstrags in die Lammern unter dem Rosengarten, um die Hilfe in Anspruch zu nehmen, von der ihr die Mutter erzählt hatte. Als sie das dritte Blümlein hinaufgeworfen hatte, krachte es oben in der Wand und ein Tor ging auf. Statt der abweisenden Felswand sah das Rösl einen Garten mit schönen Rosen, aus dem ein uraltes Männlein, der König Laurin, mit einem borstigen Schnurrbart heraustrat und fragte, was die Bittstellerin möchte.

Das Rösl kniete vor dem König Laurin nieder und schilderte ihren Jammer und bat ihn, er möge ihr bitte das Glück mit dem Schnurrbart und der Büchse auf der Schulter wieder verschaffen, denn so allein möchte es nicht mehr leben.

„Da kann ich dir nicht helfen, aber wie ich sehe, wirst du nicht mehr lange alleine sein. Du bekommst aber etwas geschenkt, was du noch lieber haben wirst! Ich schenke dir für dein Liebstes dieses zweifache Ringlein aus Silber und Gold. Es bringt dem Träger Freude und Glück!" Er drückte dem Rösl das Ringlein in die Hand. König Laurin ging in seinen Garten zurück, das Tor fiel krachend zu und die Felswand war wie vorher.

Und richtig, das Glück auf welches das Rösl so hart gewartet hatte, kam gleich doppelt. Sie brachte ein Mädchen und ein Büblein zur Welt, das eine herziger als das Andere. Als das zweite auf die Welt kam, erschrak das Rösl ein wenig, denn es hatte ja nur ein Ringlein.

Als sie von der Geburt halbwegs genesen war, suchte sie wieder den König Laurin auf. Der staunte nicht schlecht als das Rösl zu dritt vorstellig wurde. Er genierte sich dafür, weil er nicht bemerkt hatte, dass Zwillinge in Anzug waren. Die hochstehenden Leute sind noch eingebildeter und vertragen alles eher als eine Blamage.

Eine Zeitlang war König Laurin sprachlos, dann sagte er: „Ich allein kann einem Menschen nur einmal helfen, aber wenn du mir hilfst, könnte daraus dein Glück werden!" Er ließ sich das Ringlein geben und stach mit einer Borste von seinem grimmigen Schnurrbart ein Löchlein zwischen dem Gold und dem Silber.

„So", sagte er, „jetzt kannst du mit deinen Kindern heimgehen. Dort musst du dir eines von deinen schönen blonden Haaren ausreißen, in das Löchlein einfädeln und jeden Tag, wenn die Sonne aufgeht, fünf Minuten das Haar hin- und herziehen bis das Ringlein geteilt ist. Dann hast du für beide Kinder ein Ringlein, ein goldenes und ein silbernes. Das Glück hängt bei beiden. Aber wenn du nicht jeden Tag fleißig bist oder etwas anderes nimmst als dein Haar oder wenn du gar den Glauben an die Kraft der Ringlein verlierst, dann wäre es aus!"

Mit einem Rumpler verschloss sich das Tor wieder. Das Rösl ging mit den Zwillingen heim und tat wie geheißen. Nach vierundzwanzig Jahren fielen die Ringlein auseinander. Das Rösl und ihre beiden Kinder waren glücklich bis zum Ende.

Zum Andenken tragen die Tiroler heute noch Glücksringlein aus Silber oder Gold. Auch die Natur lässt zum Andenken an das Rösl und sein unglückliches Mütterchen die Schlernhexen und die Almröslein blühen. Es sind aber nicht die Almrosen, die die Kastelruther die Tonderbuschn heißen. Das Almrösl ist ein ganz besonderes seltenes Rosengewächs, ohne Dornen mit wunderschönen Blüten und Früchten, wie bei der Hagebutte. Die Almröslein sind unter den Blumen das, was unter den Menschen die Kinder sind.

Rudolf Christoph Jenny – 1900

Das Quatember Lichtlein

Auf den St. Valentiner Feldern geht zu gewissen Zeiten eine arme Seele um. Man sagt, dass dieses Quatember Lichtlein viermal im Jahr zu sehen ist. Es geistert beim Pestfriedhof herum und lockt Leute, die dort spät vorbeigehen, in den Sumpf hinein.

Drei Mägde waren einmal spätabends unterwegs und redeten albernes Zeug. „Schaut wie das Lichtlein da unten hin und her tanzt, wie der Lörgeter Waschtl beim Schuhplatteln!", sagte die Erste.

„Das ist wohl der deine", sagte die Zweite und gab der Ersten mit dem Ellbogen einen Stoß in die Rippen, „der sucht mit der Stalllaterne seine Herzallerliebste, damit er ihr heimleuchten kann."

Die Dritte sagte erschrocken: „Über solche Sachen macht man keine Witze. Betet lieber ein stilles „Vater Unser" und geht ruhig vorbei!"

Die Erste sagte: „Ich habe von meiner Großmutter erfahren, dass das Licht die Seele einer Rittersfrau ist, die ihren Mann betrogen hatte und von diesem verwünscht wurde. Der Ritter hat dann sie und den Liebhaber umgebracht. Das ist an einem Quatembertag passiert. Jetzt findet die Sünderin keine Ruhe im Grab und sucht als Lichtlein ihren Liebhaber."

Die Dritte blieb beim Lichtlein stehen, während die beiden Anderen weitergingen. Sie nahm ihren Rosenkranz aus der Tasche und begann zu beten. Das Lichtlein wurde zu einer schönen bleichen Frau, mit einem altmodischen Gewand, einem hohen Kragen und einem langen Schleier. Sie bot der Magd ein zierliches Kästchen an. Diese erschrak und stieß einen Schrei aus. Sie rannte ängstlich den beiden Anderen nach und erzählte ihnen alles.

Die Erste meinte darauf: „Ach was, da hast du nur Roggen Schöber[172] gesehen!" Die Zweite tadelte: „Warum hast du das Kästchen nicht genommen, du wärest reich geworden und hättest auch eine arme Seele erlösen können!"

Die drei Mägde sind schon lange auf dem Friedhof. Das Lichtlein geht aber immer noch um und kommt zu keiner Ruhe.

Meyer - 1891

Die singenden Bäume

Auf einem geheimen Platz tief im Wald drinnen standen sieben Edeltannen. Hirten und Jäger, die daran vorbeikamen, trauten sich nie dort zu rasten, denn sie hatten Angst, sie könnten einschlafen. Die Gegend war verschrien und die Leute hatten die Befürchtung während des Schlafes an Leib und Seele Schaden zu nehmen.

Einmal kam ein Junker auf der Jagd zu diesem Platz. Da die Sonne heiß vom Himmel brannte, legte er sich in den Schatten. Während er durch die Äste in die Sonne blickte, vermeinte er, Mädchen singen zu hören. Der Schlaf übermannte ihn und im Traum sah er sieben

---

[172] Zum trocknen aufgestellte Garben

Jungfrauen. Sie sagten: „Von den sieben mal sieben, sind nur wir übrig geblieben." Sie baten ihn, auf die Bäume aufzupassen, denn sie, die Jungfrauen, seien die Seelen dieser Bäume. Wenn den Bäumen etwas passieren würde, wäre es auch ihr Tod. Als Lohn dafür, würden sie ihm bei jedem Besuch die schönsten Weisen singen und einen wunderschönen Traum schicken.

Als er aufwachte, kam ihm vor, er habe den schönsten Traum seines Lebens erlebt. Von den Wipfeln hörte er den Gesang, bis er aufstand. Vor dem Heimgehen ritzte er noch seinen Namen in die Rinde eines Stammes, um den Platz sicher wiederfinden zu können.

Als er nach einem Jahr wiederkam, standen nur mehr sechs Bäume. Der Gesang war ein wenig leiser geworden und eine Stimme sprach zu ihm: „Von sieben Schwestern sind nur wir sechs geblieben. Wir bitten dich nochmals, auf uns aufzupassen!"

Fünfmal kam der Junker noch zum einsamen Platz, bis nur mehr der Baum stand, in den er seinen Nahmen geritzt hatte. Jetzt hörte er ein verzagtes Jammern: „Von sieben Schwestern bin nur ich übrig geblieben. Willst du nicht mein Ritter sein?" Dieses Mal blieb er in einer nahe gelegenen Hütte und passte auf. Als er ein Beil hörte, rannte er hinaus und verjagte die Waldarbeiter.

In diesem Moment stand die schönste der sieben Schwestern im Brautgewand vor ihm und reichte ihm die Hand zum Bund für das ganze Leben.

Meyer - 1891

Die Nothelfer

Wenn dir ein schwerer Kummer auf dem Herzen liegt oder nachts böse Träume dein Herz drücken, musst du in die Höhe hinauf. Dort liegen zwischen schönen Äckern und saftigen Wiesen stattliche Höfe, die von Obstbäumen umgeben, ein beruhigendes Bild ergeben. Alle haben einen eigenen Namen, der auch bei einem Besitzerwechsel bleibt.

Einer von diesen Höfen ist Lavals. Vor Zeiten hauste dort ein junger Bauer, der den Hof von seinen Eltern geerbt hatte. Diese waren brave sparsame Leute gewesen, aber der Junge kam in schlechte Gesellschaft, die mit Glücksspiel, Saufgelagen und Müßiggang den Tag verbrachte. Seine Wirtschaft ließ er von da an verlottern.

Nach der lustigen Zeit wurde es traurig. Die Gläubiger bedrängten ihn immer öfter. Statt des früheren Wohlstandes gab es nur noch Schulden und kein Geld mehr im Haus. Als sich der junge Bauer an einem Sonntag, wegen der Gläubiger in Seis nicht mehr sehen lassen konnte, stapfte er ziellos durch den Wald.

Dabei kam er zur Kapelle der sieben Nothelfer. Dort war er oft schon vorbeigegangen, ohne ihr die geringste Beachtung zu schenken. Heute zog es ihn in die Kapelle hinein. Die Heiligen waren schlichte, von einem einfachen Menschen geschnitzte Figuren. Er glaubte sich in seiner Not von ihnen verstanden und betete, was er schon lange Zeit nicht mehr getan hatte. Als er aus der Kirche trat, wollte er ein besserer Mensch werden. Er glaubte sogar, dass es mit ihm und dem Hof wieder aufwärts gehen würde.

Daheim war inzwischen die Botschaft eingetroffen, dass ihm eine reiche Basl[173] ihr ganzes Geld vermacht hatte.

Aber kaum hatte der leichtfertige Mensch damit seine Schulden bezahlt und noch weiteres Geld in der Hand, begann er sein leichtfertiges Leben von früher. Der letzte Gulden war bald vertan und nun steckte er noch mehr in der Klemme.

Als ihm die Gläubiger wieder zusetzten, besann er sich auf die Heiligen in der Kapelle. Statt sieben, waren nur mehr sechs da und es kam ihm vor, sie blickten nicht mehr so freundlich drein, wie beim vorigen Mal. Sie halfen ihm jedoch wieder. Ein reicher Nachbar löste diesmal die Gläubiger ab. Er aber trieb immer wieder das gleiche Spiel und trotzdem halfen ihm die Heiligen immer wieder, bis nur mehr einer in der Kirche war.

Als er wieder mit den üblichen Geldsorgen zum Beten in die Kirche kam, versprach er, in Zukunft ein ordentlicher Mensch zu werden. Der letzte Heilige sprach in strengem Ton: „Sechs Mal haben wir dir schon geholfen! Merke es dir gut, heute ist es das letzte Mal! Wenn du noch einmal mit deiner selbst verschuldeten Not daherkommst, wirst du niemanden mehr finden, der dir helfen kann. Daheim in deinem Keller liegt ein Schatz vergraben, den dein Großvater, der diese Kapelle errichtet hat, zu Kriegszeiten dort versteckt hat. Grab ihn aus und verwalte ihn besser, als du es bisher getan hast!"

Damit verschwand der letzte Heilige und alle sieben Plätze, auf denen die Nothelfer gestanden hatten, waren leer.

Dieses Mal ging der leichtfertige Bauer geschlagen nach Hause. Er fand noch in der Nacht einen Hafen voller Gulden. Wenn es ihm auch schwer fiel, nicht in sein Lotterleben zurückzufallen, dieses Mal wollte er durchhalten. Er glaubte, eine Frau und Kinder könnten ihm dabei helfen.

Eine arme fleißige Bauernmagd war bald gefunden. Aber da hatte er anscheinend nicht gut genug gebetet. Denn kaum war sie auf dem Hof, konnte es ihr nicht groß genug hergehen. Kein Gewand war ihr gut genug und kein Schmuck zu teuer. Sie wollte es den reichsten Bäuerinnen gleich tun. Ihre Mutter brachte sie auch noch ins Haus. Diese bestärkte sie in ihrem leichtfertigen Lebensstil.

---

[173] Tante

Der Bauer war jetzt sparsam und fleißig, aber gegen die zwei Weiber konnte er nicht aufkommen. Sie setzten sich mit List und Schmeicheleien durch. Solange die Gulden reichten, war halbwegs Frieden. Als jedoch der letzte Gulden vertan war, wurden die beiden Frauen zu Furien, die ihm das Leben zur Hölle machten.

Dieses Mal gab es keinen Nothelfer mehr. So erhängte sich der Bauer neben der Kirche an den Ästen einer alten Fichte.

Meyer – 1891

Die Waldkränzchen

Früher kam man auf einem Feldweg öfters zu einem Baum, auf dem ein Kränzchen aufgehängt war. Heute kommt das zwar auch noch vor, jedoch viel seltener. Manchmal sind es zwei oder sogar drei. Sie sind immer gleich groß und gleich gewunden. Wer sie aufgehängt hat und welche Bedeutung sie haben, weiß niemand zu sagen. Wenn man ein Kränzchen entfernt, hängt am nächsten Tag ein neues. Früher wussten die meisten Leute: Wer dreimal ein Kränzchen anrührt, wird von einem Unglück getroffen, denn das lassen sich die Waldgeister nicht gefallen.

Ähnlich könnte es dir gehen, wenn du ein Kränzchen mitnimmst, das dort hängt, wo ein Jäger einen Wilderer erschossen, oder wo sich ein Selbstmörder das Leben genommen hat. Die Selbstmörder wurden früher nämlich dort begraben, wo sie sich umgebracht hatten. Bete dort ein „Ave Maria", aber lass ja das Kränzchen in Ruhe!

-o-

Nach den Franzosenkriegen, bei denen im Hauensteiner Wald und in Seis zwischen den Franzosen und den Schützen geschossen wurde, trieb sich im Wald ein eigenartiger Mensch herum. Die Leute hießen ihn den Kranz Natz und einige meinten, der Natz sei nicht ganz richtig im Kopf. Er tat aber keinem Kind, ja nicht einmal einer Fliege, etwas zuleide. Auf seinen Armen hatte er immer Kränzchen hängen.

Wenn ihn die Leute fragten, für wen er die Kränzchen gewunden habe, antwortete er immer: „Für Eine die Keinen hat!" Sonst war kein Wort aus ihm herauszubringen.

Meyer - 1891

Für Eine die Keinen hat

Als das ganze Land über Jahre hinweg mit Kriegen überzogen wurde, hauste in Seis ein Bauer mit seiner einzigen Tochter. Im Sommer trieb er gut dreißig Stück Vieh auf die Seiser Alm, wo er Weiderechte hatte.

Weil die Tochter alle Brautwerber abwies, hatte sie schnell den Ruf hängen, sie sei zu stolz und halte sich für etwas Besseres. Die Leute kamen schnell dahinter, dass sie sich mindestens einmal im Monat im Hauensteiner Wald heimlich mit einem Grödner traf.

„Im Herbst werde ich vierundzwanzig Jahre", sagte sie schließlich zu ihrem Grödner, „dann lasse ich mir vom Vater das Erbteil von meiner Mutter auszahlen. Damit kaufen wir in Gröden einen kleinen Bauernhof. Um Martini[174] könnten wir heiraten!"

„Warum willst du deinen alten Vater verlassen", wollte er wissen, „mag er nicht, dass ich zu euch ziehe? Bin ich ihm nicht gut genug, weil ich nur ein armer Bauernbub bin?"

Sie drückte eine Weile herum, dann entgegnete sie: „Mein Vater hätte nichts dagegen. Aber die Leute werden sich die Mäuler zerreißen, wenn ich einen wildfremden Menschen daherbringe und zum Bauern mache!"

Der Grödner begann zu weinen und klagte: „Waltraud ist es wahr? Du schämst dich mit mir, weil ich arm bin und mit meinen Händen das Brot verdienen muss!" Weil die Waltraud eisig schwieg, drückte er ihre Hand und sagte: „Du hast ein treues Herz gebrochen! Es soll dich nie reuen. Leb wohl!" Tieftraurig verschwand er im Nebel.

-o-

Die Franzosen marschierten von der Alm herunter zum Angriff. Im Hauensteiner Wald kam es zur Schlacht, bei der es auf beiden Seiten Tote und Blessierte[175] gab. In der Nähe des Hofes wurde ein fremder Offizier schwer verwundet. Die Waltraud nahm ihn in Pflege. Sie wachte viele Nächte bei ihm, bis das Wundfieber nachließ.

Der schneidige Offizier gefiel ihr gut. Seine Galanterie passte gut zu ihrem Stolz und zu ihrer Eitelkeit. Als er gesund den Hof verließ, sprach er von Dankbarkeit und ewiger Liebe und, dass sie weiter von ihm hören werde.

So wie sie es ihrem ersten Verehrer zugemessen hatte, wurde ihr von ihrem zweiten zugemessen. Der hatte wohl nie ernsthaft daran gedacht, diese einfache Bauerntochter zu heiraten, mit der er sich bei seiner Verwandtschaft hätte schämen müssen.

Sie wartete Monat für Monat, aber schließlich musste sie einsehen, dass sie von ihm nur ausgenutzt worden war.

Die Buben aus der Nachbarschaft stellten ihr eines Nachts einen Strohkranz in das Fenster, um zu zeigen, dass sie die Unschuld verloren hatte.

Darüber wurde sie menschenscheu und schlich auf einsamen Waldwegen herum. Bleich und abgezehrt sah sie aus. Schließlich fanden sie Waldarbeiter tot unter einer Fichte. Sie hatte sich die Pulsadern aufgeschnitten und wurde ohne den Segen eines Priesters an der gleichen Stelle begraben.

Als ihr Vater davon erfuhr, traf ihn der Schlag, den er nur wenige Stunden überlebte. Die Leute tratschten den Fall gründlich durch.

Im Herbst war die Waltraud schon vergessen. Nur ihm Grödental drinnen gab es eine Seele, die ihr treu geblieben war. Am Allerseelentag kniete der Grödner bei ihrem Grab. Seine kräftige Gestalt war gebrochen, das Gesicht verstört und seine Augen leuchteten in stillem Wahnsinn. Er legte einen Kranz von Tannenzweigen auf ihr Grab und flüsterte immer wieder: „Für Eine die Keinen hat!"

Meyer – 1891

---

[174] 11. November

[175] Verletzte

Held Maigrün

Im Tal drunten machte sich der Frühling bemerkbar. Die Primeln, die Krokusse und die ersten Veilchen steckten schon neugierig ihre Köpfchen in die Sonne.

Im Hauensteiner Wald lag noch überall Eis und Schnee. Wenn es auch untertags ein wenig taute, am Abend erstarrte alles wieder. Die alten Tannen ließen ihre bemoosten Äste tief herunterhängen.

An einer Wegkreuzung saßen drei Zwerglein um ein Feuer. Sie wärmten sich die Hände und sangen mit trauriger Stimme:

„Ach Winter, du rauer,
Du dauerst so lang
Wie sind deine Nächte
So traurig und bang.“

Zwischendurch legten sie beim Feuer Reisig nach. Dann rückten sie wieder eng zusammen. Ein Zwerglein jammerte: „Im Tal unten grünt und blüht es schon. Die Bauern pflügen die Äcker und wir müssen hier frieren!“

„Wo bleibt er, der Frühling? Hat er unser Wildröschen ganz vergessen?“, fragte das Zweite.

Das Dritte sagte: „Der Eisbart hat die ganze Macht in den Händen, der gibt noch nicht nach!“

Während alle drei jammerten, kam ein laues Lüftchen und löste das Eis von den Zweigen. Auch der Schnee wurde weich. Die Sonne trat aus dem Nebel heraus und die Finken begannen zu singen.

Ein bildschöner junger Ritter kam auf einem Pferd daher und machte vor den Zwerglein halt. „Da bin ich, ihr Zweifler! Wenn die Zeit gekommen ist, bin ich da und jetzt wird der Griesgram Winter verjagt!“ Dann ritt er weiter. Von oben hörte man die Schneelawinen herunterdonnern und der Frötschbach begann mächtig zu rumoren. Der Ritter Maigrün und das Wildröslein feierten Hochzeit.

Die Alraunelen

Wer das ganze Jahr bei Tag und manchmal auch bei Nacht im Wald herum ist, bekommt Dinge zu Gesicht, von denen andere Leute nicht einmal träumen oder nur den Kopf schütteln, wenn man ihnen davon erzählt.

Zu diesen gehören wohl auch die Alraunelen. Sie sind kaum eine Spanne lang und behaart, halb Mensch, halb Pflanze. Im Wald fristen sie ein verstecktes und rätselhaftes Dasein.

Manch einer glaubt, er hätte ein Alraunele gefunden, wenn er eine Wurzel oder einen Ast findet, der einem Menschen gleicht. Alraunelen sind aber gar nicht leicht zu finden, und schon gar nicht am Weg.

Man muss sich schon im Wald in die abgelegensten und verschriensten Gegenden hinein trauen, wenn man ein Alraunele finden will. Zum Ausgraben muss man um Mitternacht ausrücken und vor finsteren Gewalten keine Angst haben. Denn die wissen das mit aller Macht zu verhindern. Wehe dem, der keine Erfahrung hat und nicht darauf vorbereitet ist. Der muss seine Vermessenheit schrecklich büßen!

Wer jedoch das Glück hat, so ein Alraunele heimzubringen, ist ein gemachter Mann! Der braucht sich um sein Leben keine Sorgen mehr zu machen, denn das Alraunele sorgt für alles.

Es will aber besonders gut behandelt werden und verträgt keine Nachlässigkeiten oder gar grobe Behandlung. Denn Alraunelen sind sehr nachtragend.

-o-

Der Jäger Klaus, der in der Wolfsschlucht oben ein kleines Häuschen hatte, kannte alles was stand oder sich bewegte. Er hatte dem Prinzen Eugenius als Soldat gedient und war in der letzten Schlacht gegen die Türken bei Belgrad dabei. Dafür bekam er den Posten als Jagdaufseher.

Wenn er mit einem Gläschen Wacholderschnaps und seinem Pfeifchen vor seinem Häuschen saß, konnte man von ihm viele interessante Dinge erfahren. Sein Großvater, den er noch gekannt hatte, war ein berühmter Jäger und Schütze gewesen. Die Wilderer hatten ihn gefürchtet, weil er nach ihrer Meinung „gefroren" gewesen war. Das bedeutete, dass ihn keine Kugel hatte treffen können.

Vom wilden Wolfsschluchtjäger soll er, für die Verpfändung seiner Seele, Freikugeln erhalten haben. Das entsprach aber nicht der Wahrheit. Das wusste der Klaus, denn der Großvater hatte ihm an den Winterabenden, wenn es früh finster würde, aus seinem Leben erzählt. Auch von dem winzigen haarigen Männlein, das er einmal am Morgen aus dem Wald heimbrachte und über Jahre im Haus hatte.

Das hat sich so zugetragen: Bei der Rückkehr aus dem Revier, kam er im Jungbrunnental an einer Waldlichtung vorbei, welche die Waldarbeiter und Kohlenbrenner den Hexenanger nannten. Von weitem sah er im Halbdunkel ein altes Weiblein auf einem Baumstumpf sitzen, das mit seinem Stock eigenartige Bewegungen machte. Als er näher kam, war das Weiblein verschwunden. Ein Buhin flog auf und streifte ihn dabei beinahe mit dem Flügel. Bei dem Stumpf, auf dem das Weiblein gesessen hatte, sah er deutlich drei Trudenfüße, die in den weichen Waldboden geritzt waren.

Er wusste sogleich, was das zu bedeuten hatte und zog einen Kreis um die Zeichen. Dann schnitt er zwei Haselnussstecken ab und legte sie kreuzweise darüber, wobei er den Spruch murmelte:

„Rühr nicht an das Kraut, den Stein
Was darunter liegt ist mein."

In der folgenden Nacht kam er um Mitternacht mit Spitzhacke und Schaufel wieder zu dieser Stelle. Beim Graben passierten die unmöglichsten Dinge. Zu Beginn verfinsterte sich der Vollmond, um dann wieder blutrot aufzuleuchten. Ein Sturmwind bog die stärksten Bäume wie Schilf. Vorher war kein Lüftchen zu spüren gewesen.

Ein Waldrappe sauste blitzschnell an ihm vorbei und danach auch noch ein paar Eulen. Für einen alten erfahrenen Jäger war das nichts Besonderes. Als er aber tiefer gegraben hatte, stand plötzlich ein langer hagerer Geselle mit Lederwams, Spitzhut und Feder vor ihm.

Ohne zu grüßen, sah er mit gekreuzten Armen zu. Wenn die Spitzhacke auf Steine traf und der Jäger den Schotter nicht auf die Schaufel bekam, lachte er hellauf.

Der Jäger arbeitete weiter und beachtete den Fremden nicht. Denn er wusste, dass ihm der Fremde nichts anhaben konnte, weil er sein Amulett mithatte. Schließlich hörte er von unten eine weinerliche Stimme: „Zieh, zieh! Aber zerreiß mich nicht!" Er griff zu und zog ein kleines bärtiges Männlein aus der Erde. Er steckte es in seinem Rucksack und sah sich um.

Der Fremde verschwand. Dafür tanzte ein dämonischer Kreis von grausigen alten Hexen, mit langen Krallen, um ihn herum. Sie wollten von ihm das kleine Männlein, um es in Stücke zu reißen. Der Jäger hielt jedoch tapfer stand und als der Mesner mit dem Betläuten begann, verschwand der höllische Spuk.

-o-

Das Alraunele wurde im Haus des Jägers gut aufgenommen. In der Ofenhölle[176] hatte es seine kleine warme Bettstatt. Dreimal am Tag bekam es ein gezuckertes Mus aus bestem Weizenmehl.

---

[176] Schmaler Gang zwischen Stubenofen und Wand

Da es nicht gehen konnte, machte ihm der Jäger ein kleines Wägelchen mit dem es selbst fahren konnte. In den ersten Wochen bekam ihm anscheinend die Stubenluft nicht recht gut. Die Frau des Jägers setzte es für ein paar Tage in einen Blumentopf und goss es fleißig, bis es wieder munter wurde.

Es redete nur selten und man verstand kaum, wovon es redete, aber es achtete genau auf das, was im Hause vorging. Wenn jemand einen Wunsch hatte, ging er sofort in Erfüllung, besonders für den Jäger selbst. Wenn der sagte, dass der Tabak bald ausging, war im nächsten Moment der Tabaksbeutel schon wieder gefüllt. Auch der Schnaps ging nie aus und in der Geldtasche waren immer genug Taler. Größere Wünsche hatte der alte Jäger nicht. Das Alraunele hätte ihm auch diese erfüllt.

Das war die gute Seite vom Alraunele. Man musste aber gut aufpassen, denn es war sehr empfindlich und nachtragend. Wenn ihm etwas gegen den Strich ging, wurde es vor Zorn blau im Gesicht und war die längste Zeit eingeschnappt. Wenn jemand über das Alraunele witzelte, wurde es krank.

Einmal vergaß Hanni, die Jägerstochter, ihm das Bettchen zu machen. Da wurde das Alraunele sehr zornig und stotterte unentwegt:

„Zu dumm, dumme Hanna
Kriegst Schläge von deinem Mann a.“

Einmal vergaß die Hanni den Zucker in das Mus zu geben. Da saß es bis zum Abend ohne zu essen, schmollend im Winkel.

Wenn abends noch Gäste zum Musizieren und Tanzen in die Stube kamen, wurde es ganz wild und fluchte wie ein besoffener Kroate.

Die Hanni nähte ihm ein Puppenkleid. Beim Anprobieren sagte sie spöttisch: „Damit kannst du deinen Wanscht zudecken!“ Daraufhin verschwand das Alraunele und wurde seither nicht mehr gesehen.

Mit der Mühe, dem Alraunele aufzuwarten, verschwand auch das Glück aus dem Haus. Der Jäger fiel noch in dieser Nacht bei der Jagd von einer Felswand und war auf der Stelle tot.

Die Hanni heiratete einen Bauern aus der Nachbarschaft, der bald zum Alkoholiker wurde und der Hanni die Schläge gab, die ihr das Alraunele angedroht hatte.

Später ist es niemandem mehr gelungen, so ein Alraunele auszugraben.

Meyer – 1891

Heiliger Antonius hilf

Als die Pfarrhaushälterin von St. Oswald in die Jahre kam, wusste sie öfters nicht mehr, wo sie ihre Sachen hatte. Da musste ihr dann immer der Heilige Antonius helfen. Der wird von allen Gläubigen gern gerufen, wenn etwas verloren gegangen ist.

„Der Heilige Antonius hat mir stets geholfen“, pflegte sie immer zu sagen, „aber der ist auch ein Materialist, ohne Hl. Messe tut er nichts!“ Der Hochwürden Kurat Psaier musste die Hl. Messe immer ganz schnell lesen, denn die Haushälterin hatte es immer eilig, die verlorenen Sachen wiederzufinden.

Der Flösser Schatz

Beim Flösser unten ist drei Stufen unter der Kellerstiege ein Schatz, der alle hundert Jahre zu heben wäre. Wenn man drei Tage lang ein Kind weinen hört, soll man graben, dann findet man eine Truhe voll Geld. Auf dem Geld liegt aber eine Schlange. Von der muss man sich ankriechen lassen und direkt in die Augen schauen lassen. Dabei muss man den richtigen Spruch aufsagen, dann wird eine arme Seele erlöst und der Schatz gehört dem, der alles richtig gemacht hat.

Max Jaider – Rienzner

Die Blindschleichen

Als vor Zeiten die Blindschleichen, die giftigsten Schlangen, mit Blindheit geschlagen wurden, bettelten sie den Herrgott, ob sie so lange sehen dürften, wie die Eichen ohne Laub sind. Um die Menschen zu schützen verfügte der Herrgott, dass die Eichen das alte Laub erst verlieren, wenn die Bäume im Frühjahr wieder austreiben.

Zingerle – 1897

Die Blindschleichen sind sehr nützliche Tiere. Sie sind nicht blind und ganz ungefährlich.

Die fliegende Viper

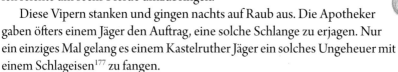

Früher gab es fliegende Vipern. Die waren so dick wie ein Männerarm und mehrere Meter lang. Mit ihrem Schwanz verspritzten sie Gift, von dem ein Tropfen reichte um sechs Pferde umzubringen.

Diese Vipern stanken und gingen nachts auf Raub aus. Die Apotheker gaben öfters einem Jäger den Auftrag, eine solche Schlange zu erjagen. Nur ein einziges Mal gelang es einem Kastelruther Jäger ein solches Ungeheuer mit einem Schlageisen[177] zu fangen.

Fink – 1969

Die Blätter vom Kirschbaum

Zu alten Zeiten fingen die Leute an, einen lasterhaften Lebenswandel zu führen. Der Herrgott ließ es deshalb Schlangen regnen. Zur Warnung haben die Kirschbaumblätter heute noch Schlangenzeichnungen.

Zingerle – 1891

---

[177] Wildfalle

Die Streiche der bärtigen Männlein

Früher hausten im Hauensteiner Wald Riesen in Erdhöhlen und Steinlöchern. Sie hatten weder einen König, noch einen Häuptling. Jeder lebte für sich, nur die Frauen mit den Kindern bildeten eine Gemeinschaft.

Die Männer gingen häufig aufeinander los. Aus Neid und Eifersucht gab es oft Mord und Totschlag, obwohl sie nur Steinbeile und Keulen als Waffen hatten. Oft genug zertrümmerten sie einander die Schädel.

Zu dieser Zeit siedelten am unteren Ende von Tschapid kleine bärtige Männlein mit ihren Familien. Sie sollen aus dem ladinischen Land gekommen sein.

Da ihnen die Nachbarschaft mit den gewalttätigen Riesen nicht behagte, überlegten sie, wie sie ihnen mit einer List beikommen könnten. Der Älteste und Gescheiteste unter ihnen war ihr König und der hatte einen Einfall. „Wir müssen eine schöne Halskette, Ohrringe und Haarspangen aus Gold und Edelsteinen machen. Diesen Schmuck legen wir dann an die Wasserstelle, wohin die Frauen mit den Kindern zum Baden kommen."

Als erste tauchte eine schneidige junge blonde Frau beim Brunnen auf. Sie sah den Schmuck, ließ ihr Kind auf die Wiese fallen und hob den Schmuck auf. Das edle Metall und die Edelsteine funkelten in der Sonne. Sie hatte noch nie einen Schmuck gesehen, wusste aber doch sogleich, wie man Schmuck trägt und, dass man damit vorteilhafter aussieht.

Als die anderen Frauen nachkamen, bewunderten sie die Blonde. Sie betasteten die einzelnen Stücke und wollten sie auch anprobieren. Die Blonde wollte aber nichts herlassen. Sie war nun auch bei den Männern die Begehrteste. Das erregte den Neid der Anderen. Die bleiche Schwarzäugige sagte zu ihren Verehrern: „Ohne einen solchen Schmuck baucht ihr mir gar nicht mehr unter die Augen zu treten!"

Das wurde für die Riesenmänner ein Problem. Selbst waren sie zu ungeschickt um Schmuck zu schmieden und einen Goldschmied gab es noch nicht. Als sie der Blonden den Schmuck rauben wollten, war in kurzer Zeit ein wilder Streit im Gange. Alle, auch Frauen und Kinder, gingen aufeinander los, bis nur mehr zwei Männer übrig blieben.

Diese einigten sich darauf, fürderhin nie mehr zu streiten. Das ging so lange gut, bis die beiden einmal friedlich schnarchend unter einem buschigen Baum lagen. Beide hatten ihr Steinbeil neben sich liegen. Die Abgesandten der bärtigen Männlein, die diese beiden auch noch loswerden wollten, begannen mit Steinen gezielt auf Augen, Ohren, Mund und Nase der Riesen zu werfen, bis die beiden übereinander herfielen, da sie sich gegenseitig die Schuld gaben. Als die Steinbeile zerbrachen, bissen sie einander so heftig, dass sie, aus hundert Wunden blutend, erschöpft zu Boden fielen und ausbluteten. Jetzt hatten die bärtigen Männlein den Hauensteiner Wald für sich allein.

-o-

Eine lange Zeit, es werden ein paar tausend Jahre gewesen sein, ist es so geblieben. Jedes der bärtigen Männlein teilte sein Hauswesen mit einem Weiblein bei einem eigenen Herd. Sie suchten Gold und Edelsteine, die sie zu Schmuck verarbeiteten und schmiedeten auch Waffen und Kettenhemden von bester Qualität. Diese Gegenstände verschenkten sie an Leute, die ihnen gut gesinnt waren.

Auch Wolf Dietrich von Bern hat sein bestes Schwert und sein Kettenhemd von den bärtigen Männlein im Hauensteiner Wald erhalten.

-o-

Als in dieser Gegend immer mehr Menschen siedelten, die den Wald rodeten und weitere Höfe gründeten, zogen sich die bärtigen Männlein in die hintersten Winkel der Höhlen und Felsritzen zurück, wo früher die Wilden hausten. Das war damals, als dort wo jetzt Seis steht, die Römer eine Stadt gebaut hatten.

Sie kamen mit den Menschen halbwegs aus, als aber die Stadt verschüttet wurde, lachten sie schadenfroh.

-o-

Ihre schlimmsten Feinde waren die Waldarbeiter, Kohlenbrenner und Pechsammler. Mit diesen trieben sie öfters ihren Schabernack. Als zwei Waldarbeiter eine dicke Tanne umschneiden wollten, riefen sie. „Lauft, lauft! Zu Gschtatsch brennt es!" Die beiden ließen ihr Arbeitsgerät liegen und wollten zur Brandstelle eilen um Hilfe zu bringen.

Als die Waldarbeiter die Fopperei bemerkten und zurückkamen, waren die Beile und die Säge verschwunden. Die gleiche Stimme narrte sie nun: „Vielleicht brennt es morgen, vielleicht erst übermorgen, heute jedenfalls nicht mehr!"

-o-

Einem Kohlenbrenner warfen sie dreimal den aufgeschichteten Holzmeiler auseinander. Als er den Meiler das vierte Mal wieder in Ordnung gebracht hatte, baten die bärtigen Männlein, ob sie den Meiler anzünden dürften.

Da er Angst vor ihren Bosheiten hatte, ließ sie der Köhler gewähren. Um ihm einen bösen Streich zu spielen, zündeten sie den Meiler derart ungeschickt an, dass er statt zu Kohlen zu verglühen, zu Asche und Staub verbrannte.

Einen Pechsammler überraschten sie auf ihrer Lieblingswettertanne. Dem strichen sie heißes Pech auf den Stamm, an dem er sich beim Herunterklettern an Händen und Füßen schmerzhafte Brandblasen holte. Schließlich blieb er mit seinem Gewand an einem Ast hängen. So erwischte ihn der Förster, der ihm zusätzlich eine Tracht Prügel versetzte.

-o-

Die bärtigen Männlein erreichten früher ein Alter von mehreren tausend Jahren. Die Nachkommen starben viel früher. Schon im vorvorigen Jahrhundert konnte man mehrere Monate im Wald herumlaufen, ohne eines zu sehen. Sie sind recht selten geworden, da sie mit dem eigenen Nachwuchs Probleme bekamen.

Armen Familien mit vielen Kindern haben sie wohl auch deshalb viel geholfen. Sie wollten dafür aber keinen Dank. Nur ein Mus mit viel Schmalz darauf nahmen sie gern an und verspeisten es mit gutem Appetit.

-o-

Als der Döscherin bald nach der Geburt des zwölften Kindes der Mann verstarb, kamen die bärtigen Männlein mit ihren Weiblein, um das Neugeborene zu küssen. Der jammernden Mutter gaben sie eine Handvoll Silbermünzen. Diese wusste aber nicht, dass die bärtigen Männlein keinen Dank vertrugen. Sie bedankte sich überschwänglich und hörte nicht mehr auf. Damit vertrieb sie die bärtigen Männlein aus dem Haus. Auf der Türschwelle murmelten sie: „Heute noch und dann nie mehr!"

Beim Geldeinsammeln waren die bärtigen Männlein nicht gerade zimperlich. Sie scherten sich nicht um die Gesetze. In verlassenen Schlössern und alten Kirchen stöberten sie nach vergrabenen Münzen. Hie und da räumten sie einem alten Geizhals oder Geldwucherer die Geldtruhe aus, nach dem Grundsatz: Nehmen wo es überflüssig ist und geben wo Not ist!

Deswegen sagen die Leute heute noch, wenn ihnen Geld abhanden kommt: „Das haben sich die bärtigen Männlein geholt!"

-o-

Als vor hundertfünfzig Jahren der ganze Hauensteiner Wald abgeholzt wurde, sah man die letzten drei bärtigen Männlein weinend auf einem Stock sitzen und jammern:

„Ach Gott, ach Gott, wir sind so alt
Dreitausend Jahr bald
Und jetzt müssen wir fort
Über Berg und Tal an einen anderen Ort."

Im Wald ist wieder schönes Holz aus lauter pfeilgeraden Stämmen nachgewachsen. Es ist aber nicht mehr der Wald von früher, mit den uralten Stämmen, den anheimelnden Plätzchen und den unheimlichen Orten, dem Weiher mit dem Schilfufer und dem Gestrüpp in dem viele Tiere Zuflucht fanden.

Die Elfen tanzen nicht mehr auf dem Moos, die Nixe ist in ihren Brunnen abgetaucht und die bärtigen Männlein sind über alle Berge.

Der Schlernwind pfeift wie immer. Von der Ruine Hauenstein bröckeln langsam der Mörtel und die Steine herunter.

Der Oswald von Wolkenstein ist der Alte geblieben. Er schaut auf die Welt herunter und versteht sie nicht mehr. Und die Welt versteht die alten Zeiten nicht.

Meyer - 1891

Die Verbannten auf dem Langkofel

Ein alter „Hansel" hat früher einmal ein Neugeborenes verräumt und die Leiche im Schweinestall vergraben. Für sein unmenschliches Verbrechen musste er nach seinem Tode in St. Peter bei Layen umgehen.

Die Bevölkerung hat einen frommen Grödner Priester gebeten, er solle sie von dem unguten Spuk erlösen. Der Priester bannte den Hansel auf den Langkofel.

-o-

Ein Grödner Fuhrunternehmer hat durch die neue Südbahn, die im 1865iger Jahr fertig war, seine Arbeit verloren. Er schwor deshalb, sich an der Bahn zu rächen. Er brachte im Unterland unten einen Zug zum entgleisen.

Nach seinem Tode musste er an der Unglücksstelle herumgeistern. Das wurde den Leuten der Umgebung zu lästig. Sie steckten ihn in ein Fass und schickten ihn nach St. Ulrich. Die Grödner hatten noch einen anderen Ungeist, den sie loswerden wollten. Sie karrten beide bis auf den Konfingboden und bannten sie auf den Langkofel. Dort müssen sie miteinander warten, bis sie erlöst werden.

Fink 1957

Das Hof übergeben

„Tonl, höre was ich dir zu sagen habe", sagte der Panider zu Martini[178] zu seinem Sohn, „ich werde bald sechzig Jahre alt. Mein Kopf ist weiß wie ein Kirschbaum und mein Mund ist ohne Zähne. Ich zittere wie ein Laubfrosch und bin schwach wie ein Besenreis."

„Nein Vater", entgegnete der Bub, „Ihr seid noch recht tüchtig, gut beieinander und gescheiter wie ein Richter."

„Deswegen will ich übergeben. Für die ganzen Mühen bin ich zu alt geworden. Ich will noch ein paar ruhige Jahre erleben. Die Vortl[179], die ein Bauer braucht um gut zu wirtschaften, will dir gerne noch verraten."

„Vater erzähl mir vom Pflügen, Eggen und Säen, vom Mähen und Schneiden und von den Lostagen, auf die man achten muss."

„Willst du ein gestandener Bauer sein und auch einen Nutzen haben, merk dir alle Lostage gut, es liegt nicht wenig daran. Wenn es im Wald bei Tag finster wird, die Wolken sich zusammenziehen und auf die Berge herabdrücken, kommt es zu regnen."

„Stimmt es Vater, dass es windig wird, wenn im Herd der Ruß lange glüht und der Mutter das Hafermus anbrennt?"

„Merke es dir, wenn die Gänse auf einem Fuß stehen, struppig sind und im Wasser baden, kommt bald Regen oder Wind, die Hennen krähen und der Salamander ist zu sehen."

„Musst gerade staunen", sagte der Bub, „was die Salamander, die Hennen, die Frösche und all die Tiere vom Wetter verstehen."

„Wenn die Frauen jammern, dass sie schläfrig sind und die Flöhe stechen. Wenn der Trockenabort vom Leder gibt[180], die Knochen schmerzen und auch noch die Schwalben tief fliegen, dieses Los betrügt nie."

„Ja Vater, ich weiß da kommt immer Regenwetter."

„Am Antoniustag musst du auf den Schlern acht geben. Wenn der keinen Nebel hat, gedeiht der Schwarzblent. Wenn es am Medardus Tag[181] regnet, wird das Heu schwer trocknen, denn dann regnet es noch vierzig Tage."

Darauf sagt der Bub: Wenn um Urbani[182] die Sonne scheint, wächst viel Wein."

„Wenn zu Lichtmess[183] bei schönem Wetter der Fuchs aus seinem Bau heraus schaut, fängt der Winter erst richtig an."

---

[178] 11. November

[179] Vorteilhaftes Verhalten

[180] Stinkt

[181] 8. Juni

[182] 25. Mai

[183] 2. Februar

„Um Jörgi[184] magst du Acht geben, ob ein leichter Wind weht. Wenn das der Fall ist, ist es recht. Geht kein Wind, kannst du den Pelz wieder aus dem Schrank nehmen und die Handschuhe flicken."

„Ist es zu Fasnacht hell und klar, mag man bald mit dem Pflug ausrücken, hat mir der Saxeller erzählt", sagte der Bub.

„Magst aufpassen, in welche Richtung der Christus schaut, bevor er am Christi Himmelfahrtstag im Loch beim Kirchengewölbe verschwindet. Von der Seite kommen in diesem Jahre die Gewitter. Wenn es an diesem Tag donnert, werden die Nüsse hohl. Ist es aber hell und klar, wird es ein gesegnetes Jahr."

„Ist das schon wahr, dass die Nüsse hohl werden, wenn es an diesem Tag oft donnert?"

„Wenn es zu Pfingsten trüb und nass ist, regnet es in den Bachzuber hinein. Das Mehl nachgibt[185] und das Kochen gelingt nicht gut."

„Regnet es an einem Sonntag, musst du acht geben, ob der Priester ja ein rotes oder ein blaues Messgewand trägt. Hat er ein grünes Messgewand, regnet es noch neun Sonntage."

„Jetzt kenne ich das Wetter, den Regen, den Schauer, ich wette, ich werde ein gestandener Bauer."„Aber die Hauptsache ist, du musst dir eine tüchtige Frau suchen. Nimm die Brigitte vom Malsiner Christof. Die Neas[186] vom Fütterer Hof taugt nicht viel."

„Vater plage mich nicht mit dem Heiraten, ich werde schon rot, wenn ich davon höre."

„Bist wohl ein rechter Häuter[187], musst nicht so verschämt tun. Wie willst du ohne rechte Frau eine vernünftige Wirtschaft führen? Wer tät dir hacheln, spinnen und stricken oder gar die Hose flicken? Schau mich an, ich habe mich getraut und es hat mich noch nie gereut."

„Ich glaube es Euch schon. Mich würde es auch nicht so schwer ankommen, wenn ich wie ihr, die Mutter nehmen könnte."

Mulser – 1885

---

[184] Georg 23. April

[185] Ist nicht backfähig

[186] Leichtfertige Frau

[187] Kleinmütiger Mensch

Layener Geschichten

Das Burgstalleck

In Waidbruck unten erzählt man, das Burgstalleck hinter dem Dirschinger Bach hätte früher bis zur Trostburg hinüber gereicht. Der Hof auf dem Burgstalleck oben gehörte zur Trostburg. Später hat der Dirschinger Bach die heutige Schlucht ausgeschwemmt.

Das Mantinger Christele von Barbian hat vor über hundert Jahren prophezeit, dass der Bach der Maria Hilf Kirche zu Brugg[188] ausstellen will. Eine Zeit lang führte das Flussbett sogar östlich des Ecks vorbei, aber es werde eine Zeit kommen, in der der Bach durch den Grafenwald hinaus und bei der Trostburg in den Eisack hinunter rinnen werde.

Als vor gut vierzig Jahren in Waidbruck das kleine Elektrowerk gebaut wurde, das mit dem bei Pontives gefassten Wasser des Dirschinger Baches gespeist wird, erfüllte sich die Prophezeiung.

Fink 1957

Jagdkollegen

Ein alter Glenninger vom Layenerried hatte es mit der Hexenkunst. Wer ihm zu nahe kam, bekam das zu spüren. Mit seinem Jagdkollegen, dem Schlosser, geriet er einmal am Sonntag während des Gottesdienstes auf dem Chor oben in einen heftigen Streit. Dabei zog der Glenninger aber den Kürzeren, weil in der geweihten Kirche seine Zaubersprüche wirkungslos blieben.

Als die beiden das nächste Mal zusammen auf der Jagd waren, musste der Schlosser austreten. Er gab sein Jagdgewehr dem Glenninger und schlug sich in die Büsche.

Der Glenninger riss einen Streifen von seinem Regenmantel ab und stopfte damit den Gewehrlauf des Kollegen zu.

Er dauerte nicht lange, da hörte er den Schlosser flehentlich jammern. Ganz verzweifelt bat der Schlosser um Verzeihung und der Glenninger solle um Gotteswillen die Huder aus dem Gewehrlauf nehmen, denn sonst würde es ihn zerreißen. Nach längerem Bitten gab der Glenninger nach und Schlosser konnte sein Geschäft verrichten.

Fink 1957

Beim Puefler Kreuz

Auf dem Unterlusn Hof in Layen war eine schneidige Magd, zu der der Unterpuefler Knecht immer wieder fensterlen[189] ging. Als er einmal auf dem Weg zu diesem Mädchen beim Puefler Kreuz vorbei kam, neigte sich der Herrgott heraus und bat den Knecht, er solle von seinem sündhaften Treiben ablassen und Buße tun.

---

[188] Waidbruck

[189] Nächtlicher Besuch beim Kammerfenster

Anfangs wollte der Knecht Folge leisten und sich bekehren. Aber dann zog es ihn doch wieder zur Lusner Magd.

Beim Nachhausegehen fiel ihn beim Puefler Kreuz ein wilder schwarzer Hund an. Er begann zu laufen, denn es wären nur mehr ein paar Schritte bis zum Puefler Haus gewesen. „Macht mir die Tür auf!", schrie er. Er schaffte es aber nicht mehr bis hinter die Traufenlinie zu kommen, wo er sicher gewesen wäre.

Der Hund flog mit dem Knecht auf und riss ihn in der Luft in tausend Stücke. Ein paar Stücke waren sogar auf der anderen Talseite bei Tagusens im Grafenwald verstreut.

Fink 1957

Die verschwundene Wöchnerin

Beim Glenigger Hof in Layen steht ein alter Bildstock, der unserem Herrn im Elend geweiht ist. Mit dem hat es folgende Bewandtnis. Eine Bäuerin vom Glenigger Hof verschwand einmal nach dem Wochenbett ganz plötzlich.

Der Bauer sagte öfters: „ Nur einmal noch möchte ich meine Frau sehen." In einer Nacht ist sie ihm dann tatsächlich erschienen und hat gesagt: „Jetzt siehst du mich, aber dann nie wieder. Hättest du gewünscht, dass ich immer bei dir bleiben soll, wäre auch das geschehen."

Der Sammler

Der schwarze Hund

Ein früherer Bauer vom Villgen Hof ging oft die ganze Nacht zum Fensterln, obschon er verheiratet war. Oft kam er erst am Morgen zum Füttern heim. Einmal hatte der Knecht schon die Ochsen gewettet[190], um Heu von der Alm zu holen. Da kam ein großer schwarzer Hund gelaufen. Der Knecht hörte ein fürchterliches Sausen und sah, wie der Hund den Bauer auf den Acker hinaustrieb. Dem fiel im letzten Augenblick zum Glück noch ein, das Kreuzzeichen zu machen. Damit wurde er gerettet.

Der Sammler

Die Herren von Untertschurtsch

Der Untertschurtscher Hof war früher ein adeliger Ansitz. Über der Einfahrt und dem Haustor künden Wappen von früheren adeligen Besitzern. Diese haben aber noch immer keine Ruhe in ihren Gräbern gefunden und zeigen sich öfters in ihren edlen alten Gewändern.

In den Gebäuden des Untertschurtscher Hofes soll noch viel Geld verborgen sein. Bisher konnte es aber niemand finden.

Ein Hausierer, dem die Bäuerin das Übernachtliegen erlaubt hatte, sagte zum Bauern:

---

[190] Das Joch aufgelegt

„Das Geld bekommen wir, wenn keiner ein Wort spricht." Beide legten sich auf der Ofenbrücke auf die Lauer. Um Mitternacht kamen drei Männer in die Stube, stellten ihre prall gefüllten Geldbeutel auf den Tisch und begannen die blanken Taler zu zählen.

Die beiden Männer sahen interessiert zu, bis sie durch das Fenster einen hellen Feuerschein bemerkten. Da konnte sich der Bauer nicht mehr halten. Er schrie: „Jetzt brennt mir der ganze Stadel ab." Im selben Augenblick verschwanden die drei Männer mit dem Geld. Hätte er geschwiegen, wäre das Geld auf dem Stubentisch verblieben.

Ein anderes Mal lag der Knecht auf der Ofenbrücke. Gegen Mitternacht kamen drei Herren mit großen Hüten in die Stube. Sie entnahmen dem Wandkastl[191] viel Geld und zählten es am Stubentisch. Gegen Morgen packten sie wieder alles zusammen und machten sich davon.

Der alte Bauer, Jakob Lageder, war vor ungefähr hundertfünfzig Jahre zu Mittag in der Stube und las aus einem Buch, während die Bäuerin in der Küche Knödel kochte. Da kam ein altes Weiblein in die Stube und bat den Bauern, er solle ihr bitte aus dem Keller neben der Säule eine Hand voll Erde geben. Er ärgerte sich über die Störung und schimpfte: „Blöde Alte, geh mir aus den Augen!" Sie begann zu weinen und murmelte als sie zur Tür hinaus ging: „Du willst den Schatz nicht und ich werde nicht erlöst."

Ein Knecht aus dem Dorf Layen war spät abends noch mit einem Heufuder beim Untertschurtscher Hof unterwegs. Beim Graben neben dem Hof war ihm das Fuder umgefallen, da begegnete ihm ein Herr mit einem großen Hut, Stock und Handschuhen. Der Knecht bat ihn: „Hilf mir bitte, das Heufuder wieder aufzustellen." Der Herr legte Hut, Stock und Handschuhe auf dem Zaun ab. Das Heufuder richtete sich von allein auf, bevor der Knecht mit Hand anlegen konnte. Der Herr ging davon, ohne auf den Dank des Knechtes zu antworten.

Der Sammler

Frau Perchta

Im Layenerried geht die Frau Perchta um. Viele Leute behaupten, sie hätten die hoch gewachsene Frau mit dem grünen Kleid gesehen. Sie schwebt über dem Boden und den Hecken leicht dahin. Fünf, sechs kleine Hunde begleiten sie.

Beim Außerpufelt Hof und in den Köfeln unter dem Wetterkreuz wurde sie häufig gesehen. Öfters schaut sie in dieser Umgebung auch bei Fenstern der oberen Stockwerke hinein.

Der Sammler

Der Hexentanzplatz

Ober dem Vogelweider Hof steht in einer öden felsigen Gegend auf dem Trogboden ein Wetterkreuz. Dort ist in der Nähe ein Hexentanzplatz. Ein Bauernbursche, der einmal nachts vorbei gegangen ist, hat drei weibliche Wesen tanzen gesehen.

Der Sammler

---

[191] Wandschrank

Der spukende Gaisbub

Der Untermüller Gaishirt im Layener Ried hatte öfters seine Ziegen mutwilligerweise auf den Wiesen des Prader Müllers zu Schaden gehütet. Der Prader Müller beschimpfte ihn deswegen und drohte ihm, er werde deswegen auch nach seinem Tod weiter hüten müssen.

Der Bub starb in jungen Jahren und war dann immer wieder als Hirte unterwegs. Nachts hörte man ihn öfters im Wald jodeln.

Der Prader Müller war einmal zur Nachtzeit unterwegs und wie er gerade bei einem Zaun über den „Stiefel[192]" stieg, sah er den Buben weinend auf einem Stock sitzen. Er tat ihm leid, deshalb sagte er zu ihm: „Bub, geh nur hin, wo Gott dir verordnet hat. Ich verzeihe dir alles." Der Müller hörte noch drei helle Jauchzer. Damit war der Hirt erlöst.

Der Sammler

Der unheimliche Bock

Zwei Bauernknechte waren einmal nachts zur Fastenzeit unterwegs zu ihren Mädchen in das Layener Ried. Bei einem der Burschen regte sich sein christliches Gewissen, worauf er meinte, dass es sich jetzt in der Fastenzeit nicht schicken würde, in der Nacht zum Mädchen zu gehen. Er versuchte auch, seinen Kameraden zur Umkehr zu bewegen.

Dieser ließ sich aber nicht umstimmen und setzte den Weg fort. Da bemerkte er hinter sich einen Bock, der ihm folgte. Als er sich der Albionskirche näherte, verschwand das Tier.

Beim Vogelweider Hof tauchte der unheimliche Bock wieder auf. Der Knecht bekam es mit der Angst zu tun und rannte auf den Putzer Hof zu. Dort klopfte er verzweifelt an die Haustür und rief um Hilfe.

Der Bauer wollte helfen und öffnete sogleich die Haustür. Da sah er gerade noch, wie der Bock den Knecht mit den Hörnern aufspießte und im Galopp dreimal um Haus und Stadel herumtrug. Dann verschwand er mit dem Opfer im nahen Wald.

Am nächsten Morgen fand man den übel zugerichteten Knecht tot zwischen den hohen Bäumen.

Lucillo Merci

Beim Judenstein

Ober dem Bräuhaus führt die Grödnerstraße über den Pontiveser Bergsturz schräg nach oben. Dort war bis zu den großen Ausbauarbeiten an der Straße ein großer Felsbrocken, der Judenstein. Für manche war es der Hexenstein.

Beim Straßenbau wurde der Stein mit Dynamit gesprengt. Ein paar Meter weiter oben ist Sandegg oder die drei Kreuzweiber. Beide Orte waren unheimlich. Es soll dort ein goldenes Kegelspiel von der untergegangenen Pontiveser Stadt vergraben sein.

---

[192] Überstieg für Personen beim Weidezaun

Ein Bauer von St. Peter ging einmal auf den Friedhof, um für einen Verstorbenen zu beten, wie es in Tirol frommer Brauch ist. Danach ging er noch zur Spisser Mühle hinunter, die zwischen dem Judenstein und dem Dirschinger Bach war, um sein Getreide zu malen. Gegen Mitternacht sah er beim Judenstein blaues Licht, so groß wie ein Teller, aufleuchten.

Er kontrollierte, ob bei der Mühle alles richtig lief und ging dann geschwind, um zu sehen was das Licht bedeutete. Aus der Nähe sah es aus, als ob ein Feuer in einer Schüssel brennen würde. Er bückte sich, um die Schüssel aufzuheben, da wurde er ohnmächtig. Als er wieder zu sich kam, lag er unweit vom Trojer Täfelchen, wo man oft einen Klausner Priester ohne Kopf umgehen sieht.

Fink 1957

Der Köfala Stöff

Beim Platscher zu Tanirz in Layen war man gerade beim Brotbacken. Die Bäuerin hatte die Brotlaibe auf den Brotflecken vor dem Backofen angerichtet.

Da kam der Köfala Stöff zurecht und lobte der Bäuerin das Brot. Beim Vorbeigehen tippte er mit dem Finger auf ein paar Brotlaibe. Damit hatte er das ganze Brot verhext. Die Laibe fielen zusammen und das Brot wurde innen glasig.

Die Gschpoierin zu Tanirz hatte das Butterfass schon mehrere Stunden gedreht, aber die Butter wollte nicht gelingen. Als ihr Mann heimkam, meinte er: „Aus der Butter wird heute sicher nichts, ich habe gerade den Köfele Stöff vorbeigehen gesehen. Aber dem werde ich es heimzahlen!"

278

Er ging in den Stall um einen frischen Kuhfladen zu holen. Er befahl der Bäuerin diesen in heißem Schmalz herauszubacken. Daraufhin gelang die Butter sofort wieder.

Am nächsten Tag war Sonntag. Da ging der Stöff mit einem dick verbunden Kopf auf dem Kirchplatz auf den Gschpoier zu und sagte: „Saggara, saggara, gestern hast du mich arg getickt[193]!"Der Gschpoier sagte seelenruhig: „Du hast uns den Rahm verhext und ich habe dir dafür deinen Schädel geröstet. Ich habe gewusst, dass du im Kuhfladen bist!"

Mit ehrlicher Arbeit wollte der Stöff nichts zu tun haben, aber bei ihm reichte es außer zu reichlichem Essen, immer auch zum Saufen.

Der Troyer hatte ihn einmal als Mäher auf der Seiseralm verdingt. Die anderen Mäher waren schon längst beim Tengeln, denn der Bürstling in der Trojer Leite braucht eine besonders gute Schneide.

Der Stöff schnarchte seelenruhig im Heu. Als ihn einer der Mäher weckte, riss er im Zorn seine Sense her und mähte den anderen Mähern die Tenglstöcklein ab. Auf seiner Sense entstand nicht einmal ein Scharte.

Fink 1957

Das Bradlwarter Bodenweibele

Als es von Waidbruck nach St. Ulrich noch keine richtige Straße gab, musste man zuerst in das Layener Ried hinauf und gelangte dann über einen sehr schlechten Weg von Brembach neben dem Dirschinger Bach nach Pontives. Wegen der vielen hohen Bäume war es dort sehr düster und manche Fuhrleute, die mit den Zugtieren schlecht umgingen waren, verunglückten dort.

---

[193] Einen großen Schaden zugefügt

Den Fuhrleuten, die ihre Zugtiere gut behandelten und den Wandernden kam in der Nacht beim Dirschinger Hof ein kleines Weiblein zu Hilfe. Mit einem Licht leuchtete es immer voraus. Man konnte so schnell gehen wie man wollte, es war immer ein paar Schritte voraus.

Beim Spisser in St. Peter lebte ein Rechenmacher. Er fuhr mit seinen Rechen öfters auf die Märkte bis nach Vahrn hinaus und war oft spät auf dem Heimweg. Da leuchtete ihm immer das Bodenweibele heim.

Beim Bräuhaus fiel ihm einmal ein, dem Licht nachzulaufen. Er konnte es aber bis zum Spisser Hof nicht erreichen. Dort rief er dem Weiblein noch sein „Vergelts Gott" nach. Das Licht wurde seither nie mehr gesehen.

Dem Filgner Luis, der als Fuhrunternehmer viele Waren nach St. Ulrich transportierte, blieben die Pferde immer bei Bradlwart stehen. Für eine gewisse Zeit konnte sie niemand dazu bewegen auch nur einen Schritt zu tun.

Dann aber zogen sie von allein weiter. Auch das hat das alte Weiblein erzwungen, damit die Pferde rasten konnten, weil ihnen der Filgner Luis das nie recht vergönnt hat.

Fink 1957

Im ladinischen Reich

Die Grödner Butterhexe

Im Grödental brachte ein Bauer, der seiner Frau beim Butter schlagen half, keine Butter zustande. Seine Frau meinte schließlich: „Heute ist ein Hexentag. Schlage die Butter morgen, gib aber einen Löffel Weihwasser dazu, dann wird sie sicher gelingen."

Am nächsten Tag drehte der Bauer drei Stunden lang den Butterkübel. Der Rahm wurde trotz des Weihwassers nicht zu Butter. Jetzt verstand der Bauer, dass eine sehr böse Hexe im Spiel war. Er machte im Herdfeuer einen Bratspieß glühend und stieß ihn in den Butterkübel. Es zischte fürchterlich und roch nach verbranntem Fleisch. Die Butter gelang noch immer nicht, obwohl schon seit Tagen eine kühle Witterung war.

Jetzt griff der Bauer zum äußersten Mittel. Er nahm sein Gewehr, lud geweihte Munition und feuerte auf den Butterkübel. Da erklang ein fürchterlicher Schrei, der Butterkübel brach auseinander und die Hexe flog davon. Der Rahm floss auf den Boden und bildete dort ein Kreuz. Da gingen auch die Wolken auseinander und die Sonne leuchtete wieder über dem Langkofel.

Die Milch- und Butterhexen müssen nach ihrem Tode eine besondere Strafe verbüßen. Sie ziehen ruhelos von einer Almhütte zur anderen. Milch, Rahm, Butter und Käse dürfen sie aber nicht mehr anrühren.

Lucillo Merci

Der Mädchenraub

Die Hexe von Ladinien holte sich früher im Frühling immer das schönste Mädchen aus jedem Dorf und schleppte es in ihre Höhle. Die Mütter mussten dann eine Wallfahrt nach Weißenstein machen, damit die Mädchen wieder zur Familie zurückkehren durften.

Lucillo Merci

Die Pontiveser Mühle

Zwischen Pontives und St. Ulrich im Grödental ist der Pontiveserwald und der ist voller Hexen. In gewissen Nächten tanzen und singen sie so schön, dass man der zauberhaften Musik und den einschmeichelnden Liedern folgen muss. Wer das aber tut, ist verloren. Die Hexen fallen über den Angelockten her und bearbeiten ihn derart, dass er bald den letzten Atemzug tut.

Unten beim Bach ist neben der Straße eine ganz alte Mühle. Wegen des Spukes, der darin umgeht, ist sie meilenweit gefürchtet. Kein Mensch würde sich nach dem Finsterwerden dort hin getrauen.

Ab und zu waren die Bauern, die dort ihr Getreide mahlen ließen, nach dem Betläuten am Abend noch zu nahe bei der Mühle. Sie bekamen komische Sachen zu sehen. Auf dem Fuhrwerk eines Bauern aus St. Peter, der zu spät auf dem Weg war, saß auf einmal der Spukmüller und verschwand erst beim Bräuhaus oben.

Ein anderer Bauer hörte neben dem Weg ein kleines Kind schreien. Als er abstieg, um dem Kind zu helfen, sah er nichts, aber seine Pferde scheuten und stoben im Galopp davon. Zum Glück passiert nichts, weil ein Mann, stark wie ein Baum das Fuhrwerk aufgehalten hat.

Bei anderen Gelegenheiten tanzten Irrlichter herum und jagten den Fuhrmännern teuflische Angst ein. Die stärksten Rösser hatten oft Mühe, das Fuhrwerk zu ziehen.

-o-

Eine ganz sonderbare Geschichte passierte in der Mühle einmal während der Christnacht. Es war alter Brauch, Frauen und Kinder während der Christmette nicht allein zu Hause zu lassen. Dieses Jahr traf es den Jörgl, einen strammen Burschen um die zwanzig Jahre.

Eine schöne Winternacht verbreitete Ruhe über Feld und Wald. Unter den flimmernden Sternen zogen einzelne Wolken. Nur das Licht schnäuzen[194], durch das Fenster den im Mondlicht flimmernden Schnee bewundern und in der Stube zu warten, war ihm zu langweilig. Die Wache verschlafen ließ ihn sein Verantwortungsbewusstsein nicht. Gegen Mitternacht nahm er ein altes Büchlein aus dem Wandschrank und begann darin zu lesen, was er seit seiner Schulzeit nie mehr getan hatte.

Da standen eigenartige Wörter. Waren es vielleicht sogar Zaubersprüche? Aber da ging schon mit lautem Getöse die Türe auf und eine Horde Schweine stürmte in die Stube. Sie quietschten und schrien, dass dem Jörgl das Hören verging. Er wusste sich nicht mehr zu helfen.

Der Müller konnte in der Kirche keinen frommen Gedanken sammeln. Er wurde den Gedanken nicht los, dass daheim unheimliche Dinge im Gange waren. In seiner Unrast stand er auf, noch bevor das Engelamt zu Ende war und hastete nach Hause.

Ein Blick genügte ihm, um die Lage zu erfassen. Er rief dem wachsbleichen Jörgl zu: „Lies jedes Wort, das du gelesen hast, aber lies von rückwärts!"x Als dieser mühsam die eigenartigen Wörter von hinten buchstabierte, verschwanden die Schweine nach und nach aus der Stube. Dann war es unheimlich still in der Pontiveser Mühle.

-o-

Seit auf der neuen Grödnerstraße die vielen Gäste bei Tag und Nacht unterwegs sind, wurde es den Hexen in Pontives zu ungemütlich. Sie sind verschwunden und wer zufällig eine durch die Luft huschen sieht, hat einen Glückstag erlebt.

Weber – 1914

Die Pontiveser Geister

Von Waidbruck führte einst ein enger und gefährlicher Steig am Grödner Bach entlang zur „porta latina" nach Pontives. Von dort an spricht die Bevölkerung ladinisch. An den Hängen von Raschötz bauten die Leute ihre Häuser und Städel. Es gibt dort auch noch Spuren einer römischen Straße. Die Grödner nennen sie „Troi Paian", die Heidenstraße. Die Bevölkerung trat aber schon sehr früh zum katholischen Glauben über.

---

[194] Der Docht des Talglichtes musste öfters gereinigt werden

Der Wald um Pontives soll aber immer noch von Geistern und unguten Gestalten bevölkert sein. Sie treffen sich auf einer versteckten Lichtung und tanzen zur Geigen-, Trompeten- und Trommelmusik des Teufels. Wagt sich jemand an den Höllenlärm heran, packen ihn die schrecklichen Vetteln und prügeln ihn bis er halbtot liegen bleibt.

Ein gewöhnlicher Mensch kann sich glücklich preisen, wenn er dort nachts durchkommt, ohne auf Geister zu treffen. Sie leiten ihn auf Pfade, die vor einem reißenden Bach oder auf einer hohen Wand enden. Erst am Morgen, wenn die Glocken von St. Ulrich Betläuten, kann der Wanderer unbehelligt weiterziehen. Da müssen die Hexen verschwinden, sonst werden sie zu Stein, was schon mancher von ihnen passiert ist, wie man an den eigenartigen Steinblöcken dort sehen kann.

Der Pontiveser Wald und die Steinlammer soll der Legende zufolge, an der Stelle einer zum Untergang verdammten Stadt entstanden sein, die von Muren und Überschwemmungen vernichtet wurde. In manchen Nächten irrt dort immer noch ein grelles Licht herum und zuweilen ist das klägliche Weinen eines neugeborenes Kindes zu hören.

Lucillo Merci

Der Pontiveser Wald

Auf der Grenze zwischen St. Peter und Pontives ist ein Wald, in dem die Hexen Unfug treiben. Verspätet sich ein Wanderer in St. Peter, kann er von Glück reden, wenn er aus diesem Wald mit heiler Haut herauskommt.

Für gewöhnlich findet er nicht mehr heraus oder er hört unter seinen Füßen einen Bach rauschen. Dann muss er bis zum Betläuten in St. Ulrich warten.

Die Hexen haben in diesem Wald einen Treffpunkt. Da wird dann gegeigt und trompetet, wie bei der schönsten Kirchtagsmusik. Geht aber ein Wanderer dieser Musik nach, ist er verloren. Den zerrupfen und schlagen die Hexen bis er halbtot liegen bleibt.

Im Grödental erzählt man sich, in diesem Wald habe ein großer Bergsturz eine Stadt verschüttet. Seit dieser Zeit sieht man im Wald öfters ein Licht und hört ein kleines Kind weinen.

Zingerle – 1891

Der Bergsturz von Pontives

Beim Klinglschmied im Pontiveser Wald liegen mächtige unheimliche Felsbrocken herum. Vor langer Zeit war dort eine große Stadt mit stolzen und geizigen Menschen.

Einmal ging der Herrgott als alter Bettler durch das Tal und bettelte um etwas für seinen hungrigen Magen. Im obersten Haus wurde ihm gerade eine Kelle mit Wasser gereicht. Er trank davon einen Schluck und schüttete den Rest auf den Boden. Aus dem bisschen Wasser wurde ein mächtiger Bach, der immer mehr anschwoll und die ganze stolze Stadt überschwemmte.

-o-

Einer anderen Geschichte zufolge, die man in Waidbruck erzählt, musste der bettelnde Herrgott bis nach St. Ulrich, bis er zu einer Kelle mit Wasser kam. Er schüttete den letzten

Rest des Wassers auf den Boden, wo es zu einem Riesenbach wurde und ganz Pontives zum Tal hinausschwemmte.

Der Herrgott soll dabei versprochen haben, dass in Zukunft die Ratten verschwinden werden, so weit die Glocke von St. Ulrich zu hören ist.

Vor gut sechzig Jahren sah der Saltrier Müllerbursche aus St. Ulrich in der Falkenmühle von Waidbruck zum ersten Mal in seinem Leben Ratten. Er erschrak mächtig und erklärte, dass er solche Tiere noch nie gesehen hatte.

Fink 1957

Der Wilde von Pontives

Wer früher, als es die Grödnerstraße noch nicht gab, nach St. Ulrich wollte, musste sich über eine Steinlammer quälen, die von Salames heruntergebrochen war. Die Grödner nennen sie „la Roà de Puntives". In der Mitte gibt es eine kleine ebene Fläche, das „Plan de Musnàta". Diese wurde von den Kindern gerne aufgesucht, weil dort schöne Ampomes[195] zu finden waren.

Die Gegend wurde aber wegen der Waldgeister und der unheimlichen Lichter vor allem bei Nacht gemieden. Besonders gefürchtet war der Wilde von Pontives, ein großer rußiger halbnackter Mensch. Er bewarf die Vorbeiziehenden mit Baumstämmen und Steinen. Auf Männer mit bunter Tracht hatte er es besonders abgesehen. Sie konnten von Glück reden, wenn er sie nicht entdeckte. Es hat viele Jahre gebraucht, bis der Wilde im Fels oben seine Ruhe gefunden hat.

Die Geschichte hat sich so zugetragen: Auf einem Bauernhof lebte ein Mädchen, ein sehr verwöhnter Fratz, der früh beide Eltern verloren hatte. Seine alte Tante war eine Hexe, die einem Gerücht zufolge ihren Mann vergiftet hatte. Sie hielt Gesindel als Dienstboten und der Hof hatte einen sehr schlechten Ruf.

An manchen Abenden kam viel Volk zusammen um zu tanzen. Zu

---

[195] Ladinisch für Himbeeren

Fasnacht ging es einmal mit viel Wein besonders toll her. Da wettete die Erbtochter in ihrem Übermut, dass sie in sieben Monaten den einfältigsten, hässlichsten und wildesten Mann heiraten werde, den es im Land gab. Unter dem Gejohle der betrunkenen Gesellschaft wurde die Wette besiegelt. Der Tante wurde der Auftrag erteilt, diesen unmöglichen Mann ausfindig zu machen.

Sie wusste in einem fernen Land einen grobschlächtigen Schmied mit Hose und Joppe aus Rindleder und einem Bart so wüst und verwachsen wie ein Dornstrauch. Der war ungehobelt wie ein Bär und konnte Bäume ausreißen. Die Bevölkerung war entsetzt, aber die Tante setzte den Hochzeitstermin fest und besorgte die Einladungen.

Sie schaffte es, den Schmied in das Haus zu locken, um die Hochzeit zu halten. Die Braut kicherte in einem fort. Die Burschen lachten höhnisch, denn es ist immer ein ungutes Zeichen, wenn eine Braut bei der Hochzeit viel und laut lacht. Die Schmied kannte die bäuerlichen Bräuche nicht und war auch zu einfältig, um bei der Feier davon etwas mitzubekommen.

Nach der Hochzeit behandelten ihn die beiden Weiber schlecht. Sie kochten ihm nicht, gaben ihm Übernamen und schimpften über seine Gewohnheiten. Er nahm alles hin und stillte seinen Hunger mit rohen Wurzeln und mit Wild. Sein Schmiedehandwerk hatte er aufgegeben. Da er von der Landwirtschaft nichts verstand, spaltete er den ganzen Tag Holz.

Eines Morgens eröffnete ihm seine Frau: „Heute kommen Gäste! Du musst statt deines ordinären Gewandes schöne bunte Kleider anziehen." Dazu wurde sie von der Tante ange-

stiftet, damit er für die Besucher die Witzfigur abgebe. Das hat er aber nicht mitbekommen. Er sagte nur: „Das Gewand ziehe ich nicht an, weil wir Wilde nur unser einfaches Gewand tragen können."

Als er ihr nach langen Überredungskünsten endlich fast nachgegeben hätte, schrie die Tante vom Nebenzimmer dazwischen: „Rede nicht lange, wirf ihm die alten Fetzen in das Feuer, dann wird er das Neue schon anziehen."

Sie wollte ihm das Gewand entreißen, erwischte aber nur das Hemd aus Birkenbast und die rindslederne Joppe. Als sie beides in das Feuer warf, schlug er mit beiden Fäusten vor seine Brust und stöhnte: „Ach hätte ich nur mein Gewand wieder!" Einen Augenblick lang erschrak sie über den tieftraurigen Ton, aber als sie das höhnische Lachen der Tante aus dem Nebenzimmer hörte, gewann wieder ihre gemeine Seite die Oberhand.

Mit diesem Tag hat sich der Wilde geändert. Er blieb im Wald. Oft saß er den ganzen Tag nur auf einem Baumstamm. Bremsfliegen zerstachen seinen Rücken, aber er rührte sich nicht.

Öfters übernachtete er unter der Stadelbrücke auf einem Streuhaufen. Niemand beachtete ihn mehr. Nur ein boshafter Knecht zog ihn immer wieder auf. Als er glaubte, das Vertrauen des Wilden gewonnen zu haben, erzählte er ihm über seine Frau die wildesten Geschichten. „Wenn ich eine solche Frau hätte wie du, würde ich sie bei den Haaren nehmen und ihr den Hals abschneiden", sagte er.

„Bringst du Frauen um?", fragte der Wilde. Der Knecht erwiderte aufgebracht: „Wenn man im Recht ist, kann man Weiber umbringen!" Jetzt packte den Wilden die Wut. Er riss einen Baum aus und versetzte dem Knecht damit einen solchen Schlag, dass dieser tot zu Boden fiel. Dann trank er mit der hohlen Hand beim Trog Wasser und verschwand im Wald. Seither hat ihn auf dem Hof niemand mehr gesehen.

Von da an ist das Gerücht vom wilden Mann aufgetaucht. Niemand traute sich mehr allein in den Pontiveser Wald und zur Nachtzeit schon gar nicht.

Ein kleiner Bub und ein Mädchen gerieten einmal beim Himbeerensuchen in diese Gegend. Als sie über einen großen Stein kletterten, sahen sie den wilden Mann direkt vor sich auf einem ebenen Platz. Sie erschraken sehr.

„Das ist der wilde Mann, der die Buben zerreißt und auffrisst und die Mädchen verträgt", flüsterte der Bub. Sie blickten neugierig durch die Sträucher und sahen, wie er ohne sich zu rühren den Kopf mit beiden Händen stützte.

„Eigenartig", meinte der Bub, „der hat ja gar keinen Rucksack um die Mädchen hineinzustecken." Auf seinem nackten Rücken waren eine Menge Bremsfliegen, wovon das Blut auf den Boden tropfte. „Die vielen Bremsen müssen sehr weh tun", sagte das Mädchen mitfühlend. Es war so, als ob er es gehört hätte, denn er drehte den Kopf und stöhnte: „Ach, wenn ich doch mein Gewand hätte!" Er bemerkte die Kinder aber nicht.

Als diese zu Hause von ihrer Begegnung erzählten, ermahnten sie die Eltern, den wilden Mann ja nicht anzusprechen oder gar zu ärgern. Weil sie öfters in den Pontiveser Wald mussten, sahen sie den wilden Mann wieder. Er saß am selben Platz und stöhnte seinen Spruch. Da gerade an diesem Platz besonders schöne Himbeeren waren, näherten sich die Kinder dem Mann um sie zu pflücken. Er beachtete sie nicht. Da sagte sich das Mädchen: „Ich kann nähen, ich mache dem wilden Mann ein Gewand, damit er nicht so leiden muss."

Schon nach ein paar Tagen hatte sie ein Hemd und eine Joppe genäht. Bei ihrem nächsten Besuch legten sie dem wilden Mann, als dieser um sein Gewand stöhnte, die eine Spanne langen Kleider vor ihm nieder. Der wilde Mann sah sich das Gewand an und wollte wissen, wo es die Kinder herhatten. „Das haben wir für dich gemacht", sagte der Bub, „wir schenken es dir, damit du wieder ein Gewand hast."

Der wilde Mann nahm es und gab den Kindern die Hand und sagte: „Kinder ich danke euch, jetzt habe ich wieder mein Gewand und bin deswegen erlöst. Ich kann euch nichts dafür geben, aber ich vermache euch diesen Platz. Wenn ihr Himbeeren haben wollt, braucht ihr nur auf diesen Platz zu kommen und Musnàta sagen. Dann findet ihr Himbeeren, so viele ihr braucht."

Er ging den Berg hinauf und verschwand für immer in den Raschötzer Wänden. Die Kinder holten sich noch oft die schönen Himbeeren und das Mädchen wurde eine uralte Tsandlòta[196]. Sie handelte mit Spitzen und Himbeeren. Die Leute wunderten sich immer, woher das alte Weiblein mitten im Winter die Himbeeren bekam.

Wolf 1969

Die Maulrappen in Wolkenstein

Am oberen Ende des Grödnertales, wo hinter Wolkenstein das Langental abzweigt, steht an die Stabia Wand geklebt die Ruine Wolkenstein. Man erzählt sich, dass in der Nacht bei Mondschein haarige Köpfe mit bärtigen Fratzengesichtern aus den Fensteröffnungen der Ruine gaffen. Mit ihrem Maul schneiden sie so schreckliche Grimassen, dass niemand ein zweites Mal hinaufschaut.

---

[196] Ladinisch für Hausiererin

In den finsteren Nächten sprengen von der Ruine wilde Reiter mit Jagdlärm herunter und wieder hinauf. Sie überrennen alles was ihnen unter die Hufe kommt. Von alters her hat man diese Geister die Maulrappen nannt.

Vor mehreren Jahren überlegte ein übergescheiter Sagenforscher, ob der Namen Maulrappen etwa von den Maulaffen dieser Geister herrührt.

Die Burg gehörte einem Geschlecht adeliger Herren, die den Namen Maulrappen führten. Später ging der Besitz an die Herren von Villanders über, die dem Schoß den Namen Wolkenstein gaben.

Alpenburg – 1857

Das Schloss auf der faulen Wand

Im Annatal bei St. Ulrich ist ober dem Pinkan am Balest eine brüchige Wand. Darüber führt ein alter Saumweg, an dem früher einmal ein Schloss stand. Die Säumer, auf ladinisch die Tjavalieres, erzählten von unheimlichen Dingen, die sich beim Bau des Schlosses zugetragen haben sollen.

Der Schlossherr war ein gefürchteter Mann, der viele Untaten auf dem Gewissen hatte. Das Schloss hat er nur gebaut, um die Händler und Reisenden noch mehr ausplündern zu können.

Schon vor dem Baubeginn rieten ihm alle Baumeister ab, an dieser Stelle zu bauen, da der Felsen sehr rissig war und unter der Last eines Schlosses sicher abbrechen würde. Schließlich fand er einen Baumeister von auswärts, der ihm den Vorschlag machte, eine in der Nähe liegende große Platte als Grundstein direkt auf die Wand aufzusetzen. Die Platte war größer als eine Bauernstube und einen halben Klafter dick.

Als die Platte schließlich am geplanten Platz war, stellte sich heraus, dass der Felsen doch nicht hielt. Die Platte hatte sich schon bedenklich geneigt, da schickte der Schlossherr die Maurer für ein paar Tage nach Hause. Er würde das mit der Platte in der Zwischenzeit in Ordnung bringen und dann sollten sie wiederkommen, um das Schloss aufzubauen.

Weil es Abend wurde, gingen die Männer zur Bauhütte hinunter und legten sich zur Ruhe. Um Mitternacht wurden sie von einem gewaltigen Getöse geweckt. Niemand wusste, was los war und man befürchtete Schlimmes. Da hörten sie von der Baustelle herunter das klägliche Jammern eines sterbenden Kindes. Alle rannten so schnell sie konnten zur Baustelle. In der mondhellen Nacht sahen sie, dass der Grundstein, entgegen der Erwartungen, waagrecht auf dem Felsen lag. Darauf stand der Ritter und hinter ihm eine von allen gefürchtete Frau, von der man wusste, dass sie eine Hexe war. Sie machte sich schnell durch den Wald davon.

Der Ritter zog sein Schwert und verkündete: „Der Grundstein ist gelegt! Morgen könnt ihr anfangen die Mauern aufzubauen. Das Schloss wird stehen wie ein Berg. Niemand wird es einnehmen können!"

Am Morgen begutachteten die Maurer den Grundstein noch einmal eingehend. Er lag sicher gesetzt auf der überhängenden Wand.

Nach zwei Jahren Bauzeit war das Schloss fertiggestellt. Der Schlossherr verbreitete nun in der ganzen Gegend Angst und Schrecken. Die Knappen und Kriegsknechte in seinem Sold waren die gleichen Lumpen wie er.

Die Fürsten im Land versuchten mehrmals, den unangenehmen Zeitgenossen aus dem Schloss zu verjagen, was leider nie gelang. Die Leute erzählten hinter vorgehaltener Hand die Geschichte vom Grundstein weiter. Es ging bald das Gerücht über einen Grundsteinzauber um, der das Schloss angeblich uneinnehmbar machte. Der Schlossherr lachte zu diesen Geschichten nur höhnisch und spottete: „Das Geheimnis wird nie jemand erfahren, denn dazu müsste man schon Hellseher sein!"

Nach einer Weile zog der Ritter aus, um in einem entfernten Land eine Frau zu freien. Schon bald kehrte er erfolgreich zurück. Eine Zeitlang ging alles gut, bis die junge Frau in einer hellen Mondnacht einen schrecklichen Traum hatte. Sie sprang aus dem Bett und schrie um Hilfe. Der Mann versuchte sie zu beruhigen und fragte nach der Ursache ihrer Angst. „Denk dir", sagte sie mit zitternder Stimme, „vom Keller ist ein Wort heraufgestiegen."

„Ein Wort?", fragte er gedehnt. „Ja, ein Wort, es ist von ganz unten heraufgekommen und hat sich vor mir aufgestellt. Ich habe es gesehen. Es ist ein entsetzliches Wort. Wie es gelautet hat, ich weiß es nicht mehr, aber es tut bis in die Seele hinein weh, wie ein Messer", sprach sie ganz verängstigt und drückte die Hände vor der Brust zusammen.

Seit der Zeit hatte die Frau Angst vor den mondhellen Nächten. Sie horchte mit übertriebener Aufmerksamkeit auf alles. Oft konnte sie erst im Morgengrauen einen unruhigen Schlaf finden.

Einmal schrie sie vor Entsetzen laut auf, sodass auch der Schlossherr erwachte. „Das Wort", schrie sie, „das Wort! Heute habe ich es ganz deutlich gehört! Es kam vom Grundstein, es kroch durch die Mauern bis zu den Zinnen hinauf und verklang dort in der Luft. Das ganze Schloss hat gezittert und gebebt!"

„Ach, das ist nur der Wind, der vom Langkofel kommt", versuchte der Mann sie zu beruhigen. Aber die Frau ließ sich nicht mehr beruhigen. Bald darauf erkrankte sie an einem sehr schweren Fieber, an dem sie verstarb.

Nach einem Jahr heiratete der Schlossherr ein weiteres Mal. Der neuen Frau gegenüber machte er sich über die Träume der ersten Frau lustig und stellte sie als Verrückte dar. Aber bald erzählte auch die neue Frau, nach einer hellen Mondnacht, dass sie um Mitternacht das Weinen eines sterbendes Kindes gehört hatte. „Ach was", spottete er, „das sind die Nachteulen auf dem Turm oben! Du wirst dich doch nicht vor ein paar lausigen Federviechern fürchten?."

In der nächsten Nacht weckte sie den Ritter. Mit vor Schreck geweiteten Augen fragte sie: „Hörst du es nicht? Da ist doch ein Kind, ein jammerndes Kind!" „Es gibt im ganzen Schloss kein Kind!", sagte er verärgert. „Da ist aber ein Kind!", war sie sich ganz sicher und wollte schon die Leute im Haus wecken. Das verbot er ihr aber.

Als sie am Morgen die Hausleute fragte, sagten diese, sie hätten nichts gehört. Sie sah den Leuten aber an, dass sie mehr wussten, sich aber nicht zu reden getrauten. Sie versuchte alles um hinter das Geheimnis zu kommen, konnte aber nichts in Erfahrung bringen. Aus Gram darüber wurde sie krank. Sie brachte noch ein Mädchen zur Welt, siechte aber nur mehr dahin und verstarb.

Der Ritter brachte das Mädchen zur Erziehung zu Verwandten. „Hier im Schloss gibt es niemanden, der dazu fähig ist", erklärte er. Mit zwanzig Jahren heiratete das Mädchen, doch

ihr Mann kam nach sieben Jahren auf einem Kreuzzug ums Leben und hinterließ die junge Witwe mit einem kleinen Mädchen, das Gardis hieß.

Der Ritter verfügte jetzt, dass die Witwe mit dem Kind auf das Schloss kommen sollte. Die Gardis war ein freundliches neugieriges Mädchen, mit dem der Großvater viel Freude erlebte. Er zeigte ihr das Schloss und die Umgebung und freute sich über das Interesse des Mädchens.

Im Winter erkrankte Gardis schwer. Der Großvater half der Mutter bei der Pflege des Kindes, aber es schien kein Mittel mehr zu helfen. Ein wilder Schneesturm hatte schon tagelang um das Schloss gefegt. In der siebten Nacht drehte der Wind und es klarte auf. Der Mond leuchtete und es wurde bitterkalt.

In dieser Nacht hatte sich die Mutter zum Schlafen hingelegt. Der Großvater versorgte mit einer Magd zusammen das Kind. Gegen Mitternacht glaubten die beiden, es gehe dem Ende zu. Der Großvater schien ganz durcheinander zu sein. Er schickte die Magd zu den Knechten hinunter, mit dem Auftrag das Tor zu öffnen und die Zugbrücke herabzulassen. Der Magd kam der Befehl eigenartig vor.

Als sie aus der Kammer war, wickelte er das Kind in eine Decke und wollte damit zur Tür hinaus. Da kam die Mutter des Mädchens zurecht und fragte ganz aufgeregt: „Ich habe ein Kind schrecklich wimmern gehört, wie geht es der Kleinen?" Als sie das leere Bett sah, stieß sie einen Schrei aus.

„Du kommst zur falschen Zeit", sagte er zu ihr, „das Kind habe ich da in der Decke und du wirst dich wundern, wenn ich dir sage, das Kind muss schleunigst weg vom Schloss!" „Was fällt dir ein", schrie sie entsetzt, „so muss das Kind ja sterben, wenn du es bei dieser Kälte um Mitternacht aus dem Haus trägst!"

Sie wollte es ihm entreißen, was ihr aber nicht gelang. Er rannte die Stiege hinunter. Auf der Zugbrücke holte sie ihn ein und versuchte ein weiteres Mal, das Kind an sich zu nehmen. Ein paar Knechte standen ratlos herum und wussten nicht, wem sie helfen sollten. Der Ritter befahl den Knechten, die Frau festzuhalten. Diese schrie: „Der Ritter ist verrückt geworden! Das Kind wird in dieser Kälte hier sterben, helft mir, ihm das Kind zu entreißen!" Schließlich gelang es dem Ritter in den Wald zu laufen. Sie folgte ihm, bis sie zu einem Bauernhaus kamen. Die Mutter klopfte und bettelte so lange, bis ihnen die Bäuerin die Haustüre aufmachte und sie in die warme Stube ließ.

Dort betteten sie die Kleine neben den Ofen und merkten gleich, dass die Krankheit den Höhepunkt überschritten hatte. Die Gardis blickte neugierig aus der Decke und begann sogleich mit der Bäuerin ein Gespräch. Schon nach ein paar Tagen war sie so weit genesen, dass sie auf Befehl des Ritters in das Schloss zurückkommen konnte. Auf die Frage der Mutter, warum er die Kleine in der Sturmnacht aus dem Haus getragen hatte, sagte der Großvater nur: „Es hat sein müssen!"

Die Gardis wurde schnell ganz gesund, aber ihre Mutter erholte sich von dieser Nacht nicht mehr. Sie wurde von einem schweren Leiden befallen und verstarb nach mehreren Wochen.

Der alten einsilbigen Magd, die im Turm oben ihre Kammer hatte, rutschte die Bemerkung heraus: „Merkwürdig, in diesem Schloss müssen alle Edelfrauen jung sterben!"

Auch der Ritter musste dies befürchtet haben, denn er schickte Gardis wieder zu Verwandten der Mutter, obwohl er sie abgöttisch liebte.

Bald darauf wurde das Schloss wieder einmal belagert, aber die Angreifer konnten nichts ausrichten und mussten wieder abziehen. Auch einen Felssturz, der in dieser Zeit vom Pinkan herunter brach, überstand das Schloss unversehrt.

Zehn Jahre später holte der Alte die Enkelin wieder in das Schloss. Sie konnte sich noch gut an alles erinnern und fand es jetzt noch viel aufregender. Der Großvater las ihr jeden Wunsch von den Augen ab. Sie verstand auch nicht recht, warum die Leute über ihn nicht gut redeten. „Mir geht es gut und der Großvater ist ein guter Mensch", sagte sie. Bei den Verwandten war sie mit mehreren Mädchen aufgewachsen. Dort war sie nur eine von mehreren. Hier war sie jetzt die Prinzessin und konnte den Großvater leicht um den Finger wickeln.

Er hatte auch schon einen Mann für sie ausgewählt und wollte ihr bei der Heirat das Schloss übergeben und sich zur Ruhe setzen.

Aber da nahm schon das Verhängnis des Grundsteinzaubers seinen Lauf. Eines Tages fragte Gardis beim Frühstück ihren Großvater, was das schreckliche Geschrei in der letzten Nacht zu bedeuten hatte. „Es klang wie eine Menge verzweifelter Menschen. Ich habe Angst bekommen und konnte nicht mehr einschlafen." Der Großvater war von dieser Frage schwer beunruhigt. Es ließ sich aber nichts anmerken und meinte beschwichtigend: „Das waren nur Nachtvögel und der Wind vom Langkofel. Da kann man alles mögliche hören!" Für diese Mal gab sich die Gardis damit zufrieden.

In der nächsten hellen Mondnacht klopfte die Gardis ganz verstört an der Kammertür des Großvaters und klagte: „Großvater, Großvater, heute hört man das Geschrei wieder! Da unten müssen Menschen sein. Mir kommt gerade vor, als ob sie das Schloss in die Schluchten hinabziehen wollten."

„Das ist heller Unsinn!", behauptete der Großvater. Er verfügte aber, dass Gardis von nun an in der Kammer neben der alten Magd oben schlafen sollte. Der alten Magd befahl er, sofort zur Gardis zu gehen um ihr beizustehen, wenn sie unruhig wurde.

Einige Wochen blieb alles ruhig. Bei der nächsten hellen Mondnacht rief die Gardis die alte Magd zu sich. Dann fragte sie: „Hast du nicht die Schreie gehört?" Zuerst verneinte die Magd. Gardis merkte aber, dass der Magd die Lüge schlecht gelungen war. Sie bohrte weiter, bis die Magd mit der Sprache herausrückte: „Ich darf nichts sagen, sonst bringt mich der Alte um!" Erst als ihr die Gardis versprochen hatte, niemandem etwas zu verraten, begann sie mit der Erzählung.

„Die Menschen, die man schreien hört, sitzen unten im Kerker unter dem großen Turm, vierzig Fuß tief, ohne Türen und Fenster." „Wie kommt man ohne Tür da hinein?", wollte Gardis wissen. „Da muss man draußen beim Wehrgang eine Strickleiter[197] zum Bogenfenster hinunterlassen. Dann kann man in eine Folta[198] hineinschlüpfen. Dort drinnen ist in der Mitte im Boden ein Loch. Die Männer nennen es Schpund[199]. Wenn man dort hinunterschaut, sieht man zuerst gar nichts. Es gibt kein Licht da unten. Erst wenn sich die Augen an die Dunkelheit gewöhnt haben, kann man auf dem Stroh zerlumpte Männer erkennen. Es sind die Gefangenen. Sie werden durch das Loch hinuntergeworfen und kommen nie mehr herauf."

„Entsetzlich", stammelte die Gardis, „vierzig Fuß tief, brechen die sich da nicht alle Knochen?" „Einer hat sich das Genick gebrochen, aber die meisten Gefangenen sind nur kurze Zeit ohnmächtig, denn sie fallen auf einen Strohhaufen."

„Was tun die Leute da unten?", wollte Gardis wissen. „Was sollen Gefangene schon tun. Sie sitzen den Tag ab und warten auf den Morgen, wenn sie nicht schlafen können."

„Müssen sie lange sitzen?" „Einige sitzen schon viele Jahre unten." „Jahrelang, wie kann ein Mensch das aushalten?" „Ein Mensch kann mehr aushalten als man meint."

„Was sind das für Menschen?", fragte Gardis weiter. „Einige sind Räuber und Gauner, aber es sind auch Kaufleute und Reisende dort unten. Von diesen versucht der Schlossherr möglichst viel Geld zu erpressen."

„Das ist nicht wahr! So etwas tut mein Großvater ganz gewiss nicht", empörte sich die Gardis. „Wer denn sonst? Er ist der Herr im Schloss und ohne seinen Willen wird niemand in das Gefängnis geworfen!", sagte die alte Magd ganz bestimmt.

Die Gardis wurde nachdenklich und sagte schließlich: „Da muss etwas passieren. Diese unmenschlichen Zustände dulde ich nicht!"

„Um Gottes Willen", bettelte die Alte, „lass dir ja nichts anmerken, sonst bin ich verloren!" Die Gardis näherte sich der Alten und flüsterte: „Könnten wir den Gefangenen nicht helfen in der Nacht zu flüchten?" „Da kann ich dir nicht helfen, das ist mir viel zu gefährlich!", sagte die alte Magd.

„Aber man muss etwas tun, schon wegen dem Schreien in der Nacht, ich kann nicht mehr schlafen! Wenn die immer im Finstern sitzen, müssen sie ja vor Langeweile und Kummer draufgehen."

---

[197] Leiter mit Seilen statt Holmen
[198] Raum vor dem Keller in alten Bauernhäusern
[199] Füllloch beim Fass

„Mit dem Schreien ist es eine eigene Sache", fuhr die Alte fort, „andere Schlösser haben auch Gefängnisse mit Gefangenen. Aber die schreien nicht wie die unseren."

„Woher kommt das?", fragte Gardis. „Das ist das Geheimnis! Ich bin nie dahinter gekommen und von den Knechten weiß es auch keiner. Aber merkwürdig ist das schon. Sie schreien nur bei mondhellen Nächten genau zur Mitternachtszeit. Dann sind sie wieder still."

„Das ist merkwürdig", stellte die Gardis fest, „mir ist das Gleiche aufgefallen!" „Aber das Sonderbarste weißt du noch nicht", flüsterte die Alte der Gardis ins Ohr, „in den mondhellen Nächten kommt um Mitternacht ein Wort von den Fundamenten durch die Mauern herauf und steigt bis zu den Zinnen hinauf. Wenn es oben ist, schreien die Gefangenen."

„Was bedeutet das?", fragte Gardis. „Das weiß man nicht." „Weiß es der Großvater auch nicht?" „Der wird es schon wissen, aber der sagt es gewiss niemandem."

„Was sind das für Wörter, die da heraufsteigen", bohrte die Gardis weiter, „kann man sie nicht verstehen?" „Oh ja, im Sommer, wenn die Fenster offen sind, habe ich das eine und andere Wort verstanden. Aber was die Wörter bedeuten, darauf kann ich mir keinen Reim machen. Da ist zu viel Zeit zwischen dem einen und dem nächsten Mal. Ich kann es mir nicht mehr merken. Ich bin zu alt. Grundstein...., Schloss...., Jungfrau, hinunterkrachen, für mich gibt das alles keinen Sinn. Mir kommt fast vor, die Gefangenen haben vor den Worten solche Angst, dass sie mit ihrem Schreien die Geisterstimme übertönen wollen."

Nach diesem Gespräch hatte Gardis keine Ruhe mehr und überlegte dauernd, wie sie den Gefangenen helfen könnte. Sie fragte die Knappen und Kriegsknechte, ob sie Lust auf eine Mutprobe hätten. Zuerst sagten ihr alle zu. Sobald sie aber erklärte, worum es ging, winkten alle ab. Einer zeigte mit dem Finger auf den Hals und sagte: „Wenn ich dir helfe, hängt mich der Schlossherr am Dachfirst oben für die Krähen auf."

Als Gardis einsah, dass sie von niemandem Hilfe zu erwarten hatte, ging sie in einer mondhellen Nacht allein zu Werke. Aus der Zeugkammer nahm sie zwei Strickleitern. Eine befestigte sie über dem Bogenfenster mit dem Zugang zum Gefängnis. Die zweite wickelte sie um ihre Schultern.

Im Schloss war alles ruhig. Als sie über die Strickleiter hinunterblickte, wurde ihr mulmig. Aber dann sagte sie sich: „Wenn ich nicht etwas unternehme, hilft den Bedauernswerten da unten niemand!" Sprosse für Sprosse kletterte sie nach unten. Einige Mühe machte ihr das Umsteigen von der pendelnden Strickleiter in das Bogenfenster. Schließlich war auch das geschafft. In der öden Folta sah sie zunächst gar nichts. Sie blieb hinter dem Fenster stehen und lauschte. Von unten hörte sie Stimmen. Die klangen als kämen sie aus einem Grab.

„Es muss bald Mitternacht sein", sagte einer, „dann muss das Wort kommen. Heute kommt das Letzte." „Nein, nicht heute! Morgen, und auch nur wenn der Mond scheint", sagte ein Anderer. „Heute kommt das Wort! Schloss, das ist das Vorletzte, da bin ich mir sicher", sagte ein Dritter, „gebt acht, es kommt schon!"

Die Mauern begannen zu zittern. Dann löste sich vom Grundstein das Wort „Schloss". Wie von einem Geist gehaucht kroch es über die Ecksteine hinauf bis zu den Zinnen. Dort veflüchtigte es sich in die Nacht hinaus.

Jetzt gab eine kräftige Stimme das Kommando: „Los!" Alle Gefangenen schrieen wild durcheinander. Das hallte schauerlich durch den Spund herauf. Ein Vogel, der sich in der Folta zur Nachtruhe gesetzt hatte, flatterte durch das Bogenfenster hinaus.

Die Gardis bekam einen Todesschrecken und wollte schon den Rückweg über die Strickleiter antreten. Sie bekam aber einen Schwächeanfall und sank neben dem Bogenfenster auf den Boden. Das Unheimlichste neben dem Männergeschrei war das Wimmern eines sterbenden Kindes, das sie ganz deutlich hörte. Man merkte, dass die Männer mit ihrem Geschrei das Wimmern übertönen wollten.

Dann wurde es still. Die Gardis erholte sich von ihrem Schrecken und tastete sich vorsichtig an den Spund heran und rief hinunter: „Leute hört ihr mich? Ich bin gekommen, um euch zu befreien. Ich habe eine Strickleiter mit!"

Einer schrie herauf: „Lass herab, die Strickleiter!." Sie wickelte die Leiter ab und ließ sie durch den Spund gleiten. „Jetzt musst du festhalten!", schrie einer herauf. Aber die Gardis war nicht stark genug. „Häng sie am Fensterkreuz an!", rief wieder einer. Im Bogenfenster war aber kein Kreuz. Als Gardis das berichtete, sagte einer: „Ganz rechts müsste ein Haken sein. Wenn du dort einhängst, kommen wir herauf wie die Raupen auf einen Baum."

Die Gardis suchte weiter, stolperte aber und fiel durch den Spund in den Kerker. Sie hatte nicht einmal einen Schreckensschrei ausgestoßen und lag bewusstlos im lockeren Strohhaufen. Die Männer hatten das gar nicht mitbekommen und meinten: „ Sie wird wohl gegangen sein. Hoffentlich kommt sie wieder!"

Als beim Morgengrauen Licht durch das Bogenfenster kam, bemerkten die Gefangenen, dass sie eine Mitbewohnerin bekommen hatten. Durch das angeregte Gespräch erwachte die Gardis. Zu ihrem Schrecken wurde sie gewahr, dass sie bei den Männern im Kerker war. Sie musterte die Gefangenen, die alle voller Staub und Dreck waren. Aus den bärtigen Gesichtern leuchteten ihr im Halbdunkel die Augen entgegen, wie bei Katzen im Finstern. Sie bekam Angst, weil sie wusste, dass einige Räuber dabei waren.

Jetzt begann sie zu verstehen worüber sie redeten. „Sie lebt!", sagte einer. „Jetzt ist die Gefahr vorüber", ein anderer. „Wir sind gerettet!", meinte der Dritte.

Da auch die Männer aussahen, als ob sie gerade einen großen Schrecken überstanden hätten, verlor Gardis die Angst. Sie sagte: „Ich wollte euch helfen, dabei bin ich zu euch herabgestürzt. Seid aber unbesorgt, ich finde einen Weg,s um euch in die Freiheit zu bringen!"

„Wer bist du?", fragte einer. „Ich bin die Enkelin vom Schlossherrn", antwortete Gardis. „Eine komische Verwandtschaft", meinte ein Anderer, „wie kann so ein Engel so einen wilden gemeinen Teufel zum Großvater haben?." Inzwischen war Gardis aufgefallen, dass sich zwei Gestalten an der Wand drüben nicht rührten. „Schlafen die noch?", wollte sie wissen. „Ja, die schlafen gut und lange!" „Was soll das bedeuten?", fragte Gardis nach. „Die sind tot, da ist nichts mehr zu machen. „ Tot?", fragte Gardis erschrocken. „Ja tot, ist das etwas Besonderes? Glaubst du etwa hier unten hausen die Unsterblichen?"

„Lass die blöden Witze!", sagte einer. Die Gardis wollte wissen, ob die beiden gestern verstorben seien. „Nein, das ist mindestens eine Woche her." Die Gardis konnte sich nicht erklären, warum sie nicht beerdigt wurden. „Beerdigt sind wir hier alle, in dem Loch da!" „Grausam ist das!", klagte Gardis und schlug die Hände über dem Kopf zusammen.

Während dieser Gespräche im Gefängnis unten, klopfte ein Knappe an die Kammertür des Ritters. „Was ist los?", brüllte er. „Keine gute Nachricht", sagte der Knappe, „die Gardis ist heute Nacht verschwunden!" Der Ritter sprang aus dem Bett, riss die Tür auf und brüllte den Knappen an: „Was soll das heißen, wie kann meine Enkelin verschwinden?" „Wir haben schon überall gesucht und konnten sie nicht finden!"

„War die Zugbrücke oben?", wollte der Ritter wissen. „Ja ganz gewiss, wir haben auch den Burggraben schon abgesucht, sogar in den Ziehbrunnen hat sich einer abgeseilt. Ich wüsste wirklich nicht, wo sie sein könnte!" Dann fügte er leise hinzu: „Wenn sie halt bei den Gefangen unten wäre."

Jetzt tobte der Ritter: „Was redest du da, meine Enkelin im Kerker, spinnst du?"

„Ich meine nur, weil sie vor ein paar Tagen gesagt hat, sie möchte den Kerker besichtigen", stotterte der Knappe. „Und das erfrage ich erst jetzt? Gesindel nichtsnutziges, man kann sich auf nichts verlassen!"

Er dachte kurz nach und befahl dann: „Vier Männer sollen sich mit Strickleitern und Waffen bereithalten, um mit zum Kerker hinunterzugehen. Hast du mich verstanden?" „Ja...", stotterte der Knappe und war froh, dass er sich davonmachen konnte.

Der Ritter zog sein Jagdgewand an und steckte den Dolch in den Gürtel. Im Wehrgang standen die Kriegsknechte schon bereit. Sie taten so, als ob sie die Strickleiter nicht bemerkt hätten, welche die Gardis in der Nacht benutzt hatte.

Rasch gelangten sie in die Folta. Da hörten sie unter den anderen Stimmen auch die Stimme der Gardis heraus. „Gardis, bist du da unten?", fragte der Großvater. „Ja, Großvater!", kam die Antwort. „Wie kommst du ins Verließ hinunter?", fragte er weiter.

„Ich bin hineingefallen." „Ist dir etwas passiert?" „Nein, mir fehlt nichts." Soll ich hinunterkommen, um dich zu holen?"

„Nein Großvater, lass eine Strickleiter herunter, dann komme ich hinauf!" Als die Leiter heruntergelassen war, kamen geschwind zwei Männer nach oben. Unmutig rief der Ritter durch den Spund: „Gardis, warum kommst du nicht? Hänge dich mit einem Fuß und einem Arm in die Leiter ein, damit du nicht herunterfällst, wenn wir ziehen."

Die Gardis flüsterte den Männern zu: „Seht zu, dass ihr hinauskommt! Mich wird er schon holen, auch wenn ich die Letzte bin." Da ließen sich die Gefangenen nicht lang bitten. Als dreizehn Gefangene oben waren, ging dem Ritter die Geduld aus. „Wenn mir jetzt noch so ein Bandit kommt, mache ich ihn um einen Kopf kürzer!"

Darauf hin kletterte Gardis hinauf. Der Ritter sah sie an und fragte. „Ist dir wirklich nichts passiert?" Sie zupfte sich einen Halm vom Gewand und sagte: „Ich bin nur ein bisschen staubig vom Stroh, sonst fehlt mir nichts."

Während sich der Ritter um die Enkelin kümmerte, wechselten die dreizehn Gefangenen, die schon heroben waren, rasche Blicke miteinander. Sie gingen auf den Ritter und die Kriegsknechte los, um sie zu entwaffnen. Die Gardis bemerkte, wie einem Kriegsknecht das Schwert entwunden wurde. Darüber stieß sie einen Schrei aus. Da wurde der Ritter auf die Verschwörung aufmerksam und wollte sich verteidigen. Doch bevor er seinen Dolch ziehen konnte, erhielt er einen solchen Stoß, dass er gegen den Spund taumelte. Die Gardis erfasste ihn noch am Arm und wollte ihn halten. Sie schaffte es nicht und wurde mitgerissen. Beide stürzten durch das Loch in den Kerker.

Der Ritter war sogleich wieder auf den Füßen und zog den Dolch, weil er dachte, die noch verbliebenen Gefangenen würden sich auf ihn stürzen. Trotz der Balgerei, die man von oben hörte, taten sie nichts und fragten nur besorgt: „Wie geht es der Gardis?" „Was geht euch das an, ihr Galgenvögel!", schrie der Ritter erbost.

„Oh, sehr viel, Herr Ritter!", sagte einer der Gefangenen, „unser Leben hängt daran." Der Ritter ärgerte sich über die vieldeutige Antwort, konnte sich aber nicht lange damit aufhalten, denn die Gardis machte einen besorgniserregenden Eindruck. Sie konnte nicht sprechen und auch nicht aufstehen. Äußerlich sah man nichts, aber innerlich war sie schwer verletzt. Sie öffnete zwar noch die Augen, konnte sich aber sonst nicht mehr rühren.

Die Gefangenen hatten das sofort erkannt. Sie sagten: „Hauptsache sie lebt noch. Lasst uns abhauen, bevor sie stirbt!" Sie kletterten alle nach oben. Inzwischen waren oben die vier Kriegsknechte überwältigt und zusammengebunden worden.

Obwohl einige zur schnellen Flucht mahnten, konnten ein paar der Versuchung nicht widerstehen, dem Ritter noch ordentlich am Zeug zu flicken. „Ei, Herr Ritter, wie gefällt es euch in dem noblen Saal, den ihr für eure Gäste eingerichtet habt? Warum sagt ihr nichts? Habt ihr Hunger? Sucht im Stroh herum, vielleicht ist noch ein Knochen übrig von unseren üppigen Mahlzeiten!"

Sie legten sich auf den Boden um das Spundloch wie die Fische an einem Eisloch. Die Gardis machte die Augen auf und zu wie eine todkranke Taube. Er wollte es nicht wahrhaben, aber es musste wohl stimmen, was die Gefangenen gesagt hatten.

Diese spotteten in den Kerker hinunter: „Seid froh dass die Gardis nicht tot ist, sonst hätte...... ."

„...... hätte ich euch alle auf glühenden Heugabeln aufspießen lassen!", ergänzte der Ritter den Satz.

„Hoh Herr Ritter, dann hättet ihr niemanden mehr aufspießen lassen, denn dann hättet ihr eines über die Rübe gekriegt!"

Der Ritter ballte die Fäuste und schrie: „Hättet ihr nur ein Halseisen an, so fest wie mein Schloss, dann würde euch der Übermut vergehen!"

Die Männer oben wurden deutlicher. „Herr Ritter, warum seid ihr mit dem kranken Mädchen so schnell aus dem Schloss gelaufen? Wir haben euren Knechten zugehört, wie sie nachts auf den Wehrgängen redeten. Sie konnten es nicht recht deuten. Wir aber wissen es, ihr hattet Angst um euer Schlösschen und um euer Leben!"

Dann standen sie auf, tanzten um das Loch herum und sangen: „Herr Ritter, Herr Ritter, wir kennen das Geheimnis....... ." Dann sagten sie: „Als ihr mit einer Hexe den Grundstein gelegt habt, seid ihr schlau gewesen. Aber nicht schlau genug! Als ihr damals den Kerker errichtet habt, wusstet ihr nicht, dass der Grundstein reden kann. Er redet in jeder hellen Mondnacht immer ein Wort und dann hört man das Wimmern eines sterbenden Kindes."

„Wir haben jedes Wort gehört und auch gemerkt. Aber beim Wimmern haben wir alle geheult, damit wir dieses herzzerreißende Jammern nicht anhören müssen. Wollt ihr den Spruch hören? Er lautet: Unter dem Grundstein ist eine Jungfrau eingemauert und wenn in diesem Schloss eine Jungfrau stirbt, muss das ganze Schloss zusammenstürzen!"

Der Ritter konnte seine ohnmächtige Wut nicht verbergen. Er rief in hochmütigem Ton hinauf: „Wartet bis meine Leute kommen und euch den Kragen umdrehen! Ich befehle euch: Lasst sofort die Strickleiter herunter und zieht mich und meine Enkelin hinauf, dann werde ich euch das Leben schenken und euch laufenlassen."

„Ei, welch großherziges Angebot! Der armselige Mäusedieb da unten will uns das Leben schenken. Warte du alter Sünder, wir werden dich gleich bedienen!" Einige brachen Steine aus der Mauer und zielten damit auf den Ritter im Kerker unten. Zuerst entfernte er sich von seiner Enkelin, damit nicht sie getroffen wurde.

Als sie ihn aber zweimal getroffen hatten, verstand er, dass sie ihn zu Tode steinigen würden. Da zog er seinen Dolch, trat zur Gardis, wickelte ihr langes Haar um seinen Arm, bog ihren Kopf zurück und setzte ihr den Dolch an die Kehle. Dann drohte er: „Ich schneide meiner Enkelin den Hals durch! Da ihr das Geheimnis kennt, wisst ihr auch, was dann passiert!"

Oben wurde es jetzt still.

„Wollt ihr nachgeben und die Strickleiter herunterlassen, oder wollt ihr nicht? Dann ist es aber auch um euch geschehen! Ihr fahrt mit mir den Abhang hinunter!" Die Leute wussten, dass ihm alles zuzutrauen war, da sagte einer: „Haltet ein, wir lassen euch die Strickleiter hinunter!"

„So ist es recht!", sagte der Ritter. Er hörte wie oben herumgearbeitet wurde. Es dauerte schon eine Weile und dann wurde es ganz ruhig, aber die Leiter kam nicht. Da wurde der Ritter ungeduldig. Er schrie hinauf: „Seid ihr alle eingeschlafen da oben?"

Da antwortete einer der Kriegsknechte in gepresstem Ton: „Herr gebt euch keine Mühe, die sind alle abgehauen!" „Bist du es Tom?" „Ja, Herr!"

„Dann hilf du mir!" „Ich kann nicht Herr, wir sind alle vier zusammengebunden und können uns nicht rühren!"

„Dann pfeift alle zusammen, damit man euch im Schloss oben hört!" Schließlich kam Hilfe. Die gebundenen Kriegsknechte wurden befreit, der Schlossherr und seine Enkelin aus dem Verlies geholt.

Der Zwischenfall wäre überstanden gewesen und im Schloss hätte sich außer den ausgeflogenen Gefangenen wenig geändert, wenn nicht die Gardis sterbenskrank gewesen wäre. Der Großvater ließ sie zu Bett bringen. Da sich ihr Zustand weiter verschlechterte, riet die alte Magd die Christána[200] zu holen, die Heilkräuter sammelte und für jedes Leiden ein Mittel wusste.

Sie kam am Abend und sah sich das kranke Mädchen an. Der Schlossherr schickte die Dienstleute hinaus und wollte wissen, wie es um die Enkelin stand. „Herr, da ist nichts mehr zu machen! Ich will euch noch einen Rat geben, der für euch und für die Dienstleute wichtig ist."

„Lass hören!", sagte der Ritter. Die Christána flüsterte: „Schaut, dass ihr alle schnell aus dem Schloss kommt!" Da wurde der Ritter zornig und schrie: „Weißt du es auch schon, du verdammtes Zauberweib! Verschwinde!" Er deutete zur Tür und jagte sie hinaus. Er nahm noch wahr, wie sie draußen mit den Dienstleuten sprach, aber das war ihm jetzt gleich.

Gardis lag im Sterben. Es wurde Nacht und der Mond schien hell durch das Fenster herein. Der Ritter erinnerte sich noch an die Nacht, in der er mit der Hexe den Grundstein gelegt hatte. Die ganzen Jahre zogen in Bildern an ihm vorüber und brachten ihn in helle Aufregung. Er konnte es nicht mehr aushalten und öffnete die Tür, um nach seinen Leuten

---

[200] Waldfrau

zu rufen. Niemand leistete Folge. Da ging er hinaus und schaute in mehrere Räume hinein, auch im oberen Stock war niemand mehr zu finden.

Es war still wie auf einem Friedhof. Da begriff er, alle hatten ihn verlassen und sich in Sicherheit gebracht. Das Schloss war nun leer und bereit zum Untergang. Die Christána hatte die Mägde und Knechte gewarnt: „ Die Gardis wird bald ihr junges Leben verlieren und dann kommt die Stunde der Vergeltung und Vernichtung."

Der Ritter betrat wieder die Kammer der Enkelin. Auf ihr regloses marmorweißes Gesicht schien der Mond. Der Großvater betrachtete sie schweigend und wusste nicht ob sie schon tot war. Nach der Stellung des Mondes musste bald Mitternacht sein. Da hörte er die Zugbrücke. Er sah durch das Fenster, wie diese von allein hochging, als ob das Schloss von der Welt getrennt werden sollte.

Nun erbebten die Wände und aus der Tiefe stieg das letzte Wort. „Zusammenstürzen", hörte er schauerlich von den Wänden klingen. Er ging ein letztes Mal zu seiner Enkelin und nahm ihren Kopf in die Hände. Er war schon erkaltet. „Jetzt wird sie tot sein" ,dachte er, „und nun wimmert gleich der Grundstein."

Es kam aber anders. In dieser Nacht wimmerte er nicht wie ein sterbendes Kind, er brüllte wie ein Löwe, der sich zornig auf sein Opfer stürzt. Der Ritter erwachte wie aus einem bösen Traum und erkannte seine Lage. Hastig ergriff er die Flucht. Im Gang sah er seine Waffen, da packte ihn seine Ritterehre.

„Nein", sprach er mit fester Stimme, „der Schlossherr von Pinkan flieht nicht aus seinem Schloss! Hier hat er gelebt und hier wird er sterben!"

Er setzte seinen Helm auf und gürtete das Schwert. So ging er in die Kammer der Enkelin zurück und da begann das Schloss auch schon zu zittern, die Mauern zu wanken, die Türme barsten und das Schloss stürzte mit donnerndem Getöse in den Abgrund des Pinkan.

Wer heute den alten Heidenweg hoch oben am Balést geht, sieht den geborstenen Felskopf und die gähnenden Gründe des Pinkán. Vom Schloss, das einst den Weg beherrschte, sieht man nichts mehr.

Wolf – 1969

Das schöne Mädchen

Im Fassatal fuhr ein Bauernbursche mit seiner Schwester öfters mit einem Ochsengespann in das Nikolaustal um Heu zu mähen und zu ernten. Jeden Abend auf der Heimfahrt sprang ein wunderschönes Mädchen auf den Wagen und setzte sich in die Mitte auf das Heu. Sie hatte ein Gesicht wie Milch und Blut, einen schönen Rock aus feinem Stoff mit einem roten Mieder und einer Bluse mit weißen Ärmeln. Der Bursche wollte mit ihr ins Gespräch kommen, aber sie lächelte nur und sagte kein Wort. Bei den ersten Häusern hüpfte sie immer vom Wagen und verschwand.

Das Mädchen gefiel dem Nicolò so gut, dass er schließlich beschloss, eine weise Frau um Rat zu fragen, wie er das Mädchen zu seiner Frau machen könnte.

„Ja, ich weiß", bedeute ihm die Frau, „ich kenne diese Art von Mädchen. Ich will dir auch gerne helfen, aber ich muss dir sagen, du kannst sie niemals heiraten. Sie könnte nur als Magd bei dir bleiben."

„Dann hilf mir doch, sie wenigstens in mein Haus zu bringen." „So höre," sagte die weise Frau, „sobald das Mädchen auf den Wagen gestiegen ist, musst du die Ochsen anhalten. Dem grauen Ochsen gibst du diese Bohne, wobei du sagen musst, mein lieber Ochse, nimm diese Bohne und bringe alles nach Hause, was du auf dem Wagen hast. Auch dem braunen Ochsen musst du eine Bohne anbieten und den Spruch sagen. Hier gebe ich dir die zweite Bohne."

Am nächsten Tag konnte es Nicolò kaum erwarten, bis das Mädchen wieder auf den Wagen sprang. Bei sich dachte er: „Wenn auch die weise Frau gesagt hatte, ich würde das Mädchen nie heiraten können, ich werde ihr schon lange genug den Hof machen, bis sie mir ihr Jawort gibt. Wenn mir schon alle Mädchen im Dorf freundlich zulächeln, wenn sie mir begegnen, dann möchte ich doch sehen, ob mir gerade diese einen Korb gibt!"

Und richtig, am gewohnten Ort hüpfte das Mädchen wieder auf den Wagen. Als es bequem saß, hielt Nicolò die Ochsen an, hielt dem grauen Ochsen die Bohne hin und sagte den Spruch auf, wie ihm die weise Frau geraten hatte. Als er dem braunen Ochsen die Bohne reichte, sah er zugleich das Mädchen an. Es lachte wie immer und nickte fröhlich mit dem Kopf.

Beim Dorfeingang blickte Nicolò gespannt auf das Mädchen. Sein Herz schlug sogleich höher, als es lächelnd sitzen blieb. Als sie durch das Dorf fuhren, merkte er die bewundernden Blicke der jungen Burschen. Zuhause sprang das Mädchen vom Wagen und begann sogleich zu arbeiten, wie es sich für eine fleißige Magd schickt.

Sieben Jahre lang diente sie brav und ohne Lohn. So sehr Nicolò ihr immer wieder Heiratsanträge machte und ihr das Blaue vom Himmel versprach, ihr Jawort hat er nie erhalten.

Dann starb die weise Frau, die ihm die Zauberbohnen gegeben hatte. Jetzt trat das schöne Mädchen vor Nicolò und erklärte: „Ich gehe jetzt fort. Nichts habt ihr mich gefragt, nichts habt ihr mir gegeben. Ich will euch noch einen Rat geben: Sät nie über Hacke und Rechen!"

Dann war ein Knall zu hören und das Mädchen war für immer verschwunden.

Kindl

Der Glockenguss

Die Pfarrkirche von St. Johann im Fassatal brauchte um die Mitte des 16. Jahrhunderts dringend eine größere Glocke, damit man sie im ganzen Tal hören konnte. Denn damals mussten noch alle Fassaner an den Sonn- und Festtagen in St. Johann dem Gottesdienst beiwohnen und zudem wollte man die Glocke auch gegen die schädlichen Unwetter läuten, die von den Hexen immer wieder verursacht wurden.

Die ganze Bevölkerung wurde zum Spenden aufgerufen, da die Kirchenverwaltung sehr arm war. Die Männer brachten Geld-, Sach- und Metallspenden. Die Mädchen und Frauen opferten einen Teil ihres Schmuckes.

Der Glockengießer kam ins Dorf und begann auf dem Kirchplatz mit seinen Arbeiten. Auch Silvester Soldà, der mit reicher Beute aus den Türkenkriegen heimgekehrt war, machte eine beachtliche Geldspende. Seine fromme Frau wollte ihm nacheifern und durchsuchte vom Keller bis zum Dachboden das ganze Haus. In einem Winkel im Keller fand sie einen schweren, schön verzierten Krug aus Bronze mit einem schweren Deckel. Hocherfreut brachte sie den Krug zum Kirchplatz.

Als es ihr Mann erfuhr, wurde er sehr zornig. Seinen ganzen übrigen Besitz hätte er lieber hergegeben, als diesen Krug. Er hatte ihn erobert, als er mit seiner siegreichen Mannschaft ein feindliches Heerlager plünderte. Der Krug war das beste Stück im Zelt des Großwesirs gewesen und zudem bis an den Rand mit Silbermünzen gefüllt.

Der schöne Krug mit den wertvollen Silbermünzen zerfloss in der glühenden Glockenspeise.

Der Silvester Soldà war darüber so wütend, dass er immerzu auf Rache sann. Aber vorher wollte er noch den Klang der neuen Glocke hören, da Silber bekanntlich einer Glocke einen besonders edlen Klang verleiht.

Während er noch immer furchtbare Rachepläne gegen seine Frau schmiedete, ertönte der erste Schlag der neuen Glocke. Ganz verzaubert lauschte er dem einmalig feinen Klang und sein tödlicher Hass war wie weggeblasen. Gerührt umarmte er seine Gattin und bat sie um Verzeihung wegen seiner fürchterlichen Schelte, mit der er sie in den vergangenen Wochen immer wieder beleidigt hatte. Er dankte Gott von ganzem Herzen, dass sein Schatz eine so edle Verwendung gefunden hatte.

Kindl

Die bleichen Berge

Auf der Sonnenseite des großen Alpenbogens war früher ein Königreich. Die Menschen hüteten Vieh und gingen auf die Jagd. Alle waren zufrieden und glücklich, nur der Sohn des Königs wollte unbedingt auf den Mond. Aber niemand konnte ihm sagen, wie er sein Ziel erreichen könnte. Er redete und träumte nur mehr vom Mond. Davon wurde er ganz schwermütig. Bei Vollmond war es besonders schlimm. Da lief er in die Nacht hinaus und starrte in den Mond. Die besten Ärzte wussten keinen Rat mehr.

Bei einer Jagd der königlichen Gesellschaft verirrte sich der Prinz im Wald. Als die Sonne am Horizont verschwand, war er allein in einem abgeschiedenen engen Tal mit blühenden Almrosen. Auf drei Seiten gingen steile Hänge in senkrechte Wände über.

Der Prinz war müde und legte sich ins weiche Moos. Er schlief bald ein und träumte von einer Wiese, auf der er mit einem unbekannten schönen Mädchen ins Gespräch kam. Rundherum war alles in ein mildes helles Mondlicht getaucht. Dem Mädchen schenkte er die Almrosen, die er in der Hand hatte und wollte von ihr wissen, woher sie kam. „Ich bin die Tochter des Mondkönigs und ich freue mich über die schönen roten Blumen!", sagte sie. Darüber erwachte er ganz aufgeregt.

Mitternacht war schon vorbei. Der Prinz schaute zu den in Mondlicht getauchten Wänden empor und wurde ganz traurig. Dabei malte er sich aus, wie schön es wäre, wenn die Mondprinzessin seine Braut würde. Dann begann er die schönsten Almrosen zu pflücken. Als er einen ansehnlichen Strauß beisammen hatte, vermeinte er ein Gespräch zu hören.

Es kam von der höchsten Spitze, die in eine Wolke eingehüllt war. „Das könnten Bergunholde sein", dachte er sich, „die wissen vielleicht, wie man zur Mondprinzessin kommen kann." Eilig machte er sich auf den Weg. Auf der Rückseite des Berges war der Anstieg etwas einfacher, sodass er mit seinem Strauß in der Hand recht gut voran kam. Dann hüllte ihn die Wolke ein. Jetzt konnte er nur mehr vorsichtig tappend den Stimmen folgen, bis er an eine Tür stieß, die plötzlich aufging. Im hell erleuchteten Raum saßen zwei ganz alte Männer, die aufsprangen, als er eintrat.

„Habt keine Angst", sagte er, „ich bin ein Jäger der sich verirrt hat." Die Männer luden ihn ein, sich an den Tisch zu setzen. Der Prinz wollte wissen, ob sie Bergalte wären. „Wir sind Abgesandte des Mondkönigs und haben eine Reise auf die Erde hinter uns", antworteten sie, „wir werden noch in dieser Nacht zum Mond zurückkreisen." Der Prinz wurde ganz zappelig und erzählte, dass er schon die längste Zeit zum Mond hinauf wolle, ihm aber bis jetzt im Königreich des Vaters niemand helfen konnte. Die Alten lachten. „Wenn es nur das ist, kannst du gerne mit uns reisen", boten sie ihm an.

Der Prinz bedankte sich hoch erfreut. Da begann sich die Wolke von der Bergspitze abzuheben und in immer schnellerer Fahrt zum Mond hinaufzugleiten. Auf der Fahrt erzählten sie ihm: „Auf dem Mond oben leuchtet alles ganz silbrig. Davon erblinden Erdmenschen mit der Zeit. Wir Mondmenschen hingegen können nicht lange auf der Erde bleiben. Wir werden von den dunklen Wäldern und den finsteren Bergen ganz schwermütig und würden mit der Zeit daran verzweifeln."

Nach einiger Zeit landete die Wolke sanft auf einer Bergspitze des Mondes. Die zwei Alten erklärten: „Jetzt geht es zu Fuß weiter. Unser Weg geht nach Westen, du musst aber nach Osten gehen, dann kommst du zur Hauptstadt." Als er aus der Wolke heraustrat, war alles in grelles weißes Licht getaucht, sodass er die Augen zukneifen musste.

Nach einigen Stunden tauchte die Turmspitze der Stadt auf. Die Dächer und die Zäune waren aus silbrigem Metall und die Häuser aus schneeweißem Marmor. Als er das Gelände des Königshauses erreichte, kam ein Gärtner zum Zaun, um seine roten Blumen zu bewundern. Er grüßte und wollte wissen, wo der Prinz die schönen Blumen gefunden hatte. Dieser erzählte von seiner Liebe zum Mond, seinen Träumen und von seiner Reise. Der Gärtner sagte zu ihm: „Da hast du gute Karten in der Hand. Im Königsschloss lebt der König mit seinem hübschen Töchterlein, das seltene Blumen liebt. Da gibt es gewiss ein schönes Trinkgeld!"

„Die Blumen schenke ich der Prinzessin gern, aber Geld nehme ich keines dafür. Ich bin selbst der Sohn eines Königs auf der Erde unten." Der Gärtner erschrak und öffnete diensteifrig das Tor. Erklärungen stotternd, eilte er voraus, um die Palastdiener zu informieren. Es dauerte auch nur wenige Minuten bis der Prinz in den Palast gebeten wurde.

Ein Diener führte ihn durch weiße Gänge in einen großen Saal. Dort empfing ihn der Mondkönig und die Prinzessin. Der Mondkönig war ein alter Mann mit einem eisgrauen Bart. Die Prinzessin hingegen sah genau so aus, wie er sie in seinem Traum gesehen hatte. Er verbeugte sich artig und überreichte der Prinzessin die Almrosen.

Sie errötete und bedankte sich mehrfach für die wunderbaren Blumen mit der roten Farbe, wie sie bisher noch nie welche gesehen hatte und wollte möglicht viel über das Reich seines Vater wissen. Der König lud ihn ein, sein Gast zu sein.

Der Prinz ließ sich von der Prinzessin die Mondlandschaft zeigen. Dabei kamen sich die beiden näher und waren bald in großer Liebe einander zugetan. Der König fragte ihn eines Tages :„Wie gefällt dir das Mondreich?" „Es ist wunderschön", antwortete der Prinz, „aber das helle Licht auf dem Mond greift meine Augen an. Leider werde ich auf Dauer nicht auf dem Mond bleiben können!" Die Prinzessin meinte: „Das wird sich schon geben." Aber der Hofgelehrte erklärte: „Für einen Erdenbürger ist es nicht ratsam, dauernd auf dem Mond zu leben. Denn er wird mit der Zeit das Augenlicht verlieren."

Zu Hause wurde der Prinz überall gesucht. Schließlich musste man dem König mitteilen, dass der Prinz bereits an allen erdenklichen Stellen vergeblich gesucht worden war. Der König wurde wütend und schrie: „Kommt mir ja nicht ohne meinen Sohn unter die Augen!" Schließlich setzte er noch eine hohe Belohnung für jenen aus, der seinen Sohn finden würde.

Es ging schon das Gerücht um, der Prinz sei in einem schwierigen Gelände von einer Wand gestürzt.

Dann tauchte plötzlich die Nachricht auf, der Prinz habe die Mondprinzessin geheiratet und sei mit seiner jungen Frau auf die Erde zurückgekommen. Das ganze Volk kam vor dem Königspalast zusammen, um das Hochzeitspaar zu sehen. Die junge Frau war so hell, dass in ihrer Umgebung jeder Schatten verschwand. Die Leute freuten sich über die vielen weißen Blumen, die sie mitgebracht hatte. Auf den Felswänden gediehen diese Mondblumen besonders gut. Es gibt sie heute noch, es sind die Edelweiß.

Die Prinzessin begeisterte sich an den vielen bunten Blumen auf der Welt, an den schönen Wiesen, Feldern und Wäldern und ganz besonders an den himmelblauen Seen. Der

Prinz freute sich über die Begeisterung der Prinzessin und war überglücklich, dass sie sich so gut eingelebt hatte.

Als der Prinz einmal spät am Abend von der Jagd nach Hause kam, sah er die Prinzessin traumverloren auf dem Balkon stehen und starr in den Mond blicken. Das beunruhigte ihn. Er fragte sie, ob ihr etwas nicht gefiele. „Alles gefällt mir und es ist so wunderschön auf dieser Welt, aber die finsteren Wälder und die dunklen Wände drücken auf mein Gemüt. Ich kann mir einfach nicht helfen!"

Der Prinz erschrak, da ihm einfiel, was die zwei Mondalten gesagt hatten. Einem Mondmenschen geht auf die Dauer die Mondhelligkeit ab und vor lauter Lichtsehnsucht muss er mit der Zeit verwelken. Der Prinz versuchte, seine Frau mit allerlei Unterhaltungen aufzuheitern, was ihm zeitweilig auch gelang.

Trotzdem verschlechterte sich ihr Zustand. Sie wurde bleich und schwach. Man befürchtete, sie würde bald sterben müssen. Diese Nachricht gelangte auch bis zum Mondkönig. Der kam sofort auf die Erde, um seine Tochter zu besuchen und nach dem Rechten zu sehen. Er bestimmte: „Ich lasse meine Tochter nicht hier sterben! Ich nehme sie mit auf den Mond. Wenn du mitkommen willst, ist es recht, sonst fahren wir allein!"

Der Prinz hörte nicht auf seinen Vater und die Weisen des Landes, die ihn in die Pflicht nehmen wollten, im Königreich zunehmend Regierungsgeschäfte zu übernehmen. Er begleitete seine sterbenskranke Frau auf den Mond.

Dort erholte sie sich rasch, aber jetzt merkte der Prinz, dass seine Sehkraft wieder jeden Tag abnahm und es nicht lange dauern würde, bis er erblindete. So riet ihm der Mondkönig auf die Erde zurückzukehren.

Auf der Erde fehlte ihm seine Frau und zudem wurde er von seiner früheren Mondsucht befallen. Bei Vollmond irrte er Tag und Nacht in den Wäldern herum und kam bei Neumond so abgezehrt zurück, dass er fast nicht mehr erkannt wurde. Schließlich wurde er noch menschenscheu und kehrte gar nicht mehr nach Hause zurück. Er kletterte auf den Bergspitzen herum, fand aber nirgends Trost und Frieden.

Es waren schon Wochen vergangen, seit er einen Menschen gesehen hatte. Da wurde er beim Talschluss drinnen von einem wilden Gewitter überrascht. Er flüchtete in eine Höhle, in der er auf ein zwei Spannen hohes Männlein mit einer Krone stieß, das ebenfalls dort Zuflucht gesucht hatte. Die beiden kamen ins Gespräch und erzählten einander über ihr Leben.

Das Männlein war der König der Salvans, die früher weit im Osten drüben ein Reich mit so vielen Leuten hatten, wie im Herbst Blätter von den Bäumen fallen. „Wir wurden von einem kriegerischen Volk überfallen, viele von uns ermordet und die wenigen Salvans die übrigblieben, flüchteten in alle Windrichtungen. Wir suchen ein Land, in dem wir in Ruhe leben können", sagte der König mit einem ganz traurigen Gesicht, „es gibt für mich als König nichts Schlimmeres, als sehen zu müssen, wie mein Volk verloren geht und ich nichts dagegen tun kann."

Der Prinz, ebenfalls ein Häufchen Elend, schilderte den Jammer mit seiner Frau. Während er mit trauriger Stimme die Einzelheiten vortrug, hellte sich die Miene des Königs der Salvans auf. Als er geendet hatte, sprach der König: „Wenn es nur das ist, kann dir geholfen werden! Deine Frau ist ja nur wegen der dunklen Wälder und Berge schwermütig geworden. Meine Leute könnten da abhelfen. Wenn dein Vater bereit wäre, uns auf den steilen

Hängen unter den Felswänden einen Siedlungsraum zu geben, würden wir für die Berge weiße Westen weben."

„Wird das gehen", zweifelte der Prinz, „die Berge sind doch so groß?" „Mein Volk ist sehr geschickt und wir sind sehr viele. Wenn alle antreten, haben wir das bald erledigt!" Die Sorge um die Gesundheit seiner Frau und seine Sehnsucht nach ihr überzeugten den Prinzen schließlich, der Idee zuzustimmen.

Jetzt konnte ihm der Aufbruch zum Königsschloss nicht schnell genug gehen. Er wollte, so rasch wie möglich, vom König die Bewilligung für die Ansiedlung der Salvans erhalten. Für den Weg zum Schloss brauchten sie aber fast zwei Tage, weil der König der Salvans nur kleine Schritte machen konnte.

Der König freute sich über die Rückkehr des Sohnes. Als dieser aber den Wunsch für die Ansiedlung der Salvans vortrug, machte der König ein strenges Gesicht. Den Bergen einen weißen Vorhang weben zu lassen, hätte er noch hingenommen. Aber ein fremdes Volk im eigenen Reich ansiedeln? Das war für ihn ein unmögliches Ansinnen. Jetzt wandte der König der Salvans seine ganze Beredsamkeit auf, um den König zu überzeugen. Er erklärte, dass die Salvans nur unter den Wänden oben hausen möchten und sie es überhaupt nicht auf die Äcker, Wiesen, Wälder, die Dörfer und Städte abgesehen hätten. Sie würden ihn auch als den Herrscher des Territoriums anerkennen.

Weil auch der Prinz Fürbitte einlegte, bewilligte der König schließlich die Ansiedlung der Salvans. Er befahl dem Hofschreiber die Urkunde anzufertigen.

Der König der Salvans ließ seinen Leuten ausrichten, dass er ein Siedlungsgebiet gefunden hatte und sie sollten möglichst schnell kommen. Am nächsten Tag strömten schon Salvans aus allen Richtungen herbei. Nachdem sie notdürftige Unterkünfte errichtet hatten, begannen sie mit dem Weben der Schleier für die dunklen Berge. Der Prinz war selbst auf dem höchsten Gipfel oben, als sie die Arbeit begannen. Er wollte wissen, wie sie das anstellten. „Wir fangen das Mondlicht ein und weben feine Schleier über alle Berge im Reich deines Vaters", erklärten sie und machten sich an die Arbeit.

Im nächsten Augenblick begann der Gipfel schon zu leuchten. Auf den Gipfeln in der Umgebung waren zuerst nur helle Pünktchen zu sehen, aber bald merkte man, die Arbeit ging voran. Bereits nach fünf hellen Mondnächten erstrahlten die Berge in hellem Licht.

Der Prinz ging schon in der ersten Nacht guten Mutes zurück in den Palast. Dort erwartete ihn jedoch die ungute Botschaft, dass seine Frau auf dem Mond oben lebensgefährlich erkrankt war und ihn noch einmal sehen möchte. Er machte sich sofort auf die Reise zum Mond. Als er beim königlichen Schloss ankam, sagte ihm der König mit trauriger Miene, dass die Tochter im Sterben liege. Der Prinz eilte zu ihr ins Gemach und flehte sie an: „Du darfst jetzt nicht sterben! Ich bin bei dir und im Reich meines Vaters haben die Salvans für die dunklen Berge wunderschöne helle Schleier gewoben. Sie glänzen jetzt, wie die Berge hier auf dem Mond. Du musst mit mir kommen, ich bin vor Sehnsucht nach dir auch fast gestorben!"

Das weckte die Lebensgeister der Mondprinzessin. Sie war bald wieder so weit hergestellt, dass sie die Reise zur Erde antreten konnte. Sie staunte über das Licht der bleichen Berge, das die Felder, Wiesen und Wälder in ein mildes Mondlicht tauchte und war auch bald wieder ganz gesund. Das Heimweh plagte sie nie mehr.

-o-

Die bleichen Berge gibt es heute noch. Es sind die Dolomiten. Das Königreich ist zerfallen, aber die Salvans gibt es noch. Sie hausen unter den Wänden oben und in den finsteren Wäldern.

Wolff - 1969

Die Nachtigall vom Langkofel

Am Fuß des Langkofels stand früher ein herrliches Königsschloss. Als die junge Königstochter im Garten spazieren ging, bemerkte sie einen Habicht, der um einen Hagebuttenstrauch herumflog. Als sie den Habicht verscheucht hatte und in den Strauch hineinsah, bemerkte sie eine zitternde Nachtigall, die gerade ihre Jungen ausgebrütet hatte.

Sie wollte schon da weggehen, hörte sie die Nachtigall mit Menschenstimme reden: „Weil du mich mit meinen Kleinen gerettet hast, gebe ich dir die Fähigkeit, eine Nachtigall zu sein und zwar so oft und so lange du willst. Wisse aber, wenn in deiner Umgebung ein Todesfall eintritt, kannst du dich nicht mehr zurückverwandeln!"

Die Nachtigall flog davon, ohne die Antwort oder den Dank der erstaunten Königstochter abzuwarten. Diese sah der leicht beschwingten Sängerin überrascht nach und machte sich über die Sache mit dem Todesfall keine Gedanken mehr.

Bei ihrem Abendspaziergang im Garten probierte sie die versprochene Verwandlung aus. Auf ihren Wunsch hin war sie eine kleine leichte Nachtigall. Sie bewegte ihre Flügel, und schon schwebte sie in der Luft. Sie setzte sich auf den Ast eines hohen Baumes und probierte zu singen. Der Gesang gelang ihr so gut, dass andere Vögel herbeiflogen, um zu sehen, wem die neue Stimme im Garten gehörte.

Anschließend flog sie mit den anderen Vögeln um die Wette. Nachdem sie das Königsschloss mehrmals umrundet hatte, wünschte sie wieder die Königstochter zu sein und schon stand sie wieder bei ihrem Lieblingsrosenstrauch im Garten. In den nächsten Tagen machte sie, verwandelt als Nachtigall, immer ausgedehntere Ausflüge in die Umgebung. Ganz besonders freute sie, dass sie die Sprache der anderen Vögel verstand und von den weit gereisten Vögeln seltsame Geheimnisse erfahren konnte.

Eines Tages verirrte sich die als Nachtigall verwandelte Königstochter in einem finsteren Tannenwald. Als eine Schar Krähen mit schwerem Flügelschlag im Anflug war, versteckte sie sich schnell in einem dichten Strauch. Die Krähen legten auf den Wipfeln der Tannen über ihr ein Rastpause ein. Sie beredeten ihre letzten Jagderfolge und kamen auch auf den jungen Ritter zu sprechen, der hinter dem Grödnertal in der Vallenosa eine alte Burg bewohnte. „Dieser Mann ist ein guter Jäger, aber sonst weiß er nichts von der Welt. Der hat nie eine Frau gesehen, da er aus seiner einsamen Bergwildnis noch nie herausgekommen ist."

Die Nachtigall hörte interessiert zu und beschloss sogleich die Burg mit dem jungen Ritter aufzusuchen. Sie flog am Langkofel vorbei und begegnete dort einer anderen Nachtigall, die ihr den Weg zur einsamen Burg weisen konnte. Wie angesagt, sah sie im abgelegenen bewaldeten Talkessel auf einem großen Felsen eine verwitterte Burg. Dort setzte sie sich auf die alte Wettertanne im Schlosshof und begann zu singen. Nach einer Weile kam der Ritter mit einer erlegten Gämse auf dem Rücken und seinen beiden Hunden von der Jagd zurück.

Eine Zeitlang sah ihm die Königstochter schweigend zu, wie er die Gämse häutete und zerlegte. Dann sang sie weiter. Als der Ritter den wundervollen Gesang hörte, hielt er mit der Arbeit inne und blickte zur Wettertanne hinauf. Darüber erschrak die Königstochter und verstummte. „Warum singst du nicht weiter? Dein Gesang ist so schön! Ich möchte dir noch lange zuhören", rief er hinauf.

Darüber musste die Königstochter lachen. Sie sang noch ein paar Lieder und flog dann davon. Der Ritter bat sie zu bleiben oder wenigstens ein anderes Mal wiederzukommen, doch sie kümmerte sich nicht darum. Er sah ihr traurig nach und in der Nacht konnte er kaum schlafen. Am nächsten Tag hoffte er auf ihre Wiederkehr.

Am übernächsten Morgen suchte der Ritter einen alten Salvan auf und jammerte: „Ich bin sehr krank und bitte um Hilfe!" Der Salvan glaubte ihm das nicht und erwiderte: „Wie soll so ein wilder Waldmensch wie du krank werden? Das ist nicht möglich!" „Ich fühle mich so verlassen auf der Burg", klagte der Ritter, „das Essen schmeckt mir nicht mehr, zur Arbeit habe ich keine Freude und auf die Jagd mag ich auch nicht mehr gehen. Nur der Gesang der Nachtigall, die vor zwei Tagen auf der Wettertanne im Schlosshof gesungen hat, könnte mich erfreuen!"

Der Salvan machte ein nachdenkliches Gesicht, dann zog er seinen Bergkristall aus der Hosentasche. In diesen musste der Ritter hineinschauen. Dann warf auch der Salvàn einen Blick hinein und bedeutete ihm: „Jetzt weiß ich, was dir fehlt! Dich hat eine Frau in den Bann gezogen."

Der Ritter schüttelte den Kopf und sagte: „Nein, das ist gar nicht möglich! Ich habe doch noch nie eine Frau gesehen." „Doch, es ist so! Eine Frau hat die Macht über dich ergriffen, da kann ich leider nichts für dich machen."

Der Ritter ging ganz traurig heim in sein Schloss. Nach einigen Tagen hörte er die Nachtigall wieder auf der Wettertanne singen. Da lief er hinaus und hörte ihr lange zu, bis sich seine Schwermut legte. Als sie eine Pause einlegte, hob er die Hand und rief hinauf: „Der

Salvan hat recht, du bist eine Frau! Sing weiter, ich will dich hören!" Da erschrak die Königstochter und flog davon.

„Bleib doch!", konnte er ihr noch nachrufen, aber da war sie schon verschwunden. Tag für Tag wartete er nun vergeblich auf ihren Gesang. Denn ganzen Tag saß er nun auf dem Schlossturm, um ja keinen Ton zu versäumen. Aber die Nachtigall kam nicht wieder. Seine Hunde bettelten und mahnten ihn mit Bellen und Winseln, denn sie wollten mit ihm auf die Jagd gehen. Aber er achtete nicht darauf.

Die Königstochter flog als Nachtigall in andere Gegenden. Dabei kreuzte sich ihr Flug mit einem Falken. Sie konnte sich gerade noch in eine Brombeerstaude retten, als der Falke auf sie niederstoßen wollte. Unter den langen Ranken der Brombeerstaude lag ein Lamm. Bei dem beklagte sich die Nachtigall über den frechen grausamen Falken.

„Ei", sprach das Lamm, „wieso regst du dich gar so auf? Du hast doch auch jemanden getötet!"

Entrüstet entgegnete die Nachtigall: „Was, ich soll jemanden getötet haben?"

„Du hast sogar einen Menschen getötet und wenn du es mir nicht glaubst, fliege doch nach Vallenosa zum einsamen Schloss, das du früher so gerne besucht hast!"

Bei diesen Worten beschlich die Königstochter eine bange Ahnung. Sie flog sofort zum Schloss und sah schon beim Anflug zu ihrem Entsetzen den Ritter tot bei der Wehrbrüstung am Turm oben liegen. Die Sonne schien ihm in das Gesicht. Seine beiden Hunde schlichen winselnd um ihn herum.

Zu tiefst getroffen flog die Königstochter so schnell sie konnte nach Hause. Dort setzte sie sich, wie immer beim Heimkommen, auf den niedrigsten Strauch und wollte erst einmal ein wenig verschnaufen. Als sie dann die Rückverwandlung befahl, merkte sie zu ihrem Entsetzen, dass die Verwandlung nicht mehr gelang. Jetzt fiel ihr schlagartig auch die Aussage der Nachtigall ein, sie würde die Verwandlungsfähigkeit bei einem Todesfall verlieren. Die Prinzessin konnte nicht mehr zu ihrer Familie zurück und musste fortan als Nachtigall in Feld und Wald leben.

In den ladinischen Bergen, um den Langkofel und den Peitlerkofel herum, hört man zuweilen eine Nachtigall, die schöner singt als alle Anderen. Es ist die verzauberte Königstochter vom alten Schloss am Langkofel.

Wolff - 1969

Zwei Mütter

Am unteren Ende des Durontales liegt auf einer aussichtsreichen Hügelstufe das Dorf Tjampedèl. Darüber sind bewaldete Hänge und höher oben Almen bis hinauf zur Rodella. Gegen den Herbst zu fiel da oben bei einem Wetterumschlag der erste Schnee. Die Sennerin wollte ins Dorf hinuntergehen. Da der Nebel sich noch nicht verzogen hatte, verfehlte sie den Weg und kam auf einem zerklüfteten Felsen nicht mehr weiter. Als ein Windstoß den Nebel aufriss, sah sie unter sich das Dörflein liegen. Sie war auf die Crèpes de Pedonèl geraten, aber unüberwindbare Felswände trennten sie vom Dorf.

Sie versuchte ins Dorf hinunter um Hilfe zu rufen. Aber niemand hörte sie und dann wurde sie wieder vom Nebel eingehüllt. Da fühlte sie, wie jemand ihre Hand ergriff. Erschrocken drehte sie sich um. Neben ihr stand eine Vivèna und lud sie ein, mit ihr in die Höhle zu kommen. „Wie heißt du und wo willst du hin?", wollte sie wissen. „Ich bin die Myòla und möchte in das Dorf hinunter."

„Das geht heute nicht mehr. Du könntest abstürzen. Bleibe bei mir heute Nacht, morgen zeige ich dir den Weg!" Die beiden Frauen erzählten sich aus ihrem Leben. Schließlich fragte die Vivèna, ob die Myòla einen Bräutigam habe. Jetzt blickte die Myòla traurig drein und sagte: „Ich hätte schon einen Bräutigam und er gefällt mir auch, aber meine Eltern sind dagegen."

„Ist er ein unanständiger Mensch?" „Nein, im Dorf schätzen ihn alle, aber er ist ein Witwer mit einem Kind." „Du müsstest also Stiefmutter werden."

„Sein Kind ist ein liebes Mädchen und da hat es eine Stiefmutter immer schwer. Das sagen meine Eltern. Ich verstehe nicht, warum mich alle vor diesem Mädchen warnen. Ich kenne es schon bald ein Jahr. Die Mèyna ist ein sehr liebes Kind. Sie ist mir ans Herz gewachsen!"

Die Vivèna sprach lächelnd: „Wenn du selbst Kinder hättest, würdest du deine Kinder lieber haben als dein Stiefkind. Es würde der Tag kommen, an dem du das Stiefkind weniger gut behandelst als deine Kinder."

„Das kann ich mir nicht vorstellen!", sagte die Myòla mit einem hilflosen Ausdruck im Gesicht.

„Lass es gut sein", sagte die Vivèna, „ich werde es mir noch überlegen und dir morgen in der Früh einen Rat geben."

Die zwei Frauen übernachteten in der Höhle. Die Myòla hatte einen seltsamen Traum. Sie sah sich allein auf einer vom Mond beschienenen Schneelandschaft. Eine fremde Frau mit einem weißen Tuch um den Hals trat aus einer Zirbelkiefernbaumgruppe heraus. Sie ging langsamen Schrittes auf Myòla zu und fragte sie:„Kannst du ein Versprechen, das du einmal gegeben hast, für immer halten?" „Was ich verspreche, halte ich!" „Du gefällst mir", sagte die Frau, „aber wenn du einmal unentschlossen bist, wird dir diese Hand zeigen, was du tun musst." Die Frau reichte Myòla die Hand. Sie erschrak, weil die Hand eiskalt war.

Am anderen Morgen hatte sich der Nebel verzogen und nun lag eine herrliche Schneelandschaft vor der Höhle. Die Vivèna geleitete die Myòla zum Weg. Dabei erzählte diese von ihrem seltsamen Traum und vom Schrecken vor der kalten Hand.

„Das glaube ich dir", sagte die Vivèna, „die Fremde war deine Vorgängerin, die verstorbene Gattin deines Mannes. Das weiße Seidentuch hat sie sehr geschätzt. Ihr Mann hatte es ihr einmal geschenkt und dann nach dem Tod um ihren Hals gelegt. So ist sie begraben worden."

„Und was ist mit dem Versprechen, von dem sie redete?" „Das will ich dir erklären", erwiderte die Vivèna, „du wirst den Witwer heiraten und selbst ein Kind haben. Die Stieftochter wird mit deinem Kind böse sein. Das wird dich hart ankommen, aber wenn du mit deinem Mann im Frieden leben willst, musst du deine Kinder weniger schätzen als das Stiefkind. Schwöre mir, dass du das immer tun wirst!" Die Myòla hob die rechte Hand und leistete den Schwur, verstand aber nicht ganz, was es zu bedeuten hatte.

-o-

Sieben Jahre waren seither vergangen. Die Myòla hatte den Witwer geheiratet und selbst einen Sohn, den braven und stillen Tita zur Welt gebracht. Die Mèyna hatte den Tita auch gern, aber sie schulmeisterte oft schon arg an ihm herum und zankte sich häufig mit ihm.

Die Mutter holte ihn dann immer zu sich, gab aber der Mèyna recht und lobte sie oft, auch wenn der Grund recht dürftig war. Das machte sie hochmütig und rechthaberisch. Der Myòla fiel es nicht immer leicht, aber sie sagte nie ein Wort darüber.

Einmal gab sie der Mèyna den Auftrag, in der Küche das Mus zu rühren. Sie wollte beim Bach unten noch die Wäsche fertig waschen. Das Mädel jedoch ging statt dessen zur Nachbarstochter, um zu schwatzen. Dem Tita hatte sie befohlen, das Mus umzurühren und auf das Feuer zu achten. Plötzlich hörte man den Kleinen ängstlich rufen. Er war dem Feuer zu nahe gekommen und hatte das Mus verschüttet. Seine Schürze hatte Feuer gefangen.

Die Schwester löschte sogleich mit einem Kübel Wasser. Dann machte sie ihm heftige Vorwürfe und schlug ihm auf beide Hände, sodass er laut zu schreien begann.

Nun kam die Mutter dazu und war sehr erschrocken über die Gefahr, die ihr Sohn soeben überstanden hatte. Sie ließ sich von der Stieftochter den Vorgang schildern. Als auch noch der Vater zurecht kam, sagte sie zu ihm: „Denk dir, die Mèyna hat den Tita gerettet! Er hatte Feuer gefangen und sie hat es schnell gelöscht."

Doch der Vater, der seine Tochter mit der Nachbarstochter schwatzen gesehen hatte, fasste den Vorfall anders auf. „Rede nicht so dummes Zeug", sagte er, „die Mèyna ist eine faule und unzuverlässige Göre, die immer nur an ihr Vergnügen denkt! Darum hat sie den Kleinen beim Feuer allein gelassen. Dafür gebührt ihr Strafe und nicht Lobsprüche!" Erzürnt ging er auf die Tochter zu, die aber suchte hinter der Stiefmutter Schutz.

Myòla schob die Mèyna zur Tür hinaus und stellte sich ihrem Gatten in den Weg und sagte: „Lass sie doch, sie ist ja selbst noch ein Kind und versteht die Gefahr nicht!"

Damit war der Mann nicht einverstanden. „Nein", maulte er, „du hast Unrecht! So erzieht man ein Kind nicht. Die Mèyna wird immer fauler und frecher. Das kommt davon, weil du immer alles entschuldigst, was sie anstellt."

Ärgerlich brummend ging er wieder zu seiner Arbeit in die Holzhütte. Dabei traf er auf die Nachbarin, die das Geschrei von Tita gehört hatte und wissen wollte, ob etwas geschehen sei. Zuerst ärgerte er sich über die Neugier der Nachbarin, dann kam er doch mit ihr ins Gespräch. Zum Schluss sagte er: „Die Myòla ist viel zu gut, sie verzieht mir die Tochter."

„So eine Stiefmutter wird man selten finden", meinte die Nachbarin. „Ja, es ist ziemlich ungewöhnlich. Ich habe früher befürchtet, dass sie zu streng mit ihr ist", sagte er.

Die Nachbarin traf daraufhin noch eine andere Frau, der sie den Vorfall schilderte. Schließlich meinten beide: „Die Myòla ist eine gute Haut, aber ein wenig einfältig ist sie schon."

-o-

Ein besonders strenger Winter mit viel Schnee ging dem Ende zu. Südwind war aufgekommen, und machte den Schnee weich. Tag und Nacht hörte man die Traufen rinnen. Man schläft im Durontal nicht gut bei einem solchen Wetter. Der Myòla erschien im Traum die Vivèna und mahnte sie eindringlich an die Einhaltung ihres Schwures, da sie sonst ihren Sohn verlieren würde. Darüber wurde sie verzagt und wollte mit ihrem Mann reden. Der war aber von der Holzarbeit müde und am Fuß verletzt. Er gab ihr nur geistesabwesende Antworten. „Das kommt vom Wetter", sagte er schließlich und drehte sich um.

„Ich kann heute nicht aufstehen", klagte er am Morgen, „mein Fuß ist stark geschwollen und tut höllisch weh. Im Durontal oben wäre noch heute der Schlitten zu holen, damit er nicht unter eine Lawine kommt. Das könnte die Mèyna besorgen."

Die Myòla gab der Tochter den Auftrag weiter. Sie selbst ging in das Dorf um einzukaufen. Als sie zurückkam, war auch Tita nicht da. Die Nachbarn sagten ihr: „Der ist mit der Mèyna mitgegangen." Das beunruhigte sie sehr. Noch mehr grämte sie sich, als die Kinder zu Mittag noch immer nicht zurückgekommen waren. Der Mann riet ihr, zwei junge Burschen auszuschicken, um nach den Kindern zu sehen.

Der Himmel war verhängt und die Luft dunkel und feucht. Am Nachmittag setzte fernes Grollen von Schneelawinen ein. Die Myòla hielt es im Haus nicht mehr aus. Sie ging zu einem alten Waldarbeiter, der sich beim Wetter ganz genau auskannte. „Es ist viel zu warm", sagte der, „jetzt kommen die Lawinen und heute Nacht soll im Udày Tal der Tjè de Lù gesehen worden sein."

Ein heftiger Schrecken erfasste die Myòla. In dem Moment kamen die beiden Burschen ohne die Kinder zurück. „Der Weg zum Durontal ist verlegt. Es ist kein Durchkommen mehr", berichteten die beiden. Die Myòla eilte in das Haus zurück und erzählte es ihrem Gatten. Dann schlüpfte sie in die Jacke ihres Mannes und setzte ein Kopftuch auf. Der Mann empfahl ihr, die Nachbarn mitzunehmen. Sie nahm noch einen Stock und machte sich mit sieben Männern auf den Weg.

Sie kamen bald zu einer abgegangenen Lawine, die das ganze Durontal versperrte. „Da kommen wir nicht hinüber!", sagte der Älteste. Die Myòla aber hatte einen engen Durchgang gefunden. Nun ging sie voraus. Bei der nächsten Lawine folgte ihr nur noch ihr Bruder und beim dritten Lawinenkegel gab auch der auf.

Er sah seine Schwester noch kurz, wie sie oben über den Kegel kletterte, dann hörte er ein furchtbares Getöse und glaubte, den Tjè de Lù gesehen zu haben. Die Schwester war sicher verloren, das wurde ihm zur traurigen Gewissheit.

Die Bruder ging niedergeschlagen zu den Anderen zurück. Diese waren auch der Meinung, dass die Frau und die Kinder verschüttet waren.

-o-

Die Myòla hatte aber die gefährliche Stelle schon hinter sich, als die Lawine niederging. Das Tal wurde nun breiter und zu ihrer Verwunderung sah sie ein Feuer. In der Hoffnung jemanden zu finden, der ihr helfen könnte, ging sie auf das Feuer zu. Es waren aber nicht Fassaner, sondern vier Christànes, die sich am Feuer wärmten. Myòla wollte ihnen von ihrem Leid erzählen, aber sie wussten schon Bescheid.

„Deine Kinder hat der Om da la Yatya, der Eismann geholt. Der wohnt da oben auf dem Berg. Der raubt gerne Kinder und verwandelt sie dann in Schneehühner. Der ganze Berg ist voll von verzauberten Kindern."

Als die Christànes das Entsetzen der Frau bemerkten, hatten sie Mitleid mit ihr und erzählten weiter. „Du kannst froh sein, dass sie nicht in die Hände der Striòna gefallen sind. Die haust auf dem Bàel oben und ist sehr boshaft. Der Eismann hat auch seine guten Seiten. Er nimmt einer Mutter nie mehr als ein Kind. Dass er dir zwei Kinder geraubt hat, finden wir eigenartig. Er wird dir ein Kind zurückgeben, wenn du ihn darum bittest."

Bei diesen Worten schöpfte die Myòla wieder Hoffnung. Die Christànes wiesen ihr den Weg zum Eismann. Die Myòla bedankte sich und setzte den Weg fort. Sie arbeitete sich mühsam den steilen Berg hinauf. Dort traf sie den Eismann im grauen Pelzmantel auf einer Bank vor seinem Haus sitzend an. Während sie sprach, sah er schweigend in das weite stille Land hinaus.

Erst als er hörte, dass die Frau zwei Kinder vermisste, wandte er ihr das Gesicht zu. „Merkwürdig", sagte er, „ich habe mich noch nie getäuscht. Wenn ich dieses Mal zwei Kinder von der gleichen Mutter genommen habe, gebe ich dir selbstverständlich eines wieder zurück!"

„Die Kinder gehören beide mir", betonte sie mit Nachdruck und mit gutem Gewissen, denn sie hatte das Stiefkind eher besser behandelt als das eigene Kind. „Dann ist dir sicher gleich, welches ich dir zurückgebe. Du hast sie gewiss beide gleich lieb." Der Eismann war misstrauisch und wollte sich die beiden Kinder noch einmal genau ansehen.

Da seine Schneehühner in dieser Nacht beim Dotjùril Unterschlupf gesucht hatten, musste er sie erst rufen. Mit Hilfe seiner Finger ließ er einen eigenartigen langgezogenen Pfiff los. Nach wenigen Minuten kamen sie geflogen und ließen sich um den Eismann herum nieder. Er griff zwei heraus, befühlte sie am Kopf und merkte gleich, dass nur eines der Myòla gehörte. „Warte nur", dachte er bei sich, „ich lasse mich nicht hinters Licht führen!"

Er nahm den beiden Schneehühnern die Flügelkleider ab. Sogleich standen ein kleiner Bub und ein etwa dreizehnjähriges Mädchen vor ihnen. „Nimm dir eines, ich will dir nicht dreinreden!"

Nun war die Myòla in der Falle. Der Eismann wartete schon darauf, dass sie den Buben nahm, um ihr dann zu sagen, dass sie gelogen habe und er beide Kinder behalten werde.

Die Myòla wollte schon den Tita in die Arme nehmen, in dem Augenblick fiel ihr der Schwur ein und sie schloss gelähmt einen Moment die Augen. Da erschien die Knochenhand und zeigte auf das Mädchen. Sie wusste nun, was zu tun war. Sie nahm das Mädchen an der Hand. Der Tita wurde wieder zu einem Schneehühnchen und flog mit den Anderen davon.

„Gehen wir", sagte sie tonlos und machte sich mit dem Mädchen auf den Weg. „Sie hat das Mädchen genommen", schüttelte der Eismann erstaunt den Kopf. „Ich war mir sicher, das Mädchen ist von einer anderen Mutter. Ich werde wohl alt!", brummte er vor sich hin.

Die Myòla wählte den Weg auf der Sonnenseite. Aus der Ferne war das Abgehen von Lawinen zu hören. Vor ihnen lag eine große vom Mond erhellte Schneefläche, an deren Rand eine Gruppe von Zirbelkiefern stand. Als sie zur Baumgruppe kamen, sahen sie dort eine Frau, an deren Hals ein weißes Tüchlein flatterte. Sie winkte die beiden zu sich heran. Als sie vor ihr standen, sagte sie: „Ich bin mit dir zufrieden! Dafür danke ich dir. Dreizehn Jahre hatte meine Tochter zu leben und sie sollte es schön haben. Darum habe ich dich gebeten, sie besser zu behandeln als dein eigenes Kind. Du hast dein Wort gehalten!"

„Jetzt kommt der Tye und versperrt dir den Weg. Hab aber keine Angst, ich werde dir helfen. Schau jetzt nur, dass du Fostyaz erreichst, bevor der große Schneesturm anbricht, der sich schon anmeldet!"

Myòla ging mit der Mèyna weiter. Das Mädchen war verängstigt, denn es hatte ja alles mitgehört. Der Weg wurde schwieriger. Da bemerkten sie vor sich einen Mann, der den gleichen Weg vor ihnen bergab ging. Er hatte viel zu weite Kleider. Seinen Hut, mit einer langen Feder darauf, trug er ganz hinten im Genick. Man konnte weder Kopf noch Hals erkennen.

Vor einem vereisten Graben verschwand er hinter einem Felsen. Die beiden wollten den Graben überqueren, da sauste von oben ein Stein herunter. Bei jedem weiteren Versuch kamen immer wieder Steine. Als es heller wurde, sahen sie oben auf dem Felszacken den Mann. Zu ihrem Schrecken sahen sie, dass er den Kopf eines Wolfes hatte. Es war Tje, der Wolfsmensch.

„Gib den Weg frei", bat die Myòla, „wir wollen nach Hause!" „Du kommst mit diesem Kind hier nicht vorbei!", sagte er drohend. Jetzt bat auch Mèyna weinend: „Lass mich bitte mit meiner Mutter vorbei, ich habe solche Angst!"

„Ist das deine Mutter?", knurrte der Tye. „Wer sonst?", schluchzte sie.

Der Tye knurrte:

„Geheimes wird mir offenbar
Was du gesagt hast, ist nicht wahr
Du bist nicht dieses Weibes Kind
Drum bleibe hier in Nacht und Wind."

Kaum war das letzte Wort dieses Spruchs verklungen, nahm das Mädchen die Gestalt eines Scheehuhns an und flog hinüber nach Dotjùril. Myòla nahm es mit Schrecken wahr. Sie erinnerte sich an die Aussage der Frau und beschloss ein wenig zu warten, während der Tye drohend herunterschielte.

Schließlich hörte sie ein Geräusch und gewahrte ein Schneehuhn, das sich neben sie in den Schnee setzte und sich in den Tita verwandelte. Sie nahm ihn in die Arme und fragte: „Wie bist du hergekommen?"

„Das war ganz merkwürdig", sagte Tita, „ich bin am Abend in Dotjùril als Schneehühnchen unter den Latschen schlafen gegangen. Wir drängten uns eng aneinander, um uns zu wärmen. Die Mèyna war neben mir. Da wurden wir beide gerufen, aber du hast die Mèyna an der Hand genommen und bist mit ihr weggegangen. Ich bin wieder nach Dotjùril zurückgeflogen und habe von dir geträumt, da hat mich die Mèyna wach gerüttelt: Komm schnell, die Mutter braucht dich, der Tye lässt die Mutter nicht über den Eisgraben, wenn du nicht bei ihr bist! Alle Schneehühner sind aufgewacht und in der Mitte stand eine Frau mit einem weißen Tüchlein um den Hals. Sie sagte: Ein Schneehühnlein darf fortfliegen. Der Eismann hat eines frei gegeben! Sie hat auf mich gezeigt und mir befohlen, schnell zu dir zu fliegen. Und da bin ich nun!"

Die Myòla trat entschlossen an den Eisgraben und rief zum Tye hinauf: „Weiche, jetzt hast du kein Recht mehr uns aufzuhalten! Ich habe mein Versprechen gehalten und das ist wirklich mein Kind!"

Der Wolfsmensch fletschte grimmig seine Zähne und schlich davon. Myòla konnte mit ihrem Söhnchen ohne Gefahr über den vereisten Graben gehen. Von dort führte ein sicherer Weg durch den Wald zum Talboden. Sie hatte keine Angst mehr vor dem Schneesturm, der sich nun stärker bemerkbar machte. Den Tita musste sie zeitweise tragen. Bei Tagesanbruch kam die Mutter mit ihrem Kind todmüde heim.

Wolff – 1969

Die verjagte Vivena

Auf der Alm von Pozza im Fassatal bereitete eines abends der Hirt auf dem offenen Herd „le Rufiei," ein Knödelgericht, zum Abendessen. Durch die offenstehende Hüttentür kam ein hübsches Mädchen herein und forderte ihn auf: „Gib mir auch zu essen, ich habe Hunger!" Der Hirt meinte: „Da musst du dich noch etwas gedulden, bis die Rufiei gekocht sind."

Dann wollte sie von ihm wissen, ob er einen Hund habe. Er verneinte es, denn ihm war inzwischen eingefallen, sie könnte eine Bregostana sein, ein wildes Weib, von dem man nichts Gutes zu erwarten habe.

Als die Rufiei gekocht waren, gab er vor in der Stube eine Schüssel zu holen. Stattdessen ließ er den Hund los, der sich sofort auf das Mädchen stürzte. Verzweifelt jammerte sie: „Zuerst nimmst du mich als deinen Gast an, dann sagst du, du hast keinen Hund und lässt ihn auf mich los, um mich zu vertreiben. Ich bin so hungrig, sieh dich vor, Hungrigen nichts zu essen geben bringt kein Glück!"

Dann lief sie auf den nahen Hügel und legte ihre Hände in Geistergeste vor die Brust, dass sich die Daumen berührten und die Handflächen dem Hirten zugewandt waren. Dann sang sie mit klagender Stimme:

> „Im Namen von Tello, der allen hilft
> und von Mamo, der alle speist
> keine Speise wird dir mehr nützen
> weiche hinweg du Wölfin."

Dann kamen noch zwei weitere Mädchen herbei und die drei sangen gemeinsam vom Hügel herab:

> „O schöne Felsen, o schöne Weiden
> wenn die Leute wüssten, wer wir sind,
> dass Glück, Gold und Liebe in unseren Händen liegen
> würden sie uns nicht mit Hunden jagen."

Jetzt tat es dem Hirten leid, dass er das Mädchen mit dem Hund vertrieben hatte. Er fürchtete, es werde ihn dafür verwünschen. Deshalb entbot er dem Verantwortlichen für die Alm in Pozza, er solle einen anderen Hirten heraufschicken. Am nächsten Abend fiel er ohnmächtig zu Boden. Man musste ihn zu Tal bringen, wo er zwar wieder zu sich kam, aber fortan von einem unstillbaren Hunger geplagt wurde.

Obwohl er von diesem Tag an jedes Mal sieben Portionen aß, das Hungergefühl verließ ihn Tag und Nacht nicht mehr. Zudem magerte er so stark ab, dass er befürchtete, sein Leben würde zu Ende gehen. In seiner Not suchte er eine weise Frau auf und erzählte ihr sein Ungemach. Die Alte hörte ihm aufmerksam zu und sprach:

> „Mein Lieber, das war keine Bregostana
> das war die Göttin der Felsen und Berge,
> die stets darüber wacht,
> dass keinem Tier und keiner Pflanze Leid geschieht
> und du hast sie verjagt."

„Du hast ganz falsch gehandelt," führte sie weiter aus. „Du hättest genug für euch beide gehabt und hast sie nicht mithalten lassen. Jetzt musst du dem Mamo vom Berg jedes mal wenn du isst, einen Teil davon geben. Du wirst immer einen Wolfshunger haben und sieben mal sieben Knödel täglich essen. Dazu musst du sieben Krüge Wasser trinken. Trotzdem wirst du nur mehr aus Haut und Knochen bestehen, dabei werden dir die Haare und der Bart wachsen, dass du wie ein Unhold aussehen wirst. Geh wieder auf die Alm und zünde täglich an drei Ecken der Hütte ein Feuer an, gib reichlich Wacholder- und Sauerdornbeeren hinein und räuchere tüchtig. Dann musst du niederknien und sprechen:

Mamo, komm und erlöse mich,
drei Jahre will ich dafür räuchern,
allen will ich davon erzählen.
Damit wirst du nach Jahr und Tag erlöst werden.“

Der Hirt befolgte den Rat. Nach Jahr und Tag erschien die Vivana und sprach: „Vom Heißhunger bist du nun erlöst, aber morgen Abend musst du ein Mahl aus gelabter Milch, Krapfen mit einer Fülle aus Erdbeeren, Wacholderbeeren und Hagebutten für drei Personen bereiten.“

Während sie das Essen verzehrten, sagte die Vivana: „Im Namen von Reza und ihren Genossinnen bist du nun erlöst und frei. Gib den Hungrigen stets zu essen, dann wirst du in deinem Leben immer Glück und Segen haben.“

Damit verschwand die Vivena, noch bevor der Hirt danken konnte. Von seinem Übel war er fortan erlöst.

Kindl

Die Bregostena

In Vigo di Fassa lebte einst ein junger Mann. Jan Baila hieß er und hatte ein hübsches Haus mit schönen Wiesen, fruchtbaren Feldern und einen großen Wald geerbt. Er war tüchtig und hatte eine brave fleißige Frau gefunden. Sie hatten gesunde Kinder und brachten es zu bescheidenem Wohlstand.

Im Wald lebten zwei Bregostene, die auf die brave Familie neidisch waren und ständig überlegten, wie sie das Glück trüben könnten.

Als Jan einmal am Abend seine Kühe heimtrieb, trat ihm eine Bregostena in den Weg und schrie ihn an: „He du da, ich wüsste einen besseren Weideplatz für dein Vieh! Dort brauchst du das Vieh nicht zu hüten, denn es gibt viel schmackhaftes Gras, sauberes Trinkwasser und ein schattiges Wäldchen als Unterstand für das Vieh. Meine Schwester und ich kochen dir ein gutes Mittagessen. Möchtest du nicht morgen kommen?“

Jan durchschaute die Unholdin und sagte sogleich: „Morgen kann ich nicht, aber vielleicht übermorgen.“ Dabei dachte er sich, bis dahin wird mir wohl etwas einfallen, um der Tücke dieser missgünstigen Frau zu entgehen. Diese sagte nur noch: „Du musst den Weg unter der kleinen Wand vorbei nehmen, dann findest du sicher hin.“

Die Bregostena traf sich bei der Wand mit ihrer Schwester, die schon begierig wartete. Sie rief von weitem: „Er kommt übermorgen und jetzt an die Arbeit. Wir müssen auf der Wand oben viele lockere Steine in die richtige Position bringen, dann können wir vielleicht sogar Hirt und Herde verschütten. Sobald die Leute herbeilaufen, um zu sehen was geschehen ist, rauben wir die Kinder.“

Jan ließ sich mehrere Tage Zeit. Dann näherte er sich nur mit seinem Hund. Dieser aber hatte die Witterung der beiden Unholdinnen aufgenommen und begann heftig zu bellen. Die beiden missgünstigen Weiber waren sich sicher, dass sich Jan mit seiner Herde unter der Wand befand. Sie lösten alle Keile unter den Steinen. Ein ganze Lawine sauste mit Getöse die Wand hinunter.

Als sich der Staub gelegt hatte, sah sich Jan die Verwüstung an. Der schöne Wald war unter Steinen und Schutt begraben. „Das werdet ihr mir büßen!", schwor er bei sich.

Eine Zeit später war Jan im Wald beim Holzspalten. Da kam eine Frau mit der typischen Aussprache der Leute von Vigo vorbei und sagte: „Gueten Obed, waos tuet ihr do. Viel zu tuen, jojo." Sie fragte in weiter nach der Frau und den Kindern aus. Er gab ihr nur einsilbige Antworten, denn er hatte sogleich erkannt, dass es eine Bregostena war.

Dann nahm er sich einen mächtigen Lärchenstamm vor und forderte sie auf: „Komm hilf mir bei dem dicken Stamm. Greif mit deinen Händen in den Spalt und zieh ihn auseinander." Als die Bregostena die Hände in den Spalt gelegt hatte, zog er die Axt heraus und das hinterlistige Weib war in der Falle. Jetzt nahm Jan eine lange Birkenrute und versohlten ihr damit den Hintern. „So, das ist der Dank für die Steinlawine! Wenn du ein paar Hiebe zu viel hast, kannst du sie deiner sauberen Schwester bringen. Verkriecht euch beide in eure Höhle und lasst die Leute in Frieden, sonst schlage ich euch das nächste Mal grün und blau!" Damit ging er nach Hause.

Die Brogostena zeterte und schrie aus Leibeskräften um Hilfe. Schließlich wurden die Nachbarn aufmerksam. Sie merkten, dass es eine Frauenstimme war und riefen zurück: „Wer hat dir etwas zuleide getan?" und eilten herbei. „Ich habe es mir selber getan," jammerte die Unholdin. Die Nachbarn schüttelten den Kopf und gingen weiter. Einer spottete noch: „Selber tan, selber tragen! Wie man sich bettet, liegt man."

Schließlich dachte Jan, dass sie genug gebüßt hätte. Er kam zurück, befreite die Bregostena und ließ sie laufen. „Merk dir aber die Lehre und lasse die Leute in Ruhe!", rief er ihr noch nach. Die Bregostena verschwand im Wald und ward seither nie mehr gesehen.

Kindl

Die Sennerin von Cuca

Der Bera Christl da Coi ging gerne auf die Jagd, öfters schwarz und manchmal auch mit der Karte, wenn er das Geld dafür hatte. Als der Adel bedeutungslos wurde, nahm man es nicht mehr so genau mit der Jagderlaubnis.

Der Christl war ein guter Jäger, der nur zweimal daneben geschossen hat, wie er in seinen alten Tagen gerne erzählte. Das eine Mal hat ein Jagdkollege einen Jauchzer getan, als er auf ein Reh zielte und gerade abdrückte. Das zweite Mal, als er auf einen Auerhahn anlegte und in diesem Moment den Jagdaufseher den Schlossgraben herunterkommen sah und er ohne Lizenz war.

An einem ersten Donnerstag im Advent war er auf Stevia und Col da Pières auf Gemsenjagd unterwegs. Obwohl er den ganzen Tag alle Wildwechsel aufsuchte, kam ihm keine Gemse und kein Reh vor die Büchse. Am Nachmittag schneite es eine Zeitlang und gegen Abend klarte es wieder auf.

Beim Abstieg über die Geröllhalde der Steviaspitze hatte sich der Christl etwas verspätet, so kam er erst bei der Dämmerung hinunter zur Quelle des Icisles Baches. Weiter unten am Bach bemerkte er ein Reh. Er legte an und traf das Reh, aber es flüchtete blutend in Richtung Pieralonga und hinaus über Seceda. Ein alter Jäger hatte ihm einmal erzählt, dass er ein angeschossenes Reh von Pivan bis in das Tschapit auf der Seiser Alm verfolgen musste. Er folgte dem Reh leichtfüßig, aber es wurde immer dunkler, sodass er die Fußspuren und die Blutstropfen im Schnee nicht mehr ausmachen konnte, als er zur Grenze von Cuca kam. An diesem Abend war nicht mehr daran zu denken, das Reh endgültig zur Strecke zu bringen.

Er kehrte in einer Almhütte ein, machte auf dem offenen Herd ein wärmendes Feuer und aß aus seiner Jagdtasche hartes Brot und Speck. Dann löschte er das Feuer mit Schnee und begab sich in den Heustadel um zu schlafen. Er lag noch nicht lange im Heu und hatte sich kaum erwärmt, da hörte er das Öffnen der Hüttentür. Dabei war er sich sicher, dass er die Tür verriegelt hatte.

Er war nicht gerade „von Schreckbühl", aber nun lugte er doch etwas ängstlich durch die Balken des Stadels. Wer mochte zu dieser Zeit an diesem Ort unterwegs sein? Zunächst sah er, außer der offenstehenden Hüttentür, in der Dunkelheit nichts. Dann hörte er, wie ein Streichholz abgeritzt wurde und sah im aufflammenden Feuer ein junges schönes Mädchen in der Gadertaler Tracht.

Das Mädchen nahm die Muspfanne von der Wand, das Mehl und die Butter aus der Truhe und eine Schüssel von der Stellage. Damit kochte sie ein Mus. Der Christl wunderte sich, denn vorhin hatte er überall nachgesehen und weder Pfanne, noch etwas Essbares gesehen.

Als das Mus gekocht und mit erhitzter Butter übergossen war, öffnete das Mädchen die Stadeltür und befahl: „Komm zum Abendessen junger Mann!" Der Christl wollte nicht Folge leisten, da sagte das Mädchen deutlich bestimmter: „Bei der Liebe Gottes und den armen Seelen, bitte ich dich, komm zum Essen, sonst wird es dir schlecht ergehen!"

Auf diese Drohung hin, wagte er nicht mehr die Einladung abzulehnen. Er folgte dem Mädchen in die Hütte und setzte sich auf die Bank beim offenen Herd. Sie stellte ihm die Muspfanne hin und reichte ihm einen neuen Löffel. Das Mus schmeckte ausgezeichnet und war auch nicht zu heiß, obwohl es eigentlich nicht die Zeit gehabt hatte abzukühlen.

Ohne ein Wort miteinander zu wechseln aßen sie die Muspfanne leer und Christl begab sich wieder in sein Heulager. Er sah noch wie das Mädchen die Löffel, die Milchschüssel und die Pfanne mit Schneewasser auswusch und verräumte.

Dann löschte sie das Feuer mit Schnee, verschloss die Hüttentür und begab sich zum Heustadel. In der Tür begann sie bitterlich zu weinen.

Dem Christl tat das Mädchen leid. Teilnahmsvoll fragte er: „Was fehlt dir, bist du eine arme Seele? Sag mir, wie ich dir helfen kann!"

„Wenn du mir für das Mus nur ein einziges „Vergelts Gott" gesagt hättest, wäre ich erlöst gewesen," antwortete sie weinend. „Ich war früher hier mehrere Jahre Sennerin. Im Dorf unten hatte ich meinen Bräutigam. Der kam öfters an mein Fenster. Nur am Donnerstag hatte ich es ihm verboten."

Dem Christl fiel auf, dass gerade Donnerstag war. „Warum gerade am Donnerstag?"

„Am Donnerstag kam ein junger Mann aus St. Christina und der holte Butter und Käse, welche ich dem Bauern stahl. Da ich meinen Bräutigam und Bauern betrogen habe, bin ich verzaubert und muss wohl noch so lange hier bleiben, bis mich ein heiratsfähiger junger Mann mit einem „Vergelts Gott" erlöst. Das kann aber nur an einem ersten Donnerstag im Advent, zwischen acht Uhr abends und Mitternacht geschehen. Du hättest mich erlösen können." Damit verschwand sie im Wald. Christl wagte es nicht, ihr nachzugehen.

Diese Nacht konnte er kaum mehr schlafen. Als er am Morgen in der Kochhütte Nachschau hielt, war von der ganzen Einrichtung nichts mehr zu sehen. Er verfolgte nun die Blutspur des Rehs und fand es verendet in Bredles unter einer Latsche. Er nahm es auf die Schulter und ging über Balest und St. Jakob hinunter nach Hause.

In den nächsten Tagen ging ihm die junge Sennerin nicht aus dem Kopf. Am Sonntag ging er nach dem Gottesdienst in den Widum, um den Pfarrer um Rat zu fragen. Der Pfarrer war ratlos und schickte ihn zum Kapuziner nach Klausen. Der riet ihm, er solle so bald wie möglich wieder auf Cuca hinaufgehen und die Kochhütte und den Heustadel suchen, in der er übernachtet hatte. Er solle sich alles genau merken, damit er im nächsten Jahr am ersten Donnerstag im Advent Hütte und Stadel sicher wieder finden würde. Wenn dann auch wieder Schnee gefallen wäre, dann könne er die arme Seele erlösen.

Christl ging im Winter und dann im Frühjahr und Sommer öfters auf Cuca hinauf, aber die Hütte und den Stadel konnte er nicht finden. Im Advent war auch Schnee gefallen, aber Christl suchte wieder erfolglos. Es ist bis heute nicht bekannt, ob die Sennerin von Cuca erlöst wurde.

Kindl

Der „Zampa di Gallo"

Drei alberne vorwitzige Mädchen hatten nur Augen für die jungen Burschen und dachten immer an loses Getändel. Im eigenen Dorf aber hatten sie dafür kaum Gelegenheit, denn die Eltern hatten ein wachsames Auge und hielten sie an kurzer Leine. Ohne den Eltern ihr Vorhaben mitzuteilen, planten sie eine Übernachtung in einer Almhütte. Zugleich ließen sie auch die Burschen von ihrem Vorhaben wissen.

Am späten Nachmittag zogen sie los und erreichten bei Anbruch der Dunkelheit die Hütte. Unterwegs wurden sie immer übermütiger. Ein heimkehrender Holzarbeiter musste über ihr albernes Gegacker den Kopf schütteln. In der Hütte angekommen, entfachten sie im Herd ein Feuer und waren sich sicher, dass auch die Burschen jeden Moment auftauchen würden.

Nach einer halben Stunde wurde Martha, die Älteste und hauptsächliche Anstifterin des Abenteuers ungeduldig. Sie trat vor die Hütte und jauchzte über die stille Almweide hinaus. Sie erwartete die Antwort der anrückenden Burschen. Da sie aber nichts hörte und ein frischer Wind sie frösteln machte, ging sie wieder in die Hütte hinein.

Nach fünf Minuten versuchte sie es erneut. Sie wiederholte ihren Lockruf noch einmal und glaubte nun, in der Ferne eine Stimme zu hören. Erwartungsvoll schlüpfte sie wieder in die Hütte zurück und wartete. Aber in den nächsten zehn Minuten rührte sich nichts.

Beim dritten Mal hörte sie ganz in der Nähe ein fröhliches Stimmengewirr. Sie flitze zurück in die Hütte und versperrte die Tür. Damit wollte sie die Burschen für das lange Warten ein bisschen bestrafen.

Als es an der Tür klopfte, öffnete die Jüngste die Tür. Herein kam nur ein junger Mann, der den Mädchen unbekannt war.

Er war vornehm gekleidet und hatte feine Manieren. Sogleich begann er eine interessante Unterhaltung, aber nicht in der Art, wie sie die drei Mädchen schon den ganzen Tag erwartet hatten.

Als die Jüngste zufällig ihren Blick zu Boden senkte, sah sie zu ihrem Entsetzen, dass der Unbekannte statt der Füße unförmige Hahnenkrallen hatte. Da wurde ihr klar, es war der unheimliche „Zampa di Gallo." Sie erbleichte und sagte, sie wolle nur Holz für den Ofen holen. In Wirklichkeit hetzte sie so schnell sie konnte nach Hause. Atemlos kam sie dort an und konnte kein Wort hervorbringen. Sie legte sich ins Bett und wurde über längere Zeit von einem hitzigen Fieber geplagt.

Die beiden anderen merkten über die angeregte Unterhaltung erst nach längerer Zeit das Verschwinden der Jüngsten. Schließlich sah auch die Mittlere die unheimlichen Hahnenfüße des Besuchers. Sie wandte die gleiche
List an wie die Jüngste an und kam ebenfalls halbtot
daheim an. Sie war heilfroh, dem „Zampa di Gallo"
entronnen zu sein.

Die Älteste war nun allein mit dem schönen
Mann. Bald aber bemerkte auch sie die unheimlichen Füße des Besuchers. Ihr Übermut war im
Nu verflogen. Als auch sie sich wie die zwei
Anderen verdrücken wollte, stellte sich der
schöne Mann, der sich in ein Ungeheuer verwandelt hatte, in die Tür und
herrschte sie an: „Sachte mein Täubchen, du entkommst mir nicht! Du
hast mich gerufen, du sollst die Meine sein." Mit diesen Worten zerriss er
sie in tausend Stücke und verstreute diese
über die ganze Alm. Dann verschwand er
mit ihrer Seele in den Lüften.

Die Eltern erfuhren von den beiden
Mädchen, was sich zugetragen hatte. Sie
gingen auf die Alm und befürchteten das
Schlimmste. Sie kamen aber zu spät und ihr
Schmerz lässt sich erahnen, auch wenn sie
mit dieser Tochter schon die längste
Zeit ihre liebe Not gehabt hatten.

Die beiden jüngeren Mädchen
nahmen sich die Lehre zu Herzen
und wurden brave, gesittete Hausfrauen.

Kindl

Das Karfunkelschloss

Im Fassatal hat der Herrgott seine Schätze in den Berg gesperrt und der gibt den Menschen die Nahrung nur nach harter Mühe frei. Er wird schon wissen warum.

Dort lebte einst eine mächtige Fee, die sich eine prächtige Burg bauen wollte. Also sprach sie: „Kommt herauf ihr Kinder der Finsternis und gehorcht der Stimme eurer Herrin!" Der Berg rüttelte und schüttelte sich. Aus der Tiefe stiegen Karfunkel und Kristalle, die sich allein zu einem prächtigen Schloss fügten. Als die Sonne auf das Werk schien, funkelte es noch schöner, als es sich die Fee erwartet hatte. Sie klatsche bewundernd mit den Händen.

Den größten Karfunkel stellte sie im Schlossinnern in den Kreis von zwölf Kristallen, die sie Planeten nannte. Zum Schluss nahm sie einen Stein mit vier Ecken und stellte ihn vor das Schloss.

Die armen Bauersleute im Tal schauten ehrfurchtsvoll hinauf, und wenn sich jemand bis zum Schloss hinaufwagte, wurde er von der Schlossherrin mit einer Handvoll Edelsteinen beschenkt.

Ein Zauberer aus einem fernen Land hörte vom Karfunkelschloss. Er befragte dazu die Sterne, die ihm auch den Weg wiesen und verrieten, er dürfe den viereckigen Stein beim Eingang auf keinen Fall verrücken, dann würde er im Innern einen kostbaren Stein finden, der einer mächtigen Fee gehörte.

Er machte sich auf den Weg in das Fassatal. Dort richtete er seinen Blick auf alle Steine, um den viereckigen Stein vor dem Karfunkelschloss ja nicht zu bewegen. Schon bald entdeckte er neben dem Weg den besagten Stein. Er hob den Blick und sah das herrliche Schloss. Das Tor war offen und im Inneren blendeten ihn die funkelnden Kristalle.

Er stieg die Treppe hinauf, um die Gastfreundschaft der Schlossherrin nach Art der fahrenden Ritter in Anspruch zu nehmen. Die Fee kam ihm entgegen und lud ihn ein zu bleiben. Der Zauberer war ein ungebildeter Lümmel und sagte sogleich mit frecher Stimme: „Was stehst du herum, du Hexe? Zeig mir deine Schätze! Zuerst will ich den großen Stein sehen!"

Die Fee führte ihn in das Gemach, in dem der Karfunkel lag. Als der Zauberer den Stein sah, sagte er staunend: „Wahrlich, er ist es wert als der große Karfunkel bewundert zu werden. Das ist der Stein meines Lebens. Ich werde ohne diesen Stein das Schloss nicht mehr verlassen!" „So bleibe hier du Tor und stirb," rief die Fee zornig, „du wirst gleich sehen, dass ich mächtiger bin als du!" Sie fasste ihren Zauberstab und rief: „Schließ dich!" Das Burgtor fiel donnernd in das Schloss. Die Fee war verschwunden. Statt ihr kamen zwei schwarze Geister. Sie warfen den Zauberer in einen finsteren Kerker, der nur ein kleines Loch ins Freie hatte.

Er wurde angekettet und bekam weder zu essen, noch zu trinken, starb aber trotzdem nicht. Sein Bart wuchs durch das Fensterloch und wehte im Herbstwind. Im Winter wurde daraus ein Eiszapfen. Als im Frühjahr das Eis schmolz, bauten Schwalben ihr Nest in das Loch.

Nach langer Zeit sah der Zauberer durch das Loch einen Menschen auf das Schloss zugehen. Es war ein wälscher Edelmann, der wegen eines Brudermordes von seinem greisen Vater verflucht und von seinem Gewissen getrieben das abgelegene Fassatal aufgesucht hatte. Er hörte die raue Stimme des Zauberers und sah das Schloss, dann auch den Bart, der aus dem Loch herausragte. Er achtete nicht mehr auf den Weg und stolperte über den viereckigen Stein, der davon ein wenig verschoben wurde. In dem Augenblick versank die Kristallburg mit dem Karfunkel krachend in die Tiefen des Berges.

Der Zauberer stand vor dem zitternden Wälschen und sagte: „Bruder, du hast mir das Leben gerettet, denn dein Fuß hat den viereckigen Stein bewegt und damit ist die verwünschene Burg versunken. Den Karfunkel mag ein anderer holen, ich habe genug davon."

Kindl

Albolìna

Zwischen Canazèi und Penìa im Fassatal leiten dicht mit Fichten besetzte Hänge zur felsigen Dolèda Kuppe. Dort stand einst ein stolzes Schloss, in dem die Adelingen hausten, die Jahrhunderte lang über das Fassatal herrschten.

Einer der Schlossherren hatte ein kränkliches Töchterlein, das trotz der Versuche aller erreichbaren Ärzte und der Heilmittel von weisen Frauen nicht genesen wollte. Als das Edelfräulein siebzehn Jahre alt wurde, verschlechterte sich ihr Zustand derart, dass die Angehörigen die Hoffnung aufgaben. Da traf der Vater auf der Jagd eine Bregostèna, die ihm Heilkräuter anbot. Er erzählte ihr vom Leiden seiner Tochter. „Wenn du mich mit auf das Schloss nimmst, kann ich deine Tochter heilen!", bot sich die wilde Waldfrau an.

Auf dem Schloss angekommen, sah sie sich das Mädchen an und sagte sogleich: „Das Mädchen hat die Nachtkrankheit. Man muss ihm viel Licht geben und Rosenglanz vom Morgenrot." Bisher hatten die Ärzte immer ein abgedunkeltes Zimmer empfohlen.

Da sie die Krankheit benennen konnte, fasste der Schlossherr Vertrauen zur Heilkunst der Bregostèna. Er jagte die Ärzte und weisen Frauen aus dem Schloss und bestimmte, dass alle den Anweisungen der Bregostèna zu folgen hatten.

Als erstes befahl sie, das Mädchen in das sonnigste Zimmer umzubetten und die Vorhänge offen zu lassen. Dann begab sie sich mit den Bauleuten in die Gegend des Fedàja See. Dort ließ sie ein kleines Holzhaus mit Blick zum See bauen, mit großen Fenstern auf allen Seiten und einem rundum laufenden Balkon.

Als das Häuschen fertig war, holte die Bregostèna das kranke Schlossfräulein und beide wohnten nun darin. Das kranke Fräulein wurde beim Morgengrauen von ihr in dicke Pelze gehüllt und auf den Balkon getragen. Dabei konnte sie die Morgenröte gleich doppelt sehen, einmal direkt und einmal im See gespiegelt.

Schon nach sieben Tagen bemerkte der Schlossherr, dass seine Tochter nicht mehr so blass aussah. Als er das der Bregostina sagte, bemerkte diese: „Nun kommt es darauf an, die Mörgenröte auf die Kranke herabzuziehen." Der Ritter war gespannt, wie sie das anstellen wollte. Die Wilde lehrte das Mädchen den Spruch:

„Hell wie das Edelweiß
Feurig wie die Almrosen
Morgenröte, Morgenröte
Komm in meine Augen."

Als das Edelfräulein jeden Morgen diesen Lichtspruch aufsagte, machte die Genesung große Fortschritte. Die Rosenfarbe stieg in das Gesicht des Mädchens, das davon so schön wurde, dass die Angehörigen es fast nicht wiedererkannten.

Nach einiger Zeit erklärte die Bregostèna: „Die Heilung ist nun vollendet, ich gehe jetzt fort." Das passte dem Edelfräulein überhaupt nicht. Seit sie gesund und schön geworden war, gefiel sie sich selbst ganz besonders. Sie genoss es mit größter Freude im Fedaia See ihr Spiegelbild zu bewundern.

Im Geheimen setzte sie die Behandlung fort, bis eines Tages die Bregostèna zufällig des Weges kam, als sie den Spruch aufsagte. „Was fällt Euch ein", rief sie unwillig, „den Morgenzauber darf man nicht zum Scherz ausüben! Das ist nur für Kranke erlaubt. Wisst Ihr was Ihr da tut? Ihr nehmt der Morgenröte die Kraft. Alle Berg- und Wassergeister werden böse auf Euch sein!"

Sie prüfte das Gesicht des Edelfräuleins und fuhr fort: „Ihr habt schon zu viel getan. Einen Teil des Rosenglanzes müsst ihr wieder herausgeben. Wir stellen uns dazu am Abend gegen die untergehende Sonne auf und sagen den Nachtspruch auf, damit das überschüssige Licht aus Eurem Antlitz in den Raum zurückkehrt."

Das Edelfräulein weigerte sich mit Entschiedenheit auch nur das Geringste von der Schönheit ihres Gesichtes herauszugeben. Sie verließ das Häuschen am Fedàjasee und kehrte in das Schloss zurück. Die Bregostèna warnte sie dringend und erhob schließlich zornigen Einspruch.

Der Schlossherr von Dolèda war noch selbstherrlicher und hochfahrender als seine Tochter. Er gab der Tochter recht und erklärte das Verhalten der Bregostèna als bodenlose Unverschämtheit.

Als diese nach einer Weile vorbeikam, um ihren Lohn einzufordern, wurde sie vom Schlossherrn zwar noch bezahlt, dann aber gescholten und zur Tür hinausgejagt. Es wäre ihr sogar noch schlimmer ergangen, wenn sich das Edelfräulein nicht dazwischen gestellt hätte.

Schwer verärgert ging sie auf den Berg Masarè zur Striona, mit der sie befreundet war. Die beiden vereinbarten, den Missbrauch des Lichtzaubers, den Berg- und Wassergeistern zu melden.

Das Edelfräulein war wohl über die Grobheit des Vaters sehr erschrocken, sie vergaß aber den Vorfall bald und wandte weiter den Lichtzauber an, bis ihr Gesicht einen selbstleuchtenden Glanz ausstrahlte. Die Leute nannten sie deshalb Albolìna, das heißt Morgenröte.

Die Berg- und Wassergeister hatten schon gemerkt, dass jemand ohne Rechtfertigung der Morgenröte Licht entnahm. Sie waren darüber sehr beunruhigt. Als sie von der Striona erfuhren, wer es war, hielten sie auf dem Berg Masarè Rat. Obwohl die Bregostèna und die Striona auf strenge Maßnahmen drängten, beschloss man auf Anraten des Alten vom Berge Camerlòi, das Edelfräulein nur zu verwarnen. Die Striona erinnerte daran, dass ihr der Morgenzauber einmal verwehrt wurde, als sie ihn dringend gebraucht hätte. Nur weil es jetzt um ein Edelfräulein handelte, sollte man keine lächerliche Rücksichtnahme üben. Sie wurde aber überstimmt.

Das Edelfräulein Albolìna wohnte in einem Turmzimmer gegenüber dem Collàz. Eines Abends im Hochsommer standen alle Fenster offen. Da hörte sie mehrmals ein seltsames Geschrei, das vom Collàz herüber kam. Als sie die alte Magd fragte, von wem das Geschrei komme, sagte diese: „Das sind die Eulen. Das ist ein ungutes Zeichen!"

Nach Mitternacht, als die Albolìna schlief, flog ein großer Uhu in ihre Kammer und setzte sich auf die Stuhllehne, die gerade im Mondlicht stand. Albolìna erwachte und sah mit großem Schrecken den Uhu mit den funkelnden Augen vor sich sitzen.

Der Uhu begann zu sprechen. „Du übst den Morgenzauber unbefugterweise aus. Die Berg- und Wassergeister haben deswegen eine Wut auf dich. Du kennst auch den Nachtspruch, durch den das Licht wieder freigegeben wird, das du dir zu Unrecht genommen hast. Sage ihn sofort auf und lass das Licht, das du geraubt hast, wieder in die Nacht hinaus!"

Albolìna überlegte ein wenig, dann übermannte sie aber wieder der Trotz. „Licht und Schönheit wieder hergeben, auch nur zum Teil? Nein auf keinen Fall!", entgegnete sie trotzig. Da redete der Uhu wieder. Er mahnte sie, nachzugeben und ihr Unrecht gutzumachen.

Nach kurzer Zeit trafen weitere Eulen ein und nahmen mit glotzenden Augen in der Kammer Platz. Albolìna erschrak noch mehr als vorhin, beharrte aber halsstarrig darauf, das Licht nicht herauszurücken.

Als die Eulen erkannten, dass die Alboloina nicht nachgeben wollte, flogen sie unter wildem Kreischen in die Nacht hinaus.

Erst jetzt getraute sich Albolìna laut um Hilfe rufen. Als die alte Magd hereinkam, erzählte sie ihr den Vorfall. Die Alte meinte: „Das war wohl ein böser Traum, aber es wird noch schlimmer kommen." Albolìna konnte nicht mehr einschlafen. Am Morgen wollte sie mit ihrem Vater darüber reden. Wenn der die Sache auch gefährlich einschätzen würde, bliebe wohl nichts anderes übrig als nachzugeben. Vom Rosenglanz wollte sie aber nicht einmal einen kleinen Teil herlassen.

Der nächste Tag war wunderbar klar. Als Albolìna ihrem Vater den Vorfall erzählte, lachte dieser und zerstreute mit ein paar spöttischen Worten die Angst der Tochter. „Lass dich nicht bange machen, der Morgenzauber hat dir gut getan. Willst du ihn etwa aufgeben, nur weil du von Eulen geträumt hast? Tu was dich freut und wünsche den Eulen das nächste Mal eine gute Nacht!"

Albolìna machte mit dem Morgenzauber weiter und wurde noch schöner. Der Rosenglanz gab ihr einen überirdischen Ausdruck.

Einmal ritt der Schlossherr mit seiner Tochter und mit ein paar Jägern zur Jagd. Es war Herbst und ein eiskalter Wind fegte über die Bergrücken. Am Nachmittag wurden alle von einem Schneesturm überrascht. Die Pferde kamen kaum noch vorwärts. Der Schlossherr wollte mit den Seinen in der nächsten Almhütte Unterschlupf suchen.

Die Hütte war bereits versperrt, weil Vieh und Senner schon im Tal unten waren. Als sie endlich die Hütte aufgebrochen hatten, bemerkte der Schlossherr, dass seine Tochter fehlte.

Er geriet in wilde Aufregung und schimpfte seine Leute. Dann rannte er hinaus um das Mädchen zu suchen. Die Anderen suchten ebenfalls. Mehrmals glaubten sie schwache Hilferufe zu hören, aber im tobenden Schneesturm verlor sich jede Spur.

Am nächsten Tag schickte der Schlossherr Suchmannschaften in alle Richtungen aus. Es half aber nichts, das Edelfräulein blieb verschollen.

Halb zerstört vor Kummer kehrte der Schlossherr in das Schloss zurück, um weitere Maßnahmen zu treffen. Auf dem Schloss war inzwischen ein fremder Prinz eingetroffen, der um die Hand von Albolìna anhalten wollte. Nach der Begrüßung sagte er: „Ich habe erfahren, dass Eure Tochter den Rosenglanz der Morgenröte im Gesicht hat und das ist das Schönste was es auf Erden gibt!

Als man dem Prinzen vom Verschwinden der Albolìna erzählte, beteiligte er sich ebenfalls an der Suche. Sie mussten aber erkennen, dass dies in der zugeschneiten Landschaft vergebens war. Man vermutete, Albolìna sei entführt worden.

Mit dieser Vermutung lagen sie richtig. Der Knecht, der ihr Pferd führte, hatte es losgelassen, um beim Aufbrechen der Hütte zu helfen. Als die Tür krachend brach, scheute das Pferd und rannte in den Nebel hinaus. Albolìna brachte das Pferd nach einem langen Galopp zum Stehen. Sie war aber bereits so weit abgeirrt, dass sie nicht mehr zur Hütte zurückfinden konnte.

Im dichten Nebel sah sie Schatten schnell näher kommen. Sie erkannte sofort, dass es Bergunholde waren. Oft genug hatte sie von ihnen erzählen gehört. Die Bergunholde sind unförmige Gestalten, bald Kugeln, bald Säcke. Obwohl sie statt der Hände und Füße nur Stümpfe haben, sind sie sehr behende und können noch flinker laufen als die Gämsen auf den Steilhängen und Schrofen. Sie turnen gerne auf den Bergspitzen herum und rollen sich dann die Berghänge hinunter bis in den Wald, wo sie verschwinden. Am häufigsten sieht man sie im Herbst und wenn ein Unwetter aufzieht.

Den Menschen sind sie feindlich gesinnt. Sie schleudern ihnen oft Steine nach und rauben junge Mädchen oder kleine Knaben, die sie in unzugängliche Höhlen in den Bergen verschleppen.

Kaum hatte Albolìna die Bergunholde gesehen, trieb sie ihr Pferd an um zu fliehen. Das Pferd galoppierte davon, aber die Bergunholde waren schneller und griffen ihr in die Zügel. Dann berieten sie, wo sie hingebracht werden sollte. Zunächst ritten sie nach Sakòy, suchten dann noch mehrere Orte auf, bis sie nach Kyumèna kamen.

Dort riefen sie in den Wald hinein, worauf sofort sieben Bergunholde heraustraten, unter denen auch die Heilerin von Albolìna war. „Haben wir dich mein Täubchen", sagte sie, „jetzt wirst du lernen, geraubtes Zeug wieder herauszurücken!"

Albolìna ahnte nun, dass man sie zwingen würde, auf den Morgenzauber zu verzichten. Sie sah sich um, ob eine Möglichkeit zur Flucht bestand, aber die Bergunholde ließen ihr Pferd nicht los und führten es langsam über die Felsen bis an die Schlucht des Grepabaches. Dort trat die Oberhexe Striona vom Masarè hinter einer Ecke hervor. Sie fuchtelte mit ihrem Besen und schrie Albolìna ins Gesicht: „Da bist du ja, du undankbare gierige Göre! Warte nur, ich werde dir schon Vernunft beibringen!"

Die Bergunholde lachten. Einige von ihnen hatten den Bach bereits überschritten. Die Anderen zogen und schubsten das Pferd der Albolìna über den reißenden Bach. In der Mitte stürzte es und Albolìna versank in den tosenden Fluten. Dabei sah sie mehrere Frauengestalten aus den Fluten auftauchen, die totenbleich waren. Von ihren weißen Gewändern rann das Wasser. Eine von ihnen sagte: „Sieh dir an, wie wir aussehen! Blass und schwach sind wir geworden, weil du uns die Morgenröte gestohlen hast. Wenn du nicht bald nachgibst, gehen wir zugrunde!"

„Wer seid ihr denn?", wollte Albolìna wissen. „Man nennt uns Yarìnes", sagte eine, „wir wohnen in den Gewässern. Wenn es heftig regnet wie heute, steigen wir heraus und sehen uns die Blumen an. Ohne uns gäbe es nicht so viele und schöne Blumen. Sei bitte so gut und lasse uns die Morgenröte!"

„Wenn ihr die Morgenröte so dringend braucht, will ich euch nicht mehr berauben. Ich verspreche euch, dass ich den Morgenzauber nicht mehr anwenden werde!"

Als sie dieses Versprechen gegeben hatte, trieb sie auf eine Baumwurzel zu, die ins Wasser ragte. Sie hielt sich daran fest und konnte sich auf das Ufer retten. Sie wollte gerade fliehen, da kamen die Bergunholde mit der Striona zurecht. Sie zerrten die Albolìna eine steile Felswand hinauf bis zu einem Gesims, auf dem man kaum stehen konnte. Hier griff ihr nun die Striona mit ihrer spitzkralligen Hand an die Kehle und befahl: „Sag sofort den Nachtspruch auf, damit die Morgenröte, die du gestohlen hast, wieder frei wird!"

Die Albolìna war über dieses Vorgehen empört und weigerte sich, den Nachtspruch aufzusagen.

„Du hast es ja den Yarìnes versprochen!", beharrte die Striona. „Das ist nicht wahr", beteuerte die Albolìna, „ich habe nur versprochen den Morgenzauber nicht mehr auszuüben!"

„Du willst behalten, was du gestohlen hast? Du vermessenes Weibsstück!", schrie jetzt die Striona wütend. „Deinen Trotz werden wir dir schon noch austreiben. Wir werden dir Hände und Füße lähmen und dich an eine westliche Felswand bannen. Dort wirst du kleben und frieren bis du den Nachtspruch aufsagst und das gestohlene Licht herausgibst!"

Die Striona wartete die Wirkung ihrer Rede ab. Schließlich fragte sie: „Willst du nachgeben? Sag ja oder nein!"

„Ich sage nein!", trotzte die Albolìna. Auf dieses Wort hin erhoben die Bergunholde mit der Striona ein entsetzliches Geschrei, das sie mit Zauberzeichen begleiteten. Albolìna fühlte, wie das Leben aus ihren Händen und Füßen wich. Sie hing jetzt kraftlos und wie angeklebt an der Wand. Die Bergunholde und die Striona entfernten sich mit bösen Witzen und spöttischem Lachen. Darüber musste sich die Albolìna noch lange ärgern.

Inzwischen wurde es tiefe Nacht. Der Regen hatte aufgehört. Da schwebte der Uhu herbei und setzte sich so vor den Mond, dass der Schatten ganz bedrohlich auf Albolìna fiel. Da erschrak sie sehr. Der Uhu sagte ganz ruhig: „Kennst du mich noch? Wir haben schon einmal miteinander gesprochen, im Schloss auf Dolèda." „Ja, ich weiß", sagte sie matt. „Hättest du damals meinen Rat befolgt und nachgegeben, wärest du jetzt im Schloss geborgen und dein Vater bräuchte nicht mit tausend Ängsten die ganze Gegend nach dir abzusuchen."

„Ja, es wäre besser gewesen", gab sie zu. „Es ist gut, wenn du es einsiehst", fuhr der Uhu fort, „deine Lage hat sich verschlechtert, aber wenn du den Nachtspruch aufsagst, kannst du dich befreien."

„Das werde ich nicht tun, weil ich mich vor der Striona nicht beugen will!", erwiderte Albolìna stolz.

„Gute Nacht!", sagte der Uhu und flog lautlos in die Nacht hinaus. In Angst und Unruhe verbrachte Albolìna den Rest der Nacht. Gegen Mittag war sie dann so erschöpft, dass sie glaubte, ihr Ende sei gekommen.

Am Nachmittag kamen mit einem leichten Regen wieder die Yarìnes. Sie brachten in Blumenkelchen Tau herbei, um Albolìna zu stärken. „Wir haben ihn heute früh auf der Ostseite gesammelt, denn du hast uns versprochen den Morgenzauber nicht mehr auszuführen. Wir haben deshalb schon viel mehr Tau gefunden. Er wird dich stärken und damit kannst du es jahrelang hier oben aushalten. Wir helfen dir, weil auch wir mit der Striona im Streit liegen."

Albolìna nahm den Tau und dankte ihnen. Einen kalten Winter, einen heißen Sommer und auch den darauf folgenden Herbst blieb sie an die Wand gebannt. Sie hörte, wie die Senner mit dem Vieh ins Tal zogen. Da beschlich sie eine tiefe Wehmut.

In einer rauen Spätherbstnacht wurde sie von eigenartigen Lauten aufgeschreckt, die vom gegenüber liegenden Felsen herüberhallten. Dort hing ein Soldat in der Wand und konnte wegen der Finsternis weder vor, noch zurück. Er rief nach seinen Gefährten, doch diese konnten ihn nicht hören.

Da begann Albolìna ein Gespräch mit ihm. Sie erzählte ihm, dass sie schon lange an den Felsen gebannt sei.

Der Mann erklärte: „Ich bin ein Arimanne, ein Soldat des Schlossherrn. Ich hätte auf den Berg Contrìn hinaufgehen sollen, um die Wache abzulösen. Aber es ist so dunkel. Ich bräuchte dringend eine Fackel, sonst stürze ich in der Finsternis ab."

Als Albolìna diese Worte hörte, dachte sie, dass sie dem armen Soldaten wohl helfen könnte, wenn sie den Nachtspruch aufsagen und die Morgenröte freigeben würde, die sie im Gesicht trug. Schnelle Hilfe war notwendig, denn lange konnte sich der Soldat wohl nicht mehr in der steilen Wand halten. Sie beschloss ihm zu helfen.

Kaum hatte sie den Nachtspruch gesprochen, leuchtete dem Soldaten ein rosarotes Licht, mit dem er die schwierige Stelle überwinden konnte und auf den Steig gelangte. Er wollte seiner Retterin noch danken, aber er sah sie nicht mehr, denn das Licht war schon wieder erloschen.

Er holte die Kameraden ein und erzählte ihnen von seiner wundersamen Rettung. Als sie auf Contrìn ankamen, trafen sie dort zwei Schildknappen des Schlossherrn von Dolèda. Diese wussten sogleich, dass die Abolìna die Retterin gewesen sein musste. Sie eilten nach Hause, um dem Schlossherrn davon zu berichten.

Der rief sofort eine Suchmannschaft zusammen, an der sich auch der Prinz beteiligte, der immer noch im Schloss Gastfreundschaft genoss. Sie nahmen die Pferde und erreichten schon nach kurzer Zeit Kyumèna.

Albolìna war mit der Abgabe des Morgenlichtes frei geworden. Die unsichtbaren Fesseln hatten ihre Kraft verloren. Sie kam aber nur bis zum Steig, dann musste sie sich für eine Zeit hinsetzen, denn sie war durch die lange Bewegungslosigkeit das Gehen nicht mehr gewohnt. Diesen Ort nennt man Loypàusa, das heißt: Hier wird gerastet. Die Hirten kommen immer auf Albolìna zu sprechen, wenn sie in diese Gegend geraten.

Gegen Mittag fand sie der Vater mit seinem Suchtrupp an dieser Stelle. Sie mussten wegen des schwierigen Steiges zu Fuß gehen und die Pferde führen. Nur Albolìna setzen sie auf ein Pferd.

So kam Albolìna nach Dolèda zurück. Den Morgenzauber hat sie nie wieder ausgeübt. Den Prinzen hat sie trotzdem für immer verzaubert. Der Felsen an dem sie dreizehn Monate festgebannt war, heißt heute noch Croda de Albolìna. Er befindet sich über dem Pìan dal Pènt, unweit von Fontanàz.

Wolff – 1969

Eisenhand

„Zergangen ist meines Herzens We
seit dass nun fliessen will der Snee,
ab Seuser Alben........
Ich hör die Voglin gros und klein
in meinem Wald umb Hauenstein!"
Oswald von Wolkenstein

In den Dolomitentälern erzählt man sich seit urdenklichen Zeiten die Sage von einem alten Sänger, der wiederkommen wird, wenn die verheißene Zeit beginnt. Da ist vom König von Contrìn die Rede und auf der Seiser Alm soll es der Oswald von Wolkenstein sein. Dazu gehört auch die Geschichte von der Eisenhand und Antermòya.

Als Oswald noch ein kleiner Bub war, weissagte ihm eine Wahrsagerin, er könne ein großer Sänger werden, wenn er das Harfenspiel erlernte. Ein rechtes Glück und Frieden im Leben würde er dafür aber nicht finden. Wenn er jedoch nie ein Instrument anrührte, wäre ihm ein heiteres Leben beschieden. Seine Mutter trug ihn deshalb als Wickelkind nach Kedùl hinauf zu den Wildfrauen, die ihm die Hände verzauberten, sodass er wohl gut im Umgang mit Schwert und Lanze war, aber niemals ein Instrument zum Klingen bringen konnte.

Als er in späteren Jahren in geselliger Runde seine Lust auf das Musizieren entdeckte, zerbrach jedes Instrument unter seinen Händen. Man nannte ihn deshalb Eisenhand. Er war ein rauer unternehmenslustiger Geselle und streifte meistens in den Wäldern herum.

Eines Tages stieg er vom Durontal auf den Molinyòn Berg hinauf, um Gemsen zu jagen. Um die Mittagszeit, als alles still war, gelangte er auf eine kleine reichblühende Fläche, auf der von einem Instrument begleiteter Gesang zu hören war. Als er vorsichtig näher trat, entdeckte er eine wunderschöne Elfe in einem silberglänzenden Gewand. Sie saß singend und spielend zwischen den Blumen. Er wagte kaum zu atmen, um sie nicht zu stören.

Beim Sonnenuntergang verschwand die Sängerin und der Blumenhang. Am nächsten Tag waren Beide wieder da. Oswald stieg nun jeden Tag auf den Molinyòn hinauf und hörte aus angemessener Entfernung der Elfe zu. Diese hatte ihn aber schon längst bemerkt und sich darüber gefreut, dass er so rücksichtsvoll blieb.

Nach sieben Tagen sprach sie ihn an: „Wer bist du? Gefällt dir meine Musik?" Er erzählte ihr von seinem Leben und auch von seinem Problem mit den Händen, die zu seinem größten Leidwesen nicht dazu taugten, einem Instrument herrliche Musik zu entlocken.

Die Elfe sah seine Hände nachdenklich an und meinte darauf: „Auf deinen Händen lastet ein schwerer Zauber, der nur durch großes Leid gebrochen werden kann. Das Leid wäre aber so furchtbar, dass ich dir wünsche, du mögest nie in deinem Leben lernen, auf einem Instrument zu spielen!"

Einige Monate später schaute Oswald bei seiner Mutter auf der Trostburg vorbei. Er erzählte ihr, dass er sich mit einem wunderschönen Fräulein in den Bergen oben verlobt hatte. Die Mutter wollte wissen, woher das Fräulein war und wie es hieß. Darüber konnte Oswald aber keine Auskunft geben.

Als er das nächste Mal die Elfe auf dem Molinyòn traf, fragte er sie nach ihrem Namen und ihrer Herkunft. „Wie ich heiße, darfst du nie erfahren, denn sonst müsste ich fort von hier und könnte dich nie mehr sehen. Woher ich bin, darfst du erfahren. Ich stamme aus dem versunkenen Rosengarten."

Mit diesem Bescheid kam Oswald wieder zu seiner Mutter, die davon aber nicht begeistert war. „Es gibt keine wahre Gemeinschaft zwischen Menschen und Berggeistern", sagte sie mit Nachdruck.

Nach mehreren Monaten kehrte Oswald einmal von der Jagd heim. Er musste sich dabei durch ein finsteres Latschendickicht quälen. Da entdeckte er plötzlich ein Feuer, um das einige Leute saßen. Es waren Christànes, die nur noch in den unzugänglichsten Winkeln auf den einsamsten Bergen hausen.

Er wollte sie belauschen, da er schon als Kind gehört hatte, dass sie von den Bergen und ihren Wundern viel mehr wussten als die Menschen. Als er sich vorsichtig der Gruppe näherte, hörte er eine Christàna sagen: „Die alte Wolkensteinerin hat gemeint, es klug zu machen, als sie ihrem Sohn die Hände verzaubern ließ. Aber jetzt will er die Antermòya heiraten. Damit geht der ganze Zauber in die Brüche."

Antermòya! - Damit hatte Oswald schon zu viel gehört.

Als er ein paar Tage später mit seiner Verlobten redete, nannte er sie in seiner Gedankenlosigkeit beim Namen. Die Elfe begann zu klagen und zu weinen. „Du hast eine große Dummheit begangen! Ich muss nun für immer fort", jammerte sie. Zum Abschied schenkte sie ihm noch ihre Harfe.

Sie setzte sich aber noch einmal mitten in den Blumenhang und sang zum letzten Mal das Lied, das Oswald das erste Mal von ihr gehört hatte. Während er bekümmert zuhörte und noch nicht recht begreifen konnte, was sie gesagt hatte, brach der Boden auf. Schwarze Wassermassen stürzten hervor und bildeten einen dunklen See, der den Blumenhang und die Elfe verschlang.

Drei Tage lang irrte Oswald todtraurig um den See herum. Am dritten Tag nahm er die Harfe und begann darauf zu spielen und ein Klagelied zu dichten. Und siehe da, er beherrschte das Instrument wie kein anderer.

Der Zauber über seine Hände war nun gebrochen. Damit hatte sich aber auch sein Lebensschicksal gewendet. Von nun an streifte er ruhelos durch fremde Länder und über Meere, ein rechtes Glück und den inneren Frieden konnte er fortan nirgends mehr finden. Doch auf der Harfe kam ihm niemand gleich. Es hat nach ihm nie mehr einen größeren Spielmann gegeben.

Wolff - 1969

329

Völser Geschichten

Wie Völs entstand

Hinter dem Hügel auf dem das stattliche Dorf Völs entstanden ist liegt der Peterbühl. Auf diesem war zu heidnischen Zeiten ein Götzentempel, um den herum die ersten Siedler hausten.

Als die Heiden zum Christentum bekehrt wurden, hat man aus den Steinen des Tempels eine Kirche gebaut und diese dem Apostel Petrus geweiht. Aus dieser Zeit stammt das Kirchlein, das zu den ältesten des Landes zählt.

Die Alten erzählen, dass sich einmal Juden dort ansiedeln wollten. Da ihnen aber auf dem trockenen Hügel nur Unkraut gewachsen ist, sind sie weiter abgezogen.

Paulin – 1937

Der Schatz auf dem Michealer Hof in Völseraicha

Der Michealer pflügte mit einem Ochsengespann seinen Acker. Auf einmal stockte das gemächliche Gespann. Der Bauer hieß den Knecht die Ochsen antreiben. Der schimpfte und drosch auf die armen Tiere ein. „Teufel hü, Tschugg hü!", schrie er dazu.

Da zogen die Ochsen an, als wenn nichts gewesen wäre. Die Pflugschare sprang für einen Augenblick aus dem Boden. Die hatten sich am Griff eines großen Topfes aus Glockengussmaterial verfangen. Der Topfdeckel verrutschte ein wenig und der Bauer sah darin Goldfüchse blinken. Dann aber warf der Pflug schon wieder Erde über den Topf, der sofort in der Tiefe verschwand.

Über den Acker her hörten der Bauer und sein Knecht jemanden weinen und klagen: „Hättet ihr, in Gottes Namen, gesagt, statt so fürchterlich zu schimpfen, hätte der Topf voll Goldstücke euch gehört und ich wäre erlöst worden! Jetzt muss ich weitere hundert Jahre büßen!"

„Ach und weh", hörten die beiden von weitem her klagen, „nie kein reicher Michealer mehr, bis in die neunte Generation!" Diese Vorhersage ging bald in Erfüllung. Die Michealer hausten abwärts und mussten bald Haus und Hof verkaufen.

Heyl – 1897

Das verlorene Kind

In Völs schickten Bauersleute ihre Magd mit dem Neugeborenen auf eine Wallfahrt nach Maria Trens. Sie gaben ihr Geld für die Reise und wie es sich gehörte, auch eine Spende für den Wallfahrtspfarrer.

Bei der Waidbrucker Kirche machte die Magd in der Mauer ein Loch, legte das Kind hinein und deckte es mit Laub zu. Anschließend setzte sie die Wallfahrt fort. In Trens überreichte sie dem Pfarrer die Spende, kaufte drei Andenkenbildchen, betete ein wenig und kam schließlich ohne Kind heim. Die Leute merkten es sofort und dachten sich: „Die Magd spinnt jetzt total!"

Die Bauersleute machten sich nun selbst auf den Weg nach Trens, um zu sehen wo das Kind geblieben war. Als sie nach Waidbruck kamen, meinte die Bäuerin: „Da ist ein Marienbild drinnen, gehen wir hinein und beten ein Ave Maria." Während des Gebetes hörten sie ein Kind weinen.

Der Bauer erschrak: „Es wird doch hoffentlich nicht das Jesukind auf dem Altar oben weinen?" Dann merkte er, dass das Weinen von der Seite kam. Er kniete nieder, schob das Laub beiseite und da kam das eigene Kind zum Vorschein.

Die Bauersleute setzten ihre Wallfahrt nach Trens fort, um der Mutter Gottes dafür zu danken, dass sie das Kind wohlbehalten wiedergefunden hatten.

Die Magd hatte auch weiterhin nicht alle Tassen im Schrank, war aber im Grunde eine gutmütige Seele. Die Bauersleute haben ihr deswegen verziehen und sie bis an ihr Lebensende im Hause behalten.

Direder Mai – Petzold - 1993

Die versprochene St. Anton Kapelle

Vor vielen Jahren lebte in Völs ein hoch angesehener adeliger Pfleger. Er war der Stellvertreter und die rechte Hand des Richters auf Schloss Prösels.

Einmal passierte dem vornehmen Herrn etwas ganz eigenartiges. Er wollte mit seiner hochschwangeren Frau auf Schloss Prösels hinüberreiten, denn sie wollte das Kind dort zur Welt zu bringen.

Als er ihr auf das Pferd geholfen hatte, scheute dieses aus unbekanntem Grund und stob in Richtung St. Konstantin davon. Zu ihrem Unglück hatte sie wenig Übung im Reiten und geriet in größte Gefahr. Sie hielt sich krampfhaft an der Mähne des Pferdes fest und schrie jämmerlich um Hilfe.

Der Pfleger fürchtete um das Leben seiner Frau und dem des ungeborenen Kindes. Er sah ein, dass durch Menschenhand keine Hilfe mehr möglich war. Deswegen kniete er betend nieder und flehte zu Gott und zum heiligen Antonius von Padua um Hilfe und Rettung. Er versprach im Falle einer Rettung seiner Frau, an der Stelle wo das Pferd stehen bleiben würde, eine Kapelle zu Ehren des heiligen Antonius zu bauen.

Das Pferd beruhigte sich dreihundert Klafter weiter in einem Wäldchen und rührte sich nicht mehr von der Stelle. Ein Waldarbeiter, der dort gerade arbeitete, half der zitternden Frau vom Pferd.

Der glückliche Pfleger hielt sein Versprechen und baute die schöne Kapelle, die dem Ort den Namen gegeben hat und noch immer die Gegend schmückt.

Mahlknecht – 1978

Das Gefängnis auf dem Bauernhof

Im Jahre 1667 war es im Sommer sehr trocken. Monatelang fiel kein Tropfen vom Himmel. Auf den Feldern verdorrte die Saat und die Wiesen wurden gelb. Jedes leichte Lüftchen jagte Staubwolken auf.

Eine Bäuerin in Völseraicha erkannte als Ursache ihre Magd. Dem Richter gestand sie, der Herrgott selber habe es ihr in den Sinn gegeben, warum es nicht regnete, nämlich weil sie eine Hexe zur Magd im Haus hatte.

Sie jagte die Magd aus dem Haus und schon begann es zu regnen. Das war für die Bäuerin der sichere Beweis, dass sie sich nicht getäuscht hatte. Als ihr die Magd tags darauf auf dem Weg begegnete, packte sie wegen der großen Schäden die blanke Wut. Sie nahm einen Stein und zertrümmerte der Magd den Schädel.

Der Richter verurteilte sie dafür anstatt zum Tode, zu lebenslangem Gefängnis. Das Urteil hat wie folgt gelautet: „Ihr Mann muss sie in einer extra hergerichteten Kammer lebenslang eingesperrt halten und sie mit dem notwendigen Essen versorgen. Damit die Verrückte ja keine Möglichkeit hat, weiteres Unheil zu stiften, wird ihr an den Fuß eine Kette geschmiedet, die unlösbar mit dem Boden verbunden wird. Der Schlüssel ist der Gerichtsobrigkeit in Gewahrsam zu übergeben."

Fink 1986

Die Völser Hexe

Die traurige Geschichte der verurteilten Hexen hat sich in Resten in der Überlieferung bis auf die heutige Zeit erhalten. Maria Rier, die Ebnerbäuerin von Völs, hat sie von ihrer Mutter erfahren. Von den vielen Anschuldigungen in den Hexenprozessen ist das Wettermachen, der Milchzauber und der Krankheitszauber geblieben. Die andern Verbrechen wurden sicher aus Rücksicht auf die fast immer mit anwesenden Kinder, weggelassen. Lassen wir die Frau Rier zu Wort kommen:

„Mein Vater war passionierter Bienenzüchter. Für das Geschäftliche, das heißt das Honigverkaufen, war die Mutter zuständig. Schon damals war Konstantin ein beliebter Sommerfrischort und damit auch für Honig eine gute Absatzmöglichkeit."

„Die Mutter schulterte auf einem Mühlkragsl[201] eine Blechkanne mit Honig und trug noch in beiden Händen kleinere Kannen. Mein Bruder Tonl und ich mussten mitsammen auch eine Kanne tragen."

„So beladen nahmen wir den kürzesten Weg über den Völser Weiher. Auf der Wofa[202] beim Wegkreuz sagte die Mutter: „Da müssen wir ein „Vater Unser" beten, damit wir gut vorbeikommen, denn das ist ein Hexenplatz."

„Beim Weitergehen erzählte sie dann von der Prafunzer Hexe, die mit der Pemmerer Hexe auf dem Ritten ihr Unwesen getrieben hatte und damit den Menschen grosse Schäden anrichtete. Sie molken aus dem Polsterzipfel die Milch fremder Kühe, die dann den reichen Obervölser Bauern gefehlt hat. Wenn sie schlecht aufgelegt waren zauberten sie, dass die Kühe Blut statt Milch gaben."

„Auf der Wofa kamen sie oft mit Hexen aus anderen Orten zusammen und berieten, was sie in dieser Woche zum Schaden der Menschen anstellen könnten. Im Sommer machten sie wilde Wetter mit Hagel, um den Bauern die Ernte zu vernichten und um mit Blitzen die Gehöfte einzuäschern. Dabei mussten sie sich immer beeilen, das Unwetter in vollem Gang zu haben, bevor die große Glocke von Völs läutete. Denn dann hatten die Zaubersprüche keine Wirkung mehr."

„Bei kleineren Veranstaltungen trafen sich die Hexen beim Hexenstein hinter dem Völser Weiher."

„Wenn die Sarner Hexen auftauchten und auch noch viel Volk aus anderen Gegenden angefahren kam, fuhren alle auf ihren Besen auf den Schlern. Dort ging es richtig auf mit Essen, Trinken, Tanzen und Feiern."

„Damit waren wir in Konstantin angelangt. Die Mutter lieh beim Wölfl eine Waage und begann mit dem Verkaufen. Bei den Sommerfrischlern[203] hat es sich schnell herumgesprochen und so kamen die Frauen mit ihren Gläsern um den guten Honig zu kaufen. Wie richtige Verkäufer fühlten wir uns, mein Bruder und ich. Wir bedauerten nur, dass die bäuerliche Bevölkerung nicht Honig kaufen konnte, weil sie damals dazu das Geld nicht hatte."

„Vom Honigerlös jenes Sommers konnte sich die Mutter die Küche mit einem Sparherd[204] neu einrichten."

„Der Vater erzählte uns dann auch noch vom Riader Goggl[205], der beim Fraß unten

---

[201] Traggestell für schwere Lasten

[202] Hexenplatz neben dem Völser Weiher

[203] Feriengäste

[204] Geschlossener Herd - hat weniger Holz verbraucht

[205] Völserried

und beim Pitschlmann hinter dem Peterbühl gehaust haben soll. Dem Pitschlmann soll er sogar das Anwesen angezündet haben."

„Das sind die Erinnerungen aus der Vorschulzeit. In der Schule haben wir dann vom unsinnigen Hexenwahn erfahren, bei dem vor allem Frauen mit der Folter dazu gebracht wurden, die unsinnigsten Schandtaten zu gestehen."

Maria Rier – Ebnerin - Völs

Der Hexenstein beim Völser Weiher

Am Rand des Völser Weihers in Richtung Seis gibt es im Wald einen schönen Platz mit einem Stein, den sich die Hexen ausgesucht haben.

Nach einem sehr heißen Sommertag wollte der Pfarrer von Völs noch einen Spaziergang in den Wald machen. Er legte sich neben diesem Stein in das Moos um ein bisschen auszuruhen. Dabei ist er eingeschlafen.

Als er aufwachte, war es so finster, dass an ein Nachhausegehen nicht mehr zu denken war. In dieser Gegend war es aber nachts nicht geheuer. Der Pfarrer hatte keine Angst. Er beschloss deshalb, im Wald zu übernachten.

Das war sehr leichtsinnig. Er befand sich unmittelbar neben dem Hexenplatz und diese waren schon im Anzug. Von weitem hörte er lautes Lachen und die Stimmen kamen näher. Auf dem Hexenplatz neben ihm wurde es lebendig. Ein Feuer wurde entfacht und schon tanzte die ganze Horde drum herum. Eine Hexe entdeckte den Pfarrer. Sie schrie:

„Ein Pfaff[206], ein Pfaff!" Die ganze Horde fiel über den Pfarrer her und richtete ihn übel zu. Er gab bald kein Lebenszeichen mehr.

Der Kooperator schlug Alarm, als er bemerkte, dass der Pfarrer beim Zunachten nicht heimgekommen war. Mehrere Völser Bürger mit Fackeln und Laternen begleiteten den Kooperator. Erst beim Morgengrauen kam die Gruppe zum Hexenplatz und entdeckte dort den Pfarrer tot am Boden liegend, die Haare ausgerissen, überall zekratzt und zerschunden. Der Talar des Pfarrers war in tausend Stücke gerissen. So haben sich die Hexen gerächt, weil er ihnen öfters mit seinem Segen das Unwettermachen verleidet hatte.

Heyl 1897

Wie in Völser Aicha einer Hexe der Garaus gemacht wurde

In Völser Aicha ging einmal ein fürchterliches Gewitter mit Blitz, Donner und Hagelschauer nieder. Dafür waren die Hexen verantwortlich. Sie richten aus reiner Bosheit bald hier, bald dort größte Schäden an.

Dem Mesner zerstörte der Blitz den Stadel und wer nicht rechtzeitig unter ein Dach kam, hatte von den nussgroßen Hagelkörnern Kopf und Arme voll blauer Flecken.

Die Feuerhunde[207] auf dem offenen Herd glühten. Das war immer ein sicheres Zeichen, dass die Hexen das Wetter verursacht hatten.

In den Äckern schwemmte das Unwetter tiefe Gräben aus. Auf den Feldern lagen Baumstämme, die aus dem Wald angeschwemmt waren. Auch Fuhrwerke und Arbeitsgeräte lagen verstreut herum.

Die Ackerränder waren fast nicht mehr zu erkennen. Der Hagel lag mehr als knöcheltief und glatt war es, wie auf einer vereisten Fläche.

Die Leute waren sehr zornig, denn sie wussten sehr schnell, wer die Verursacher waren. Besonders die Mesnertochter regte sich mächtig auf.

„Jetzt werde ich das elende Weibsstück erhängen", stieß sie zornig hervor und nahm eine Laterne, weil es schon finster wurde. Sie stieg in den Turm und läutete die Glocke ganz langsam. Damit entstehen große Recken[208], die den Hexen mächtig zusetzen, weil sie da keinen Atem bekommen.

Als das Wetter vorbei war, stieg die Mesnertochter vom Turm und sagte zu den Leuten, die vor ihre Haustüren kamen: „Kommt mit zum Wiesner Hof!"

Etliche gingen mit ihr. Als sie zur kleinen Lacke unter dem Wiesner Hof kamen, lag die alte Wiesnerin mit ihrem Besen mitten drinnen. Das Gesicht war kohlschwarz verbrannt. Als die Leute die Schauerkugeln genauer ansahen, war in jedem ein graues Haar von der Hexe.

Heyl 1897

---

[206] Priester

[207] Eisengestell auf dem offenen Herd unter den Pfannen und Töpfen

[208] Zwischenzeit von einem Glockenschlag zum anderen

Die Völser Butterhexen

In Völs lebten vormals zwei Hexen. Die eine war das „Tschelener Buggala" und die andere war die „Knappin", so genannt, weil ihr Mann ein Bergknappe war. Beide hausten in Untervöls und waren als üble Hexen von allen gefürchtet.

Öfters gingen sie zusammen betteln. Sie lebten nicht schlecht damit, da sich niemand recht traute, die unheimlichen Weiber abzuweisen. Die Bauern wussten, dass die beiden sich doch alles nahmen, wonach ihnen gelüstete.

War eine Bäuerin gerade beim Buttermachen und gab den beiden nicht einen schönen Teil davon, stellten sie sich in einen Winkel und begannen mit krähender Stimme zu singen:

„Die Bäuerin schlegelt Butter, juche
sie macht aber keinen Butter, o weh
sie buttert und schlegelt und schlegelt, o Graus
statt der Butter ist im Kübel eine grausige Maus!"

Die Butterknollen zauberten sie in ihre Schnappsäcke. Der Bäuerin blieb nur die Buttermilch in der eine Maus zappelte. Die Butter boten sie feil und verdienten ein schönes Geld damit.

Einmal kehrten sie beim Schlösslwirt ein und fragten um ein Nachtlager. Der Wirt getraute sich nicht, die beiden Weiber abzuweisen. Er führte sie in ein Zimmer, steckte ihnen aber Elzenholz von der Zwergmispel unter die Türklinke, damit sie nicht davonlaufen konnten. Elzenholz hat nämlich die Kraft, Hexen zu bannen.

Als der Wirt am Morgen nach seinen unerwünschten Gästen sehen wollte, hatten sich diese schon längst in zwei Fliegen verwandelt und durch das enge Fenstergitter davon gemacht.

Die Knappin wünschte einem Bauern, der sie einmal beleidigt hatte, einen „bösen Fuß" an. Der ging zum berühmten Binder Hans von Völs, einem Wunderdoktor und He-

xenvertreiber, der schon den Teufel beim Raufen untergekriegt hatte. Der machte seine Arbeit so gut, dass die nicht heilende Fußwunde zur Hexe zurückkam. Seit dieser Zeit musste sie bis zu ihrem Ende hinken.

Alpenburg 1857 – Paulin 1937

Die Spanmäuse

Ein Untervölser Bauer hatte einen Knecht, bei dem es einem schon in den Händen kitzelte, dem Phlegmatiker auf die Sprünge zu helfen. Heute einen Griff, morgen keinen und übermorgen vielleicht wieder einen, vielleicht aber auch nicht.

Beim Mähen war er so langsam, dass man nicht sah, in welche Richtung sich die Sense bewegte. Beim Holzspalten haute er nach einer Viertelstunde das erste Mal die Axt in einen Prügel und bis der dann gespalten war, vergingen Tage.

Wenn er mit dem Ochsengespann ausrücken sollte, brauchte er drei Stunden, um den Wagen aus der Remise zu schieben. An das Einspannen am selben Tag war nicht zu denken.

Beim Mähen lag er um fünf Uhr Nachmittag noch auf der Wiese und hatte noch keinen Halm gemäht. Um sechs Uhr hatte er schon die Fläche von drei bis vier Mähern als gut getrocknetes Heu im Stadel.

Musste er mit einer Fuhre Holz nach Bozen, saß er um vier Uhr Nachmittag noch im Gasthaus bei Steg unten bei der sechsten Halben und beim vierzigsten Kartenspiel.

Um fünf Uhr war er zu Hause, hatte aber das Holz in der Stadt richtig zugestellt. Wie er das machte, war allen ein Rätsel. Kurz und gut, der Michael war ein guter Arbeiter. Wenn es notwendig war, verrichtete er die Arbeit von drei oder vier guten Knechten.

„Michael, hole mir im Wald einen Rückentragkorb voll Späne und Rinden", sagte die Bäuerin, „dann gibt es zu Mittag grüne Krapfen." Mit diesem Lockmittel hoffte die Bäuerin würde er schneller als sonst das Gewünschte bringen, denn die grünen Krapfen waren seine Leibspeise.

Um zehn Uhr war noch kein Michael zu sehen. Deshalb schickte die Bäuerin ihren Sohn, den Andreas, aus. Der schlich sich von hinten an. Er sah, wie der Michael gerade aufstand, sich die Augen rieb und eigenartige Sprüche aufsagte. Mit den Händen fuchtelte er in der Luft.

Auf dem Platz wimmelte es vor lauter Mäusen. Alle Rinden und Späne waren zu Mäusen geworden, die sich auf dem Weg zum Haus machten. Sogar die lockeren Rinden an den Stämmen wurden zu Mäusen. Sie zappelten so lange bis sie loskamen und den anderen folgen konnten. Im Handumdrehen war der Platz sauber, wie mit einem Besen gekehrt.

Die Holzkiste in der Küche war gefüllt und die anderen Späne waren bei der Stallmauer sauber aufgeschichtet.

Danach sprang der Knecht mit einem Satz zum Haus hinunter. „Das sah aus wie von einem Böller geschossen", erzählte der Andreas beim Mittagessen. „Hattest du keine Angst ,als die vielen Mäuse kamen", fragte er die Mutter. „Welche Mäuse?", wollte die Mutter wissen. „Ja, die Spanmäuse, die dir der Michael geschickt hat!"

Jetzt wusste der Michael, wieviel es geschlagen hatte. Er leckte seinen Löffel ab, steckte ihn in den Geschirrbord und verließ die Stube. Man hat ihn seither nie mehr gesehen. Der Pfarrer stellte fest, dass der Michael ein Zauberer war.

Weber – 1914

Der Daiml Goggl

Ober Prösels liegen die schönen Prösler Wiesen. Sie gehören den Bauern von Ums, Prösels und Völseraicha.

Zu früheren Zeiten sah man auf diesen Wiesen eine dunkle Gestalt umgehen, den Daiml Goggl. Er soll vor über hundert Jahren gelebt haben und in der Nacht heimlich Grenzsteine zu seinen Gunsten versetzt haben. Nach seinem Tode fand er deswegen keine Ruhe und musste umherirren. Oft hat man ihn stöhnen und jammern gehört.

Als die Ablässe eingeführt wurden, ist auch der Daiml Goggl von seinem unseligen Umgehen erlöst worden.

Mahlknecht – 1978

Der Faller Goggl von St. Konstantin

Der Umesmoar von St. Vigil sah bei Vollmond immer beim Faller von St. Konstantin ein eigenartiges Licht. Auch die Nachbarn wussten von dieser unheimlichen Erscheinung. Sie waren sich sicher, das konnte nur ein Goggl sein.

Der Faller wusste es besser. Es war der Vollmond, der sich immer im Wasser des alten Holztroges spiegelte.

Als der Puntschieder einmal in Bozen den letzten Zug verpasst hatte, bewältigte er müden Fußes gerade die Strecke von Bozen über Völserried bis zum Faller. Dort legte er sich neben dem Tenglstock nieder, um kurz zu rasten. Als der Mesner in St. Valentin um drei Uhr betläutete, wachte er auf. Er zündete seine Sturmlaterne wieder an und machte sich auf den Weg hinunter zur Astwiese und den Puntschieder Berg hinauf.

Am Nachmittag hatte der Umesmoar beim Puntschieder unten zu tun. Dabei erzählte er, dass der Faller Goggl, der sonst nur bei Vollmond herumgeistert, die letzte Nacht nach dem Betläuten in St. Valentin nach Ast heruntergeschlichen sei.

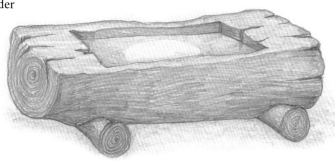

-o-

Der Mesner von St. Valentin musste um drei Uhr früh betläuten, damit die nicht gewaschenen Almfahrer vor den Hexen sicher waren. Die Hexen hausten im Tunnel der wilden Männer bei Gschtatsch oben, der bis nach Pufels führte.

Wer vor dem Betläuten dort oben nicht gewaschen unterwegs war, bekam zu hören: „Haltet sie au, die nicht gewaschte Sau!"

Rosa Malfertheiner – Gsolerin 2002

Die Völser Kirchengeister

Eine fromme Bauernmagd von Untervöls ging jeden Tag zur Frühmesse. Einmal erwachte sie vor Mitternacht und glaubte, es sei Zeit in die Frühmesse zu gehen. Die Kirchentür war offen, aber niemand in der Kirche.

Sie kniete sich in einen Kirchenstuhl und hörte dann im Hintergrund beten. Als die Turmuhr zwölf schlug, zupfte sie der Geist des verstorbenen Großvaters am Ärmel. Er flüsterte: „Nannele tua di net fürchtn. Woasch iaz isch inzere Stundt. Geah woadl aus dr Kircha. Laoß ober va dain Gawaondt a Schtuck do, naor kaonn dr nix gschedn."

Während der Geist sprach, öffneten sich zum Entsetzen der Magd die Steinplatten des Kirchenbodens. Die Geister der Verstorbenen stiegen aus den Gräbern und füllten die Kirchenstühle. Sie flüchtete zum Ausgang und warf dabei ihre Schürze auf den Boden. Dann lief sie ohne sich umzusehen heim.

Am nächsten Morgen fand der Mesner in der Kirche die in tausend Stücke zerrissene Schürze.

Paulin – 1937

Der Moser Goggl

Die Moserleute saßen vor dem Haus bei der Marende. Da zog ein Gewitter auf und machte das weiterarbeiten bei der Heuernte unmöglich. Sturmwind kam auf und brachte die ersten Regentropfen. Da sahen die Leute auf dem gegenüber liegenden Hang ein Licht hin und her wandern.

Dem Bauern tat die arme Gestalt draußen leid. Er rief hinaus: „Maogsch net unterschtian? Kimm za inz her!"

Da tat es einen ungeheuren Krach und beißender Qualm hüllte den Moserhof ein. Von der Stunde an war auf dem Moser Hof kein Sein mehr. In der Nacht wurde das Vieh im Stall immer wieder aufgeschreckt. Wenn der Bauer in den Stall ging, um die Tiere zu beruhigen, fand er sie ganz verängstigt und schweißgebadet vor. Die Betten wanderten in der Dachkammer herum. Die Knechte konnten nicht schlafen, denn es rumpelte die ganze Nacht zum Gotterbarmen.

Die Ruhe zog erst wieder in den Moser Hof ein, als der Pfarrer das Haus aussegnete und den Goggl auf die Mendel bannte. Die Moserleute sollten fortan Tag und Nacht ein brennendes Licht unterhalten, sonst wäre der Goggl unverzüglich wieder erscheinen. Das trug ihnen der Pfarrer auf. Diese Geschichte hat sich vor gar nicht so langer Zeit zugetragen. Ältere Leute haben das Lichtlein in der Moser Küche noch selbst gesehen.

Die Katharina Moserin, die 1506 vor das Gericht im Schloss Prösels gezerrt wurde, war Bäuerin auf dem Moser Hof.

Elmar Perkmann - 2006

Die Pafunzer Hexe

Der Pafunzer Hof in St. Vigil wurde angeblich vor rund siebzig Jahren abgebrochen. Seit der Zeit steht ein stattlicher Hof dort, der nun Dank der Bozner Besitzer langsam vergammelt.

Um die vorige Jahrhundertwende lebte dort die alte Pafunzerin. Sie zog als gute Ziehmutter mehrere Kinder auf. Nach Ansicht der Leute war sie aber eine Hexe. Sogar der Pfarrer machte in der Predigt Andeutungen darüber, dass sie die einzige Hexe weit und breit sei.

Die Pafunzerin wollte einmal von einem Nachbarn das Pferd ausleihen, um ihren Acker zu pflügen. Der Bauer konnte ihr das Pferd nicht leihen, weil er selber damit Feldarbeiten vorhatte.

Die verärgerte Pafunzerin sprach die Drohung aus: „Waort lai, du wersch mit den Ross a nimmer laong a Fraida hobm." Das Pferd stürzte kurze Zeit später auf einem steilen Hang zu Tode.

Mit einem Bauern von St. Oswald geriet die Pafunzerin einmal in Streit. Aus Rache dafür, molk sie die Milch der St. Oswalder Bauern bei sich daheim aus den Zipfeln eines Heutuches. Die Kühe gaben nur mehr Blut statt Milch.

Meine Mutter ist auf dem benachbarten Aichner Hof aufgewachsen. Sie hat diese Geschichte von ihrem Vater gehört.

Elmar Perkmann - 2006

Die Uhr im Schenkenberger Schloss

Das uralte Geschlecht der Schenkenberger war beim Aussterben. Der Letzte, ein neunzigjähriger Greis lag schon mehrere Monate krank darnieder. Das Laub fiel von den Bäumen und in der Nacht fiel Reif. Der Nebel ließ das Mondlicht nur ganz schwach durch die hohen Bogenfenster in die Kammer, in der der alte Ritter unruhig schlief.

Seine letzte Enkelin wischte ihm von Zeit zu Zeit den Schweiß von der Stirne und hörte ängstlich auf seinen schweren Atem. Draußen kam der Wind auf. Die Bäume ächzten und im Haus knackte es im Gebälk und in der Täfelung. Da ertönte ein Misston, der sich anhörte, als wenn bei einer Harfe alle Saiten zugleich reißen. Die Uhr schlug die Mitternachtsstunde.

Mit einem Seufzer erwachte der Sterbende und murmelte mit halblauter Stimme: „Sie rufen mich, … ich komme, … ich komme!" Dann ergriff er die Hand der Enkelin und richtete sich mit letzter Kraft auf. „Höre mein Kind, was ich dir zu sagen habe, bevor ich meine Augen für immer schließe", flüsterte er, „der letzte Stammhalter unseres Geschlechts steigt in die Gruft der Väter. Der Uhrenschlag, der gerade zu hören war, kam von keiner Uhr. Das war der Ruf des alten Schenkenbergers, den man immer hört, wenn ein Schenkenberger in das Jenseits muss. Ich bin bereit zu folgen, meine Zeit ist um. Nach mir kann niemand mehr das Wappenschild tragen. Versenke es mit mir in die Gruft. Wenn du mich lieb hast und dir meine Ruhe und die Ruhe meiner Väter wichtiger sind als die Freuden dieser Welt, dann trittst du in ein Kloster ein und betest für unsere Seelen, dass sie den ewigen Frieden finden." Nach diesen Worten sank der greise Ritter zurück und machte den letzten Atemzug.

Die Sage sagt nichts darüber aus, ob die Enkelin in ein Kloster eingetreten ist. Im Schloss soll es seither nicht mehr geheuer sein. Zur Nachtzeit sieht man Lichter um den Turm schwirren und manchmal hört man eine Uhr schlagen, obwohl es im ganzen Schloss keine Uhr mehr gibt. Die verstorbenen Seelen haben anscheinend noch keine Ruhe gefunden.

Meyer – 1891

Was die Leute vom Schloss Schenkenberg erzählen

Vor vielen Jahren wollte der Pächter von Schenkenberg von der Alm Heu holen. Als er um Mitternacht in den Stall gehen wollte, um die Ochsen zu füttern, kam ein mit acht kohlschwarzen Pferden bespannter Wagen daher. Darin saßen mehrere schwarz gekleidete Herren, nur einer hatte ein helleres Gewand an. Der saß ganz hinten und sah sehr traurig drein.

Die schwarz gekleideten Herren waren zu Unrecht in den Besitz von Schenkenberg gekommen und wussten vom Unrecht. Der heller Gekleidete wusste zwar nichts davon, musste aber trotzdem mit den Anderen büßen.

-o-

Als hundert Jahre später Reparaturarbeiten am Haus gemacht wurden, ging der Pächter einmal spät abends in die Küche. Dort sah er auf dem Herd einen Korb voll glühender Kohlen. Er schüttete einen Kübel Wasser darüber, weil er glaubte, die Handwerker hätten die Kohlen aus Versehen auf dem Herd vergessen und diese hätten sich dann an der Glut in der Asche entzündet.

Damit verschwand der Korb mit den Kohlen. In der Diele hörte er weinen und jammern: „Jetzt bin ich wieder hundert Jahre verdammt. Wenn du etwas Geweihtes auf die glühenden Kohlen gelegt hättest, wäre ich erlöst und der Korb voll mit Gold hätte dir gehört."

-o-

Die Leute erzählen auch, dass in der Ruine Schenkenberg ein Schatz aus der Heidenzeit liegt, der alle hundert Jahre aufblüht und dann zu heben wäre.

Heyl – 1897

Der Schimmelreiter

Ein halbe Stunde hinter Völs und drei Stunden von Kastelruth liegt unter dem Tschafunberg das Dorf Ums. Weiter ostwärts befindet sich die Ruine vom Schloss Schenkenberg, auf dem die Schenkenberger als wackere Deutschritter gehaust haben.

Die Schenkenberger lagen im 14. Jahrhundert in wildem Streit mit den Herren von Völs, bis im Jahre 1330 Gottschalk von Boymont mit gewichtiger Hand und Überredungskunst Ruhe schuf. Hinter seinem Rücken wurde jedoch heftig weitergestritten.

Die Zeit ist jedoch mit allen fertig geworden, mit Freunden und Feinden. Am längsten regierten die Freiherren Colonna über Völs. Im Jahre 1804 starb auch der Letzte aus diesem Geschlecht.

Geblieben sind nur das Schloss Prösels, ein paar Ruinen und der Schimmelreiter. Der sprengt des Nachts öfters aus den Bögen der Ruine und reitet weit in die Nacht hinaus.

Im Keller der Ruine Schenkenberg soll auch ein goldenes Kegelspiel vergraben sein.

Alpenburg – 1857

Der Kapuziner in Prösels

Im Schloss Prösels liegt ein Schatz vergraben. Noch lange wird es dauern, bis er wieder einmal zu heben ist. Es ist noch nicht gar so lange her, da ist einem Kapuziner etwas Sonderbares passiert.

Der Pater kam mit seinem Sack über der Schulter zum Schloss und begann schon seinen Gesang anzustimmen:

„Mit trockenem Hals den ganzen Tag beten
Speck, Butter und Schmalz wären vonnöten

Die Hennen, Bäuerin, legn s
Gott lohn es euch und segn s."

Als er aufschaute, befand er sich in einem prächtigen Saal mit goldenen Möbeln.
An den Wänden hingen mannshohe Spiegel auf seidenen Tapeten. Auf dem Tisch in
der Mitte lag ein Schlüssel und ein altes Dokument aus Pergament, auf dem geschrieben
stand:

Ich Baltasar Zott zu Prösels und Pletsch, fürstlicher Rath zu Brixen und Pfleger zu
Schönegg, bekenne hiermit öffentlich, dass ich.......

Der Pater konnte nicht alles entziffern, dazu war er zu aufgeregt. Eines aber hatte er sofort verstanden, dass jenem der Schatz gehörte, der den Schlüssel und diese Urkunde fand.
Er nahm den Schlüssel und sperrte damit die schwere Falltür zum Keller auf. Dort standen
mit Gold gefüllte Truhen und Schränke.

Er wollte schon die Hände danach ausstrecken, da fiel ihm sein Gelübde ein, nach dem
er arm bleiben musste und kein Geld anrühren durfte. Für sich selbst hätte er ja nichts gewollt, aber für den Guardian im Kloster wäre das Gold gerade richtig. „Der wird sich freuen,
wenn er endlich das Kirchendach richten lassen kann und im Kloster die Böden erneuert
werden können!", dachte er voll Feude.

„Aber das Verbot, Geld anzurühren, ist deutlich. Das darf man nicht übertreten!" kam
es ihm nun in den Sinn. Da fiel ihm ein, er könnte einen Bauern holen, damit der ihm den
Schatz in das Kloster trägt.

Der Bauer war schnell gefunden, aber als beide in den Saal kamen, war alles ganz anders. Der Schlüssel, das Dokument, die Spiegel und der herrliche Saal, alles war verschwunden. Der Schatz ist tief versunken und erst in hundert Jahren wieder zu heben.

Seit dieser Zeit gehen die Kapuziner nicht mehr allein beim Sammeln. Sie haben immer
einen Knecht mit, denn man kann ja nie wissen....... .
Weber -1914

Doktor Faustus

Er war Bauer beim Faust[209] und hatte einen Geheimpakt mit dem Teufel. Einmal hat er
mit dessen Hilfe über Nacht einen Stadel gebaut. Als am Morgen der Hahn krähte, waren
gerade noch bei der Stalltür Beschläge anzubringen.

Sonst trieb er gerne Schabernack mit dem Teufel. Diesem schüttete er ein Star Mohn
über die Steinlammer beim Faust Hof hinunter. Fünf Körnchen davon warf er in das Weih-
wasserbecken in der Stube. Der Teufel wollte dienstbeflissen alle Körnlein wieder einsammeln, als er in das Weihwasser hineinlangte verbrannte er sich aber die Finger.

En anderes Mal bot sich der Teufel an, einen Weg so schnell zu pflastern, wie der Doktor Faustus vorauszureiten imstande wäre. Der ritt mit dem Pferd ein Kreuz, worauf sich der
Teufel stöhnend davonmachte.

---

[209] Hof an der Völserstraße

Wieder einmal überredete der Doktor Faustus den Teufel beim Holzfällen die Baumstämme aufzufangen, damit sie nicht beschädigt wurden, wenn sie über den Berghang hinuntergerollt wurden. Auf den letzten Stamm nagelte er ein Kreuz. Bei diesem Stamm brach sich der Teufel die Hand.

Darauf richtete der Teufel einen Laden ein. Der Doktor Faustus sah sich die schönen Sachen an, kaufte aber nichts, weil er wusste, dass er damit das Unglück in sein Haus getragen hätte.

Später einmal ist es dem Teufel trotzdem gelungen, den Doktor Faustus vor dem Zwölfuhrläuten ungeschützt zu erwischen und in die Hölle abzuschleppen.

Leander Petzoldt

Die Mitterstieler Hexen

Einmal trafen sich alle Rittner Hexen beim Mitterstieler See. Dazu hatten sie auch die Schlernhexen geladen, weil diese sich besonders gut beim Schlechtwettermachen auskannten. Diese fuhren auf einer dicken Wolke in Richtung Ritten. Das bemerkte ein Zwerglein im Rosengarten und dachte sich sogleich: „Da fehlts!"

Es machte sich auf den Weg nach Kardaun hinaus und auf den Ritten hinauf. Dort traf es zehn kleine Rittner Buben, die auf ihren Rücken mit Wasser gefüllte „Bundeln[210]" trugen. Sosehr sich das Zwerglein auch die Zunge wund redete, aus den Kindern war kein Wort heraus zu bringen.

Die Kinder gingen auf der Mitterstieler Seite hinauf und schütteten das Wasser in den Mitterstieler See. Die Kinder waren gerade umgekehrt, als es in Unterinn zwölf Uhr nachts geschlagen hatte. Da kamen alle Hexen herbei. Die Mitterstieler Hexe kommandierte den Schlernhexen: „Bei passender Gelegenheit sollt ihr eine Wolke ausschütten! Ich selbst werde mit meinen Genossinnen den Damm aufreisen und alle Unterinner den Berg hinunterschwemmen, um sie zu vernichten. Wenn uns nur der Weidner Mesner nicht zu früh entdeckt!" fügte sie hinzu.

„Jetzt habe ich das Richtige gehört", dachte sich das Zwerglein. Und suchte sogleich den Mesner in Unterinn auf und sagte zu ihm: „Wenn du eine kleine Wolke auftauchen siehst, musst du immer ganz schnell mit der großen Glocke drei Wetterstreiche machen, dazwischen aber ganz lang aussetzen."

Schon am nächsten Tag sah der Mesner auf der Mendel drüben ein kleines Wölkchen auftauchen. Er lief schnell in den Turm und machte die Wetterstreiche, wie vom Zwerglein angeraten. Die Leute schüttelten ihren Kopf und sagten: „Jetzt spinnt er, der Mesner!" Aber das kleine Wölkchen wurde dick und schwarz und schon fielen die ersten Hagelkörner.

Der Mesner wiederholte die Wetterstreiche und setzte dabei besonders lange aus. Da hat es die Mitterstieler Hexe vom Turm heruntergeschleudert.

Sie ist den Leuten aber doch entwischt. Kurz darauf hat sie die zehn kleinen Buben in den See geworfen. Der ist deswegen heute noch schwarz und unheimlich.

Leander Petzoldt

Der Pfrainer Wilde

Fünftausend Fuß über dem Pfrainer Meer hauste in der Schlerngegend ein wilder Mann. Riesengroß war er und dazu auch noch bärenstark. Obwohl er sonst gutmütig war, hat er nicht ungern die Leute erschreckt.

Mit den Hirten hielt er öfters Hoangaort[211] und erzählte dabei die interessantesten Sachen.

Ein Senner wollte von ihm einmal wissen wie alt er sei, weil er die ganz alten Leute alle kannte. Da sagte er:

„I denk in Schlern
kloan wia an Nusskern
und za Pfrain
in beschtn Wain
und af n Blanknhorn s beschta Korn."

---

[210] Verschließbare Kanne mit Tragriemen
[211] Zusammenkunft unter Nachbarn und Bekannten

Das waren freilich noch andere Zeiten damals. Als die Zeiten und die Leute schlechter wurden, stellte auch der Wilde allerhand Unfug an und machte sich bei den Leuten verhasst. Sie überlegten, wie sie ihn loswerden könnten. Mit Gewalt waren sie ihm nicht gewachsen, deshalb versuchten sie es mit List. Weil sie seine Vorliebe für Schnaps kannten, taten sich mehrere Gemeinden zusammen, um ein großes Fass voll zu bekommen, damit er sich daran zu Tode saufe.

Der Wilde machte sich sogleich über den Schnaps her und sagte nach jedem Zug:

„Je mehr i trunk
wia besser er mi dunk."

Die Leute befürchteten schon, der Schnaps könnte nicht reichen. Erst als der Wilde den letzten Tropfen ausgetrunken hatte, begann die Wirkung. Er torkelte davon und stürzte über eine Wand. Dabei stieß er einen fürchterlichen Schrei aus. Unter der Wand war aber keine Spur von ihm zu sehen.

Die meisten Leute sind froh, dass er bisher nie wieder aufgetaucht ist. Ganz sicher ist es aber nicht, dass er nicht wieder anfängt die Gegend unsicher zu machen.

Alpenburg – 1857

Der Wilde Mann auf dem Schlern

Als der Schlern wieder einmal aper wurde, kam ein neuer Senner und richtete sich die Hütte ein. Abends legte er sich in das wenige verbliebene Heu zum Schlafen.

Er war kaum eingeschlafen, als die Tür aufsprang und ein wilder Mann die Hütte betrat. Der Senner verhielt sich ganz ruhig. Der Wilde ging zum Herd und entzündete ein Feuer an. Dann kochte er mit Wasser und Asche einen Blentn. Ein richtiger Blentn wird aber mit Buchweizenmehl, Milch und ganz wenig Wasser gekocht. Der Senner sah ihm ängstlich zu und begann sich zu fürchten.

Als der Ascheblentn gekocht war, winkte der Wilde den Senner zum Essen. Der traute sich nicht die Einladung abzulehnen und stieg hinunter, blieb aber neben dem Herd stehen. Der Wilde stopfte ihm immer wieder einen Löffel voll in den Mund.

Als beide den Blentn gegessen hatten, verließ der Wilde die Hütte. Er hätte den Senner sicher in tausend Stücke gerissen, wenn er nicht mitgegessen hätte.

Heyl – 1897

Der Teufel auf dem Schlern

Der Violer Bauer von Ums war mit seinem Knecht auf dem Schlern oben, um das Heu zu mähen. Ihr Tagewerk begannen sie mit der Sonne und beim Finsterwerden krochen sie todmüde in das Heu. In jenem Jahr hatten sie besonders lange gebraucht.

Gegen Mitternacht hörten sie jemanden über das Dach gehen. Sie fürchteten sich, weil sie allein auf dem Schlern waren. In dem Moment ging die Tür auf und ein Jäger kam herein. Er war durch und durch feurig und hatte Bocksfüße. Mit einem finstern Gesicht sah er zu den beiden auf den Heustock hinauf. Die Männer getrauten sich fast nicht mehr zu schnaufen. Dann verschwand der finstere Geselle. Diesmal kamen sie mit dem Schrecken davon.

Im nächsten Sommer versuchten sie mit der Arbeit früher fertig zu werden, denn nach Michaeli[212] gehört der Schlern dem Teufel. Dann duldet er oben keine Menschen mehr.

Die Völser hängen deswegen um Michaeli Strohkreuze auf die Türen, damit Mensch und Vieh nicht Schaden nehmen.

Zingerle - 1891

Der Schlern Teufel

Der Schlern war früher der Königssitz, die Burg und der Garten vom König Laurin. Später hörte man von dieser Gegend unheimliche Teufels- und Hexensagen. Bevor das Kirchlein mit der geweihten Wetterglocke auf dem Schlern stand, sind die Hexen auf Pferden und Mulis hinaufgeritten, dass die Funken von den Steinen stoben.

Oben ging es toll zu. Sie versprengten Vieh und Leute und zerrten junge Männer auf ihren Fahrten mit. Der Teufel selbst sprengte, in Gestalt eines struppigen Pferdes mit glühenden Augen, überall herum und trampelte alles nieder, was nicht gesegnet war. Dieses Ungetüm wird heutzutage noch manchmal gesehen.

Am wildesten hat sich das Ungetüm aufgeführt, als das Schlernkirchlein erbaut wurde. Der Zöggeler Martl, ein geschickter Völser, hatte den Bau übernommen. Die Hütte neben dem Neubau benutzte er als Wohnung. Für die frische Milch hielt er zwei Ziegen. Weil ein besonders schöner Herbst war, wollte er bis zum Zuschneien oben bleiben.

Nach Michaeli[213] kam ein wildes Pferd vor die Tür und begann zu wiehern. Der Martl hatte die Tür vorsorglich mit zwei Stangen gesichert. Die Ziegen machten einen Höllenlärm und sein sonst sehr freches Hündchen kroch mit eingezogenem Schwanz in einen Winkel. Jetzt war sich der Martl sicher: „Das Teufelsross ist auf dem Weg!"

„Weiche Satan, du hast hier nichts zu schaffen!", schrie der Martl. Das Ross schlug noch mehrmals mit beiden Hinterhufen gegen die Tür, dass die ganze Hütte wackelte. Dann verschwand es.

Das Teufelsross konnte die Tür nur deshalb nicht eintreten,

---

[212] 29. September
[213] 29. September

weil der Martl die Tür kreuzweise abgestützt hatte. Der Martl tat nichts lieber, als immer wieder diese Geschichte zu erzählen. Dann fügte er jeweils hinzu: „Der Teufel ist ein armer Wicht. Ein Mensch der keine Todsünde begangen hat, kann ihm die Hörner und den Schwanz ausreißen."

Alpenburg – 1857

Die Waffensammlung vom Satan auf dem Schlern

Zwischen der Santnerspitze und dem Schlern soll der Teufel vor Zeiten, als der Schlern noch ein Hexenplatz war, seinen Wohnsitz gehabt haben. Wenn die Hexen zu ihren Fressereien und Tanzunterhaltungen kamen, hatte der Teufel keinen weiten Weg. Der Schlern war damals der Platz für den Hexensamstag, bei dem der Teufel nie fehlte.

Der Teufel hat, wie andere noble Herren, seine Passionen. Weil es zur damaligen Zeit zum guten Ton gehörte, in den Schlössern Raritäten zu sammeln, wollte sich der Teufel im Teufelsloch am Schlern oben ein Waffenkabinett einrichten, wie es kein zweites weitum gab.

Er hatte in Erfahrung gebracht, dass die Herren des Zimmerlehener Ansitzes oberhalb von Völs mit viel Geld die seltensten Waffen und Rüstungen zusammengekauft hatten und mit Stolz herzeigten.

Weil die Zimmerlehener ihre wertvollen Gegenstände sehr gut bewachten, machte der Teufel ein wildes Wetter und schickte so lange Blitze auf Zimmerlehen hinunter, bis die Wache flüchtete. Dann raffte er alle wertvollen Waffen zusammen und fuhr damit in sein Teufelsloch. Dort haben nur die Hexen Zugang. Man sagt, dass es seit dieser Zeit auf Zimmerlehen unheimlich ist.

Heyl – 1897

Die Zimmelehener Ulme

Unter der alten Ulme beim Zimmerlehen war früher ein Hexenplatz. Im Jahre 1899 saßen auf dieser Ulme 999 Hexen.

Ein hochgeweihter Kapuziner hat die Hexen dann vertrieben. Bald darauf riss ein Blitz die Ulme in tausend Stücke.

Fink – 1957

Der Teufel von Loos

Auf dem Sessel, eine Stunde unter dem Schlern Kirchlein, sind vor zweihundert Jahren mehrere junge und alte Leute über Nacht geblieben. Die Jungen hatten etwas zu viel Schnaps getrunken und klafften[214] drauf los, dass es eine Schande war. Die Alten mahnten umsonst: „Hört mit eurer Sauglocke[215] auf, sonst kommt noch der Teufel vom Loos herunter!"

---

[214] Reden unanständig
[215] Unanständiges Gerede

Da die jungen Leute nicht darauf hörten und auch noch spotteten, stand ein fremder Bettler auf und drohte: „Hört sofort auf, sonst kommt wirklich der Teufel vom Loos herunter!" Die Burschen trugen nur noch dicker auf, bis von oben ein wildes Rumpeln zu hören war. Dann hörten sie ein Klirren, das klang als ob jemand einen Haufen Ketten auf das Dach geworfen hätte.

Der alte Bettler schrie: „Ihr Hurensöhne, hinaus in die Nacht mit euch!" Dann stand er auf und ging aus der Hütte. In der Hütte begannen alle zu beten. Damit ist dann Gott sei Dank nichts weiteres passiert.

Alpenburg - 1897

Das Teufelsblendwerk

Ein Völser Bauer, der auf dem Schlern eine Wiese hatte, war einmal zeitig am Morgen unterwegs, um auf den Schlern zu fahren. Nach zwei Stunden kam er auf Peter Frag. Dort steht ein Kruzifix mit der Mutter Gottes und dem Johannes. Der Bauer hielt das Fuhrwerk an, betete nach gutem Brauch ein „Vater Unser". Nach dem Gebet wollte er seine Ochsen wieder antreiben. Diese rührten sich aber nicht von der Stelle.

Als er seinen Blick nach vorne wandte, sah er auf dem Weg mehrere große Haufen. Da es noch ziemlich finster war, konnte er nicht feststellen, ob es Steine, Äste oder vielleicht Tiere waren.

Er ließ sich nicht zum Narren halten und machte mit seinem Stock Kreuzzeichen in die Luft. Dabei rief er: „Verschwindet!" Mit einem Höllenlärm rumpelten die Haufen in die Teufelsschlucht hinunter. Die Ochsen marschierten nun einen Büchsenschuss weiter bis zur der Stelle, wo seitlich Wände aufragten.

Dort gab es eine Höhle, die angeblich der Teufel gegraben hatte, um den Leuten aufzulauern und sie zu erschrecken. Die Alten haben die Höhle ausgeräumt und stellten Unseren Herrn auf dem Ölberg, die Apostel Petrus, Jakobus und Johannes hinein. Hier betete der Bauer zur Sicherheit wieder ein „Vater Unser", denn das hatte noch nie geschadet.

Von der Höhle aus setzte er den Weg, der immer steiler wurde, fort. Nach einer dreiviertel Stunde erreichte er die Sessel Schwaige. Dort traf er auf einen anderen Bauern, dem das gleiche passiert war.

Alpenburg – 1857

Wem gehört der Schlern

Seit Menschengedenken treiben die Völser Bauern im Sommer ihr Vieh auf den Schlern. Das Gras dort oben bekommt den Tieren besonders gut. Sie halten dann den Winter im Stall leichter aus.

Die Hälfte vom Schlern hatte früher den Kastelruthern gehört. Vor uralten Zeiten führten die Völser mit den Kastelruthern einen langen Prozess, den die Kastelruther schließlich verloren. Der Schlern wurde daraufhin zur Gänze den Völsern zugesprochen.

Seit dieser Zeit sieht man zur nächtlichen Stunde oft einen geisterhaften Reiter auf einem Schimmel über die Hochfläche des Schlern sprengen. Es ist der Advokat der Völser, der durch unehrliche Kniffe und Ränke die Kastelruther um ihr Recht betrogen hatte. Seit seinem Tod muss er zur Buße als Schimmelreiter dort oben umgehen.

Paulin - 1937

Der Streit um den Schlern

Die Kastelruther und die Völser führten wegen des Schlerns, der zur Hälfte den Kastelruthern gehört hatte, einen Prozess. Die Kastelruther verloren den Prozess zu Unrecht. Seit dieser Zeit sieht man auf dem Schlern einer Reiter, der auf einem Schimmel herumsprengt. Das ist der Rechtsanwalt der Völser oder sonst jemand, der bei diesem Streit geholfen hat, die Kastelruther zu übervorteilen.

Zingerle – 1891

Auf den Prösler Wiesen

Auf der Schlernseite von Schloss Prösels liegt inmitten von schönen Wiesen ein versumpfter Weiher. Auf diesem Platz standen früher ein Kirchlein, das der Mutter Gottes geweiht war und ein Dorf. Kirche und Dorf sind versunken. Seither ist es dort nicht mehr ganz geheuer. In der Nacht sieht man oft blaue Flämmchen hin und her schweben. Die Leute sagen, das sind die Seelen der untergegangenen Menschen, die um ein „Vater Unser" bitten.

Der Webermeister von Völs betätigte sich im Herbst auch als Krautschneider. Er war an diesem Abend eilig nach Völser Aicha unterwegs, um am nächsten Tag bei verschiedenen Bauern das Kraut zu schneiden. Als er am Zaun beim Weiher entlang ging, stand auf einmal ein feuriges Gespenst auf und ging mit ihm. Dem Meister lief es kalt über den Rücken. Das Gespenst wurde er erst dort wieder los, wo sich der Steig vom Weiherzaun entfernt.

Zingerle – 1891

Das versunkene Haus auf den Wiesen von Prösels

Ober dem Schloss Prösels ist auf den Prösler Wiesen eine Lacke, neben der ein Kreuz steht. Hirten schnitzten für das Kreuz einen Christus ohne Bart. Aber eigenartiger Weise wuchs der Figur über Nacht ein Bart. Man hat versucht, der Figur den Bart zu rasieren, aber am nächsten Morgen war der Bart wieder in voller Länge nachgewachsen, gerade so wie beim bekannten Kreuz in Seefeld, beim Christus Bild in der Pfarrkirche von Mittenwald, im Kreuzgang von Brixen und bei vielen anderen Wegkreuzen in Tirol und auswärts.

Wo jetzt die Lacke ist, stand früher ein schönes großes Haus und ein voller Stadel, denn der Bauer hatte einen großen Hof. Die Leute haben von Gott nichts gehalten und gingen an den Sonn- und Feiertagen, statt in die Kirche, dem Vergnügen nach. Sie tanzten und spielten, betranken sich und fluchten.

Als sie an einem Sonntag wieder über die Kirchgänger spotteten und anderen Unfug trieben, versank der schöne Hof und zurück blieb die Lacke, die man heute noch sieht. Zur Nachtzeit kann man gespenstische Flämmchen hin und her fahren sehen.

Heyl – 1897

Die armen Dorfgeister

Oberhalb von Schloß Prösels gibt es einen wunderschönen Teich. Dort stand einst ein Dorf mit einem Muttergottes Kirchlein.

Im Teich spukt es noch immer. Zur Nachtzeit tauchen dort blaue Geisterflammen auf. Die Völser wissen warum. Es sind die Seelen der früheren Dorfbewohner, die in ihrem Leben schwer gesündigt haben. Sie wurden deswegen vom Wasser verschlungen und warten noch immer auf die Erlösung.

Lucillo Merci

Der Weiher Geist

Ein Völser Weber hatte in Völser Aicha zu tun. Auf dem Rückweg verspätete er sich. Als er zum Prösler Weiher kam, war bereits tiefe Nacht. Zu seinem Schrecken tauchte aus dem Weiher ein Gespenst auf, das von züngelden Flämmchen umschwirrt war. Es wich nicht mehr von seiner Seite.

Der arme Mann stolperte zitternd vor Angst weiter. Erst als er den Weiher hinter sich gelassen hatte, brachte er die heiligen Namen „Jesus, Maria und Josef" über die Lippen. Damit verschwand der ungute Geist.

Lucillo Merci

Der Tisch aus Knochen

In Völs lebte eine übermütiges Mädchen. Sie war die Tochter eines reichen Bauern und hatte die ausgefallensten Einfälle, was sie mit den Goldvögeln ihres Vaters alles anstellen könnte. Der Vater war sehr stolz auf seine hübsche Tochter. Er erfüllte ihr jeden auch noch so ausgefallenen Wunsch.

Die reichsten und angesehensten Freier machten ihr den Hof. Aber keiner war ihr gut genug. Schließlich verlangte sie von ihrem Vater einen Tisch aus Elfenbein, denn von einem Tisch aus Holz könne sie nicht mehr essen.

Die Wirtschaft ging flott weiter, aber nicht mehr lange. Denn es kam der Tag, an dem der Vater verstarb. Die Goldvögel flogen nun schneller aus, als sie hereinkamen. Mit dem Arbeiten hatte die Schöne keine besondere Freude. Auch das größte Fass wird einmal leer. Und so kam es, dass der Hof versteigert wurde.

Die schöne Tochter hatte zwei linke Hände zur Arbeit und so blieb ihr nur mehr das Betteln. Schließlich wurde sie auch noch von einer ekelerregenden Krankheit getroffen. Einmal bettelte sie bei einem reichen Bauern um einen Teller Suppe, denn sie hatte schon seit Tagen nichts Warmes mehr gegessen.

Die Bäuerin brachte ihr die Suppe heraus, da man sie wegen ihres vereiterten Gesichtes nicht in das Haus lassen wollte. Sie setzte sich auf die Bank vor dem Haus und stellte den Teller mit der Suppe auf ihre Knie. „Jetzt habe ich wohl meinen Tisch aus Bein", soll sie unter Weinen gestammelt haben. Die Tränen fielen ihr dabei in die Suppe.

Heyl – 1897

Der Hexenstein

Auf den Prösler Wiesen liegt ein Hexenstein. Dort ging früher der Daiml Goggl als Marchegger um. Bevor die Ablässe aufkamen, ging dort immer ein Licht um.

Fink

Der versunkene Malvesink Hof

Geht man von Prösels nach St. Katherina, kommt man an der höchsten Stelle beim Schnaggn Kreuz vorbei. Die ostwärts vom Kreuz liegende Sumpfwiese heißt Malvesink.

Früher soll an dieser Stelle ein behäbiger Bauernhof bestanden haben, zu dem die schönen Felder der Umgebung gehörten. Auf den Wiesen und Weiden stand das schönste Vieh und auf den Äckern reifte das beste Getreide.

Auf dem Hof lief alles bestens, solange sich der Vater um den Hof kümmerte und die Mutter als fürsorgliche Hausfrau für das Wohl der ihren sorgte.

Als aber der einzige Sohn den Hof übernahm und die Eltern verstarben, wendete sich das Blatt. Der Sohn war ein verzogener, eingebildeter und leichtfertiger Angeber, der sich nicht um Recht und Sitten kümmerte. Die Leute schwiegen betreten, wenn die Rede auf die Schandtaten vom Malvesink Hof kam. Dass es dort sündhaft und gotteslästerlich zuging, wusste bald die ganze Gemeinde. Unzucht wurde auch getrieben.

Eines Tages begann im Keller des Hauses eine Quelle zu sprudeln, die immer mehr anschwoll und den Boden anhob. Die Mauern bekamen Risse, neigten sich und stürzten ein. Der schöne Hof versank samt Bauer und Gesinde im Schlamm.

Das war die Strafe für die vielen Laster, denen auf dem Hof gefrönt wurde. Noch heute entspringt dort Wasser und zeigt die Stelle an, an der der Malvesink Hof stand.

Mahlknecht – 1978

Maria sink

Dem Heimatforscher Hans Fink hat die „Laongroanerin", eine gebürtige Mung-gadùier Tochter von St. Kathrein, im Jahr 1968, die Geschichte über Marvesink wie folgt erzählt:

In ihrer Jugendzeit musste sie in jener Gegend Vieh hüten. Die Sumpfwiese war damals noch ein Teich. Dort soll aber früher ein stattlicher Hof gestanden haben, der zur Strafe we-gen des gotteslästerlichen Lebens der Bewohner versunken ist. Deshalb heißt die Gegend Moar versink.

Von jüngeren Leuten von Ums, Prösels und Völseraicha wurde H. Fink als Name Ma-ria-sink genannt, da an dieser Stelle eine Mutter Gottes Kirche versunken sein soll.

Zum Kreuz neben dieser Sumpfwiese sagten die Völser damals noch Schnattenkreuz. Für die Tierser hingegen war es das Schnaggenkreuz, da sie im hinteren Tierser Tal den stattlichen Schnaggenwald haben.

In jüngerer Zeit hat sich der Name Schnaggenkreuz allgemein durchgesetzt.

Fink – Antholzer

Der Geist von Velseck

In Tiers geht zwischen Monggadùi und Velsegg die Riz, eine schaurige Schlucht hinun-ter. In diese stürzte das einstige Schloß Felseck hinab. In den sechziger Jahren des vorigen Jahrhunderts waren vom Schoß noch Mauereste zu sehen.

Dem Pächter von Velseck sind früher die Mägde und Knechte nie lange geblieben, denn auf dem Hof gingen Geister um. Nachts hörte man Reiter galoppieren und abends setzte sich täglich ein fremder Mann in die Stube. Er sprach nie ein Wort und verschwand immer wie er gekommen war.

Um den eigenartigen unheimlichen Gast los zu werden, legte sich der Bauer einen scharfen Wachhund zu, der auf jeden losging, der nicht zu den Hausleuten gehörte.

Eigenartigerweise rührte sich der Hund nie von seinem Lager, wenn der Fremde in die Stube kam und nach einiger Zeit in die Nacht hinaus verschwand.

Fink

Tiers mit dem Rosengarten

Der Rosenzauber

Es ist der dreitausend Meter hohe Berg, den man von Tiers, Welschnofen, Ritten und Bozen aus besonders gut sieht. Die Leute erfreuen sich an ihrem Berg, wenn er beim Sonnenuntergang besonders schön leuchtet.

Wenn überall die Schatten steigen, wird der ganze Berg rot und fängt zu glühen an, als ob er innen von einem Feuer beleuchtet würde. Unter der höchsten Spitze ist eine tiefe Scharte, aus der auch im Sommer der Schnee lugt. Es ist das Gartl mit seinem See, der auch im Sommer nicht oft auftaut. Dort soll der Sage nach der Eingang zum Rosengarten sein.

Dort residierte ein König mit seinem Volk auf einem Berg voller Rosen, die seine Zwerglein sorgfältig pflegten, bis fremde Krieger kamen und die Rosen zertraten.

Als sie der König fortjagen wollte, nahmen sie ihn gefangen und verschleppten in ihn ihr Land. Dort banden sie ihm mit Lederriemen einen Stock auf den Rücken, zwangen ihn zum Singen und Tanzen, damit sie etwas zum Lachen hatten. Als sie einmal einschliefen, näherte er sich rückwärts dem Lagerfeuer und ließ den Riemen vom Feuer ansengen, bis er ihn zerreißen konnte.

Auf verschwiegenen Wegen flüchtete er heim in den Rosengarten. „Meine Rosen haben mich verraten", klagte er, „hätten die fremden Krieger meine Rosen nicht gesehen, wären sie nie auf meinen Berg gekommen!" Daraufhin sagte er einen Zauberspruch auf, damit die Rosen bei Tag und bei Nacht nicht mehr sichtbar waren. Er vergaß jedoch die Zeit des Sonnenunterganges. Seitdem leuchten die Rosen, am Abend bei schönem Wetter, zur Freude aller Betrachter.

König Laurins Rosengarten

Das schönste Stück der Dolomiten, den Rosengarten, hat die Natur geschaffen. Untertags sieht er aus wie eine Geisterburg aus der Urzeit, aber beim Sonnenuntergang erglühen die Felsnadeln, Zinnen und Wände in überirdischem Purpur, der erst beim Finsterwerden erlöscht.

Die Abendröte, die zu dieser Zeit über den bereits dunklen Wald auflodert, ist auf der ganzen Welt berühmt und hat gewiss auch mit den Geschichten zu tun, die man vom Rosengarten erzählt.

In uralter Zeit, als noch Riesen und Zwerge in den Tälern hausten, hielt im Rosengarten König Laurin mit seinen Zwergen Hof. Er war von kleiner Gestalt und zeigte sich gerne in goldener Rüstung mit einem von Edelsteinen besetzten Helm. Sein weißes Reitpferd war nicht größer als ein Reh. Wenn er in den Kampf ritt, ließ er auf seinem Speer ein Fähnlein aus Seide flattern. Er hatte die Kraft von zwölf Männern und konnte sich zudem noch mit seiner Kappe unsichtbar machen.

Sein ganzer Stolz war der Garten mit den wunderschönen Rosen, die das ganze Jahr blühten und dufteten. Der Garten war mit goldenen Fäden eingezäunt. Man konnte nur durch ein goldenes Türchen hinein gelangen. Der König ließ sein Reich aufmerksam bewachen, damit ja niemand einbrach. Wer es trotzdem wagte, verlor zur Strafe die linke Hand und den rechten Fuß.

Einmal machte er sich mit Hilfe seiner Tarnkappe unsichtbar und inspizierte das ganze Land. Dabei sah er vor der Steyrer Burg des Schlossherrn schöne Tochter Similde. Sie gefiel ihm so gut, dass er auf der Stelle beschloss, sie zu rauben. Er schlich sich an sie heran und nahm sie unter seine Tarnkappe. Damit wurde auch sie unsichtbar und so konnte er sie leicht in sein Schloss entführen.

Auf der Steyrer Burg fielen alle in Sorge und Schrecken, als sie merkten, dass die Prinzessin verschwunden war. Ditlieb von Steyer zog sofort aus um seine Schwester zu suchen. Dabei kam er bis zum Gotenkönig nach Verona. Dessen Waffenmeister Hildebrandt wusste sofort, wer hinter der heimtückischen Entführung stand. „Das kann nur der Zwergenkönig Laurin mit seiner Tarnkappe gewesen sein, mit der er sich unsichtbar machen kann", meinte er, „den müsste man in seinem Felsenschloss überwältigen."

Dietrich, Wittich und Wolfhart begleiteten Ditlieb nach Norden um die Schwester zu suchen. Als sie nach ein paar Tagen zur Stelle kamen, an der Etsch und Eisack zusammen fließen, bekamen sie einen ersten Eindruck vom Rosengarten.

Beim Rosengarten angekommen, staunte Ditlieb über den herrlichen Garten. Wittich hingegen trat rücksichtslos das goldene Türchen nieder, zog sein Schwert und köpfte die Rosen. Da sprang schon König Laurin wütend auf seinem weißen Pferd daher. Zornig wies er Wittich auf seine Untat hin und verlangte als Strafe Hand und Fuß.

Dietrich bot König Laurin Gold und Silber an. Dieser aber wollte das Pfand, worauf ihn Wittich mit einem Schwertstreich niederstrecken wollte. Er verfehlte das Ziel und Laurin warf ihn mit einem Speerstoß vom Pferd. Als er ihm Hand und Fuß nehmen wollte, fuhr Dietrich dazwischen.

Jetzt machte sich Laurin unsichtbar und die Schwertstreiche von Dietrich gingen ins Leere. Dieser warf seine Waffen weg und ertastete schließlich Laurin. Er konnte ihn zwar nicht überwältigen, aber die Tarnkappe vom Kopf reißen. Dann packte er Laurin beim Gürtel. Der Gürtel riss und Laurin lag nun, um Gnade bettelnd, auf dem Boden. Dietrich wollte ihm schon den Gnadenstoß geben, aber Ditlieb hinderte ihn daran, weil er wusste, dass er Similde nur mit der Hilfe von Laurin aus dem Schloss herausholen konnte.

Jetzt raufte Dietrich mit Ditlieb bis die Anderen die beiden trennten, worauf alle miteinander Frieden schlossen. König Laurin führte sie in sein Schloss und ließ sie königlich bewirten.

Heyl - 1897

Der König Laurin

Im Innern des Rosengartens gibt es ein Schloss mit zahlreichen Räumen. Darin hausen viele Zwerge, die beim Sonnenuntergang alle Westwände zum Leuchten bringen. Wenn die Sennerinnen, Senner und die Hirten am Feierabend vor der Hütte sitzen und die feierliche Ruhe genießen, hören sie manchmal einen Stein fallen und öfters seltsame Stimmen von den Zwergen, die zu dieser Zeit die Rosen pflegen und aus dem Bergwerk wertvolle Schätze schürfen.

In alten Zeiten wurde der Rosengarten vom König Laurin regiert. Der war sehr klein von Gestalt, dafür aber sehr tapfer. Sein Pferd war nicht größer als eine Ziege und seine Rüstung hatte ganz besondere Eigen-

schaften. Ihm gehörte ein Gürtel, der ihm die Kraft von zwölf Männern verlieh und eine Tarnkappe, mit der er sich unsichtbar machen konnte.

In einem fernen Land gab es die wunderschöne Prinzessin Similde. Die Nachricht von ihrer Schönheit drang auch bis zu König Laurins Reich vor. „Sie muss meine Frau werden!", bestimmte König Laurin und schickte einen Boten zu Simildes Vater. Der empfing den Boten unfreundlich, behandelte ihn schlecht und ließ ihn auf dem Heimweg auch noch von seinen Kriegsknechten verfolgen.

Das erboste den König Laurin so sehr, dass er sich zu einer Tat hinreißen ließ, die er nie hätte begehen dürfen. Er schlich sich mit seinem Pferdchen an und raubte Similde, als diese im Garten vor dem Schloss spazieren ging. Er behandelte sie wie eine Königin, hielt sie aber im Schloss des Rosengartens gefangen.

Die Entführung sprach sich schnell herum und entrüstete den Adel. Ein paar schneidige Recken zogen aus, um Similde zu befreien. Unter ihnen war auch der berühmte Dietrich von Bern.

Als sie zum Rosengarten kamen, wunderten sie sich, dass der wunderschöne Garten nur mit Goldfäden eingezäunt war. Da es Dietrich nicht übers Herz brachte, die feinen Goldfäden zu zerreißen, hieb schließlich einer von seinen Männern mit seinem Schwert ein Loch in den Zaun. König Laurin stürzte sofort herbei und verlangte Sühne. Es kam zum Kampf und die tapferen Recken hatten nichts zu Lachen.

Der Waffenmeister von Dietrich wusste um die Eigenschaften des Kraftgürtels von König Laurin. „Zerreiß ihm den Gürtel!", rief er Dietrich zu. Als dieser den Gürtel zu fassen bekam, riss er ihn mit einem kräftigen Ruck auseinander. Jetzt war Laurin kein richtiger Gegner mehr, weswegen sie Frieden schlossen und als Gäste in das Schloss eingeladen wurden.

Während der königlichen Bewirtung geriet die Tischgesellschaft erneut in Streit. Die strammen Recken überwältigten König Laurin ein weiteres Mal, zerschlugen die meisten seiner Zwerge und nahmen Similde mit nach Hause.

König Laurin wurde darüber sehr betrübt. Er verlor die Freude an seinem Rosengarten. Er sitzt seither unter einem öden Vorgipfel in einer Steinlammer unter den Latschen. Dort hört er das Geschrei der Geier und verbringt traurige Jahre.

Zingerle - 1891

Dietrich

Ein Kesselflicker, der sich gerade so durch das Leben schlug, kam beim Umherziehen zu einem großen Schloss. „So ein Schlossherr hat es fein!", dachte er bei sich und sah neidisch nach oben. Er setzte sich vor die Mauer des Schlossgartens, um ein wenig zu rasten. Es dauerte nicht lange, da hörte er aus einem halbgeöffneten Fenster einige Diener miteinander reden. „Der König wird alt und hat keine Nachkommen. Die Großen des Reiches haben bereits beschlossen, dass er umgebracht werden soll, sobald er das nächste Mal ein Bad nimmt."

Der Kesselflicker erschrak über diese Reden nicht wenig und schlich unbemerkt davon, bis er einem Mann begegnete. Von diesem wollte er wissen, wem das schöne große Schloss gehörte. Der erklärte ihm: „Es gehört unserem Landesherrn, dem Dietrich von Bern!"

Der Kesselflicker zog weiter. Auf seinem Weg geriet er in den Rosengarten und traf dort König Laurin. Ihm erzählte er von seiner Arbeit, der großen weiten Welt und schließlich auch das Gespräch der Diener Dietrichs.

König Laurin erschrak darüber und sprach: „Du berichtest traurige Sachen. Dietrich der große Held, der mich besiegt hat, soll meuchlings ermordet werden. Das darf nicht geschehen, ich muss das verhindern! Schau her, diesen goldenen Ring gebe ich dir, wenn du meinen Auftrag getreulich ausführst. Dort unten weidet mein Pferd. Nimm es und reite zum König Dietrich. Sag ihm, er soll zu mir kommen und mein Gast sein."

Der Kesselflicker nahm das Pferd und ritt so schnell er konnte bis zum Schloss. Schon aus der Ferne sah er, dass aus der Badstube Dampf aufstieg. Er ließ das Pferd im Wald zurück und schlich sich an das Badestubenfenster heran. Da hörte er schon die beiden Diener, welche das Bad vorbereiteten, wieder miteinander reden: „Heute richten wir dem Alten das Bad zum letzten Mal, denn lebendig wird er diesen Raum nicht mehr verlassen!"

Als sich die Diener entfernten, kam der König in die Badstube. Der Kesselflicker wollte seinen Auftrag ausrichten und winkte mit beiden Händen, aber der König beachtete ihn nicht. Er versuchte es noch mehrmals vergebens. Schließlich holte er das Pferd und stellte sich mit dem Aufsitzen vor dem Fenster der Badstube so ungeschickt an, dass ihn der König zuerst auslachte, dann gute Ratschläge gab. Schließlich sagte er: „Warte ein wenig! Ich komme hinaus und zeige dir, wie man auf ein Reitross steigt."

„So wird es gemacht!", sagte Dietrich und schwang sich auf das Pferd. Der Kesselflicker setzte sich mit einem Schwung hinter den König, ergriff die Zügel und sprengte das Pferd vom Schloss weg.

„Wo führst du mich hin?", wollte Dietrich wissen. „Majestät", sagte der Kesselflicker, „ich wollte Euch sagen, dass Euch der König Laurin einlädt, denn in Eurem Land seid Ihr Eures Lebens nicht mehr sicher."

„Ich habe dich vorhin nicht verstanden, denn mein Kopf ist wirr vor lauter Sorgen. Früher hörten die Untertanen auf mein Wort, aber jetzt scheinen sich alle gegen mich verschworen zu haben. Ich habe geahnt, dass man mich umbringen will, deshalb werde ich die Einladung von König Laurin annehmen."

Dietrich blieb auf dem ganzen Weg wortkarg. Als er bei seinem alten Freund eintraf, hatte er Tränen in den Augen. Die zwei Könige, die beide ihren Ruhm verloren hatten, trauerten bei ihren Gesprächen den besseren früheren Zeiten nach. Der Eine hatte die Freude an seinen Rosen verloren und der Andere war wegen Undank und Verrat müde geworden.

Dietrich blieb bis zu seinem Tode bei seinem Freund Laurin. Der ließ ihn von seinen Zwergen im Rosengarten begraben.

Zingerle – 1891

Der Wintersenner im Rosengarten

Dort wo die Tschainer- und die Teufelswandspitze zum Himmel ragen, geht es über ein Schotterkar steil durch den Wald herunter bis Tschein. Früher waren dort schöne Weiden, auf denen die Dirlinger das Vieh gealpt haben. Einer von ihnen war der Tschai, der unter der Wand in einer schönen Hütte hauste.

Zur Pestzeit blieben von den Dirlingern nur zwei am Leben. Das Hagner Jaggele und der Tschai. Das Jaggele verkroch sich in den Karer Wald und soll heute noch dort umgehen. Der Tschai blieb in seiner Hütte, bis die Gegend neu besiedelt wurde.

Fremde Leute kamen da, von den Fontaloner- und Tschagerwiesen herauf. Barsch verlangten sie, dass der Tschai verschwinden sollte, denn die Alm gehöre der Gemeinde.

Das ärgerte den Tschai so sehr, dass er die Leute verfluchte. Diese hätten ihn verprügelt, wenn nicht der große starke Jocherer Wilde mit einer Eisenstange aufgetaucht wäre. Als die Welschnofner den Jocherer Wilden sahen, verschwanden sie. Der Tschai lachte hinterher. Er treibt sich heute noch in den Kölblegger Wäldern herum und gehört zu den Ureinwohnern. Mit dem Jocherer hat sich der Tschai immer gut verstanden.

Im Dorf unten hielten die Bauern eine Versammlung ab, bei der sie vereinbarten dem Tschai böse Streiche zu spielen, damit sie ihn loswürden.

Einmal stahlen sie ihm eine Kuh, dann versprengten sie ihm sein Vieh und ein anderes Mal zerstörten sie seine hölzerne Wasserleitung. Aus Ärger darüber trieb er sein Vieh zum Mesner Stall hinunter, wo gerade ein paar Welschnofner Bauern beisammen standen. Diesen bot er sein Vieh an, weil er in den Rosengarten hinaufziehen wollte, um sich nur noch mit der Jagd zu beschäftigen.

Die Bauern machten ihm aber ein ganz schäbiges Angebot, nur drei Hände voll Kupfermünzen. Darüber wurde der Tschai sehr zornig. Er beschloss, sein Vieh wieder mit nach Hause zu nehmen.

In der nächsten Nacht zündete der Tschai seine Hütte an. Am Morgen sahen die Bauern wie er mit dem Jocherer das Vieh in die Felsspalten hinauftrieb. Dabei rief der Jocherer noch zurück:

„Dort unten bei den Menschen kann keiner bleiben
Darum müssen wir das Vieh da hinauf treiben
Wenn sich die Leute wieder abwärts drehen
Dann kommen wieder wir hinunter zum Mähen."

Anschließend kletterte der Jocherer dem Tschai nach, der sich bereits in einer Felsenhöhle eine Bleibe gesucht hatte.

Heyl - 1891

Der Rosenstreit

Statt des Rosengartens aus Stein war früher ein lieblicher Garten mit den schönsten Rosen, die zu allen vier Jahreszeiten blühten und einen wunderbaren Duft verbreiteten. Zwei Königssöhne gingen einmal in diesem Garten spazieren.

Einer von ihnen sah eine besonders schöne Rose. Er wollte sie für die Prinzessin schneiden, der beide den Hof machten. Da auch der andere Bruder dasselbe wollte, gerieten sie in heftigen Streit. Beide zogen ihre Schwerter und brachten sich im Kampfe gegenseitig um.

Als der schreckliche Brudermord geschehen war, wuchsen die Spelten des Gartenzaunes zu langen Felsennadeln und hohen Wänden auf. Die Rosen verwelkten für immer.

Die Geister der Königssöhne schweben bis heute um die Zinnen des Rosengartens, die am Abend mit der Glut der Leidenschaft des Brudermordes feuerrot glühen.

Paulin – 1937

Die fremde Prinzessin im Rosengarten

Bei dem kleinen Volk des Rosengartens lebte eine besonders schöne fremde Prinzessin. Sie war die Tochter eines Königs und war vor ihren Feinden aus einem fernen Land hierher geflüchtet.

Sie litt aber unter sehr starkem Heimweh und ist deswegen, als sich nach mehreren Jahren die Gelegenheit bot, wieder in ihre Heimat zurückgekehrt.

Heyl – 1897

Der Eingang zum Rosengarten

Unter der Ruine Hauenstein entspringt ein Zauberbrünnlein. Dort ist unter einem großen Stein ein heimlicher Zugang zur unterirdischen Kristallburg von König Laurin.

Den Eingang hat Dietrich von Bern gefunden, als er den König Laurin gefangen nahm. Darüber ragt der Schlern auf, der schönste Schmuck der ganzen Gegend, den man heute noch Rosengarten nennt.

Alpenburg – 1857

Das Kaserer Bild in Gummer

Hinter Gummer, dort wo der Weg nach Welschnofen abzweigt, ist beim Kaserer Hof eine Kapelle, die der Mutter Gottes von Piné geweiht ist. Bei diesem Kirchlein stand früher ein ganz großer Lärchenbaum. Der Kaserer wollte ihn fällen, weil ein reicher Geschäftsmann aus Venedig einen großen Schiffsmast kaufen wollte. Er konnte aber nichts ausrichten, denn der Baum hatte sehr große Wurzeln.

-o-

Zu dieser Zeit ist der Teufel in zwei Kastelruther Frauen gefahren und hat ihnen arg zugesetzt. Den Beiden wurde empfohlen, eine Wallfahrt zur Mutter Gottes von Piné zu machen. Sie gingen über Völs, Tiers, Steinegg und in Gummer am Kaserer Hof vorbei. Als sie das Kaserer Kirchlein sahen, liefen sie schnell auf das Kirchlein zu, knieten nieder und riefen: „Kaserer Mutter Gottes hilf uns, du bist um kein „Gran" minderer wie die Mutter Gottes von Piné!"

Aus der Wallfahrt nach Piné wurde nichts mehr. Nach längerem Gebet traten die beiden erlöst den Heimweg an. Weil der böse Geist durch diese zwei Frauen die Kaserer Mutter Gottes so loben musste, ist ihr Ansehen stark gestiegen. Viele Leute machten in der Folge eine Wallfahrt dorthin und kamen getröstet heim.

Man dachte deshalb daran, eine größere Kirche zu bauen, aber da stand die Lärche im Wege. Auch die Mutter Gottes ließ sich nicht von der Stelle bewegen. Ein frommer Pater gab dem Kaserer den Rat, den Lärchbaum für den Kirchenbau zu opfern. Da war das Fällen auf einmal ganz einfach.

Die Leute haben großes Vertrauen in die Kaserer Mutter Gottes und keiner muss ungetröstet weggehen.

Heyl - 1897

Das Kruzifix als Zielscheibe

Zu Kampill am linken Eisachufer war einst ein großes Scheibenschießen, an dem sich ein bekannter Meisterschütze beteiligte. An dem Tag traf er nie ins Schwarze und zum Teil fehlte er sogar die Scheibe. Da begann er gotteslästerlich zu fluchen.

In seinem Zorn versuchte der Schütze eine Freveltat. Er schrie: „Wenn ich schon die Scheibe fehle, will ich sehen, ob ich in Rentsch drüben das Kreuz beim Bietschen Hof treffe!" Er drehte sich um, setzte an, zielte und drückte ab. Die Kugel traf den Körper des Gekreuzigten am linken Fuß. Die Kugel prallte aber ab und flog über den Eisack zurück und traf den Frevler mitten in das Herz. Die Schussnarbe war am Kruzifix des Bietschen Hofes deutlich zu sehen.

Paulin – 1937

Der Tierser Hexenmeister

Von Blumau bauten russische Kriegsgefangene während des ersten Weltkrieges, entlang des Tierserbaches, einen Weg nach Tiers. Er wird deshalb Russenweg genannt. Man erreicht auf ihm eine außergewöhnlich schönen Gegend, nämlich das Dorf Tiers mit dem Zyprianskirchlein und dem Rosengarten im Hintergrund.

In Tiers lebte früher der Hexenmeister Kachler. Der besaß einen roten Gürtel mit kleinen weißen Sternen. Den hatte er von einem der zwölf Gespenster erhalten, die in der heiligen Dreikönigsnacht auf feurigen Rösser durch die Gegend ritten und den Rosengarten feurig anstrahlten.

Der Gürtel hatte dem Hexenmeister die Kraft von zwölf Männern verliehen. Seine Freunde wandten sich von ihm ab und er fand von nun an seinen Spaß daran, anderen Leid zuzufügen. Weil er auch alle Naturgewalten beherrschte, zerstörte er zur Erntezeit das Getreide und ließ das Futter verregnen.

Den Bauern drohte die blanke Not. Da beschlossen sie, den Zauberer unschädlich zu machen. Sie wussten von seinem Zaubergürtel, deshalb heckten sie ein List aus, wie sie ihn überwältigen konnten.

Der Hexenmeister fühlte sich mit seinem Zaubergürtel sicher und war auf einen Angriff auch gar nicht gefasst. Der Kräftigste von allen hielt ihn mit beiden Händen am Bein fest, während einer Anderer von hinten mit einem Messer den Gürtel durchtrennte. Der Flinkeste von allen machte sich mit dem Gürtel davon.

Damit wurde der Hexenmeister zu einem schwachen hilflosen Mann. Die Bauern fesselten ihn und lieferten ihn nach Kardaun vor das Gericht, das ihn zum Tod auf dem Scheiterhaufen verurteilte. Nur der Breienbach weiß noch die Geschichte vom Tierser Hexenmeister.

Lucillo Merci

Der verschlafene Hans

Im Jahre 1730, am Dienstag nach Allerweltkirchtag[216] ging es beim Roten Hahn in Tiers hoch her. Der lange Peter vom Plattl Hof und die Seeburger Liesl hielten Hochzeit. Der alte Seeburger war mächtig stolz auf seine einzige Tochter, die gerade den schneidigsten Burschen von Tiers geheiratet hatte.

Sonst war der Seeburger ein zugeknöpfter Geizkragen, aber an diesem Abend ließ er die Goldfüchse springen.

Als die Hochzeitsgesellschaft zu flotter Musik tanzte, kam ein verlottertes altes Männlein mit hohlen Wangen zur Türe herein. Graues Haar flatterte um sein Gesicht, das mit starrem Blick Löcher in die Gesellschaft stierte. Die Mädchen stießen einen Schreckensschrei aus, wenn er sie mit seiner dürren Hand zum Tanz führen wollte.

„Werft ihn hinaus", riefen die Burschen, „der verdirbt uns die Stimmung!" Da stand einer der Älteren auf und sagte: „Ach Buben, lasst den armen Hascher, der ist nicht zu beneiden! Komm her Hans, setze dich zum Tisch in der Ecke und verdirb den jungen Leuten nicht den Spaß. Ich zahle dir ein Budele[217] Schnaps, wenn du stad[218] bist."

„Bist ein guter Bub", sagte der Hans, „du haltest mir immer noch zugute, dass ich dir vom roten Mandl heruntergeholfen habe, als du dich da oben wegen ein paar wohlriechender Edelrauten verstiegen hast. Sag Valtl, ist es wahr, dass ich im Rosengarten oben fünfzig Jahre lang verschlafen habe, wie mir die Leute weismachen wollen?"

Danach stützte der Hans den Kopf in beide Hände und beachtete niemanden mehr. Gegen Mitternacht meinte der Seeburger, dass es an der Zeit wäre, die Brautleute in die Kammer hinaufzugeleiten. Darauf sagte der Hochzeitreimer seinen Spruch auf. Die Brautmutter nahm der Braut den Kranz ab und gab dem Paar den Segen. Anschließend wurde das Brautpaar von den Gästen, unter den Klängen von Geigen, in die festlich hergerichtete Kammer begleitet.

Als die Gäste in den Saal zurückkamen, saß der Hans noch beim vollen Schnapsglas. Der alte Seeburger lud die Gäste zu einem weiteren Verweilen ein. Einer der Jungen sagte: „Valtl, du bist der Älteste! Sag, wie war das mit dem Hans, das musst du uns erzählen. Wollte

---

[216] Letzter Sonntag im Oktober

[217] 1/16 Liter.

[218] ruhig

er nicht in den Wolfsanger hinauf, um mit der Hilfe des Teufels den Schatz zu heben, der dort oben seit urdenklichen Zeiten vergraben sein soll?" „Ja, erzähl uns wie das war!", baten auch die Anderen.

„Ach, lasst die alte Geschichte ruhen, sie passt nicht für einen Hochzeitstag. Es ist eine traurige Geschichte. Es wäre besser, wenn er sie mit ins Grab nehmen könnte. Schaut euch die arme Gestalt an, in seinem Gesicht sieht man alles!", sagte der Valtl.

„Geh Valtl", bat jetzt auch der Seeburger, „erzähl uns die Geschichte vom Hans. Ich möchte sie auch hören." „Ziere dich nicht länger!", mahnten auch die Anderen.

„Es könnte um die fünfzig Jahre her sein", begann der Valtl, „ich war damals ein junger Hirt. Der Hans war der schneidigste Bub und der beste Jäger im Dorf. Alle Mädchen haben ihm aus den Fenstern nachgesehen, wenn er durch das Dorf ging. Er aber hatte nur die Jagd im Sinn und kümmerte sich nicht um die Mädchen, bis es ihn beim Kirchtagstanz mit der schönen Schellenberger Leni mächtig erwischte."

„Aber die Leni trieb ihr Spiel mit ihm. Einmal sagte sie, der Hans wäre ihr herzliebster Bub, dann grantelte sie wieder, er solle ihr mit seinem langweiligen Wesen nicht mehr unter die Augen kommen. Sie hätte Wichtigeres zu tun, als einen einfältigen Gimpel anzuhören."

„Nach solchen Äußerungen schlich der Hans wie ein geschlagener Hund davon. Er wollte dann tagelang niemanden sehen, bis es ihn wieder zur Leni hinauftrieb. Die anderen Mädchen betonten bei jeder Gelegenheit, wie recht die Leni hatte, wenn sie den eingebildeten Hans richtig aufzog. Dabei wären sie dem schneidigen Hans nur allzu gern um den Hals gefallen. Die Leute meinten, die Leni habe ein leichtfertiges boshaftes Wesen."

„Wieder einmal saß der Hans mit lachendem Gesicht bei der Leni oben. Den ganzen Tag war sie schon zutraulich gewesen, wie ausgewechselt. Draußen trieb ein wilder Novemberberwind den ersten Schnee vor sich her. Es sah ganz danach aus, als ob der Winter in dem Jahr besonders früh alles mit Schnee zudecken würde."

„Der Hans sah und hörte nichts, außer seine Leni, die ihm an dem Tag besonders begehrenswert vorkam. „Sag Leni", sagte der Hans gegen Abend treuherzig, „ich komme jetzt über ein Jahr zu dir herauf und weiß immer noch nicht, wie ich dran bin. Magst du mich, mein herziges Lenele, dann heiraten wir. Wenn du mir nein sagst, gehe ich so weit weg, wie mich meine Füße tragen und du siehst mich nie mehr." Die Leni tändelte mit ihren Schürzenbändern und lachte jetzt spöttisch vor sich hin. Schließlich sprach sie: „Lauf nur, wenn es dich freut du ungeduldiger Bub! Wenn du bleiben willst, werde ich dich wohl ein Leben lang haben müssen." Da fasste er die Leni bei den Händen und fragte, ob er sie richtig verstanden habe und sie ihn wirklich haben wolle."

Hans hätte die Neuigkeit gerne schon Leni's Mutter mitgeteilt. Doch Leni wehrte ab: „Das hat noch Zeit! Zuerst musst du schon den Beweis erbringen, dass du mich wirklich magst." „Sag Leni, soll ich dir das Best[219] vom nächsten Kaiserschießen bringen?", fragte er in froher Erwartung. Sie schüttelte jedoch lachend den Kopf und führte ihn an der Hand zum Fenster. Dort zeigte sie mit dem Finger zum Schlern hinauf und sagte: „Hans, siehst du den Schlern unter den Wolken oben? Da oben blühen jetzt im Garten vom König Laurin

---

[219] 1. Preis beim Preisschießen

die schönsten blutfarbenen Rosen. Bring mir bis morgen eine Rose herunter, dann glaube ich dir, dass du mich wirklich gern hast und ich werde um Fasnacht dein Weib." Wie von Blitz und Donner getroffen würgte der Hans die neue Bosheit hinunter und fragte ungläubig: „Leni, ist es dein Ernst, soll ich wirklich in der Nacht und bei dem Schneetreiben auf den Schlern hinauf?" „Nimm es wie du willst, aber ohne Rose brauchst du nicht mehr zu kommen!", sagte sie schnippisch.

„Mit einem gedrückten „Hilf mir Gott", verschwand er in der stürmischen Nacht. Sie stellte ihr Spinnrad beiseite und sagte beim Zubettgehen zu sich selber: „Schau dir doch diesen starrköpfigen Buben an! Morgen ist er wieder wie ein Lamm. Die Männer sind wohl alle gleich, sie verdienen es gar nicht geliebt zu werden." Dass sie den Hans nie mehr sehen würde, wäre ihr im Traum nicht eingefallen.

„Der Sturmwind wurde stärker und schüttelte an den Häusern. Die Leni wälzte sich in einem unruhigen Schlaf im Bett hin und her. Erdrückend kam das Unrecht, das sie mit ihrer Bosheit angerichtet hatte, im Traum auf sie zu. Sie sah, wie der Hans mühsam den Berg hinaufkeuchte. Dann lag er in Rosen gebettet im Schnee. Das Königspaar legte ihm einen Kranz mit den schönsten Rosen auf den Kopf."

„Das schöne Bild wurde von schwarzen Wolken vertrieben, aus denen das Totenglöcklein zu hören war. Ein Begräbniszug zog an ihr vorbei. Der Hans sah sie aus gebrochenen Augen an und drückte ihr eine Rose, aus der Blut tropfte, in die Hand. „Leni", hörte sie seine stille hohle Stimme, „da ist die Rose und um Fasnacht hole ich dich". Die Brautkammer ist schon hergerichtet. Dann fasste er mit seiner eiskalten Hand nach der ihren."

„Sie schrie laut auf und erwachte. In der Kammer war es hell. Der Mond schien durch die zerrissenen Wolken auf den Schlern. Ein heftiger Windstoß hatte das Fenster aufgestoßen und der eisige Nachthauch traf die Leni in ihrem Bett."

„Die Leni konnte nicht mehr einschlafen. Die Bilder verfolgten sie weiter und verdichteten sich zur erdrückenden Macht. Es wurde Morgen, Mittag und Abend, der Hans tauchte nicht wieder auf, obwohl sie die Sehnsucht fast wahnsinnig machte. Einen Finger ihrer Hand hätte sie hergegeben, wenn sie ihre leichtfertige Bosheit hätte ungeschehen machen können. Aber für die Reue war es zu spät."

„Waldarbeiter waren dem Hans beim Heimgehen begegnet. Als sie ihn fragten, wo er bei dem Sauwetter heute noch hin wolle, antwortete er: „Auf den Schlern!" Sie glaubten, er hätte einen Witz gemacht und mussten darüber lachen."

„Der Leni war nicht mehr zum Lachen zumute. Auf den Knien bat sie die Leute händeringend sie sollten den Hans suchen. Am zweiten Tag stiegen ein paar Männer zum Schlern hinauf. Ich war auch dabei. Unter größter Anstrengung und Lebensgefahr sind wir bis zur ersten Almwiese gekommen. Weiter zu gehen wäre unmöglich gewesen. Dort fanden wir noch am Rande einer Wand den Hut vom Hans mit einer Rose angesteckt. Da wussten wir, er war das Opfer vom Übermut der stolzen Leni geworden."

„Ich brachte ihr den Hut mit der Rose. „Ist das alles?", fragte sie mit tonloser Stimme und gebrochenem Blick. Ich werde diesen Blick mein Leben lang nicht vergessen. Sie brach zusammen und rang drei Tage mit dem Tod. Als sie wieder aufstehen konnte, war sie nur mehr der Schatten der stolzen Leni. Sie welkte dahin und zu Fasnacht hat sie der Hans geholt."

„Wo der Hans die lange Zeit gewesen ist und was er getan hat, weiß niemand. Der Hans kann es euch nicht sagen, er hat den Verstand verloren. Jetzt wisst ihr auch, dass er kein Unmensch war und nur durch die Leni ins Verderben gerannt ist. Er kann einem nur erbarmen."

„Wenn ein Mädchen einen anständigen Burschen hat, soll es dem Herrgott danken und ihn nicht lange aufziehen, damit es ihr nicht geht wie der, tröste sie Gott, leichtfertigen Schellenberger Leni. Amen," schloss der Valtl seine traurigen Ausführungen.

Die Kerzen waren heruntergebrannt. Die Hochzeiter saßen nachdenklich da und sahen zum Hans hinüber. Der Valtl ging zu ihm, berührte ihn an der Schulter und sagte: „Geh schlafen Hans!" Der aber schlief tief und fest. Der Valtl bemerkte: „Er hat es überstanden, er ist bei seiner Leni."

Mayer – 1923

Der Rosengarten auf Istria

Als König Laurin mit seinen Zwergen aus dem Rosengarten in Tirol vertrieben wurde, rieten ihm die Feen von der Marmolata, er möge mit seinem Hofstaat gegen Osten ziehen. Nach langen mühseligen Wanderungen kam die traurige Flüchtlingsgruppe auf den Karst vor Triest. Dort fanden sie große Hallen mit mächtigen Säulen, aber oben fegte die eisige Bora über den kahlen Felsen. Kein Rinnsal spendete das notwendigen Nass, um einen Rosengarten anzulegen.

Sie zogen deshalb weiter und kamen nach Histerreich. So nannte man früher Istrien. Hinter einem immergrünen Strand, ragte dort ein zerklüfteter Fels auf, aus dem Wasser sprudelte. Dort legten die Zwerge einen herrlichen Rosengarten an, der in den wunderbarsten Farben erblühte.

Eines Tages kamen deutsche Männer nach Histerreich und erbauten ganz oben auf dem Felsen die Burg Eberstein. Auf dem Uferfelsen gründeten Karthäuser Mönche eine Abtei zum Heiligen Johannes am Pfahle mit einem Kirchlein.

Da war es vorbei mit der Ruhe für Laurin und seine Zwerge. Als die Mönche regelmäßig ihr Glöcklein läuteten, verschwand Laurin mit seiner Schar. Die Zwerge vertragen nämlich den Klang von geweihten Glocken nicht. Nur in stillen Nächten besuchen sie noch manchmal den verlassenen Hang am Meer.

Bei einem Felsen am Quarner war einmal ein Fischer eingeschlafen. Da weckte ihn ein Geräusch. Er hörte zwei Zwerge miteinander reden, die aus einer Kluft herauskamen. In der Morgendämmerung verschwanden sie wieder.

Kindl

Die wunderbaren Knäuel

Auf einem der höchsten Bauernhöfe von Tiers lebte eine arme Bauernmagd, die nur zu gerne ihren Schatz geheiratet hätte. Der war aber auch nur ein blutarmer Bauernknecht und so mussten beide vergebens auf das große Glück warten.

Als die Magd nachts wieder einmal wegen der Hoffnungslosigkeit ihrer Lage ganz verzagt wurde, erschien ihr eine wunderschöne Frau, die sie auf den Rosengarten mitnehmen wollte.

Oben führte sie die Frau durch ein Felsentürchen zu den Zwergen hinein. Nachdem das arme Tierser Mädchen das Reich der Zwerge gesehen und bewundert hatte, schenkte ihm die Frau zwei Knäuel, einen mit Wollfäden und einen mit reinen Goldfäden. „Nimm sie, sie werden nie zu Ende gehen, wenn du niemandem sagst, von wem du sie hast", sagte die Frau. „Webe damit schöne Stoffe und Teppiche. Damit kannst du dein Glück begründen."

Die Magd bedankte sich herzlich und machte sich auf den Heimweg. Sie webte Stoffe für die schönsten Kleider und Teppiche mit echten Goldfäden. Bald hatte sie genug Vermögen, um ihren Schatz zu heiraten.

Paulin – 1937

Das Tschetterloch im Tschamintal

Im Tschamintal hinter Tiers gibt es beim Ufer des Tschaminbaches eine Höhle, das Tschetterloch, durch die man eine Viertelstunde in den Berg hineingehen kann. Ganz drinnen ist ein großer Platz mit Bänken an den Wänden und einem Tisch in der Mitte.

In der Vorzeit sollen dort drinnen Riesen gehaust haben. Als diese Urmenschen ausstarben, nahmen Salige die Höhle als Wohnung. Zu ihrem Schutz hat der Herrgott den Tschaminbach über den Eingang umgeleitet.

Andere hingegen behaupten, dass die ersten Christen von Tiers dort ihren Gottesdienst gehalten haben.

Paulin – 1937

Die seligen Leute von Tiers

Im Tierser Tal weiß man von den seligen und heiligen Leuten. Eine gute halbe Gehstunde hinter dem romantischen Weißlahn Bad im Tschamin Tal gibt es ober dem Furchbild eine Höhle, die eine Viertelstunde in den Berg hineinreicht. Man nennt sie das Tschetterloch. Den Eingang verdeckt ein Wasserfall.

Wer hinein will, muss einen ordentlichen Guss kalten Wassers in Kauf nehmen. Der tiefe finstere Gang und die Höhle ganz hinten sind sehenswert. Dort konnte man früher noch einen rohen Steintisch sehen. Die Bänke an den Wänden gibt es heute noch.

In der uralten Berghöhle hausten früher die seligen Leute vom Tierser Tal. Diese meinten es gut mit den Bauersleuten. Sie wären heute noch dort, wenn sie der wilde Mann in Ruhe gelassen hätte. Der verfolgte sie immer wieder, bis sie schließlich weiter nach oben, in die felsige Wildnis flüchteten. Hirten fanden vor nicht allzu langer Zeit noch Stroh und Bretter in der Höhle.

Hinter St. Zyprian liegt der Platzliner Hof. Dorthin kamen die seligen Leute öfters um Mehl oder Salz zu leihen. Sie brachten das Geliehene immer verunreinigt zurück. Als Entschuldigung führten sie an, dass ihnen der Kehricht jener Frauen hineingefallen war, den diese nach dem Betläuten am Abend zusammengekehrt hatten.

Einmal verdingte sich eine Selige, wenn nicht gar eine Heilige, auf dem Platzliner Hof als Magd. Wenn sie beim Säen dem Bauern vorausging, um zu zeigen, wie weit bereits gesät war, sagte sie an, wenn der Bauer inne halten sollte, weil der Moment nicht gut zum Säen war. Der Bauer folgte ihr und niemand erntete schöneres Getreide als der Platzliner.

Als die Selige sich zur Magd verdingte, musste ihr der Bauer versprechen, sie nie nach ihrem Namen zu fragen. Da der Platzliner aber von einer krankhaften Neugier geplagt wurde, setzte er alles daran ihren Namen zu erfahren. Einmal hatte er beim Hauptgottesdienst in der Kirche keinen anderen Gedanken, sodass er Magenkrämpfe vortäuschte und nach der Wandlung die Kirche verließ, um nach Hause zu eilen.

Dort schlich er in die Stube und beobachtete durch das offene Fenster die Magd, die singend im Garten Kräuter für die Küche sammelte. „Ich heiße Edeltraud und schneide das Knödelkraut", hörte er sie singen.

Als sie ins Haus kam, sagte er lachend: „Jetzt weiß ich deinen Namen, du bist die Edeltraud!" Die Magd begann zu weinen und verließ den Hof.

Statt ihr zog das Unglück beim Platzliner Hof ein und die Platzliner blieben für lange Zeit arme Schlucker.

Heyl - 1897

Die saligen Frauen

Im Tschetterloch wohnten früher wunderschöne salige Frauen. Nach dem Betläuten am Abend kamen sie manchmal auf einen Bauernhof um Milch zu holen.

Als sie einmal zum Platzliner Hof kamen, saß die Bäuerin, die gerade von einer Geburt noch nicht ausgesegnet war, vor dem Haus. Die Saligen nahmen sie einfach mit. Man hat sie später noch mehrmals bei ihnen gesehen, aber erlösen konnte sie niemand.

Zingerle – 1891

Wie die Platzlinerin von Tiers entführt wurde

Die Platzliner Bäuerin hatte ein Kind bekommen und wollte, wie es früher Brauch war, in die Kirche gehen, um sich aussegnen zu lassen. Das war zur damaligen Zeit besonders gefährlich, weil es im Tale von Unholden nur so wimmelte. Diese hatten es besonders auf nicht ausgesegnete Frauen abgesehen, die gerade ein Kind bekommen hatten. Eine solche Frau hätte allein nie einen Schritt außerhalb der Dachtraufe hinaus dürfen, denn dann hätte der Teufel Gewalt über sie bekommen. Aus diesem Grunde ließ sie sich von der Magd begleiten. Auf der hohen Tierser Kirchenstiege blieb die Magd drei Stufen zurück und schon war die Platzlinerin verschwunden.

Der Bauer und das halbe Dorf rückten aus, um sie im ganzen Tal zu suchen, aber die Mühe war umsonst.

Später sah man sie auf einer Felswand stehen. Sie bat, man möge ihrem Mann ausrichten, dass er am dritten Tag von heute an, um zwölf Uhr mittags auf einem genau angegebenen Platz auf sie warten möge. Dorthin würde sie mit dem Kind kommen. Er müsste dann dreimal um sie und das Kind herumtanzen und dürfe erst dann auf sie zugehen, so würde sie wieder ihm gehören.

Der Bauer kam am angesagten Tag zur richtigen Stunde zum Platz und wurde schon von seiner Frau mit dem Kind im Arm erwartet. In seiner übergroßen Freude achtete er nicht besonders auf das Zählen und wollte seine Frau mit dem Kind schon nach zwei Runden in die Arme schließen. Diese aber stieß einen Schmerzensschrei aus und war verschwunden. Er hörte sie noch eine Zeitlang weinen und wehklagen, aber gesehen hat er seine Frau nie mehr.

Heyl – 1897

Tierser Kirchensagen

Als in Tiers die Pest wütete, versprachen die Leute dem Pestheiligen St. Sebastian eine Kapelle zu bauen, wenn die schwere Heimsuchung aufhörte.

Als das Tal vom schwarzen Tod frei war, wollten die Bauern die Kapelle bauen, wussten aber nicht, wo sie entstehen sollte. Deshalb luden sie die letzte Pestleiche auf einen Wagen, spannten zwei Ochsen davor und trieben diese taleinwärts vor sich her. An der Stelle, wo die Ochsen nicht mehr weiter wollten, begruben sie die Pestleiche und errichteten die versprochene Kapelle.

-o-

Die Zyprus Kapelle mit dem Rosengarten im Hintergrund ist auf der ganzen Welt bekannt. Das kleine Kirchlein soll das älteste Gotteshaus von Tiers sein, denn früher hatte Tiers deutlich mehr Einwohner und mehr Häuser, die sich bis weit hinter der Kapelle ausbreiteten.

Später verschütteten Muren und Schneelawinen den Ortsteil hinter der Kapelle. Heute stehen nur mehr ein paar Häuser und Städel dort drinnen

Im Turm der Zyprianer Kapelle hing früher eine große Glocke, der Zyprus Stier. Der rief öfters bei wilden Gewittern und bei Feindesnot um Hilfe vom Himmel.

Paulin – 1837

St. Cyprian in Tiers

Zu alten Zeiten hatte Tiers deutlich mehr Häuser als heute. Reißende Wildbäche und Muren, später auch noch die Pest entvölkerten das Tal. Man erzählt sich, dass die meisten Häuser und Höfe hinten auf den Traunwiesen gestanden haben. Dort haben alte Menschen noch Spuren vom Weinbau gesehen.

An der Stelle der St. Cyprian Kapelle stand früher die Pfarrkirche. Damals soll der Tschamin Bach an der Vorderseite vorbeigeflossen sein. Ein Teil des Dorfes und die Pfarrkirche kam unter die Mure. Die große Glocke, den Cyprus Stier, hat man ausgegraben und diesseits des Tschamin Steges die Kapelle errichtet. Es waren aber so viele Häuser drüben, dass am Fronleichnamstag vierundzwanzig Paar Kranzjungfrauen über den Steg zur Prozession herüber gekommen sind.

Nach und nach wurden die Höfe aufgegeben und eine Prophezeiung sagt voraus, die Muren werden dort auch die restlichen Höfe noch zum Tal hinaustragen.

Heyl – 1897

Die gute alte Zeit

In der guten alten Zeit war alles anders als heutzutage. Ganz hinten im Tierser Tal, wo heute nur mehr minderes Gras wächst, waren einmal Weinberge und statt der Wälder, die schönsten Äcker.

Dort wohnten so viele Leute, dass am Fronleichnamstag zur Prozession vierundzwanzig Paare von Kranzjungfrauen über die Kerschbaumer Brücke herübergekommen sind. Wie und warum sich die Gegend so verändert hat, weiß niemand zu sagen.

Zingerle – 1891

Der Kachler Hexenmeister von Tiers

Der Kachler in Tiers war ein Hexenmeister. Er trug einen Zaubergürtel, der ihm die Kraft von zwölf Männern verlieh. Den Gürtel hat er von den zwölf geisterhaften Tierser Herren bekommen, die in der Dreikönignacht auf feurigen Rösser durch den Gschlößl Wald reiten.

Beim Wettermachen kannte er sich besonders gut aus. Den Bauern ließ er immer wieder die ganze Ernte verhageln, weshalb diese auszogen um ihn einzufangen.

Als sie ihn einmal in Welschnofen drüben antrafen, hielt ihn der stärkste am Bart fest und die anderen entrissen ihm den Zaubergürtel, noch bevor er den Angriff richtig wahrgenommen hatte.

Jetzt konnten sie ihn gefangennehmen und dem Gericht überliefern, das ihn zum Tod mit dem Feuer verurteilte.

Paulin – 1937

Der Hexenmeister von Tiers

Der Hexenmeister von Tiers hatte einen Zaubergürtel, der ihm die Kraft von zwölf Männern verlieh. Den Gürtel hatte er von einem der zwölf Tierser Herren bekommen, die in der Dreikönignacht auf feurigen Rösser durch den Gschlössl Wald reiten.

Der Gürtel war auf der Innenseite mit kleinen Erzkügelchen bestückt, wie man sie auf dem Schlern und dem Rosengarten findet. Der Sammler dieser Geschichten hat schon mehrere dieser Kügelchen vom Schlern oben mit heimgenommen. Er wird damit hoffentlich bald die Zwölfmännerkraft bekommen, damit er beim Innsbrucker Preisranggeln den ersten Preis gewinnt.

Der Kachler war ein gefürchteter Wettermacher, der Gewalt über die ganze Ernte des Tales hatte. Er konnte das Gras, das Getreide und den Wein wachsen lassen und auch mit einem wilden Gewitter verderben, gerade wie es seiner Laune entsprach.

Einmal kamen in seine Stube viele Bauern, um ihn wegen des Wetters gut zu stimmen. „Der Schwarzblent wäre gerade beim Aufgehen und die Sonne und der Mond müssten richtig stehen, damit er gut gedeiht", bemerkten sie zaghaft.

Der Kachler begann vor Rührung zu weinen, dass ihm die Tränen über den Bart flossen. „Ich esse ja selber so gern Gerichte aus Schwarzblent", beteuerte er und entfernte sich, um nach Welschnofen zu gehen. In diesem Jahr war die Schwarzblenternte besonders schlecht.

Die Bauern gerieten deshalb in Wut und wollten dem Kachler das Handwerk legen. Als sie ihm in Welschnofen drüben begegneten, traute sich wegen des Zaubergürtels keiner, den Angriff zu beginnen. Schließlich fiel dem Klügsten ein, man müsste ihm den Zaubergütel entreißen. Nun packte ihn der Mutigste beim Bart und die Anderen rissen ihm den Gürtel vom Leib. Damit hatte er nicht mehr Kraft als einer von ihnen. So konnten sie ihn leicht gefangen nehmen und in Tiers der Obrigkeit übergeben.

Die Leute wissen heute noch, in welches Gefängnis er damals gesperrt wurde. Ob er enthauptet, auf einem Baum aufgeknüpft oder lebendig gebraten wurde, konnte ich nicht in Erfahrung bringen.

Heyl - 1897

Die Tierser Herren

Im Gschlössl Wald hinter Fronberg in Welschnofen stand vor Zeiten ein Schloss, in dem die Tierser Herren hausten. Auf einem waldigen Hügel ist der Tummel[220].

Die Tierser Herren hatten ganz Tiers und auch noch Gründe in Welschnofen unrechtmäßig in ihren Besitz gebracht. Dafür müssen sie immer noch büßen.

Mit großem Lärm reiten sie in der Dreikönigsnacht und in den Nächten vor großen Feiertagen, als feurige Reiter auf feurigen Rösser, mit feurigen Büchern vor sich aufgeschlagen, durch den Gschlößl Wald und die Gschlössl Wiese über den alten Weg gegen Galdrun hinein bis zum Hartmannsbrunnen und zurück.

Heyl – 1897

Die feurigen Reiter

Auf den Tierser- und Welschnofner Almen sah man öfter feurige Reiter auf feurigen Rösser ein- und ausreiten. In der linken Hand halten sie Bücher, auf die sie mit der rechten Hand darauf schlagen.

Die Reiter tragen altfränkische Tracht, Frack, schneidige Hüte und feurige Zöpfe. Sie müssen wegen einer Grenzverletzung umreiten.

Zingerle – 1891

---

[220] Reitplatz

Die Marktversetzer auf dem Niger

Auf dem Niger und besonders auf der Tschain Alm sieht man nachts manchmal feurige Reiter, die wie die wilde Jagd im Kreis herumreiten.

Zu alten Zeiten gab es zwischen den Welschnofnern und Karneidern, die auf dem Niger mit ihren Almen angrenzen, einen heftigen Grenzstreit. Etliche Bauern versetzten bei Nacht die Grenzsteine zu ihrem Nutzen und vergrößerten damit auf unehrliche Weise ihre Alm.

Seit ihrem Tod müssen diese Marksteinversetzer als glühende Geister die falschen Grenzen umreiten. Dieser Teil der Alm heißt deswegen die Hölle.

Paulin – 1937

Der Marksteinrücker

Auf dem Niger unter dem Rosengarten stritten die Tierser und die Welschnofner jahrzehntelang wegen der Almgrenzen. Jeden Sommer gab es zwischen beiden Parteien harte Auseinandersetzungen, bei denen sich die Bauern und Hirten gegenseitig die Köpfe blutig schlugen. Die Ärzte und Advokaten in Bozen hatten ihre helle Freude an den Unterhaltungen der Bauern.

Irgendwann gelang es einem alten Mann, Frieden zu stiften und die Grenzsteine zu setzen. Bis auf einen Welschnofner Bauern waren alle einverstanden. Der machte in einer finsteren Regennacht einen Ausflug auf den Niger und versetzte die Grenze zu seinem Gunsten.

Seit dieser Bauer verstarb, ist auf dem Niger der Teufel los. Man sieht dort oft ein Gespenst, das jämmerlich seufzt und schreit.

-o-

Der Ladritscher Müller von Welschnofen war einmal spät abends über den Niger unterwegs. Auf dem Scheitelpunkt oben rastete er ein wenig und nahm einen Schluck von seinem Kranewitter[221]. Da kam der Irrwisch daher und jammerte mit seiner hohlen Stimme: „Wo soll ich ihn hintun, den Stein? – Wo - wohin – wohin?"

„Da, trink einmal du Gaggezer!", sagte der Müller und hielt ihm die Schnapsflasche hin. Der Geist aber stöhnte nur weiter wie eine Schleiereule: „Wo - wohin – wohin?"

Dass der Jammergeist seinen Kranewitter, den er selber gebrannt hatte, nicht mochte, hätte sich der Müller nicht im Traum einfallen las-

---

[221] Wacholderschnaps

sen. Das machte ihn wütend, den Ladritscher. Als der Geist weiter jammerte, schrie er ihn an: „Du bist ein fader Sock, mit deinem wo – wohin! Von mir aus kannst du ihn hinstellen wo du ihn hergenommen hast, ich will jetzt meine Ruhe!"

Der Geist humpelte davon und ließ sich seither nie mehr blicken. Der Rat vom Ladritscher muss ihn erlöst haben.

Der Ladritscher hält seit dieser Zeit von Geistern und Gespenstern rein gar nichts mehr. Das sind seiner Meinung nach Wesen, die keinen Leib, aber auch keinen Verstand haben, denn sonst hätte der Jammerer seinen Kranewitter zumindest verkostet.

Weber - 1914

Der Grenzstreit zwischen den Tiersern und Welschnofnern

Die Tierser und die Welschnofner hatten wegen der Grenzen zu streiten. Die Tierser bestanden auf ältere Rechte, wonach die Almwiesen bis zur Fassaner Grenze ihnen gehörten. Die Welschnofner kamen später, trieben aber das Vieh dort auf und spielten sich als die Besitzer auf. Die Tierser könnten ihr Vieh sogar auf dem Zischgl und dem Fronberg weiden lassen, wenn sie auf die alten Rechte bestehen würden. Die Welschnofner müssten eigentlich froh sein, dass ihnen von den Tiersern der Zischgl überlassen wurde.

Die Welschofener machten aber geltend, dass die Wasserscheide die Grenze sei, da das abfließende Wasser auf ihren Feldern unten Schäden anrichtete. So hätte der Herrgott die Täler und den Regen aufgeteilt.

Da sie sich nicht einigen konnten, kamen beiden Seiten überein, kundige Männer zu benennen, die das Recht finden sollten.

Die Welschofener wählten den alten Gschtaolter. Der ließ am Scheitelpunkt oben Kugeln rollen und dann kontrollierte man auch noch, wo das Wasser bei Regenwetter hinfließt.

Damit wurden die Tierser um ihre Rechte gebracht.

Heyl – 1897

Die Männer vom Niger

Vor vielen hundert Jahren hatten die Tierser mit den Fassanern einen Grenzstreit. Beide Parteien wollten bei den Almen und beim Wald die Grenze zum eignen Vorteil setzen.

Die Fassaner waren sehr hartnäckig und versetzten die Grenze bei jeder Gelegenheit weiter in den Tierser Grund und nahmen damit den Tiersern alle Böden auf der Höhe oben weg.

Eine Einigung war auch nach langen Streitereien und Prozessen nicht in Sicht. Da bestellten beide Seiten mehrere Schiedsmänner. Die Fassaner aber waren schlaue Kameraden. Sie haben die Schiedsrichter bestochen. Diese haben die Grenze zum Nachteil der Tierser gesetzt und dann behauptet, das wäre die richtige Grenze.

Wegen der ungerechten Grenzziehung kamen die Tierser wirtschaftlich in das Hintertreffen. Das ganze Schinden und Raggern half nicht mehr.

Die Schiedsmänner verstarben kurze Zeit später, einer nach dem anderen lag bald auf dem Totenbett. Das war die Strafe Gottes für die falsche Grenzziehung. Dafür müssen sie jetzt auch noch oben umgehen. In der Nacht kann man sie auf dem Niger oben sehen, wie sie weiter ihr Unwesen treiben.

Es sind kohlschwarze Männer auf kohlschwarzen Pferden, die auf den Wegen herumreiten. Auf den Sätteln haben sie große Bücher aufgeschlagen. In diesen müssen sie beim Reiten studieren. Die ältesten Leute haben sie noch gesehen, umreiten müssen sie aber bis zum jüngsten Tag.

Heyl – 1897

Das Lichtlein von Tiers

„Höllteufel!", fluchte der Platzliner und rieb sich seine Stirne, mit der er gerade an einen Ast gestoßen war. Dann bückte er sich nach seinem Hut. „Wenn es in der Hölle auch so finster ist, brauchen die Teufel gute Augen", grantelte er weiter. Das hat er aber in einem ruhigeren Ton gesagt, weil mit dem Teufel wollte er doch nichts zu tun haben. Außerdem holte er noch seinen Rosenkranz aus der Hosentasche.

Er war auf dem Heimweg vom Samstagmarkt in Bozen. Die Eier und die Butter hatte er gut verkauft. Auf dem Heimweg waren aber zu viele Gasthäuser zwischen der „Weißen Krone" in Bozen und der „Krone" in Tiers. Der Weg ist lang und Durst hat man auch. So wurde es halt ein bisschen spät und stockfinster.

Zum schlechten Weg und der Finsternis kam noch die Angst dazu. Obwohl er fleißig den Rosenkranz betete, rann ihm der kalte Schweiß von der Stirne und weil nichts zu sehen war, „sah" der Platzliner die unmöglichsten Dinge. Als er sich schließlich noch selber als Leiche im Bach unten liegen sah, schloss er die Augen. Doch das half auch nichts, denn nun erblickte er neben dem Weg ein Marterle[222], auf dem er einen Mann zwischen Baumstämmen eingekeilt liegen sah. Die Inschrift lautete:

„Hier hat sich der Platzlinerpaur derfallen,
Wanderer, bet ein paar Grallen.
Das ewige Licht laicht ihm"

Beim Weitergehen betete er: „Herr gib ihm die ewige Ruhe und das ewige Licht............ ohh!" Drüben, wo der Weg wieder in den Wald hineinführte, sah er ein Licht. Vor Schrecken ließ er den Spazierstock und den Eierkorb fallen und rannte ein Stück zurück. Der Rosenkranz war ihm auch entfallen und ohne Waffe gegen alles Unheil, hätte er sich nicht mehr weitergetraut. So tastete er kriechend den Boden nach seinen Sachen ab, die er nach einer Weile auch finden konnte. Zu seinem Glück fand er auch noch den Rosenkranz.

Das Lichtlein war verschwunden. Frisch bewaffnet setzte er nun betend den Weg fort. Da tauchte auch das Lichtlein wieder auf und schwebte geduldig vor ihm her. Ging er langsamer, blieb auch das Lichtlein stehen oder kam sogar zurück. Er torkelte ängstlich hin-

---

[222] Bildstock zum Gedenken an einen Unfall

terher, bis er mit dem Lichtlein auf die Wiese vor seinem Haus kam. Dort schlüpfte das Lichtlein in den Scheiterkasten und war verschwunden.

Jetzt bekam der Platzliner eine andere Angst. Er versuchte möglichst leise hinter die Haustür zu schlüpfen. Während er noch mit dem Dremml[223] die Haustür versperrte, keifte schon seine Frau aus der Ehekammer: „Kommst du endlich heim! Du Lump, du Saufaus du tamischer, du Rabenvieh, du minderer Schelm, du Wirtshausbruder, du Affe du gepelzter, du alter Lump!"

Während seine bessere Hälfte Atem holte, konnte er gerade sagen: „Sei still Alte! Ich bin ja gut heimgekommen." Da fing sie schon wieder von vorne an, aber der Platzliner hatte sich schon, ohne sich auszuziehen, in das Bett gelegt und begleitete nun bald die erste Geige mit seinem Schnarchbass, sodass seine Frau schließlich aufgab.

-o-

Am darauf folgenden Samstag machte die Platzlinerin den Botengang nach Bozen selber. „Damit mir der Saufaus nicht wieder in der Nacht heimkommt!", bestimmte sie. An dem Tag werkelte der Platzliner brav auf dem Hof herum, aber am Sonntag nachmittag nach der Litanei fiel er dem Löwen in das Maul und blieb darin so lang wie der Jonas im Wahlfischbauch. Beim Heimgehen war es halt schon wieder finster.

„Mal sehen, ob es mir heute wieder leuchtet, mein Lichtlein", brummelte er, als er zur Wirthaustür hinaustorkelte. Beim Wald leuchteten diesmal gleich zwei Lichtlein. „Hi, hi, heute gebe ich es nobel! Die heiligen drei Könige, gerade einen Stern hatten sie, die armen Hascher und ich, der Platzliner, habe zwei Lichtlein für mich allein. Doppelt genäht hält besser, doppelt geleuchtet sieht man besser, eine alte Weisheit!"

Der Bauer tappte fidel durch den Wald und trat in eine Pfütze. „Herrschaftszeiten!", schimpfte er. „Her da! Ihr Malefizlichtlein, wozu habe ich euch? Schön vor mir her", kommandierte er, „damit ich jede Wurzel sehe. Gerade aus! Und nicht so hin und her wackeln, als wenn ihr betrunken wärt. Was sauft denn ihr eigentlich gegen den Durst, Petrolium oder Baumöl?"

„Warum geht es jetzt? So passt es! Zu kalt hätte ich auch, wärmt mich ein wenig!" Er versuchte ein Lichtlein zu erhaschen, fiel jedoch bei jedem Versuch der Länge nach hin.

Als er wieder auf die Wiese kam, verschwanden beide Lichtlein im Scheiterkasten. Der Platzliner kommandierte: „Heraus ihr Teufelslampen! Ihr zündet mir ja die Hütte an. Heraus, sage ich!"

Oben ging das Fenster auf und eine bekannte Stimme rief: „Was schreist du so, du alter Narr! Weckst mir ja die Dienstboten auf, du alter Esel. Schämst du dich nie?"

„Heraus müssen sie, die Lichtlein! Heraus......."

„Lass die Leute schlafen, du Saufaus, die müssen früh aufstehen und haben die ganze Woche hart zu arbeiten!"

Der Platzliner prottelte weiter: „Heraus und zwar sofort, sag ich!" Da ging oben wieder das Fenster auf. „Was schreist du so, weckst mir ja die Dienstboten auf, du Süffling. Schämst du dich überhaupt nie? Wenn du nicht still bist und hereinkommst, komme ich, du Säufer. Herein in die Hütte, sonst komme ich!"

---

[223] Holzstange wird aus einem Loch in der Wand über die ganze Türbreite herausgezogen und auf der Gegenseite eingerastet

Wenn der Platzliner zu viel gesoffen hatte, war das Lichtlein nicht zu beneiden. Gewöhnlich war nur eines, aber wenn er doppelt geladen hatte, brauchte er zwei. Obwohl er dauernd mit den Lichtlein haderte, blieben sie ihm fünf Jahre lang treu.

Als er wieder einmal total betrunken in der Krone saß, bot ihm die Wirtin die alte Sturmlaterne an. Er müsste sie halt wieder zurückbringen. „Kannst mich gern haben mit deinem Licht, ich habe selber eines!" „Das ist zu viel verlangt", sagte die Wirtin, „zum Gernhaben taugst du nicht mehr! Aber die Laterne gebe ich dir trotzdem mit, damit deine Frau nicht zur Witwe wird, denn heute ist es stockfinster."

„Ich brauche dein Licht nicht! Ich habe im Wald drüben selber eines." „So, so....ein Licht siehst du auch schon, dann wird es mit dir nicht mehr lange gehen", bemerkte die Wirtin.

„Deine schäbige Hütte sieht mich nie mehr!", schrie er noch wütend zurück, als er durch die Tür wackelte. Und richtig, im Wald drüben war wieder das Lichtlein und leuchtete ihm heim wie immer. Als es wieder im Scheiterhaufen verschwand, umarmte er diesen vor Dankbarkeit und flüsterte: „Vergelts Gott...! Vergelts Gott!" Das hätte er nicht tun sollen, denn im nächsten Augenblick bekam er eine saftige Ohrfeige und das Lichtlein war in Hinkunft nie mehr zu seiner Verfügung.

Als er den Pfarrer wegen dem „Vergelts Gott" um Rat fragte, sagte dieser: „Mit dem Vergelts Gott hast du eine arme Seele erlöst." „Und die Watsche?", wollte der Platzliner wissen. „Das war sicher die gerechte Strafe für deine Sauferei", meinte der Pfarrer.

Die Watsche wäre zu verschmerzen gewesen, aber das Lichtlein hat dem Platzliner fürderhin schon arg gefehlt bei seinen spätabendlichen Heimreisen.

Weber – 1914

Der Hartmannsbrunnen auf der Tierser Alm

Auf dem Weg, der von der Tierser Alm über den Niger nach Fassa führt, gibt es eine klare Quelle, den Hartmannsbrunnen. Bischof Hartmann von Brixen war mit seinem Knecht auf einer Bekehrungsfahrt über den Niger unterwegs und litt unter der heißen Sommersonne großen Durst. Kein Tropfen Wasser war zu finden, der steile Weg und der heiße Tag ließen beide Reiter fast verschmachten.

Als Bischof Hartmann auf der Tierser Alm kurze Rast hielt, betete er in frommem Vertrauen zu Gott, bezeichnete einen heißen Stein segnend mit dem Zeichen des Kreuzes und schon sprudelte eine Quelle hervor, an der der Bischof und sein Begleiter ihren Durst löschen konnten. Seither wird die Quelle Hartmannsbrunnen genannt.

Paulin – 1937

Die Hartmannsquelle

Der heiligmäßige Bischof Hartmann war von 1140 bis 1164 Bischof von Brixen. Einmal war er auf der Tierser Alm nach Fassa unterwegs. Dabei litt er starken Durst und wollte aus einem Trog Wasser trinken. Die Bauern rieten ihm dringend ab, von diesem Wasser zu trinken, weil darin immer giftige Würmer schwammen. Es waren schon viele Leute gestorben, die dieses Wasser getrunken hatten.

„Das ist zu hart für die Leute auf der Alm, weit und breit kein Wasser und die einzige Quelle vergiftet. Das muss ich ändern!", sagte der Bischof.

Er segnete die Quelle. Von der Stunde an waren im Trog keine Würmer mehr und das Wasser ist seit dieser Zeit besonders gut. Es gibt weit und breit kein besseres und gesünderes Wasser. Aus Dankbarkeit nennen sie die Leute Hartmannsquelle.

-o-

Andere erzählen wieder, dass sich Bischof Hartmann in einer Sänfte über die Tierser Alm nach Fassa tragen ließ. Einer der Träger war so müde, dass er über einen Stein stolperte. Der Bischof fiel dabei aus dem Tragsessel.

Das passierte neben der Hartmannsquelle, von der man das Wasser nicht trinken konnte. Der Bischof segnete das Wasser und trank dann selber davon. Anschließend zog er heil und gesund weiter.

-o-

Diese Geschichte gibt es noch in einer weiteren Fassung.

Zu der Zeit als Bischof Hartmann lebte, war er auf der Tierser Alm gegen Fassa unterwegs. An der Grenze war eine Quelle, von der man starb, wenn man davon trank.

Die Leute klagten dem Bischof ihr Elend und baten ihn, dass er sie von diesem Übel erlöse. Der Bischof ritt zur Quelle und betete mit großem Ernst. Ein giftiger Wurm sprang aus der Quelle und schlug seinen Schwanz um den Fuß des Pferdes und erhob sich gegen den Bischof. Der schlug ihm mit seinem Stab den Kopf ab und segnete das Wasser, damit es niemandem mehr schade.

Heyl - 1897

Wasser wird zu Wein

Als der selige Bischof Hartmann nach Fassa ritt, um die Heiden zu bekehren, kam er mit seiner Mannschaft, die unter Hunger und Durst litt, zu einem Gasthaus. Der Wirt brachte den letzten Krug Wein aus dem Keller.

Der Bischof hatte Erbarmen mit dem Wirt und den Leuten. Deshalb sagte er zu ihm: „Schütte den Wein in das Fass zurück und fülle mit Wasser auf." Dann gab er seinen Segen über das Fass und befahl dem Wirt aufzuschenken. Das gepantschte Zeug war zu bestem Wein geworden und alle waren dem Herrgott dafür dankbar.

Heyl – 1897

Der wilde Mann von Tiers

In der guten alten Zeit, als in Tiers noch ein guter Tropfen reifte, hauste dort ein wilder Mann. Er kam nur selten in das Dorf. Am liebsten ging er in den Wäldern und in der Tschaminschlucht auf die Jagd.

Seine großen Hunde rief er mit: „ Toi, toi!" Man konnte es bis auf die Almwiesen herunter hören. Ein übermütiger Knecht rief einmal hinauf: „Wilder Mann, mir auch ein Stück!"

Am nächsten Morgen hing eine halbe Kindsleiche über der Haustür, die sich nicht entfernen ließ. Er musste sie faulen lassen, bis sie von allein herunter fiel. Der wilde Mann jagte nämlich nach ungetauften Kindern, um sie zu verspeisen.

War er einmal besonders gut aufgelegt, kehrte er bei den Bauern ein, um sich zu unterhalten. „Wie war die Heuernte?", wollte er dann wissen. Manchmal war die Antwort: „Gott sei Dank, heuer hat es reichlich Heu gegeben!" Dann sagte er: „ Wird es auch brauchen!" Wenn die Ernte gering ausgefallen war, meinte er: „Wird trotzdem reichen!"

Weil er öfters seine Hunde in den Städeln das Heu durchwühlen ließ, dass es ein Graus war, legten die Bauern ein Kreuz aus zwei Strohhalmen auf die Schwelle der Scheunentür. So konnten seine Hunde nicht mehr hinein. Das erzürnte ihn sehr, denn er wollte die Scheunentüren immer zugänglich haben. Die Haustüren hingegen sollten, nach seiner Ansicht, nach dem Betläuten verschlossen sein. Sonst konnte er sehr zornig werden.

Manchmal ging er auf die Alm, um sich das Vieh anzuschauen. Ein Tierser Bauer ging einmal zum „Tierser Albl" hinauf, um nach seinen Ochsen zu sehen. Weil er den Hirten nicht antraf, beschloss er, über Nacht zu bleiben. Als es finster wurde, ging die Tür auf. Der Wilde kam herein und setzte sich auf die andere Seite des Herdes. Der Tierser wagte es nicht ein Wort zu sagen. Weil der Wilde auch nichts sagte, wärmten sich beide nur am Feuer bis zum Morgen. Neben dem Wilden saßen seine Hunde und rollten fürchterlich mit den Augen.

Erst als am Morgen von St. Cyprus Kirchlein das Betläuten zu hören war, stand der Wilde auf und sagte zum Bauern: „Hättest du mich etwas gefragt, hätte ich dir etwas gesagt. Weil du mich nichts gefragt hast, habe ich dir auch nichts gesagt."

Dann rief er seine Hunde mit mit: „Toi, toi!" und machte sich davon.

Heyl – 1897

Die Franzosen in Tiers

Im Spätherbst 1908, um Martini[224] herum, kamen von Welschnofen über die Wolfsgrube herüber haufenweise Franzosen nach Tiers. Da sie nicht alle in den Häusern und Städeln um die Kirche herum Platz fanden, lagerten sie auf der Wiese oberhalb der Kirche.

Sie waren ausgehungert und plünderten deswegen alle Küchen und Keller. Die Tierser mussten die Gewehre auf dem Dorfplatz abliefern, wo sie alle verbrannt wurden.

Dann verlangten die Franzosen noch ein Dutzend Ochsen, um sie auf der Wiese zu braten und zu verspeisen.

Anschließend zogen sie nach Völs weiter. Dort plünderten sie ebenfalls die Ställe. Die Rinder schlachteten und verspeisten sie unter freiem Himmel.

-o-

Als im Jahre 1813 die Rede ging, die Franzosen würden noch einmal kommen, richteten die Tierser Sensen, Heugabeln und Drischel her, da ihnen die Gewehre schon beim vorigen Einmarsch abgenommen worden waren. Sie wollten sich nicht ein weiteres Mal Küche, Keller und Ställe plündern lassen.

Als die Franzosen wirklich eintrafen, traute sich niemand Sturm zu läuten. Nur der Mesner von St. Cyprus zog an den Glockenseilen so wild, dass der Cyprusstier zu brüllen anfing. Das hörte man ganz weit herum, sodass die Franzosen der Meinung waren, ein Landsturm würde gegen sie angetreten. Sie flüchteten deshalb zum Tal hinaus. Die Tierser verfolgten sie mit ihren einfachen Waffen. In Blumau draußen wollten die Tierser die Brücken abreißen und dann von beiden Seiten des Tales mit Steinen und Baumstämmen auf die Franzosen losgehen. Diese waren aber schon verschwunden.

Die Leute sagten: „Der Cyprusstier hat die Rothosen wie ein gefährliches Gewitter vertrieben und das Tal ausgekehrt!" Die Tierser halten die Glocke seitdem hoch in Ehren und würden sie um alles in der Welt nicht herlassen. Der alte Voit, der jetzt noch lebt (1897), ist als Bub mit den Händen in den Hosentaschen dabei gestanden und hat alles miterlebt.

Heyl – 1897

Zur Pestzeit

1348 hat die Pest die ganze Gegend heimgesucht. Weil weder in Welschnofen, noch in Tiers ein Friedhof war, wurden die Toten in Völs begraben. Da die Wege über die Höhen im Winter nicht passierbar waren, hat man die Toten bis zum Frühjahr auf dem Zischgl in eine große eisenbeschlagene Truhe gesperrt. Auf dem Gschtaolt Hof war diese Truhe 1897 noch zu sehen.

Beim Pestleichentransport wurden alle, die an Pest erkrankt waren, auch gleich mitgenommen, da sie auf dem Weg zum Zischgl hinauf ohnedies verstarben. Der Knecht vom Moser Hof wurde auch zu den Leichen in die Penne[225] geworfen. Er jammerte und bettelte: „Ich bin ja noch nicht gestorben und werde gewiss wieder gesund!" Die Totengräber

---

[224] 11. November

[225] Ovaler Korb aus Haselnussgerten für Fuhrwerke

meinten: „Deinetwegen fahren wir nicht extra!" Weil er aber nicht aufhörte, legten sie ihn schließlich neben den Weg. Der Knecht hat tatsächlich die Gesundheit wieder erlangt.

Die Leute trauten sich nur mehr nachts aus den Häusern, weil das Gerücht aufgekommen war, da wäre die Pest weniger ansteckend. Die Graobnerin war als einzige auf dem Hof übriggeblieben. Das Getreide war bereits überreif. So bereitete sie sich am Nachmittag Küchel[226], da sie niemanden mehr hatte, der ihr das Essen hätte bringen können.

Als sie den Acker erreichte, sagte sie: „Gott sei Dank, noch bin ich gesund!" Dann kam aber das Unkatl[227] und sagte zornig: „Es scheint wohl der Mond, aber die Nacht ist nicht der Tag, du kannst bei Tag schneiden, aber bei Nacht schneide ich!"

-o-

Auf dem Galmetzer Hof in Eggen starben alle. Als mehrere Tage kein Rauch mehr aufstieg, sahen die Nachbarn nach. Durch das Fenster erblickten sie auf dem Stubenboden die Leichen und ein kleines Mädchen, das lachend dazwischen herumsprang.

Wegen der Ansteckungsgefahr getrauten sich die Nachbarn nicht hinein, um es herauszuholen. Das Kind fremdelte aber und ließ sich nicht herauslocken. Da fielen den Nachbarn die schönen rotgefärbten Äpfel ein, die gerade neben dem Haus reif waren. Den schönsten Apfel hielten sie so an das Fenster, dass die Kleine nur den Apfel sehen konnte. Als das Kind mit dem Ärmchen herauslangte, griffen sie zu und zogen das Kind heraus. Im Dorf unten nahmen es barmherzige Bauersleute an und zogen es auf.

---

[226] Ovale in Schmalz aus Germteig gebackene Mehlspeise ohne Fülle
[227] Gespenst

Die Welschnofner nennen sich selber die Schwaben, da der Überlieferung zufolge, zur Pestzeit das ganze Dorf ausgestorben war und dann von Schwaben wieder besiedelt wurde. Eine Geschichte erzählt, dass nur ein einziger Bauer übrig geblieben war.

Durch das Eggental herein kam ein kleines bettelndes Schwabenmädchen. Der Bauer fragte es, ob es bei ihm bleiben wollte. Es würde genug zum Essen bekommen und sollte dafür bei der Arbeit ein wenig helfen. Das Mädchen entschloss sich zu bleiben.

Der Bauer hat es neu eingekleidet und als es in die Jahre kam, heiratete es den Bauern. Von diesem Paar stammen alle Welschnofner ab.

-o-

Die Pest soll der Krolehen Much vom Militär mitgebracht haben. Er hatte bei den Franzosen gedient und kam am Karfreitag 1348 nach Welschnofen zurück. Er kehrte beim oberen Wirt ein, aß und trank zu Abend. Am Morgen sagte er, er wäre nicht recht gut beieinander und blieb im Bett. Er war der Erste, der an der Pest zugrunde ging. Von Ostern bis Jakobi[228] starben in dieser Gegend weitere achthundertachzig Leute.

Heyl – 1897

Die Pest im Tierser Tal

Man schrieb das Jahr 1636, als in vielen Tälern von Tirol die Pest besonders arg wütete. Von Blumau aus, durch das Tierser Tal hinein, hat der grimmige Sensenmann heiße Arbeit geleistet.

In Tiers begrub ein Bauer die Toten, ohne einen Kreuzer dafür zu verlangen. Mit seinem Paar roter Ochsen führte er die Toten vom ganzen Tal zum Pestfriedhof.

„Hüh!" sagte er zu den Roten.

„Hüh mit den Toten."

Wahrscheinlich ist zu dieser Schreckenszeit, als alle zu Kreuz gekrochen sind, in Tiers der Jungfernbund gegründet worden. Auf der Bundesfahne, die es heute noch gibt, ist auf dem unteren Ende des Bildes der tapfere Bauer abgebildet, wie er mit seinen roten Ochsen einen Sarg führt.

Heyl - 1897

Der Drachen aus dem Hahnenei

Wenn ein Hahn sieben Jahre alt wird, legt er ein Drachenei. Der Drachen schlüpft nach drei Tagen und ist dann kaum mehr umzubringen.

Beim Unterpopp in Welschnofen gab es unter der Stadelbrücke einen Schafstall. Dort drinnen hat der Hahn sein Ei mit einer dünnen Haut und ohne Schale gelegt. Ein kleiner Bub hat das Ei gefunden und geschwind seiner Mutter gebracht. Die Mutter erschrak, als sie das Ei in die Hand nahm. Sie wusste auch gleich, dass das Ei nicht von einer Henne kam.

---

[228] 25.Juli

Da der Bauer nicht zu Hause war, ging sie zum Nachbarn, dem Schneider Stöffl und zeigte ihm das Ei. Der wusste sofort: „Das ist ein Drachenei! Fahr nur ab damit! Wenn du das Ungeheuer nicht schnell verbrennst, schlüpft daraus ein Drache!"

Als er das Ei gegen das Licht hielt, schrie er entsetzt: „Schau her Bäuerin! Da ist schon der kleine Drachen zu sehen!" Sie gingen beide zum Hof hinauf und legten Reisig und Holz auf den Weg, um ein Feuer anzufachen.

Als das Feuer richtig brannte, warf der Stöffl das Ei hinein. Das hättest du hören sollen! Der Drachen hat jämmerlich gewinselt und gestöhnt. Den Leuten wurde es unheimlich und der Stöffl wurde windelweiß, als das Ei dauernd aus dem Feuer sprang. Er musste es immer wieder mit einem Scheit in das Feuer zurückwerfen. Schließlich verbrannte das Ei, aber um das Haus herum breitete sich ein fürchterlicher Gestank aus, der kaum auszuhalten war.

Danach wollten sie auch noch nach dem Hahn sehen. Der saß ganz armselig unter einer Hollunderstaude und sah noch schlimmer aus, als eine Henne in der Mauser.

Heyl – 1897

Die selbstständigen Späne

Ein Bauer von Tiers schickte den Knecht in den Wald um Holz zu fällen. Mit gezielten Beilhieben legte er die großen Bäume um und befreite sie von den Ästen. Auch die Magd wurde mit einer Kraxe in den Wald geschickt. Sie sollte die Späne einsammeln. Es durfte nichts verloren gehen, denn der Bauer war sehr sparsam.

Beim „Halbmittag" kamen beide auf die mühselige Arbeit zu sprechen, die es braucht bis die Späne schön aufgeschichtet, an der Hauswand trocknen können. „Wenn die Späne Mäuse wären und allein nach Hause liefen und sich dort ordentlich aufstapeln würden, könntest du Preiselbeeren sammeln für eine gute Marmelade", meinte der Knecht so nebenbei.

„Das brauchst du mir nicht zweimal zu sagen", antwortete die Magd keck. „Das ist eine gute Idee!"

Sie flüsterte leise einen Zauberspruch und schon begannen sich die Späne zu regen. Sie nahmen die Gestalt von Mäusen an und wuselten alle selbstständig dem Haus zu. Dort legten sie sich an der Hauswand übereinander und wurden wieder zu Spänen. Einige rannten sogar bis in die Küche und schlüpften dort in die Holzkiste.

Die Magd nahm dem Knecht das Versprechen ab, dass er niemandem verraten werde, wer die Späne als Mäuse nach Hause geschickt hatte. Die Magd brachte am Abend den Handkorb, mit dem sie das Essen für beide mitgenommen hatte, gefüllt mit Preiselbeeren nach Hause.

Lucillo Merci

Der alte Ritter

In Tiers lebte einst ein Ritter, der in seinem Leben wenig Gutes getan hat. Weil auch viele Leute auf sein Geheiß hin umgekommen sind, brennt zu gewissen Zeiten bei einem Bildstock ein Licht.

Am Tag vor Allerheiligen reitet dieser Ritter auf einem weißen Schimmel durch die Gegend und wurde schon von manchem Tierser gesehen.

Erst nach neun Geschlechtern kann er von einem achtzehnjährigen Mädchen erlöst werden. Es muss aber noch Jungfrau sein. Wenn er dann nicht erlöst wird, muss er bis zum jüngsten Gericht umgehen.

Leander Petzoldt

Die abgeschwemmte Alm

Bei der Rotwand im Rosengarten war früher eine wunderschöne Alm, über die vor der Sindflut die Straße von Kastelruth nach Fassa führte. Auf der Alm standen zahlreiche Hütten und im Sommer weidete viel Vieh. In der Umgebung hausten in den Felsspalten kleine Leutchen.

Sie kamen öfters zu den Leuten auf die Alm, die mit ihnen freundlichen Umgang pflegten.

Dann kam die Sindflut und die hat, außer den kleinen Leutchen, alle vernichtet. Tausend Jahre später wanderten wieder Leute ein, besiedelten auch die Alm und bauten Hütten. Die kleinen Leutchen gingen auf die neuen Siedler zu. Sie wurden aber nicht gut aufgenommen.

Einmal kam spät Abends ein solches Männchen und bat um ein Nachtlager. Es wurde aber von allen abgewiesen.

Rot vor Zorn stieg das Männlein auf die Rotwand und verwünschte die unbarmherzigen Almleute. Im selben Augenblick brach ein schreckliches Gewitter mit einer solchen Gewalt los, dass die Alm, samt allem was darauf stand, weggeschwemmt wurde. Kein grünes Fleckchen zeigte mehr den Platz an, wo die Alm früher gewesen ist.

Heyl – 1897

Der Tierser Almhülderer

Jene Männer, die im Herbst über die Weinberge wachen, damit nicht zu viele Trauben gestohlen werden, nennt man die Saltner. In der Schlerngegend gibt es auch Saltner. Das sind die Hirten, die in den Ochsenwäldern das Vieh betreuen.

Ein solcher Saltner diente in Tiers anderthalb Stunden über dem Dorf auf der Alm. Er hatte ein boshaftes Herz und quälte gerne zum Spaß die Tiere mit grausamen Scherzen. Seine Lieblingsbeschäftigung war es, Menschen und Tiere zu erschrecken. Oft schrie er Tieren, die friedlich wiederkäuend auf der Wiese lagen, derart in die Ohren, dass sie erschreckt aufsprangen und davonrannten.

Dieser Saltner starb eines jähen Todes. Seitdem hört man sein verzweifeltes Geschrei: „Hoho! Hoho! Hohi!" Auf die Alm und die umliegenden Wände trägt das Echo seine

Schreie herum, dass einem ganz unheimlich zumute wird. Für die Leute ist er der Almhül-derer. Wenn Buben Vieh zum Spaß necken, erzählt man ihnen diese Geschichte.

Bechstein – 1941

Die Truten von Tiers

Früher hatten die Tierser viel unter den Truten zu leiden. Das waren verheiratete Frau-en, die keine Kinder bekommen konnten. Wenn die Leute in den Betten schliefen, kamen sie durch die Tür, durch das Fenster, aber auch durch die kleinste Ritze in die Schlafkam-mern und legten sich auf die Schlafenden. Ganz erdrücken durften sie einen Schlafenden nicht. Wenn man einen Gedrückten beim Namen rief, musste die Trute aufgeben.

Ein Bauer hatte eine Trute als Magd. Einmal kam ein so schreckliches Gewitter, dass man keinen Hund außer Haus geschickt hätte. Als der Bauer dann seinen Abendkontrollgang in den Stall machte, sah er die Magd weinend im Stall sitzen. Er fragte sie, warum sie weinte. Da gestand sie ihm, sie sei eine Trute und müsse bei so einem Wetter jemanden drücken.

Der Bauer fragte sie, ob es dagegen kein Mittel gäbe. Sie sagte: „Wenn ich jemanden ganz erdrücken dürfte, wäre ich frei!". Der Bauer erlaubte ihr ein Schwein zu erdrücken und entfernte sich dann aus dem Stall.

Als er später im Stall nachschaute, lag das Schwein flach auf dem Boden, als ob ein Mühlstein darauf gelegen hätte. Die Trute war frei und musste nicht mehr zum Drücken ausrücken.

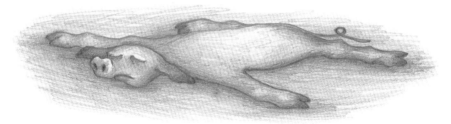

In Völser Aicha lebte ein älterer Bauer, der Truten bannen konnte. Wenn jemand zu ihm kam und gewisse Truten sehen wollte, musste er drei weiße Gaben bringen: Eier, Salz und Milch. Der Bauer hat viele Truten gezwungen zu erscheinen. Auch über die Hexen hatte er große Gewalt.

Heyl – 1897

Lomberda, die Wetterhexe

Die Lomberda war ein Riesenhexe und stammte aus Italien. Sie war groß, stark und wütend. Jahrzehntelang hauste sie beim Rosengarten und plagte Menschen und Tiere mit ihren Hexereien, schlechtem Wetter und Zaubereien. Die Bewohner um den Rosengarten standen mit ihr auf dem Kriegsfuß.

Aber die Fasaner, die Welschnofner, die Tierser und die Kastelruther wussten sich zu wehren. Sie ließen sich nichts bieten und taten dem Teufelsweib allerlei zum Trutz.

Einmal rührte sie mit ihrem Reisigbesen den Antermoia See hinter dem Kesselkogel auf, dass es nur so sprudelte. Sogleich stiegen schwarze Wolken auf und überzogen den ganzen Himmel. Die ersten Blitze zuckten schon auf und ein schreckliches Unwetter drohte.

Der Mesner von Pozza in Fassa läutete die Wetterglocke und schon verzog sich das Wetter mit ein paar in der Ferne aufzuckenden Blitzen. Die Sonne kam bald wieder heraus und es wurde noch ein schöner Tag.

Das hat die Lomberda fürchterlich erzürnt. Besonders auf den Mesner hatte sie eine wilde Wut. Wie eine Besessene hieb sie mit ihrem Besen in den See, sodass sie selber bis auf ihre Runzelhaut patschnass wurde.

„Der Putzer Blentkessel hat mir den ganzen Spaß verdorben!", schrie sie über die Berge hinüber. Dann äffte sie die Glocken nach: „Galing, galang, läut nur du Plentenstotz! Nicht einmal eine Abkühlung wird mir vergönnt!" So maulte sie über die geweihten Glocken und beschimpfte sie auf die unflätigste Weise, weil sie ihr Lästerwerk verhindert hatten.

„Die winselnde Katze von St. Peter, der bellende Hund von Layen, der lurlete Tierser Stier, die Umser Sumser, die tscheppernden Kastelruther Ziegenglocken, die quengelnden Latzfonser Muspfannen, die Brummer von Gummer, die St. Vigiler Grillen, der wampete Knödelhafen von Deutschnofen", so spottete sie über die geweihten Glocken um den Rosengarten. So wie ein gehetzter Fuchs die Hunde fürchtet, ging es ihr mit den Glocken.

Wohin sie auch hörte, von überall riefen ihr die Glocken zu: „Verschwinde du hässliche Hexe!"

-o-

Beim Tschager Joch brach sie einmal ein Stück Berg heraus und warf es auf das Kölblegg hinunter. Sie hatte auf Welschnofen hinunter gezielt und wollte das ganze Dorf erschlagen. Die Welschnofner Glocke hatte aber zur rechten Zeit geläutet und ihr die Kraft aus den Armen genommen.

-o-

Ein anderes Mal wollte sie den Rosengarten über Tiers hinunterwälzen. Den Felsen hatte sie mit ihrer Zauberkraft schon zu einem weichen Teig gemacht, da begann der Cyprusstier zu brüllen und aus war es mit der ganzen Hexerei. Der Stein wurde hart und die Lomberda war gefangen.

Man sieht heute noch das Stück, das sie vom Rosengarten verschieben konnte. Es ist die stark gespaltene Wand die vor dem Gartl aufragt. Wenn man genau hinschaut, sieht man wie die Hexe ihre Teufelspratzen aus dem weichen Teig ziehen wollte, der an ihren Fingern klebte.

Einmal wollte sie auf die Tierser eine Steinlawine niedergehen lassen. Zum Glück sahen die Leute unten die ersten Steine kommen. Sie läuteten die Glocke sechs Stunden lang ohne Unterbrechung, bis ein Trupp baumstarker Männer bis zur Hexe aufsteigen und sie am Kragen packen konnte.

Hätten die Mesnerleute nur einen Augenblick ausgesetzt, wäre es den Männern übel ergangen. Unter dem Glockengeläute aber hatte sie nicht mehr Kraft als jede andere Frau.

Die Tierser führten sie bis zum ersten Bauernhof herunter. Dort wurde sie in einen kupfernen Waschkessel gesteckt und mit kupfernen Ketten angeschmiedet. Gegen Kupfer gibt es nämlich keinen Zauber. In diesem Kessel wurde sie nach Tiers und von dort zum Richter in Karneid geführt.

Auf Halbweg wäre sie ihnen beinahe noch entkommen. Sie hätte nur ein wenig Erde gebraucht, um die Kraft des Kupfers zu brechen. Der Mesner hatte mit dem Läuten aufgehört und die Männer saßen im Gasthaus um sich zu stärken, da sie sicher waren, dass ihnen die Lomberda im Kupferkessel nicht entkommen konnte.

Mehrere Kinder umstanden das Fuhrwerk mit der Lomberda, die Grimassen schnitt und die Zunge herausstreckte. Die Kinder machten ihr die lange Nase. Die Hexe konnte das nicht, da sie mit den Händen am Kessel angeschmiedet war. Deshalb begann sie zu spucken.

„Pfui Teufel, mit deinem Spucken!", riefen die Buben und begannen sie zu steinigen. Ein Bub wollte ihr eine Handvoll Erde in das Gesicht werfen, da konnte ihn der alte Voit gerade noch mit einer gezielten Ohrfeige erschrecken, sodass die Erde an einem ganz anderen Ort landete. Hätte der Bub getroffen, wäre die Hexe frei gewesen.

Jetzt ließen die Männer die Hexe nicht mehr aus den Augen und blieben um sie herum, bis sie auf dem Galgenbühel oberhalb Blumau auf dem Scheiterhaufen in Rauch aufgegangen war.

Dort riecht man bei einem Wetterwechsel heute noch den Hexengeruch. Ein Hexenfang gelingt nur selten und man mag aufpassen, dass die Hexe in der Gefangenschaft nicht noch mehr Unheil anrichtet. Es läutet nicht immer eine Wetterglocke, wenn man sie brauchen würde.

Weber – 1914

Die Longwerda

Sie war eine fürchterliche Hexe und hat zu uralten Zeiten hinten im Tiersertal beim Rosengarten gehaust. Andere hingegen erzählen, sie hätte beim Putz in Fassa drinnen ihr Unwesen getrieben.

Sie stammte von vornehmen Leuten ab und hielt sich eine Magd als Bedienung. Einmal ordnete sie ihrer Magd an, sie solle mit einem Büschel Ähren die Kammer mit den Getreidekisten auskehren. Das Mädchen aber nahm statt der Ähren einen Tannenast. Noch während der Arbeit begann es zu blitzen und zu donnern. Ein kräftiger Regenschauer mit

Hagel schlug in den Wäldern die Nadeln von den Tannen, sodass diese fast nackt waren.

Die Longwerda kam, um nachzusehen wie die Magd die Arbeit gemacht hatte. Zu ihrem größten Ärger waren die Getreidekisten randvoll mit Tannennadeln. Die Magd bekam ein Donnerwetter und dann sagte sie ihr noch, sie hätte ein Büschel Ähren nehmen sollen, dann wäre nämlich der Schauer auf die Getreideäcker niedergegangen und die Körner wären in ihre Getreidekisten gekommen.

Die Tierser mochte die Longwerda überhaupt nicht und keiner wusste recht warum. Einmal war sie über die Tierser so erzürnt, dass sie den Rosengarten zum Tal herausschieben wollte, damit der Boden und die Menschen zugrunde gingen. Der Berg wackelte bereits und die ersten Steine flogen schon über den Tschaminbach, da läutete die Wetterglocke von Cyprus, gerade noch zur rechten Zeit, und hat so der Hexe die Gewalt genommen.

Furchtbar erzürnt schrie sie: „Der Cyprusstier hat zu früh gegrollt, sonst hätte ich das ganze Tal mit Steinen aufgefüllt!" Aber der Schaden war auch so schon groß genug. Die Wiesen von Kölblegg und Fontanun waren voller Steine. Die Bauern haben noch heute beim Mähen die größte Mühe und brauchen viel Geduld.

Die Longwerda hat in ihrem Zorn, weil ihr das Wettermachen nicht geglückt war, vom Tschager Joch ein Stück herausgerissen und auf die schönen Wiesen hinunter geworfen, wo es in tausend Stücke zerbarst.

Diese Geschichte wird alle Jahre von den Almleuten wieder aufgefrischt und die Longwerda in die unterste Hölle verwünscht, da die Sensen ständig schartig werden.

Als man schließlich ihrer habhaft wurde, hat man sie in einen Kupferkessel gesteckt und ein Feuer darunter gemacht. Die Longwerda lachte aber nur und wollte nicht verrecken. Da ließ man einen Pater rufen. Der streute geweihte Kräuter in den Kessel und besprengte die Hexe mit Weihwasser. Das machte ihr den Garaus.

Am Tschager Joch ist seit dieser Zeit ein großes Loch, durch das Leute nach Fassa hinüber und von dort herüber können.

Heyl - 1897

Die Paulin Hexe von Tiers

Die andere Hexe, die in Tiers ihr Unwesen getrieben hat, war die Paulin. Sie konnte schließlich doch gefangen werden. Man hat sie in einen Kupferkessel geworfen und zum Tal hinausgeführt.

Als die Gerichtsdiener beim Voit einkehrten, um sich für die Weiterfahrt zu stärken, sperrten sie die Hexe in eine Kammer. Ein Bauernbüblein, das neugierig zum Fenster hineinschaute, bettelte sie um eine Handvoll Erde. Das Büblein wusste nicht, dass die Hexe mit der Erde freikommen würde. Bald kam es mit Erde in seiner Schürze angelaufen.

Die Männer haben es gerade noch rechtzeitig bemerkt und das Büblein verjagt. Wenn die Hexe ein wenig von der Erde zu fassen bekommen hätte, wäre der Bann des Kupfers, der ihr die Zauberkraft genommen hatte, dahin gewesen.

So konnten sie die Paulin Hexe auf dem Kopfbühl bei Kardaun abliefern, wo sie auf dem Scheiterhaufen verbrannt wurde.

Heyl - 1897

Das Loch in der Scheifele Wand

Ein Pfarrer von Tiers hatte eine recht ungute Frau als Haushälterin. Alles musste nach ihrem Kopf gehen. Die Frühmesse durfte der Pfarrer erst um zehn Uhr lesen, damit sie bequem ausschlafen konnte.

Der Pfarrer kam zu seinem Frühstück erst um halb zwölf Uhr. Aber nicht einmal das hat ihm der Geizkragen vergönnt. Sie kochte ihm als Morgen- und Mittagessen eine wässrige Brennsuppe, während sie für sich Gebackenes und Gebratenes in großen Mengen zubereitete. Anschließend verdrückte sie alles mit reichlich Wein und Bier.

Dick war sie wie ein Kohlenmeiler und faul wie die Nacht war sie auch. Die ganze Arbeit musste die Magd tun, die ihr zudem rein gar nichts recht machen konnte. Der Pfarrer traute sich nicht, ein Machtwort zu sprechen. Die Haushälterin striegelte die Dorfleute, wenn ihr diese nicht reichlich Butter, Fleisch und Eier brachten.

Wenn eine Bäuerin Sonntags ein schönes Seidentuch um den Hals gebunden hatte, das auch ihr gefiel, nahm sie es an sich. Dabei schimpfte sie über die Hoffart und Eitelkeit, aber am Montag rückte sie selber mit dem Seidentuch aus.

Eigentlich war sie der Pfarrer und dem ging es schlechter als dem ärmsten Kooperator im Land. Als sie einem armen Bäuerlein, das ihr gerade ein paar Eier gebracht hatte, befahl, es habe sofort ein halbes Dutzend Hennen, drei Kübel Schmalz und einen Sack Mehl zu

bringen, packte den armen Schlucker die Wut.

„Der Teufel soll dich holen, du böses gefräßiges Luder!", verwünschte er sie mit einer solchen Inbrunst, wie er sonst kaum gebetet hatte. Der Teufel ließ sich nicht lange bitten. Er kam im selben Moment mit glühenden Augen und schwarzen Zotteln wie ein Geißbock, durch den Kamin in die Küche gesaust. Er packte die Haushälterin beim Kragen und flog mit ihr in Richtung Scheifele Wand. Dort wollte er durch den Felsen, aber die Haushälterin war zu dick. Dann wollte er über die Wand fliegen, schaffte es aber auch nicht, weil die Haushälterin zu schwer war. Beim dritten Mal setzte er in der Wandmitte an und das gelang. Man sieht heute noch das Loch in der Scheifele Wand, durch das das böse Weib mit dem Teufel zur ewigen Unruhe geflogen ist.

Die Tierser wollten das Loch sogar einmal zumauern, damit sie ja nicht mehr zurückkommen konnte. Aber dann besannen sie sich und meinten: „Diesen fetten Braten lässt der Teufel ganz gewiss nicht mehr laufen!"

Weber - 1914

Der Pfarrer im Heubad

In Tirol war es früher üblich im Sommer gegen allerlei Gebrechen ein Heubad aufzusuchen. Dabei legte man sich des Nachts in das selbsterwärmte Heu und schwitzte sich die unguten Säfte aus dem Leib.

Der Pfarrer von Welschnofen nahm dazu auch seine Haushälterin mit. Da die Beiden anscheinend den christlichen Pfad der Tugend verlassen hatten, kam der Teufel, griff sich die Haushälterin und fuhr mit ihr auf die Teufelswand zu. Weil er zu schnell unterwegs war, raste er mit seiner Last durch die Wand hindurch. Das Loch ist heute noch zu sehen.

Leander Petzoldt

Der Öfeser See

Nicht weit vom „Tierser Albl" liegt zwischen schaurigen Felsen der unheimliche Öfeser See. Alle weichen ihm aus, weil darin ein Drache haust. Wenn der sich rührt, hört man es weitum rauschen und rumpeln. Deswegen ist der See so gefürchtet. Nur ganz kecke Buben trauen sich bis zum Ufer hinzugehen. Man befürchtet schon ein Unglück, wenn man den See auch nur anschaut. Die Leute sagen, der See hat keinen Boden.

Zingerle – 1891

Der See bei Caprila

Bei Caprila, nahe der venezianischen Grenze, gibt es einen See, in dem man bei schönem Wetter die Spitze eines Turmes sieht. Um den Turm herum stand früher ein reiches Dorf. Die Menschen führten ein übermütiges tolles Leben. Tagein, tagaus wurde getanzt, dass nur so der Staub aufwirbelte und dem Himmel endlich die Geduld ausging. Das Dorf ging wegen der wilden Tanzerei unter. (wird in Tiers erzählt)

Zingerle – 1891

Der Drachen im Antermoia See

Im Antermoia See hinter dem Rosengarten haust ein großer Drache, der sich zu bestimmten Zeiten sehen lässt. Er vertilgt alles, was in der Nacht dem See zu nahe kommt.

Zingerle – 1891

Die Hexen im See

Hinter der hohen Spitze in Richtung Rosengarten zum Schlern gibt es einen See, der plappert und lurlt. Das kommt von den Hexen, die im See hausen. Vielen Menschen ist der See unheimlich. Sie würden sich um keinen Preis dem See nähern.

Zingerle – 1891

Der Mädchenmörder

In Gries bei Bozen saß ein Ritter auf einem Pferd und sang ein schönes dreistimmiges Lied, wie es nur die feinen Stadtleute können. Das hörte die Tochter vom Tonele Müller. Weil es ihr so gut gefiel, lief sie sofort zum Weg herunter und fragte den Ritter, was sie tun müsse, damit er sie auch so schön singen lehre?

„Meine Treue und Ehre würde ich hingeben!", bettelte sie. „Wenn ich deine Treue und Ehre bekomme, lehre ich dich alles", sagte er und zog sie zu sich auf das Pferd.

Zu zweit ritten sie weiter und kamen bald in einen stockfinsteren Wald. Dort sangen zwei Vögelein: „Ihr müsst noch tiefer in den Wald hinein, bis zur Quelle in der das Wasser und das Blut gestockt sind."

„Zu den sieben Tannen müssen wir, wo schon elf Jungfrauen hängen", sagte der Ritter jetzt, „die Zwölfte wirst du sein. Du musst heute im Wald sterben!"

Jetzt packte das Mädchen eine entsetzliche Angst. „Wenn ich schon sterben muss, lass mich noch dreimal schreien", bat sie.

„Vater", schrie das Mädchen, „er will mich umbringen! Komm schnell, sonst muss ich sterben!"

„Mutter, lauf was du kannst, er hat schon das Messer auf mein Herz angesetzt! Mit mir ist es aus!"

Dann rief sie ihren Bruder. Der hatte schon gehört, was sie dem Vater und der Mutter zugerufen hatte, denn er war ein Jäger. Er spannte den Hahn seines Gewehres und schoss den Ritter tot.

Dann nahm er die Schwester bei der Hand und führte sie heim. Dort sagte er in strengem Ton: „Hier kannst du rackern bis an dein Lebensende, aber lauf ja nie mehr einem Ritter nach!"

Quellmalz – 1968

Der eifersüchtige Tondl

Der Tondl weckte frühmorgens seine Lena und verkündete: „Schläfst du noch? Steh auf und reise mit mir! Wir haben heute etwas Wichtiges zu besprechen."

Er band sein Pferd an einem Zaun fest und sprach: „Herzliebste setz dich her zu mir und raste ein wenig. Wir haben etwas ganz Wichtiges auszumachen."

Sie ahnte schon, dass er von ihrem zweiten Verehrer erfahren hatte. „Ich kann nicht mehr rasten und habe keine Ruhe mehr", sagte sie, „mir zerreißt es das Herz, gerade wegen dir!"

„Wenn das so ist, sag es dem Herrgott! Der kann es ändern. Bitte um seine Gnade!" Dann zog er sein Messer stacht ihr in das Herz.

„Spritze heraus du edles Blut aus deinem Herzen", schrie er, „meine Wut und meinen Schmerz kannst du doch nicht kühlen!"

So geht es halt, wenn ein Mädchen zwei Burschen Hoffnungen macht. Einen muss sie aufgeben, sonst kostet es ihr eigenes Blut.

Quellmalz - 1968

Der Edelmann im Hafersack

Der Müller von Tiers hatte eine schöne Tochter. In der Nähe hauste ein Ritter, dem die Müllertochter besonders gut gefiel. Er schlüpfte in einen Hafersack und ließ sich von seinem Knecht in die Mühle tragen.

„Guten Morgen Frau Müllerin", fragte der Knecht, „wo soll ich ihn hinstellen, den Hafersack?" Die Müllerin ahnte, was gespielt wurde und da es ihr angenehm war, dass ihre Tochter einen Edelmann als Verehrer hatte, sagte sie schnell: „Stell den Sack neben das Bett meiner Tochter!"

Nachts um halb zwölf öffnete sich der Sack von selbst und bekam Hände und Füße. „Mutter steh auf und mach Licht! In der Mühle ist ein Dieb!", rief die Tochter. „Sei stad", flüsterte die Mutter, „es ist der Ritter! Er will dich zu seiner Edelfrau machen."

„Einen Edelmann mag ich nicht", schrie die Tochter, „einen lustigen Bauernbuben will ich haben und wenn ich ihn muss aus der Erde graben!"

Wegen des Lärmes kam der Müller zurecht und trieb den Ritter mit dem Besenstiel aus der Mühle hinaus.

Quellmalz – 1968

Ritter Rudolf und seine Lina

Der Ritter Rudolf saß bei seiner Lina in der Gartenlaube und sprach: „Weine nicht! Bevor die ersten Rosen blühen, bin ich wieder zurück! Ich muss für das Vaterland in den Krieg ziehen."

Als er nach über einem Jahr zurückkam, war seine Lina vor Sehnsucht nach ihm gestorben.

Er legte seine Lanze und die Rüstung ab und trat in ein Kloster ein. Nach einem Jahr fiel er zu seiner Lina in das Grab.

Quellmalz – 1968

Die alten Jungfern auf dem Schlern

In Südtirol schickt der Volksglauben die alten Jungfern nach dem Tod in das Sterzinger Moos. Dort müssen jene Mädchen büßen, die den heiligen Ehestand verachtet haben. Die Tierser sind mit ihren ledigen alten Weiblein ein bisschen gnädiger. Sie schicken sie nur auf den Schlern, denn dort hinauf ist es nur ein Katzensprung. Oben müssen sie Nebel stocken. Sie kommen aber in keine gute Gesellschaft, denn dort oben hausen die Hexen.

In Tiers lag so ein altes lediges Weiblein im Sterben. Sie grämte sich entsetzlich, dass sie auf den Schlern gebannt werden sollte. Sogar dem Pfarrer klagte sie ihre Not: „Es ist so kalt dort oben im Winter und im Sommer geht so fest der Wind! Ich mag die hohen Berge nicht."

Er wollte ihr den Aberglauben ausreden, aber sie hörte nicht darauf und jammerte: „Ich habe es immer so gehört und meine Mutter, tröste sie Gott, hat es auch gesagt, die alten Jungfern kommen auf den Schlern!"

„Aber nein", sagte darauf der Pfarrer gütig, „nur die aus Stolz nicht heiraten wollten, oder denen es am guten Willen zur Ehe gefehlt hat, sind davon betroffen!"

„Ach, wenn das so ist", antwortete sie mit freudestrahlendem Gesicht, „dann bin ich froh, denn am Willen, am guten Willen, hat es bei mir nie gefehlt!" Damit schloss sie die Augen und verstarb.

Weber

Literaturnachweis

Alpenburg, Johann Nepomuk von: Deutsche Alpensagen. Wien 1861.

Alpenburg, Johann Nepomuk von: Mythen und Sagen Tirols. Zürich 1857.

Anonym: Aus unserer Sagen-Mappe. In: Der Sammler 1 (1906/07), Nr. 4, S. 18-20.

Anonym: Sagen von der Seiser-Alpe. In: Der Sammler 1 (1906/07), Nr. 2, S. 10-11.

Anzoletti, Augustin Ben[edikt]: Sträußchen. Trient 1859.

Ausserer, Carl: Castelrotto - Siusi. Ein Bild ihres geschichtlichen Werdens. In: Der Schlern 8 (1927), S. 221-252.

Ausserer, Carl: Die Seiseralpe. Eine geographisch-historische und namenkundliche Studie. (Schlern-Schriften, 38) Innsbruck 1937.

Bechstein, Ludwig: Die Volkssagen, Märchen und Legenden des Kaiserstaates Österreich. Leipzig 1941.

Benedikter, Hans: Hexen und Zauberer in Tirol. Bozen 2000.

Blätter für Heimatkunde 1975 – S. 89

Der wahre Geistliche Schild, so vor 300 Jahren von dem heil. Papst Leo X. bestätigt worden, wieder alle gefähr- liche böse Menschen sowohl als aller Hexerei und Teufelswerk entgegengesetzt; darinnen sehr kräftige Se- gen und Gebete, so theils von Gott offenbart, theils von der Kirchen und heil. Väter gemacht und approbirt worden. Nebst einem Anhang heilige Segen, zum Gebrauch frommer katholischer Christen, um in allen Gefahren, worein sowohl Menschen als Vieh oft gerathen gesichert seyn. Cum Licentia Ord. Cens, ibid. An. 1617 impress. O.O. [um 1849].

Dienst, Heide: Hexenprozesse im Landgericht Völs im ersten Jahrzehnt des 16. Jahrhunderts. In: Völs am Schlern 888-1988. Ein Gemeindebuch. Bearbeitet von Josef Nössing. Völs am Schlern 1988, S. 249-256.

Fink, Hans: „Hexenbücher" in Südtirol. In: Dolomiten, Nr. 127 vom 5. Juni 1968, S. 7. Auch in: Südtiroler Ruf 1968, Nr. 6, S. 6.

Fink, Hans: Aus Kastelruth. Die Ochsen. Der „Pfleger". In: Der Schlern 40 (1966), S. 204. [Zauberbuch beim Pfleger]

Fink, Hans: Das Fallbild von Kastelruth. In: Der Schlern 58 (1984), S. 178-179. Auch in: Der Schlernbote, Winter 1992/93, S. 15.

Fink, Hans: Das Pfeifer Huisele rächt sich. Schlernhexen in Kastelruth. In: Der Schlern 42 (1968), S. 339.

Fink, Hans: Der letzte Wilde in Kastelruth. In: Der Schlern 55 (1981), S. 647.

Fink, Hans: Die alte Grenzstadt Völs am Schlern. In: Dolomiten, Nr. 256 vom 8. November 1961, S. 3.

Fink, Hans: Die Seiser Alm ... einst und heute. Beitrag zur Sagenkunde Südtirols. In: Dolomiten, Nr. 225 vom 5. Oktober 1966, S. 4.

Fink, Hans: Eisacktaler Seegeschichten. In: Südtiroler Bauernkalender 19 (1965), S. 158-165.

Fink, Hans: Grödentaler „Straßensagen". In: Dolomiten, Nr. 43 vom 21. Februar 1963, S. 3-4.

Fink, Hans: Neugesammelte Sagen. In: Der Schlern 36 (1962), S. 198-210.

Fink, Hans: Sagen - nur leere Phantasiegebilde? In: Der Schlern. Wahrzeichen Südtirols. Gestaltet von Hanspaul Menara. Bozen 1985, S. 118-124. [Auszug aus Fink, Sagenwelt und Urzeitfunde im Schlernbereich, 1971]

Fink, Hans: Sagenwelt und Urzeitfunde im Schlernbereich. In: Bekenntnis zum Schlern. Festschrift für Hubert Mumelter. Hg. von Günter Regensberger zusammen mit einem Freundeskreis. Bozen 1971, S. 175-184.

Fink, Hans: Verzaubertes Land. Volkskult und Ahnenbrauch in Südtirol. Innsbruck, Wien, München 1969.

Fink, Hans: Völs im Lichte der Sage. In. Völs am Schlern 888-1988. Ein Gemeindebuch. Bearbeitet von Josef Nössing. Völs am Schlern 1988, S. 607-615.

Fink, Hans: Zur Kastelruther Sagenwelt. In: Gemeinde Kastelruth. Vergangenheit und Gegenwart. Ein Gemein- debuch zum 1000-Jahr-Jubiläum der Erstnennung der Orte Seis und Kastelruth. Kastelruth 1983, S.367-372.

Fink,. Hans: Maria Sink am Schnaggenkreuz. Eine Wanderung von Völs nach Tiers. In: Prisma 1962, S. [12-13].

Fridrich, Alois: Der Schlernhexe. In: Der Schlern 25 (1951), S. 307.

Hansjörg Rabanser – Hexenwahn – Schicksale und Hintergründe – Die Tiroler Hexenprozesse – Haymon

Heyl, Joh[ann] Adolf: Volkssagen, Bräuche und Meinungen aus Tirol. Brixen 1897.

Holzmann, Hermann: „Pfeifer Huisele". Der Tiroler Faust. Innsbruck 1954.

Innerebner, Georg: Der Hexensessel auf dem Puflatsch. In: Bozner Tagblatt, Nr. 47 vom 26. Februar 1944, S. 3.

Innerebner, Georg: Der Hexensessel auf dem Puflatsch. In: Der Schlern 21 (1947), S. 113-114.

Innerebner, Georg: Die Hexenstühl bei Kastelruth. In: Der Schlern 21 (1947), S. 125.

Jaider, Paul: Sagenumwobenes aus Kastelruth. In: Südtiroler Bauernkalender 28 (1974), S. 107-109.

Jenny, Rudolf Christoph: Auf steinigen Wegen. I. Aus der Kindheit Tagen. Leipzig [1902].

Jenny, Rudolf Christoph: Der Rechenmacher Much. Ein Kleinbild aus den Südtiroler Bergen. In: Der Tiroler Wastl 1900, Nr. 28, S. 6-7.

Jenny, Rudolph Christoph: s´Alpn´n-Rösle. Ein Schlernmärchen. In: Der Tiroler Wastl 1900, Nr. 8, S. 6-7.

Kindl, Ulrike (Hg.): Märchen aus den Dolomiten. (Die Märchen der Weltliteratur) München 1992.

Kindl, Ulrike: Kritische Lektüre der Dolomitensagen von Karl Felix Wolff. Bd. 1: Einzelsagen. Martin de Tor 1983.

Kindl, Ulrike: Tiers im Spiegel seiner Sagen und Märchen. In: Tiers am Rosengarten. Biographie eines Berg-
dorfes. Bozen 1999, S. 21-35.

Kreil, Ander: Seis - die versunkene Stadt. Geheimnisvoller Frommersee und andere Besonderheiten.

Kühn Dieter – Insel Verlag – Frankfurt am Main – 1977 – (Oswald v. Wolkenstein)

In: Dolomiten, Nr. 192 vom 25. August 1971, S. 4.

ld.: Sagen aus dem Schlerngebiet. In: Dolomiten, Nr. 295 vom 24. Dezember 1963, S. 19.

Leander Petzoldt – Sagen, Märchen und Schwänke aus Südtirol – Band 2 – Tyrolia Verlag Innsbruck – Wien
Lieder aus der Überlieferung der blinden Brüder Heinrich und Anton Mulser aus Kastelruth, zusammengestellt und ergänzt von Gertrud Henisch und Walter Deutsch. Bozen 1988.

Lucillo Merci – Volkssagen aus Südtirol – Arte Grafiche R. Manfrini – Calliano (TN)

Mahlknecht, Bruno (Bearb.): Südtiroler Sagen. Bozen 1981.

Mahlknecht, Bruno: Anatomie eines Hexenprozesses (1613/14). Aufgrund der Originalakten dargestellt. In:
Südtiroler Hauskalender 132 (2001), S. 63-85.

Mahlknecht, Bruno: Kastelruther Sagen. In: Südtiroler Hauskalender 116 (1985), S. 104-106.

Mahlknecht, Bruno: Nur ein einziges Vergeltsgott. In: Tiroler Volkskultur 37 (1985), S. 241.

Mahlknecht, Bruno: Schlernhexen. Nörggelen und Wilde Leute. In: Der Schlern. Wahrzeichen Südtirols. Gestaltet von Hanspaul Menara. Bozen 1985, S. S. 114-118. [Auszug aus Mahlknecht, Südtiroler Sagen]

Mahlknecht, Bruno: Völs und Seis am Schlern, Kastelruth, Seiser Alm. (Südtiroler Gebietsführer, 16) 1. Aufl.
Bozen 1978.

Mai, Willi: Sagen, Märchen und Schwänke aus Südtirol. Band 1: Wipptal, Pustertal, Gadertal Innsbruck 2000.

Mai, Willi: Sagen, Märchen und Schwänke aus Südtirol. Band 2: Bozen, Vinschgau und Etschtal. Innsbruck 2002.

Mayr, Karl M[aria]: Aus dunkelster Zeit. Der Karneider Hexerprozeß vom Jahre 1680. In: Der Schlern 29
(1955), S. 387-391.

Menghin, Alois: Aus dem deutschen Südtirol. Mythen, Sagen, Legenden und Schwänke, Sitten und Gebräuche,
Meinungen, Sprüche, Redensarten etc. des Volkes an der deutschen Sprachgrenze. Meran 1884.

Meyer, Martinus: Der verschlagene Hans. Eine Sage aus dem Schlerngebiet. In: Südtiroler Hauskalender 1923,
S. 100-103.

Meyer, Martinus: Schlern-Sagen und Märchen. Innsbruck 1891.

Paulin, Karl: Die schönsten Sagen aus Südtirol. Innsbruck 1937.

Proksch, Alexander: Das Schlernhexerl. In: St. Kassians-Kalender 263 (1967), S. 115-120.

Proßliner, Karl: Der Kreuzweger und sein Goggel. Seiser Skizzen von Dr. K. P. In: Bozner Nachrichten, Nr. 218 vom 24. September 1896, S. 4-5.

Putz, Richard: Die Tagusner Waldburg „Niemandsfreund". In: Der Schlern 16 (1935), S. 176-177.

Rabanser, Hansjörg: Hexenwahn. Schicksale und Hintergründe. Die Tiroler Hexenprozesse. Innsbruck 2006.

Rapp, Ludwig: Die Hexenprozesse und ihre Gegner in Tirol. 2. Aufl. Brixen 1891.

Rossi, Hugo: Märchen und Sagen aus dem Fassatale. I. Teil. Innsbruck 1912. Aus dem Nachlass herausgegeben von Ulrike Kindl. Vigo di Fassa 1984.

Sagen aus Südtirol. Herausgegeben von Marianne Direder-Mai und Leander Petzoldt. München 1993.

Santifaller, Leo: Ringe zum Befestigen der Schiffe. In: Der Sammler 1 (1906/07), Nr. 10, S. 13.

Santifaller, Pius: Das Hirschmoor von Kastelruth. Eine Landschaft und eine Sage aus Südtirol. In: Der Schlern 24 (1950), S. 349-352 und 417-419.

Santifaller, Pius: Der Panider Goggl. Eine Landschaft und eine Sage aus Südtirol. In: Südtiroler Heimat 17 (1963), Nr. 8 und 9, S. [7-8].

Santifaller, Pius: Landschaften, Sagen und Geschichten aus Südtirol. Typoskript. [Feldkirchen] o.J.

Santifaller, Pius: Sagen um die Ruine Niemandsfreund. I. Die Malgrei zur heiligen Magdalena in Tagusens. In: Südtiroler Heimat 19 (1965), Nr. 7, S. [7-8].

Schoisswohl, Veronika: Die Prozesse gegen drei Hexenmeister in Südtirol im 17. Jahrhundert. Phil. Diss. Innsbruck 1971.

Schwingshackl, Anton: Die Schlernhexen. In: Dolomiten, Nr. 268 vom 22. November 1961, S. 4.

Südtiroler Volkslieder gesammelt und herausgegeben von Alfred Quellmalz. Kassel 1968, 1972 und 1976.

Trapp, Oswald: Tiroler Burgenbuch. Bd. IV: Eisacktal. Bozen, Innsbruck, Wien 1977.

Verzauberte Berge: Sagen und Bilder. III. Auflage. Bozen [2001].

Weber, Beda: Die Stadt Bozen und ihre Umgebungen. Bozen 1849.

Weber, F[ranz] S[ylvester]: Von den alten Jungfrauen und vom Schlern. In: Der Schlern 2 (1921), S. 275.

Weber, Franz S[ylvester]: Laurins Rosengarten. Sagen aus den Dolomiten. Bozen 1914.

Weber, Franz Sylvester: Schlernhexen. In: Südtiroler Hauskalender 96 (1965), S. 103-104.

Wolff, Karl Felix: Dolomitensagen. Sagen und Überlieferungen, Märchen und Erzählungen der ladinischen und deutschen Dolomitenbewohner. 12. Aufl. Innsbruck, Wien, München 1969.

Wolkenstein, Oswald von: Der mit dem einen Auge. Übertragen, ausgewählt und eingeleitet von Wieland Schmied. (Das österreichische Wort, 70) Graz, Wien 1960.

Zingerle, Ignaz [Vinzenz] (Hg.): Barbara Pachlerin, die Sarnthaler Hexe, und Mathias Perger, der Lauterfresser. Zwei Hexenprozesse. Innsbruck 1858.

Zingerle, Ignaz V[inzenz]: Sagen aus Tirol. 2. Aufl. Innsbruck 1891.

Zingerle, Ignaz Vinzenz: Sagen, Märchen und Gebräuche aus Tirol. Innsbruck 1859. XVI, 496 S.

Inhaltsverzeichnis